SAP ERP 财务
配置与设计（第2版）

[德] Naeem Arif
[德] Sheikh Muhammad Tauseef 著

陈朝庆 兰英 译

人民邮电出版社
北京

图书在版编目（ＣＩＰ）数据

SAP ERP财务 : 配置与设计 : 第2版 / （德）阿里夫
(Arif,N.)，（德）陶瑟夫 (Tauseef,S.M.) 著；陈朝庆
，兰英译. -- 北京 : 人民邮电出版社，2013.7（2024.4重印）
ISBN 978-7-115-30752-1

Ⅰ．①S… Ⅱ．①阿… ②陶… ③陈… ④兰… Ⅲ．①
企业管理－财务管理－计算机管理系统 Ⅳ．①F275-39

中国版本图书馆CIP数据核字(2013)第079865号

内 容 提 要

本书由浅入深、由易到难地对 SAP ERP 财务进行了系统讲解，包括 SAP 概览、SAP 企业结构、SAP ERP 财务会计全局设置、新总账、应付账款、应收账款、资产会计、SAP ERP 财务中的成本控制、SAP ERP 财务的集成、数据迁移、期末结账、SAP ERP 财务报告、SAP ERP 财务的实施和支持等内容。

通过本书，可以掌握设计和配置一个 SAP ERP 财务实施所需要面对的最重要的问题。这本畅销书的第 2 版进行了彻底的更新，提供了更全面、更详尽的内容，从 SAP ERP 财务的常用功能以及它们是如何适应 SAP 环境的，到新的 SAP 总账如何工作等。

这是一本非常宝贵的、面向实务操作的参考用书，覆盖了理解和配置 SAP ERP 财务系统所必须掌握的各种技巧、工具和知识。本书适合于已具有一定 SAP 基础的读者，包括在 SAP 平台下进行相关工作的咨询人员、财务人员，以及 SAP ERP 财务系统的设计、管理和维护人员参考阅读。

◆ 著　　　　［德］Naeem Arif　Sheikh Muhammad Tauseef
　　译　　　　陈朝庆　兰　英
　　责任编辑　杜　洁
　　责任印制　程彦红　杨林杰

◆ 人民邮电出版社出版发行　　北京市丰台区成寿寺路 11 号
　　邮编　100164　　电子邮件　315@ptpress.com.cn
　　网址　http://www.ptpress.com.cn

　　北京天宇星印刷厂印刷

◆ 开本：800×1000　1/16
　　印张：30.25　　　　　　　2013 年 7 月第 1 版
　　字数：639 千字　　　　　2024 年 4 月北京第 24 次印刷

著作权合同登记号　图字：01-2013-3134 号

定价：99.80 元

读者服务热线：(010)81055410　印装质量热线：(010)81055316
反盗版热线：(010)81055315
广告经营许可证：京东市监广登字20170147号

版权声明

致　　谢

　　我要感谢家人的支持和他们给予我的无私的爱，感谢他们在我生活中的一直陪伴，这使我能够走向成功并成就了我的事业。如果没有父母的厚爱，妻子的支持，以及自己的坚定信念，我就不可能取得今天的成就。而我的孩子，你就是我的灵感，也是我之所以要去努力奋斗的全部理由。我希望这本书能在你未来的生活道路上鼓舞你。

Naeem Arif

　　我真的非常感谢促使我不断努力的人生信仰。我还要感谢为我祈祷的父母和姐妹；感谢我的兄弟——Hafeez 和 Naeem，感谢他们为我提供了专家级的建议和指导；感谢我亲爱的妻子——Asima 以及我的孩子——Rayyan 和 Zayna，感谢他们在此项目期间给予我的支持，这才使得我有可能完成我们这本书的第 2 版。对我来说，著写此书已成为了一种非常好的学习体验，我希望你在阅读完这本书之后，能学到有关 SAP ERP 财务方面的新知识，并能把这些知识成功地应用到你的项目中去。

Sheikh Muhammad Tauseef

　　感谢在整个项目过程中和我们一起走过的全体伽利略出版社的工作人员，非常感谢他们的支持、指导，以及在电话线那一端的一直陪伴。

　　致读者：我们花了很多的时间和精力来确保你所阅读的这本书是高质量的。我们的目标就是要写一本让我们引以为豪的书，而且，要是我们知道了你在阅读这本书时觉得学到了知识，对你的"现实场景"有用，我们将会非常高兴。

作　者

Naeem Arif 从 1995 年就开始实施他人生中的第一个 SAP 项目，当时还是 3.0h 版本。从那时起，他就从所担当的各种角色中积累了丰富的经验，并取得了长足的进步，他曾全程参与并完成了 14 个世界级大企业的 SAP 实施项目。同时，他还拥有一个技术管理的 MBA 研究生学位，并取得了 PRINCE2（从业者级别）认证，这使得他成为了一名备受尊敬的 SAP 业务专家。在过去的 4 年间，Naeem 都供职于伯明翰咨询服务，在那里，他致力于为超过 10 000 个的用户提供 SAP ERP 财务的咨询服务，内容涵盖了 FI、CO、MM、SD 和 PLM 模块。

Sheikh Muhammad Tauseef 是一名经验非常丰富的 SAP 顾问，他曾实施过十多个横跨北美、欧洲以及亚洲的国际性 SAP 项目。他对早期 R/3 的 4.x 版本的所有核心模块以及财务会计和成本控制的子模块都非常精通。在他超过 10 年的 SAP 经历中，Tauseef 担当过许多不同的角色，包括功能顾问、首席咨询顾问、SAP 顾问学院的讲师以及业务专家等。同时，Tauseef 还是一位注册会计师，作为施乐辉公司的 SAP 全球实施团队中一位资深 FICO 分析师，他目前正在为该公司进行项目的实施。

目　录

本章介绍了这本书的出版背景，阐述了主要的写作目的以及将要介绍的主要内容。

第 1 章　概览

这本书涵盖了 SAP ERP 财务的主要模块，尤其是财务会计（称为 FI，以下同）和成本控制（称为 CO）。根据在不同国家各种各样的实施经验，特意地选取了一些主题，这些主题大多都是 SAP 实施中的典型内容。

我们利用现实环境下的虚拟企业来对每一个概念进行全面地解释，以此来展示如何配置 SAP 系统。我们将讨论 SAP ERP 财务 FI 模块所有方面的内容，并且阐明这些组件是如何集成在一起的。我们也将涵盖一些特定的案例，以帮助理解从美国到欧洲的 SAP ERP 系统配置和应用的全球性案例。在本章的末尾，会找到一些应该了解的导航基础。

1.1　引言

本书可以作为 SAP ERP 财务解决方案的配置指南，能够让你配置出完整的或者只与你的业务相关的 SAP 财务解决方案。我们尽可能地提供真实的流程、实施和配置知识。因为没有两个 SAP ERP 财务实施是完全一样的，因此对于你的特殊关注点，我们审慎地提供经过行业验证的最佳业务实践，这些最佳业务实践可以很容易地被扩展和延伸。

通览全书，你可以为你的"业务伙伴"找到一些参照。如果你是作为客户实施、升级或培训案例而使用本书的一名咨询顾问，那么业务伙伴很明显：那就是将要与之一起工作的业主团队。如果作为最终用户、项目经理、技术人员或是分配到 SAP ERP 财务实施的生产线管理人员，那么在很大程度上业务伙伴是与咨询顾问类似的。在这种情况下，可能既要满足企业全局的目标，同时还要确保个别的或局部的业务需求能够得以实现。业务用户需要你能够兼顾到两个方面：一方面是业务需求，另一方面就是配置。二选一，特别是要做到以下方面时，本书将有助于你做出更好的决策：

- 编制 SAP ERP 财务解决方案实施的计划；
- 为配置主要的功能范围（总分类账（GL）、应付账款（AP）、应收账款（AR）、资产会计（AA）、成本控制（CO）、激活新总账等）而定义所需要的步骤；
- 精通最佳业务实践、方案设计以及每一个子模块的配置工作。

本书所关注的以及实施指引所包含的内容主要集中在行业最佳业务实践的流程上。对于大多数的业务和业务流程，SAP ERP 财务（真正是全套的业务解决方案）具有很大的灵活性，就如同开箱一样方便使用。

1.1.1 方法

这本书的每一章都准备了要完成的配置任务及相关的知识，大多数的企业都需要完成这些配置工作。这种方法是建立在许多不同的美国和欧洲的 SAP ERP 财务实施情景基础之上的。尽管没有哪一本书声称可以涵盖任何可能的实施场景，但我们所提供的贯穿于本书的案例却都是些真实案例实施的最终成果和现实的经验，这些应该是很有用的。

本书没有详述每一个可能的场景是如何起作用的，但它会指导你如何向业务伙伴提交解决方案。我们所提供的相关案例只是想给出 SAP 系统实施的真实感受，而这些案例都是来自于我们在不同国家、不同客户的亲身经验。我们也重点给出了一些关键的问题，在开展可行性解决方案的设计时，应该要考虑到这些问题。

1.1.2 版本

本书适用于 SAP ERP 核心组件（ECC）6.0 版本，并升级到第 4 个功能增强包（EhP4，译者注）。由于系统实施或升级可能都需要一定程度的向前兼容性，因此我们提供了索引以及在以前的 SAP 版本中如何进行配置和设计的说明。

1.1.3 知识成果

本书构思的初衷是对计划并实施 SAP ERP 财务的读者提供一份完整的学习资料。虽然如此，某些咨询顾问、项目经理或有 SAP 经验的读者也可以拾取一些章节学习参照，这些章节可能会与他们特定的场景相关。无论如何，使用本书的读者都可以掌握以下方面的内容：

- 对于成功的 SAP ERP 财务实施，可确定哪些配置工作是和企业需求相关的；
- 要能够明白所做决定带来的影响，以及如何最好地利用系统来满足企业的需求；
- 能配置 SAP 财务软件的所有模块，包括主要的子模块（如之前所讨论的那样）。

因此，需要有一个可以访问使用的 SAP 系统，在这个系统中可以测试书中所学到的内容。SAP 的培训需要用户尝试配置步骤并在自己的业务需求中使用的。要完成系统实施，仅靠简单地从几页书和界面截图来学习是不够的。

在进入不同类型的 SAP 实施项目讨论之前，让我们先来了解一下 SAP 简史。

1.2 SAP 简史

SAP（系统、应用和数据处理中的产品）是在 1972 年由 5 位前 IBM 工程师创造的。SAP 获得了巨大的成功，作为提供世界级的企业资源计划（ERP）解决方案得到了世界各国企业的认可。这个成功的软件给用户提供了集成的财务总账、销售明细账、采购明细账和管理信息系统。

SAP 公司的主要产品是 SAP ERP，SAP ERP 前身的名字是 SAP R/3。SAP R/3 反映了其本身的功能，这里的"R"代表实时；数字"3"则表示三层的客户端/服务器架构（数据库层、应用层和解释层）。

只有通过正确的项目实施路线才能认识到 SAP 的复杂性及其市场领导者的地位。SAP 不会像安装微软 office 软件时弹出窗口那么简单。不同的企业可选用不同的实施方法，而实施方法则基于特定的需要和需求。在下一节，我们要来了解一下 SAP 项目的不同类型。

1.3 项目类型

在正式进入项目的不同阶段之前，让我们先来快速地浏览一下在 SAP 世界里存在的不同项目类型：

- 全新的实施项目；
- 升级项目；
- 基于需求的支持项目；
- 上线支持项目；
- 推广项目。

下面简要地介绍一下以上项目，这样也就形成了一套通用的术语。

1.3.1 全新的实施项目

在全新的实施项目过程中，最终的系统是从头开始研发的。例如，公司决定要把所有的或大多数当前的系统功能转换到一个更先进的或改进的软件系统上，那它所做的项目就是一个实施项目。这种类型项目又可划分为以下两种类别。

- 基于复杂度的项目。
  - 在一个高度复杂的项目中，项目实施范围包括 SAP 系统的许多模块，而且还涉及与其他系统的集成，例如甲骨文（Oracle，译者注）、业务计划和控制系统（BPCS），或者税务会计软件。所有这些方面的集成都增加了项目的复杂性。
  - 在一个中等复杂程度的项目中，项目实施范围可能只包含某些要考虑的方面（在或者不在 SAP 系统中），同时各方面的集成也不是太复杂。
  - 在一个低复杂性的项目中，项目的实施范围也许被定义为只有一两个模块（在或者不在 SAP 系统中），并且也不难集成。
- 基于优先级的项目。
  - 由于新的法规或者由于合规性，可能有优先级别高的项目需要实施。如果一个优先级高的项目没有在一定的时期内上线运行，那它可能会导致来自当地政府或监管机构的严厉处罚。
  - 一个优先级中的项目可能会大大地增强目前的流程并提升其价值，但是它不是由新的法规来驱动的。
  - 一个优先级低的项目可能是用户想要得到事物中的一部分，但不是真地要急于去实施它。这样的项目就可以把它考虑为一个小项目，如果有其他重要的项目正在进行，那么这个小项目就可能得不到足够的重视了。

1.3.2 升级项目

随着 SAP ERP 6.0 和新总分类账（新总账）功能的引入，许多公司正计划升级他们的系统。例如，运行 SAP R/3 4.7 软件版本的公司正在寻求升级到 SAP ERP 6.0。

备注

升级到 SAP ERP 6.0 并不意味着必须要同时实施新总账的功能。可以很容易地把这个过程划分成两个阶段，这样能够减少在系统升级过程中出问题的风险。

同时要记住：转换到新总账是一个综合性的项目，这样的项目会牵涉到整个 SAP 系统迁移的团队。

1.3.3 基于需求的支持项目

基于需求的支持项目就是以满足用户需求为目的的系统支持项目。这种项目的目标主要集中在提升现有的业务及功能领域，这种项目可能会包括引入新的流程，同时也会涉及对任何现有的以及新功能的支持。如果系统的改进是在逐个需求功能点实现的基础上的，那么这样的项目有时可能会持续好几个月。

1.3.4 上线支持项目

上线支持项目通常是在项目实施的上线日期之后开始启动的。之后就会和那些已经开始积极使用 SAP 系统的用户一起工作，如果在日复一日的与系统相关的工作中面临问题，他们就会用一张标签来提出问题。为了确保服务的质量，这些标签通常会被分配成具有不同的优先级以及响应时间。一般地，在该项目期间，会创建和处理下述的标签类型。

- 低优先级：这表示问题的影响不大。即使这个问题没有立即被解决掉，生产系统也是没有问题的，仍然能够继续运行。
- 中等优先级：这表示问题不会马上但很快就会影响到生产系统。为了避免将来出现更严重的问题，这个问题需要尽快解决而不能拖后。
- 高优先级：这表示问题需要尽可能快地解决，否则它可能会影响到生产系统以及用户的日常工作。
- 重大优先级：这表示问题应该立即解决。如果这个问题没有立刻解决，生产系统将不能够正常运行。

1.3.5 推广项目

许多跨国的公司会利用首次实施的项目来创建成一个模板项目，然后把这个项目的模板推广扩展到该公司的其他业务所在地。下面各项就是这种处理方法中的一些基本要素。

- 使用模板就意味着要跨不同的地区、分支机构、办事处等去协调他们来实施流程。
- 可以为下面的目的来定义模板：
  - 通用流程，如报告编制、合并等。
  - 客户主数据（或主记录，本文不作区分，以下同，译者注）、供应商主数据等的一般主数据结构。
  - 定义主数据复制的模板流程，该流程在本次定义并在将来的推广实施中再次使用。
  - 作为一个向全球推广的全局性模型的模板，它要受管理团队严密地管控和监督，以确保任何变更都经过了适当地审查和批准，并且除非绝对有必要（如当地国家法定报告需求等），否则不允许有任何的偏差。
- 模板应该是一个很好的全局与局部的业务流程和需求的结合体。在模板中，通常具有代表性的全局业务流程与局部需求之间的比例为 80∶20。
- 由于每一个公司和每一个国家都是不一样的，因此，为了确保成功，模板的处理方式必须与公司的企业文化相称。
- 定义和推广全局模板的优点是用一个解决方案就标准化了横跨整个公司的业务流程，使用的是一种单一的管理方法并且只会涉及很少的几个系统。具有挑战的是管理这样的项目需要极大的管理付出，而且在每个国家的当地团队中都需要有通晓当地国家的法定需求的人员，这是为了能满足用户的需求，这样本地化的实施人员才能在系统中进行复制。

现在，我们已经了解到了项目的各种类型，下面再看看对于一个成功的项目实施来说我们还需要哪些东西。

1.4　成功的 SAP 实施所要考虑的关键点

对于客户来说，SAP ERP 的实施可能是一个巨大的变革，而且如果系统没有如所预期地那样运行，那么在项目上线过程中的成本超支和延期甚至可能使客户更受挫折和打击。下列各项是一些 SAP 项目实施过程中所应考虑到的关键点，这将有助于在成本预算范围内按期交付一个优质的项目。

- 组建项目组；
- 理解 SAP 项目实施不仅仅是一个 IT 项目；
- 确保适当的资源；
- 完成差异分析；
- 测试；
- 编制详细的切换计划；
- 培训用户；

- 设计并严格执行变更管理程序。

1.4.1　项目组

无论项目的成功或失败，项目组的得当组建和管理都发挥着极为重要的作用。项目组的成员一般要包括业主、关键用户和实施方。项目组也是管理该项目的管理团队的一部分，并且应该定期召开会议以确保项目计划的编制和执行，同时也能确保只有当已完成并签署完所有议定的交付物后才能从一个阶段转入到另一个阶段。

1.4.2　SAP 项目实施：不仅仅是一个 IT 项目

理解 SAP ERP 的实施不仅仅是一个 IT 项目对于项目的成功是极其重要的。SAP 的实施应该被认为是一个公司级的项目，这个项目会影响到公司的各个层面。能够得到参与这个项目实施的每一个人的支持对保证项目的成功是至关重要的。

1.4.3　适当的资源

确保适当的项目资源也是很重要的，因为没有适当的团队就可能会使项目成功的机会减小。项目资源可以分为 3 种。

- 最终用户：由于未来的好多年中最终用户都将使用这套系统，因此，他们应该是在项目初期就参与进来的。最终用户应该参与到项目的实施过程中来并提供究竟有哪些信息需要输入。在企业里，要让 SAP 系统能够长期稳定地运行，那么获取系统最终用户的支持是完全有必要的。
- 变革小组：变革小组要对 SAP 系统流程的确认和达成一致意见后的业务需求这二者间的差异负责。该小组也要帮助重新设计一些业务流程或帮助全面修订所有的业务流程，以便能和系统软件协同一致。为了使项目的实施更平稳顺利，他们也会帮助培训用户。
- 技术小组：技术小组包括不同水平的 SAP 咨询顾问，他们与你一起工作并配置出满足业务需求的系统。SAP 咨询顾问是一个具有沟通技巧的专业人员，能够与公司的管理人员、业务骨干用户进行交流，他要能够帮助用户绘制业务蓝图，然后能把业务蓝图中所描绘的内容转变成 SAP 系统的系统实现。例如 FI 的咨询顾问，如果他同时又是会计人员，那么从会计的角度来看，他可能会更能理解业务需求并将其匹配到 SAP 系统可用流程/功能中，最终他能为公司配置出令人满意的 FI 模块。请记住，也可以组建专门的 SAP 资源小组，或者聘请其他咨询公司的 SAP 顾问来帮忙进行实施。

1.4.4　差异分析

差异分析是一种探讨和分析比较，这样的探讨是为了要确认公司的"现状"和"蓝图"业务流程之间的差异并进而提出相应的建议解决方案。差异分析应该展现出是如何从一个状态改变到另一个新的/必须的状态的。没有全面的差异分析，即使最好的 SAP ERP 实施也收不到所预期的真正实效。差异的分析有 3 种结果：

- 差异必须被解决，并且需要在系统中进行客户化实施；
- 差异必须被解决，但不需要进行客户化实施，变通的应对方案就是必要的了；
- 确认有差异，但不需要解决，因为它不会为客户化实现和变通的应对方案提供任何的保证。

差异分析是一件耗费时间的工作，在业务蓝图阶段，这项工作发挥着极其重要的作用，让我们简要地来讨论一下。业务蓝图是一个关键的文档，业务蓝图文档定义了横跨整个项目范围的公司流程。许多项目的失败就是因为关注点只集中在让人们了解 SAP 知识，而很少或没有关注对业务的真实理解。这是典型地只做事但却没有与业务需求保持一致的情形。虽然通过自动化的业务流程，SAP ERP 可以节省时间和金钱，但是那也只有在所有涉及内容的差异都从"我们一直做的事情怎么样"转变到"我们现在如何才能够做得更好"的时候才有用。

1.4.5 项目测试

不要小看项目过程中的测试。全面的测试是确定 SAP 系统是否已经准备好运行业务流程的唯一方法，同时它也能发现 SAP 硬件上的任何问题，应该在系统转入上线正式运行之前解决这些问题。要把不同的测试类型（单元测试、集成测试、回归测试等）编入项目计划从而保证有充足的时间和精力专门来进行这些必不可少的测试工作。

1.4.6 切换计划

必须要为从遗留系统切换到 SAP 系统预备详尽的系统切换计划。作为测试循环过程中的一部分，应该为平行运行的转换期间可能会发生的业务规划一个时间。例如，使用测试数据来测试数据导入的转换程序，并且与所期望的结果进行比较。

1.4.7 用户培训

为用户提供适当的培训，就能使用户真正地拥有这套系统，并充分发挥其潜力。通常，训练有素的用户会对系统有更深的了解，他可以现场支持和维护这个系统。而那些没有得到适当培训的用户则可能会不断地损害着系统，最终阻碍项目的全面成功。帮助用户及早地掌握系统而付出的努力越多，对项目实施就会越好。

1.4.8 变更管理程序

可以使用变更管理流程程序，在变更管理程序的执行过程中，尽可能早地沟通所有必要的新技术，这样就能够得到最终用户的支持和信任。设计和执行变更管理培训计划，以确保在企业新的流程和系统中有一个良好的知识基础。

阅读完这些内容，就应该了解了项目的不同类型，以及成功的项目实施所要考虑的一些要点。在第 13 章中，我们还将详细地阐述 SAP 的项目实施，届时，读者还是应该阅读那一章，以补充到目前为止在本节还未涉及的内容。

1.5 SAP 导航基础

为了给初学的读者一些 SAP 系统导航的基础，我们也把本节作为入门章节的一部分包含在内了。由于本节的内容也是本书其余部分的基础，因此建议把这一节也阅读完，这样就会对入门导航感到满意了。

1.5.1 登录到 SAP 系统

当登录到 SAP 系统时，实际上登录到的是一个链接 SAP 数据库的前端。这个链接由一个叫 SAP 图形用户界面（SAP GUI）的程序生成。这是用于访问所有 SAP 系统的标准程序。你可能拥有几套 SAP 系统，包括一套开发系统，至少一套测试系统和生产系统，生产系统是实际业务最终在其中进行过账的真实系统。要通过一个登录的面板登录到 SAP 系统中，如图 1.1 所示。登录面板包含所有的系统地址，需要让这些系统地址连接到 SAP 系统。

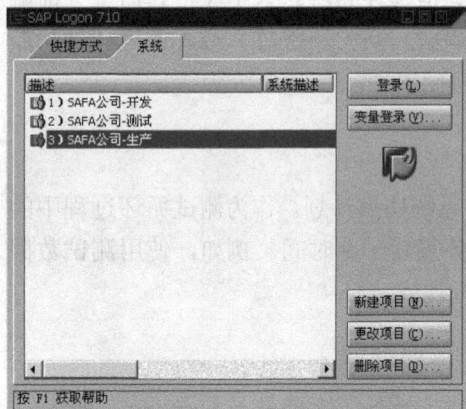

图 1.1　SAP 登录

系统的设置储存在电脑中的一个叫 *saplogin.ini* 的文件里。这个文件通常是集中进行预配置的，以使所有的用户都可用。登录上了 SAP 之后，需要一个登录 SAP 系统的用户名和密码。对于每一个用户而言，用户名和密码都是唯一的。在如图 1.2 所示的界面上，单击按钮就可以更改密码了。

当登录到 SAP 系统时，可以选择该系统所支持的登录语言。当使用用户名和密码登录上系统之后，可以在一个 SAP 系统中同时打开多个会话（窗口）（分别用于处理各自的业务，最多不能超过 6 个会话窗口）。

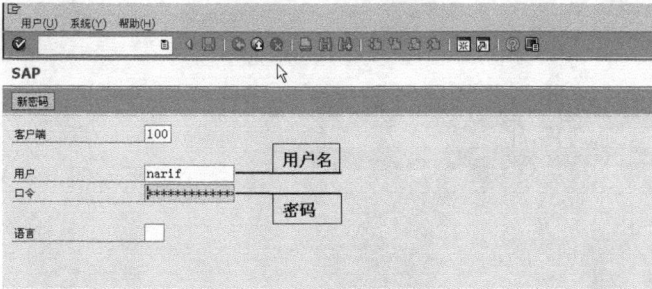

图 1.2　登录到 SAP

出于安全和许可方面的原因，从 4.6 版本开始，SAP 现在可以探测到多次的登录了。如果同一个用户名登录超过一次，则在后续的每次登录时系统都会提示一个警告信息，该警告信息给了用户 3 种选择。

- 继续当前的登录并结束系统中现有的其他任何登录；
- 继续当前的登录但并不结束系统中现有的其他任何登录（此次登录会被 SAP 记录到日志中）；
- 终止本次登录。

1.5.2　SAP 系统的界面结构

成功登录 SAP 系统后，所出现的第一个默认的界面就是 SAP 轻松访问界面，如图 1.3 所示。该界面的左侧包含一个在 SAP 系统中现成可用的树型层次结构菜单。

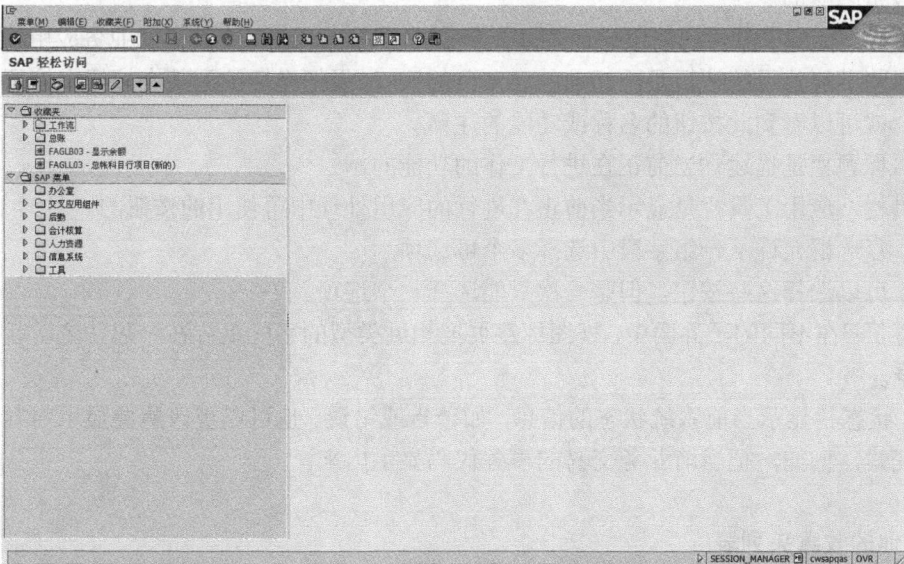

图 1.3　SAP 轻松访问界面

标准的 SAP 界面如图 1.4 所示。

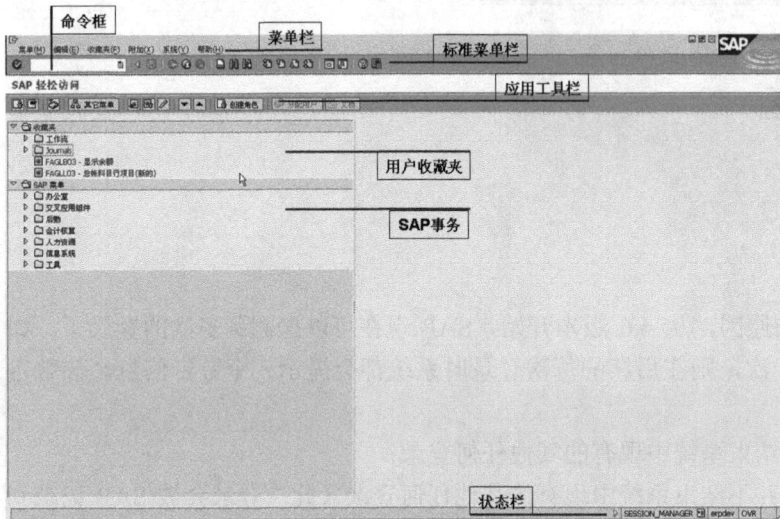

图 1.4　SAP 标准界面

其中标准界面的一些要素如下所述。

- 菜单栏：在 SAP 系统中，菜单栏位于任何主窗口的顶行。在这里，菜单的显示取决于当前正在处理的是哪一种业务应用程序。
- 命令框：可以直接在命令字段框中输入事务代码来启动一个应用程序，默认情况下，这个字段是隐藏的。
- 标准菜单栏：标准工具栏的按钮显示在每一个 SAP 界面上。在某个特定的业务应用程序中，那些不能使用的按钮是不活动的（灰色的）。如果把光标放到某个按钮上停留几秒钟，就可以看到此按钮的名称或功能的注释。
- 标题栏：标题栏是描述你当前正在进行工作的功能的。
- 应用工具栏：应用工具栏是显示当前正在进行的应用处理中可使用的按钮的。
- 复选框：复选框允许从一组字段中选择多个可选项。
- 单选框：可以选择这些按钮，但是一次只能选择一个选项。
- 视图标签页：在不同的子界面中，视图标签页把相近类型的字段组合在一起使之看起来更清晰。
- 状态栏：状态栏显示当前系统状态的信息，如警告或错误。也可以更改所要显示内容的显示变式，例如，把当前业务交易的事务代码显示出来。

1.5.3　创建你的收藏夹列表

登录后，可以从界面左侧的两个概览菜单树来选择功能：

- 收藏夹列表；
- 菜单或用户角色菜单。

对于 SAP 系统功能，可以使用收藏夹列表来连接用户的客户端电脑上的文件，或者连接到互联网。在默认情况下，收藏夹列表是空的，它可以由每个最终用户根据自己的需求进行更改，而且每个用户只能显示他自己的收藏夹列表。由于收藏夹的结构是储存在 SAP 系统中的，因此在不同的系统中每个用户可以拥有不同的收藏夹。用户也可以在文件夹中灵活地组织想要收藏的条目。通过选中一个功能并选择添加到收藏夹的方式，收藏夹菜单允许用户从 SAP 菜单或用户菜单将功能增加到自己所创建的收藏夹列表中。用户也可以使用鼠标的拖拉功能将他们添加到收藏夹列表中。

1.5.4　SAP 系统的功能调用

要在 SAP 系统中畅游，可以使用以下几种方式：

- 在命令字段中使用事务代码；
- 根据菜单栏中的菜单来选择要应用的条目；
- 从收藏夹列表中选择要应用的条目，或者从用户或是 SAP 菜单列表中选择条目。

在命令字段中，可以使用很多的命令，但下述的命令是比较重要的，同时也是经常使用的：

- 在 SAP 轻松访问的初始界面，可以使用没有前缀的事务代码（例如 STDU 或 TCMN）来调用事务；
- /n 是取消当前正在处理的事务的命令；
- /nxxxx 是直接从另外一个事务调用事务 xxxx 的命令；
- /oxxxx 是直接从另外一个事务调用事务 xxxx 的命令，并且新的事务 xxxx 处理是在另一个新的会话窗口中进行的；
- /nend 是带确认对话框的退出登录会话窗口的命令；
- /nex 是不带确认对话框而直接退出登录会话窗口的命令；
- /i 是关闭正在使用的当前会话窗口的命令；
- /o 是显示会话窗口概览的命令。

1.5.5　访问配置区

如同之前的图 1.3 所显示的那样，登录 SAP 系统后，你总是会被带到相同的初始界面。这会引导你到系统的应用程序区或者是用户使用区。它是处理系统的业务交易、维护主数据以及执行报表的地方。作为一名咨询顾问，还需要进入系统的另一个区域，就是配置区。客户化定制是在 SAP 数据表中进行设置的过程，通过配置的方式，让系统能够运行起来。这就是 SAP ERP 之所以是一个如此强大系统的主要原因——因为可以对它进行客户化定制配置，以便满足特殊的业务需求。

SAP 系统提供了一个实施指南（IMG），实施指南组织起了这些客户化定制的任务并使之更容易完成。有两种途径可以进入到 IMG，如图 1.5 和图 1.6 所示。

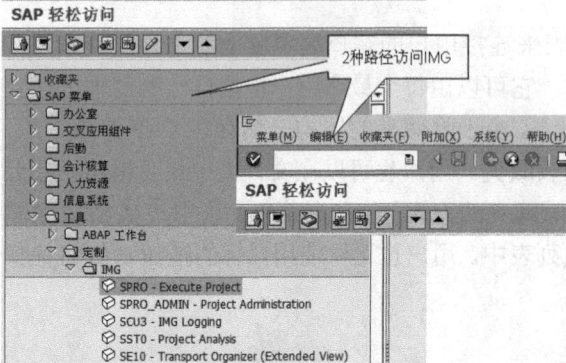

图 1.5　访问配置区的两种路径

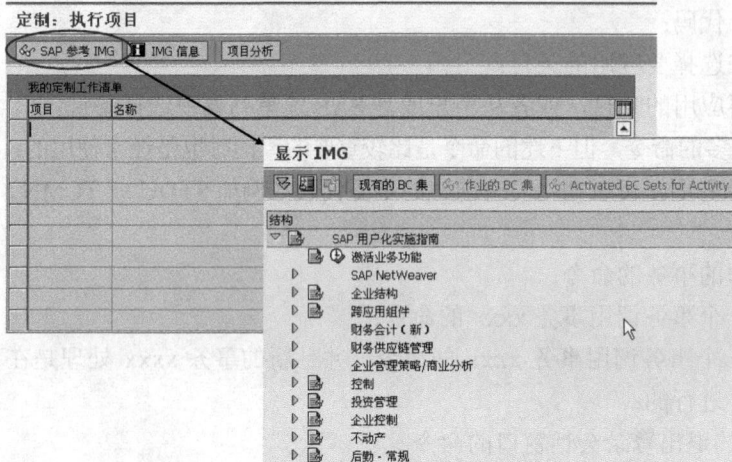

图 1.6　访问配置区

1.6　小结

本入门章节所提供的这些基本概念能让你从本书的其他部分获取最大的收益。本章包含了以下方面的内容：

- 编著本书的主要目的；
- SAP 简介；
- 项目的不同种类以及成功的项目实施所要考虑的关键点；
- 一些基本的导航方法。

在下一章中，我们将开始学习 SAP 企业结构，企业结构是建立 SAP ERP 财务配置的基础。

本章所介绍的主要内容是 SAP ERP 财务的配置基础，被称为企业结构，是 SAP 解决方案基础架构。

第2章　SAP 企业结构

本章概述了定义 SAP 企业架构时所需要的所有配置。企业结构是一组至关重要的组织单元，只有适当地搭建起这些组织单元才能支持其他部分的系统配置。在这里，由于配置的结果都是支撑整个 SAP ERP 财务的，因此，对系统设计所做出的任何决策也将适用于其他的章节。

为了能提供一个基本的架构，需要在项目的初期就对企业结构进行定义，在此架构下的每一个模块小组都可以详细地设计他们自己模块的内容。那些企业结构不能及早完结的项目可能存在的问题会比较多，同时也可能导致出现重大的实施问题以及成本超支。在着手详细设计之前，最好暂停对企业结构进行变动，这样可以减少在设计未固定时就做出详细设计决策的风险。

本章将介绍以下方面的内容：

- 企业结构对象所提供的功能；
- 创建这些对象所涉及的配置步骤；
- 在这些对象之间以及与系统其他部分集成的细节。

本章将以了解一些主要的讨论主题为开端，应当把这些主题融汇到业务蓝图专题讨论中。另外，本章也为本书的后续部分设定了一些业务场景。因此，为了理解 SAP ERP 6.0 的企业结构，应该先阅读本章。

2.1　搭建企业结构

财务企业结构涉及的主要是组织架构。以下是有助于确定企业组织架构的一些基本特性：

- 法定报表需求；
- 税务政策；
- 内部管理报表需求；
- 业务操作的种类（例如，工作方式可能随部分业务的不同而有所不同）。

从更高的角度来看，当你与业务合作方进行 SAP 企业结构设计专题讨论时，应当着重考虑以下这几个问题：

- 法人实体和业务单位是什么？

当考虑到这些问题时，需要确定想在哪个层级定义公司代码、成本中心和利润中心架构。

在多个公司代码的组织结构中，还必需考虑成本控制范围设置。特别地，应当确定以下这几方面的内容：

> — 需要多少个公司代码；
>
> — 成本控制范围设置到什么层级（本章稍后进行详细讨论）；
>
> — 科目分配对象之间的关系是怎么样的（例如，成本中心和利润中心）。

- 内部和外部报表需求是什么？

内部报表需求和外部报表需求是不一样的。SAP ERP 提供了一个被叫作"段"（也叫分部或分支机构，以下同，译者注）的新的科目分配对象，可以用它来提供另外一个纬度的报表（这在第 4 章进行详细讨论）。

- 想使用什么货币，它们和公司代码货币会有所不同吗？

在解决方案中，会使用哪种或哪些货币。在第 4 章中，我们将讨论维护多重分类账的选项。

- 在计划和预算方面要做出什么样的决策？

在解决方案中，想编制哪个层级的计划，想把预算和预测数据存储到哪里。这可能会影响想要创建的对象及其层次结构。

- 当前有哪些接口，希望保留哪些？

在定义项目范围的初期阶段，这是一个很重要的决策步骤。例如，源自于一个多系统的场景，而且实施 SAP ERP 的主要好处就在于把它们都迁移到了一个统一的系统上。需要考虑所替换的每一个系统的特殊功能，同时还要决定如何将它们纳入到整体的系统设计考虑因素中来。

2.2 搭建项目的"稻草人"

在启动一个类似 SAP ERP 财务实施这样的大项目之前，一个很好的想法就是为主要目的和目标的实现去编制一个计划。许多 SAP 的项目团队都会以一个粗略的系统概要作为开始，这个系统概要就是他们展望其系统设计如何才能满足他们的组织架构需求的。"稻草人"通常就充当着系统框架或企业结构第一张草图的功能。

图 2.1 描绘的就是一个"稻草人"的例子，可以参照它来搭建自己的"稻草人"。关于企业结构对象，由于设计可能不是集成的，特别是在跨模块的时候更是如此。因此，对企业结构对象做出英明的决策是非常重要的，否则，设计将会完全失败。

在项目开始的时候，没有理解好组织结构对象就做出决策，如果对此不满意的话，那么此时在项目计划中就得留出一点时间来配置一个小规模的原型解决方案系统，用这个小规模的原型解决方案系统来验证一些关键的业务流程。这可以确证你是否明白了如何来使用这些对象。搭建一个这样的系统原型可以对如何使用系统做出更好的决策，同时能够测试到一些不能直观看到的场景。

在我们着眼于企业结构的配置之前，为了能提供一些企业结构的背景知识，我们需要先了解一下一些主要对象的用途。有关这些对象的详情、配置和流程的方方面面将贯穿本书。

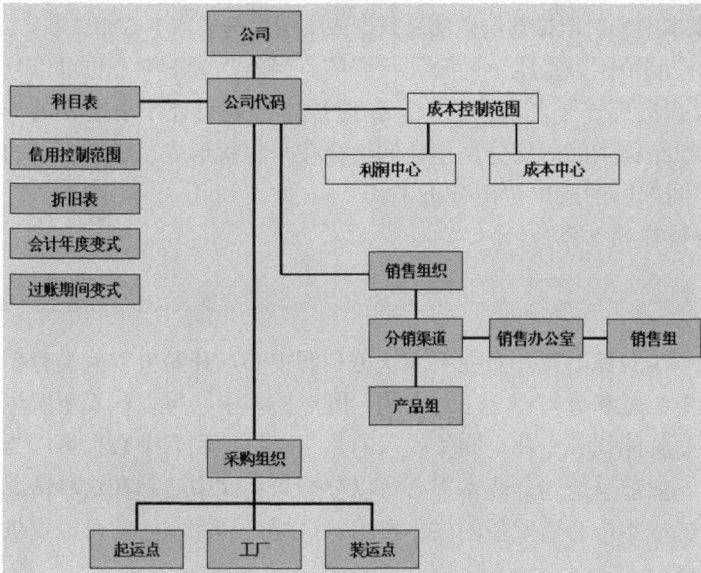

图 2.1　一般的"稻草人"，所显示的是常见的企业组织结构对象

2.2.1　公司代码

公司代码是一个非常重要且必须要定义的对象。它代表的是一个法人实体，拥有完整的账簿体系。对于某些企业，根据设计的宽泛程度，公司代码也可以在不同层级进行定义。在为公司代码的定义而进行决策时，应当要考虑到下面这些问题：

- 有独立的法人实体吗？
- 在不同的国家经营，从而要在这些国家出具财务报表吗？
- 有要把组织机构划分成独立的业务单元的需求吗？

由于设计影响着内部业务操作和报表的出具，因此在哪个层级定义公司代码就是很重要的了，这样才能确保提供最大的灵活性和最详尽的信息。对于公司代码的定义，也不必太拘泥于法人实体的要求，可以把公司代码定义在比法人实体更低的层级来反映业务单位或部门。例如，有些企业可能会把他们的业务部门定义为公司代码，而这些业务部门都会汇总合并到同一个法人实体。如果决定就是这样的，那么就需要定义一个汇总方法，通过这个汇总方法去合并数据从而满足外部财务报表的需求。作为另外的一种选择，有些企业也会决定通过使用一个层次结构下的成本中心或利润中心的方法而把公司代码定义在比法人实体更高的层级，并且使用 CO 对象来生成他们的部门分析报表。

2.2.2　成本中心

在 CO 中，成本中心是最基本的成本归集对象。虽然可以既过账（或记账，本书不做区分，以下同，译者注）收入又过账费用到成本中心，但推荐的做法是只把成本费用与成本中心相关联。

成本中心是分配给唯一的成本控制范围以及唯一的公司代码的。当然，成本中心也可以分配给利润中心（多个成本中心可以指向同一个利润中心），这是成本控制设计中很重要的一部分。因为成本中心代表了企业组织结构中的一部分，把他们组合在一起就形成了成本中心的层次结构，这样就能够提供企业不同部门的成本费用分析了。

成本中心应用的详细介绍将安排在第 8 章。

2.2.3　利润中心

利润中心是系统中基本的收入归集对象。有些企业不太认可利润中心，开始根本就没有想过要使用利润中心。实际上，利润中心是和成本中心相对立的。既然成本中心可以代表所发生成本费用的一个部门，那么利润中心就能代表企业里归集收入的某个单位。利润中心也可以为所有的资产负债表过账并进行更新。如前节所述，成本中心可以分配给利润中心。在这种情况下，利润中心也会归集与之所关联的成本中心所发生的成本费用。这样，利润中心就可以提供一些基本的收入与支出的对比分析了。

利润中心是分配给唯一的成本控制范围的，但它是可以分配给多个公司代码的。利润中心也可以被组合在一起形成一个层次结构来代表企业的组织结构，因而它能为企业的不同单位提供收入与支出的对比分析。

利润中心的应用也在第 8 章中进行详细介绍。

2.2.4　会计科目表

会计科目表是总账科目（账户，本书不做严格区分，以下同，译者注）代码的集合，可以用它来提供财务账目的分析。会计科目表可以分配给一个或多个公司代码，而且它纯粹是一个财务会计的对象。

2.2.5　成本控制范围

成本控制范围是界定在其内分配成本和收入给科目分配对象（例如，成本中心、利润中心等）的组织单元。成本控制范围在 CO 中建立起了企业内部会计的运营管理。

本质上，成本控制范围是企业内部定义的层级架构，因此在此层级上生成的是内部管理报表分析。国际性的企业可能会按国际的边界来设置他们的成本控制范围，因为这通常也代表了法定报表需求的范围。当然，成本控制范围也可以设置在比国际边界更低的层级，那么企业可能会决定让成本控制范围来代表各自分立的业务功能了。请记住，也可以从成本中心和利润中心层次结构得到部门报表分析。

公司代码是分配给成本控制范围的，因此一个或多个公司代码是可以分配一个成本控制范围的。尽管如此，一个公司代码是不能分配给两个及两个以上的成本控制范围的。

2.2.6　业务范围

虽然图 2.1 中没有直接提及业务范围，但在这里解释一下业务范围的用途还是很重要的。在 SAP ERP 中，把业务范围用于提供部门的报表分析要比利润中心会计（PCA）早。企业可以用业务范围来追踪与不同业务部门相关的过账，从而提供一些额外的分析。

虽然业务范围的功能在很大程度上是随着利润中心、内部订单和获利能力分析的发展而被超越了，但是业务范围的功能仍然在系统中保留下来了。部分企业还是可用它来满足一些较小的业务需求。

业务范围既可以用于资产负债表分析，也可以用来进行损益表分析。由于企业不能直接分配银行、权益或税金信息给业务范围，因此不能只用业务范围来生成法定需求的财务报表或税务报表。

2.2.7　折旧表

折旧表是与固定资产相关的组织结构对象。我们将在第 7 章进行详细讨论。

了解完主要的企业结构对象之后，现在就让我们来看一看在下一节里系统概念设计所建立的对象是如何关联起来的。

2.3　设计"稻草人"

为了能描绘出一幅展现企业结构的决策图，有一个好主意，就是把所有的需求汇集在一起并拿出一个企业结构的"稻草人"设计。可以以任何标准来开始绘制"稻草人"。例如，"稻草人"可以被画成是蛛网图，蛛网图所形成的放射性节点会对更详细的设计进行说明。这完全取决于你的判断力资格等级，以及业务蓝图中所描绘的细节。在这个阶段，做得越详细越好。

图 2.2 所示的就是一个最小"稻草人"的案例，因此，如果不能达到这个程度，那么在进入项目的下一个阶段之前还应该考虑再花点时间来完成设计。

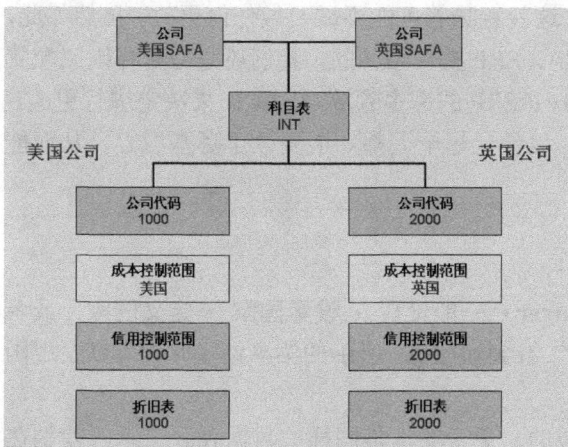

图 2.2　"稻草人"显示了 SAFA 公司的概念性设计

现在有了一个适当的"稻草人"设计了，之后就可以转入设计的实施阶段了，那就是系统配置。

2.4 配置企业结构

贯穿全书，我们都将力图阐述完成配置操作所需要的所有步骤。应当把正文和界面截图与在你自己的 SAP 界面上所看到的内容联系起来。

> **备注**
>
> 如果本书所阐述的内容与你自己 SAP 界面上的内容不一致，则可能是由于版本差异造成的（我们以下所著述的内容是基于 SAP ERP ECC 6.0 版本的），也可能是由所做的相关配置设置造成的。

在进入企业结构的详细配置之前，需要解释两个基本概念：国家和货币。虽然他们本身不是企业结构的一部分，但是国家和货币在企业结构的设置以及主数据创建方面扮演着极为重要的角色。

2.4.1 国家

由于国家的设置用在了企业结构的基础部分（如公司代码、工厂等）以及主数据的记录中（如客户主数据、供应商主数据等），因此国家的概念是很重要的。通过分配唯一的 ID 来配置国家，而后再去维护不同的设置，例如，一般数据、地址、数据格式等，在本节的后续部分将详细讨论这些设置。

SAP 系统一般都自带了许多预定义好的国家，而分配给这些标准配置的国家基础设置是按国际标准化组织（ISO）的准则来定义的。在 SAP 实施中，配置一个新国家是很少见的，但是如果确实成立了一个新的国家，那就不得不在 SAP 系统中创建一个国家了。SAP ERP 把所有国家的特定设置都分配了给预定义好的国家，这就意味着可能不需要做任何更改。虽然如此，在这一节，为了理解每一个字段是如何影响 SAP ERP 整体结构的，我们还是会解释国家配置中的那些重要字段。由于国家的设置会影响 SAP ERP 的许多领域，因此如果决定进行更改，那么就应该和整个的项目组来讨论这些更改，以便让每个人都知道更改了哪些内容，从而能有助于处理这些变化所带来的影响。

在 SAP 系统中定义国家

通过使用菜单路径：**SPRO·SAP NetWeaver·一般设置·设置国家·定义国家**，或者通过使用事务 **OY01**，可以定义一个新的国家。看到如图 2.3 所示的菜单路径时，可以发现国家的定义实际上有两个单独的配置操作。

从技术上来讲，这两个配置操作都是类似的，更新的也是同样的数据表。二者的差别在于：**在 MYSAP 系统中定义国家**是 FI 的配置操作，而**在 MYSAP.COM 系统**（CRM、EBP、

APO、BW、SEM…）**中定义国家**则是 SAP ERP 系统其他模块的配置操作。对于这两个配置操作，因为有些字段都会出现在下面的配置界面中，所以与其他组的成员一起协同配置好这些步骤是很重要的，而且如果没有其他组成员的知识就不要去更改公用的字段。

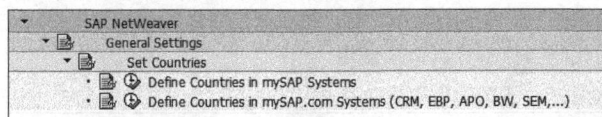

图 2.3　国家定义的 IMG 路径

让我们把注意力集中在第一个配置操作上，它是与 FI 相关的，如图 2.4 所示。表 2.1 对图 2.4 所示的重要字段进行了说明，这些字段都是用于 SAP ERP FI 模块的。

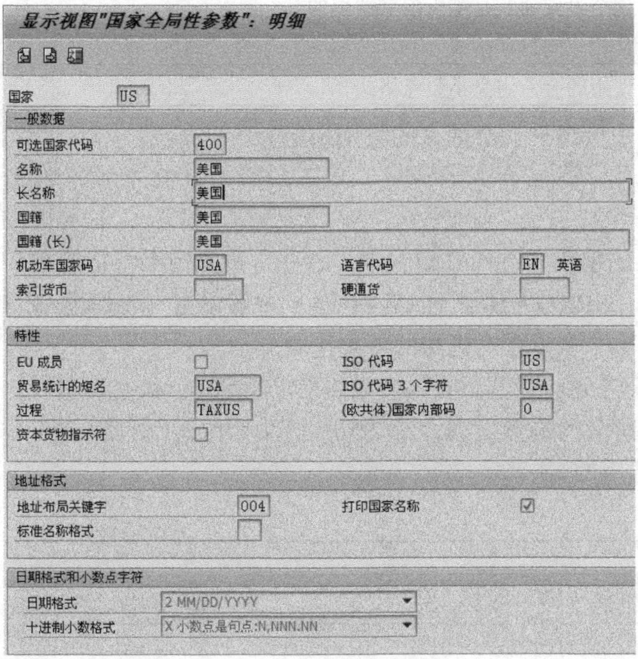

图 2.4　国家的全局参数

表 2.1　国家的全局参数—财务会计

字段	描述
一般数据（名称、长名称、国家）	在这个区域输入的是国家的一般数据信息
语言代码	在这个字段中要为国家输入语言代码。语言是伴随 SAP ERP 一起已经预定义好了的，可以从中选择
索引货币	考虑到在一些国家中的通货膨胀的水平可能很高，因此 SAP ERP 为这些国家的集团报告提供了索引货币的理念。在这里所指定的货币可以为那些分配给这种国家的公司代码当作平行货币来使用

字段	描述
硬通货	硬通货与索引货币类似,因为他们都是为了具有高通货膨胀水平国家出具集团报告而设的。就像索引货币一样,硬通货也可以为那些分配给这种国家的公司代码当作平行货币来使用
欧盟国家	如果国家在欧盟内,那么就设置这个标识
程序	这是定义税的规则和税码的税收程序,并且在系统中用于确定增值税以及销售和购置税。这个程序不直接关联到公司代码,由于公司代码分配给了这个国家,因而它会间接地获得这个程序
净折扣基础	如果不想把销售税考虑为折扣计算的基准金额,那么就设置这个标识。请记住,这个设置通常是基于国家法规的
日期格式	为国家定义相应的日期格式
小数点格式	为国家所使用的金额定义小数点格式

接下来，让我们来看看在国家定义中所维护的对国家的特别检查。

设置国家的特定检查

在这一节，我们将会讨论一些重要的字段，在国家配置中，这些字段是国家特定检查字段的一部分。可以使用以下的菜单路径：**SPRO • SAP NetWeaver • 一般设置 • 设置国家 • 设置国家特定的检查**，或者使用事务 **OY17** 来设置对国家的特定检查。

当设置对国家的特定检查时，会看到在这个设置下有许多需要指定长度（以数字表示）的字段，还有一个用于确定字段长度如何解释的检查规则。图 2.5 所示以及表 2.2 所述有 10 个检查规则，它们在 SAP ERP 中是可以选用的。

表 2.2　检查规则

检查规则	描述
1	最大值长度，没有间隔
2	最大值长度，数字的，没有间隔
3	保持精确的长度，没有间隔
4	保持精确的长度，数字的，没有间隔
5	最大值长度
6	最大值长度，数字的
7	保持精确的长度
8	保持精确的长度，数字的
9	检查国家特有的编辑格式
0	不激活美国的邮政编码检查

更改视图"国家字段检查"：明细

国家代码　　US　美国

银行目录码
银行代码　　　1　银行帐号

规范化检查

	长度	检查规则
邮政编码长度	10	1	最大值长度，没有间隔
银行帐户号码	17	6	最大值长度，数字的
银行号码长度	9	6	最大值长度，数字的
邮政银行帐号长度	10	6	最大值长度，数字的
税号 1 的允许长度	11	5	最大值长度
税务代码2允许的长度	10	5	最大值长度
增值税登记号			
银行代码的长度			

验证银行号字段规则(1) 10 找到条目

确认银行帐号的规定	短文本
1	最大值长度，没有间隔
2	最大值长度，数字的，没有间隔
3	保持精确的长度，没有断点
4	保持精确的长度，数字，没有断点
5	最大值长度
6	最大值长度，数字的
7	保持精确的长度
8	保持精确的长度，数字
9	检查国家特有的编码格式
0	取消激活 USA 邮政编码检查

进一步检查
☑ 银行数据　　　　　☑ 邮政编码必需输入
☐ 其它数据　　　　　☐ 邮箱代码必须输入

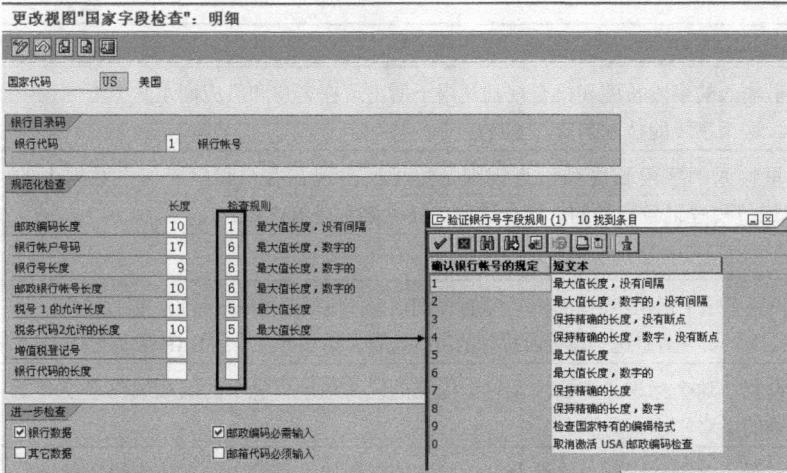

图2.5　国家字段的检查设置

　　请记住，所指定的字段长度不能超过字段技术上或者会出问题的长度。例如，如果**银行号码长度**字段的技术长度为 10，而指定的长度为 12，则系统不能接受 12，因为该字段的长度限度不允许系统接受超过 10 的值。

　　表 2.3 详述了国家特定检查设置的所有重要字段。

表2.3　国家的字段检查设置

字段名	描述
银行目录码	
银行代码	输入银行的代码，它反映国家的银行是如何被辨识的。根据国家需求，可以有分配内部或外部编号两种选择
规范化检查	
邮政编码长度	输入国家地址数据中的邮政编码字段格式的长度和检查规则。在维护地址数据时，需要好好考虑一下，例如供应商主数据
银行账户号码	输入在公司代码下所维护的客户、供应商或开户银行的银行账户号码的长度和检查规则
银行号码长度	输入指定整数码的银行 ID，它是用来标识给定国家中实体银行的
邮政银行账号	输入邮政银行账号的长度和检查规则。银行主数据中的标识用于定义银行是一般的银行还是邮政账户的银行。可以用事务 FI03 显示银行主记录，从而可以查看邮政银行账号字段
税号 1	在这里输入的字段长度和检查规则是用于所出现在客户和供应商主数据上的税字段的。这个字段的技术名称是 STD1

字段名	描述
税号 2	在这里输入的字段长度和检查规则是用于所出现在客户和供应商主数据上的税字段的。这个字段的技术名称是 STD2
VAT 增值税登记号	在这里输入的字段长度和检查规则是用于所出现在客户和供应商主数据上的 VAT 增值税登记号字段的。这个字段的技术名称是 STCEG
进一步检查	
银行数据	如果设置了这个标识，则系统检查银行详细信息，包括银行账户号码、银行号码以及银行代码。要搞清楚这个设置所执行的所有检查，请参考在线的 SAP 帮助文档
邮政编码必须输入	如果设置了这个标识，那么涉及这个国家的任何地址信息中的邮政编码字段就变成必输的了
邮政信箱必须输入	如果设置了这个标识，那么涉及这个国家的任何地址信息中的邮政信箱字段就变成必输的了
激活地域性文件	如果设置了这个标识，则系统会对比地址数据库来检查地址数据的准确性，地址数据库可以使用报告 RSADRLSM02 来维护。请注意，如果在系统中使用的是 SAP 区域性架构，那么应该选择这个标识
街道邮政编码	就像前述的字段一样，如果国家的邮政编码是明确到街道的，而且在系统中使用的是 SAP 区域性架构，那么就应该选择这个标识
其他数据	如果设置了这个标识，则系统会激活国家的某些特殊控制。例如，在英国，如果选择了这个复选框，那么在客户和供应商主数据输入 VAT 增值税号码时就会执行一个附加的检查，以确保它是符合英国的编码规则的

现在，让我们再来看一下另外一个要考虑的重要概念：货币。

2.4.2 货币

SAP ERP 自带了 150 多种预配置好的货币，这些货币对于大多数项目实施来说都是绰绰有余的了。万一还是需要在系统中创建新的货币呢？因此，我们要介绍一下如何创建货币以及相关的配置操作，例如，设置小数点位和转换比率，在系统中输入汇率等。如果打算在系统中创建新的货币，那么作为参考，我们强烈建议先检查一下 OSS 的注释，因为这些 OSS 注释对如何在 SAP ERP 系统中使用一种新货币所需全部客户化配置步骤有一系列的建议，如 ISO 码的定义、小数位数，以及与其他主要货币的转换比率。

备注

OSS 是 SAP 的在线支持网络，通过 SAP 的在线支持可以从 SAP 获得技术方面和配置方面问题的帮助和支持。

现在就让我们开始在系统中创建新的货币。

创建新货币

通过使用菜单路径：**SPRO · SAP NetWeaver · 一般设置 · 货币 · 检查货币代码**，或使用事务 **OY03**，就可以创建新的货币了。

按照下面的步骤来定义新货币，如图 2.6 所示。

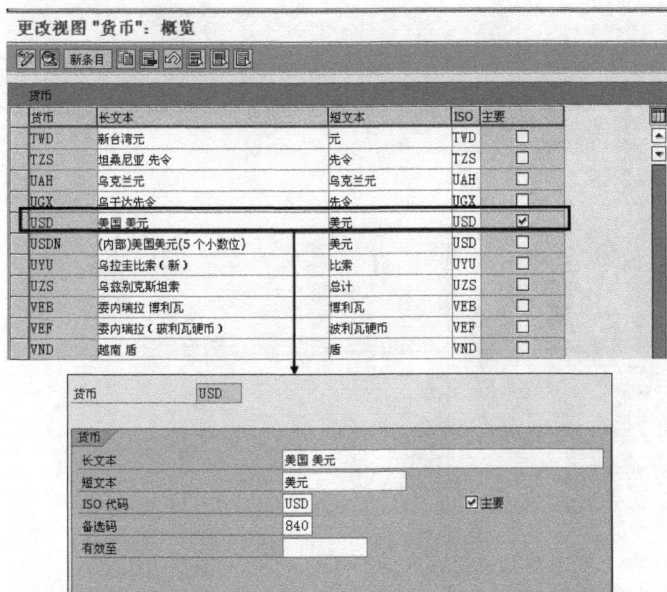

图 2.6　定义货币代码

1．使用上述的菜单路径进入到定义货币的界面。这个界面显示了在系统中已经存在的且可以使用的货币列表。

2．双击某一货币，就可以显示其相关的细节。

3．单击**新条目**按钮来创建新的货币。

4．-n.在下一个界面中，输入新货币的长文本或短文本描述、ISO 码以及备选码。

5．-n.保存输入。

定义好货币后，可以继续进行下一项配置设置。

为货币设置小数位数

接下来的步骤就是通过使用菜单路径：**SPRO · SAP NetWeaver · 一般设置 · 货币 · 为货币设置小数位数**，或使用事务 **OY04** 来为货币设置小数的位数了。

备注

这个步骤只有在新货币不是两位小数时才需要进行设置。

> **警告**
>
> 改变货币的小数的位数可能会导致严重的不可逆转的问题，因此这个步骤不应该在生产系统中来执行。另外，配置操作是跨集团的，它将影响在 SAP 系统环境下所有在用的集团，所以无论如何要尽量避免更改货币的小数位数。

尽管如此，如果必须要有一种新的货币，而且需要更改它的小数位数，那么请谨遵以下这些步骤（见图 2.7）操作。

货币	长文本	小数位
ADP	安道尔 比塞塔	0
AFA	阿富汗语	0
BEF	比利时法郎	0
BHD	巴林 第纳尔	3
BIF	布隆迪 法郎	0
BYB	白俄罗斯卢布(旧)	0
BYR	白俄罗斯卢布	0
CLP	智利 比索	0
COP	哥伦比亚 比索	0
DEM3	(内部) 德国马克 (3 个小数位)	3
DJF	吉布提 法郎	0
ECS	厄瓜多尔的苏克雷(> USD)	0
ESP	西班牙比塞塔	0

图 2.7 设置货币代码的小数位数

1. 沿上述的菜单路径进入到设置小数位数的事务中。
2. 依次确认所出现的 3 次警告信息。
3. 单击**新条目**按钮。
4. 输入新货币以及相应的小数位数。
5. 保存输入。

检查汇率类型

通过使用菜单路径：**SPRO·SAP NetWeaver·一般设置·货币·检查汇率类型**，或使用事务 **OB07** 对检查货币类型进行设置。

汇率类型的设置允许对给定的有效期间使用不同的汇率。SAP ERP 系统默认的设置是使用"M"汇率类型。可以在"定义凭证类型"的客户化配置步骤中分配一个可选的汇率类型，也可以更改这个默认的汇率类型。

使用上述的菜单路径，进入到检查汇率类型的配置界面时，可以看到系统中所有已存在的汇率类型及其客户化的设置。如果要创建新的汇率类型，则单击**新条目**按钮，并且输入表 2.4 以及如图 2.8 所示的信息。

表2.4　检查汇率类型

字段	描述
汇率类型	输入新的 4 位文字数字型的汇率类型代码
用途	输入新汇率类型的描述
参考货币	输入参考货币，参考货币是用于计算使用此货币类型的不同货币间的跨货币汇率的。例如，如果 USD 作为参考货币输入，而要使用 CAD 和 RMB 之间进行转换的 CAD 来过账，那么系统首先查找执行计算所需的从 CAD 到 USD 的汇率，然后是 RMB 到 USD 的汇率，从而获得从 CAD 到 RMB 的正确汇率。在维护大量的汇率时，这种特性可以节约时间和精力
买入汇率类型	为买入汇率输入平均汇率类型。可以为那些总是由其他的汇率类型衍生并从其减去扩展值的汇率类型使用这个字段。可以使用菜单路径：**SPRO · SAP NetWeaver · 一般设置 · 货币 · 维护汇率扩展**来输入汇率的扩展值
卖出汇率类型	为卖出汇率输入平均汇率类型。可以为那些总是由其他的汇率类型衍生并从其减去扩展值的汇率类型使用这个字段。可以使用菜单路径：**SPRO · SAP NetWeaver · 一般设置 · 货币 · 维护汇率扩展**来输入汇率的扩展值
反向的	设置这个标识就可以使用反向汇率特性。因为系统首先查找指定的汇率，而如果该指定的汇率不存在，则系统会使用反向的汇率来提供所想得到的值，这样可以减少汇率输入的工作量
EMU	因为设立 EURX 和 EURO 这两种汇率类型是顺应从 1999 年到 2002 年引入 EURO 欧元后的，因此这个设置是用于标准的汇率类型 EURX 和 EURO 的。对于新汇率类型，可以忽略这个设置
固定的	如果设置这个标识并且使用对应的汇率类型，那在过账的时候就不能输入一个与该日期下的有效汇率不同的汇率。为简单起见，对于新汇率类型，可以忽略这个设置

汇率	用途	参考货币	买入汇率	销售汇率	Inv	EMU	固定的
100*	参考值 = 组值				☐	☐	☐
1001	当前兑换率				☐	☐	☐
1002	平均兑换率				☐	☐	☐
1003	历史兑换率				☐	☐	☐
1004	前年的当前兑换率				☐	☐	☐
200*	参考值 = 组值				☐	☐	☐
2001	当前兑换率				☐	☐	☐
2002	平均兑换率				☐	☐	☐
2003	历史兑换率				☐	☐	☐
2004	前年的当前兑换率				☐	☐	☐
B	在银行卖出率下的标准兑换				☐	☐	☐
EURO	EMU 规则，固定兑换率	EUR			☐	☑	☑
EURX	EMU 规则，变化的兑换率	EUR			☐	☑	☐
G	在银行买入率下的标准兑换				☐	☐	☐
I	州内的汇率类型				☐	☐	☐
M	在平均比率下的标准兑换				☐	☐	☐
P	对成本计划的标准换算				☐	☐	☐

显示视图 "货币兑换汇率类型"：总览

图2.8　货币转换的汇率类型

> **备注**
>
> 标准的做法是，不要从生产系统去更改或删除已经存在的汇率类型，因为这样做可能会导致不一致的情形出现。

接下来，我们来看看货币转换比率的定义。

为货币转换定义比率

定义货币转换比率的菜单路径为：**SPRO · SAP NetWeaver · 一般设置 · 货币 · 为货币转换定义转换比率**，也可以使用事务 **OBBS** 进行定义。

在这个配置步骤中，要为每一对货币定义汇率转换的比率，以便于在输入实际汇率（在下一节进行介绍）时，系统能知道如何转换这两种给定货币间的比率。配置新货币时，应该只编辑转换比率而不应该去更改系统中已经存在的转换比率。

使用表 2.5 所示的信息来输入货币的转换比率（见图 2.9）。

表2.5 转换比率

字段	描述
汇率类型	输入货币转换的汇率类型
从	为转换的货币组合输入起始的货币
到	输入所要转换货币金额将要被转换成的目标货币
有效日从	这是两种货币间的汇率比率的开始生效日期
比率（从）	为起始货币输入相关的比率
比率（到）	为目标货币输入相关的比率
备选汇率类型	（可选）如果在这个字段指定了另外一种汇率类型，则系统将使用汇率类型来进行转换。请记住，备选的汇率类型必须具有和源汇率类型一样的转换比率

图2.9 输入转换比率

在完成货币所需的设置之后，可以在系统中输入过账时所要使用的汇率，例如，国外的客户发票或供应商发票。可以即时更改由系统所建议的汇率，这个汇率就是来自于输入客户发票或供应商发票时在汇率表中所对应的汇率。

维护汇率

输入汇率的菜单路径为：**SAP 轻松访问・会计・财务会计・总分类账・环境・当前设置・输入汇率**，也可以使用事务 **S_BCE_68000174** 来进行维护。

按以下这些步骤输入新的汇率（见图 2.10）。

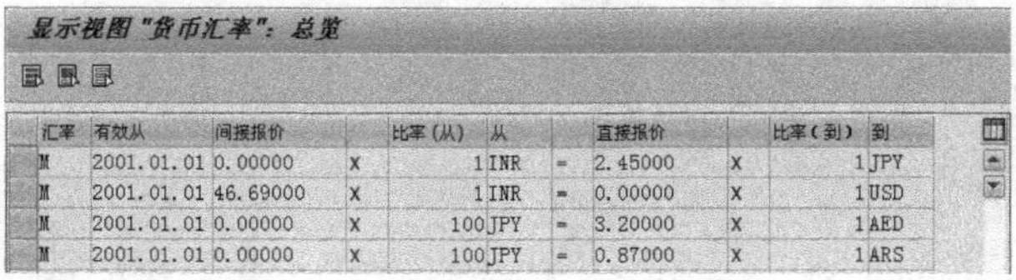

汇率	有效从	间接报价		比率（从）	从		直接报价		比率（到）	到
M	2001.01.01	0.00000	X	1	INR	=	2.45000	X	1	JPY
M	2001.01.01	46.69000	X	1	INR	=	0.00000	X	1	USD
M	2001.01.01	0.00000	X	100	JPY	=	3.20000	X	1	AED
M	2001.01.01	0.00000	X	100	JPY	=	0.87000	X	1	ARS

图 2.10　汇率的维护

1．单击**新条目**按钮。

2．输入**有效从**的日期以及相关的货币组合。

3．在**直接汇率报价**的所在列输入汇率。

4．保存输入。

现在，我们已经完成了货币配置并维护了与这个货币相关的汇率。接下来，我们就进入企业结构里进行要素配置了。

企业结构的配置分为两个部分。首先，定义企业结构的所有构成要素，这些企业结构的构成要素都可以在 IMG 的同一个区域一并找到，如图 2.11 所示。

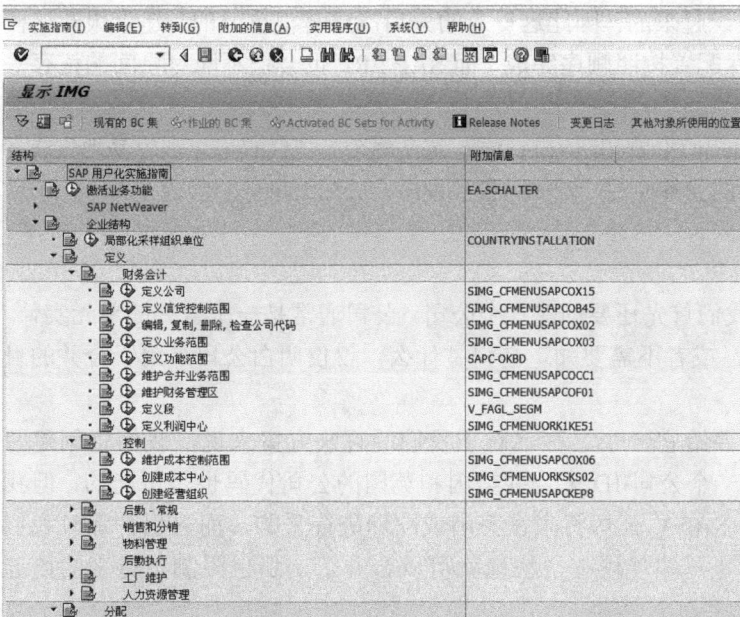

图 2.11　企业结构的定义

然后在紧伴定义企业结构构成要素的区域里将这些构成要素进行适当的分配，如图 2.12 所示。

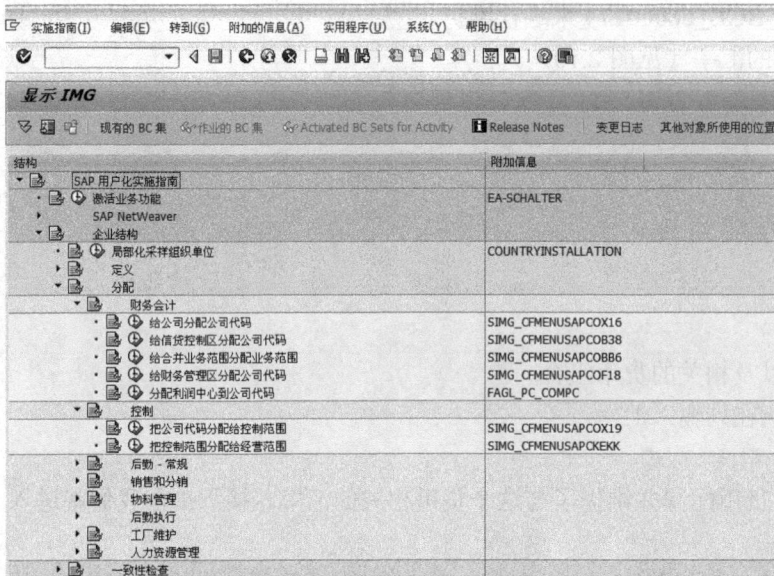

图 2.12　企业结构的分配

由于 IMG 是按活动类型组织起来的，因此这一节的先后次序是很重要的。建议跟随这样的顺序进行下去，因为这能确保配置按照顺序完成，而 SAP ERP 也会把不同对象间的依存关系考虑进去的。

要创建两个公司代码来代表我们伦敦和纽约的公司。定义两个公司代码可以很容易地生成各自的财务报表，并且可以把不同的业务控制（例如，税务程序）分配给每一个营运方。

2.4.3　定义公司

就上文所述的公司代码，我们首先还要创建一个公司，公司通常是一个合并的单元实体。实际上，用户不需要理解这个，或者不需要知道公司是什么，仅仅明白公司是用于合并的目的就可以了。

公司仅仅是一个标识符，要给它一个名称。对于我们的解决方案来说，我们将创建两个公司，如图 2.13 所示。创建一个公司 ID 来合并美国和英国的公司代码也是可能的，但我们不选择这种方式。因为如果 SAFA 公司将来在美国或欧洲进行采购，而且也许那时我们想要按地域来合并经营的成果，那即使现在很快地就可以合并了，那也限制了将来的可选择性。

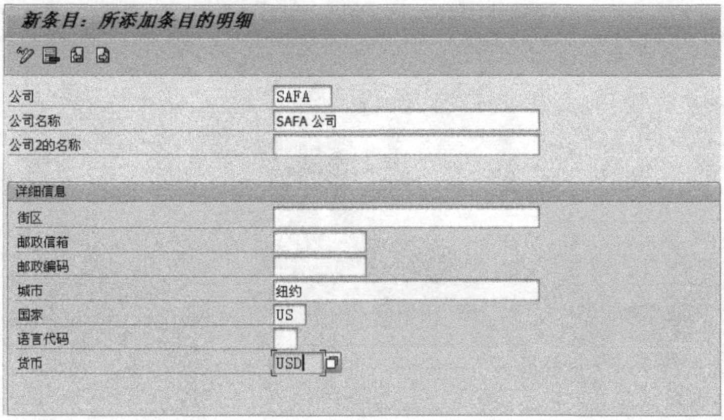

图 2.13　定义公司 ID

沿着以下的菜单路径：**SPRO · 企业结构 · 定义 · 财务会计 · 定义公司**，或者用事务 **OX15** 来创建公司 ID。

2.4.4　定义会计年度变式

会计年度变式是用来定义期间控制的对象的，也就是会计期间的日期。这里所做的设置是控制会计凭证过账日期如何与会计期间相关联的，它也控制着期间的数目（也可参见物料管理的物料期间功能）。SAP ERP 允许多达 16 个会计过账期间，这些期间代表着一年的 12 个月，外加 4 个特殊的期间，在有需要的时候可以将这些特殊的期间用于调整记账。

企业可以采用不同的会计准则，例如，一个日历年。美国联邦政府使用的是从 10 月到次年 9 月这样的年度，而英国的税务年度则是使用从 4 月到次年 3 月这样的年度。如果没有现成可用的会计年度变式，还可以配置自己的会计年度变式，以满足需求。

由于这项配置操作是在企业结构区域之外的，因此要到 IMG 的其他地方查看。在 SAP ERP 6.0 中，可以在菜单路径：**SPRO · 财务会计（新）· 财务会计全局设置（新）· 分类账 · 财政年度和过账期间 · 维护会计年度变式**，或者使用事务 **OX29** 找到这个配置的步骤。

对于 SAFA 公司，我们将施行从 4 月（期间 1）到次年 3 月（期间 12）这样的会计年度变式。单击**新条目**（见图 2.14）来定义新的会计年度变式，或者复制 SAP ERP 的标准会计年度变式 K4。

会计年度变式 Z1 拥有 12 个会计过账期间。起初，4 个特殊的期间可能没什么用。但如果不想返回到已关闭的期间进行调整时，就可以调整过账到额外补充的特殊期间。

要定义自己的会计期间以便了解什么和它们相关。在一个从 4 月到次年 3 月的会计年度中，4 月是第 1 个会计期间，如图 2.15 所示。

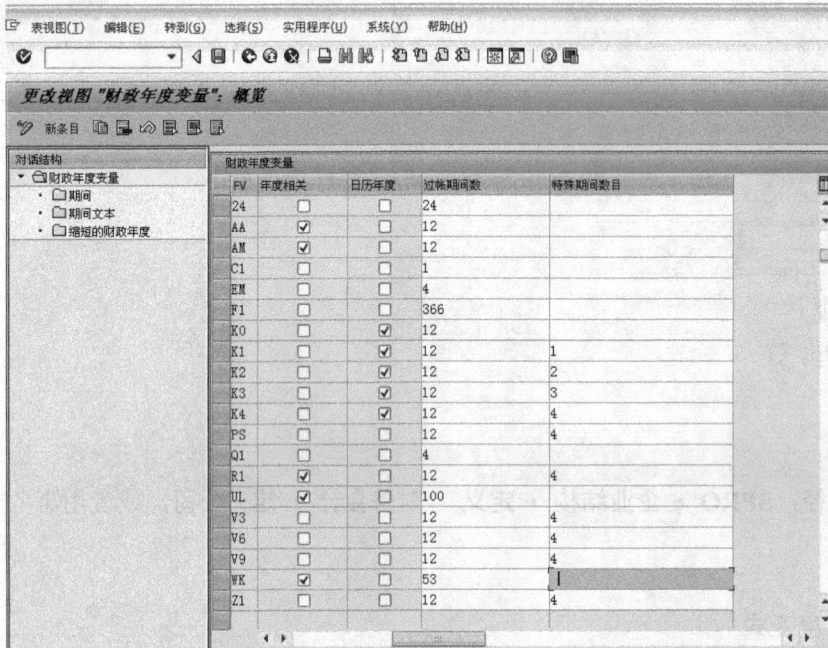

图 2.14　定义会计年度变式

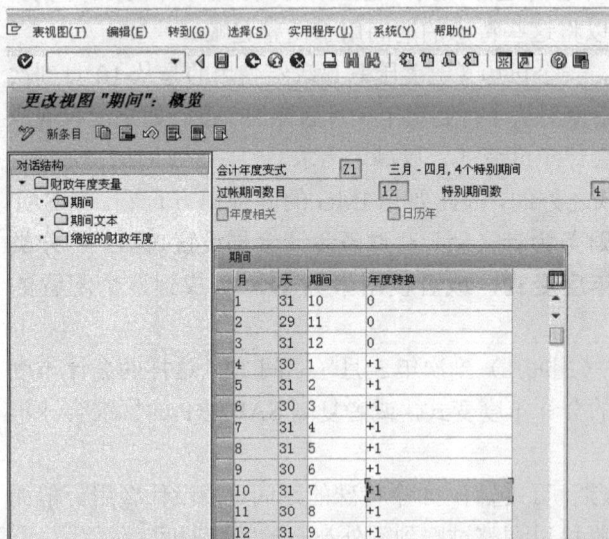

图 2.15　定义会计年度变式下的期间

　　就我们的案例来说，在定义了公司代码之后，我们会把会计年度变式分配给它。

2.4.5　定义过账期间变式

过账期间变式是用来控制哪些会计期间是为过账而打开的。这样才能够确保已关闭期间的账是保持平衡和统驭的。在期末处理过程中，可能要分别关闭子账（或明细账，本书不做区分，以下同，译者注）并在过账期间变式中增加代表子账的控制。

从过账到这些期间的功能方面来说，过账期间变式控制在每个限定的时间内哪个分类账是打开或关闭的。财务部通过执行期末或月末处理从而核算出该期间的财务成果。通常，在完成这些月结操作后旧的会计期间会被关闭以防止再过账到这些期间。

一般地，关闭（锁定）期间处理并不是在一个时间点上一下就全部完成的。但是子账却是一次性就关闭的。例如，通常第一个被关闭的子账是销售，因此任何新发生的销售业务就只能过账到新的会计期间了。接下来被关闭的可能是采购子账，在采购子账被关闭之前，在结账的那个期间中会留出一点额外的时间用于发票的处理。期末循环的过账期间的关账处理将在第 11 章中详细讨论。

创建过账期间变式的配置操作可在菜单路径：**SPRO · 财务会计（新）· 财务会计全局设置（新）· 分类账 · 财政年度和过账期间 · 为未清过账期间定义变式** 下找到，或者使用事务 **OBBO** 来创建。常用的方法是为公司代码创建一个具有相同编码值的过账期间变式，因此在我们的案例中，要创建两个过账期间变式，分别是：1000（用于美国的公司代码）和 2000（用于英国的公司代码）。

每个公司代码的过账期间变式

考虑一下案例中的 SAFA 公司，在这个公司中有人在美国工作，而有的却在英国工作。这两个企业间大概有五六个小时的时差。他们在不同的时间工作，因此关账也要在不同的时间。因此，只拥有一个单一的过账期间变式意味着他们需要同时关账，而这是不太现实的。

在这个配置界面中，单击**新条目**，并且为公司代码输入一个代表过账期间变式的代码值（见图 2.16）。

更改视图 "记帐期间: 指定时间间隔": 概览

变式	A	起始科目	终止帐户	起始期间	年度	终止期间1	年度	起始期间	年度	终止期间	年度	AuGr
1000	+			6	2001	12	2010	13	2000	16	2000	
1000	A		999999999	6	2001	12	2010	13	2000	16	2000	
1000	D		999999999	7	2001	12	2010	13	2000	16	2000	
1000	K		999999999	7	2001	12	2010	13	2000	16	2000	
1000	M		999999999	6	2001	12	2010	13	2000	16	2000	
1000	S		999999	6	2001	12	2010	13	2000	16	2000	

图 2.16　定义过账期间变式

子账的控制通过账户类型（如图 2.16 所示中的第二列）来实现。最顶上的那一行（账户类型是＋）是总体控制，在它的下面可以找到不同子账的行：

- A = 资产；
- D = 客户；
- K = 供应商；
- M =物料；
- S = GL（总分类账）。

其他列的值所包含的期间都是打开的。在这个例子中，从 2001 年的第 6/7 期间到 2010 年的第 12 期间都是打开的，各自的特殊期间（从 13 到 16）也是打开的。当然这不是真实业务的情形，因为在实际业务情况下，通常只会让一个期间是打开的。如果为过账期间变式创建了不同的账户类型行，就可以分别关闭子账了。

每一行可以按账户号进行过账期间的限制。例如，在总账中可以决定在其他科目关闭之前先关闭某些总账科目。这应该是全部期末关账程序中的一部分，我们将在第 11 章再来讨论。

接下来，通过菜单路径（见图 2.17）：**SPRO · 财务会计（新）· 财务会计全局设置（新）· 分类账 · 财政年度和过账期间·过账期间 · 分配变式给公司代码**，或者使用事务 **OBBP** 把过账期间变式分配给公司代码。

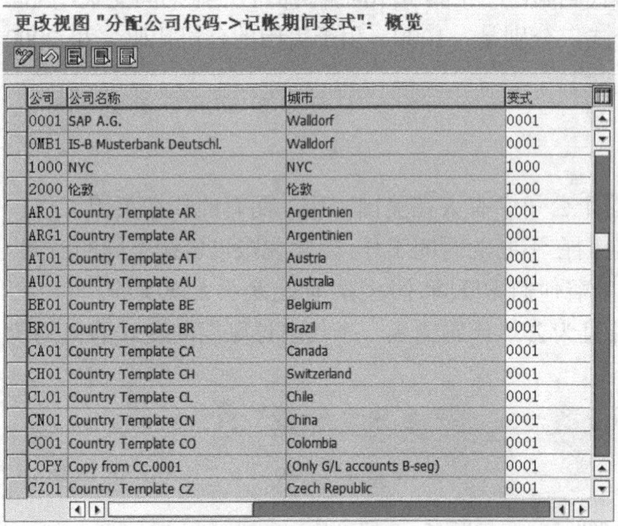

公司	公司名称	城市	变式
0001	SAP A.G.	Walldorf	0001
0MB1	IS-B Musterbank Deutschl.	Walldorf	0001
1000	NYC	NYC	1000
2000	伦敦	伦敦	1000
AR01	Country Template AR	Argentinien	0001
ARG1	Country Template AR	Argentinien	0001
AT01	Country Template AT	Austria	0001
AU01	Country Template AU	Australia	0001
BE01	Country Template BE	Belgium	0001
BR01	Country Template BR	Brazil	0001
CA01	Country Template CA	Canada	0001
CH01	Country Template CH	Switzerland	0001
CL01	Country Template CL	Chile	0001
CN01	Country Template CN	China	0001
CO01	Country Template CO	Colombia	0001
COPY	Copy from CC.0001	(Only G/L accounts B-seg)	0001
CZ01	Country Template CZ	Czech Republic	0001

图 2.17 分配过账期间变式给公司代码

现在我们已经定义了过账期间和会计年度变式。在 SAP ERP 财务中，过账期间和会计年度变式联合在一起来控制着过账。接下来要看一看会计科目表，它用来控制科目主数据。

2.4.6 定义会计科目表

会计科目表是用来描述分类账过账并且结构化了的总账科目清单列表。为了提供管理业务所需要的适当层级的财务信息，应该基于报表需求来定义会计科目表。

总账科目是在科目表层进行定义的，然后再把它们扩展到要被使用的公司代码。在我们的例子中，创建的每一个总账科目都将扩展到两个公司代码。因为两个公司代码都拥有相同的报表需求，所以将采用一套统一的会计科目表，这个科目表将统跨两个公司。就财务报表报告和税务政策方面而言，采用统一的会计科目表不会限制我们满足美国和英国法律的法定需求的能力。

配置步骤囊括了会计科目表的所有控制信息，如代码的长度。通常，企业的总账科目代码都采用数字型的结构，并根据代码清单列表的数目情况在代码长度方面保有一定的余地。SAP的实施有时侯也是一个很好的契机，可以重新审视科目代码结构，并决定正确的总账科目、成本中心、利润中心和其他科目分配要素的组合。在我们的案例中，总账科目编码采用了五位数，足以提供一个很明细的会计科目表了。

要定义会计科目表，可以沿菜单路径：**SPRO**•**财务会计（新）**•**总分类账会计（新）**•**主数据**•**总账科目**•**准备编辑科目表列表**，或者使用事务 **OB13** 来完成。图 2.18 显示的例子就是系统交付的会计科目表。

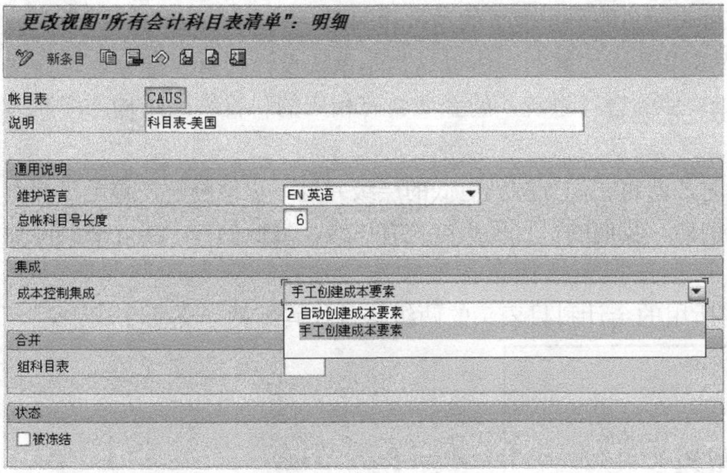

图 2.18　创建会计科目表 ID

对照系统所交付的 CAUS 标准科目表设置，创建我们自己的会计科目表。在图 2.18 所示中，我们显示了 CAUS 的标准设置。如果单击新条目，可以创建一个名为 1000—SAFA 公司科目表的会计科目表。除了使用五位数的总账科目代码长度外，其他的设置都与 CAUS 相同，如图 2.19 所示。

在定义完会计科目表之后，还需要把会计科目表分配给相应的公司代码。当然，只有在定义好公司代码之后才能分配（这将在后面的章节中讨论）。

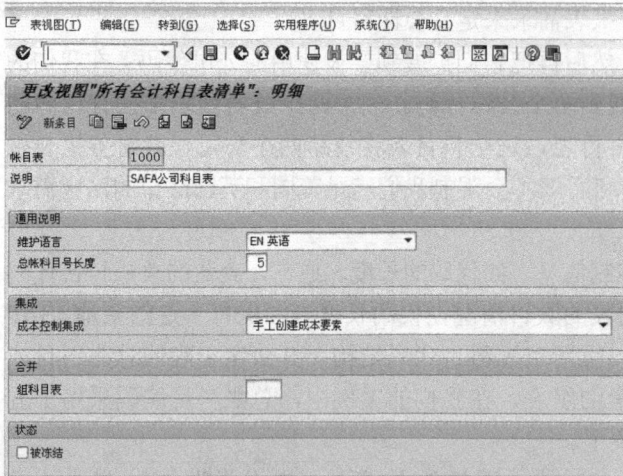

图 2.19　SAFA 公司会计科目表

2.4.7　科目表结构

在这一点上，需要对会计科目表或总账科目清单的结构和编码规则有一些想法。因为总账过账的分析对于理解财务的经营成果是很关键的，所以这也是系统设计的重要部分。正在实施 SAP ERP（作为他们当前会计软件的替代系统）的企业会有相应的科目编码结构的编制方法，我们应该拿它作为起点。

当确定需要成组的科目代码时，就将它们分解到更低的层级并进一步地分解，直至延伸到实际使用的科目代码层级为止。例如，我们的科目代码结构有三级，最低的那一级才是实际使用的科目代码。

让我们来看一下 SAFA 公司所用的会计科目表头的两级科目代码结构（见图 2.20）。

1 级	2 级	
资产负债表		
10000	14999	固定资产
15000	19999	流动资产
20000	24999	流动负债
25000	29999	长期负债
30000	39999	资本及准备金
损益表		
40000	49999	销售
50000	59999	销售成本
60000	69999	间接费用
70000	79999	线下调整

图 2.20　SAFA 公司科目表中的头两级

如果第一次在 SAP ERP 中创建会计科目表，那采用这个宽泛的指南也许是有用的。首先定义科目组，科目组中的总账科目可以提供业务分析所需要的细度。

在这里，区分总账科目和科目分配对象（成本中心、利润中心、内部订单等）的用途是很重要的。请记住，总账科目是记录收入或支出的形式，而科目分配对象才是提供部门或业务单元分析的。

数字的或文字数字混合的科目表

不建议使用文字数字混合的编码规则策略，因为这样会引发**潜在的**问题。当 SAP ERP 不能识别科目代码范围时就会产生这样的问题。如果使用的是字母和数字的混合体，那么 SAP ERP 就不允许按范围段来定义配置。例如，定义分割特征时需要为每个科目进行定义，这样的话就不能输入科目的范围段了。同样的问题也会发生在默认成本要素的设置上，在那里就必须把每一个值都逐个地输入到默认的设置表中。

2.4.8　定义信用控制范围

信用控制范围是用于控制与客户相关的业务处理的。它是为已定义好的客户组限定总体信用限额的一种手段。在信用控制范围中，要定义出可以给客户的信用总额。大多数的企业都只会管理一个纬度，并且为每一个公司代码都定义一个信用控制范围。但前提是已经创建好了会计年度变式，这已在 2.4.4 小节中介绍过了。

信用控制范围表示的是对给定信用限额的基本控制。在这个层级设置的额度会影响在信用控制范围内的所有客户。正是由于这个原因，许多企业在这里选择的不是强加限定控制而是基于单个的客户需要进行信用控制（见第 6 章）。

在我们的案例场景中，只应用一些简单的设置来支持信用控制活动（见图 2.21）。因为美国和英国的公司要和他们国内的程序一致而采用不同的策略，所以我们将为每一个公司代码都创建一个信用控制范围。可以从菜单路径：**SPRO·企业结构·定义·财务会计·定义信用控制范围**，或者使用事务代码 **OB15** 来定义信用控制范围。定义信用控制范围的设置已详述在表 2.6 中。

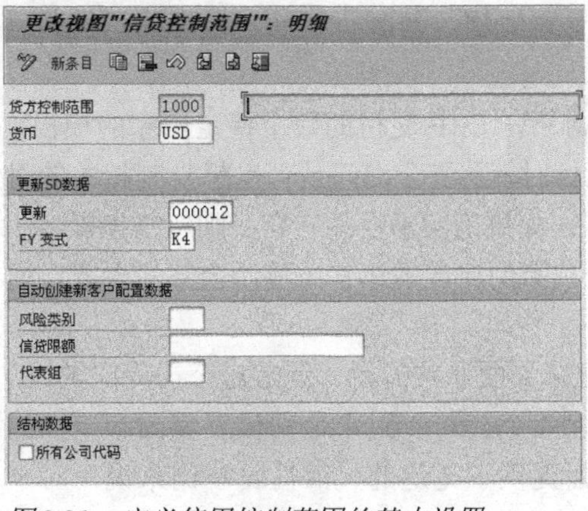

图 2.21　定义信用控制范围的基本设置

两个信用控制范围采用的都是相同的设置。

现在，这两个信用控制范围都已经分配给了他们各自的公司代码，但是实际上在真正地创建好公司代码之前还是什么也做不了，现在就让我们往下继续看看下一个配置有哪些步骤。

表2.6　定义信用控制范围的设置

字段	描述
更新	控制未清项的计算中包含哪些项目的，也就是超信用限额。许多的企业都会采用 000012 这个变式，在他们的超信用限额的计算中，他们想包括未清销售订单的金额。这也是为美国和英国公司所选择的设置
会计年度变式	这里必须输入会计年度变式
自动创建客户的默认数据	这些设置将应用于创建所有客户时的默认值。这将在第 6 章详细讨论

2.4.9　定义公司代码

许多其他的对象都会分配给公司代码，因此对于余下的配置来说，公司代码的设置是个相当重要的步骤。公司代码是一个用于会计的组织结构单元，从 FI 的角度来看，公司代码也能被用来组织业务机构。完整的资产负债表和损益表（财务报表）是在公司代码层级生成的，因此通常公司代码都是在法人实体的层级进行定义的。

对于 SAFA 公司，我们已经决定了要创建两个公司代码，并且对每一个公司代码，都分配正确的详细地址。公司代码具有一个 4 位数的文字数字型的命名规范，应该采用一个对企业组织来说容易辨识的规范。如果有很多个公司代码，也许会想定义这样的标准，就是使之容易辨识每一个单位实体。过不了多久，系统中的用户就会习惯公司代码的名称了，因此采用实用的和适当的标准即可，不要花费太多的精力在上面。SAFA 公司将使用公司代码 1000 和 2000；也可以有其他的选择，比如 US01 和 UK01 或者一些其他的文字数字的组合。可以按以下的菜单路径：**SPRO · 企业结构 · 定义 · 财务会计 · 编辑、复制、删除、检查公司代码**，或者使用事务 **OX02** 来完成公司代码的配置。

如果对公司代码的设置没有把握的话，可以复制 SAP ERP 交付的数个特定国家的模板，如图 2.22 所示。当复制 SAP ERP 交付的公司代码模板时，系统会询问是否也想复制相关的对象。这个提示用来确保所有相关的项目都被复制到了；如果确实不需要它们，则忽略该提示。请注意，当复制所有相关的对象时，系统将会用模板国家所对应的语言来复制全部的内容。通过单击**新条目**来创建公司代码。

公司代码仅仅是个标识符，因此新公司代码的配置界面非常简单，就是对公司代码的 ID 进行配置。对于我们的业务场景，已经决定了要创建两个公司代码来分别代表美国和英国的公司。两个公司代码在管理国家的法定需求差异方面提供了充足的灵活性。举例来说，对于这两个公司代码，税的配置就有很大的差异。

图 2.22　SAP ERP 所交付的公司代码国家模板

图 2.23 显示的是定义新公司代码的基本设置。在创建完公司代码之后，还需要为它配置相应的地址信息。这里所输入的地址信息也可以用于创建想发送给第三方的输出信息（例如，客户声明）。

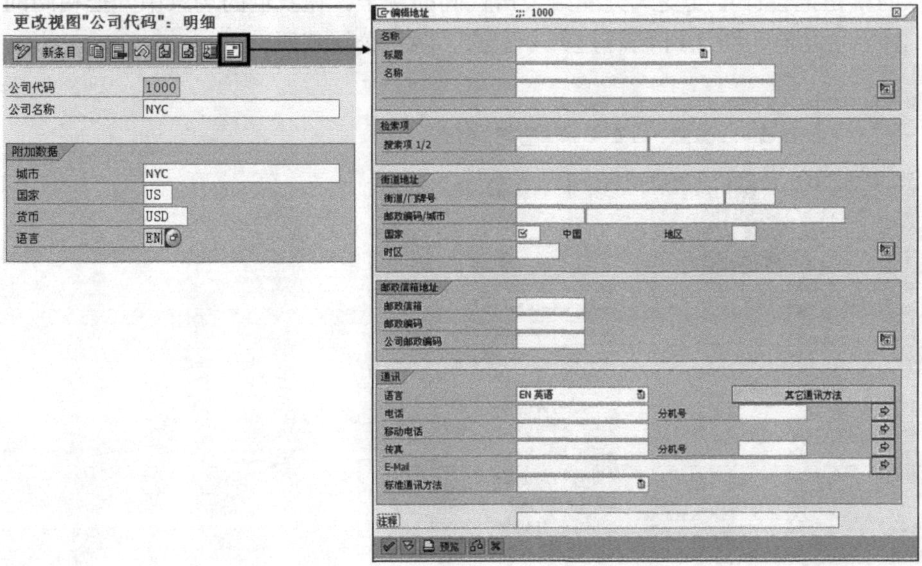

图 2.23　创建新公司代码的基本设置

在同一个区域下，附带着相应地址信息的第二个公司代码是为伦敦的公司而创建的，如图 2.23 所示。

在例子中，此时还需要给公司代码分配一个公司的 ID（见图 2.24），可以通过下述的菜单路径：**SPRO·企业结构·分配·财务会计·分配公司代码给公司**来完成。

另外的公司代码也需要进行同样的设置。

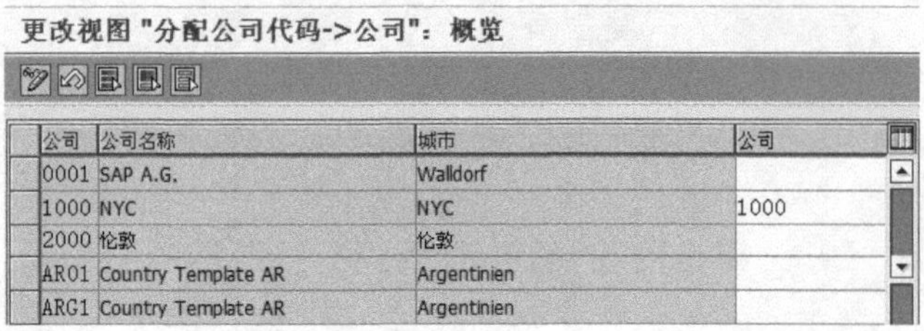
更改视图 "分配公司代码->公司"：概览

公司	公司名称	城市	公司
0001	SAP A.G.	Walldorf	
1000	NYC	NYC	1000
2000	伦敦	伦敦	
AR01	Country Template AR	Argentinien	
ARG1	Country Template AR	Argentinien	

图 2.24　给公司代码分配公司 ID

2.4.10　分配会计年度变式给公司代码

现在还需要把相应的会计年度变式分配给公司代码。在我们的案例中，两个公司代码使用的都是相同的会计年度变式。同一个会计年度变式可以分配给多个公司代码。可以沿下述的菜单路径：**SPRO • 财务会计（新） • 财务会计全局设置（新） • 分类账 • 财政年度和过账期间 • 分配公司代码到会计年度变式**，或者使用事务 **OB37** 来进行分配。

图 2.25 显示的就是把会计年度变式分配给公司代码的例子。在我们的场景中，把相同的会计年度变式（Z1）（之前在图 2.14 解释过）分配给了两个公司代码。

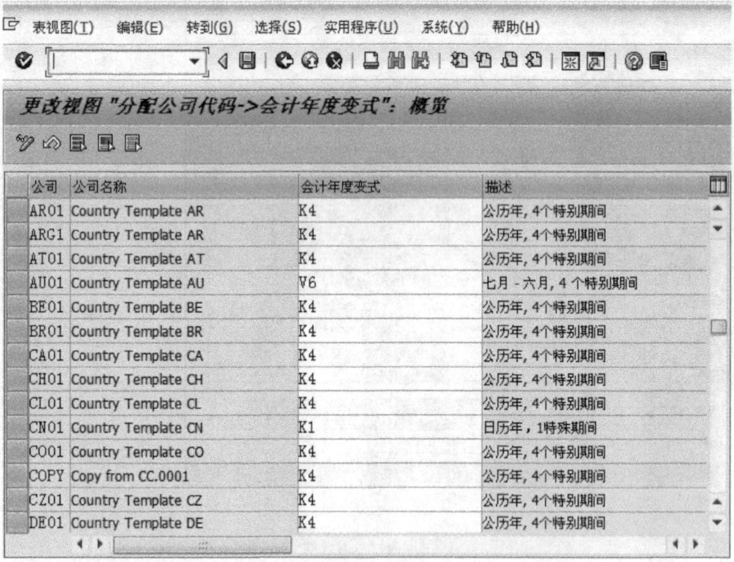
表视图(T)　编辑(E)　转到(G)　选择(S)　实用程序(U)　系统(Y)　帮助(H)

更改视图 "分配公司代码->会计年度变式"：概览

公司	公司名称	会计年度变式	描述
AR01	Country Template AR	K4	公历年，4个特别期间
ARG1	Country Template AR	K4	公历年，4个特别期间
AT01	Country Template AT	K4	公历年，4个特别期间
AU01	Country Template AU	V6	七月 - 六月，4 个特别期间
BE01	Country Template BE	K4	公历年，4个特别期间
BR01	Country Template BR	K4	公历年，4个特别期间
CA01	Country Template CA	K4	公历年，4个特别期间
CH01	Country Template CH	K4	公历年，4个特别期间
CL01	Country Template CL	K4	公历年，4个特别期间
CN01	Country Template CN	K1	日历年，1特殊期间
CO01	Country Template CO	K4	公历年，4个特别期间
COPY	Copy from CC.0001	K4	公历年，4个特别期间
CZ01	Country Template CZ	K4	公历年，4个特别期间
DE01	Country Template DE	K4	公历年，4个特别期间

图 2.25　分配会计年度变式给公司代码

2.4.11　定义成本控制范围

本书是一本有关财务会计（FI）配置的书。成本控制范围是完全应用在 CO 中的一个对象。由于成本控制范围是一个重要的集成点，因此理解了如何使用它对于总体系统设计就是很重要的了。就一个典型的 SAP ERP 财务解决方案来说，我们所进行的讨论将局限在完成我们的目标所必须的那些内容上。有关 CO 子模块更广泛的配置内容已超出了本书的范畴。

接下来，看一看 CO 的主要组织单元：成本控制范围。

成本控制范围是为科目分配对象定义规则和控制的对象。公司代码是为了满足外部的或法定实体的需求，而成本控制范围则是为了满足内部报表的需求。需要理解 FI 和 CO 这二者的作用，这样才能对信息流有更清晰的认识。

可以让每个公司代码、每个国家或者每个全局的业务单元（如内部的组）都有一个成本控制范围。最保险的策略是针对国家进行设置，通常它对应的是一个公司代码，因此我们的例子中会有两个成本控制范围，分别代表英国和美国。对于比这复杂得多的组织结构设计，可能还需要其他的设计，这些结构复杂的组织机构代表着复杂的内部报表和法定报表的需求。例如，如果在同一个国家中有很多个不同的业务经营单元，在同一个国家也许会有相当数量的公司代码要设立。在这样的场景中，可以把所有公司代码都限定在同一个成本控制范围内（在第 8 章进行介绍）。可以在菜单路径：**SPRO·企业结构·定义·成本控制范围·维护成本控制范围**下来定义成本控制范围。

进入到这个事务时，要选择**维护成本控制范围**，它将显示出由 SAP ERP 所交付的已经存在的成本控制范围的列表清单。可以复制其中之一或单击**新条目**来定义成本控制范围。通过复制，将创建一个完全一样的但新标识可由自己定义的成本控制范围。

因为这个配置相当简单，所以一般的做法就是直接创建一个新条目。需要为成本控制范围预备一个 4 位数的代码，这个代码可以和用来识别公司代码的标识是一样的，也可以是完全不同的。

在我们的案例中，为成本控制范围设置的标识是和公司代码相同的，对于用户来说，这样的设置会比为每一个对象都创建不同的代码更容易接受些。配置设置和分配如图 2.26 所示。

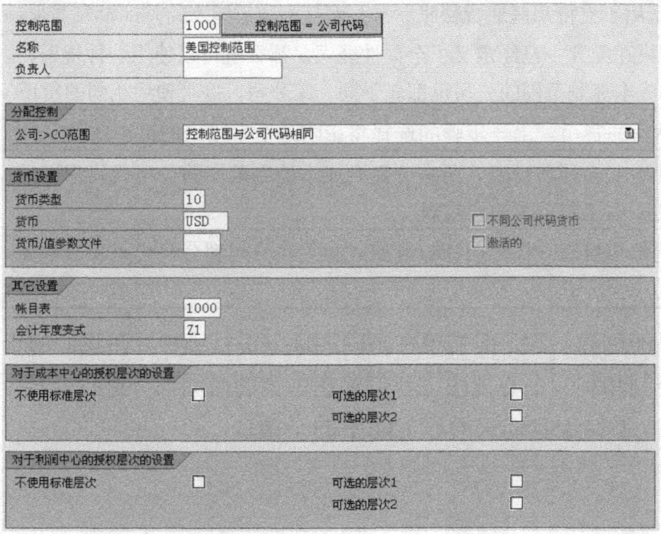

图 2.26　维护成本控制范围的基本设置

表 2.7 中的设置是有关成本控制范围的。

表 2.7 基本设置

字段	描述
成本控制范围	输入 4 位数的文字数字型的代码来代表成本控制范围
名称	输入成本控制范围的描述
负责人	输入一个对成本控制范围总体负责的个人的名字。此信息不会用于别的地方，因此可以简单地输入财务主管或其他更适合的人
分配控制	输入成本控制范围和公司代码的关系。这种情况有两种选择。 成本控制范围与公司代码相同：当公司代码和成本控制范围之间是一对一关系的时候就使用这个选项。 跨公司代码核算：当两个或更多的公司代码分配给同一个成本控制范围的时候就使用这个选项。这将允许在这个成本控制范围内进行跨公司代码的成本核算
货币类型	在这个字段所定义的货币将用于整个成本控制范围。如果在前面的字段中选择的是选项 1，则系统中这个字段默认为公司代码货币，但如果选择的是选项 2，那就可以有以下 6 种选择。 公司代码货币（10）：只能在所有的公司代码都使用相同的货币时才能使用这种货币。 任何货币（20）：当选择成本控制范围货币时，这项具有最大的灵活性，在这个字段可以选择任何货币。 集团货币（30）：在集团层维护货币，并且可以用它来统驭 FI 和 CO。 硬通货（40）：这种货币用于那些通货膨胀率非常高的国家，而且对于所分配的公司代码都是来自于同一个国家时是很有意义的。 索引货币（50）：这种货币用于支持那些通货膨胀非常高而且不稳定国家的外部报表需求。 全局公司货币（60）：如果在配置中已经定义了全局性公司，那么就可以使用这种货币。还需要确保所有分配给你成本控制范围的公司也都属于同一家公司，并且使用相同的货币
货币	要为成本控制范围定义默认的货币。上一步骤的选择将影响这个字段上的可用选择
科目表	要输入成本控制范围所使用的会计科目表。所有分配到成本控制范围的公司代码都必须使用相同的且已经分配到成本控制范围的科目表
会计年度变式	要选择会计年度变式。就像科目表一样，会计年度变式必须和分配到公司代码和成本控制范围的是相同的

请注意，每一个成本控制范围都只能创建一次，但需要在不同的地方进行维护。在我们的场景中，需要维护成本控制范围的一般控制和利润中心视图，我们将在本章的后面部分进行介绍。

现在已经创建好成本控制范围了，那就让我们来看看 CO 中的子模块。

2.4.12 定义成本中心组

可以定义成本中心的层次结构以反映组织结构。可以在所维护的层次结构中的每一个层次节点上出具报告。在创建成本中心或完成成本控制范围配置之前，还需要创建成本中心组（第 8 章会详细讨论层次结构）。在这里，所需要做的就是创建一个标识符，可以后续再维护整个的层次结构。

成本中心组的创建是在 SAP ERP 的应用部分。可以沿菜单路径：**SAP 轻松访问菜单·会计·控制·成本中心会计·主数据·成本中心组·创建**，或者使用事务 **KSH1** 进行创建。对于接下来的配置操作，这个步骤是必需要完成的。

图 2.27 显示的是定义成本中心层次结构的基本界面。

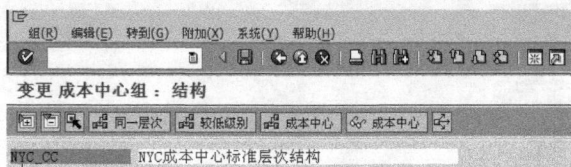

图 2.27　定义成本中心组（层次结构）

2.4.13　激活成本控制范围的子模块

这个配置操作就是激活使用 CO 模块的子模块。CO 是一个非常大的模块，其中有许多子模块，并不是所有的子模块都和本次讨论相关。当生成一个 FI 的过账时，系统会自动为已实施的每一个 CO 子模块都生成一张凭证。在一般的 FI 实施中，可能激活了间接成本控制子模块（成本中心会计[CCA]）和利润中心（利润中心会计[PCA]）。在新总账下，不需要再激活利润中心会计 PCA 了，这将在第 4 章中进行详细阐述。可以在菜单路径：**SPRO·成本控制范围·一般控制·组织结构·维护成本控制范围**下，或者使用事务 **OKKP** 来激活 CO 的子模块。

我们案例中的两个成本控制范围都需要进行如下设置。

1. 由初始界面，双击**成本控制范围**来维护如图 2.28 所示的设置。

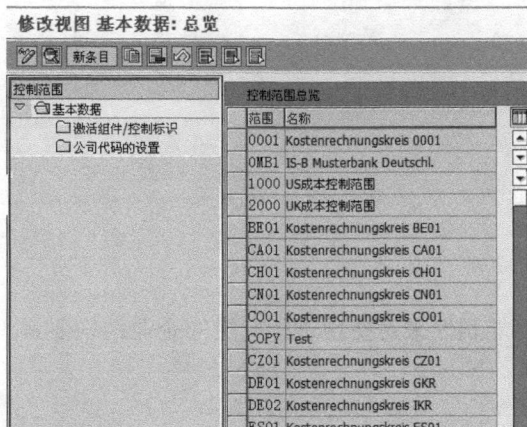

图 2.28　成本控制范围的基本设置

2. 需要维护激活的子模块就显示在图 2.29 中。在这里，为了使用凭证分割，我们使用利润中心，但不激活 PCA，这将在第 4 章来进一步阐述。

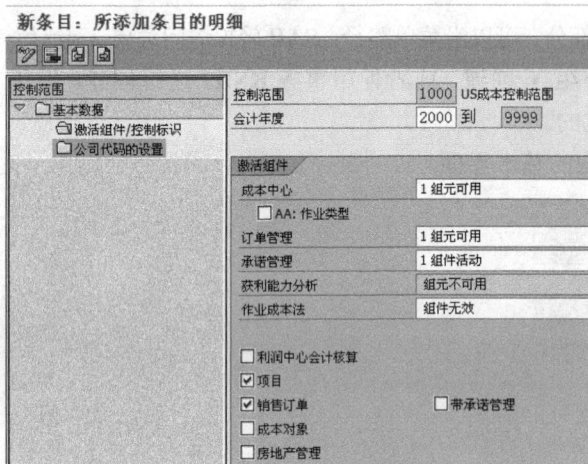

图 2.29　激活成本控制的子模块

3. 在基本数据文件夹下，双击**分配公司代码**（见图 2.30）来把相应的公司代码分配给成本控制范围。在我们的场景中，每一个成本控制范围都只有一个唯一的公司代码。

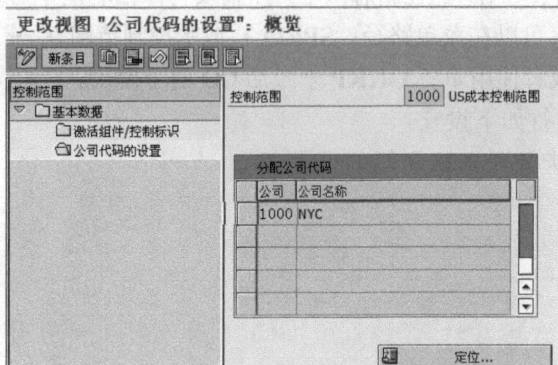

图 2.30　分配公司代码给成本控制范围

2.4.14　功能范围

简单地说，功能范围是一种在企业里按它的功能属性来对费用进行归类的企业结构要素，例如：

- 财务；
- 销售与分销；

- 人力资源；
- 市场营销；
- 生产。

如果想要在主数据和业务数据中使用功能范围的信息，那么必须先要在 IMG 中激活销售成本会计。要激活销售成本会计，可以进到：**SPRO · 财务会计（新） · 财务会计全局设置（新） · 分类账 · 分类账 · 激活销售成本会计**来完成。在激活销售成本会计后，就可以在以下对象的主数据中分配功能范围了：

- 总账科目；
- 成本要素；
- 成本中心；
- 内部订单；
- 固定资产；
- 项目定义；
- WBS（工作分解结构）元素。

定义功能范围的菜单路径是：**SPRO · 企业结构 · 定义 · 财务会计 · 定义功能范围**，也可以使用事务 **FM_FUNCTION** 进行定义。

单击**新条目**按钮来创建新功能范围，然后再输入功能范围的 ID（最长 16 位）以及功能范围的名称，如图 2.31 所示。

图 2.31　定义功能范围

接下来，我们来看看经营范围的设置。

2.4.15　经营范围

经营范围是用于获利能力分析（PA）的组织结构要素，获利能力分析能够按照许多纬度来分析公司的利润，例如，按销售范围、地区、产品、客户等。但需要把成本控制范围分配给经营范围。虽然多个成本控制范围可以分配给同一个经营范围，但同一个成本控制范围却是不能被分配给多个经营范围的。

创建经营范围的菜单路径是：**SPRO · 企业结构 · 定义 · 成本控制 · 创建经营范围**，也可以使用事务 **KEP8** 来进行定义。

系统已存在的自带经营范围如图 2.32 所示。

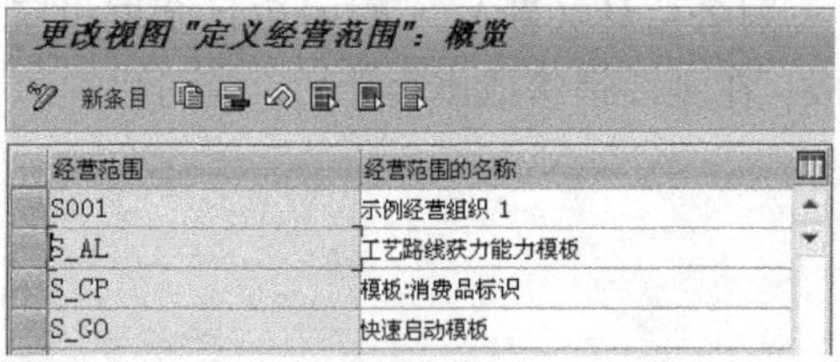

更改视图 "定义经营范围"：概览

经营范围	经营范围的名称
S001	示例经营组织 1
S_AL	工艺路线获力能力模板
S_CP	模板:消费品标识
S_GO	快速启动模板

图 2.32　定义经营范围

备注

有关进一步的经营范围配置设置细节已经超出了本书的范围，但我们建议在 www.sap-press.com 网站上参考 SAP 出版社已出版的其他书籍，以期能够对这个主题有更多了解。

接下来，我们再来看看默认利润中心的创建。

2.4.16　创建默认的利润中心

因为要使用利润中心，但又没有激活利润中心会计，因此 SAP ERP 允许从新总账里创建该要素。利润中心的使用将在第 8 章进行更细致地阐述。作为最低限度的设置，至少需要先创建一个默认的利润中心并且把它分配给每一个公司代码。关于它的命名，可以取用不同的名称，包括默认的利润中心。当然，可以采用最适合企业的习惯做法。

默认的成本控制范围

在使用成本控制范围时，SAP ERP 会将最后一次所使用的成本控制范围默认为继续往下操作的每一个界面的成本控制范围。如果想要更改成本控制范围，就需要调用事务代码 OKKS 来设置成本控制范围。在这本书中，对于所有的业务交易，都是使用它来在成本控制范围间进行转换的。

首先，需要定义标准的利润中心层次结构，在此基础上才能创建利润中心（见图 2.33）。在这个过程中，也许还不知道最终的层次结构看起来将是什么样的，因此可能只是想创建一个作为利润中心层次结构标识符的名称。

这也是在系统的应用部分菜单下来完成的：**SAP 轻松访问菜单 · 会计 · 财务会计 · 总分类账 · 主记录 · 利润中心 · 标准层次结构 · 创建**，或者使用事务 **KCH1** 来创建。

现在就可以创建默认的利润中心了，这也可以在系统的应用部分菜单路径下来完成：**SAP 轻松访问菜单 · 会计 · 财务会计 · 总分类账 · 主记录 · 利润中心 · 单个处理 · 创建**，或

者使用事务 **KE51** 来创建。

图 2.33　创建利润中心的标准层次结构

　　因为利润中心的标准层次结构和默认的利润中心需要分配给成本控制范围，因此需要先创建它们。可以沿菜单路径：**SPRO · 控制 · 利润中心会计 · 基本设置 · 成本控制范围设置 · 维护成本控制范围设置**，或者使用事务 **OKE5** 来进行分配。

　　需要为成本控制范围维护表 2.8 所示的设置。

表 2.8　维护 PCA 的成本控制范围

字段	描述
默认的利润中心	默认的利润中心是整个成本控制范围默认的利润中心，并且它会填补所有没有分配到有效利润中心的过账中去。它也可以作为成本中心主数据的默认利润中心。这个字段是灰掉的，不能通过这个界面来分配默认的利润中心。必须从其他的界面来创建默认的利润中心，完成默认利润中心主数据的创建之后，默认利润中心的分配也就自动完成了
标准层次结构	输入利润中心会计（PCA）标准层次结构的名称
内部交易抵消	在不同的科目对象分配给同一个利润中心的情况下，如果想抵消内部的交易活动，就激活这个字段。正因为这样，所以在这种情况下就不会生成利润中心会计的凭证
利润中心本位币货币类型	选择想维护的所有利润中心会计相关交易的货币类型。可以从成本控制范围货币、集团货币和利润中心货币中来进行选择
利润中心本位币	如果在之前的界面中选择了利润中心货币，就需要填充这个字段。如果选择的是成本控制范围货币或者是集团货币，那就让这个字段空着
存储交易货币	如果想在 PCA 中存储交易货币的值，就激活这个字段。这将导致数据量的增加，但如果交易货币与成本控制范围货币或与利润中心货币不一样时，那它也许还是必要的
评估视图	在 PCA 中，可以用这个字段来表述公司代码内业务交易的不同方式。在我们的组织结构中，在不同的利润中心之间没有任何的内部货物移动，因此在不同的评估视图方面，我们不会再深入下去
控制标识	系统显示当前年作为默认的设置，从当前年开始的设置就已经够用了

到目前为止，已经完成了 FI 和 CO 的企业结构要素的配置了，更细致的 CO 配置将包含在第 8 章中。

2.4.17　检查公司代码的全局参数

最后所要做的事情就是检查公司代码的全局参数。通过这个界面，需要确保已经配置的所有对象都已经分配了相应的公司代码。在我们的案例场景中，它和这两个公司代码都是相关的。图 2.34 显示的就是为公司代码 1000 所做的设置。请注意检查一下所配置的所有项目是不是都已正确地分配了公司代码 1000。

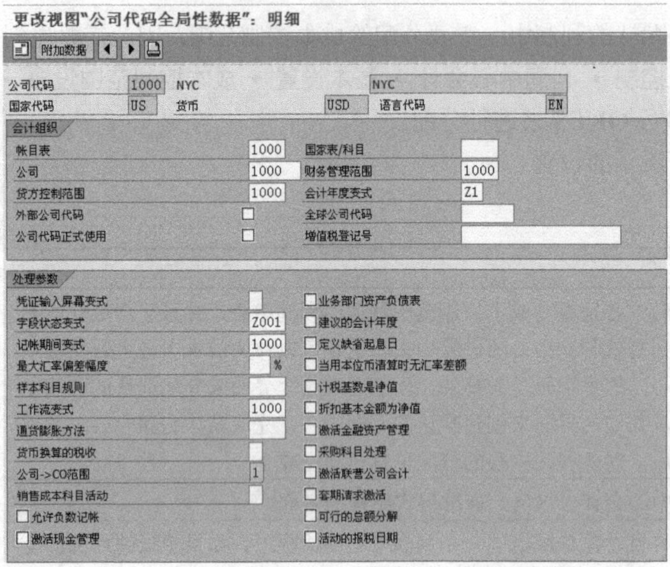

图 2.34　公司代码全局参数

这个配置界面是一个查看公司代码所有重要相关信息的地方。可以沿菜单路径：**SPRO**·**财务会计（新）**·**财务会计全局设置（新）**·**公司代码全局参数**·**输入全局参数**，或者使用事务 **OBY6** 进入到这里。

通过这个界面，应该可以检查出分配给每一个公司代码的所有配置对象是否是恰当的。在这个配置界面里，也可以设置表 2.9 所示的内容。

表 2.9　附加设置选项

字段	描述
推荐的会计年度	当在系统中输入一笔业务交易时，这个选项会为用户自动推荐一个会计年度。这对会计年度和日历年度一致的系统是有帮助的。如果会计年度和日历年无关，就不要使用这个选项

续表

字段	描述
税基为净值	这个标识为销售相关业务推荐了税基计算。由于这通常受制于本国的法规,所以在选择此选项之前,应该要考虑到这些因素。这个选项通常是和美国的税收管辖权相关的

这个界面的其他选项是和某些功能相关的,但这已经超出了我们目前所讨论的范围了。

2.5 小结

在所有的系统配置中,企业结构配置是一个非常重要的步骤,并且往往都牵涉到**基础配置**。由于基础配置构成了所有设计的基础,因此,基础配置通常就是指那些一旦配置了就不应轻易更改的配置项。出于这样的原因,好好理解本章中所讨论过的每一个对象的作用就是很重要的了,这样也能够就如何把它们应用在解决方案中而做出正确的决策了。

在完成本章的阅读之后,应该会以下这些内容:

* 理解企业结构要素的作用,以判断如何使用它们;
* 把业务需求转换为 SAP ERP 所对应的模块功能;
* 配置一个系统解决方案来最好地满足业务需求。

在下一章中,我们将开始讨论配置 FI 全局设置所需要的配置设置了。

本章阐述的是所有财务会计子模块的全局性设置。在查看每一个子模块的详细配置时，这些全局性的设置实际上都应该是已经配置好的了。因而，在此过程中及早地了解这些全局性的内容是很重要的。

第 3 章　SAP ERP 财务会计全局性设置

本章的主要目的是介绍如何配置财务会计模块（后续我们就指 FI 了）的全局性设置，这些设置主要着重于过账的控制方面。对于这些设置，在开始进行配置活动时，编制一个配置的计划是很重要的。但是在别处进行配置时，也许还需要返回来再检查这些配置。

本章的全局性设置包含以下方面的内容：

- 过账的字段状态组；
- 总账科目组；
- 凭证类型和号码范围；
- 记账码；
- 凭证更改规则；
- 跨公司代码过账；
- 销售和购置税。

因为 SAP 系统凭证概念的原理是本章所涵盖的许多内容的基础，因此，我们就把对凭证的讨论作为开始。在理解了这个概念之后，我们再来看看相关的配置活动。

到本章的末尾部分，就会知道配置 FI 全局设置所需的全部主要步骤了。就像与其他每一个章节一样，对于业务需求是什么样的，还需要回头再来参考设计（业务蓝图），而后再提出一个解决方案来实现它。同样，在接下来的所有章节中也一定要参考业务蓝图。

3.1　SAP ERP 的凭证是什么

SAP 的凭证的原理是很简单的：在系统中所处理的每一笔业务都将创建一张凭证。凭证将作为本次交易业务的记录，而且如果业务还涉及影响会计交易金额的话，那么系统还会产生一笔财务的过账。例如，如果所做的业务是一笔收货的业务，那么就会生成一张凭证，该凭证表明在存货（物料管理[MM]）中的货物移动，同时这项业务还将生成一张财务凭证以表示存货价值的变化。因为这些凭证之间存在关联关系，因此它们就会被互相关联在一起，进而 SAP ERP 就拥有了完整的审计追踪线索。

所处理的每一张凭证都包含抬头部分和行项目部分。SAP ERP 的系统配置会分别关注每一个部分，而我们也将分别予以讨论。

3.1.1　凭证抬头

图 3.1 显示的是一个标准的总账凭证输入界面（事务 FB50）。如果这是第一次使用 SAP ERP 系统，则应该花一点时间来习惯这样的格式并看看**明细**标签视图页。如果是从老的 SAP 版本升级过来的，可能在之前就已经见过这样的界面了。

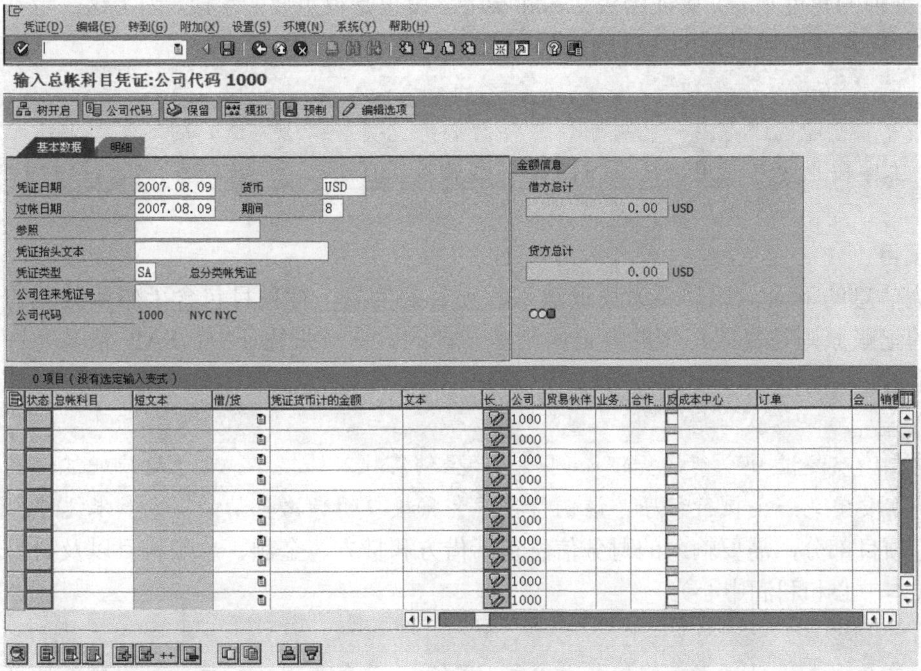

图 3.1　标准的总账凭证输入界面

这里所记述的重要信息是：

- **凭证类型**。

  凭证抬头上一个重要的字段就是**凭证类型**，因为它定义了凭证的种类并且控制了分配给凭证的凭证号码范围。这些应该是主要的关注点，我们将会在本章的后面部分来详细讨论。

- **过账日期/凭证日期**。

  凭证抬头上另一个重要的字段是**过账日期**。因为它表示交易输入到系统的日期，在界面上默认的过账日期通常是当前日期。另外还有一个**凭证日期**字段，凭证日期可以和过账日期不同。在这里，通常的做法是把输入凭证的日期作为凭证日期，而把凭证记账到账簿的日期作为过账日期。

- **货币。**

  对于外币业务，需要通过在**货币**字段输入外币来确认作为凭证抬头信息一部分的货币。应付账款（AP）就是常见的外币业务场景，这样的业务所收到的是来自海外供应商的发票。

- **凭证抬头文本/参考。**

  从业务处理的角度来看，**凭证抬头文本**和**参考**字段也是很重要的字段，因为这二者都是用来注释和说明所过账的凭证的。

> **备注**
>
> 在遗留系统中，可能已经存在一些关于什么样的摘要说明要赋给凭证的约定了，但请记住，行项目的文本字段也是可以用来记录信息的，接下来我们就来讨论行项目。

3.1.2　行项目

在凭证抬头信息的下面，还需要为凭证输入行项目的信息。行项目包含了想要处理的财务业务，它的记账原则与复式记账的簿记原则是一样的。在一张凭证中，SAP 最多允许输入 999 个凭证行。

> **输入大凭证**
>
> 也许经常需要输入超过 999 行的凭证，例如，产生销售收入的接口。对于这样的凭证，在接口程序中，需要定义一个例行程序，该例行程序会将接口的数据自动分割成多张凭证。

在凭证的行项目部分，需要输入的财务信息包括借方和贷方、金额、总账科目以及科目的分配对象（成本中心和利润中心）。

> **什么是科目分配对象？**
>
> 科目分配对象是用来提供过账的组织机构分析的。对于一个费用的行项目，总账科目确定了费用的类型，而科目的分配对象（成本中心或者内部订单）则把该费用分配给了一个部门。我们将在第 9 章来讨论科目分配对象。

在主数据对象中所输入的管控方式将控制行项目是如何输入的。例如，总账科目需要一个成本中心或者利润中心，这是取决于如何定义成本要素类别的。我们将在下一节来讨论主数据的重要性，并在他们各自所属的章节中讨论其特定的主数据对象。

3.1.3　主数据

对于任何一个在使用的系统，从系统输出信息的质量都取决于输入到系统的数据的质量。

认真对待获取数据（输入到系统的财务信息，如通过总账凭证）的过程可以确保记录正确的信息，这样才能提供所需要的用于分析的财务输出信息。当定义主数据对象时，要从数据的获取和报告的出具方面来考虑所有的业务需求，以便能确保主数据对象是满足它们的要求的。

现在我们已经看到了凭证的样子，接下来就可以进行配置的设置了。

3.2　设置全局性配置

对于横跨 FI 的所有子模块来说，本章所介绍的全部配置步骤都是起作用的。为了确保能先完成所有相关的配置操作，因此我们所介绍这些步骤的顺序也都是应当遵从的。

在第 2 章中，已经定义过企业结构了。在那些设置步骤中，创建了许多后续需要进一步完善其配置的标识符，现在我们就从与会计科目表相关的配置操作开始。在第 2 章中，已经定义好了会计科目表，现在就可以在这个基础上再进一步定义相关的配置。

每一个总账科目都是由两部分组成的：一层是科目表层的数据，另一层是公司代码层的数据。想想这两层的作用，就好比分别是抬头和明细一样。科目表层是总账科目主数据的抬头部分，它拥有科目的基本信息，如科目号和名称；而公司代码层所拥有的则是更明细的信息。阅读完本章之后，就能明白科目的明细信息是可以特定到每一个公司代码的了。

当返回去看第 2 章的图 2.1 时，就会发现，是可以给同一个会计科目表分配多个公司代码的。在企业里，可以让所有的公司代码都使用一套统一的会计科目表，也可以为个别的公司代码使用特定的科目表。这取决于整体解决方案需求，而且应该要考虑到在第 4 章中使用多重分类账时所要涉及的因素，多重分类账是为满足那些特定国家法定报表的需求而准备的。

接下来，我们要讨论一下盈余利润这个科目，它是一个在能创建所有的总账科目之前就需要进行适当配置的系统默认的科目。

3.2.1　定义盈余利润科目

作为年末处理的一部分，需要通过使用特别的程序（在第 11 章进行详细讨论）把损益表科目的余额结转到盈余利润科目中。在会计中，这是一个常规的做法，并且这个由以前年度的损益结转而来的盈余利润是要列示在资产负债表中的。也许有多个盈余利润的科目，并且定义了哪些总账科目是被关联到哪一个盈余利润科目上的，但是常规的做法是只设置一个盈余利润的科目。

所有收入和支出的总账科目都需要分配一个相应的盈余利润科目。要是只有一个盈余利润科目，那就会自动地默认这个盈余利润科目。当执行年末余额结转的时候，收入和支出总账科目的余额就会结转到相应的盈余利润科目上。现在，就让我们来看看配置盈余利润科目所需要的步骤。

配置盈余利润科目的菜单路径为：**SPRO·财务会计（新）·总分类账会计（新）·主数据·总账科目·准备·定义盈余利润科目**，也可以使用事务 **OB53** 来定义。

图 3.2 显示的就是为这个配置操作所做的设置。

图 3.2　定义盈余利润科目

备注

在能配置盈余利润科目之前，必须已经定义好了会计科目表并且已了解了第 2 章所讨论过的科目表代码的结构。

这是我们所定义的自动科目确定配置操作的第一个例子。也就是说，系统将把这个业务自动过账到所定义的总账科目中。

即使还没有创建总账科目，也仍然可以在这里输入一个条目，原因是虽然这个科目在系统中还不存在，但配置也允许在这里指定科目。

在完成配置项之后，就可以开始创建总账科目了。总账科目主记录是由好几个视图标签页组成的，这些视图标签页分别包含了不同的信息内容。如果定义了不只一个的盈余利润科目，那就会在图 3.3 所示箭头所指的位置出现一个选项。

对于 SAFA 公司，因为我们只创建了一个单一的盈余利润科目，所以它就没有这样的选项。通过字段状态组的分析，我们将继续了解影响会计科目表的配置项。

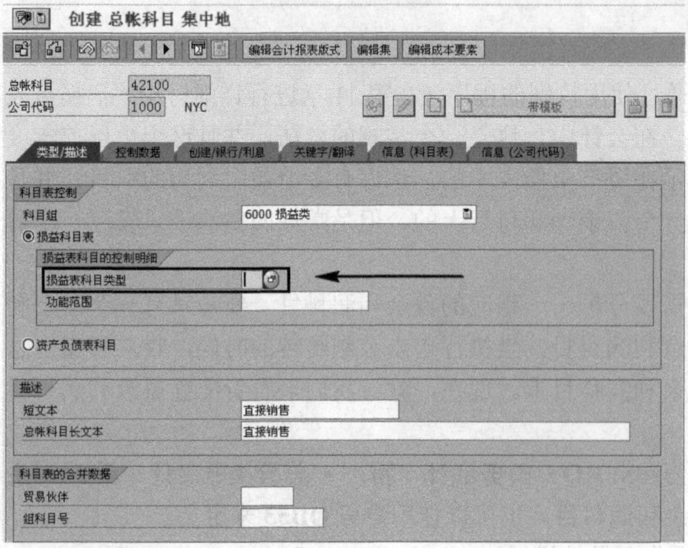

图 3.3　创建总账科目

3.2.2　字段状态组

要过账到一个总账科目时，科目字段状态组的配置就能用来控制哪些字段是可以输入的。但有些字段是系统最低限度的要求，例如，金额、记账码和总账科目，这些字段过账后是不能更改的。

由于可以按公司代码来定义一个字段状态变式，因此，如果多个公司代码都在使用同一个总账科目时，每一个公司代码都可能具有不同的字段状态。另外，与如下面灰色框格中所说明的内容一样，自定义的任何控制都需要和系统的要求保持一致。

存货过账的字段状态控制

对于涉及 SAP ERP 物料管理（MM）功能实施的大多数解决方案来说，需要周密地考虑需要哪些字段从而确保存货过账能正确进行。例如，存货的总账科目通常是一个资产负债表科目，据此，它就需要分配一个利润中心。典型地，这是通过从所涉及到的存货业务的物料主数据上派生出一个利润中心来得到的。

在这个简单的例子中，可以发现对于存货业务的总账科目来说，它的字段状态就必须包含一个利润中心，但是存货的消耗呢？如果存货被发给一个直接消耗成本（或销售成本）的总账科目，那么成本就应该被分配到承担其费用的部门。因此它所需要的就是分配一个成本中心（或内部订单）。因此，存货消耗科目比起资产负债表的存货科目来说就会有不同的字段状态，当设计字段状态组时，就需要考虑到这一点。

配置字段状态组不但对财务数据的准确性，而且对出具财务报表也都是很重要的，并且由于这是横跨整个系统的一个非常明显的集成点，因此它也是非常重要的。在实施过程中，往往需要和其他的模块进行集成，而这是一个典范。为了能确定方案是否也能满足其他模块的需求，应该先根据自己的业务需求来设计字段状态组，然后要把这个解决方案给组外的人进行分享。

创建字段状态组

要创建（或配置）字段状态组，可以沿菜单路径：**SPRO·财务会计（新）·财务会计全局设置（新）·分类账·字段·定义字段状态变式**，或者使用事务 **OBC4** 来完成。

字段状态组可以把不同的字段组合在一起，如本节后面的图 3.6 所示。需要在一个叫做**字段状态变式**的对象下创建单个的字段状态组，在字段状态变式中的每一个字段状态组都相当于一个想应用的特定的过账规则。

因为只创建了一套统一的会计科目表，所以只需要创建一个单一的字段状态变式就可以了。当创建总账科目时，要把字段状态组分配给科目。当过账到总账科目时，字段状态组所控制的字段就起作用了。创建字段状态变式的第一个步骤是单击**新条目**，如图 3.4 所示。

图 3.4　定义字段状态变式

系统支持将 SAP 的标准 0001 变式复制成自己的字段状态变式。在我们的案例中，因为想定义一个特殊的组，所以我们不选择复制。对于简单的业务场景，SAP 的标准 0001 变式包含的字段状态组太多，而且对于想要创建的几个有限的科目来说，字段状态组也太多了。要想搞明白 SAP 为每一种过账类型所建议的控制设置，就应该看一看系统标准的字段状态组。

表 3.1 归纳了一些一般的规则，应该根据系统需求来查验这些规则是否适用。

表 3.1　常用的科目分配对象

过账类型	主要对象	可能的科目分配对象
资产负债表	总账科目	利润中心
收入	总账科目 收入要素	利润中心 获利能力分析（PA） 收入项目
支出	总账科目 成本要素	成本中心 内部订单 资本化项目
内部结算和内部分配或分摊	次级成本要素	成本中心 利润中心 内部订单

备注

在阅读完第 8 章之后，就能更好地理解表 3.1 中所列每一个对象的作用了，我们将在第 8 章来讨论成本控制模块（CO）。尽管如此，表 3.1 仍然概述了在查看字段状态设置时所看到的选项。

现在，考虑到 SAFA 公司的业务流程需求，我们将创建多个字段状态组，如表 3.2 所述。为了能确保系统中财务数据的准确性，并与需求相一致，应对字段状态组进行适当地并且充分地控制。要创建字段状态组，双击之前所创建的字段状态变式，如图 3.5 所示，然后再选择**新条目**。

图 3.5　字段状态变式下的字段状态组

　　表 3.2 显示了字段状态组中每一个组的用途。应该创建自己的与业务需求相匹配的字段状态组。

表 3.2　SAFA 公司的字段状态组

字段状态组	描述	用途
Z001	固定资产	对于资产负债表的固定资产科目，单独的固定资产字段状态组是有用的。视流程复杂程度而定，如果还有在建工程，那也许还想要包含若干不同的字段
Z002	一般余额	这是一个通用的字段状态组，这个组是任何一个资产负债表总账科目的默认设置。因为资产负债表科目不会过账到成本中心，因此这个组不会包含任何成本分配的对象
Z003	现金和银行科目	这个字段状态组是为现金和银行总账科目的使用而设置的。在这里，我们把未清项管理和行项目显示作为强制性设置包含在里面
Z004	物料科目	这是一个资产负债表的字段状态组，这个组与从物料管理分类账过账的总账科目是相关联的。在这个组中可能会有一些特殊的字段，比如数量字段
Z005	统驭科目	过账到系统的统驭科目是在后台发生的。因为系统会自动派生出所有需要的信息，因此最好要让所创建的这个组中所有字段的字段状态都是可选的。通常对于这样的科目，行项目显示是不勾选的
Z006	收入科目	要记录收入，需要给它分配开票的科目分配对象。利润中心和工作分解结构（WBS）即是主要的对象。在这个字段状态组中要把它们都设置为可选的
Z007	成本科目	这个字段状态组的科目是要分配成本对象的，例如为了分派成本，可以过账到成本中心。这个组不需要开票的科目分配对象，因此利润中心可以隐藏
Z008	一般收益支出	因为有些总账科目可能收入和支出这二者都会接收，因此留有一个即允许收入又允许支出业务的通用字段状态组是有好处的。外币评估的收益和损失的科目就可能是这种科目
Z009	杂项科目	创建一个杂项的字段状态组，这个杂项组包含了可先用的全部字段

在变式下配置字段状态组

字段状态组包含了满足业务需求而应该配置的真正的字段状态控制。当第一次进入**维护字段状态组：概览**界面时（通过双击一个组），所有的字段都是可选的并显示为蓝色。然后在这个界面上的**选择组**区域内双击这些组中的任何一组来配置该组的字段装态，如图 3.6 所示。

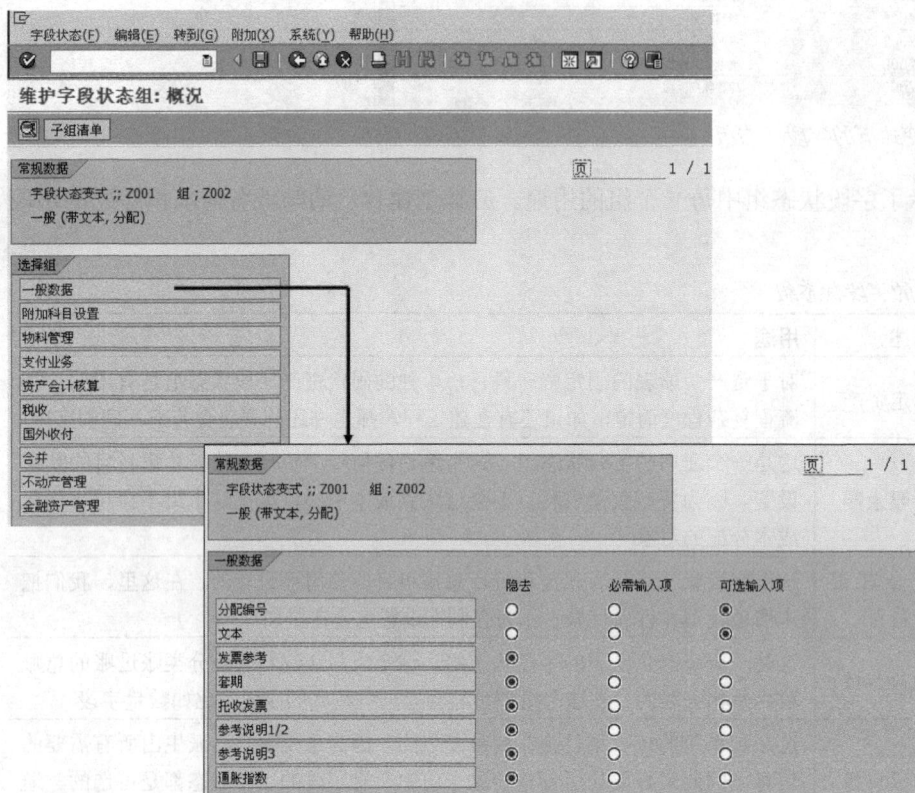

图 3.6　客户化定制的字段状态组

备注

有些组整个都是隐藏的。例如，不动产管理这个组不总需要，因此它的字段便是隐藏的，这个组改变了颜色并且显示为灰色。

应该以自己的方式来完成这些组的设置，从而与解决方案和创建的特殊业务过账规则相匹配。

成本要素和收入要素为系统提供了基本的控制，当过账到这些科目时，它们需要输入一个成本对象或收入对象。这将在第 8 章进行详细阐述。

备注

过账控制在凭证类型和号码范围里也是可以配置的，我们将在本章的后面部分进行讨论。

创建字段状态组的最后一个步骤是把字段状态变式分配给公司代码，这是一个单独的配置步骤，可以通过：**SPRO·财务会计（新）·财务会计全局设置（新）·分类账·字段·分配公司代码给字段状态变式**，或者使用事务 **OBC5** 来进行分配。分配的结果如图 3.7 所示。

更改视图"分配公司代码 -> 字段状态变式"：概览

公司	公司名称	城市	字段状态变式
0001	SAP A.G.	Walldorf	0001
1000	NYC	NYC	Z001
2000	伦敦	伦敦	Z001
AR01	Country Template AR	Argentinien	0001
ARG1	Country Template AR	Argentinien	0001
AT01	Country Template AT	Austria	0001
AU01	Country Template AU	Australia	0001
BE01	Country Template BE	Belgium	0001
BR01	Country Template BR	Brazil	0001
CA01	Country Template CA	Canada	0001
CH01	Country Template CH	Switzerland	0001
CL01	Country Template CL	Chile	0001
CN01	Country Template CN	China	0001
CO01	Country Template CO	Colombia	0001

图 3.7　公司代码和字段状态变式的分配

接下来，我们看看总账主记录创建的控制。

3.2.3　总账科目组

当创建总账科目的时候，在进入系统之前，首先应该确定它是资产负债表科目还是损益表科目。然后，需要考虑科目的类型。这个时候，真的要确定应该是哪个科目组了。总账科目组有两个主要的用途。

- 当创建总账科目时，它确定了字段的状态。也就是说，当创建一个新的总账科目时那些字段必须是完整的。
- 它控制了编号的规则，在编号范围内总账科目才可以被创建。

总账科目组是定义在科目表层的，因此应该为每一个会计科目表都创建一套科目组。看看 SAFA 公司的科目表，我们就知道应该按类型把总账科目组合在一起了。例如，当查看第 2 章中的第一层和第二层结构时，我们把类似的做一下归类。因此，应该为科目表结构中与第 2 层相一致的不同账户类型来定义总账科目组。要进入科目组配置的界面，可以使用菜单路径：**SPRO·财务会计（新）·总分类账会计（新）·主数据·总账科目·准备·定义科目组**，或者是使用事务 **OBD4** 来进入。

对于 SAFA 公司，我们已经提供了总账科目组的详细信息，我们将创建如表 3.3 所示的总账科目组。要创建新的科目组，单击**新条目**，并且定义科目组的名称、描述以及科目范围，如图 3.8 所示。

表 3.3 SAFA 公司的总账科目组

科目表	科目组	描述	从	到
1000	FASS	固定资产	10000	14999
1000	CASS	流动资产	15000	15999
1000	CLIB	流动负债	20000	24999
1000	LIAB	长期负债	25000	29999
1000	CAPT	资本及盈余	30000	39999
1000	SALE	销售	40000	49999
1000	COGS	销售成本	50000	59999
1000	OHDS	间接费用	60000	69999
1000	BTLI	线下项目	70000	79999
1000	MISC	杂项	1	99999

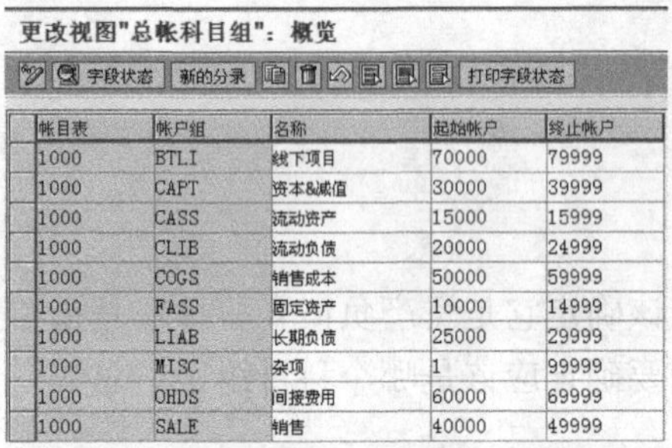

更改视图"总帐科目组"：概览

帐表	帐户组	名称	起始帐户	终止帐户
1000	BTLI	线下项目	70000	79999
1000	CAPT	资本&威值	30000	39999
1000	CASS	流动资产	15000	15999
1000	CLIB	流动负债	20000	24999
1000	COGS	销售成本	50000	59999
1000	FASS	固定资产	10000	14999
1000	LIAB	长期负债	25000	29999
1000	MISC	杂项	1	99999
1000	OHDS	间接费用	60000	69999
1000	SALE	销售	40000	49999

图 3.8 SAFA 公司总账科目组的样例

定义总账科目组能够把数据的获取控制在适当的水平上。例如，由于涉及现金收款的业务需要清账步骤。因此，科目需要被配置为"未清项管理"。不过，不是所有的科目都是相关的，只有在这个范围段内的总账科目才需要这样的设置，所以要通过总账科目组来配置它。

为了能理解科目组内所包含字段的字段状态，让我们来看一个简单的固定资产总账科目组的例子，如图 3.9 所示。这里的每一个界面都关联到总账主记录的一个区域，在这里所做的设置将直接影响在科目组下总账科目的创建。

我们已经预备好了总账科目组的详细案例，科目组是为 SAFA 公司而创建的。为了能够理解可以配置的科目组设置类型，可以再检查一下科目组以及 SAP 所提供的标准科目组。在表 3.4 中，我们重点突出的是一些主要的字段，这些字段是要考虑的。应该重新考虑所有字段的用途，然后再确定哪些与业务需求相关。

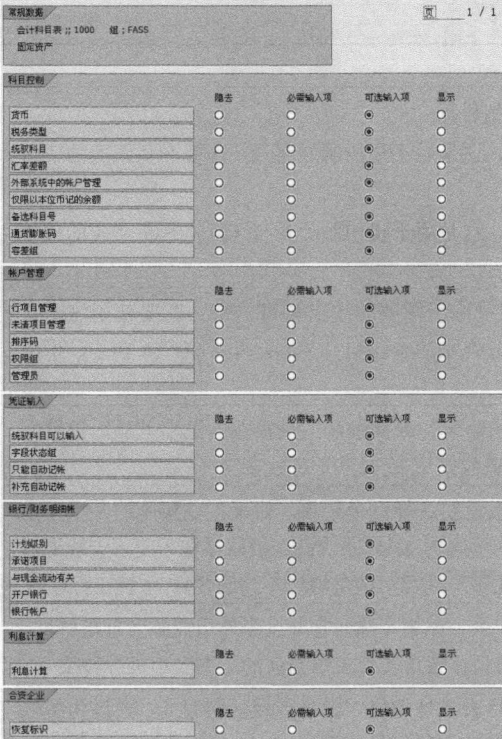

图 3.9　总账科目组：固定资产字段状态

表 3.4　总账科目组下的主要可用字段

字段	用途
货币	此设置是用来指定总账科目的基本货币的。在这里，应该输入公司代码的（本位）货币，如 USD。所有输入到总账科目的业务将以指定的货币来存储。如果输入的是另一种货币的业务，那么金额将会被转换并且以指定的货币进行存储，同时也将保有转换的记录。如果在这里输入的是公司代码的（本位）货币，那么可以把任何一种货币过账到科目；如果在这里输入的是一种外币，那就只能以这种外币对科目进行过账。 因为货币是位于总账主记录的公司代码视图的，因此可以被指派给每一个公司代码。在我们的业务场景中，在公司代码 1000 下的总账科目都把 USD 作为默认的货币，而公司代码 2000 则把 GBP 作为默认的科目货币
税务类型	当过账到科目时，这个设置控制哪些税务类型是可以被引用的。当输入一张供应商或客户的发票时，还需要选择税码，而这个设置就表明对哪些账户类型是有效的。税的配置设置将在本章的末尾部分进行更细致地讨论。以下的这些选项是可以选用的： ● 一表示只允许进项税过账到科目； ● ＋ 表示只允许销项税过账到科目；

续表

字段	用途
税务类型	<ul><li>*表示进项税和销项税都允许过账到科目；</li><li><表示和进项税相关的税承担科目，这是用于税控制的科目（如资产负债表的应付和应收科目）；</li><li>>表示和销项税相关的税承担科目，这是用于税控制的科目（如资产负债表的应付和应收科目）</li></ul>
统驭科目	如果总账科目是一个在子账和总账间过账所需要的统驭科目，那么就要使用这个字段。在这里，要选择是过账到哪个子分类账的统驭科目类别，即：资产、客户、供应商、应收合同账户
汇率差异	如果业务流程定义了外币业务，那么还要为计算并过账汇兑损益的汇率差额而设置配置的定义。在这里，要分配所使用的评估码
外部系统的科目管理	如果科目也在别的地方进行管理，那么就要选择这个选项。如果正在实施的是一个全球性的解决方案，那么在这个方案中，不同的 SAP 系统就会被联接在一起（一般通过应用链接[ALE]的技术来实现），因此主数据对象可能是通过不同的 SAP 系统在管理的
仅有本位币余额	这个设置强制所有交易按本位币进行记录。如果不选择它并过账外币业务到总账科目，那么业务将会以外币进行记录，同时将根据货币转换表中当前的汇率大小进行转换
备选科目号码	这个字段从另一个视角看待除会计科目表之外的特定国家或地区科目表。通过为备选科目号定义一个财务报表版本，可以按备选科目号来运行报表。 也可以在此输入遗留系统的科目号，这样就可以按老系统的科目号出具报告了
容差组	容差组是控制过账金额大小的过账控制，也是可接受的清账差异的过账控制。这些是被定义在公司代码层级的（见 3.2.12 小节）
行项目管理	选择这个选项就能确保过账到总账科目的所有行项目都维持在行项目的层级。如果不选择这个选项，就只能看到过账到科目的科目余额而没有构成余额的实际行项目明细。 通常，不需要为系统的统驭科目选择这个选项，否则会有大量的过账自动记到系统的统驭科目上
未清项管理	未清项管理是清账行项目彼此间的处理。没有被清账的行项目属于**未清项**，而被清掉的行项目则被称之为**已清项**。对于许多的对账工作，都需要使用未清项进行管理。 有些资产负债表科目需要选择该选项。例如，银行或现金的清账科目以及收货和收发票的科目（有关更多收货和收发票的总账科目信息，请参见第 9 章）
排序码	在系统中过账一个行项目时，有一个叫作"分配"的字段也会被自动填充。然后当执行总账科目的报表（例如，总账科目行项目报表）时，系统就会按默认指派在分配字段中的值来排序。 通过定义被填充在分配字段的值，可以使用排序码字段来为这样的报表选择排序的标准

续表

字段	用途
权限组	可以利用这个字段来限制这个总账科目的使用。不过，仍然需要同安全和权限小组一起合作来完成用户角色的定义，只在这个地方输入一个权限组的值是不够的
会计职员或管理者	通过把总账科目分配给职员，这个选项就可以作为一个报表工具来使用，作为每月会计结账程序的一部分，职员需要为对平科目的账负责。然后就可以在系统中按会计职员来执行报表，这样就能查看到哪些科目还有未清的行项目。在近来的一些版本中，这个字段的名称有所改变，以前它被叫做管理者
统驭科目可以输入	如果选择了这个选项，并且在统驭科目字段（之前已讨论过）也指定了一个类别，那么这个字段就被标注为一个系统统驭的科目而且不能手工过账。这是一个控制设置以确保子账统驭科目不会被直接过账，这样就能提供子账过账的真实账目
字段状态组	根据之前的讨论（见 3.2.2 小节），输入字段状态组。当过账到总账科目时，在这里所设置的这个选项就决定了哪些字段必须要输入
只能自动记账	这个选项对于统驭科目是不需要的，但对于其他不希望进行手工过账的科目则是需要的。在我们的案例中，将为存货科目选择这个选项，因为我们不希望任何的手工过账记到它上面（而它不是一个统驭科目）
自动记账补充处理	这个选项允许对由系统自动生成的行项目手工更改科目分配对象（成本中心、内部订单等）。这个设置通常是不需要的
计划层次	这个字段用于在金库模块提供现金管理的头寸。我们没有为我们的案例实施这个模块
与现金流动有关	这个选项用于标注包含在金库模块中涉及现金流分析的总账科目
开户银行	使用该设置来分配相关的开户银行给总账科目。这对于现金和银行总账科目是有用的
银行账户	使用这个设置来为已选定的开户银行选择银行账户的 ID
利息计算	这个 ID 决定了利息计算应该多久执行一次的频率

现在让我们来考虑一个业务需求，业务需求可能会影响总账科目组可用字段的决策过程：

- 现金科目需要把未清项管理设置为可选的；
- 除了统驭科目之外的所有科目，行项目显示都应该是要强制设置的；
- 所有的科目余额都应该以本位币余额记录，并且任何外币过账的金额也将自动记录；
- 因为排序码是在系统广度上默认生效的，因此排序码对所有的科目组都是强制性的；
- 开户银行信息仅对现金和银行总账科目才是需要的；
- 固定资产会计需要把总账科目设置为统驭科目（见第 7 章）。

现在已经完成了创建总账科目的所有相关的配置了。我们马上就转到和凭证相关的其他方面的配置上去并以介绍凭证类型作为开始。

3.2.4 凭证类型

需要使用**凭证类型**来区分输入到系统并创建过账的所有不同的凭证。虽然凭证类型的表象只是一种识别符，但是它也有一些控制，如分配一个特定的号码范围段给凭证类型，就能确保创建的每一张凭证都遵循连续编号的规则。号码范围的配置在下一节中详细讨论。

标准的凭证类型是随着 SAP 系统一起交付的，大多数的企业往往就只使用凭证类型。如果可能的话，应该为凭证类型使用同样的规则，但是有些解决方案还是需要创建自定义的凭证类型的。

默认的和自定义的凭证类型

总账凭证所默认的凭证类型是 SA。对于输入到一个安装完成就立刻开始使用的 SAP 系统中的所有总账凭证来说，这是默认的设置。在接下来的部分，我们会解释如何创建自己的凭证类型及其相关的配置。如果要自定义凭证类型并创建另外一种凭证类型来作为默认的总账凭证类型，那么就还需要执行列示在以下的步骤。

一般的创建自定义凭证类型的理由是要区分来自于接口的过账，并且为接口的凭证类型分配单独的控制。凭证类型是一个两位数的文字数字型的代码。当定义一套自定义的凭证类型时，先要搞清楚业务的需求。

备注

大多数的客户不会创建几百个自定义的凭证类型。然而，我们也确实曾和那些创建了大量凭证类型的客户一起工作过，创建大量的凭证类型是由于为每一个接口都定义了一种凭证类型，而且所要处理的接口又是数量众多。另外，要区分不同类型的会计日记账也可能需要创建多种凭证类型。

主要的凭证类型

对于刚刚接触 SAP 的读者来说，在表 3.5 中列出了一些基于 SAP 标准设置的主要凭证类型。当创建自定义的凭证类型时，应当从它们中选择并进行复制。尽可能地，试着以其当前的设置来使用这些凭证类型。因为当准备进行系统升级时，这会使将来的系统支持更容易。

表 3.5　常用的凭证类型表

子模块	用途	凭证类型
资产会计	资产过账	AA
	折旧	AF
总分类账	总账	SA

续表

子模块	用途	凭证类型
应收账款	客户发票	DR
	客户付款	DZ
	来自于开票的内部传输	RV
	付款清账	ZV
应付账款	供应商发票	KR
	供应商付款	KZ
	发货	WA
	收货	WE

创建财务凭证类型

在 SAP ERP 6.0 的新总账下，凭证类型既可以有输入视图，还可以有分类账的视图。

所有 FI 的凭证类型都是在菜单路径：**SPRO·财务会计（新）·财务会计全局设置（新）·凭证·凭证类型·定义输入视图的凭证类型** 下，或者通过使用事务 **OBA7** 来进行创建的。进入到这个界面时，会看到凭证类型的清单列表，如图 3.10 所示。

图 3.10　SAP 所交付的标准凭证类型

双击任何一个行都可以显示出凭证类型的详细配置设置，如图 3.11 所示。

表 3.6 解释了在这个配置界面上的一些主要字段的用途。

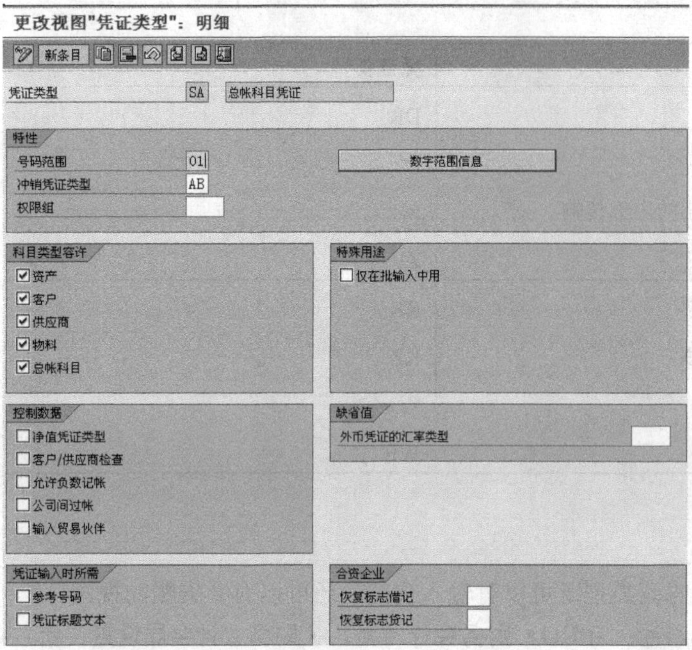

更改视图"凭证类型"：明细

新条目

凭证类型　　　　SA　　总帐科目凭证

特性
号码范围　　　　01　　　　　　　数字范围信息
冲销凭证类型　　AB
权限组

科目类型容许
☑ 资产
☑ 客户
☑ 供应商
☑ 物料
☑ 总帐科目

特殊用途
☐ 仅在批输入中用

控制数据
☐ 净值凭证类型
☐ 客户/供应商检查
☐ 允许负数记帐
☐ 公司间过帐
☐ 输入贸易伙伴

缺省值
外币凭证的汇率类型

凭证输入时所需
☐ 参考号码
☐ 凭证标题文本

合资企业
恢复标志借记
恢复标志贷记

图 3.11　凭证类型的详细配置设置

表 3.6　凭证类型配置的配置设置

字段	用途
号码范围	在这个字段输入相关的凭证号码范围段。号码范围将会被用于把号码分配给使用这种凭证类型所创建的新凭证
冲销凭证类型	在 SAP 系统中，可以通过执行一个凭证冲销的事务来自动冲销原始的交易。要使用冲销凭证类型的配置设置，定义冲销是什么凭证类型的。对于凭证类型 SA，SAP 系统的默认设置是被冲销为 SB。也许希望让冲销仍保持是同样的凭证类型。如果是那样的话，让这个字段空着就可以了
权限组	你可以将这个字段应用到 SAP 访问中，并以此用来调整谁可以调用或使用凭证类型的权限控制设计
科目类型容许	这个设置能够选择使用该凭证类型的账户类型。某些凭证类型是有限定的，例如，供应商发票的凭证类型 KR 无论如何都不允许客户的行项目过账到它上面。 A：资产 D：客户 K：供应商 M：物料 S：总账科目

字段	用途
客户/供应商检查	对于供应商发票相关的凭证类型来说，可以使用这个字段来控制只准许有一个唯一的客户或供应商
公司间过账	这个设置能够限定凭证类型可以用于跨公司代码的过账
输入贸易伙伴	这个设置允许在凭证上手工输入贸易伙伴，从而覆盖默认的贸易伙伴（要不然则会从供应商或客户等主记录派生出贸易伙伴）
参考号码	这个设置允许把凭证抬头上的**参考**字段设置为强制性输入。在不同的凭证中，这还是很有用的。例如，在 AP 发票上，流程应该强制把供应商的发票号码输入到**参考**字段上。这也使配置重复发票检查成为可能，后面将详细讨论它
凭证抬头文本	这个设置是用于控制凭证抬头的文本字段为必输项。也许有意让所有凭证的这个字段都是必输的，但请记住，只有用户才会知道什么样的信息会在此输入以及有什么作用。为所有的过账都配置这个设置会增加额外的工作量，因而并没有太多的好处
仅在批输入中使用	这个设置将防止手工过账到凭证类型上。要是为了一个接口而使用此凭证类型，则能够防止用户使用此凭证类型来输入他们自己的业务
外币凭证的汇率类型	如果不选择该选项，那么外币（与公司代码货币相比）业务将是按照存储在汇率表中的平均汇率，或者是 M 汇率进行货币转换。当输入交易时，通过这个选项能够选择汇率的类型

进阶用户技巧

通过参考字段（通过事务 FB03），可以很容易地在系统中查询凭证。这样，要是能在这里想出一个好的规则，那么就可以使用凭证类型、过账日期和参考字段的组合，很容易地查找出凭证。

你需要把一个号码范围分配给每一个凭证类型，而这正是我们将要讨论的下一个配置活动。没有号码范围，你就不能使用凭证类型。你也可以在不同的凭证类型之间共用号码范围。

注意

如果把（凭证）分割激活了，那么还需要为分割来配置凭证类型，这将在第 4 章中进行讨论。

3.2.5　凭证号码范围

每张 SAP 的凭证都带有一个凭证号码，凭证号码为后期检索凭证提供了参考。SAP 凭证通常都会因为拥有太长的号码而备受指责，因为太长的号码很难记得住或不容易搞清楚。出于这个原因，应该对可能要通过系统来处理的业务量做一些分析和评估。SAP 系统很可能会比正在运营的大多数遗留系统生成的凭证更多。如果正从一个 SAP 系统的老版本进行升级，那么需要推测一下在 SAP 系统中将要产生的数据量。

内部的和外部的编号

通常的做法就是分派一个内部的号码范围，在这个号码范围里系统自动分配下一个顺序的号码给正在保存的凭证。在有些场景中，也许想根据外部的要求来分配凭证号码。如下面两个常见的例子这样。

- 对于传入的接口，发送方系统可能传送了一个希望采用的凭证号码，目的是为了保持 SAP 系统凭证号码和发送方系统的凭证号码彼此同步。
- 对于从销售和分销（SD）传输到应收账款（AR）（见第 6 章图 6.1）的内部开票功能接口，可能希望把开票的凭证号码就作为将要生成的 AR 凭证号码。要达到这样的效果，需要匹配开票的凭证号码范围和 AR 的凭证号码范围，然后再把 AR 凭证的号码范围定义为是外部给号的。这样系统就会采用开票凭证传送过来的凭证号码作为 AR 的凭证号码。

当实施 SAP 系统时，应该就目前系统所处理的业务量做一些分析，做这样的分析是为了确定可能需要号码范围的规模。

注意

请记住，因为凭证号码是为了存储和记录业务交易的，因此有些审计需求也可能是需要满足的。不要试图为了节约空间而使用太小的号码范围，或者走向相反的极端而给出太大的号码范围。

配置号码范围

号码范围的配置可以通过在与凭证类型相同的界面中单击**号码范围信息**按钮进入，如图 3.11 所示。

一般地，可以通过 SAP 所交付的基准公司代码来复制号码范围。这会确保为它们所有的标准凭证类型都创建了号码范围。作为选择，也可以通过菜单路径：**SPRO·财务会计（新）·财务会计全局设置（新） · 凭证 · 凭证号码范围 · 为数据输入视图定义凭证号码范围**，或者通过使用事务 **FBN1** 来创建自己的号码范围。

在图 3.12 中，带有文字**间隔**的铅笔图标代表更改模式，而带有文字**间隔**的眼镜图标则代表显示模式。要创建新的号码范围，需要处在更改模式下，因此单击适当的按钮就进入到了图 3.13 所示的界面了。

通过单击插入间隔按钮（带有文字**间隔**的插入图标按钮），可增加新的间隔，然后输入想要创建的范围。号码范围可以是特定年度的或者是和年度无关的。如果创建的是特定年度的号码范围，那么在每一年的年初时号码范围将会重置。在本例中，日记账可能会具有相同的凭证号码，但通过它们的会计年度就可以区分开。对于客户的发票，这不是最佳的方案，不管怎么样，都应该分配一个大区间的而且与年度无关的号码范围。在这种场景下，进入到下一个年度时，紧接在后的顺序编号将会被使用。要采用这样的配置，就必须在会计年度中输入 9999，如图 3.13 所示。

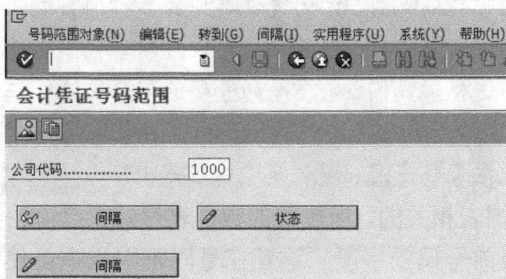

图 3.12　创建凭证号码范围

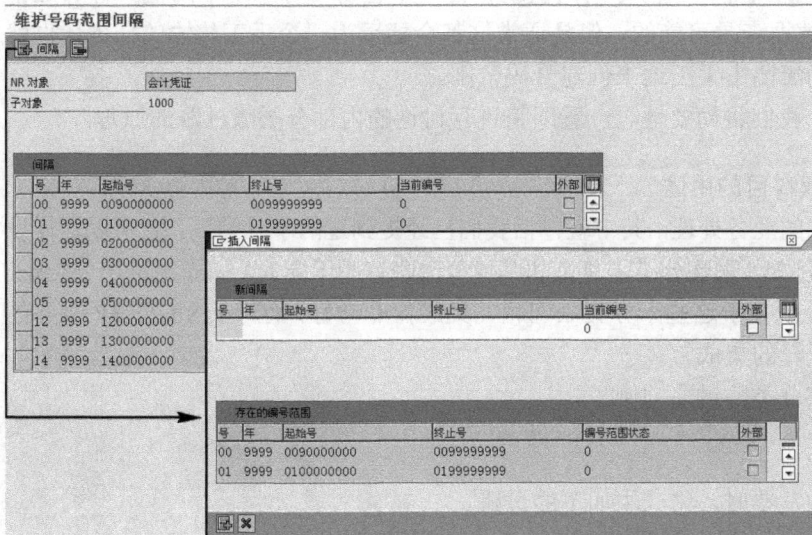

图 3.13　创建新的号码范围段

外部分配的号码范围

我们已经谈到是可以使用外部分配的号码范围的，在那样的情形下，凭证号码范围是由用户自己来分配的。这往往用在接口上，在接口中，外部系统向 SAP 系统传送文件，这个传送的文件中带有了一个想使用在 SAP 系统中的凭证号码。对于这样的凭证类型，要分配一个外部给号的号码范围。为了统驭或清账的，也许会希望两个系统都具有相同的凭证号码。

可以跨公司代码来复制号码范围，也可以按会计年度来复制号码范围。只有在目标公司代码中不存在号码范围时，复制才是可能的。不然，就会收到一个错误的系统消息。以 SAP 标准的号码范围作为开始，可以从公司代码 0001 进行复制。然后再增加与已经创建的自定义凭证类型相对应的号码范围。

进阶用户技巧

当查看凭证类型及其相应的号码范围时，可能经常会搞混淆，因为凭证类型的名称通常是两位数的字母字符，而号码范围的名称则一般是两位数的数字字符。在解决方案设计中，我们总是把号码范围的名称和凭证类型的名称设置成一样的。这样，我们就把 SA 的号码范围分配给凭证类型 SA。这就能很容易地看到二者的联系了。要达到这样的效果，通常我们就不得不删除一些标准的号码范围，因此应该维护一个对照表，以便能把号码范围和凭证类型对应起来。

本节所做配置的最后一个地方是与凭证号码范围表相关的。所配置的数据表存储了已讨论过的号码范围，不过请注意，另外还有一个叫做**当前号码**的字段。这是在号码范围段中已使用到的当前号码。如果要传输数据表，那么当前号码的值也会被传输，而如果把它传输到一个已经进行过过账的集团里，那么当前号码的值就将会被重置为与源系统中的值一样（通常是零）。因此，虽然传输数据表是可能的，但是通常这都会标示为一个手工传输的任务，也就是说，应该在每一个新的集团中手工地来创建号码范围。

在本章的剩余部分，我们将简要地看一看即将进行讨论的内部分类账过账的原理。

3.2.6 子分类账统驭科目的用途

FI 中涵盖了众多不同的业务处理，其中就包括我们已经提到过的子分类账。之所以这样设计，是因为总账的原则。例如，采购分类账总是和其他分类账有所不同的，如固定资产分类账。SAP ERP 财务的强大之处就在于这些子分类账间相互集成得非常好，而对于 SAP ERP 财务的用户来说，其效果就是无缝的集成。

让我们来看一个内部分类账过账的例子。

输入一张供应商发票

当输入一张供应商的发票时，将产生如下的过账。

- 贷（31）：供应商
- 借（40）：总账费用科目

以下的分录是所产生的实际过账。

- 在 AP 中。
  - 贷（31）：供应商
  - 借（40）：供应商统驭科目
- 在 GL 中。
  - 贷（50）：供应商统驭科目
  - 借（40）：总账费用科目

备注

实际上你可能看不懂过账到统驭科目的那两行。

现在，让我们认真地来了解一下凭证记账码的配置。

3.2.7　凭证记账码

当在进行复式记账的过账时，总的借方和贷方的余额是需要平衡的。SAP ERP 软件使用记账码这个术语来代表过账的行项目是借方还是贷方。对于某一种业务类型，系统也允许有不同的记账码。表 3.7 列出了可能会碰到的主要记账码。

表 3.7　常用的记账码

业务类型	借方	贷方
供应商行项目	21	31
总账行项目	40	50
客户行项目	01	11

要完成记账码的配置，可以沿菜单路径：**SPRO·财务会计（新）·财务会计全局设置（新）·凭证·定义记账码**，或者是使用事务代码 **OB41** 来定义。

SAP 的系统配置允许为每种业务都定义不同的记账码。也就是说，相比供应商发票的贷方，总账的贷方可以有不同的记账码。除此之外，记账码还提供了借方和贷方的控制，还可以定义与之前所讨论过的字段状态组控制类似的记账码字段状态。

还可以通过限定账户类型来实现过账的控制，该账户类型可以使用一个特定的记账码，如图 3.14 所示，可以看到为特定的账户类型所定义的记账码。可以让所有的字段都是可选的，而仅仅通过总账科目上的字段状态组来进行控制。作为选择，也许想基于记账码来分派一些特殊的控制。记账码是可以关联到账户类型（如供应商发票、客户的付款等）的，因此也许能够通过这个配置操作来把其他的控制增强到过账上。

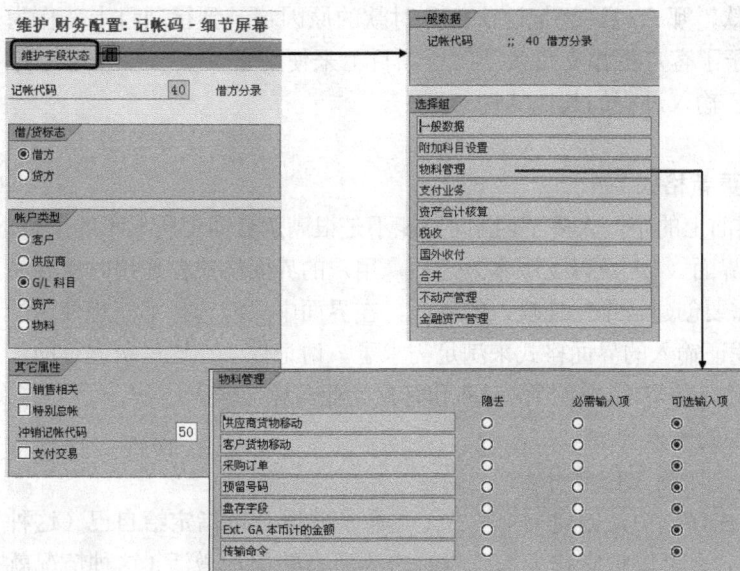

图 3.14　记账码的基本配置

表 3.8 解释了记账码首界面中各字段的用途。

表 3.8　记账码配置

字段	用途
借/贷方标识	为记账码选择适当的借/贷方选项
账户类型	为记账码选择账户类型
与销售相关的	记账码的标识是与客户发票相关的
特别总账	可以在这里表明记账码是否用于特别总账业务（例如预付款）
冲销的记账码	输入冲销的记账码。如果用事务 FB08 冲销凭证，系统将从这个配置表中自动确定冲销的记账码
付款业务	表明记账码是否用于任何类型的付款业务

注意

如果不了解所做操作的后果，那就一定不要去修改或编辑 SAP 的标准记账码。也许从记账码的字段状态中移除了某个字段，而这个字段在字段状态变式中却是需要的，因此应该确保两边的配置要协同一致。

如果编辑了记账码的字段状态，那么更改将可能会影响到使用记账码进行过账的任何一个凭证行项目。对于付款的业务来说，一般的需求是使用**原因代码**字段可能会更好，而标准的 SAP 记账码配置把这个字段隐藏了。例如，这个字段可能会用于付款的处理，也可以用于总账凭证的输入。在这两种情况下，输入原因代码都能提供相关业务属性的附加信息。例如，如果有个客户只进行了部分付款，那么也许想把这次部分付款的原因记录到行项目上。作为选择，也可以在这些已手工赋予了客户折扣支付条款的行项目上来使用它。

现在，让我们再来看看凭证输入过程的其他特性。

3.2.8　为凭证的输入界面更新格式

当输入一张凭证时，由于界面上的字段太多了，因此可能不是很满意界面上所显示的字段。自从引入了新的 SAP 轻松访问界面（4.5 及以上版本）之后，用户的界面格式在使用时就容易得多了。在以前的旧版本中，需要创建一个快速输入的界面，在界面中只能选择那些想使用的字段。而现在，可以通过配置凭证输入的界面格式来满足需求了。请记住，在这里所进行的任何更改都会影响到所有 FI 凭证输入的界面，包括供应商和客户的业务凭证输入。

可以按下述步骤来配置凭证的输入界面。

1. 选择**更改屏幕格式**按钮，如图 3.15 所示。

2. 在接下来的界面（见图 3.16）中，创建一个变式，这个变式既可以指定给自己（这种情况就要给它一个变式的名称），也可以把它作为标准设置来为所有的用户激活（这种情况就要让变式的名称空着）。

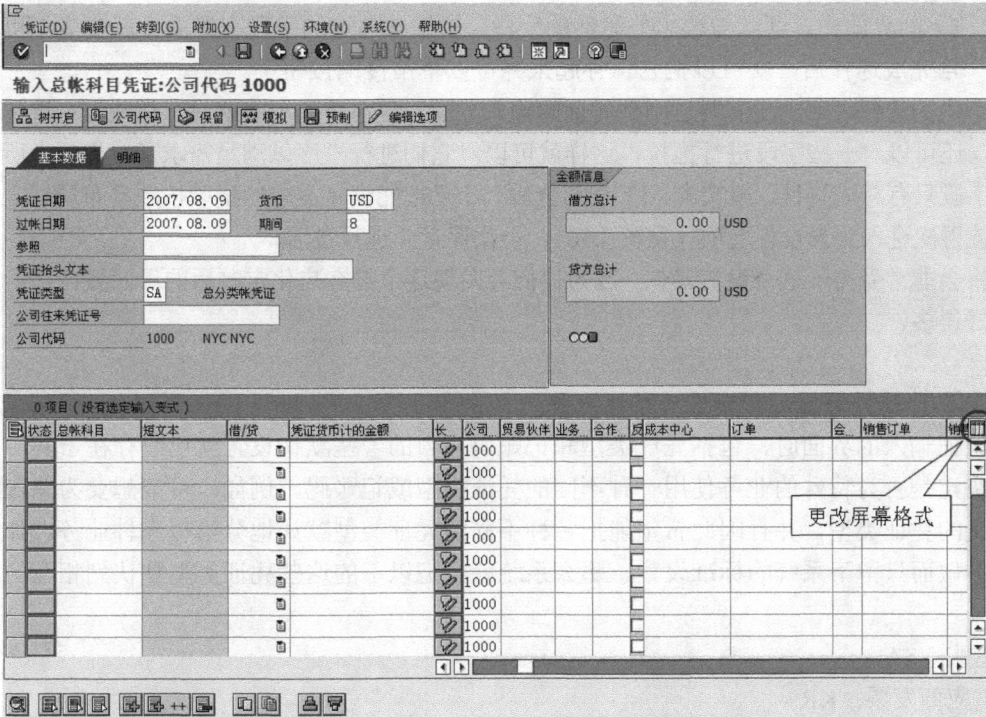

图 3.15　更改凭证输入的界面格式

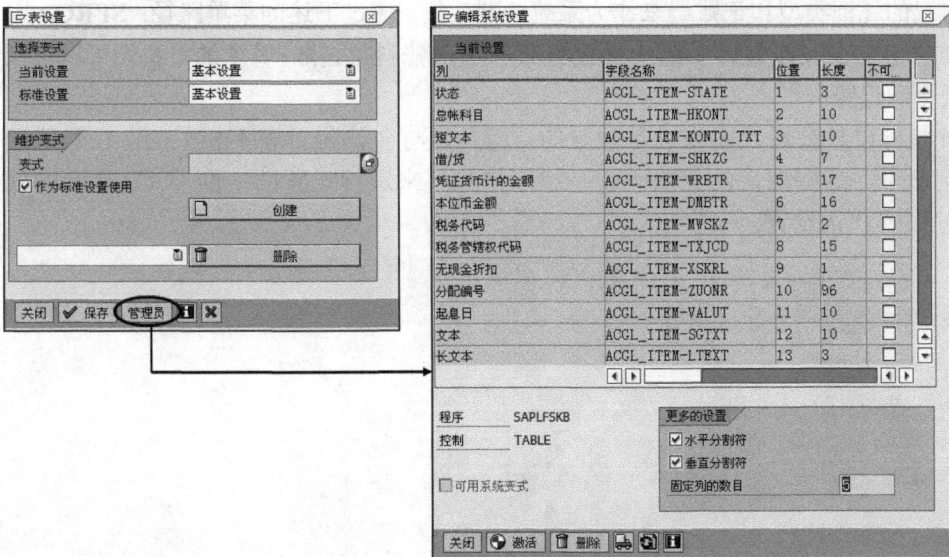

图 3.16　为凭证格式选择字段

3．再往下的界面中，可以勾选想要激活的字段，这样被勾选的字段在界面上就变成不可见的了。一旦完成选择后，就可以把它保存起来并可以单击**传输**按钮了。

完成字段的选择之后，还需要返回到凭证的输入界面。现在所显示的就只有那些没有选中的字段了。还可以对一些字段进行拖拉，这样就可以对它们进行排序以满足需求了。界面上所固定好的字段只有总账科目、短文本、借/贷和金额。一旦把能满足需求的字段按顺序布局好之后，就应该再次进入到表设置选项（见图 3.16），再次保存并进行激活。

用户将会非常受益于这个设置操作，因为他们会发现这个被客户化定制后的界面要比之前的界面友好得多。

3.2.9　总账的凭证显示和格式（默认设置）

打开凭证输入的界面时，包括凭证类型和记账码在内的一些默认设置就已经存在于其中了。可以决定是否为特殊的业务使用一种不同的凭证类型或记账码。例如，可能想要为总账使用自定义的凭证类型，并且因此希望能把各种不同的凭证类型默认地分给每一种业务。如果什么也不做而只留下系统的标准设置，那么系统就将把以下的这些凭证类型默认到相应的业务。

- 总账：SA
- 供应商发票：KR
- 客户发票：DR

如果想定义自己的凭证类型，可以通过 SAP 的事务代码来做。让我们来假设一下：假定想定义我们自己的凭证类型和记账码来作为系统的默认值。通过下述的菜单路径：**SPRO·财务会计（新）·总账分类账会计（新）·业务交易·总账科目过账-满意的**，我们可以定义默认的凭证类型和记账码。

这些设置是可以按公司代码来进行配置的，而且是与会计科目表不相关的。在默认记账码的这个例子中，这些默认的记账码就是按账户类型来进行设置的。图 3.17 显示的就是总账科目过账的默认设置。

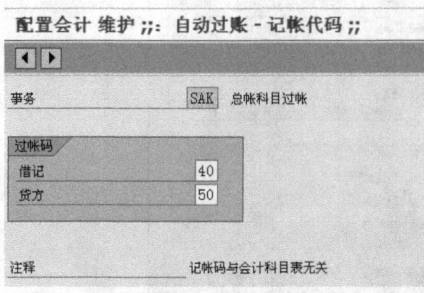

图 3.17　为轻松事务定义默认的记账码

为其他的事务更改默认的设置也是可能的。在菜单路径：**SPRO·财务会计**（**新**）**·应收账款和应付账款·业务交易·收到的发票/贷项凭证·执行并检查凭证设置·定义默认值**下，或者通过使用事务 **OBU1**，也可以为其他的业务更改默认的设置，如图 3.18 所示。

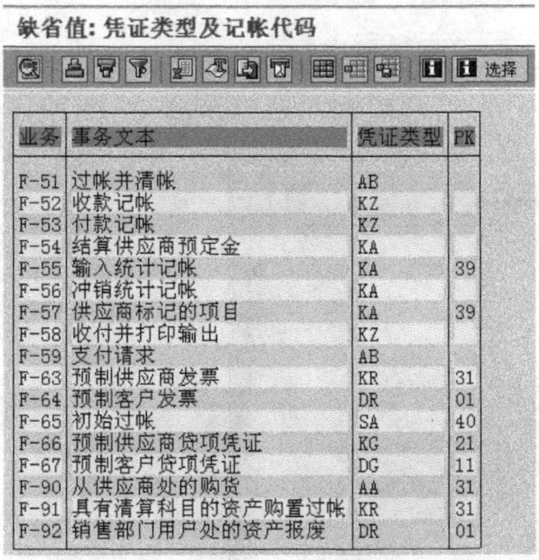

缺省值：凭证类型及记帐代码

业务	事务文本	凭证类型	PK
F-51	过账并清帐	AB	
F-52	收款记帐	KZ	
F-53	付款记帐	KZ	
F-54	结算供应商预定金	KA	
F-55	输入统计记帐	KA	39
F-56	冲销统计记帐	KA	
F-57	供应商标记的项目	KA	39
F-58	收付并打印输出	KZ	
F-59	支付请求	AB	
F-63	预制供应商发票	KR	31
F-64	预制客户发票	DR	01
F-65	初始过帐	SA	40
F-66	预制供应商贷项凭证	KG	21
F-67	预制客户贷项凭证	DG	11
F-90	从供应商处的购货	AA	31
F-91	具有清算科目的资产购置过帐	KR	31
F-92	销售部门用户处的资产报废	DR	01

图 3.18　其他 FI 业务的默认设置

只有设计与 SAP 的标准凭证类型和记账码有所不同时，在这里定义默认的设置才是必要的。如果使用的是系统的标准设置，那么这个步骤就是不相关的。

接下来，让我们看看应用于所有 FI 凭证的凭证更改规则。

3.2.10　凭证更改规则

向系统输入一笔业务时，系统就会创建一张凭证，这张凭证记录了与之相关的信息。这张凭证既是业务交易的记录同时又是一个审计追踪的线索，审计追踪线索表明是谁做的这笔业务以及是什么时候做的等相关信息。如果需要改正已过账的凭证，那就需要一个单独的更正事务来操作。请记住，不能对包含有已输入到系统中的原始业务的财务信息进行更改；只能对本节所介绍过的附加文本信息进行更改。如果把一张错误的凭证输进了系统，那就必须创建一张纠错的凭证或冲销的凭证来进行处理。不能简单地通过这个功能来进行更正。

不过，还是可以更改凭证上的一些文本类信息。例如，在输入业务后，可能会觉得还需要更多的信息来说明它的作用，比如想增加一个备注，这个备注可以使其他看到凭证的人能够更明白。

在供应商或客户的发票上，也许还希望能更改其他的字段。为了管控发票的到期日（例如，把发票的到期日推后或者是把它提前），那就可以更改付款条款和基准日期。在客户的发票上，还可以更改与催款相关的字段（例如，催款冻结），与催款相关的字段将在第 6 章进行讨论。

自定义的允许更改文本信息的凭证更改规则将适用于整个系统；所有这些按公司代码或其他任何对象的凭证更改规则都不存在任何的差别。因此，作为系统设计的一部分，它应当是一项决策。图 3.19 显示了按账户类型进行这样设置是可能的，即资产、客户、供应商等。

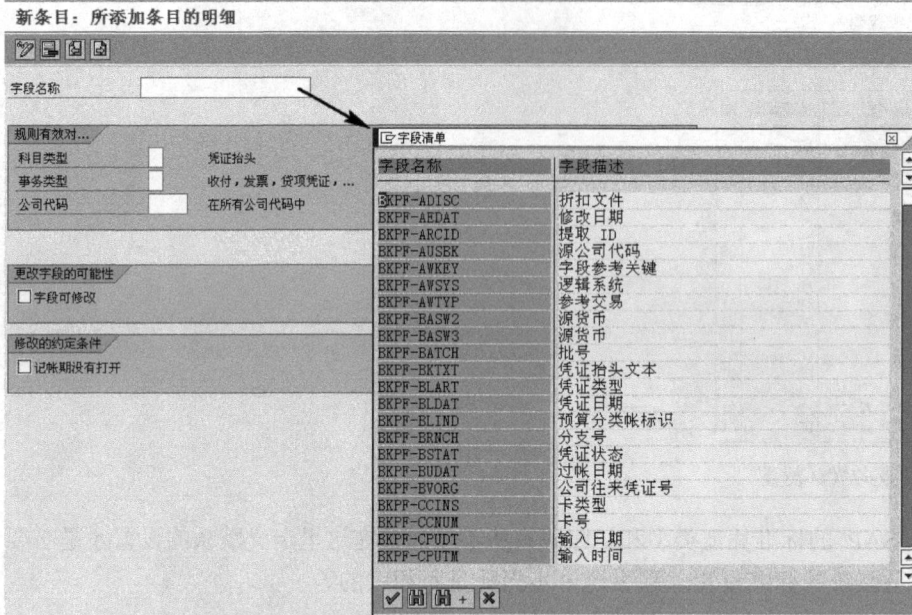

图 3.19　凭证更改规则的例子

在这里，有两个配置的界面需要进行设置：一个是为抬头信息的，而另一个则是为行项目的。这两个配置都可以在 IMG 的同一个区域找到：**SPRO·财务会计（新）·财务会计全局设置（新）·凭证·凭证更改规则**。

对于应用于凭证行项目的凭证更改规则，所有行项目的逻辑都是一样的。必须先选择想应用于凭证更改规则的字段。这个配置操作显示在图 3.19 中。

由于想要按账户类型来定义凭证更改的规则，因此，我们所创建的规则是适用于总账凭证的。也可以按公司代码来定义凭证更改的规则，这样的话，特定国家的规则就能起作用了。图 3.20 显示的就是完整的凭证更改规则。

在我们的例子中，已经说过了那是为总账凭证而设置的，行项目文本在凭证过账后是可以更改的。即使会计期间已经关闭，而且行项目已经被清掉了，但行项目的文本还是可以更改的。

可以利用这个例子来定义自己的凭证更改的规则。可能想为可更改的字段来定义规则，例如，在供应商的行项目上，想防止付款条款的字段被更改。这就意味着在发票被创建时，必须要保留输入到发票上的付款条款，而不能为了任何人的利益再去更改它们。

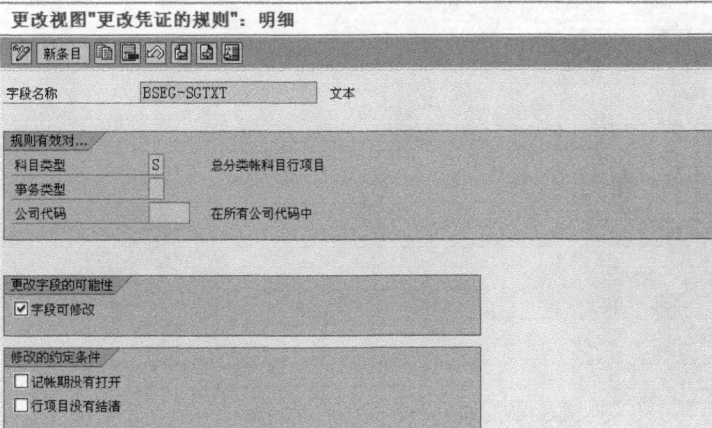

图 3.20　完整的凭证更改规则

3.2.11　跨公司代码设置

对于 SAFA 公司来说，定义了两个公司代码，因此就可以在它们之间进行跨公司代码的过账，但这需要我们对配置进行适当地设置才能实现。由于新总账所带来的变化，因此这个配置操作在第 4 章详细讨论。

3.2.12　雇员容差组

尽管已经做了很多的配置设置了，但现在还不能过账任何凭证，原因是需要设立过账的容差组。作为限定义，可以进行凭证过账金额的控制，这些容差是必须先要存在于系统中的。

为了能在公司代码中进行过账，SAP 需要至少定义一个容差组。有些解决方案的系统设计是利用过账容差的控制来限定用户在系统中过账的交易额的，如果是这样的情形，那不同的用户组也就会受到不同的限定。

在这里，需要完成两个配置操作。对于这两个配置操作，都可以沿菜单路径：**SPRO·财务会计（新）·财务会计全局设置（新）·凭证·容差组·定义雇员的容差组**，或者使用事务 **OBA4** 来完成。首先要定义我们自己的容差组，如图 3.21 所示。

为了能在系统中过账，至少需要定义一个容差组，但是请注意，在图 3.21 中我们并没有给它一个名称。在本节的后面部分讨论对用户进行容差组分配时，我们再来讨论这个容差组。

需要按公司代码的货币来定义容差组，因此，对于案例中的公司代码 1000，就是按货币 USD 来定义容差组的。然后要为凭证的过账定义上限，这个上限额将适用于所有的 FI 凭证。由于我们为所有的用户只创建了一个唯一的容差组，因而我们所定义的容差组是一个全局性的设置，这样就可以让所有的用户都能过账了，可以按照他们输入什么样的金额以及他们给出什么样的折扣来进行设计，这样的容差组就能限定不同组的人。

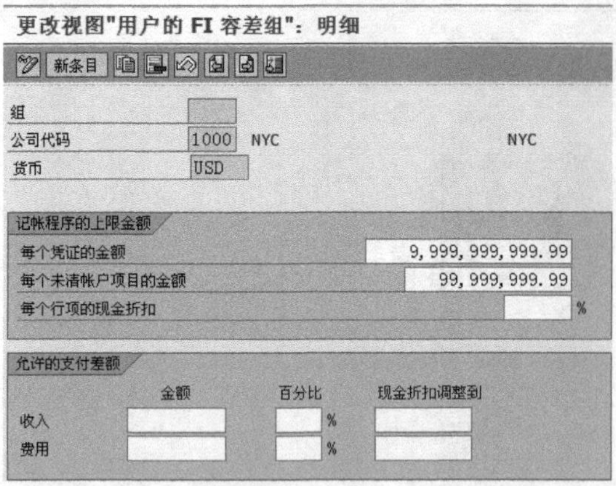

图 3.21　通用的 FI 容差组

在付款差异方面，允许的付款差异所限定的是可以给某客户的折扣金额。在这个例子中，由于在别的地方（见第 9 章）配置这些内容，因此暂时就把这些字段留置为空了。我们在第 9 章所完成的容差配置操作通常都是针对客户的全局性设置，全局性的设置可以控制进行过账的付款差异。在这个界面中，可以按容差组，其实也就是按用户（因为我们把用户和容差组关联起来了）来限定所允许的容差（如之前在图 3.21 所定义的容差）。既然如此，如果需要按用户进行容差控制，那就应该在这个配置操作中来配置自己的设置。

在确定好容差组之后，接下来的步骤就是把它们分配给用户了。要完成这个分配操作，可以沿菜单路径：**SPRO·财务会计（新）·财务会计全局设置（新）·凭证·容差组·分配用户/容差组**，或者使用事务 **OB57** 来完成。

在我们的业务场景中，已经创建好了一个默认的容差组，而且要把这个默认的容差组分配给所有的用户。当进到这个界面进行容差组的分配时（见图 3.22），由于我们没有给这个容差组维护名称（见图 3.21），因此所有的用户就都自动地分配给了这个空的容差组了。可是，如果设计是要为不同组的人创建不同的容差组，那就需要在这里来对它们进行分配了。

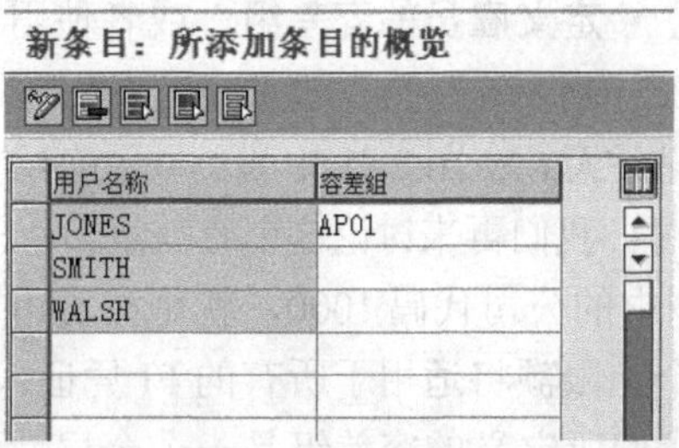

图 3.22　分配用户给容差组

应当要清楚的是，所有没有被输入到图 3.22 所显示的配置表中的用户 ID 都将会被分配给默认的容差组。对于除默认的容差组之外的所有分配，都必须在这里输入用户的 ID。

　　在我们的案例中，有 3 个特定的用户被分配给了这些具体的容差组，其他的所有用户 ID 都分配给了默认的容差组。那些要处理大量客户业务的企业往往会采用不同的容差组来控制给客户折扣的权能，如果实际的业务场景与此相似，那么就应该考虑不同容差组的分配问题。

3.2.13　为总账科目的过账更改消息控制

　　SAP 系统允许把某些系统消息的状态由错误更改为警告，甚至彻底就关掉它们。但在做此操作之前，需要搞清楚更改可能会导致系统完整性方面的弊病。不过，有些系统消息在项目实施中确实经常会更改，而本节给出的是一个更改消息控制的典型案例。如果想要搞明白什么样的信息需要更改，则需要先找出系统消息号来。这是在系统消息的弹出框里给出来的，如果系统消息只是出现在界面的底部，就必须双击它才能显示出来。

　　图 3.23 显示了一个系统消息的例子。

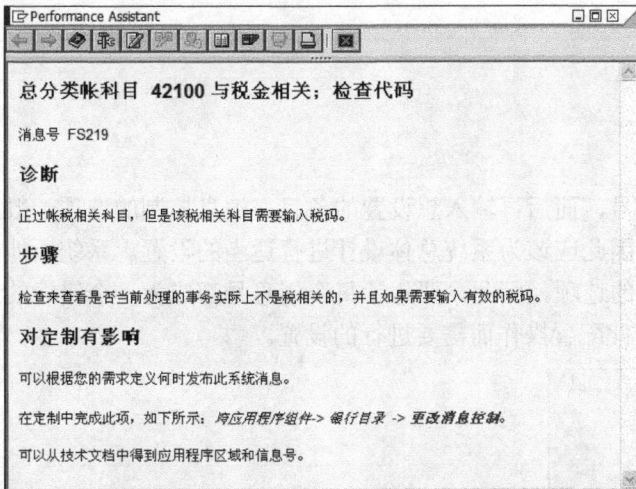

图 3.23　可配置消息设置的例子

　　正如所看到的这样，系统的消息号是 FS219，这里的 FS 是应用区域，而 219 才是在应用区域下的实际消息号。如果要对它进行更改，则需要这两部分的信息。

　　应用区域是把消息组合在一起的一种手段，消息是否能更改要视系统的组件而定。图 3.24 所示为系统中现有可用的应用区域的例子。

　　可以沿路径：**SPRO·财务会计（新）·财务会计全局设置（新）·凭证·默认值·更改凭证处理的消息控制** 进入**更改凭证处理的消息控制**界面。

　　在这个配置步骤中，需要先确定与系统消息相关的应用区域是哪一个。在我们的业务场景下，选择的应用区域是 FS。

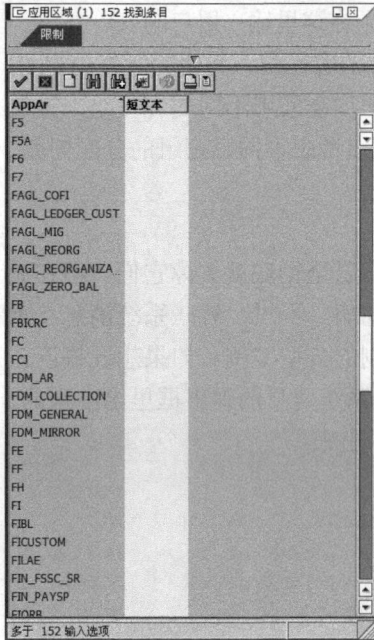

图 3.24 消息类的应用区域

　　往下，要单击**新条目**，并输入消息号，而后再输入想设置的条目。消息控制的选项一般是错误、警告、信息，或者是关掉的，因此应该为系统总体设计进行适当的设置。系统所能进行控制的只是那些在这里可以选择到的选项，因此，要想让每个消息号都成为一个错误的消息也不都是可能的。图 3.25 显示了为此配置操作而需要进行的设置。

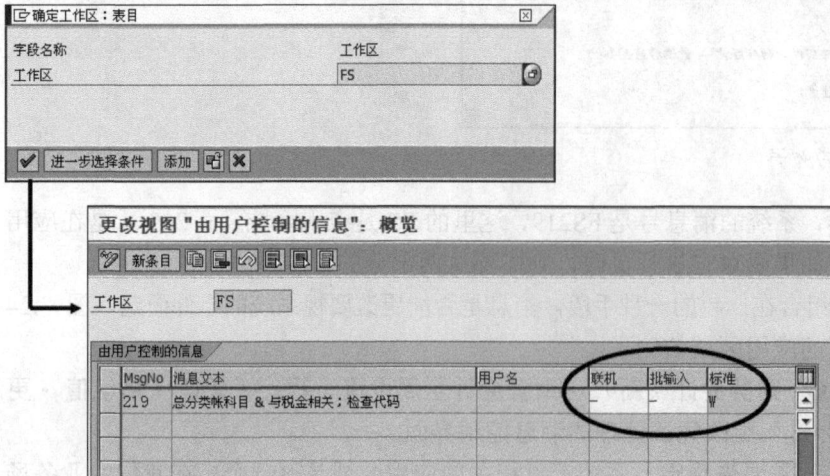

图 3.25 更改消息状态

系统消息可分为在线消息（当用户正使用该系统前台应用程序时所发出的消息）和批处理消息（后台程序执行事务时所发出的消息）。应该考虑为批处理使用这些设置。

请记住，如果用户名的字段也被填充了，那么配置的消息设置只对这个用户才是有效的；如果把它留置为空，则这个设置对所有的系统用户都是起作用的。

3.2.14　财务报表版本

在 20 世纪 90 年代末，也就是当我刚刚开始从事 SAP 的工作时，当时还非常强调要把重点放在财务报表版本（也称 FS 版本）的创建上，那是作为一个试算的平衡表来使用的。作为期末结账处理的一部分，需要运行 FS 版本来生成所有总账科目余额的清单。SAP ERP 财务在报表功能方面的提高就在于减少了创建 FS 版本的要求，因为可以从其他的渠道来获取这些数据。

尽管如此，还是需要生成试算平衡表样式那样的信息。在早前的 SAP ERP 财务软件版本中，大多数的总账财务报表和自定义的报表都是用 ABAP 开发的报表，而 FS 版本是用配置来进行创建的，因此这种报表的修改需要有配置的工作。现在可利用的报表工具有报表绘制器，尤其是 SAP NetWeaver 的商务智能（BI），要灵活得多，并且不需要配置就可以对它们进行修改了。因此，FS 版本基本上就不常使用了。

虽然不用做这个配置操作，但我们仍将简单地解释一下财务报表版本是如何设立的。配置可在菜单路径：**SPRO·财务会计（新）·总分类账会计（新）·主数据·总账科目·定义财务报表版本** 下，或者通过使用事务 **OB58** 来完成。

可以从图 3.26 中看到有许多预定义好的财务报表版本已经被交付了，对于 SAP 所交付的 SAP ERP 相关会计科目表来说，这些财务报表版本都是有效、可用的。

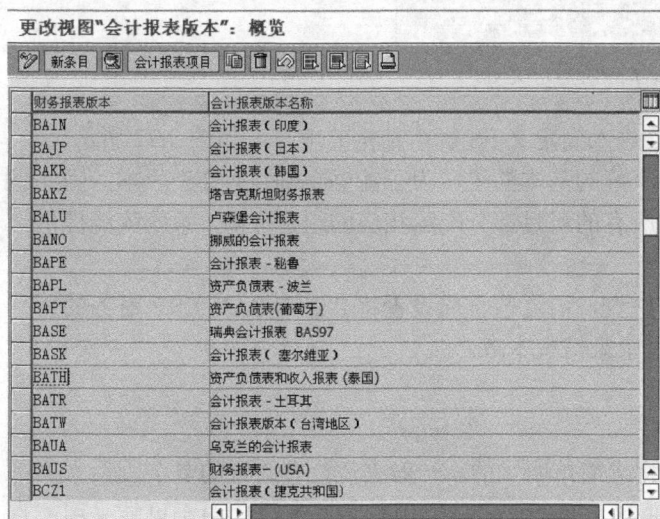

图 3.26　SAP 交付的财务报表版本

通过单击**新条目**，可以创建自己的 FS 版本并定义自己的财务报表版本结构，如图 3.26 所示。

每一个 FS 版本都有抬头部分说明了基本的信息，例如名称、语言以及与之相关的会计科目表。如果要手工定义 FS 版本，那就不要选择显示在图 3.27 中通用说明下的自动（分配）项目代码选项；如果选择了这个选项，则系统将根据总账科目号来自动分配总账科目。因为在我们的场景中没有采用集团的会计科目表，所以不要选择它。在这一页最后的**功能范围程序**选项只是在有功能范围时才是相关的，它允许把功能范围分配给总账科目。

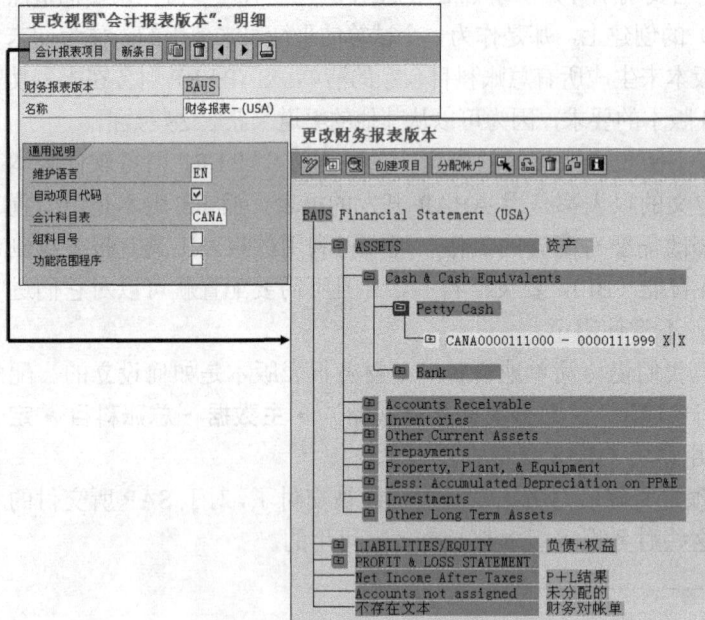

图 3.27　BAUS（美国财务报表）财务报表版本的结构定义

现在要单击**财务报表项目**，系统会进入到定义 FS 版本结构的地方，如图 3.27 所示。

在这里，你会看到一些由 SAP 定义好的基本的组，为了能够正确运行 FS 版本，因此就需要把这些组分配给 FS 版本。可以把所有的科目都分配给相应的组，这样，系统就能提供一个试算平衡的报表了。

我们已经完成了对 FI 全局设置的检查，而这些全局设置将会影响 SAP ERP 财务的所有模块。最后，我们以销售和购置税的讨论来结束本章。

3.3　销售和购置税

在 SAP ERP 财务中，税的配置是相当简单明了的。一般来说，有关税的复杂因素大多都是源自于对所在交易国的国家法规的曲解。对于大多数的项目实施来说，由于可能采用能直接应用的标准设置，因此这样深度的理解不是必需的。尽管这样，本节还是提供了有关配置界面的详细解释。重要的是应当认真研究项目实施所在国的税务法则。如果是在美国实施项目（美国的税法会更复杂），就应该明白哪些才是必须的。编著本章的目的不是要详细解释税法，而是要提供必要的税处理的信息，这样才能参考沿用系统标准的 SAP ERP 税程序。另外，我们还将演示如何创建可能需要的其他税码。

> **备注**
>
> 　　税收是与国家相关的，它具体到所处的是哪个国家。例如，美国的税法是具体到州的，而在欧洲却只是具体到国家的。本章对于 SAP ERP 财务的整体设计是很重要的，因此在阅读这部分内容之前，强烈建议要先完全理解具体的法定税务需求。由于 SAP 系统自带了大多数国家的税收预配置设置，因而对于具体的业务情形，也能很容易就选定这些预配置的设置，因此你不必是一个税务方面的专家。

　　因为 SAP 所交付的税计算过程通常都能满足大多数的业务需求，因此，沿用系统标准的税计算过程也是我们一贯的主张。

基本定义

　　税是针对个人、企业的财产或者活动所征收的费用。大多数国家的税都有很多种，在这一节，所要讨论的只是销售和购置税。请记住，税最终是要按公司来征收的，这样才能把税交缴给税务机关。正因为如此，我们的会计准则就要求我们把向客户收取的任何税金都作为流动负债来过账，而把已付给供应商的税金作为流动资产（译者注：这与中国的会计准则有所不同）。我们把这些税金都过账到了资产负债表的总账科目上。

　　当在进行发票的处理时，后台的科目确定就会向税配置的设置中所定义好的总账科目进行过账。用户在发票上只是为业务指定相应的税码即可，这样系统就能控制其对总账的过账了。

　　一般地，税不是被定义为进项税（购置）就是定义为销项税（销售）。这种定义是源自税款支付的趋向的。由于在国家法律上的差异，所以美国的税计算过程比其他一些国家的税计算过程要复杂得多。由于美国的税法一直未变，因此 TAXUS 税的计算过程被沿用至今，我们也就不进行过多地详细讨论了。

　　为了满足法定的需求，所以 SAP ERP 财务的税配置的设置都是在国家的层面上来进行的。SAP ERP 财务自带许多国家的已预配置好了的税计算过程。正因为这样，所以大多数的项目实施都采用了 SAP 标准的税务计算程序。在许多全球性的 SAP ERP 财务项目中，为了能遵从每一个国家的法定要求，需要使用不同的税计算过程。例如，对于 SAFA 公司，我们就将使用 TAXUS（为美国公司）和 TAXGB（为英国公司）这两个税计算过程。在以下的篇幅中，将阐述在税的计算程序中是如何进行税码的配置的。

> **备注**
>
> 　　如果是在阿根廷、巴西、印度、韩国、西班牙或者斯洛伐克等国家进行项目的实施，那么还需要检查本章所没有涵盖到的其他设置。

勾画税计算设计

税码是用于部分的发票处理的，需要选择税码来把一些控制放到税计算过程、税收取以及税支付的记录中。在发票的处理中，税的过账应该是一个自动的过程，因此要先选择税码，然后系统就能计算出应付税的比率并确定出相应的要进行过账的总账科目了。在实施凭证分割的情况下，系统现在也能为税确定正确的利润中心分配，这将在第 4 章进行详细地讨论。

大多数的企业在财务部内都有一个税务专员或指定的一个人，这个人即熟悉法定的需求也了解总账的过账。在开始配置之前，建议先列出一个表（见表 3.9）并且也要达到表中那样的信息细度。

表 3.9　税码配置清单列表

税码	描　　述	百分率	总账科目
E1	AP 销售税，6%州，1%国家，1%城市应计的	6.00	15180
I1	AP 销售税，6%州，1%国家，1%城市分配的	6.00	15181
O1	AR 销售税，6%州，1%国家，1%城市	6.00	20180
O0	AR 销售税，6%州，1%国家，1%城市分配的	0.00	20181

表 3.9 为我们的税解决方案列出了所有需要的税码，这个表就成为我们配置设置的对照表了。

可以在菜单路径：**SPRO·财务会计（新）·财务会计全局设置（新）·销售/购置税** 下来完成税计算的配置。不过，首先需要把免予征税的税码分配给公司代码。

向公司代码分配非应税业务的税码

需要把非应税的税码分配给免征税的业务。要配置这个设置，可以沿菜单路径：**SPRO·财务会计（新）·财务会计全局设置（新）·销售/购置税·过账·为免征税业务分配税码**，或者使用事务 **OBCL** 来完成。图 3.28 显示的就是如何进行这个分配的。

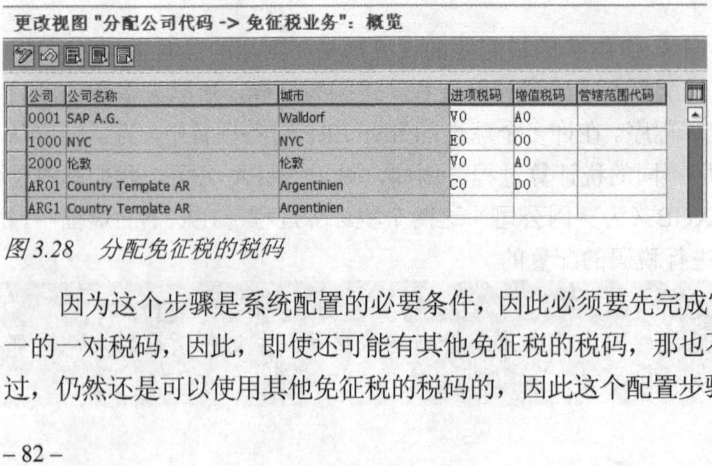

公司	公司名称	城市	进项税码	增值税码	管辖范围代码
0001	SAP A.G.	Walldorf	V0	A0	
1000	NYC	NYC	E0	O0	
2000	伦敦	伦敦	V0	A0	
AR01	Country Template AR	Argentinien	C0	D0	
ARG1	Country Template AR	Argentinien			

图 3.28　分配免征税的税码

因为这个步骤是系统配置的必要条件，因此必须要先完成它。由于系统只允许在这里分配唯一的一对税码，因此，即使还可能有其他免征税的税码，那也不能再在这里来分配这些税码。不过，仍然还是可以使用其他免征税的税码的，因此这个配置步骤不会限制到它们的功能。

我们现在要从头到尾、一步一步地往前来解释这些配置是如何起作用的，同时还要看一看不同国家的例子，以此来说明各国在税法上的差别。

3.3.1　基本设置

在接下来的部分，我们将了解到以下基本设置：

- 税计算过程；
- 访问顺序；
- 税的条件类型；
- 税程序；
- 把税程序分配给公司代码。

那就让我们先从税的计算过程开始。

税计算过程

SAP ERP 为每一个国家都预载了税的计算程序。另外，系统也为每个国家都预定义了一些税码，这些税码都是与该国的税法和规章相关的。为了能找到 SAP 为贵国发布的所有税收的新注释，应当要查看一下 SAP 的注释。还有，许多税务机关对 SAP 也很熟悉，因而他们也可以给出一些有关 SAP 的具体建议。要找到图 3.29 所示的界面，可以使用以下的菜单路径：**SPRO·财务会计（新）·财务会计全局设置（新）·销售/购置税·基本设置·检查计算过程**，或者使用事务 **OBYZ** 来进入。

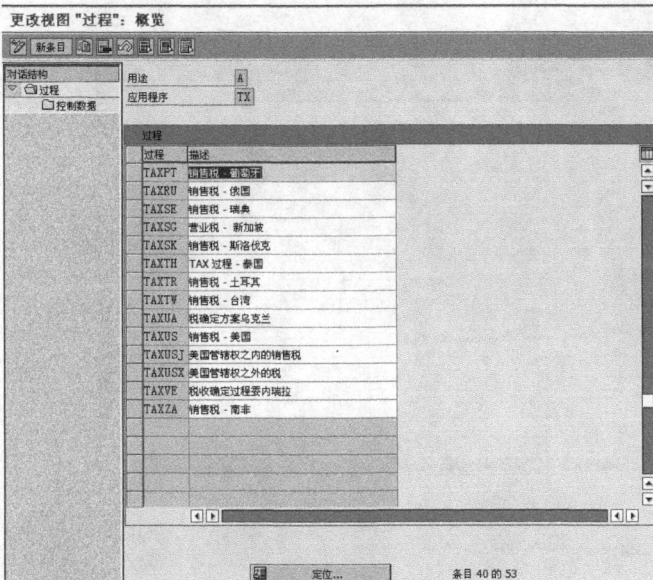

图 3.29　标准的税计算过程

图 3.29 显示的是系统标准的税计算程序列表清单。看看哪一个是与实际的业务情形相关的。对美国来说，它不只一个税的计算程序。

> **重要**
>
> 记住，请不要更改这些标准的税计算程序。如果所在国在税法方面有新近变化的特殊需求，那么请先咨询 SAP 以便能了解到他们是否已发布了有关于税的更新（这些更新被称为补丁包）。SAP 会与全球的当地税务机关保持紧密的联系，并且多半会知道即将发生的税收的变化，这些变化是应该重新仔细审查并需要采纳的。

尽管我们交待了如何配置访问的顺序，但重要的还是了解它们的构成。税的计算过程是由 3 部分组成的：

- 访问顺序；
- 税的条件类型；
- 税程序。

让我们先从访问的顺序开始。

访问顺序

税的访问顺序所定义的是系统将进行校验以及与本国的税程序相关的字段。这可以在图 3.30 中看得到。

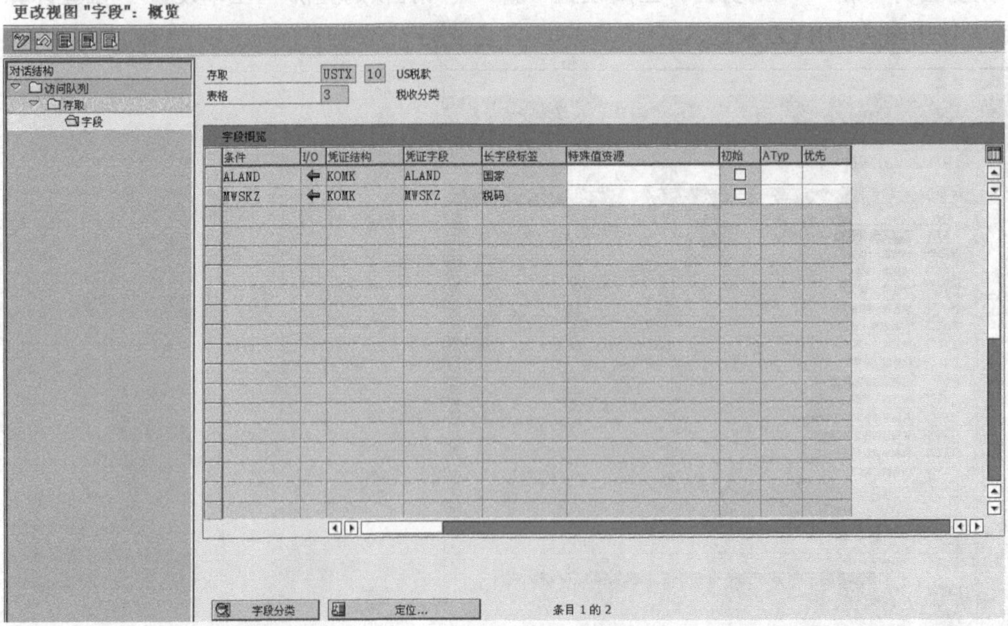

图 3.30　美国的税访问顺序

税的条件类型

MWST 是控制整个税计算过程的税条件类型。在巴西和美国有它们自己的条件类型，除了巴西和美国之外，税的条件类型配置表的所有条件都是参照 MWST 的。

进入到条件类型之后的界面是一个税条件类型是如何起作用的配置界面，但是它不需要具体的百分比或者连接到控制过账的总账科目。图 3.31 显示的是有关税条件的通用配置，它意味着条件类型可以用于不同的法定情形下。

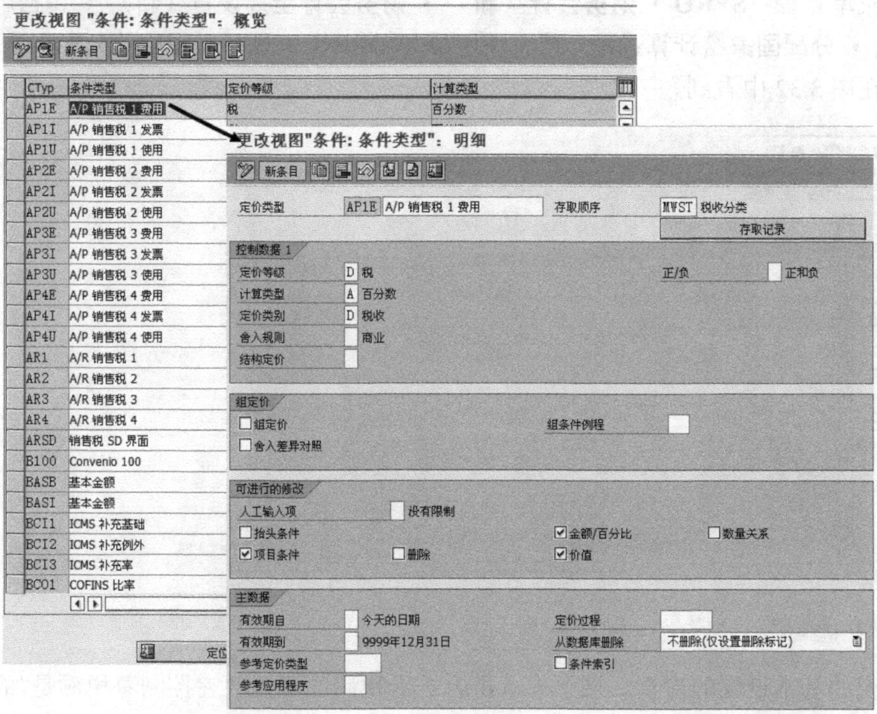

图 3.31　税条件类型的配置

在图 3.31 中，可以看到条件类型被定义成了税的条件并且是以百分比为基础（在**控制数据 1** 部分进行设置）来进行计算的。

除巴西和美国之外的国家往往都会使用条件类型 MWAS（销项税）和 MWVS（进项税）。与其他的条件类型相比，这两种条件类型也都具有相似的设置，如图 3.31 所示。

税程序

一个国家的税程序就是把条件类型和访问顺序组合在了一起。通常情况下，不需要更改税的访问程序，而且那也不是一般的需求。

现在我们已经完成了税计算过程的部分内容了，下一个有关税的配置操作就是要把这个程序分配给公司代码了。

把税程序分配给公司代码

每一个国家都需要给它分配一个税的计算程序。因为美国的税法要更为复杂，所以在系统中交付了 3 个独立的美国税务计算程序。应该参考 SAP 的注释以及当地的税务准则，这样才能确定哪一个税计算程序是最适合你的企业的。

可以按以下的菜单路径：**SPRO · 财务会计（新）· 财务会计全局设置（新）· 销售/购置税 · 基本设置 · 分配国家给计算过程**，或者使用事务 **OBBG** 来进行税程序的分配。这个分配的过程可以在图 3.32 中看到。

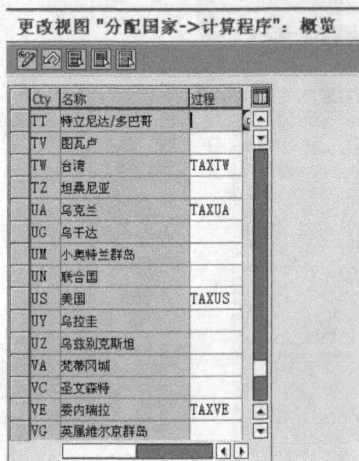

图 3.32　给国家分配税计算程序

这样就完成了税的基本设置的检查。接下来，再看一看税码的配置，它控制着税额是如何过账到总账中的。

3.3.2　过账

这部分的 IMG 包含了如何定义实际计算税额的百分比以及把这些税额过账到总账的配置步骤。创建一张发票时，系统会自动计算出税额并把它过账到总账上，如表 3.10 所示。

表 3.10　含税过账的客户发票

借	客户统驭	129
贷	销售收入	100
贷	税	29

针对某个客户，我们选择了一个税码，然后系统就能自动计算出税额并把它过账到我们分配给这个税码的总账科目中。可以沿菜单路径：**SPRO · 财务会计（新）· 财务会计全局设置（新）· 销售/购置税 · 计算 · 为销售和购置定义税码**，或者使用事务 **FTXP** 来进行这个配置。

由于税的程序是具体到某一个国家的，因此在一个国家中，应该为税码采用一种规则。对于我们案例中的这两个公司代码，就意味着只使用一个税码就能满足需求了，如 A0，因为与这两个公司代码所关联的同一个税码是分别处在不同的国家中的，因此它是具有不同的含义的。

税码是由 3 部分的信息组成。

- **描述**：这是用来描述税码名称的。
- **百分率**：这是用于计算税额的百分比的。
- **税科目**：这是用来过账税额的总账科目的。

看过图 3.33 所示税码的例子之后，应该对有关税码的知识更了解了。

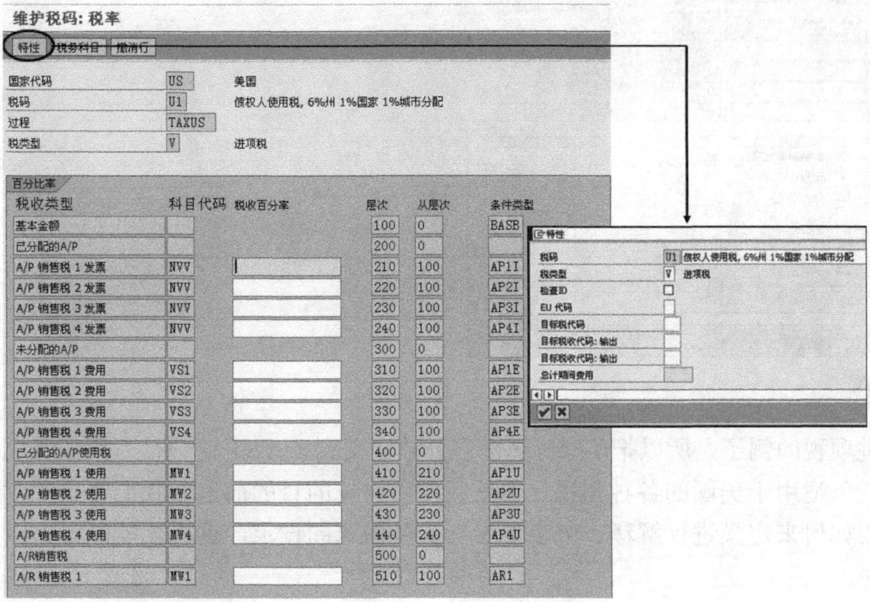

图 3.33　税码 U1 的范例

在**特性**视图下，可以看到税码的基本特性、描述和类型。也能看到**检查 ID** 这个复选框，它控制的是生成错误消息还是根本就不产生消息。通常，特性是定义新税码时所要做的第一件事情。

在界面的主区域下，需要选择税的类型以及与这个税码相关联的百分比，如表 3.11 所示。

表 3.11   税的类型和程序设置

字段	描述
选择税的类型	因为这是一个与供应商相关的税码，所以它肯定是一个进项税，而所输入的百分比税率值也要对应到这一行
税的百分率	这是税码所适用的税率，可以准确到小数点后 3 位

因为英国的税码往往都只有一个单一的百分比率，所以英国的税码在解释和理解起来就要简单得多了。图 3.34 显示了如何对这个百分率进行分配。

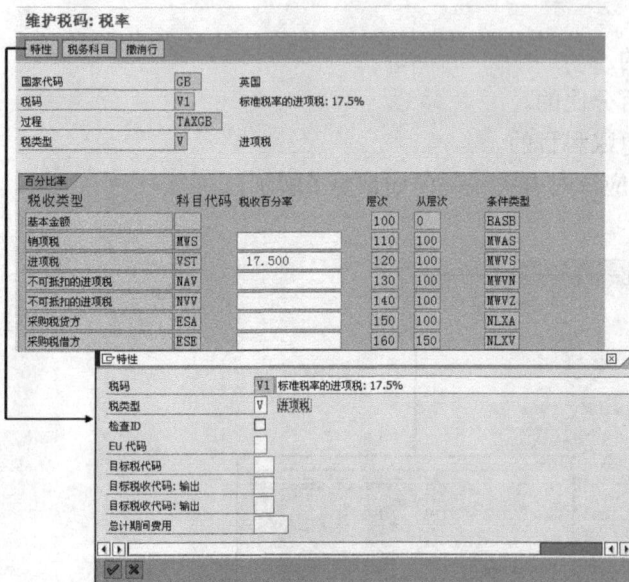

图 3.34   税码 V1 的范例

因为这是一个进项税的例子，所以把 17.5% 这个百分数定义到了 VST 这一行。我们还要花一点时间来解释一下适用于美国的各种州税，但就我们所讨论的目的而言，我们将只针对税码的百分数税率要如何来定义进行解释。应当要参考具体国家的设定，这样才能确定出应该使用的税的百分率。

每一个税码都需要分配一个总账科目，这样才能接收其过账。这通过在顶部的菜单条中单击**税务科目**按钮来进行定义。一个单一的税码也可能具有不同种类的税。例如，在一些欧洲的国家，有 50% 是免税的部分，这相当于是在税码中就激活了税的种类。正因为如此，在税务科目的设置中，需要定义两个总账科目，可以分配相同的或者不同的总账科目给这些不同种类的税。

图 3.35 显示的就是欧洲国家真实环境需求下，一个税码中具有不同种类税的例子。

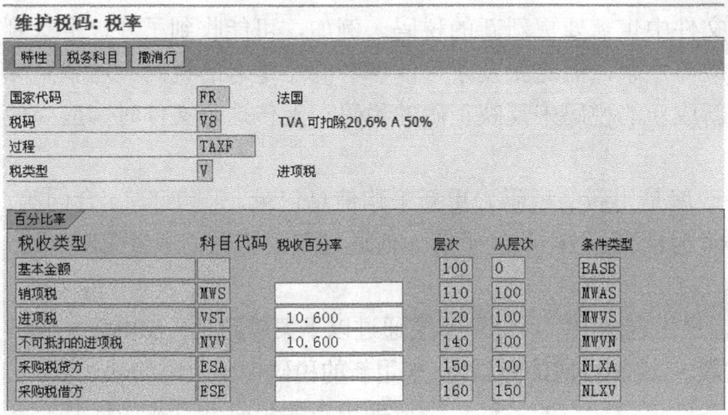

图 3.35　不可抵扣部分的税码范例

自定义税码

如果想创建一个自定义的税码，需要进入到事务代码 FTXP 下的界面，选择好国家，然后再输入想创建的税码。当按下[回车]键时，系统会显示该**税码没有被定义**的消息，同时系统也打开了**特性**的对话框以创建新税码。

承继这一点，也可能需要创建一些自定义的税码以提供业务的详尽分析。这些税码应该都是基于税程序中的标准税码的，所以可以对它们进行复制。

我们已经看过了不同国家的一些各不相同的范例，目的是为了解释税码的配置。建议尽可能地采用与本国相关的标准税程序。这将能充分保证可以正确连接到需要定义的税码上。

为了能应对在英国和欧洲的 SAP 系统中税收法律的变更，我们在下一节再来看看可以采取哪些应变措施。

3.3.3　英国和欧洲的税法变更

需要注意：在过去的几年中，由于经济环境的变化，世界各国正在努力地刺激经济，鼓励大众多花点钱来启动经济。实现这一目标的方法之一就是税收的调控。例如，在 2008 年的年末，英国把 VAT 增值税的税率从最初的 17.5%削减到了 15%；而在经济复苏之后，英国又从 2011 年开始把税率从 17.5%提高到了 20%。所有这些变化都需要能在 SAP 系统中反映出来。

要能够在系统之中表示新的税率/百分比，就应该创建新的税码，分配新的税率/百分比，而不要去对现有的税码进行更改。要在系统中创建新的税码，可以用 I1 来替代 V1，O1 替代 A1，等等。可以利用 3.3.2 小节的知识，在系统中创建所需的新税码。

如果还想把它们过账到不同的总账科目，可能要为这些新税码更改科目确定的设置。同样，在 3.3.2 小节中所讨论的科目确定的设置也是可以参考使用的。

需要考虑到与外部系统的接口，或者假使收到有来自第三方供应商文件的接口，在这样的外部系统或者第三方供应商的文件中也需要更新新的税码。例如，可能收到了要被上载到系统中的文件，并以此来创建供应商发票，而这张发票可能参考的还是老的税码。这就意味着第三方供应商的系统也需要更新成新的税码来反映正确的税码，上传这个文件时，应当使用正确的新税码。

在 MM 模块所需要的主要更改就是用新的税码去更新采购信息记录、采购订单、合同等。参考 SAP 的第 96389 号和第 97144 号注释，这样就能了解如何通过使用特殊的 SAP ERP 报告来进行这样的更改了。

在发票校验（IV）子模块的客户化定制中，可能还需要通过以下菜单路径：**SPRO · 物料管理 · 后勤发票校验 · 收到的发票 · 维护税码的默认值** 来用新的税码调整税码的默认值。

在 SD 模块，需要创建新的条件记录，新的条件记录要采用新的税码并且相应地具有条件类型通常为 MWST 的有效范围。可以使用菜单路径：**SAP 轻松访问 · 后勤 · 销售与分销 · 主数据 · 条件 · 创建**，或者使用事务 **VK31** 来进行创建。

备注

这还不是因税法变更而导致需要对系统进行调整的完整列表，我们所讲述的重点是如何进行必要的更改，所以一定要根据目前 SAP ERP 所使用的情况来进一步地检查这方面的内容。

请记住，销售和购置税是一个专属的领域。要进行正确配置，需要参考当地的法律法规和 SAP 所交付的标准税程序以及税码。通常情况下，系统都提供给了足够用的信息，为的就是能满足大多数企业的要求。

3.4 小结

本章的目的是把横跨所有 FI 子模块的配置步骤都落实到位。阅读完本章之后，读者应该具备有足够的知识来设计和配置一个满足实际要求的解决方案，这包括：

- 字段状态组的凭证过账控制；
- 控制总账科目创建的总账科目组；
- 凭证类型和号码范围；
- 凭证更改规则；
- 销售和购置税。

现在，我们已经配置完 SAP ERP 财务会计的全局性设置了，可以着手来看一看具体到子账的详细配置了。有关子账方面的详细配置，就从第 4 章的总分类账开始。

新总账的设计是用于提高数据的准确性，从而实现更快的期末关账的。本章介绍了一些新总账设计方案中的可选项，以及实施该方案所必需的配置步骤。

第 4 章 新总账

本章的目的是对新总账（GL）的功能进行解释和说明。之前的章节中已涵盖了许多基本的配置和主数据了，并且这些配置和主数据都是运行管理总账所需要了解的。现在要更深入地来研究 SAP ERP 6.0 版本，在这个版本下，SAP 对总账的运行管理进行了巨大的完善。新总账有了显著的功能提升，因此现在大多数实施 SAP ERP 的企业都会使用新总账了。技术上，实施 SAP ERP 6.0 并且仍然继续使用旧总账也是可以的，如果当初为了保持旧总账，那后续面临巨大的挑战就是迁移工作，而且还要为单独的迁移工作制订出相应的计划才行。

本章将介绍以下方面的新总账功能：

- 旧总账和新总账之间的功能差异；
- 新总账的配置；
- 引入了新的科目分配对象——段（或分部、分支机构，本书不作区分，以下同，译者注）；
- 凭证分割的新功能；
- 多重分类账的应用。

新总账包含了很多新的知识，即使单独的一个章节也不能涵盖所有复杂的情况以及可能与特殊需求相关的各种功能。因此，在这一章中，重点是概述各种功能，目的是打下一个良好的基础，进而能完成一个新总账的项目实施或者能支持一个上线的生产系统。随着 SAP 发布新的增强包，会发现新总账的范围也在不断扩大。

其他有关数据迁移和报告出具的可利用信息将在第 10 章和第 12 章介绍，这些信息也是能支持新总账的实施的。

4.1 总账概览

在所有的 SAP ERP 系统中，总账的目的都是提供用于生成财务分析用的财务底账的。总账记录着所有的由总账或者是由其他分类账生成的财务过账。因为总账承接的是所有对财务有影响的业务，因此我们喜欢把总账看作是 SAP ERP 的核心（见图 4.1）。

4.1.1 新总账

随着 SAP ERP 的引入，总账的功能与之前的版本相比有了较大的差别。其变化是如此的巨大，以至于我们把它归为了新总账，如图 4.2 所示。现在新总账的架构是完全不同的了。

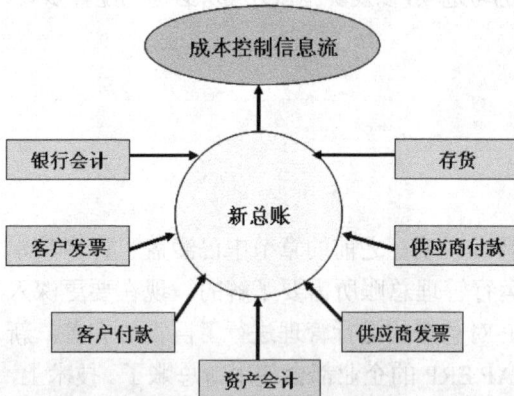

图 4.1　新总账是 SAP ERP 的核心

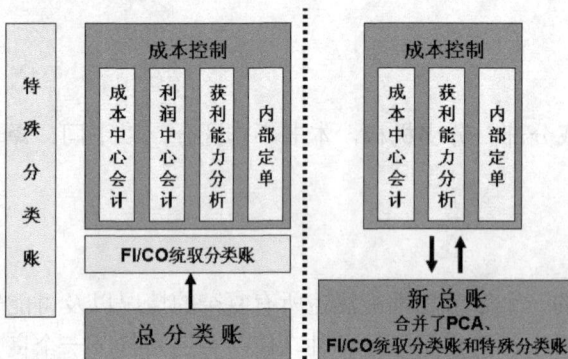

图 4.2　旧总账和新总账的差异

随着 SAP 系统不断地开发完善，其他功能组件伴随着业务需求的提出也开发出来了，例如，利润中心会计（PCA）和特殊分类账都曾被增添进来以提供额外的报表分析。发展到 SAP ERP 软件版本之后，以前游离在总账之外的功能都被组合成一体的了，这代表着总账的功能完善和性能提升。

备注

现在的系统功能菜单既包含旧总账的节点也包含新总账的节点，所以两种方式都可以使用。
　　新总账所带来的这种功能变化源自于内部和外部的压力。内在方面，客户要求改进系统功能以减少期末关账的工作量和时间，并增加业务处理的透明度。在外部方面，各种要求财务报告更精准的会计法规（例如 IFRS 和 SOX 萨班斯法案）的变更也给 SAP 带来了许多压力。

以下业务需求是以前的版本软件做不到而现在在新总账中可以实现的。

- 提供精准的、不同法定需求的跨国企业合并财务报表。
- 满足诸如美国 GAAP 与当地 GAAP（一般公认会计准则）和 IFRS（国际财务报告准则）多会计准则方法的报表需求。
- 提供一些部门的、产品种类的或者其他分支机构的业绩分析。
- 更快、更精准地提供综合的信息，以减少期末调整科目对账所要花费的时间。

> **备注**
>
> 在第 12 章中，我们将讨论 GAAP 和 IFRS 的差别。

4.1.2　新功能

那么新总账究竟能提供些什么，以及企业为什么要把系统迁移到新总账呢？新总账的新功能包含了以下方面的内容。

- **可扩展的数据结构**：允许在新总账的数据表中激活附加的字段（例如，段）。
- **凭证分割**：允许实时地把科目分配对象分配并过账给所有的资产负债表（科目）；如果从子账进行过账，这就特别有关系了。
- **平行分类账**：提供了可以同时生成多套财务报表的能力。
- **改进的管理报表**：现在利润中心也是总账的一部分了，可以直接从总账生成部门的或管理的账目。

> **备注**
>
> 基于这样的结果，利润中心对象的权限控制特性已经在权限管理中进行了更改（ECC 6.0 EhP3 及以上版本增加了利润中心过账、清账及凭证显示等方面的权限控制，译者注）。

- **段的报告**：段是一个可以用于生成段报告的新科目分配对象，段的报告提供了另外一个分析的纬度。段的报告有助于在公司代码更低层级的对象上来执行财务的分析。这也是与 IFRS/IAS 所要求的分部报告相一致的。
- **更快地关账**：减少完成期末结账循环所需要的时间，以便能快速地完成关账。

在本章的后面部分，我们将对这些要点进行详细解释和说明。实施新总账的最终目的始终都应放在降低企业的总体拥有成本（TCO）方面。

4.1.3　新的数据表

新总账使用系统的标准表延续了与其他模块的接口，因此不会影响集成。虽然如此，它还是创建了 3 个新的数据表来支持其新的功能。

- **汇总表**：因为已经把附加的字段组合在一起了，所以需要有一个新的数据表——FAGLFLEXT。为了能包含其他附加的字段，同时还能更改汇总的标准，汇总表是可以由客户进行延伸扩展的。由于数据量和复杂性方面的原因，有些企业可能也还需要创建他们自己的数据汇总表。但在进行这个配置步骤之前，请务必参考 SAP 的第 820495 号注释。由于所创建的任何新表都不能被标准报表支持，因此还应该尽可能地使用系统的标准数据表。

- **特定分类账的行项目表**：鉴于 FAGLFLEXT 是存储汇总数据的，那么表 FAGLFLEXA 和 FAGLFLEXP 就可以分别用来存储实际过账的和计划过账的行项目明细了。因为行项目包含了分割的详细信息，而分割的明细信息在 SAP ERP 的未清项标准数据表（BSEG、BSIS、BSAS 等）中是没有的，因此这些数据表可以用于出具报表。
- **所选平行分类账的年末关账**：这个数据表存储那些年末关账所执行的评估步骤而产生的过账（如外币评估的历史，译者注）。这样的表是总账的一般性表，仅仅作为年末关账的一部分才会过账给它。

备注

在这一章中，我们所讨论的是 FAGLFLEX*数据表，而 SAP ERP 还提供了另外一套数据表——FMGLFLEX*，但那是被设计用于公共部门管理模块的。

4.1.4 凭证分割

凭证的分割是这样的处理过程：通过凭证分割使所有的过账行都被分配到凭证输入上所确定的正确的科目分配对象。传统地，有些业务交易产生的是不含正确科目分配对象的过账。例如，当开出一张发票时，过账到客户统驭科目的债务人的过账就没有相应的科目分配对象。期末结账处理工作的一部分就需要执行 PCA（事务：1KEK）余额的传输，才能提供正确的债务人余额的科目分配。在凭证分割的情形下，科目分配对象的确定是在凭证被保存的那一时刻就实时分派了的，而后按此执行分割就行了。

由于存在凭证分割，因此每一张凭证都是会受到影响的，凭证录入是在一个叫输入视图的地方，那是输入数据的视图；另外还有一个叫总账的视图，而它显示的是凭证分割后的效果。

因为现在所有的资产负债表项目都被分配给了正确的科目分配对象，所以对业务来说，好处就是可以生成实时的财务报表了。这将有助于减少期末结账处理所需要的时间，因而它对快速的关账是一个极大的帮助。

表 4.1 是一个客户发票的范例，更好地解释了凭证分割功能的强大。

表 4.1 展示发票的凭证分割

旧总账客户发票

借方	债务人统驭	1160	
贷方	销售收入	100	利润中心 1
贷方	销售收入	900	利润中心 2
贷方	税金	160	

新总账客户发票			
借方	债务人统驭	129	利润中心 1
贷方	销售收入	100	利润中心 1
贷方	税金	29	利润中心 1
借方	债务人统驭	1031	利润中心 2
贷方	销售收入	900	利润中心 2
贷方	税金	131	利润中心 2

凭证分割可被应用于许多不同的过账。在客户发票的例子中，税额也会根据相应的规则来进行分割。虽然会经常使用到凭证的分割，但作为经验法则，应当分割从子账过账到总账的任何业务交易，通过统驭科目，现在就能实时地把正确的科目分配对象分配到每一个凭证行上了。

以下是凭证分割的几种细分类别。

- **被动分割**：例如，在付款清账中，被付款行的科目分配对象就被系统自然地承继（派生）下来了。这是自动的、非配置的。
- **主动分割**：基于在分割配置表中所指定的规则来分割客户的余额
- **零余额**：在分割方法中如果激活了零余额这个标识，那在凭证的总账视图上就能够让凭证（按科目分配对象，如利润中心）完全平衡。

4.1.5 平行会计

一直以来，SAP 都提供了多种方法来处理平行会计，但是有了新总账之后，就可以以一个更简单的方式来登记平行的账簿了。为了能提供平行的评估，以前的 SAP ERP 用户所采用的方法要么是使用多个公司代码，要么是使用会计科目表中附加的总账科目。采用附加总账科目的方法或许要比使用多公司代码的方法更常用些，因为前者更容易实施和维护。但同时这种方法也提出了对其自身的挑战，那就是会计科目表的维护成为了新的负担。

新总账能够管理运营平行分类账是一个真正的优势，而且在这个功能上新总账比以前的版本有着更显著的提升，SAP ERP 的用户也对此给出了良好的评价。

4.1.6 继续使用旧总账

就像在以前的 SAP ERP 版本中所操做的那样，在新的 SAP ERP 版本下，仍然可以继续使用旧总账的功能和处理方法。主要的差别是不需要激活凭证分割。如果决定了就是不想用凭证分割，那么，可以继续保留与现有 SAP R/3 4.7 软件版本一样的功能。

在这样的业务场景下，需要完成第 3 章所讨论过的所有配置设置，这样才能配置出旧总账并加以应用。还需要按步骤地把成本控制（CO）模块（以后就指 CO）也配置完（见第 8 章）。由于在这里所描述的配置步骤是针对激活了新总账的业务场景的，因此旧总账下的企业结构也需要有所不同。

4.2 绘制新总账蓝图

当绘制新总账蓝图时，要搞清楚以下这些关键的问题并利用它们来确定系统总体设计。

4.2.1 新总账还是旧总账

与实施新总账相关的，也是最常关注的问题就是额外所需的数据库空间以及对管理成本的不同见解。大多数的企业都会认同减少期末关账的时间（快速关账）以及实时财务报表所带来的好处，因此，对上述所关注的问题折衷一下通常都还是可以接受的。系统的维护方面并没有真正的额外成本，而且如果就是担心这个的话，那还可以买一个更大的服务器。

请记住，虽然依然可以在 SAP ERP 系统中实施旧总账，但花点时间在所提出的方案设计原型上将能够对想或是不想实施新总账而做出明智的决定。

4.2.2 要分割什么对象

应该清楚想要分割哪个科目分配的对象。在本章的后面部分将有机会看到如何来分割一个具体的对象，如利润中心和段。

4.2.3 哪个科目分配对象需要纳入模型中

对成本中心、利润中心和业务范围的概念可能已经很熟悉了，而 SAP ERP 又带来了另外一个新的对象——段，它能为报告出具提供另外一种分析纬度。段可以在低于公司代码而高于利润中心的层级上来进行定义。因此，可以把段分配到利润中心的主记录上，这样能够把若干个利润中心都关联到同一个段上。

备注

段可以通过用户出口 FAGL_DERIVE_SEGMENT 来进行派生。

应该把段的使用和旧总账的迁移工作结合在一起来考虑，这样才能搞清楚哪些利润中心应该有段的分配。这将在第 10 章详细讨论。

4.2.4 凭证分割是如何与其他组件协同一致的

在 SAFA 公司场景中，我们想要激活凭证分割并配置对利润中心进行分割。由于利润中心一般是用来提供分区或部门的分析的，因此这个需求对于大多数的企业来说都是相当常见的。分割利润中心后就能够按利润中心生成完整的财务报表，也能提供按利润中心的资产负债表层级的财务报告了，包括债务、债权、库存和现金的分割。另外，固定资产也可以按利润中心进行分析。

可能也还想要激活段，那将会提供高于利润中心层级的分析。财务报告也就可以在段的层级上来出具了。

> **备注**
>
> 关于 SAP ERP 和其他新的组件或子模块的集成，需要咨询 SAP。SAP 的第 1070629 号注释包含了这方面及相关主题的内容。

4.3　激活新总账的配置步骤

当进入到 SPRO 时，会看到某些配置操作描述上有所变化。因为 SAP 系统允许在 SPRO 中同时保有新、旧总账这两套菜单路径，所以可以配置旧总账和新总账。如果想去掉老的 FI 菜单路径，可以执行 RFAGL_SWAP_SPRO_OLD 程序。在 SPRO 被刷新之后，依然可以使用传统的事物代码进入所需要的界面。如果这是在系统升级的业务场景中，那它应该是旧总账迁移工作的一部分，因为这同样也将生成几个可使用的新节点，在那里最初是没有这些节点的。

当安装完 SAP ERP 后，新总账总是作为默认的设置而被激活的。如果想使用旧总账，则要取消对新总账的激活，如下节所述。

4.3.1　激活新总账会计核算

如果要在现有的系统中开启新总账，或者要设立一个全新的系统，则应该先通过以下的菜单路径：**SPRO·财务会计·财务会计全局设置·激活新总账会计核算**，或者使用事务 **FAGL_ACTIVATION** 来确保勾选上了这个标识。系统会生成一个消息来确认集团的状态，如图 4.3 所示。当然，若要取消激活，把 "√" 号从复选框中去除掉就可以了。

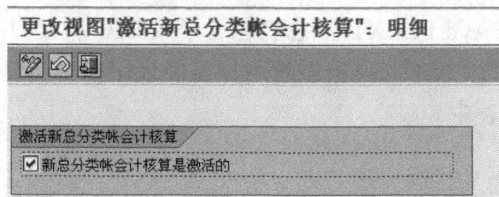

更改视图"激活新总分类帐会计核算"：明细

激活新总分类帐会计核算
☑ 新总分类帐会计核算是激活的

图 4.3　激活新总账

这个激活标记是与集团相关的，因此这个需要在每一个集团都执行事务。这个步骤应该是手工配置工作清单的一部分。

4.3.2　定义总账会计核算的分类账

定义总账会计核算分类账的第一个步骤就是定义主导分类账，这将是主要的分类账。另外，还可以基于特定的报表需求来定义其他附加的分类账。所有的分类账都是建立在新的数据汇总表——FAGLFLEXT 基础之上的，这个数据表替代了以前软件版本中用来存储财务数据的 GLT0 表。增添的附加分类账与老的软件版本中的特殊分类账的作用是一样的，也就是说，附加分类账是依附于主导分类账的。还有，主导分类账是与 CO 集成的。阅读完本章之后，对分类账的理解就会提升至多重分类账的高度了。

在新总账下，公司代码的设置会衍生出分类账的通用设置来，例如，基本货币、会计年度变式以及过账期间变式。也可以创建非主导分类账来支持平行会计。因此，可以把不同的通用设置（货币、会计年度）分配给非主导分类账。

这个配置活动要分两个步骤来完成。

首先，需要通过下述的菜单路径：**SPRO·财务会计（新）·财务会计全局设置（新）·分类账·分类账·定义总账会计核算的分类账**（见图 4.4）定义所有的分类账。

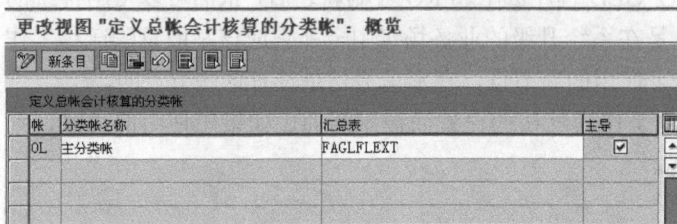

更改视图 "定义总帐会计核算的分类帐"：概览			
定义总帐会计核算的分类帐			
帐	分类账名称	汇总表	主导
OL	主分类帐	FAGLFLEXT	☑

图 4.4　定义总账会计核算的分类账

如果创建了其他附加的分类账，那么还需要在以下这个地方：**SPRO·财务会计（新）·财务会计全局设置（新）·分类账·分类账·定义和分配非主导分类账** 定义并激活相应的非主导分类账。我们会在 4.3.6 小节再来讨论其他附加分类账的优点和配置。如果已经定义了其他附加分类账，那么还需要定义分类账组（见 4.3.5 小节）。

在前面已经提到了新总账表的扩展数据结构。FAGLFLEXT 汇总表包含了 GLT0 所没有的附加字段，也包括好多成本控制的字段。有些经验丰富的 SAP 系统用户可能还记得表 4.2 中所列的这些字段，它们全都存在于 FAGLFLEXT 表中。

表 4.2　可激活的附加字段举例

字段描述	字段名称
科目号码	RACCT
成本中心	RCNTR
利润中心	PRCTR
功能范围	RFAREA
段	SEGMENT

可以任意扩展 FAGLFLEXT 汇总表，使之能包含现有存在的 SAP ERP 系统字段，或者包

含全新的由客户自定义的字段。

定义主分类账的货币

如同在旧总账中一样，可以分配给分类账不同的货币类型。大多数的项目实施都只是知道并使用公司代码货币，但就像在第 2 章中所提到的那样，还可以使用成本控制范围货币，基于整体的系统组织架构设计，可以提供多种分析。

对于非主导分类账，一般的做法是定义附加的货币以便于它们能生成单独的财务报表。通过以下的菜单路径：**SPRO·财务会计（新）·财务会计全局设置（新）·分类账·分类账·定义主导分类账的货币**，可以为每一个公司代码进行附加货币的分配（见图 4.5）。

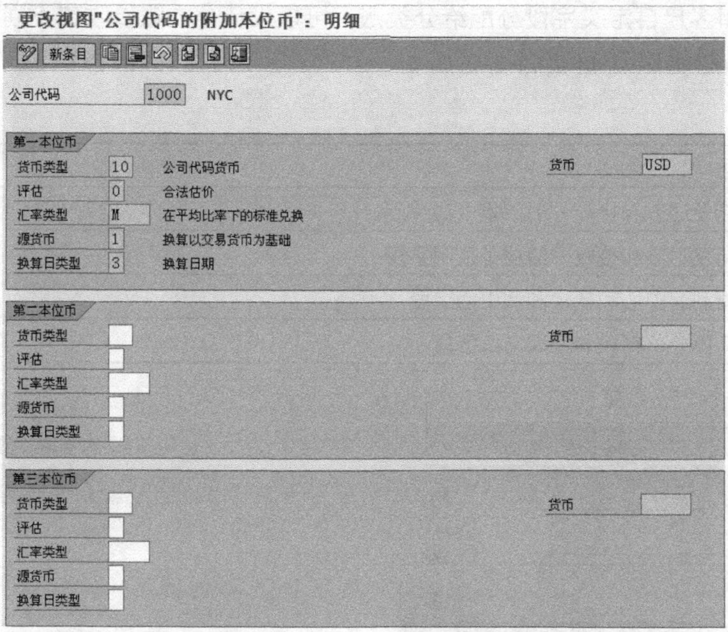

图 4.5 为公司代码定义货币

可使用的附加货币包括以下的这几种：

- 集团货币；
- 硬通货；
- 索引货币；
- 全局公司货币。

无论在哪里定义附加货币，都需要定义评估的状态和汇率类型。对于我们的案例来说，因为 SAFA 公司会让每个公司代码单独生成他们自己的财务报表，因此为每一个公司代码都只分配了一种单一的货币。另外，CO 还提供了广阔的合并空间，如果有复杂的合并需求，应该考虑到它。

把业务场景和客户自定义字段分配给分类账

SAP ERP 自带了多种业务场景，这些业务场景定义好了在分类账中更新字段的方式。凭证分割的思想具有相当的灵活性，能满足特殊业务的需求。还可以增补若干个别的字段来设计系统解决方案，使之能为众多的报表需求提供数据。应当依据整体解决方案来选择适当数量的增补字段。

在 SPRO 配置活动中，应当把业务场景、客户自定义字段以及版本分配给相应的分类账。由于系统集成的复杂性，所以想要定义自己的业务场景还是不可能的。

表 4.3 给出了一些能激活的常用业务场景的范例。可以把最多达 6 种的业务场景分配给主导分类账。通过把业务场景和客户自定义字段分配给分类账，可以设计分类账以收集不同业务场景的信息。常选用的业务场景如图 4.6 所示。

表 4.3 常用的业务场景列表

业务场景	描述
FIN_CCA 成本中心更新	更新发送方和接收方的成本中心字段
FIN_GSBER 业务范围更新	更新发送方和接收方的业务范围字段
FIN_PCA 利润中心更新	更新利润中心和伙伴利润中心字段
FIN_SEGM 段的更新	更新段、伙伴段和利润中心字段

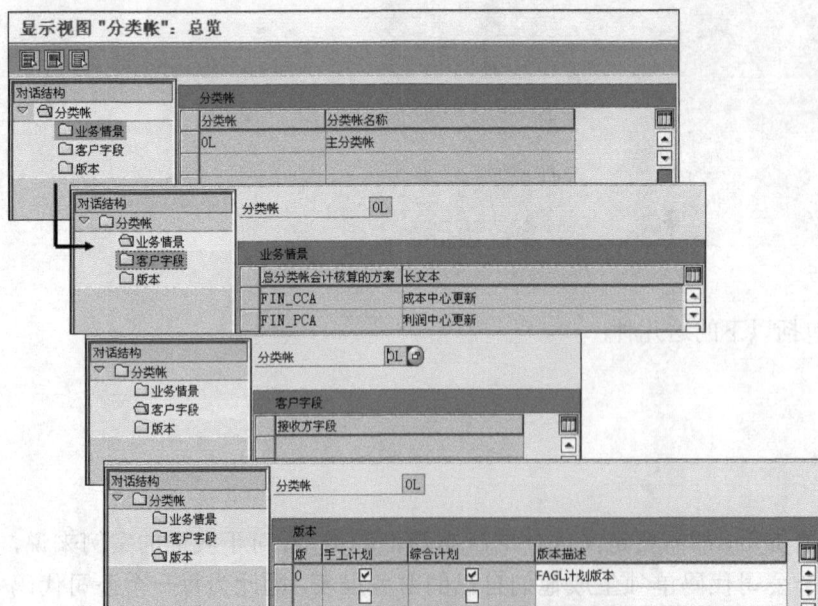

图 4.6 定义业务场景和版本

有些企业可能想使用段来代表业务的运营，这将在 4.3.3 小节进行进一步地讨论。要想使能够在定义的业务运营层面上出具报告，那把段定义成分割的业务场景可能是适当的。

在我们的业务场景中，只选择了激活 FIN_CCA 和 FIN_PCA。有些特殊需求可能还要为解决方案考虑其他的对象。段是可以选用的一种报表纬度，它也能提供部门分析。由于我们已经有足够用的字段来满足报表需求了，因此就没有把附加的字段指派到 FAGLFLEXT 表的必要了。

这个配置活动的第三部分是创建计划的版本。基于计划和预算需求，也可以创建其他的版本。

应当只激活与业务场景相关的字段。如果激活了没使用到的业务场景的字段，则可能会导致一些内部接口上的问题，因为 SAP 系统会尝试发送信息给那些可能不存在的字段。系统中的每一种业务场景都是基于内部接口而触发的。对于我们已经选定的业务场景，通过菜单路径：**SPRO·财务会计（新）·财务会计全局设置（新）·分类账·字段·显示总分类账会计核算的业务场景**，可以看到已经被触发的字段（见图 4.7）。

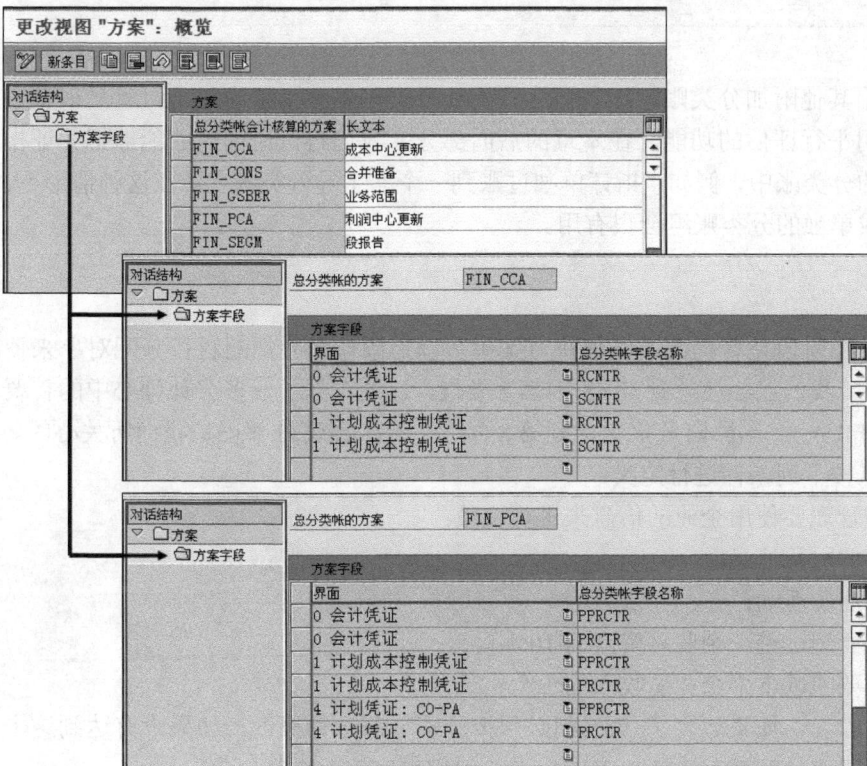

图 4.7　定义业务场景

定义分类账组

定义的所有分类账都需要被组合在一起来构成分类账组。这样可以把控制的设置应用到分类账组这个层面上，这些控制的设置对分类账组中的所有分类账都是起作用的。在分类账组中，要把主分类账定义为该分类账组的典型分类账。图 4.8 显示了与配置操作相关的配置界面。

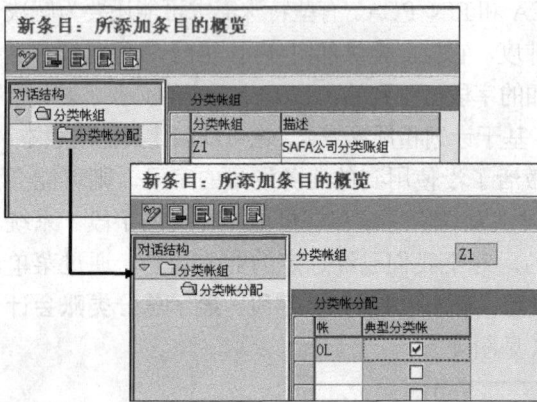

图 4.8　定义分类账组

如果考虑要使用其他附加分类账，那么把这些附加分类账单独设置为一个组就是很重要的了，这有助于使用平行评估的功能。在本章的后面部分，我们将讨论如何才能够把凭证指定过账到一个单独的分类账中，例如，指订单独过账到一个非主导分类账上。在这种情形下，把附加分类账设置成单独的分类账组会很有用。

4.3.3　段

在本章的业务蓝图阶段，曾提到了在解决方案中可以把段作为附加的科目分配对象来使用。在过去的几年里，我们已经注意到 IFRS 因其重要性，已经占据了众多会计师心中的首要位置。一个具体的 IFRS——国际财务报告准则第 8 号——有关经营分部正是我们所关心的。这样的经营分部可以按下列条件进行定义：

- 分部的经营管理要使用企业的信息来进行决策；
- 可提供单独的财务信息；
- 分部要从事业务活动；
- 分部的资产要超过整个企业总资产的 10%；
- 分部的收入要超过整个企业总收入的 10%；
- 对于企业的收入，如果达到了 75%则必须按经营分部进行报告。如果没有达到这个比率，那么即使分部没有达到 10%的标准，他们也应该要进行报告。

看起来创建尽可能多的报告纬度似乎是不错的选择，但是应当考虑，哪些报告的纬度才是需要的，以及哪些是增值的。如果创建了附加的科目分配对象，那就还需要去维护它们。大型的跨国企业一般都有很多公司代码，可以把一个段和成本控制范围结合在一起使用，这样也能得到一个纬度。在这一章中，我们已经提到过了一些选项，可以选择是把段作为分割的对象还是在段上来进行分割。

段是不能被直接过账的，它只能被派生。当过账到其他的科目分配对象时，最终还是要确定出一个利润中心来。往下很快会看到，每一个利润中心都分配给了段，这就是如何来确定业务的运营管理方的。

因为段在 SAP ERP 中是一个新的对象，所以我们加入了这一节来解释段的设置所需要的步骤。

段的定义

在企业结构中，需要先定义想使用的段。由于在段的使用上是没有任何限制的，因而定义的段应该要符合企业的报表需求。对于 SAFA 公司来说，已经确定了需要按照 4 个产品组来报告业绩，如图 4.9 所示。

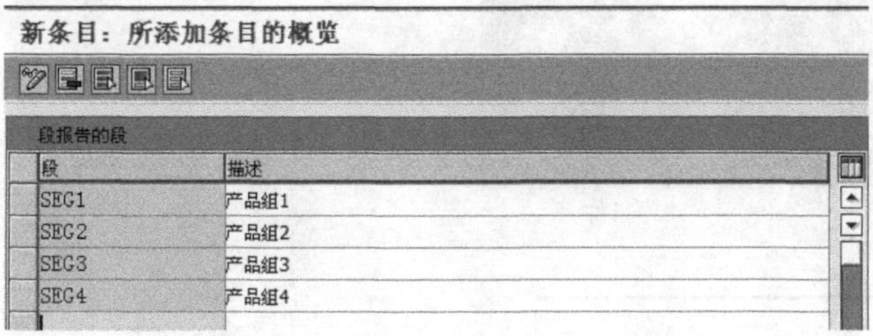

图4.9 段的定义

作为企业结构一部分的段，它是在 IMG 中的菜单路径：**SPRO · 企业结构 · 定义 · 财务会计 · 定义段** 下创建的。

维护业务场景

要使用段来进行分割，还需要激活与段（FIN_SEGM）相关的业务场景，业务场景的讨论在 4.3.2 小节。

把段分配给利润中心

定义的段应该都要通过事务 KE51/KE52 将其分配到适当的利润中心。如果通过系统升级而应用到 SAP ERP，那段和利润中心的匹配就应该被包含在数据迁移匹配工作中，这样才能在新的利润中心创建时，给它们分配合适的段。

请注意，为了数据的完整性，在段被分配到利润中心之后，SAP 系统就对更改分配进行了限制。只有通过更改表的设置后才可以对分配进行更改，更改表的设置是通过使用事务 SE16N 来实现的，选择 V_FAGL_SEGM_PRCT 表视图，然后再勾选"更改利润中心的段"（见图 4.11）就可以了。

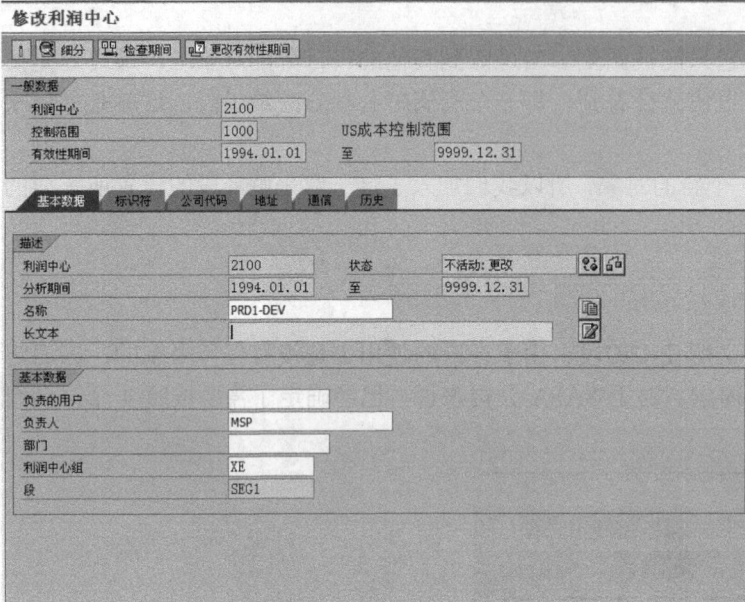

图 4.10　把利润中心分配给段

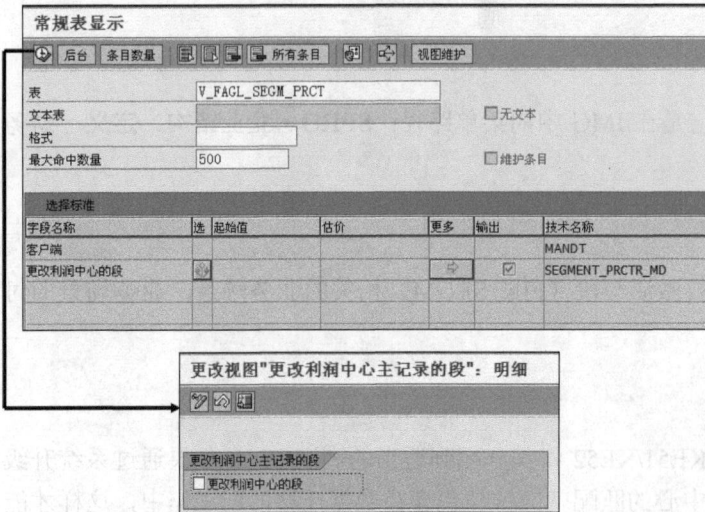

图 4.11　使段在利润中心的主记录中是可编辑的

> **备注**
>
> 　　不建议更改段的分配，因为如果更改的话，就会在段的派生过程中产生矛盾。正是由于这个原因，应该只是在为了矫正时才对设置进行更改，矫正完了之后再撤消这个设置，以确保主数据的一致性。

上述所介绍的只是段的主数据方面的内容。现在让我们再来看看使用段时所需要的业务设置。

维护字段状态变式和记账码

我们已经定义好了段的主数据，现在我们要确保**段**在总账科目（见第 3 章，3.2.2 小节）和记账码（见第 3 章，3.2.7 小节）中相应字段的状态是可使用的。图 4.12 所示为一个这样的范例。

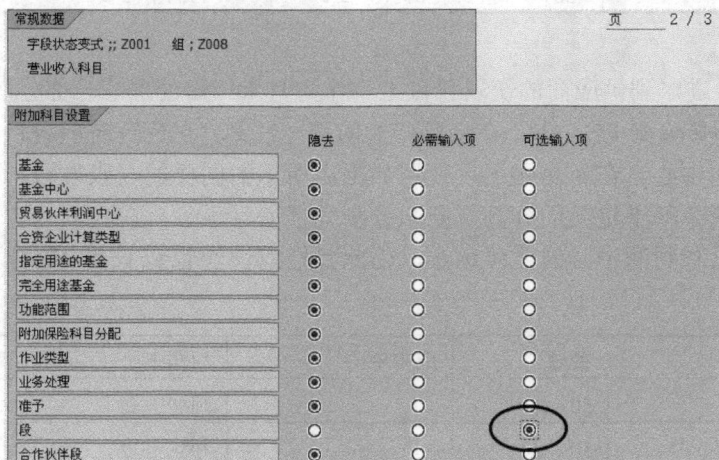

图 4.12　字段状态组中启用段

虽然不能直接过账到段，但它是过账到利润中心时就派生出来的，因此应该可以看到这个字段是被填充了的。

做完这些步骤也就完成了分类账以及段的配置了。接下来，我们要转向从子模块到新总账并使之能进行内部接口传输所需的配置设置上了。

4.3.4　总账和子模块的集成

这个方面的配置所要关注的是如何才能把子模块与新总账集成起来。由于这些设置会影响凭证分割的功能，所以在讨论凭证分割之前，搞清楚这些设置是很重要的。总账仍是系统的核心——接受所有的过账并提供管理的信息（见图 4.1）。

在所有总账和其他模块的集成点上，凭证分割都没有被触发，这确保了确定相应的科目分配对象。在旧总账下，需要配置事务 3KEH 以确保利润中心能被分配到每一个过账到总账的行项目中。这里的局限性主要在于把信息传输到 PCA 的时间上的延迟。由于凭证分割是实时的，所以就有了实时分配的科目分配对象。

应付和应收与总账的集成

旧总账与客户和供应商的业务集成是非常好的，这也是 SAP ERP 的主要卖点。新总账也提供了实时的无缝集成。要说明这一点，让我们来看一个简单的供应商发票的例子：

记账码	账户	金额	成本中心	利润中心
贷方	供应商	100		
借方	总账费用 1	50	成本中心 1	利润中心 1
借方	总账费用 2	50	成本中心 2	利润中心 2

这就是所谓的凭证输入视图。

旧总账把 100 的供应商金额过账到供应商的统驭科目上。作为月末结账处理的一部分，一个特别的程序会把供应商余额传输到 PCA 中，在余额传输的那一时刻，供应商统驭科目的余额就被分派上了正确的利润中心。在新总账下，使用如上表所示的同样的一张发票。就在发票被保存的那一刻，系统会基于定义的分割规则来分割凭证的行项目。在我们的实例场景中，已经分配了成本中心和利润中心的业务场景，因此我们应该能看到下表中的分割结果：

记账码	账户	金额	成本中心	利润中心
贷方	供应商统驭科目	50		利润中心 1
贷方	供应商统驭科目	50		利润中心 2
借方	总账费用 1	50	成本中心 1	利润中心 1
借方	总账费用 2	50	成本中心 2	利润中心 2

这是在凭证的总账视图所能看到的情形。

在本章的后面部分，将会讨论分割行项目所需要的设置。首先，需要在更高的层级来定义集成。在分类账的层级上，通过以下的菜单路径：**SPRO·财务会计（新）·财务会计全局设置（新）·分类账·成本控制和财务会计的实时集成来定义**，首先要定义 FI 和 CO 间的集成。定义 FI-CO 的集成所需要做的第一件事情就是创建一个 FI-CO 集成的变式。

定义 FI-CO 实时集成的变式

在新总账下，FI 和 CO 之间是实时集成的。在系统的标准配置下，可以得到从 FI 到 CO 的凭证流。不过，在这样的情形下，以下的事务还只能在 CO 中进行：

- 定期分配（分摊/分配）；
- 结算（从订单或项目）。

在新总账下，CO 的过账也可以向反方向进行更新了（见图 4.13），因此创建的每一张 CO 凭证紧接着就都将生成一张 FI 的凭证。相比以前的情形，这是一个很大的提升，在以前的情形下还需要执行事务 KALC，那样才会汇总生成每一个成本要素的统驭过账。事务 KALC 是不支持段这个新科目分配对象的统驭的。

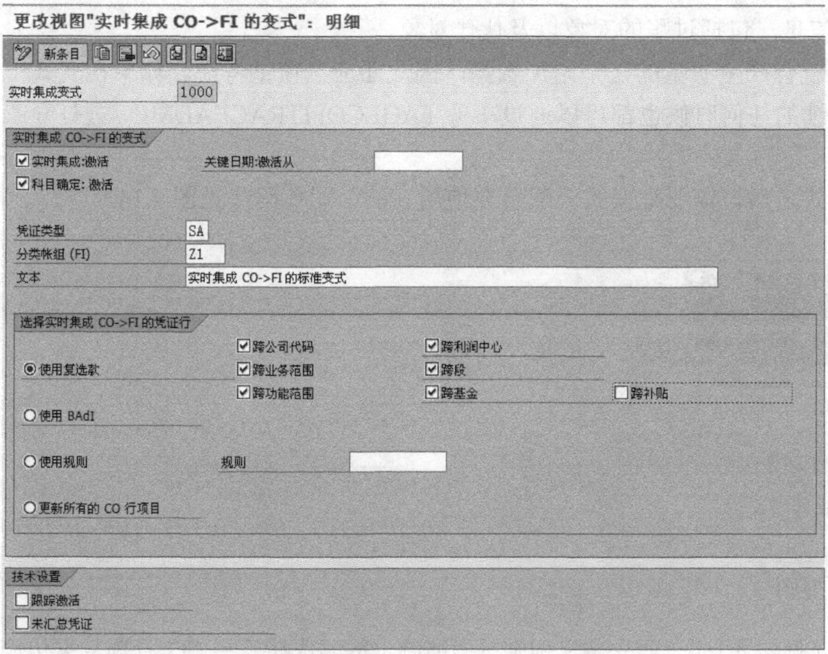

更改视图"实时集成 CO->FI 的变式"：明细

🖉 新条目 🗋 🖪 🖪 📄 🗐 🗐 🗐

| 实时集成变式 | 1000 |

实时集成 CO->FI 的变式
☑ 实时集成:激活　　　关键日期:激活从 [　　　]
☑ 科目确定: 激活

凭证类型	SA
分类帐组 (FI)	Z1
文本	实时集成 CO->FI 的标准变式

选择实时集成 CO->FI 的凭证行

◉ 使用复选款　　　☑ 跨公司代码　　☑ 跨利润中心
　　　　　　　　　☑ 跨业务范围　　☑ 跨段
　　　　　　　　　☑ 跨功能范围　　☑ 跨基金　　☐ 跨补贴

○ 使用 BAdI

○ 使用规则　　　　规则 [　　　]

○ 更新所有的 CO 行项目

技术设置
☐ 跟踪激活
☐ 未汇总凭证

图4.13　定义 FI/CO 实时集成的变式

在这个配置步骤中，要先定义一个控制 FI/CO 集成过账的变式。变式有激活的日期，因此如果正处在升级的阶段，就可以根据激活了哪些组件来定义其他变式。

需要定义一种接收 FI/CO 统驭过账的凭证类型。对于这种过账，应当决定是否需要一种单独的凭证类型，因为这样能够快速找到 CO 传输的统驭过账。变式是要指定到某一个分类账组的，因此，如果 SAP 系统拥有多个分类账组，则可以为每一个分类账组都定义一个这样的规则。

对于 FI/CO 的集成，凭证行的选择可以通过具体的规则来实现。在我们的业务场景中，选择的是图 4.13 所示的复选框。也可以选择所有的 CO 行项目，那样将能取到所有的 CO 凭证而没有任何限定。也许可能还会考虑能否使用限定成本控制金额这样的选择（见"定义实时集成的科目确定"）。

也可以传输次级成本要素的行项目。这对于那些使用了很多次级成本要素的企业来说，这似乎是很有吸引力的。要实现这样的功能，还需要创建一个科目分配的规则（在本节的后面部分来进行讨论）。

通过为变式选择**激活跟踪**，可以跟踪记录到 FI/CO 实时集成的情况。这能提供以下的信息：

• 原始 CO 凭证的凭证号码；
• 目标凭证的凭证号码；
• 传输信息（成功、失败以及传输的原因）；

- 所有的行项目信息，包括过账的对象以及伙伴对象。

但是，激活了跟踪就会产生海量的冗余附加数据，因此还应当慎重考虑。如果在变式中没有激活跟踪，那在后续的任何时候也都可以通过事务 FAGLCOFITRACEADMIN 去打开或关闭它的。

定义完了集成的变式之后，需要把变式分配给要使用它的公司代码（见图 4.14）。

图 4.14 分配 FI/CO 实时集成的变式

定义选择 CO 行项目的规则

在这个配置活动中（见图 4.15），要先定义规则以便能确定需要选择哪些 CO 行项目来传输到 FI。如果在这个步骤中什么也不做，那么系统就会把所有 CO 的行项目自动传输到 FI，因此只有创建一个选择行项目规则的时候才进入这个界面。对于我们的解决方案设计来说，因为想把所有的 CO 过账都传输过账到 FI，所以不需要对这个规则进行任何更改。

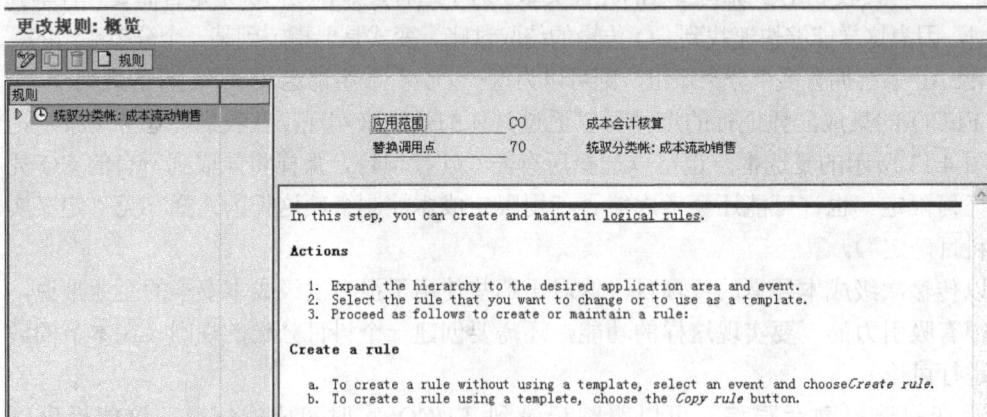

图 4.15 定义选择 CO 行项目的自定义规则

定义 FI-CO 实时集成的科目确定

在这里，还需要定义 FI/CO 实时集成过账的科目确定。科目确定类似于 MM 科目确定的配置设置，MM 科目确定的配置设置将在第 9 章进行讨论。对于 FI-CO 实时集成的科目确定，可以有以下几种选择：

- 无替换的科目确定，指定所有 FI/CO 集成过账的科目；
- 带替换的科目确定，使用替换的规则来确定科目。

推荐的做法是使用第一个选项，因为它与 SAP ERP 为所有内部分类账的过账而分配一个统一的统驭科目的习惯是相一致的。

可以使用菜单路径：**SPRO · 财务会计（新）· 财务会计全局设置（新）· 分类账 · 成本控制和财务会计的实时集成 · 实时集成的科目确定 · 定义实时集成的科目确定** 来完成这个配置。

推荐的方法是为所有的过账只分配一个统一的统驭总账科目。为所接收的借方和贷方分别分配一个借方的科目和一个贷方的科目，也许也是有道理的——但是要想一下，如何再来统驭这两个借贷方的科目呢？因为随着时间的推移，它们会不断地累计各自科目借贷方的余额。FI-CO 统驭过账所调用的科目确定码是 CO1。

通过单击**更改科目确定**的按钮，可以展现出科目确定的规则，如图 4.16 所示。通过单击**规则**按钮，就可以选择想施用的规则了。如果想为所有的统驭过账分配一个统一的总账科目，那就不需要进行任何的选择，直接保存规则就可以了。

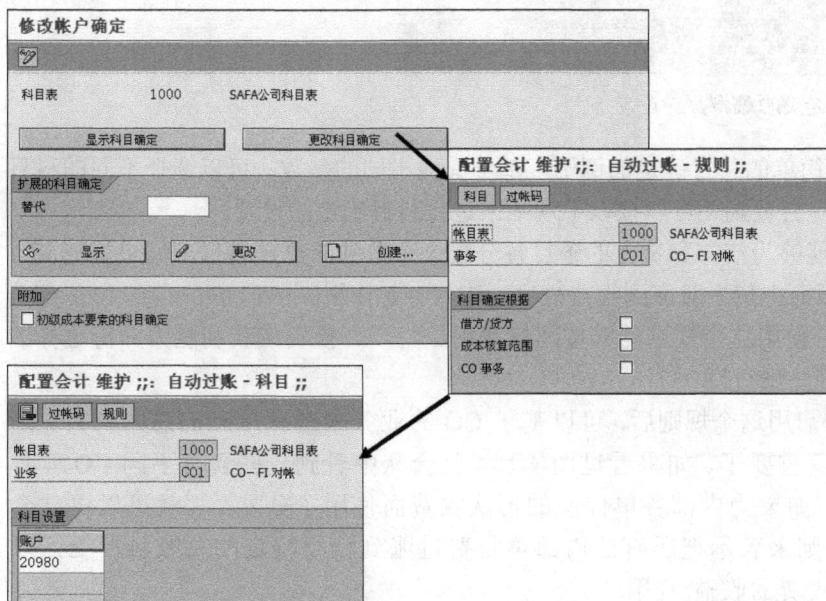

图 4.16　定义科目确定的规则

需要在**科目**下的界面把指定想设置为统驭科目的总账科目。如果还选择了**过账码**作为规则，那么界面还将包含附加的输入，那是定义总账科目所需要的。

为了能够进行统驭对账（见图 4.17），在这里定义的总账科目可以被设置为未清项管理（勾选**未清项目管理**复选框）。

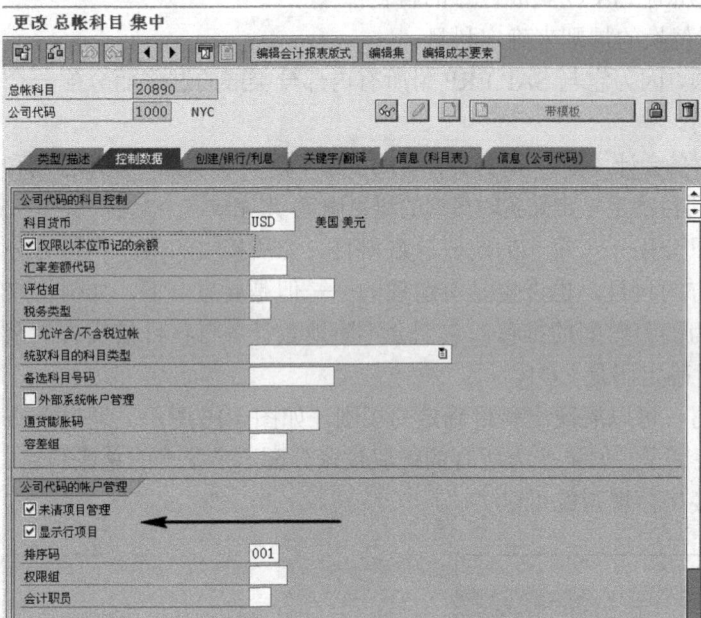

图 4.17 为 FICO 统驭账户定义总账科目的设置

图 4.18 显示了一个简单的科目确定的例子，基于其他不同的参数，可以选择不同的科目来过账。在**规则**按钮下，会看到还可以按以下规则来进行科目确定的设置。

- **借方/贷方**：这能够为借方和贷方的条目各分配一个单独的总账科目。如果想把借方对应到费用科目而把贷方对应到收益科目，这就会起作用。
- **成本核算范围**：使用这个规则能够按间接费用、生产、投资或获利能力分析这样的对象类别来选择总账科目。
- **CO 业务**：如果启用这个规则后，可以基于 CO 的业务来选择单独的总账科目，因此它就显得尤其重要了。如果看过图 4.18，就会从中看到一些含有不同 CO 业务的例子。例如，如果为内部各单位间的再次收费而使用了分配，那就可以再结合借方/贷方的规则来表示把所有的内部再收费过账到一组特定的总账科目上，以示区分内部再收费的收益/费用。

在本节的最后，我们要简要地介绍一下扩展的科目确定，这是通过设立替换的规则来实现的（见图 4.19）。扩展的科目确定是用来补充之前设立的科目确定的，它的运用方式与一般的替换规则运用是一样的。关键的是可以编写一个用户出口，也就意味着在科目的确定上具有了更大的灵活性。

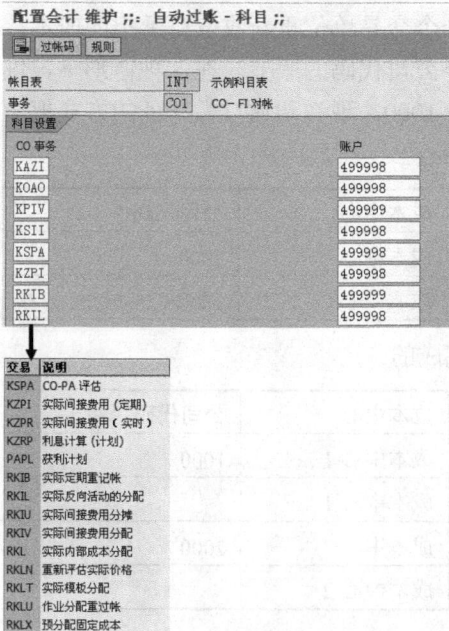

图 4.18　配置 FICO 集成的科目确定

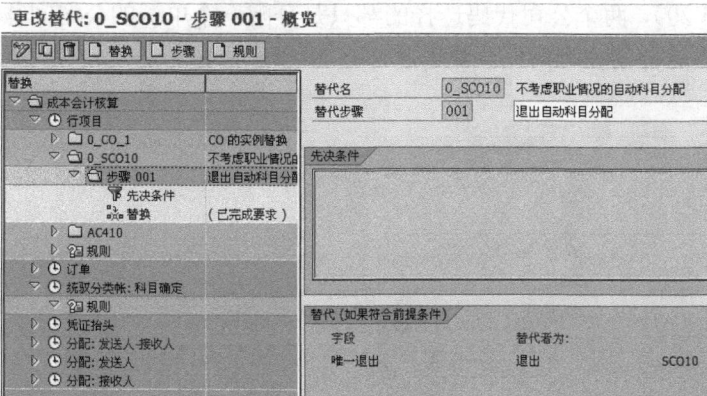

图 4.19　替换

公司间清账

就像 SAFA 公司的业务场景一样，如果定义了多个的公司代码，那么应当设立公司间的清账规则，这样才能进行公司间的过账。

可以通过与科目确定相同的菜单路径：**SPRO·财务会计（新）·财务会计全局设置（新）·分类账·成本控制和财务会计的实时集成·实时集成的科目确定·定义公司间清账科目** 来进行配置。

常用的公司间清账是某个单位向其所代表的另外一个交易单位重新收取所承担的成本。例如，可能接受了来自于外部供应商的但却是惠及两个公司代码的服务。在这种情形下，供应商把他们所有的成本以发票的形式都开给了公司代码 1000。现在要通过做凭证的方式把一部分的成本从公司代码 1000 转移到公司代码 2000。凭证显示如下：

记账码	账户	金额	成本中心	公司代码
贷方	总账费用 1	100	成本中心 1	1000
借方	总账费用 1	100	成本中心 2	2000

在系统中，实际的过账则是通过公司间的凭证来完成的：

记账码	账户	金额	成本中心	公司代码
贷方	总账费用 1	100	成本中心 1	1000
借方	公司间清账	100	成本中心 1	
贷方	公司间清账	100	成本中心 2	2000
借方	总账费用 1	100	成本中心 2	

如果要体现出例子中所简要说明的过账过程，每个公司代码下就都要生成单独的凭证。可以基于过账码来定义单独的公司间往来清账科目（应付和应收）。

在我们的业务场景中（见图 4.20），两个公司代码选择的都只是分配一个单一的公司间往来清账科目，因为对于我们来说，这样的往来清账会更容易。

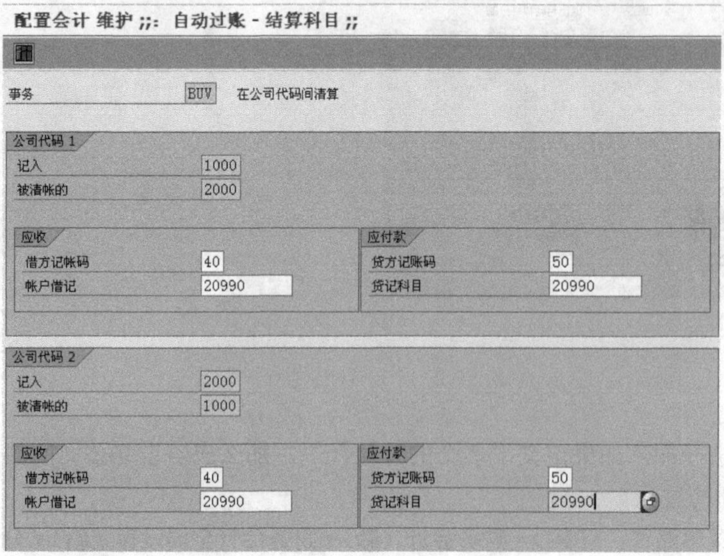

图 4.20　定义公司间的清账往来科目

到这一步为止，就完成了新总账的集成配置。现在，让我们再来看看凭证分割的具体设置。

4.3.5　凭证分割

对于凭证分割的配置，我们要转向 IMG 配置菜单的另外一个单独的区域。凭证分割的基本原则是能够提供额外的报表分析，这些报表分析来源于已过账的凭证。可以对不同的特性进行分割，而为了解释这个概念，我们选择只分割利润中心这个特性对象。通常所采用的方法是照其原样保留所有现有的对象而只使用段来进行分割，以此提供段的财务报表。

在 SPRO 中，凭证分割的配置不是按顺序编排的，因此有些经验丰富的用户可能会选择按照他们自己觉得更合适的路径来进行配置。所有凭证分割的配置操作都可以在菜单路径：**SPRO·财务会计（新）·总分类账会计（新）·业务交易·凭证分割** 下来进行。

定义凭证分割的特性

这个配置操作就是指定所要分割的对象，这样就会在此对象上进行分割。对于的业务场景来说，只需要分割利润中心，因此它就是要激活的唯一的一个特性。

对于每一个要分割的特性，都需要定义如下内容。

- **零余额**：它所代表的是这个特性应该有零余额的设置。零余额这个标识能确保任何过账到凭证上的余额都会按定义的特性进行分割。这是复式记账的形式，而且确保了生成的任何财务报表都是精准的。
- **伙伴**：这个字段可以用于确证在凭证中产生的（附加）清账行上的发送方-接收方关系。
- **强制的**：只有当要进行凭证分割的字段有值被填充时系统才会接受过账。这确保了被分割字段在凭证输入时就要确定相应的值。

备注

始终都应该要设置零余额这个标识，因为它有助于生成能平衡的财务报表。对于 SAFA 公司来说，利润中心是被用来定义为部门的，而我们也是想按部门来提供财务报表，因此激活这个标识将有助于我们得到平衡的账目。

事实上，系统自身也会推荐在选中业务场景中发生分割的逻辑对象。只要在分类账中这些附加特性是激活的，在此就可以激活它们。

图 4.21 显示的就是可以用作分割特性的附加字段。如果需要，还可以选择想要分割的其他特性。

定义零余额科目

零余额科目在系统中被定义成一个统驭平衡的科目，这样才能使凭证中的分割行项平衡。可以在菜单路径：**SPRO·财务会计（新）·总分类账会计（新）·业务交易·凭证分割·定义零余额清账科目** 下进行定义。

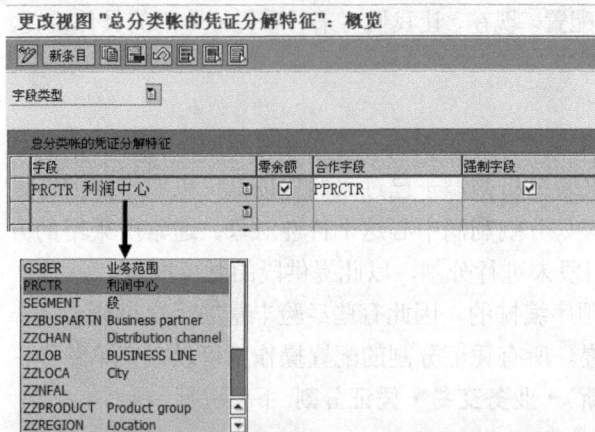

图 4.21 总账的凭证分割特性

零余额科目是通过指定的过账码来进行过账的，为此我们定义了 SAP ERP 的标准过账码（40 和 50）。为了使科目统驭对账更容易些，可以把所有的过账都过到一个统一的零余额科目上（见图 4.22）。

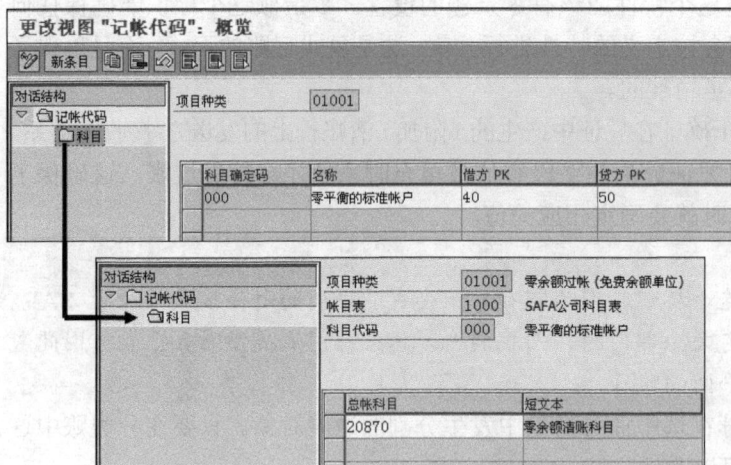

图 4.22 定义零余额（清账）科目

编辑未分配处理的常量

在这个 SPRO 的配置操作中，需要为凭证创建时还不能派生出分割特性的行项定义一个默认的科目分配对象。为了防止没有科目分配对象的过账，可以在字段状态组（见第 3 章，3.3.2 小节）中定义严谨而充分的字段状态控制，而且还需要再次检查这是否与具体业务需求（把相应的信息传输到总账的所有接口）相一致。

可以设置不同的常量，并在分割规则中定义不同业务场景下的各种规则。在常量下，可以为不同的字段定义一个默认值，例如，**段**。在我们的业务场景中，只选择定义一个默认的利润中心，因为这是为所有没有派生出正确科目分配对象而设的默认值。因为对于所有费用过账的科目，我们都定义成了成本要素，那就意味着系统不会允许过账没有分配成本中心的业务。因此，不能派生出正确科目分配对象的也就只能是对收益或资产负债表科目的过账，而它们也都是需要有利润中心的。图 4.23 显示的就是要完成这个配置操作而需要设置的要进行组合的字段。

在这个配置设置下，系统会把默认的科目分配分派给所有不能派生出利润中心的业务。如果不设立默认的利润中心（或其他对象），那么业务交易就会出错，系统就会生成一个要求用户输入正确科目分配对象的错误消息。这将取决于事务是如何使用的。在我们的范例中，让系统默认一个利润中心给那些不能派生出利润中心的过账，而后，作为统驭对账的一部分，再把这个项目转账到正确的科目分配上。

在图 4.24 中，可以看到已经定义好了一个"**默认**"利润中心，这个利润中心将接纳未分配的行项。有些企业会认同过账到一个默认的科目分配对象中，而有些企业则不希望出现这样的过账。对于这种情况，有一种解决的办法，就是先定义好默认对象，但立即就冻结它的使用，这样，任何派生默认对象的业务行项都不能完成过账。

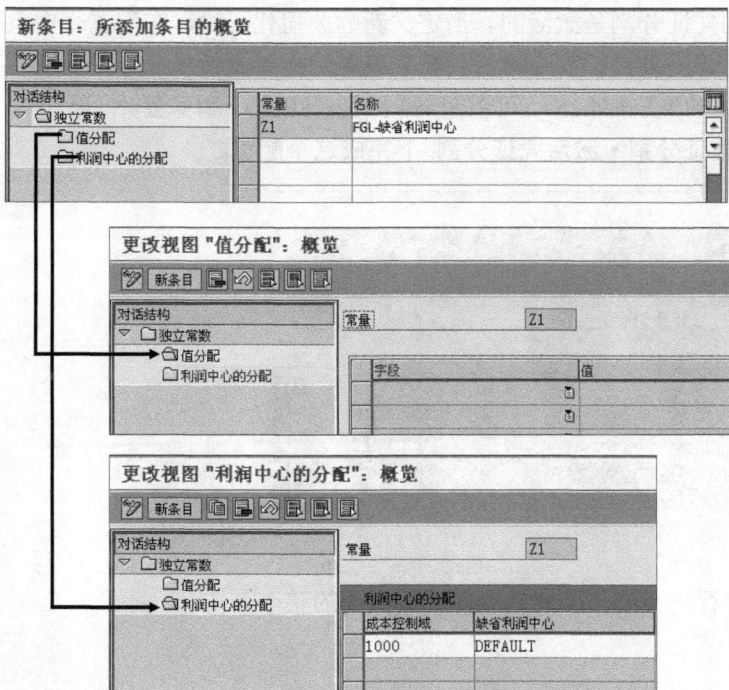

图 4.23　定义未分配项目的常量

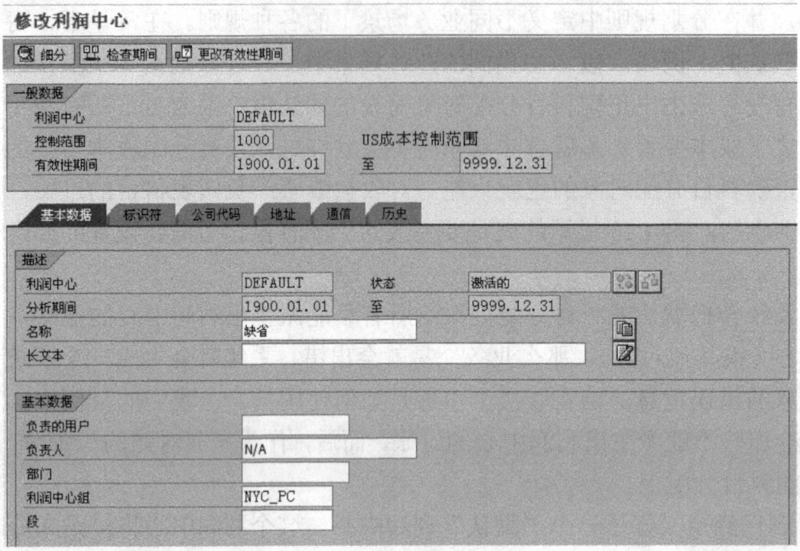

图 4.24　未分配项目的默认利润中心

激活凭证分割

现在，需要确保公司代码的凭证分割是激活的。当定义新的公司代码时，在配置表中就会相应地创建一条带有不激活标识的条目。需要再进到配置表并确保要激活凭证分割的所有公司代码都是没有勾选不激活标识的（见图 4.25）。可以在菜单路径：**SPRO·财务会计（新）·总分类账会计（新）·业务交易·凭证分割·激活凭证分割** 下完成这个配置。

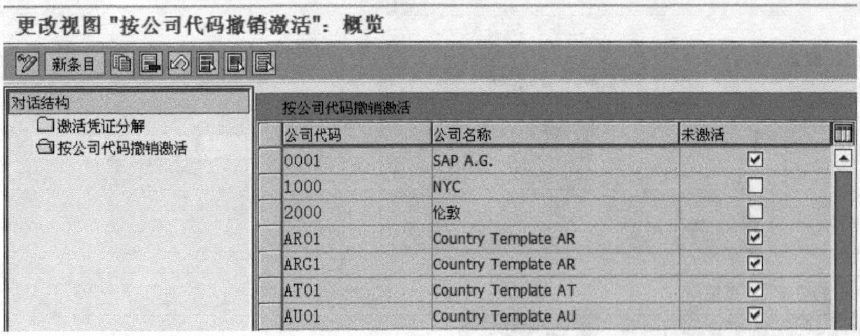

图 4.25　按公司代码激活凭证分割

由于设置是在集团层面来进行定义的，因此它会影响集团内的整个系统。

定义凭证分割方法

现在我们来讨论一下设立凭证分割规则所需要做的设置。所有的凭证分割规则都是汇集在分割方法下的。定义凭证分割方法最简单的一个办法就是复制系统标准的凭证分割方法，这样在它下属的所有相关设置也就都会被创建了。就像在相关的配置步骤下所看到的那样，为了完成自定义的分割方法，还需要创建许多相关的对象，因此，为了能确保不丢失任何的设置，采用复制的方式就是最简单不过的了。

图 4.26 显示的就是如何把现有不同的配置操作组合起来以实现凭证分割的情形。

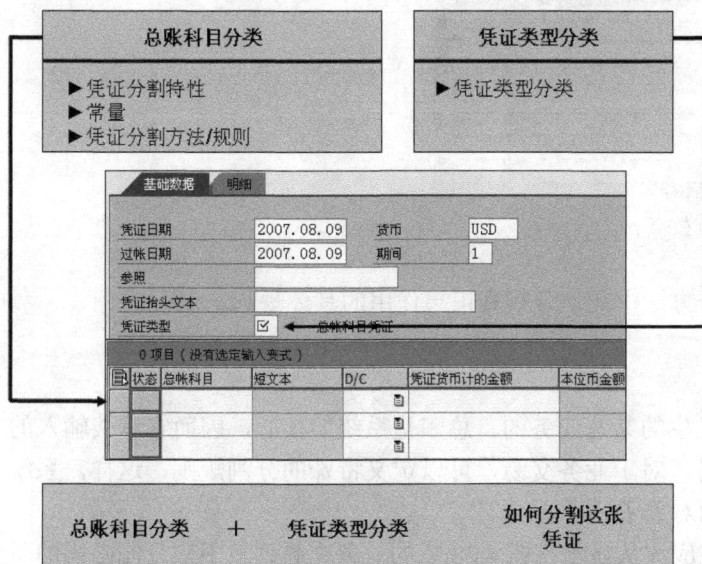

图 4.26　凭证分割规则的构成关系

在凭证分割的配置中，还可以激活继承选项，从而确保凭证中的附加行项可以承继原始的科目分配对象。例如，在供应商发票中，附加的行项目（例如，税金行项）就承继了发票中的科目分配对象。选中继承标识还能使零余额处于不会出现系统错误的情形下。激活继承有很多好处，如果想充分利用凭证分割的全部好处，那就应该这样做。

表 4.4 列出了凭证在有继承和没有继承时总账视图上的差异。

表 4.4　继承与不继承科目分配的总账视图

新总账供应商发票				
贷方	供应商	1160		
借方	费用	1000	成本中心 1	利润中心 1
借方	税金	160		
贷方	供应商	1160	成本中心 1	利润中心 1
借方	费用	1000	成本中心 1	利润中心 1
借方	税金	160	成本中心 1	利润中心 1

SAP ERP 交付了一些标准的凭证分割方法。方法 0000012 汇聚了大多数企业的业务需求，因为它所包含的业务交易组合是最多的。SAP 以及作者本人推荐的定义凭证分割方法的方式是，复制并给它一个适当的名称，如图 4.27 所示。

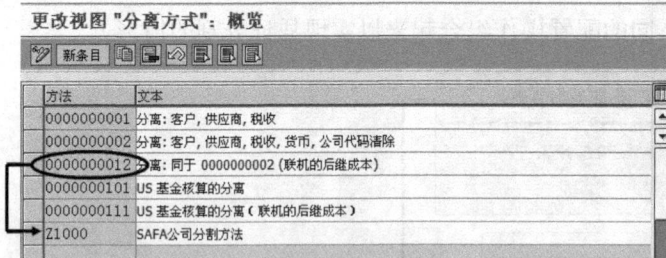

图 4.27 通过复制来创建凭证分割的方法

现在，再让我们来看看在这个方法中能使分割真正起作用的具体规则。

定义凭证分割规则

凭证分割是基于在系统中所发生的某些业务的。总账是系统的核心，因而它承接输入的信息，而输入的信息就是业务交易。对于业务交易，可以定义特殊的分割规则，这样，系统就知道要到哪里去找寻科目分配的对象了。

对于解决方案设计来说，现在应该从显示在图 4.28 中的业务交易列表中来复制必需的所有业务交易。从 SAP 所交付的分割方法中复制出所有的交易是很容易的。复制的同时，还应当复制相关的对象。

图 4.28 分割方法中的业务交易

对于每一种业务交易，都要先定义设立交易的抬头信息。在范例中，业务交易抬头上有之前所讨论过的（见图 4.29）继承和默认科目分配方面具体的细节。同时，也关联上了过账到零余额清账科目上的科目确定。

在业务交易下就是项目的种类（例如，供应商、客户、资产、现金折扣清账等）。对于每一种项目种类，都有基本的项目种类。

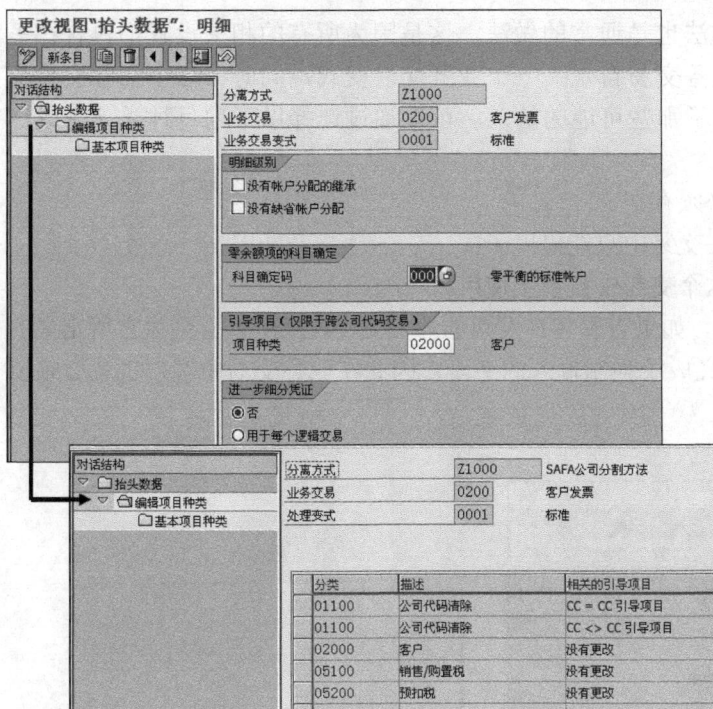

图 4.29 复制业务交易

分配凭证分割方法

现在，还需要把常量分配给凭证分割方法，这需要和以前所做出的有关继承和默认科目分配的决策相一致才行（见图 4.30）。

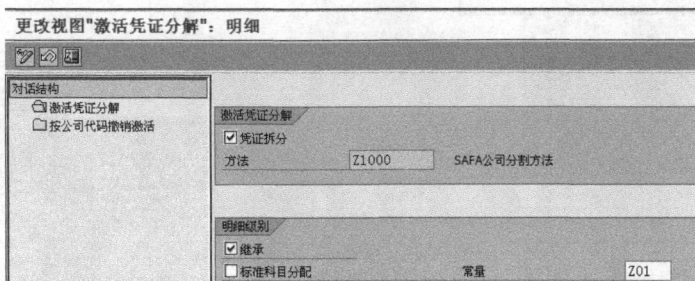

图 4.30 把常量分配给凭证分割方法

定义业务交易变式

到目前为止，我们已经对如何设立自己的分割方法进行了说明，而且对于大多数的用户来说，复制整个的标准分割方法也是通常的做法，这是因为所有的相关设置都包含在里面了。有些高级用户可能想为业务交易自定义一个业务交易变式，同时在这个业务交易变式下指定少量规则，这样就限制了那些可能的输入。可以通过选择以下项目种类来完成这样的定义。

- **强制的**：这种项目种类必须存在。
- **仅一次**：这种项目种类在交易中只能出现一次。
- **禁止**：这种项目种类在这个交易中被禁止使用。

因此，在范例中（见图 4.31），如果查看客户发票的业务交易，就可以看到为它所定义的一个单一的变式。客户字段被定义成了强制输入的字段，因此在业务交易中客户也就必须要存在了。

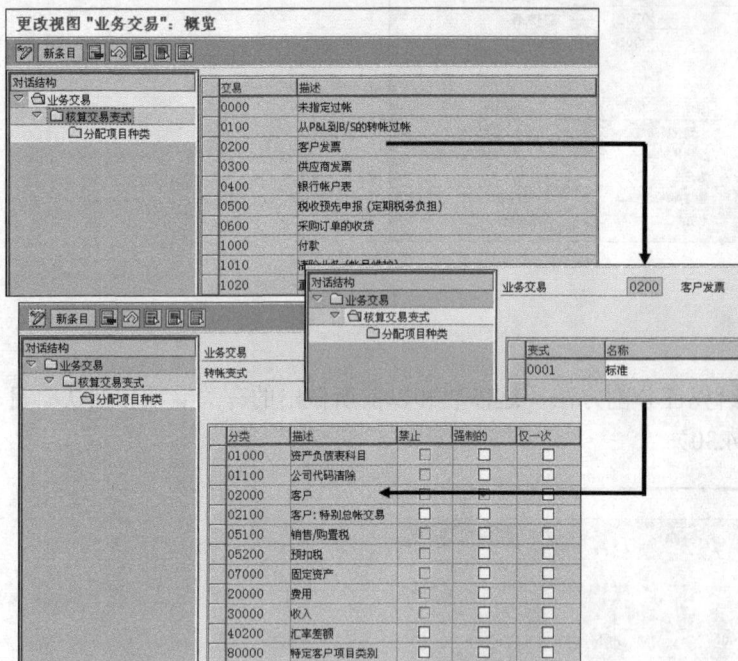

图 4.31　业务交易变式

现在，我们要来看看为总账科目和凭证类型所做的凭证分割设置的配置了，总账科目和凭证类型是主导系统中业务处理的。

为凭证分割给总账科目分类

定义完凭证分割的方法和相关的规则之后，还需要把总账科目分配给分割规则，这样才能控制业务是按凭证分割的规则来进行分割的。这就意味着过账到总账科目时，凭证分割的配置设置能确定出哪些项目种类存在并由此确定如何来进行分割。这可以通过把一个唯一的业务交易分配给每一个在用的总账科目来实现。这样，系统就知道哪些规则是适合的而且也就能执行分割了。如果是为了凭证分割而需要对总账科目进行分类，那就可以沿菜单路径：**SPRO·财务会计（新）·总分类账会计（新）·业务交易·凭证分割·为凭证分割分类总账科目** 来完成。

与所有的科目确定设置一样，在这个配置表中的条目都是特定到某一个会计科目表的。应当基于系统中所存在的标准类别来进行相关的设置（见表 4.5）。

表 4.5　可利用的总账科目分割类别

类别	描述
01000	资产负债表科目
01001	零余额过账（免除余额单位）
01100	公司代码清账
01300	现金折扣清账
02000	客户
02100	客户：特别总账业务
03000	供应商
03100	供应商：特别总账业务
04000	现金科目
05100	销售和购置税
05200	预扣税
06000	物料
07000	固定资产
20000	费用
30000	收入
40100	现金折扣（费用、收益、损失）
40200	汇率差额
80000	特定客户项目类别

列表所示是系统标准的类别且不能进行任何的更改，因此对于每一个总账科目或者每一组总账科目来说，都需要为之定义项目的类别。按总账科目号的集合来维护表中条目可能会更好，因为当要创建新的总账科目时，可以减少需要再用手工进行维护的工作量。配置界面如图 4.32 所示。

不能过账到还没有输入到这个配置表中的总账科目上，否则系统将会发出一个错误的消息，提示说不能确定总账科目的项目种类。

图 4.32　分配凭证分割类别给总账科目

为凭证分割给凭证类型分类

需要为在系统中所输入的每一种业务分配一种特定的业务交易。这样才能确保之前所做的凭证分割规则设置能够起作用。检查的方法是看所输入业务的第一行是什么。对于大多数的凭证类型来说，这都是再简单不过的了。表 4.6 列出了在自定义的分割方法中可以从中进行选用的交易。列表所示是与本节中所定义的分割方法中已激活的业务交易相关的。

表 4.6　凭证类型的业务交易

分割业务	描述
0000	未指定的过账
0100	从损益表科目到资产负债表科目的转账过账
0200	客户发票
0300	供应商发票
0400	银行账户对账单
0500	税收预先申报（定期承担税务）
0600	从采购订单的收货
1000	付款
1010	清账业务（科目维护）
1020	重置已清项

对于总账的凭证，应当采用未指定过账的业务，因为这是最恰当不过的了。图 4.33 显示的是为标准凭证类型所做的设置，这也是符合我们自己的业务需求的。

更改视图 "为凭证分解分类 FI 凭证类型"：概览

类型	说明	交易	变式	描述	名称
KR	供应商发票	0300	0001	供应商发票	标准
KZ	供应商付款	1000	0001	付款	标准
ML	ML 结算	0000	0001	未指定过帐	标准
NZ	内部转账	0000	0001	未指定过帐	标准2
PR	价格更改	0000	0001	未指定过帐	标准
QZ	清帐凭证	0000	Z001	未指定过帐	标准2
RA	后续货项凭证结算	0000	0001	未指定过帐	标准
RB	坏帐准备金				
RE	发票 - 总额	0300	0001	供应商发票	标准
RN	发票 - 净额	0300	0001	供应商发票	标准
RV	开票凭证转帐	0200	0001	客户发票	标准
SA	总帐科目凭证	0000	Z001	未指定过帐	标准2
SB	总帐科目过帐	0000	0001	未指定过帐	标准
SK	现金凭证	0000	0001	未指定过帐	标准
SU	调整凭证	0000	0001	未指定过帐	标准
UE	数据传输	0000	0001	未指定过帐	标准

图 4.33　把业务交易分配给凭证类型

通过这些配置操作，就完成了能够进行凭证分割的配置了。在本章的剩余部分还将着眼于一些业务的特殊处理方法，同时也对系统还能做些什么进行解释和说明。

4.3.6　平行会计

在新总账下，可以利用非主导分类账来生成基于不同会计准则的各种财务报表。对于使用 SAP ERP 旧版本的跨国企业来说，这是一个很现实的功能性差异。例如，为了能满足法定的和集团报告的需求，一个在德国的美国公司的子公司可能需要同时根据德国商法和美国的 GAAP 来生成财务报表。正因为如此，SAP ERP 才提供了很多种评估方法，目的是使这些企业能够按不同的报告需求进行平行的评估。

定义额外的总账科目和备选的报表层次结构

有两种不同方法进行定义：维护统一的集团会计科目表或者是定义备选的财务报表层次结构。

在一个非常复杂的 SAP ERP 跨国解决方案中，可能要维护一套用于整个集团公司的集团会计科目表。然后再用公司代码所需的总账科目来定义公司代码的特定报表。这个功能能够同时按公司代码和集团的要求来出具报告。在有些系统解决方案的设计中，采用的是一种较为简单的做法，就是在统一的会计科目表中创建允许各种评估过账所用的特殊总账科目。不管采用的是哪一种方法，都需要维护不同的报表，而且在任何时候都应该要清楚哪些报表是和哪些总账科目相关的。

根据具体需求，可以定义备选的符合各种会计准则要求的财务报表层次结构，这些会计准则都是要设法去满足的。如果业务处理差异是基于会计准则的，而会计准则又规定了不同成本处理方法的话，那这还是一种很容易实现的解决方案。在定义不同财务报表版本的情形下，还是可以实施这种解决方案的。在新总账下，利润中心已包含在总账的报告结构里了，因此还可以定义不同的总账科目组（事务：KDH1）来出具除总账之外的报表。

附加的分类账

新总账的一个重要功能就是具备了设立附加分类账的能力，由此所带来的好处就是业务评估完全存在于一个独立的分类账中了。如果这种方法要比设立额外的特殊科目的方法更好管理的话，那 SAP 就推荐这种方法。这种解决方案可以用在除创建额外的特殊总账科目和集团会计科目表方法之外的情形中，这样就能提供整体的平行评估解决方案了，因此，这种解决方案可以更好地满足企业的需求。不应当把新总账的附加分类账和 SAP ERP 老版本中特殊分类账的功能混为一谈。在非主导分类账中，也可以增补额外的特殊总账科目和不同的会计年度变式、货币或者是过账期间变式。在本章的开始部分，已经讨论过分类账的定义了。现在我们再来看一看同样的步骤并且再定义一个附加的分类账：2L。要定义附加分类账，可以沿菜单路径：**SPRO·财务会计（新）·财务会计全局设置（新）·分类账·分类账·定义总账会计核算的分类账** 来完成。

接下来，我们就来定义并激活非主导的分类账，如图 4.34 所示。

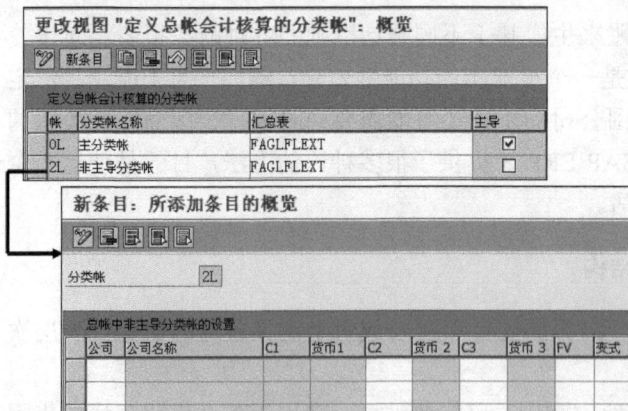

图 4.34 定义非主导分类账的设置

可以设立自己的非主导分类账来记录其他货币业务。对于不同的会计年度，也可以分配一个不同的会计年度变式和过账期间变式以满足报告需求。

使用非主导分类账的另外一个好处就是它们也可以使用系统中的标准报告工具。

附加的公司代码

在这里，就平行会计而言，还可以选用的第三个选项就是定义一个默认的公司代码，默认的公司代码可以用来记录其他的财务信息。这个选择同时也需要增加创建和维护额外的主数据对象的工作。

实际上，平行会计是需要综合各项功能才能交付出一个能最大程度地满足业务需求的解决方案的。

4.3.7　设立附加分类账

对于平行会计来说，设立附加分类账是使用分类账方法的关键。对于每一个附加分类账，都可以定义单独的一套货币、单独的一个会计年度变式以及单独的一个过账期间变式。可以在 IMG 的以下区域：**SPRO·财务会计（新）·财务会计全局设置（新）·分类账·分类账·定义并激活非主导分类账** 来激活附加分类账。

图 4.35 显示的就是我们已经激活了的第二个分类账——2L，而且对于每一个公司代码来说，都可以单独设置。另外，这个分类账下的会计年度变式和过账期间变式与我们之前为各自的公司代码所做配置的设置都是不一样的。

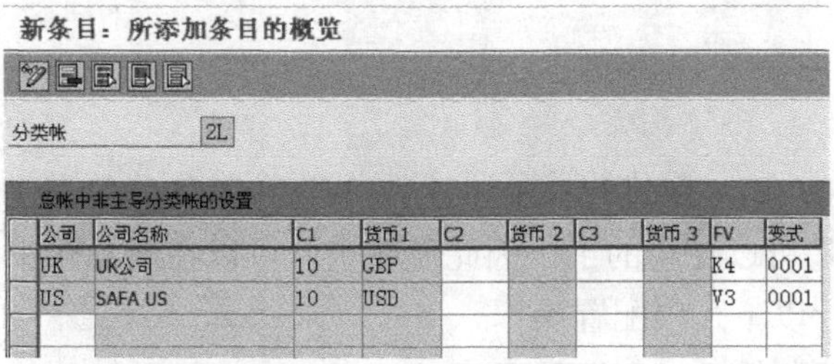

新条目：所添加条目的概览

分类帐　　　2L

总帐中非主导分类帐的设置

公司	公司名称	C1	货币1	C2	货币 2	C3	货币 3	FV	表式
UK	UK公司	10	GBP					K4	0001
US	SAFA US	10	USD					V3	0001

图 4.35　总账中的非主导分类账设置

现在已经设立好一个附加分类账，可以按之前所讨论过的分类账组的使用原则来设立单独的评估了。在资产会计（AA）的业务场景下，还可以通过把过账的折旧范围分配到一个指定的分类账组这种方式来设立单独的评估。当我们阅读到折旧范围章节（第 7 章）时，再来讨论这个评估。除了由系统使然的独立评估之外，既然已经激活了新总账，就可以进行指定分类账的过账了。图 4.36 显示的就是一个新的总账凭证输入事务。如果执行的是事务 FB50L，那现在就能在凭证抬头上找到一个字段值留空的字段，这个字段就是（目标）分类账组，可以输入一张指定了分类账组的凭证。

如果已经设立了如我们所说的那样的分类账组，那么现在就可以使用事务 FB1SL（或菜单路径：**会计·财务会计·总分类账·账户·清账·指定分类账组**）来执行指定分类账的清账。

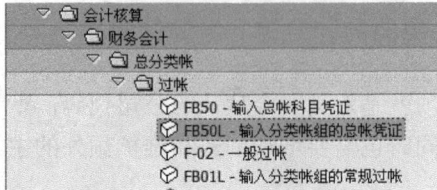

图 4.36　指定分类账的凭证过账（FB50L）

目前，所有过账到附加分类账的记录都是存储在 BSEG_ADD 数据表中的。

4.3.8　CO 传输过账

在 4.3.4 小节中，我们已介绍了使 FI 和 CO 之间能够集成所需要的配置。这种只在 CO 进行的任何过账都会触发在 FI 总账的过账，这样的过账是通过 FI/CO 的统驭账户（在 4.3.4 小节中，我们把这个总账科目定义为 20980）体现在总账中的。这种过账的一个常见例子就是通过次级成本要素的 CO 结算和分配。这些业务会在第 8 章中进行详细说明。

以前的软件版本是通过在 CO 中执行分摊和分配来提供管理会计的分析的。在 SAP ERP 下，由于科目分配对象也能包含在新总账中了，因此这个功能现在在总账中也能使用了。这个功能可以用来把间接成本分配到适当的科目分配对象上。除此之外，使用这个功能还可以完成企业里的成本分配。

4.3.9　新总账计划

传统上，计划一直是属于 CO 的功能的（在第 8 章进行详细讨论）。与讨论过的其他变化一样，由于利润中心在新总账的汇总表中也是可以使用的了，因此现在也就可以在新总账中编制计划了。要能使用这个功能，还需要进行以下几项配置操作。

1．通过从 IMG 安装汇总表来激活计划编制的 FAGLFLEXT 表。

2．在 IMG 中创建计划编制的格式（备注：也可以导入标准的计划编制格式）。

3．创建并设置一个计划者参数文件。

4．配置计划编制的凭证类型和号码范围。

5．配置一个计划编制的版本。

6．在配置中激活计划编制的行项目以便能看到计划的行项，否则就只能看到计划的汇总数。

图 4.37 显示的是完成这些配置操作的 SAP 轻松访问菜单路径和 IMG 的菜单路径。

如果实施了这个功能，那 SAP 系统还在新总账中提供了一个计划行项目的报表，可以通过事务 FAGLP03 来执行。作为 SAP ERP 6.0 第 3 个功能增强包（EhP3）的一部分，还可以把次级成本要素的计划编制也集成到新总账里来。有关更多有用的次级成本要素集成计划的信息汇集在 SAP 的第 1009299 号注释中。

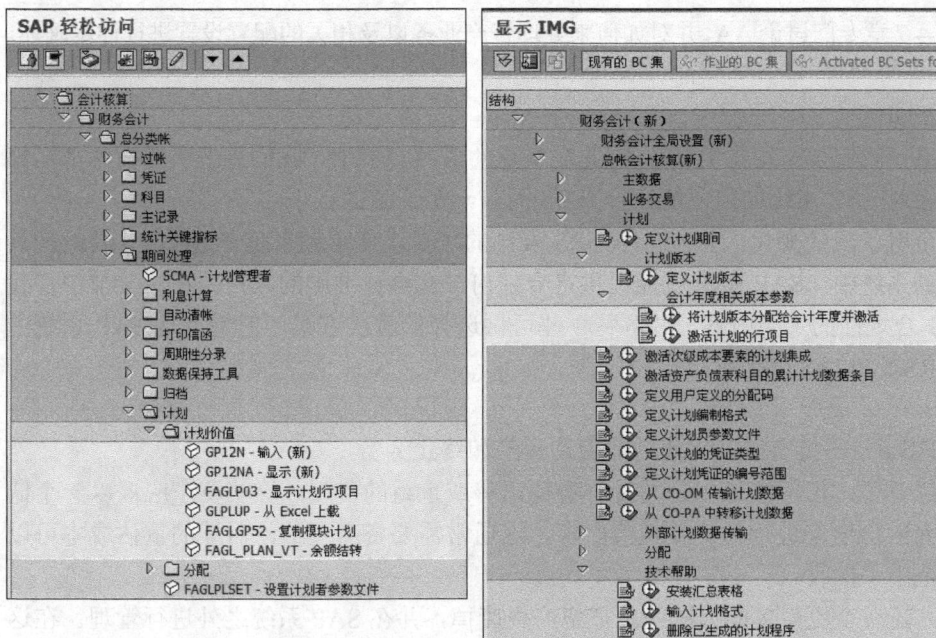

图 4.37 新总账计划的 SAP 轻松访问和 IMG

新总账的计划编制原本也是可以在这里进行更详尽阐述的，但限于本章的篇幅，我们就只能这样简要地讨论了。既然我们已经完成了新总账所有配置步骤的解释和说明，那现在应该就能配置新总账了。同时，建议再阅读一下第 8 章中 CO 计划编制那一个章节，这样就能加深对计划的了解。

4.3.10 与资产会计的集成

在以前的 SAP ERP 版本中，由于资产会计（AA）的业务（例如，折旧）还没有完全和 CO 集成在一起，因此，作为期末处理的一部分，还需要执行一个特别的事务来把资产的余额从 AA 传输到 PCA 中。但是在 SAP ERP 6.0 下，这个集成是实时进行的，因此也就不需要再在期末来执行这种信息的传输了。这也减少了期末结账处理所需的工作量，从而能更快地进行期末关账了。同时，即时的集成还能够实时地获取精准的财务数据。

要实现这样的实时集成，需要确保相应的科目分配对象是激活的；而成本中心就是这样的一个最低的要求。另外，如果利润中心或者段也是系统解决方案设计中的一部分，那还可以派生出利润中心或者段。

在这种情形下，资产购置的业务就触发了利润中心或段在供应商和税金行项目上的分割，而利润中心或段则是从资产主数据上承继而来的。折旧的过账也实时地继承了相应的科目分配对象。

我们将在第 7 章专门讨论 AA，并对如何来处理资产业务以及相关的配置设置进行详尽阐述。

4.4 IFRS 合规性

贯穿于本章，我们都引用了 IFRS，因此在本章的最后一节中，我们将把所有概念都汇集在一起，使读者对 SAP 系统如何才能符合 IFRS 而有一个清晰的认识。

随着世界金融状况的变化，生成符合 IFRS 准则的账目正变得越来越普遍了。只要能把具体的准则配置到系统中，SAP ERP 就能提供符合任何一套会计准则的账目。在这一节中，我们将介绍 IFRS 合规性的主要内容，并解释一些可供选择的解决方案，但重点是 SAP 系统中最常配置的 IFRS（和 IAS）准则。

4.4.1 IFRS 5——持有以备出售的非流动资产和终止经营

虽然终止经营了，但可能还由公司持有着待出售或重组的资产。这些资产应该以一个低于账面的和公允的价值来进行估价并减值出售。这通常需要资产重估，后续的重估成本可以由重估的折旧范围来接收。

作为替代，还有个更简单的方法就是把资产报废掉，并在 SAP 系统之外进行管理。在这种方式下，会在非流动资产的总账科目上保有余额。如果后续又把资产重新运营起来，那就可以创建一个新的资产号码并且把资产负债表上的余额转账给它。

备注

我们将在第 7 章讨论折旧范围的设立。

4.4.2 IFRS 8——经营分部

在前面部分已经讨论过了使用段可以按经营分部来提供更详尽的分析。提示一下，SAP ERP 在 PCA 中是提供了段的选择的。因此，在处理正常的业务交易时它就能进行自动过账了。不能直接过账到段上，因为基本原理是，利润中心属于一个特定的段而不会存在于多个段上。

4.4.3 IAS 7——现金流量表

根据现行的会计准则，可能还要更改现金流量表报告的输出内容，这样才能与 IFRS 保持一致。按照会计准则的要求，现金流需要按经营活动、投资活动和筹资活动进行归类分列。每一个企业都会采用他们自己的方法来生成现金流量表，包括自定义的报表、业务仓库（BW）报表或者用报表编写器所编制的报表等。

4.4.4 IAS 10——资产负债表日期后事项

在资产负债表日期后对资产负债表进行调整时，它必须作为调整事项和非调整的事项来披露。SAP ERP 提供了一个经由配置表 T001B（事务：OB52）来打开过账期间的功能。除 12 个被正常关闭的期间之外，也可以为调整事项设立特殊的过账期间。系统允许最多设置 4 个特殊期间，在正常情况下，最好把第 13 和第 14 个特殊期间当作是关闭的，而只让第 15 和第 16 个特殊期间是打开的，以此作为其他的调整事项来使用。

备注

正如第 2 章所讨论过的那样，可以使用事务 OB52 来打开和关闭过账期间。

4.4.5　IAS 16——不动产、厂房和设备

近来，有形资产估值管理的准则也有了一些变化，有形资产是指用于生产、提供商品/服务而存有的，而且预期持有的时间会超过一年的资产。因为不同的部件可能会有不同的使用年限，因此，作为 IAS 16 一部分的利息是需要细化到这些可单个识别的部件上的。

所处的行业以及企业规模的不同，对这项准则的解释也不相同。有些企业会考虑让他们的资产"部件化"，这样就能使之降低到诸如实验室中的一台设备或一幢大楼里一部电梯那样的水平。有些企业则不会对低于某一个特定值的任何物件进行部件化，例如，以 5 万美元作为一个标准。

4.4.6　IAS 19——雇员薪酬

当一个公司接受了员工的服务，并且不是在该项服务实际发生时就支付薪酬，那么企业所欠员工的薪酬就必须要被确认。对于所欠员工的薪酬，需要每一个会计期间都进行计提。

基于 HR 或考勤系统所保存的信息，期末的带薪年假这项应计费用也就能够被确定下来了。TOIL/FLEX 假则又是一个完全不相关的问题了，因为不是每个企业都有必要记录该信息。有些企业采用了"人工抽样"的方法来确定这一数额，但每月都要确定出这个数值并进行过账还是非常困难的。

4.4.7　IAS 36——资产减值

当资产的账面价值超过其可收回的价值时，减值就发生了。如果它超过了可收回的价值，那这个差额就需要被转销到一个收益支出的科目上。

SAP ERP 提供了一种特殊的资产重估业务，这种业务能够通过正常的重估来进行资产减值的重估，但这二者都会过账到同一个的重估准备（折旧范围）中。如果需要把减值重估单独分开，那么还需要设置另外一个折旧范围。

关于"减值的冲回"，可利用的 SAP 帮助注释也不是太清晰，但或许可以在 SAP 网站上在线找到其他的导引指南。

与这项准则相关的，还需要评估外币的余额，它在资产负债表上要么作为债务，要么作为债权。或许会碰到汇率的变化或者是经常变更使用不同货币的情况，需要使之保持在外币

评估方法的最大值上，这样才能确保外币余额在资产负债表中的值是实际情况的一个真实和公允的反映。

本节汇集了许多 IFRS 合规性的概念，了解到这些有助于理解 SAP 系统是如何遵从 IFRS 的。有了这样的概述，同时再结合对 IFRS 准则以及对业务的深入理解，就能够配置一个满足业务需求的系统了。

4.5 小结

本章是对于实施 SAP ERP 6.0 所带来各种变化的一个全面解释。现在应该能够设计、配置并支持一个新总账的解决方案了，要完成以下这些任务：

- 激活新总账；
- 使用新的凭证和数据表结构；
- 激活相应的业务场景以使能够进行凭证分割；
- 定义并衍生出一个新科目分配对象——段；
- 为国际会计定义附加分类账；
- 理解并能对 FI 和 CO 间相关的集成进行配置设置；
- 在 SAP 和 IFRS 合规性方面的平行评估。

这是截止到本章为止的所有章节中一个非常重要的章节。现在就可以转入到第 5 章了，我们将在第 5 章来讨论 FI 的应付账款子模块。

应付账款是处理与供应商业务流程相关的子模块的，也就是采购发票和采购付款。本章的主要内容包括：主数据、供应商发票和供应商付款处理的流程和配置。

第 5 章　应付账款

应付账款（AP）子模块的基本功能是尽可能方便地向供应商进行付款。物料管理（MM）模块的功能以及金库（TR）模块都和 AP 有很多的集成。在传统的财务观念里，这些模块的集成只是为了便于把 AP 业务模块的功能并靠在财务会计（就是指 FI）的核心功能模块上。从业务处理的角度来看，由于多数的 AP 都发生在采购业务处理的末端，因此虽然这是 FI 的一个子模块，但是 AP 小组却可能与**采购付款流程（P2P）**的在一起（我们在下节进行解释）。理解了 SAP ERP 各模块之间的集成本质之后，你就会明白这种做法是很有意义的，这样就可以更好地顺着整个 P2P 的业务流程来进行集成。

在这一章，我们将介绍 AP 子模块的以下内容：

- 创建和维护供应商（供货商）主数据；
- 供应商的业务处理（包括发票和付款）；
- 预付款的配置和过账；
- MM 功能的集成特性；
- 发票校验；
- 对外的付款处理；
- 现金日记账的配置和过账；
- 电子银行对账单的配置和过账。

本章将以 P2P 的流程概览作为开始，然后详细地讨论要实现在此所列出的 SAP ERP 功能所需要的配置。

我们将着眼于 AP 的 3 个主要方面：主数据、发票处理和付款处理。到本章结束的时候，你就会明白基本的 P2P 循环并能够进行满足你自己方案设计的配置设置了。

5.1　P2P 采购付款循环概览

所有企业和供应商之间的业务处理都可以融合在这个 P2P 的采购付款循环中。这个循环汇聚了从采购订单的创建到向供应商进行付款的所有业务处理。图 5.1 所示为从更高的视角来看待这个循环中 5 个主要步骤，而且在下一节中我们还将详细解释每个步骤所支持的流程。

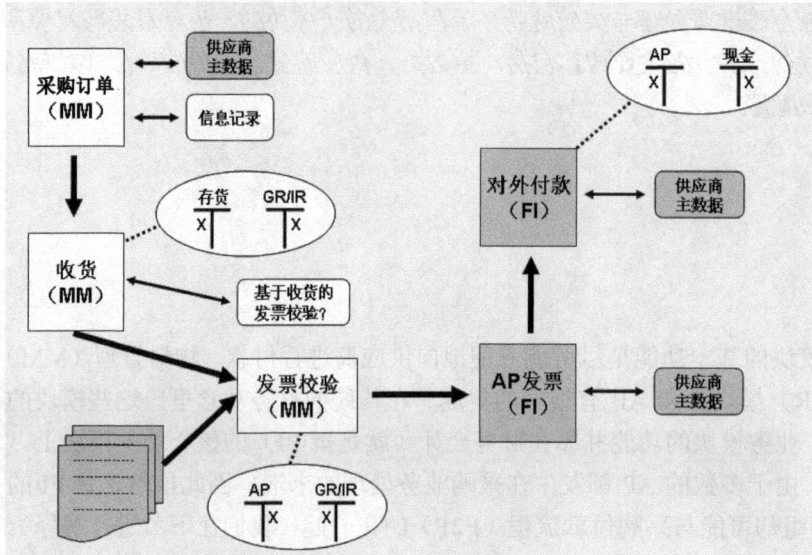

图 5.1　P2P 采购付款循环

这 5 个步骤主要包括以下方面的内容：

- 采购订单；
- 收货；
- 发票校验；
- AP 发票；
- 对外支付。

SAP ERP 使用凭证。沿着这个流程往下走，就会生成很多的凭证，每一张凭证都有它自己的凭证号码和凭证类型。下面介绍流程中的主要步骤，以便于理解各种凭证的用途。

5.1.1　采购订单

要从一个供应商（供货商）采购时，需要先创建一个采购订单。采购订单是购买者（在你的企业内）和同意提供货物的供应商之间的法定合约。采购订单包含了所购买的（物料）、数量、价格和交货信息等方面的内容。

采购订单可以基于现有的采购订单或者是采购申请来进行创建。这些采购订单或采购申请用于采购业务处理，与采购相关的供应商/物料的组合信息是从采购信息记录上获取到的。

在一些业务场景中，（SAP ERP）采购订单的创建是通过一个基于 Web 的前端来完成的，例如**电子采购系统（EBP）**或者是**供应商关系管理系统（SRM）**。在这样的设计中，还需要创建 SAP ERP 的采购订单，只有这样，整个的采购流程才会反映出采购订单来。

采购订单详细记录了所要采购的物料，所采购物料的合计数就是库存。物料将会被分配给一个科目分配对象（通常是一个利润中心），可以从科目分配对象纬度出具报告。一个经常会碰到的需求就是要能按利润中心来区分库存的价值，因此许多企业都设计了他们自己的解决方案来获取这样的数据。同时，物料采购价格（标准价格）也是定义在物料主数据上的。

5.1.2　收货

当货物被收进仓库时系统就将创建一个收货。它的作用是确保所收货的条目与采购订单中的原始信息是一致的。例如，下达了一个数目为 100，价格为 1 美元/个的采购订单，那么采购订单的总价值就是 100 美元。但是，实际所收到的项目可能会比交货的要少，因此收货是系统用来监控收货到库存的。

在收到了这些所购项目的发票之后，要看一下供应商所开的发票是针对全部 100 个数目的还是仅仅是已经收到货的项目的。这就是所谓的**三单匹配**，三单匹配就是指要匹配原始的采购订单、收货单以及供应商的发票。三单匹配是在系统中进行发票校验的时候才完成的。

5.1.3　发票校验

发票校验是在批准该发票可以被支付前对供应商的发票进行检查确认。大多数的企业往往都会选择启用基于收货的发票校验，并且执行三单匹配这项策略。

如果启用了基于收货的发票校验功能，那么系统就会检查所输入的发票是否与已经收到的货物相一致。除了检查所收到的数量外，系统同时还会校验发票的金额。不管发票校验所产生的是价格上的差异还是数量上的差异，系统都将生成差异的过账。因此，企业为了对他们的购买者和采购员保持紧密地管控，就应当监控这些差异。

过账到总账的这些差异是由 MM 自动科目确定配置表中的设置来控制的，我们将在第 9 章来详细讨论 MM 的自动科目确定。另外，物料科目的确定也会用于确定过账哪些总账费用科目。

5.1.4　AP 发票

发票校验是在 MM 的功能模块下进行的，而这个业务处理所生成的 AP 发票却是属于 AP 子模块的。AP 发票的作用是生成一张可用于向供应商进行付款的凭证，这样，付款的信息就存储在这张凭证中了。当对一张发票进行支付时，（自动）付款程序会从供应商主数据中确定所要付款的信息（付款方法、银行详细信息、供应商地址等）。

有些企业也可能会采用不经过采购订单的步骤而直接创建 AP 发票的这种解决方案。一般情况下，与库存相关的采购是通过采购订单来完成的，而与非库存相关的采购则是通过 AP 发票直接做的。如果直接输入一张 AP 的发票，那你就要对把这张发票直接过账到相应的总账科目负责。

5.1.5 对外支付

对外付款可以由用户选择是手工还是通过使用自动付款程序来完成。在本章的后面部分，我们将会详细地讨论付款程序，并且会考虑如何配置付款程序才能满足你特定的需求。付款的关键是要运用付款程序来选择所要付款项目的条件组合，选择的标准包括供应商主数据以及所要进行付款的未清项。

付款的凭证是与 AP 发票相匹配的，它会把未支付的 AP 发票（未清项）转变为已支付的项目（已清项）。

本节阐述了 P2P 采购付款循环中的几个重要环节。现在，让我们来了解搭建一个 AP 业务模型的思路。

5.2 搭建一个 AP 的业务模型

与之前章节中所讨论过的系统设计时的“稻草人”做法一样，在准备 AP 解决方案概念设计时，由于这些内容将会持续影响后续的细节设计，所以应当把关注点集中在以下这些主要的业务处理方面：

- 设计供应商主数据；
- 发票处理控制；
- 付款处理。

我们先来讨论供应商主数据的重要内容。如前所述，在供应商主数据中有许多对业务处理的控制，因此应当考虑流程的哪些部分和企业需求相关的，以及所做的决策将会如何影响整个流程。

5.2.1 设计供应商主数据

在初始的时候，要确定出采购流程以及如何来运用采购订单。如果采用的是传统的包含采购订单（已在 P2P 的采购付款循环中进行了描述）在内的集成解决方案，则需要扩展创建供应商主数据，这样才能够对供应商进行采购订单的创建。如果是单独使用 AP，则要把供应商发票直接输入到 AP 中。

比较普遍的一种做法是与库存相关的采购（可提供库存的分析）使用采购订单，而与非库存相关的采购使用 AP 发票。

5.2.2 发票处理控制

接下来，必须要回答的问题就是要如何处理所输入的供应商发票以及如何对付款进行审批？发票是要被扫描还是进行集中处理？还有就是必需要输入些什么样的信息？在批准可以对发票进行付款前，有些企业还需要有授权的步骤。如果解决方案需要这个步骤，可以在同意对发票进行付款前选择使用预制凭证这种处理方式来进行审批的授权。

根据具体的业务要求，这个流程的复杂程度也会有所不同，而且还可以使用 SAP 的业务工作流来自动地完成，SAP 的业务工作流可以把发票传递到指定的用户来进行审批。

5.2.3　付款处理

传统上，企业往往会用支票来进行付款，但是，现在越来越多的企业开始使用电子银行转账支付这种解决方案了。付款方式的选择也会影响对主数据的控制以及所需要的输出方式。付款是集中地还是在当地进行？这样的付款处理与你目前的流程有什么不同吗？

如果这些内容在解决方案设计中已经考虑到了，那么也就涵盖了所需要交付的 AP 解决方案的主要内容了。现在，就让我们转向实际的 AP 配置过程。

5.3　主数据

主数据看起来也许是系统设计中最容易的部分了，但是它也是系统中最重要的部分。主数据是业务处理流程中最重要的基石，它影响整个系统以及从系统输出的数据流。报告的出具以及向外部的输出都依赖于主数据的组织方式。

有些主数据是作为维系业务运营管理的基础（业务主数据）而创建和使用的，而有些主数据实际上是通过系统配置来完成的（静态的主数据）。在这一章中将讨论这两种类型的主数据并解释其差别。我们从供应商的主数据开始，供应商主数据是一种业务的主数据，这是因为它们会随着时间的推移而变化。

5.3.1　供应商主数据

供应商主数据是 AP 子模块下业务主数据的主要代表。SAP ERP 业务流程把供应商的创建视为采购小组和财务小组的共有功能。供应商主数据的创建是把所有与供应商相关的信息都保存在一个单独的地方。创建供应商主数据时，系统会给供应商分配一个账户号码，而在整个系统中就用这个账户号码来代表该供应商。

就创建供应商主数据而言，需要考虑的是手工创建还是通过自动上载的方式来创建，如下所述。

- **手工地**：如果只有少量的供应商而你还想把这个创建的过程作为一个培训的步骤，那就手工地来创建供应商。有些企业就是使用这种手工创建供应商的方式来对员工进行培训的。这种方法的缺点在于手工键入数据时往往会出错，因此有些企业更愿意采用其他的做法。
- **电子地**：如果有大量的供应商需要创建，而且受项目周期的制约又不可能手工地来创建它们时，可以改用电子的方式来创建供应商。同样地，如果是从一个还在使用的遗留系统进行数据迁移时，从遗留系统中把主数据提取出来，然后再把它上载到新的 SAP ERP 系统，这样可能是比较容易的。因为上载程序会正确无误地上载加载文件中的数据，所以用电子方式上载供应商主数据会使系统的数据更精准。

查询现有的供应商（匹配码）

SAP ERP 系统自带了许多标准的被称为匹配码的查询条件，可以使用匹配码来找到数据库中的供应商。在我们的业务场景中没有太多的供应商，但你可以选择使用一个更具创造性的查询功能来更有效地查找到供应商。例如，检索项或者行业这两个字段是被用于区分供应商类型的，这样你就可以生成另外的一种查询标准。图 5.2 所示为可用于查找供应商的其他几种匹配码。使用"模糊查询"选项是最灵活的，因为它可以按不同的地址属性来进行查询。

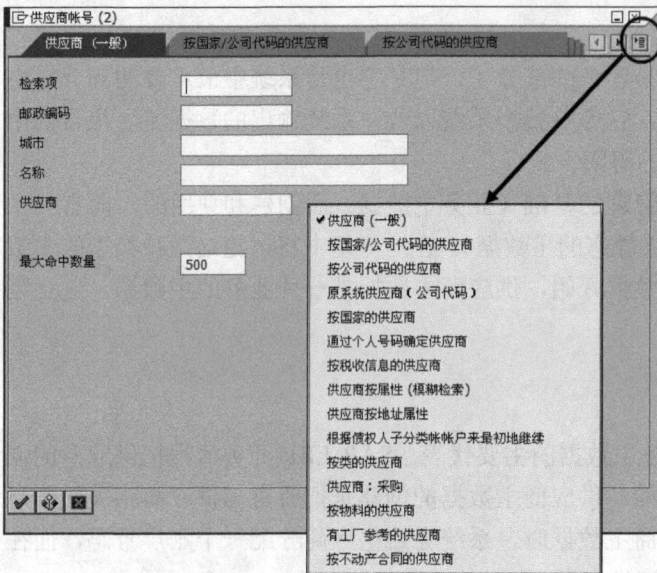

图 5.2　使用匹配码查询供应商

如果在系统中使用了一个不能通过 SAP ERP 的标准匹配码来进行查询的特殊字段，那么可以创建客户化的匹配码。对于这些匹配码，需要确定想用来查询的字段，并要请求 ABAP 开发人员编写代码。

要创建匹配码，可以沿菜单路径：**SPRO·财务会计（新）·应收账款和应付账款·供应商账户·主数据·匹配码·为供应商维护匹配码**，或者使用事务 **OB50** 来完成。

创建新的供应商主数据时，系统会要求你通过指定该供应商所属的账户组来对供应商进行分类。供应商的账户组在下一节进行讨论。

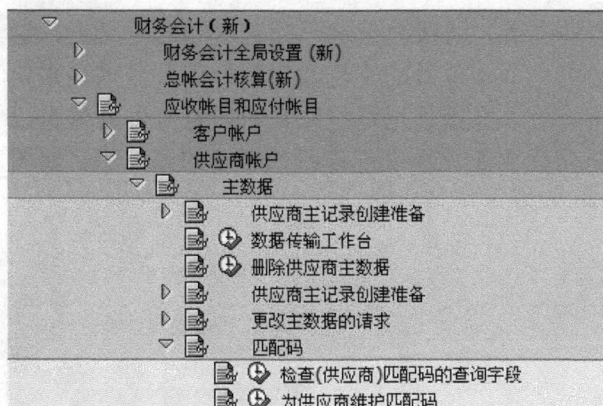

图 5.3　配置新的供应商匹配码

5.4　供应商账户组

供应商主数据创建的主要是在供应商账户组的配置界面中完成的。供应商账户组包含有两个主要的部分:

- 分配给供应商的账户号码（SAP 定义或用户自定义的）;
- 创建供应商主数据时那些必须要填入的字段。

必须先配置供应商的账户组，然后再把它分配给你想使用的公司代码。对于 SAFA 公司来说，我们将按表 5.1 所示的内容来对供应商进行分类。

表 5.1　定义供应商账户组的范例

账户组	描述	号码范围	用途
Z001	国内供应商	1000～1999	在同一个国家的供应商
Z002	国外供应商	2000～2999	来自另外一个国家的供应商
Z003	非贸易供应商	3000～3999	提供非贸易货物的供应商
Z004	一次性供应商	4000	一次性的供应商

在这里，需要完成两个配置步骤:

- 配置供应商账户组;
- 为账户组创建号码范围。

完成这些步骤的菜单路径是:**SPRO · 财务会计（新）· 应收账款和应付账款 · 供应商账户 · 主数据 · 供应商主记录创建准备**。

供应商账户组的设置可以针对每一个公司代码或者是每一种主数据的维护作业来进行。这将在本节的后面部分详细讨论。

我们先把注意力集中在带界面格式（供应商）的账户组这个配置活动的定义上，这可以在上述的菜单路径下找到。账户组是用一个 4 位数的字母数字型标识及其描述来定义的。SAP ERP 交付了一些标准的账户组，可以直接使用这些账户组，也可以创建自己的账户组。在案例中，通过复制 SAP ERP 的标准账户组来创建我们自己的账户组，如图 5.4 所示。

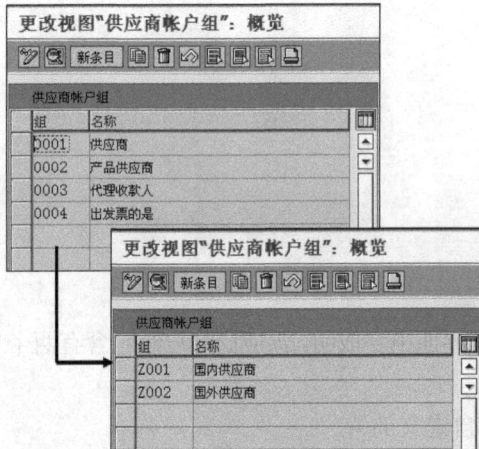

图 5.4　创建自定义的供应商账户组

备注

使用 SAP 所交付标准账户组的问题是它们会在供应商主数据上显示出太多的字段。而你的特定业务需求可能不需要这么多字段，因此大多数的公司都会自定义账户组，去除掉那些多余的字段。要配置账户组，可以双击该账户组，然后就会进入账户组配置的界面了。

供应商主数据是由三部分（被称为视图，如图 5.5 所示）组成的，如下所述。

- **一般视图**：这个视图包含了名称、地址以及全体公司代码都适用的供应商联系信息。
- **公司代码视图**：这个视图被称为特定公司代码的会计视图并且它还控制着 AP 发票的创建。
- **采购视图**：这个视图的信息控制着采购（订单）的创建。

系统中的每一个视图都需要确定所有字段的字段状态（就是**字段状态组**）。每一个字段都需要定义属于下述的哪一种状态：

- **隐藏的**：当创建供应商时，这个字段会被隐藏掉。
- **必须的**：当创建供应商时，这个字段必须要输入。
- **可选的**：当创建供应商时，这个字段是可以输入的。
- **显示的**：当创建供应商时，这个字段是灰的，只能显示的，不能修改。

通过选择如图 5.5 所示的相应单选项按钮来进行这些设置。

范例：编辑地址这个组的字段状态

当返回到 SAP 系统的应用方来创建供应商主数据时，在这里所做的设置就会影响新创建的供应商主数据的业务处理。如查能够对主数据设计高瞻远瞩的话，就可以明智地决策这里的哪些字段是必须的。

这里所讨论的选项是和一般的业务需求相关的，也可以应用于大多数的业务。SAP ERP 是能满足各种行业以及各个国家的，而这些都是可以在 SAP 所提供的帮助文件中找到的。

下面详细讨论一下供应商的主数据视图。

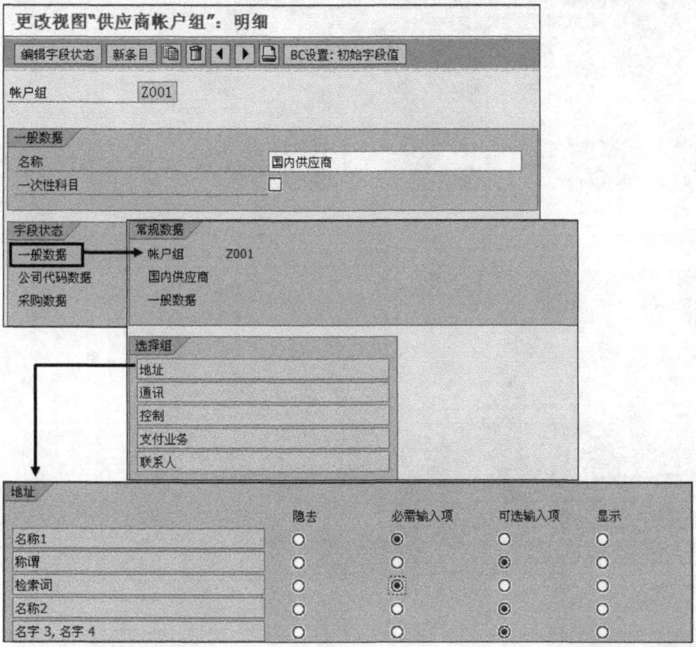

图 5.5 编辑供应商账户组的字段状态

5.4.1 一般数据视图

一般数据视图保存的是供应商的地址信息。对于供应商号码来说，这些字段都是公用的，因此如果要创建一个用于多个公司代码的供应商，可以采用一个公用的供应商号码，这就意味着所有这些公司代码都拥有相同的一般数据。在每一个字段状态组下都是一个与供应商主数据上的标签页相对应的子组的列表，比如图 5.6 显示的就是一般数据视图中详细的地址字段信息。

一般：地址

图 5.7 给出了一个在字段状态组所做的设置是如何影响供应商主数据的例子。两个被隐藏的字段在供应商主数据上就看不到了，两个必输的字段则必须要被填充后才能保存。如果

有需要，还可以在字段状态为可选的那些字段中输入。

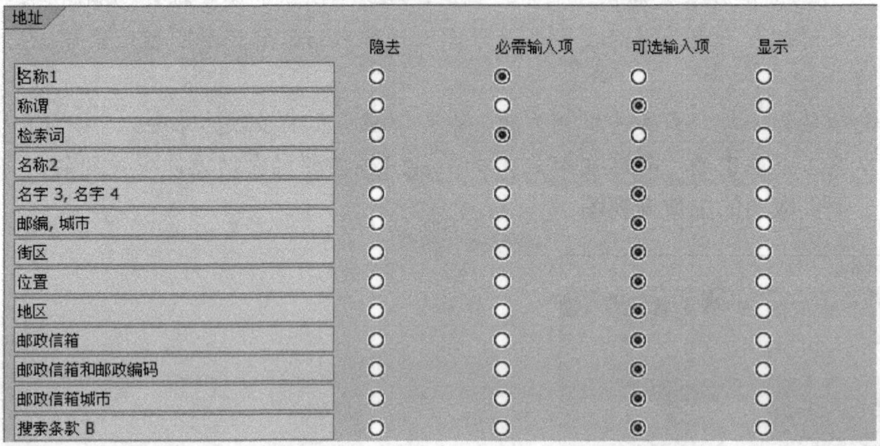

图 5.6　供应商的字段状态组

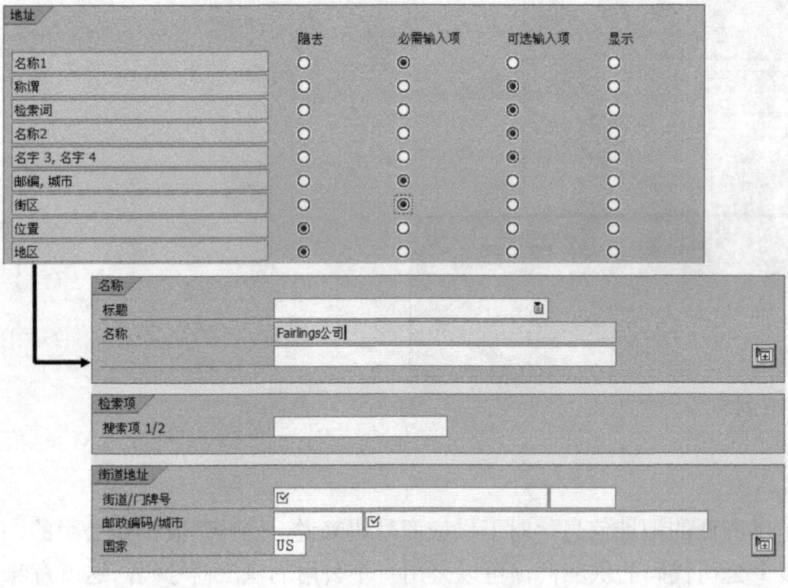

图 5.7　供应商字段状态设置的例子：地址标签页

决定哪些字段需要被填充时，需要考虑企业的复杂性以及扩展业务处理需求。考虑要发送给供应商的通信（地址）信息也是有必要的。例如，如图 5.7 所示，可以看到字段状态的设置和供应商创建处理这二者之间的关系。

对于这些界面上的每一个字段，SAP 帮助文档会详细解释它是如何使用的。表 5.2 所描述的是在供应商的主数据中应当了解的重要字段。

表 5.2　供应商主数据：一般数据部分

一般：控制数据	
行业	为报表目的而把供应商组合在一起
税号 1	这个字段的使用因国家的不同而不同。在美国，这是个人的社会保险号（SSN）。在整个欧洲，它却有不同的用途，请参考帮助文档来确定特定国家的需求
税号 2	这个字段也随国家的不同而不同。在美国，这是员工的识别号。在整个欧洲，它有不同的用途，请参考帮助文档来确定特定国家的需求。例如，在英国，这是国民保险号码（NI）
支付交易	
国家	银行所在的国家
银行码	银行代码（或种类代码）
银行账户	银行账户号码
账户名称	这仅仅是为增加信息而设的，在这里没有任何的校验措施

5.4.2　公司代码视图

公司代码视图也被称为会计视图，因为这些信息是和过账到 AP 相关的。在这里有以下的子界面，我们很快就会详细解释这些界面：

- 账户管理；
- 支付业务；
- 信函。

表 5.3 所示为每一个界面上所查看到的重要字段。

表 5.3　供应商主数据：公司代码数据部分

账户管理	
统驭账户（统驭科目）	定义供应商在总账资产负债表中的统驭科目。对于所有的供应商主数据来说，这始终都应该是一个强制性输入的字段
以前账户号	用于供应商查询的账户号码。它可用于数据转换的一部分，因此可以在这里输入遗留系统所用的账户号码
排序码	在业务中，通过排序码来限定要填入到分配字段的值。如果不太确定，那就选择 0003
支付业务	
付款条款	与供应商达成一致的付款条件
容差组	允许和供应商进行交易的金额大小（容差组在本章的后面部分进行讨论）
付款方式	向供应商付款的支付方式
开户银行	向供应商进行付款的银行账户（开户银行在本章的后面部分进行讨论）

信函	
通信	输入供应商财务部门联络人的联系信息。依据业务处理，在这里输入一些相关的信息是有必要的，进而再与将此信息链接至输出的开发人员进行沟通

这里的另外两个子界面和采购用到的字段相关，由于它们和发票校验处理相关，因此，这些采购所要用到的字段也是需要考虑的。在这些界面上的所有内容都将会影响到由 MM 功能（例如，采购订单、收货等）所创建的凭证。

5.4.3 采购数据视图

采购视图的这两个界面最好是和采购组一起来讨论。在这里，需要重点关注的是如下的关键字段。

- **订单货币**：这是对该供应商进行采购的默认货币。
- **付款条款**：这个付款条款默认映射到供应商 MM 凭证上。
- **控制数据**：这里的相关字段是选择（或者不选择）**基于收货的发票校验**选项。

供应商采购视图的信息是与所有采购凭证的创建相关的。如果从同一个供应商买了不同类型的产品，则可能会给出不同的付款条款。AP 子模块可以对采购和会计视图上不同的付款条款分别处理。

合作伙伴功能

SAP ERP 系统识别第三方的关系可以是很复杂的，而你要处理的可能不只是仅有一个地址的供应商。每个"合作伙伴"都需要作为一个单独的供应商主数据而存在，因此你可以使用以下这些业务合作伙伴。

- **VN**：这个主供应商是灰掉的，因为它就是当前的主数据。
- **PI**：这是呈送发票的地址。
- **OA**：这是订货供应商所使用的地址。

在针对供应商账户组的 MM 配置中，分配合作伙伴的做法是用来控制不同类型的供应商具有哪些合作伙伴的功能的。类似的设置是要分配给 MM 的凭证类型，它控制的是与采购凭证相关的合作伙伴类型。

5.4.4 供应商账户组变式

在这里，有两种变式是可以利用的，这两种变式可以很好地用于具有多个公司代码的业务情形下。如果想控制创建账户组的数量，就应当考虑这些选项。不同国家的法定需求意味着那些字段可以用于不同的目的，因此要参考 SAP 的帮助文档和 OSS 注释来找到各国的差别。这个配置活动在与其他供应商主数据配置的相同 IMG 区域下来完成：**SPRO·财务会计（新）·应收账款和应付账款·供应商账户·主数据·供应商主记录创建准备**，如图 5.8 所示。

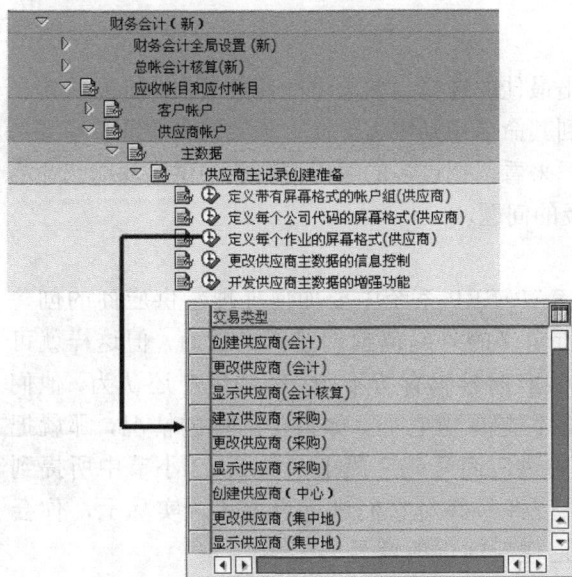

图 5.8　定义带有界面格式的供应商主数据界面格式

公司代码变式

可以为每一个公司代码都定义一个不同的供应商账户组设置。也就是说，可以有相同的账户组 ID，但在这个账户组下，各个公司代码界面上的字段状态组却可以不同。在我们的业务场景中，一个相关的例子就是 VAT 增值税登记号，它用于英国但在美国却不使用。

作业变式

如果想根据主数据维护的作业来控制字段状态，可以使用这个配置步骤。可以基于所执行的操作来定义字段状态。

至此，对供应商主数据的讨论结束。现在，就让我们再来看一看供应商号码范围的配置。

5.5　供应商号码范围

创建新的供应商时，系统会给它分配一个供应商的账户号码。正如之前我们讨论供应商的账户组时所提到的那样，供应商的账户号码可以由 SAP ERP 系统自动分配（**内部给号**），也可以分配自定义的账户号码（**外部给号**）。供应商号码可以是文字数字型的，因此可以选择如自己设计的供应商编码规则。

可以在以下的 IMG 区域：**SPRO**·**财务会计（新）**·**应收账款和应付账款**·**供应商账户**·**主数据**·**供应商主记录创建准备**·**创建供应商账户的号码范围** 来完成供应商号码范围的配置。

5.5.1 业务决策

在这里，需要评定具体的业务需求并做出最佳的选择。如果供应商数量很少而且稳定，那么可以外部给号并把一些有规律的法则放到其命名规则中去。而大多数的大企业都有要持续不断地创建新供应商的需求，因此，从长远来看，把过多的编码逻辑放到供应商账户命名规则中是没有意义的。下面是一些常常被问及的问题。

- **问题：能迁移现有的号码吗？**

  答：是的，可以。只是需要考虑在 SAP ERP 系统中要如何处理新供应商的创建即可。例如，可以按照每个账户组所定义的号码范围创建新供应商，但这样就可能使新供应商的号码与迁移过来的供应商号码有所不同。有些用户还认为，他们只记得这些老的供应商号码，因此他们想保留它们。如果是这样的情况，那就把老的号码迁移到每个供应商的**以前的供应商号码**字段上（如 5.4.2 小节中所提到的那样），那么后续就可以按老的供应商号码对它们进行查询了。实际上，你会惊奇地发现用户是多么快地就开始记住新的供应商号码了。

- **问题：用户可以自定义供应商号码吗？**

  答：可以。这样的话，就必须分配给账户组一个外部给号的号码范围，而且还应当要考虑制订一个措施来限定如何使供应商的编号能够连续。

- **问题：在遗留系统中，可以通过供应商号码来识别供应商的类型。那么，可以引入一些逻辑到供应商的编码规则中吗？**

  答：这也是可以的。要想一下看出供应商类型，需要为它们设立账户组，并为每一种供应商类型设立不同的号码范围。此外，还应当要考虑所需要的账户组数量，以及每个账户组能容纳的供应商数量。

5.5.2 创建供应商号码范围

在 IMG 的**创建供应商号码范围**节点上可以创建、显示和更改供应商的号码范围。单击图 5.9 所示的**维护号码范围间隔**按钮就可以修改已经存在的号码范围或者是创建新的号码范围。进入到这里之后，需要选择间隔按钮，如图 5.10 所示，然后就可以创建新的号码范围了。

系统不允许号码范围有重叠，如果在这里出错了，则要搞清楚错误消息所代表的含义。如果想让用户自己来决定供应商号码，则需要选择"外部"这个设置，这样才可以使号码范围能够进行外部给号。使用"外部"设置标识，供应商号码就是文字数字型了。

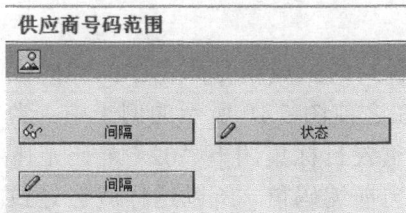

图 5.9 维护供应商号码范围

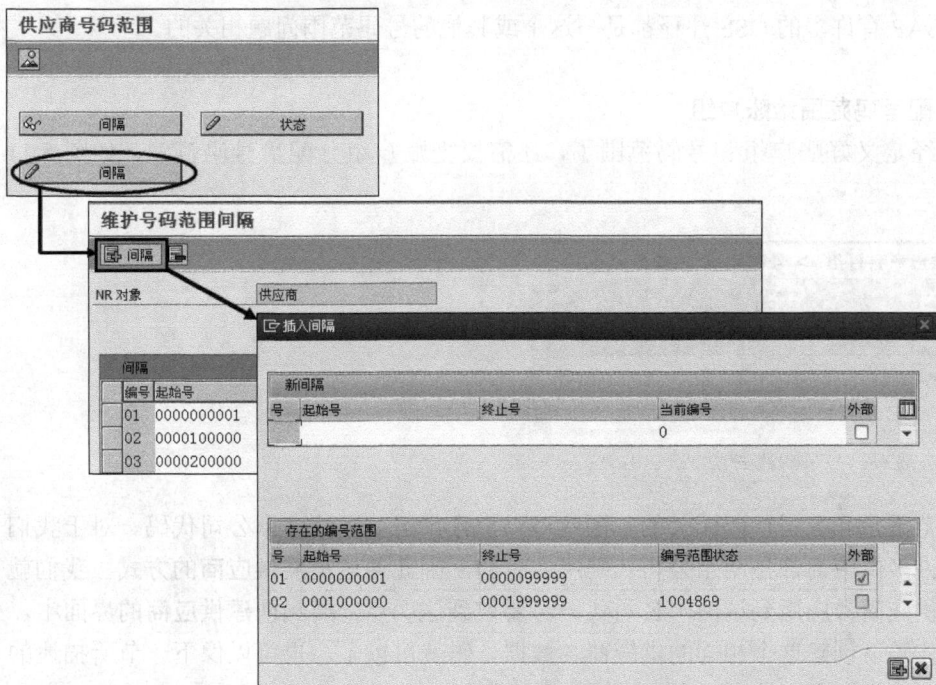

图 5.10 插入新间隔

当前编号这一列表示的是已经被使用到的最后一个供应商号码。要当心这个地方，如果把这个设置传输到了一个正在使用的系统环境中，就需要去检查一下这个设置。典型错误就是当一个新的号码范围被传输到已经正式运营的生产系统时，当前编号的缓存就会被重置。

在我们模拟的 SAFA 公司中，同一个供应商会同时为两个公司代码供货。同样地，对于这两个公司代码的主要供应商——Fairlings 公司来说，我们将跨公司代码地来维护他们相同的供应商主数据。

由于这个设置会引发一些问题，比如在下一节才会讲到的缓存，因此系统中任何一个号码范围，用户要小心配置才是。

5.5.3 传送号码范围

理解号码范围的传送原理是非常重要的。在刚刚所看到的生成新号码范围间隔的配置表被传送的同时，当前编码的值也被传送了。因此，在之前图 5.10 所示的例子中，当这个传送被加载到目标集团时，它就会用值 1004869 来重置目标集团下"02"号码范围下的**当前编码**。因为目标系统不太可能恰好也有同样的当前编码值，所以这样就会导致号码范围缓存的错误。

出于这个原因，许多项目都不允许传输任何一个号码范围，而宁愿在目标系统中手工来做这个配置。SAP 有许多的 OSS 注释都是与这个或其他的号码范围问题相关的。

5.5.4 分配号码范围给账户组

现在，已经定义好账户组和号码范围了，还需要把账户组分配给号码范围，如图 5.11 所示。

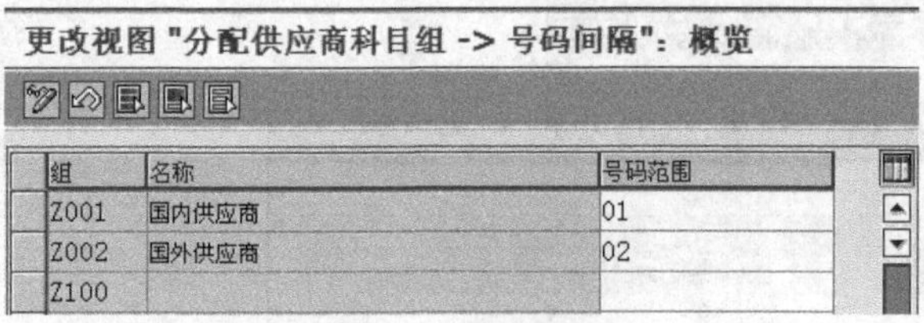

更改视图 "分配供应商科目组 -> 号码间隔"：概览

组	名称	号码范围
Z001	国内供应商	01
Z002	国外供应商	02
Z100		

图 5.11　分配供应商号码范围给账户组

因为号码范围是和公司代码无关的，因此可以把账户组分配给多个公司代码。对于我们的案例来说，许多供应商都是两个公司代码所共有的，因此通过**扩展供应商**的方式，我们就可以把共用的供应商号应用到这两个公司代码。要做到这一点，要到**创建供应商**的界面中，在另一个公司代码下创建这个相同的供应商主数据号码就可以了。也可以像下一节所描述的那样，批量创建（或扩展）供应商到其他的公司代码。

5.5.5 扩展供应商到其他的公司代码

如果业务模型使用了多个公司代码，那么供应商很可能是多个公司代码都在使用。SAP ERP 提供了一个标准的事务，把供应商从一个公司代码扩展到另外一个公司代码，从而避免了还需要手工来进行处理。也可以一次只扩展一个供应商，这将在本节的末尾讨论。

通常的做法是先为第一个公司代码创建供应商，然后使用这个事务来把它们扩展到其他的公司代码（见图 5.12）。

在这个事务中，要限定一般选择，它是限定要从哪里进行复制的源头。根据目标对象，有两种方式复制。如果在同一个 SAP 系统内进行复制，可以使用**直接转换数据**这个选项，那样就会直接生成一个扩展创建供应商批处理的会话。如果要复制到另外一个 SAP 系统或者集团，需要使用底部的**往相关文件里写入数据**（只对外部的 SAP 系统）选项。在图 5.13 所示的界面中可以看到这个选项。

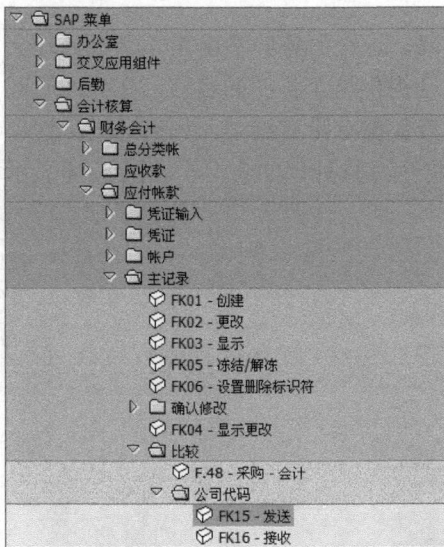

图 5.12　扩展供应商到其他的公司代码

图 5.13　为扩展供应商到其他公司代码定义批处理的抬头

如果选择的是直接创建批处理的会话，那这个事务就会生成一个批处理会话，我们还需要通过事务 SM35 来处理它。如果要把它传输到另外一个 SAP 系统，则还需要使用事务 FK16 来接收这些数据。

首先，指定**文件名**以及要扩展供应商的**目标公司代码**。这个事务的输出是一个批处理会话，而这个批处理会话会创建供应商，照此，SAP ERP 会提供这个程序的名称。在界面底部的程序控制选项中还要选择**仅检查文件**。这样就会先检查数据有没有错误。如果通过了这项检查，再去掉这个选项重新执行这个事务，这样系统就将生成批处理的会话了。图 5.14 显示的就是控制接收文件的界面。

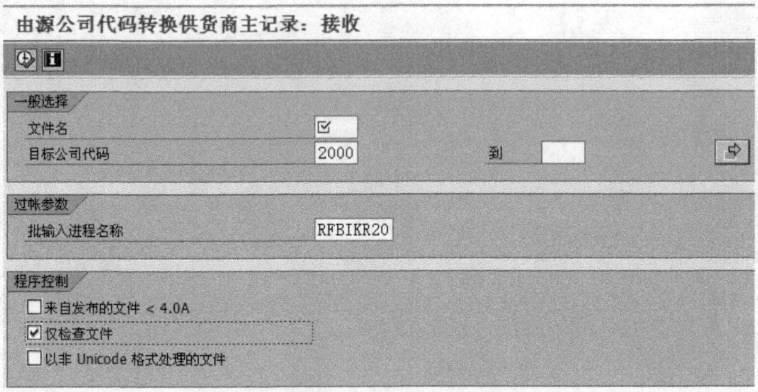

图 5.14 区域

由源公司代码转换供货商主记录：接收

一般选择
文件名
目标公司代码　　　　2000　　　　　到　　　　　　

过账参数
批输入进程名称　　　RFBIKR20

程序控制
☐ 来自发布的文件 < 4.0A
☑ 仅检查文件
☐ 以非 Unicode 格式处理的文件

图 5.14　扩展供应商：接收数据文件

如果只是扩展一个供应商，那么在其他的公司代码下直接创建它就可以了。因为一般视图的信息都已经存在了，所以只需要进到**创建供应商**的这个界面中，然后输入新的公司代码信息就可以了。现在，我们已经很详细地介绍了供应商主数据及其相关的配置。接下来，我们就转向 AP 的其他配置操作了。

5.6　会计职员

会计职员也可以在系统中定义，并可以用来把一些供应商组合在一起。在有很多采购方的大企业里，可以把某些供应商分配给一个指定的人员来负责。这个标识可以用于出具报告，也可以在输出时显示相关联络人的联系信息。图 5.15 显示的就是一个简单的配置界面。

由于会计职员并不是 SAP ERP 整体核心业务处理过程，因此许多企业都没有找到一个对他们进行适当应用的方法。定义会计职员这个配置活动在 IMG 的以下区域：**SPRO·财务会计（新）·应收账款和应付账款·供应商账户·主数据·供应商主记录创建准备·定义会计职员** 来完成。

职员 ID 是按公司代码进行设置的，并且可以是文字数字型的。另外，你可能想在**职员用户**字段输入系统用户名，从而将登录 SAP ERP 的会计职员关联起来。

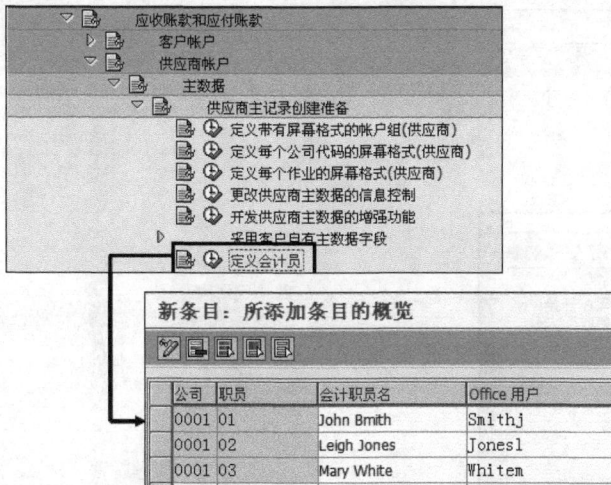

图 5.15　创建会计职员

5.7　定义双重控制的敏感字段

在这个配置操作中，可以在供应商的主数据中定义双重控制的字段（这个设置也适用于客户主数据）。双重控制对于遵从萨班斯法案（SOX）是很有意义的，因为这样就可以确保供应商详细的银行资料不会被居心不良的职员所修改。

把字段定义为敏感字段之后，在公司代码下对这个字段所做的任何更改都必须要经过额外的确认步骤才能生效。实际的确认步骤是通过另外一个单独的事务代码来执行的，这样就可以限定对供应商的更改进行确认的用户了。

这个双重控制处理的操作过程如下所述。

- 被授权的用户创建或更改供应商主数据。
- 由于受影响的字段已被标记为敏感性的，因此直到经过授权的用户批准了对这个供应商主数据所进行的更改之前，这个供应商都是不能使用的。
- 用户不能对他们自己所做的更改进行批准。

有必要在供应商主数据上进行控制的一个例子就是对外付款的控制。如果通过电子银行转账付款，会希望把供应商主数据上的银行详细资料标记为敏感的。如果用支票进行付款，会想要把供应商的地址，特别是供应商的名称标记为敏感的，因为这些设置是控制支票填写给谁和发送给谁的。这个双重控制的配置（见图 5.16）是在 IMG 的下述区域：**SPRO · 财务会计（新） · 应收账款和应付账款 · 供应商账户 · 主数据 · 供应商主记录创建准备 · 定义双重控制的敏感字段（供应商）** 来完成的。

对供应商主数据更改的确认不能由当初修改这个供应商的人员自己来完成。这是一个系统的控制，在图 5.17 中可以找到对供应商的更改进行确认的地方。

新条目: 所添加条目的概览

帐户类型　　　　K　供应商

字段名称	字段标签
LFBK-BANKN	银行帐户

字段清单

字段名称	字段描述
LFB5-BUSAB	催款经办人
LFB5-GMVDT	催款诉讼程序开始
LFB5-LFRMA	催款通知单收受人
LFB5-MABER	催款范围
LFB5-MADAT	上次催款单日期
LFB5-MAHNA	催款程序
LFB5-MAHNS	催款层次
LFB5-MANSP	催款冻结
LFBK-BANKL	银行代码
LFBK-BANKN	银行帐户
LFBK-BANKS	银行国家
LFBK-BKONT	银行控制代码
LFBK-BKREF	参考细节
LFBK-BVTYP	合作伙伴银行类型
LFBK-EBPP_ACCNAME	科目名称
LFBK-EBPP_BVSTATUS	BD 银行明细状态
LFBK-KOBIS	有效期至
LFBK-KOINH	帐户持有人
LFBK-KOVON	有效期始于
LFBK-XEZER	托收权限
LFZA-EMPFK	收款人
TIBAN-IBAN	IBAN

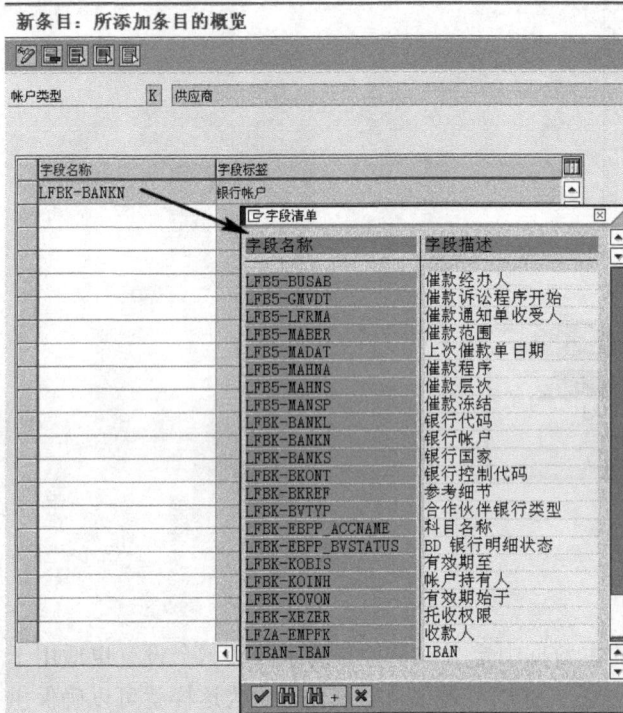

图 5.16　定义敏感字段

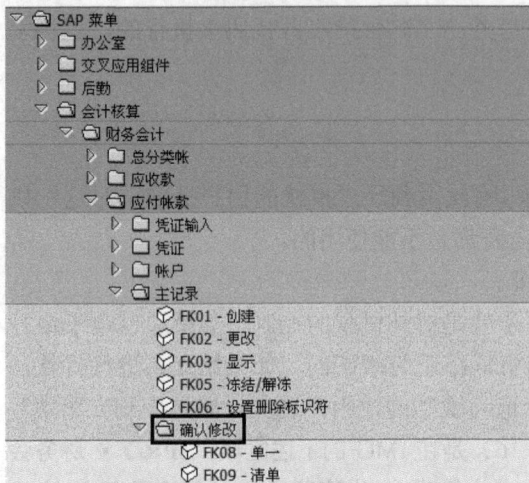

▽ 📁 SAP 菜单
　▷ 📁 办公室
　▷ 📁 交叉应用组件
　▷ 📁 后勤
　▽ 📁 会计核算
　　▽ 📁 财务会计
　　　▷ 📁 总分类帐
　　　▷ 📁 应收款
　　　▽ 📁 应付帐款
　　　　▷ 📁 凭证输入
　　　　▷ 📁 凭证
　　　　▷ 📁 帐户
　　　　▽ 📁 主记录
　　　　　◈ FK01 - 创建
　　　　　◈ FK02 - 更改
　　　　　◈ FK03 - 显示
　　　　　◈ FK05 - 冻结/解冻
　　　　　◈ FK06 - 设置删除标识符
　　　　　▽ 📁 确认修改
　　　　　　◈ FK08 - 单一
　　　　　　◈ FK09 - 清单

图 5.17　确认对供应商的更改

　　可以单个地确认, 也可以使用**清单**选项来批量地批准若干的更改。

　　下一节将开始讨论和银行相关的配置, 它是付款业务处理流程的一个重要组成部分。

5.8 开户银行

银行包含在 AP 子模块的主数据部分中，通常都是些静态的数据。

因为大多数的企业都想用 AP 来进行自动地付款，因此他们通常都会把银行上载到他们自己的系统中。根据企业的复杂度以及想达到的需求分析精度，可以采用简单的方法或者复杂一些的设计来设立开户银行。

需要多少个开户银行和账户？

先考虑一下下面 3 种业务场景后再来回答这个问题。

- 我们每个月要在这个地区付款 1 000 000 美元，但是我们是通过银行集中付款给所有的供应商付款的。我们会面对大量的供应商，而每个供应商都知道这个 AP 的集中付款功能会处理他们发票的应付款项。

- 我们每个月要代表很多不同的业务单元在这个地区付款 1 000 000 美元。每个业务单位都想保留他们自己的现金头寸，这样他们自己也就会有单独的银行账户，但都是在同一家银行。供应商是具体到每一个业务单位的，同时他们自己也能够进行这样的分派。

- 我们每个月要在这个地区付款 1 000 000 美元。我们有很多的业务单元，而每个业务单位使用的还都是不同的银行，他们同样也想保留他们自己的现金头寸。这些都是单个的 AP 功能，但企业的战略是要合并到一起，并采用集中支付的功能。

在第一个例子中，需要开设一个统一的开户银行。在第二个例子中，可能要在那家开户银行开立很多的银行账户。在第三个例子中，可能需要在不同的开户银行设立不同的银行账户来满足业务需求。当同一个供应商在不同的业务单位进行业务交易处理时，这种情况可能会变成一个很复杂的业务场景。在那样的情形下，可能还需要配置银行的次序，我们将在本章的后面部分来详细说明。

5.8.1 配置开户银行

开户银行在系统中是通过配置来完成的，而一般的银行则是作为主数据而创建的。假定有这样一种业务场景，在这个场景中，我们要创建一个单一的开户银行，在这个开户银行下有两个要进行付款的银行账户。银行账户的配置是在它自己单独的 IMG 区域：**SPRO·财务会计（新）·银行会计·银行账户·定义开户银行** 下完成的，如图 5.18 所示。

在这种情形下，只要配置一个单一的开户银行就可以了。如果运营管理很多公司代码，那就需要为每一个公司代码都创建一个开户银行（见图 5.19）。即使 SAP ERP 中所有的公司代码都使用同一家银行，也是这样的。

需要在真正的银行中创建开户银行。在开户银行下面创建与真实的银行账户号码（在实体银行中开立的）所关联的账户。需要给开户银行设定一个 ID 号，这个 ID 号可以是文字数字型的。

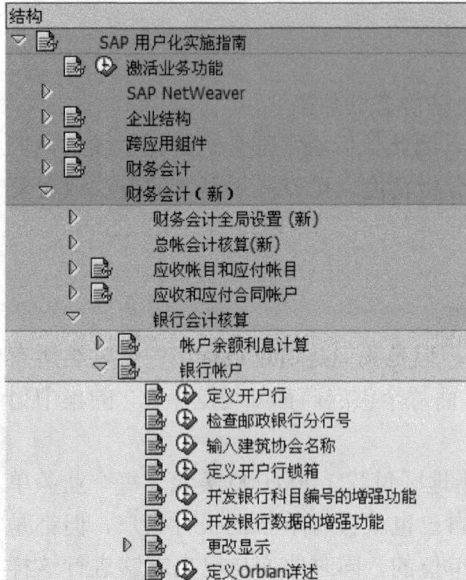

图 5.18　开户银行的配置

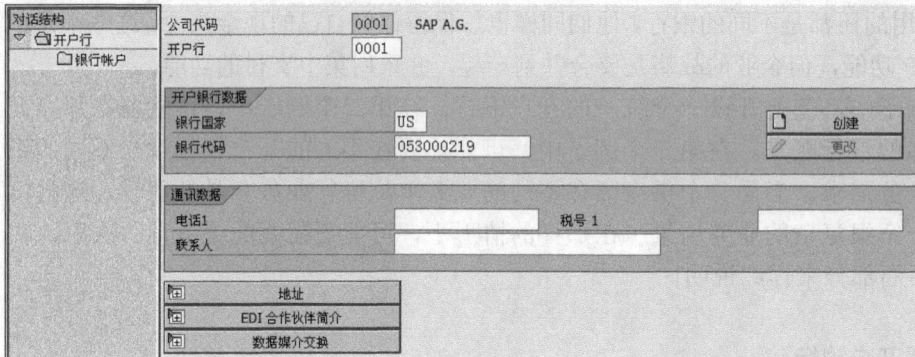

图 5.19　定义新的开户银行

可以选择输入 SWIFT（环球同业银行金融电讯协会）代码。SWIFT 代码是国际上用来识别各银行的，对于有国际贸易业务的企业，它是很有用的。

创建完开户银行并保存了更改之后，双击左侧窗口中的图标，就可以在它下面来创建自己的银行账户了。只能在银行主数据被定义之后才能创建开户银行，下一节将介绍银行的主数据。

5.8.2　银行主记录

在我们的业务场景中，开户银行（见图 5.20）下有两个银行账户。请记住，在 SAP ERP 的银行会计子模块中是没有办法校验所输入的银行账户信息是否真实。它只有一个内置的算法，因此系统只能校验所输入的银行码和账户号码的位数是否正确。创建银行账户，需要给它们一个账户的 ID 号，这个 ID 号可以自行设定。

开户行	3020
帐户标识	100
描述	锁箱-支票-Wachovia

银行帐户数据

银行帐户号码	1234567890	⇨ IBAN	控制码	
备选科目编号			总帐	
货币	USD		汇票承兑帐	

图 5.20　在开户银行下创建一个银行账户

在系统中，每个银行账户都可以连接到总账科目，基于复式簿记的原则，该总账科目就会保有流入和流出这个银行账户的过账记录。设计总账的银行账户结构时，应当牢记这个关系。

如果向系统外进行电子支付，那么作为主数据的银行账户也是需要存在于系统中的。如果只在系统中使用支票付款，那就不需要创建单个的银行主数据了。

这是因为不是针对这些银行账户进行付款，因此也就不需要创建这些额外的银行主数据了，从而也就不需要把它分配给开户银行了。可以直接在 SAP 的应用区域来创建银行的主数据。图 5.21 显示的就是在 SAP 轻松访问菜单中创建银行主数据的地方。

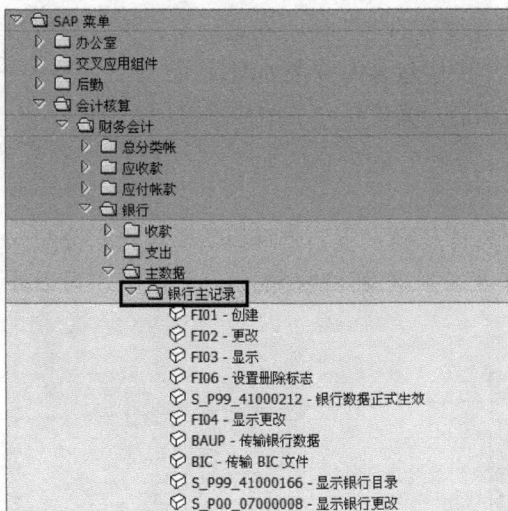

图 5.21　银行主数据维护

在本章的剩余部分，我们将呈现这样的一种业务场景，在此场景中将用支票付款。同时，我们也将会谈及到电子转账付款的使用。如果想使用电子银行转账付款，则需要咨询银行，以确保 AP 子模块和银行之间的接口没有问题。

让我们先来看一看电子支票簿的配置，也就是所谓的**支票簿**。

5.8.3　定义支票的号码范围

如果你购买了一台微编码打印机（MICR）并使用相应质量的纸张，就可以现场打印出支票来了。这种专用的打印机只能用来打印支票。除了在生产系统之外，不要在任何系统中激活这个打印机，否则，可能会生成虚拟公司的支票。图 5.22 显示的是创建支票簿的配置界面。这些都应该在你所定义的支票号码范围之内，而支票号码范围的定义则应是在考虑好所要签发支票的数量之后才进行设置的。这个配置是在以下的 IMG 区域：**SPRO·财务会计（新）·应收账款和应付账款·业务交易·对外支付·自动对外付款·支付媒介·支票管理·定义支票号码范围** 来完成的。

| 开户行 | 1001 | 银行1 | | |
| 帐户标识 | 100 | 银行1 | | |

检查批次				
支票组号码	短信息	支票号起始于	支票号终止于	下一组
1	支票簿#1	100001	199999	2
2	支票簿#2	200000	299999	

图 5.22　支票管理的配置

可以考虑把每一个支票簿都当作是一个很大的支票簿。这样就可以只创建几个支票簿，而在每个支票簿中都有大量的支票；也可以选择拥有很多的支票簿，在这些支票簿中只有很少数量的支票。最好是所创建支票簿中的支票与一年中所包含的业务处理量相当。

有些时候可能还需要作废支票，因此，接下来我们定义支票作废的原因代码。

支票作废的原因代码

总会有需要作废支票的时候。处理支票作废业务时，SAP 支票管理模块需要给它分配一个作废原因。可以通过定义一系列原因代码（见图 5.23）来设计决择的复杂程度，也可以控制选取支票作废的原因代码。

支票作废原因代码		
原因	作废原因代码	保留的打印程序
1	测试打印输出	1 样本的打印输出
2	页面溢出	2 页面溢出
3	格式关闭	3 表格关闭
4	打烂了	
5	打印不正确	
6	损坏不能使用	

图 5.23　支票作废的原因代码

现在暂停一下配置工作，转而看一看业务层面的供应商发票处理。这个业务处理只是一个一般性的概览，而且在这里我们还并不打算做一个流程的定义。在阅读本节内容之前，应花一点时间来回顾一下图 5.1 所示的那个 P2P 采购付款循环流程概览。在 AP 中所发生的主要业务就是 AP 发票的创建以及针对此发票所进行的付款，这两种业务都将在下一节中介绍。

5.9　发票处理

通常，供应商所开的发票会被送到应付账款部门，他们负责把发票输入到系统中。根据发票的性质，发票的处理方式会有所不同。

AP 凭证的作用是创建针对它进行付款的凭据。这满足了向债权人出具报告的相关业务需求。如果从采购订单创建发票，则 SAP ERP 软件可以从源文件中提取到相关的信息；如果直接创建 AP 发票，那就需要输入更多的发票细节信息。通常，这两种方法都是在使用的。

考虑一下这两种类型的发票：与库存和非库存相关的发票。

5.9.1　非库存相关的发票

非库存相关的发票是随费用型的项目而出现的。通常，这是用来支付相关的支持服务的，例如，会计、公用事业费用以及其他的间接费用。对于这样的费用，通常不需要创建采购订单或者进行任何库存调整，直接创建 AP 发票即可。

非库存相关的发票将直接记账到分类账中，可以通过事务 FB60 来进行输入（见图 5.24），这个界面和我们之前所看到过的标准总账凭证输入界面类似。非库存相关的发票基本上都是些财务凭证，在第 3 章已经介绍过它的配置了。

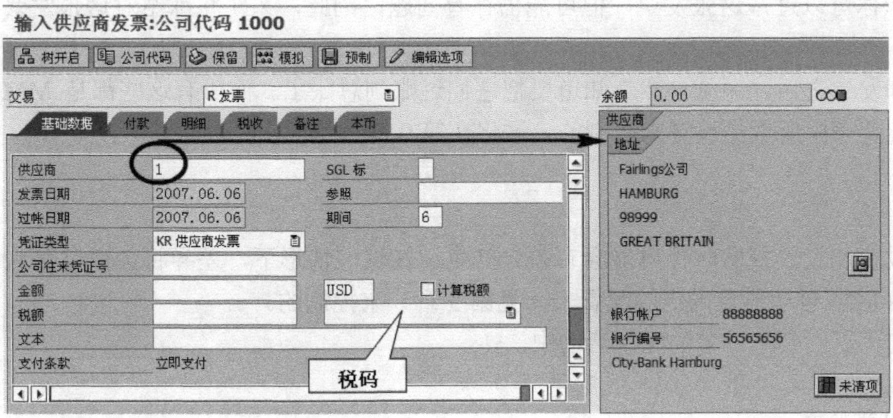

图 5.24　输入供应商发票（非库存相关的）

接下来，让我们再来看一看与库存相关发票的输入处理。

5.9.2　发票校验（与库存相关发票的处理）

如果回过头去看一下 P2P 采购付款流程的概览（见图 5.1），就会发现 AP 发票也可以基于采购订单来进行创建。对于与库存相关的项目，由于这些供应商发票通常都是以发票校验为准的，因此，这样的供应商发票是在后勤模块输入的。鉴于本书的目的，假定我们遵从系统三单匹配的发票校验原则，并且选择了基于收货（GR）的发票校验。

以下是发票校验的两个主要目的：

- 按照订购的东西，已交付的货物以及被供应商收取的价格来匹配供应商的发票；
- 批准这张发票的付款。

各模块之间的关联是通过供应商发票信息的存取以及各模块的信息更新来实现的。

参考图 5.1，以下的这些步骤就是从头至尾的流程了。

1. 创建采购订单（没有财务影响）。如果你使用了承诺管理（在成本控制模块[CO]），那这还会产生一个（付款的）承诺。

2. 创建产生库存和 GR/IR 总账科目（货物收到/发票收到的清账科目）过账的收货。当仓库收到了所采购的货物时，就会在 MM 功能下处理收货业务。实际上，这是处理货物移动的业务，通过使用移动类型，就可以明确货物如何移动，例如，收货。参考采购订单来进行收货，然后在收货界面上输入采购订单号，这样系统就会直接从采购订单中把相应的货物采购信息给带出来。

3. 输入发票（生成 AP 凭证并核销 GR/IR 科目）。这里的关键是发票输入界面右上角的"交通灯"。当它们是红色时，由于还存有问题，因此也不能过账这张发票。当这个"交通灯"转变为绿色时，发票上所有的细节就都匹配上了，也就可以把这张发票进行过账处理了。黄色的指示灯则表示你可以过账这张发票，但可能仍存有问题，因此，系统将冻结对这张发票的付款。

输入了收货和发票之后，系统自然就知道要把它们过账到总账了。而所有这些都是 MM 自动科目确定的配置表中所做的设置来控制的，这将在第 9 章讨论。

采购价格差异

有时候，在收货和发票校验时也可能会有差异产生。在这些情形下，差异将会被过账到总账中，这也是由 MM 自动科目确定的配置表（见第 9 章）来控制的。

现在，让我们再返回到下一节的配置活动中。

5.9.3 重复发票检查

就整个 AP 业务原型而言，在发票被输入到系统中时，清楚想在发票上记录什么样的信息是很重要的。系统需要有一些强制输入的字段，如日期和金额等。另外，你可能还希望利用凭证类型的配置而引出参考字段来（见第 3 章）。如果把它设置成了一个强制输入的字段，就可以使用重复发票检查这个功能（见图 5.25）。

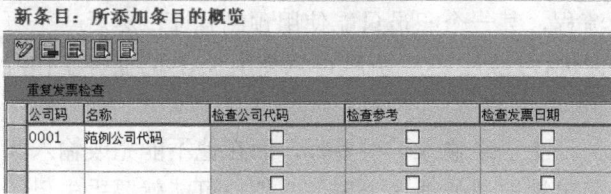

图 5.25　配置重复发票的检查

如果一张带有相同信息（与这个操作中所做的配置一样）的发票已经存在于系统中了，那么系统就将对重复发票进行校验并会产生一个系统消息来警示你。

重复发票检查的这个配置是在以下的 IMG 区域：**SPRO · 物料管理 · 后勤发票校验 · 收到的发票 · 设置重复发票检查** 来完成的。

在这个配置界面上，系统将会询问把哪些字段加入到重复发票检查中：

- 公司代码；
- 发票参考；
- 发票日期。

这里所选取的字段将会被系统用来进行重复发票的检查，目的是为了确定系统中是否还有也带有这些附加字段的发票，而且这张发票也是这个供应商开具的，并且金额也是一样的。为了确保能识别出尽可能多的重复发票，应当采用这里所含有的 3 个选项，这也是与 SOX 的合规性保持一致的。可以看到，这个重复发票检查的设置是可以按公司代码来进行配置的。

接下来，让我们再来了解一下凭证的预制，这与把供应商发票输入到 AP 子模块相关。

5.10　凭证的预制

预制凭证可以用于系统中的不同领域，但企业通常都是在处理发票和总账的时候来使用它。

有两种普通的供应商发票业务场景可能会需要进行预制：

- 使用凭证输入（手工地或者通过 SAP 业务工作流）审批流程的企业；
- 凭证输入到系统中了，但由于不完整的信息或者发票的一些其他错误或者是因为供应商的原因而不能被完成。

凭证**预制**的按钮在标准的供应商发票输入界面中都是可以使用的，这在图 5.26 中进行了突出地显示。

图 5.26　凭证的预制

在第一种情形下，假定使用手工审批流程，某一个职员只能使用预制凭证，然后一个更高级别的人员来负责把这些被审批过的凭证进行过账。这个流程可以使用 SAP 的业务工作流来完成，从而能推动电子化的业务处理。

在第二种情形下，某个人可能在一张凭证上已经输入了很多行，而在他不能完成输入和过账该凭证时就停在了那里。如果他只是简单地取消处理这个事务，那他可能就要丢失已经输入好的信息。在这种情况下，该用户就可以选择预制这张凭证。这种做法的优点是：这张预制凭证的余额并不需要为零，这是因为可以预制一张不完整的凭证。

日后还可以重新找到所预制的凭证，并把它们加工完成或者彻底地更改它们。可以使用 SAP ERP 系统标准的报表来出具有关预制凭证的报告，这在 **SAP 轻松访问**的菜单上就可以找到。

在我们转入到供应商付款流程的下一个步骤之前，先来了解一下预付款的概念和配置，以及在系统中是如何进行预付款的过账和后续的清账的。

5.11　配置 AR/AP 预付款过账的特别总账标识

可以通过配置特别总账标识来进行客户和供应商的预付款过账，然后在创建了发票之后，预付款就可以用来冲抵发票了。在这一节，我们将介绍特别总账标识配置的设置，特别总账标识就是用来进行预付款过账的。在下一节，我们还将对供应商进行预付款并举一个例子来说明预付款的过账及其后续的清账。使用特别总账标识能够更有效地管控预付款，并且在后续阶段，还可以很容易地就把预付款分配到一张或更多张的发票上。

以下的菜单路径/事务是用于配置预付款的特别总账标识的。

- **客户：SPRO·财务会计（新）·应收账款和应付账款·业务交易·收到的预付款·定义客户预付款的统驭科目，或事务 OBXR。**
- **供应商：SPRO·财务会计（新）·应收账款和应付账款·业务交易·已付的预付款·定义预付款的备选统驭科目，或事务 OBYR。**

作为标准应收或应付业务处理过程的一部分，当过账客户或供应商账户时，系统会自动过账到在其主数据中维护的统驭总账科目上。然而，在进行预付款的过账时，如果指定了特定的特别总账标识，那就可以过账到不同的统驭科目上。

以下是系统中一些可以直接使用的特别总账类别。

- 客户
  - 收到的预付款；
  - 收到的汇票；
  - 其他。
- 供应商
  - 支付的预付款；

　　— 支付的汇票；

　　— 其他。

　　图 5.27 显示了设立供应商预付款特别总账标识所需要的步骤。对于每一个特别总账标识来说，都需要有下述的详细说明。

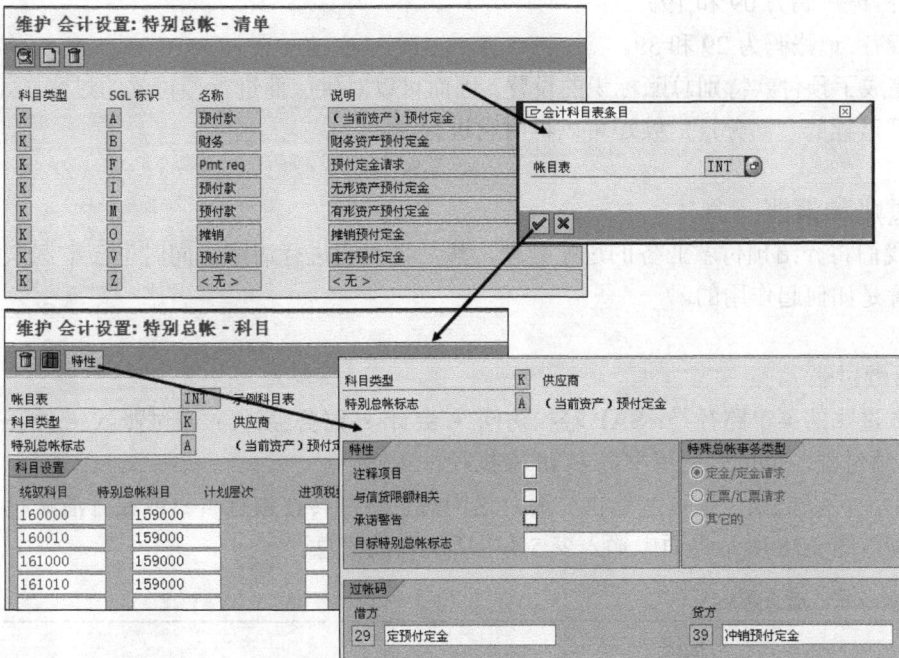

图 5.27　特别总账标识的设置——预付款

- **特别总账标识**：可以使用一个单一的一位数的文字数字型 ID 来创建新的特别总账标识。由于设置和目的的不同，因此对于客户和供应商来说，可以使用相同的 ID 标识。
- **特别总账科目**：应当为每一个统驭科目指定预付款过账所用的总账科目。预付款的特别总账科目可以是和统驭科目相同的，也可以是不同的统驭科目。
- **注释项目**：如果希望过账的是一个注释项目，那就勾选这个复选框。因为没有进行实际的过账，因此注释项目仅仅是为了出具报告的目的而使用的。从会计的角度来讲，注释项目不会更新会计的业务数据。
- **与信贷限额相关**：如果希望用特别总账标识的过账来更新可以通过事务 FD32（信用主数据——更改）和 FD33（信用主数据——显示）检查到的信用限额，那就应当要选定这个标识。
- **承诺警告**：假如过账到一个带有特别总账标识余额的科目，如果希望产生警告消息，那就要选择这个标识。

- **目标特别总账标识**：目标特别总账标识只有和注释项目一起使用才有意义，例如，当一个类似预付款请求这样的注释项目被自动付款程序选取出来生成另外一个标记了特别总账标识的项目时——这就完成了预付款的业务处理。
- **记账码**：需要为预付款的特别总账业务维护如下的记账码。
  - 客户：记账码为 09 和 19。
  - 供应商：记账码为 29 和 39。

现在，已经完成了预付款特别总账标识的设置，因而可以对供应商进行预付款的过账了，作为这个业务处理过程的一部分，后续还可以再对它进行清账。

5.12　预付款过账和清账

在这一节，我们将介绍预付款业务的过账处理，然后再对它进行清账，同时也会举例来说明特别总账设置是如何起作用的。

5.12.1　预付款过账

供应商预付款过账的菜单路径是：**SAP 轻松访问·会计·财务会计·应付账款·凭证输入·预付款·预付款**，也可以使用事务 **F-48** 来执行。

在这个事务中，可以把预付款过账给供应商，这同时也会冲转在银行科目或银行清账科目上所支付的金额。图 5.28 所示界面中输入表 5.4 中所解释的信息。

表5.4　供应商预付款过账：抬头数据

字段	描述
凭证日期	输入当前日期或者任何想用来过账这张凭证的日期
凭证类型	输入过账这张凭证的凭证类型。在我们的案例中，凭证类型为 "KZ"
公司代码	输入公司代码
过账日期	输入过账日期
货币/汇率	输入凭证的货币/汇率
参考	输入一些含有一定代表意义的信息，例如，供应商的 PO 参考
账户（供应商）	输入供应商账户
特别总账标识（供应商）	输入特别总账标识，在我们的案例中，特别总账标识为 "A"
科目（银行）	输入首选银行的总账科目号或总账清账科目号
金额（银行）	输入预付款的金额

在输入完所列示的上述信息之后，按下[回车]键，然后系统就会进入下个一界面（见图 5.29）。表 5.5 解释了所要过账的凭证中还需要输入的字段。

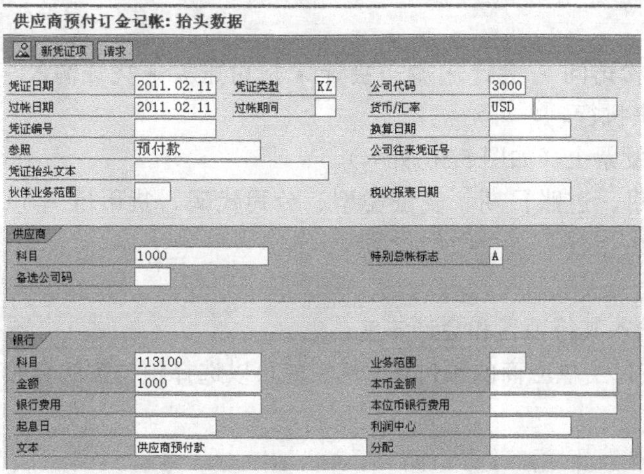

图 5.28 供应商预付款的过账

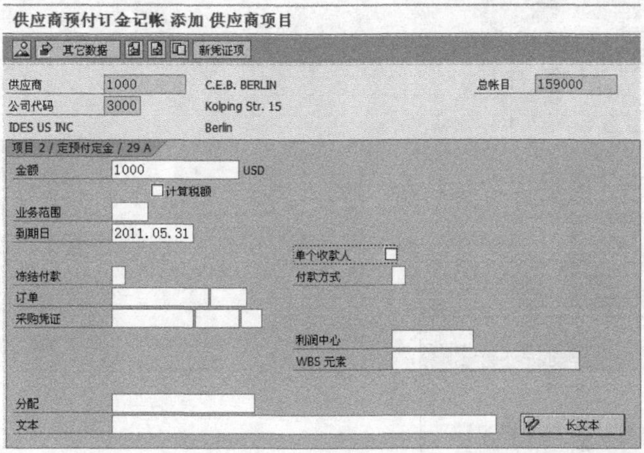

图 5.29 供应商预付款的过账：增加供应商行项目

表 5.5 供应商预付款过账：增加供应商行项目

字段	描述
金额	输入预付款的金额
税额	如果预付款是应纳税的，则输入税额
到期日	输入行项目的到期日

在输入完这些信息后，单击**保存**，系统就会过账预付款给供应商并将生成一张凭证。

当执行事务 FBL1N 时，通过勾选选择界面底部的**特别总账业务**标识，就能够看到已付出但还没有分配给发票的预付款。

现在，让我们再转入到这个处理过程的下一个步骤，那就是针对发票来结清预付款。

5.12.2 预付款清账

预付款清账的菜单路径为：**SAP 轻松访问 · 会计 · 财务会计 · 应付账款 · 凭证输入 · 预付款 · 清账**，也可以使用事务 **F-54** 来执行。

可以按照以下步骤把预付款分配到发票上（如图 5.30 所示）。

1．在凭证的抬头部分输入**凭证日期、过账日期、凭证类型、公司代码、货币/汇率**以及**参考**。

2．在**供应商**部分输入**账户**号码。

3．在**发票**字段输入发票号码，并输入其**行项目**和**会计年度**。

4．选择**处理预付款**按钮来显示已支付给供应商的预付款，然后就可以选择预付款的金额并把它分配给这张发票了。

5．单击**保存**按钮来过账这张凭证。

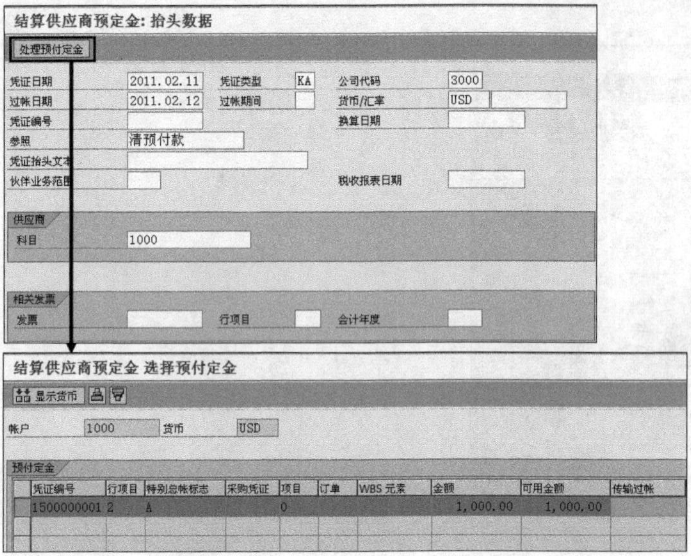

图 5.30　供应商预付款清账

至此，我们就完成预付款的配置、过账和清账处理的工作了。

在供应商发票被输入到系统之后，接下来的步骤就是对发票进行付款。那就让我们转入到下一节的对外付款的配置中。

5.13　对外支付处理

本节涵盖了大部分 AP 业务功能之中最主要的内容。大多数的企业都会选择使用自动付款程序来执行已到期发票的付款。

备选的支付手段是手工地对外付款处理，例如，可能还有手写的支票需要支付或者进行现款支付。但在当今的社会中，这种情形正变得越来越少了。

5.13.1　手工（对外）支付处理

可以进行手工对外付款，当需要通过事务 F-53（如图 5.31 所示）支付手写的支票或者从小额现金库中支付现款时，这也许还是有必要的。在输入完抬头信息之后，就可以选择所要进行付款的未清项了（未付款的发票），如图 5.32 所示。

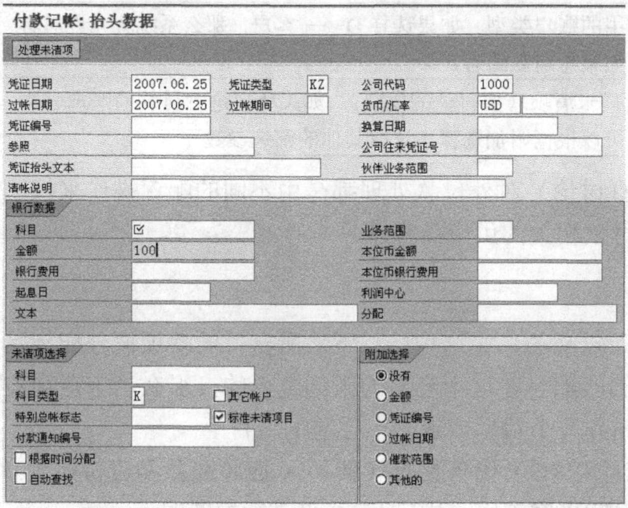

图 5.31　手工对外支付

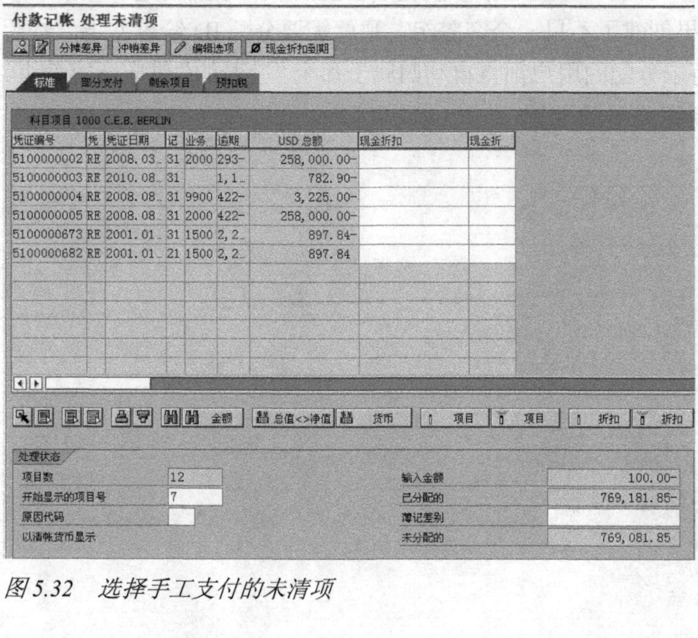

图 5.32　选择手工支付的未清项

在凭证抬头界面上，至少需要输入表 5.6 所示的下列信息。

表 5.6 手工对外支付：凭证抬头界面

凭证日期和过账日期	输入凭证日期（付款日期）和过账日期（登账日期）
科目（银行数据）	输入要付款出去的银行（总账）科目
金额	输入所选货币的付款金额
账户（未清项选择）	输入所要进行付款的供应商账户。根据账户，系统下一步就会要求选择未清项了
账户类型	从下拉菜单选择要选用的账户类型。如果选择 D——客户，那么系统就允许对客户进行付款（例如，如果想退款给客户）
附加选择	基于其他的标准来选择未清项（要付款的发票）。如果所要进行付款的账户有大量的未清项，那么就可以根据附加选择来选取其他的筛选参数

手工地和自动地（我们将在后面进行讨论）对外付款处理都是由不同的配置操作来控制的。在下一节，我们将讨论与手工对外付款相关的供应商容差。

5.13.2 供应商容差

供应商容差是为存在有这样的情形而定义的，在这种情形下，所支付的款项被分配到具体的供应商发票上，如果付款额与发票的匹配是在这个容差的限额之内的，那么当未清项被结清时，这个小额的差额就会被自动转销到一个费用或者一个收益的科目上。

供应商的容差是在 IMG 的以下区域：SPRO · 财务会计（新） · 应收账款和应付账款 · **业务交易 · 对外支付 · 手工对外支付 · 定义容差组（供应商）** 来进行配置的。

请注意，容差组是没有给它赋予 ID 的，而且这个字段也是留空的。如果只创建了一个唯一的容差组，就不要给它分配 ID。如果创建了不只一个容差组，那就需要分配 ID 给容差组，然后再分别把用户分配到容差组中。所有未分配的用户都将自动归属于那个"空着的"供应商容差组。

图 5.33 显示的就是一个供应商容差组的配置。

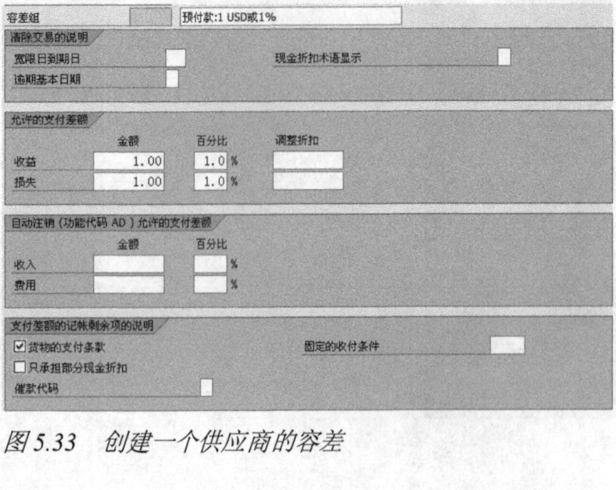

图 5.33 创建一个供应商的容差

在这个设置中，所允许的差额是很小的，但是如果想广泛地使用原因代码（我们将在下一节进行介绍），那就可以在系统中设置更大的容差。

另外，在这里要为生成的剩余项目指定具体的设置。在图 5.33 中，我们指定的设置是：对于所创建的任何剩余项目，系统都将从原始的发票中继承它的付款条件。

5.13.3 自动过账付款差异

可以决定是否让所有小额的差额都过账到一个单一的总账科目上，如果是，那就需要为所有的付款差额定义一个统一的科目。作为选择，也许还希望将差异进行分类，然后利用分类（原因代码）来确定是要把付款差额过账到哪一个科目上。

定义原因代码

可以创建原因代码来说明为什么发票的付款会有差额（见图 5.34）。如果想广泛地使用原因代码，就应当把容差设置得更大一点，这样才能使更大些的差额能够过账。首先，需要在 IMG 的以下区域：**SPRO·财务会计（新）·应收账款和应付账款·业务交易·对外支付·手工对外支付·超付/欠收·定义原因代码（手工对外支付）** 创建原因代码。

RCd	短文本	长文本	CorrT	C	D	不复制文本	通知差额	
001	现金折扣期间	超过现金折扣期间		☐	☐	☐	☐	
002	现金贴现率	现金折扣率没有保持		☐	☐	☐	☐	
004	现金折扣净值	现金折扣扣除净值条件		☐	☐	☐	☐	
005	计算错误	客户计算错误		☐	☐	☐	☐	

图 5.34 付款差异的原因代码

在这里，我们只对其他一些有用的选项进行概述，但是对于每一个选项的完整解释，都可以参考 SAP ERP 的帮助文档。

- **C**：通过单独的科目来结清差额。
- **D**：有争议的项目。
- **不复制文本**：设置这个标识是为了可以手工输入文本摘要。如果不设置这个标识，那么原因代码的文本描述就会被自动复制到原因代码所分配到的行项目的文本字段中。
- **通知差额**：付款通知的注释项目。

在下一个步骤中，我们还可以为原因代码分配总账科目，这样就能自动控制差额要过账到哪些总账科目中去了。

定义付款差额的科目

如果选择的是不使用原因代码，那只需要在这里设置一个单一的条目就可以了，那样，所有的付款差额（收益或损失）都将会过账到这个唯一的科目中。

为付款差额定义总账科目的菜单路径是：**SPRO · 财务会计（新） · 应收账款和应付账款 · 业务交易 · 对外支付 · 手工对外支付 · 超付/欠收 · 定义付款差额的科目（手工对外支付）**。

在图 5.35 中，没有原因代码的第一行是默认的设置。这是假使选择不使用原因代码所进行的设置。其他的行则是表示要把特定的原因代码分配给总账科目。

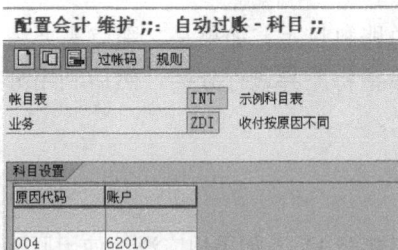

图 5.35　分配总账科目给付款差异的原因代码

在第二行中，原因代码是被具体化了的。这个原因代码用在了要把差额过账到总账科目上。

5.13.4　跨公司代码手工付款

在 IMG 的同一区域下，可以使用这个配置操作来设立公司间的付款和清账。在这种情形下，只需要简单地确定一下哪些公司代码要对其他的公司代码进行哪些交易就可以了。我们在这里就不介绍它了，从 SAP 的帮助文档中可以得到更多的支持。

5.13.5　付款冻结原因

发票是可以被冻结支付的，这样就能确保与之相关的付款不会被支付（见图 5.36）。这是采购循环中的一个重要环节。为了防止发票被支付，在进行发票校验时，系统自动冻结发票也是可能的。发票的付款也可以手工冻结，例如，如果对发票或供应商存有疑问的时候，就可以手工冻结发票。

图 5.36　创建付款冻结的原因

付款冻结原因的配置是在 IMG 的以下区域：**SPRO · 财务会计（新） · 应收账款和应**

付账款 · 业务交易 · 对外支付 · 对外支付的全局设置 · 付款冻结原因 · 定义付款冻结原因 来完成的。

如果有必要，还可以定义一个新的冻结原因，但是应当要避免创建过多的冻结原因。要手工冻结一张发票，需要进入到发票里去更改，更改发票的事务是 FB02，如图 5.37 所示。

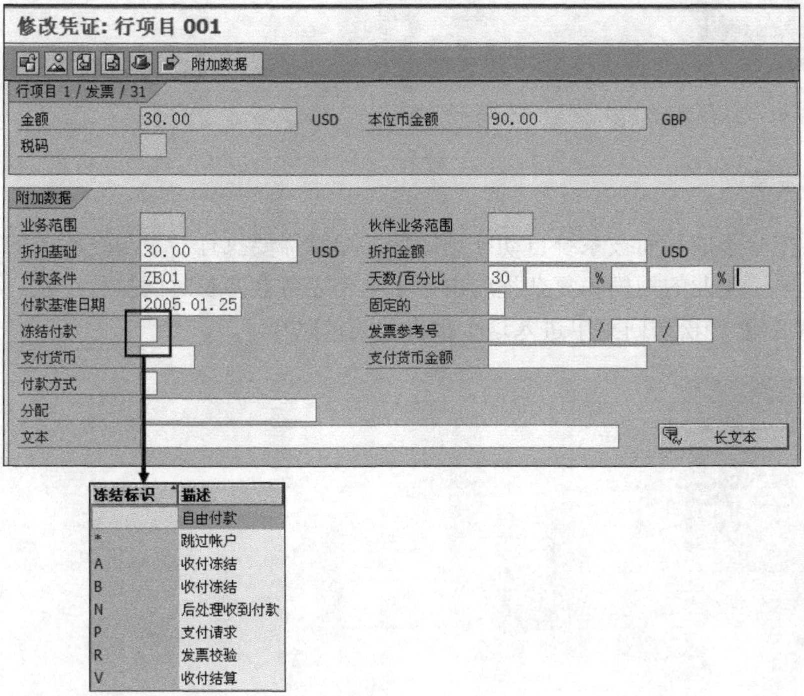

图 5.37　冻结供应商发票的支付

正如所看到的那样，空白表示这张发票是可以**自由支付**的。如果想阻止发票被支付，那就需要使用这里的冻结原因了。

除非这张发票是由于系统后期因发票校验而产生的冻结，因此，如果要去除冻结，那就需要使用同样的更改发票的事务来完成。有关凭证更改规则方面的问题，之前就已在本章讨论过了。

付款条款：冻结付款的默认值

有一个令人感兴趣的小配置也是很有用的，它能够为特定的付款条件指定一个默认的冻结原因（见图 5.38）。对于某些业务需求来说，这是很有用的。

这可以在 IMG 的以下区域：**SPRO·财务会计（新）·应收账款和应付账款·业务交易·对外支付·对外支付的全局设置·付款冻结原因·定义付款冻结默认值** 来进行配置。

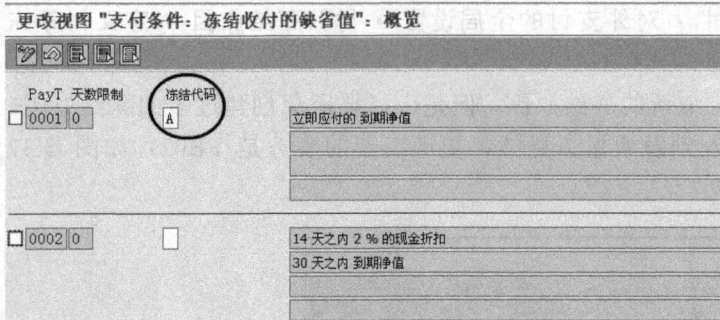

图 5.38　为特定的付款条款分配一个的冻结标识

下达由发票校验所冻结的发票

当一张发票由于发票校验不成功而被系统自动冻结之后，通常需要执行一个与之相关的事务才能释放所冻结的发票。企业的规模和复杂程度决定了这个事务会多长时间执行一次。图 5.39 显示的就是如何从 SAP 轻松访问菜单进入这个报告的菜单路径。

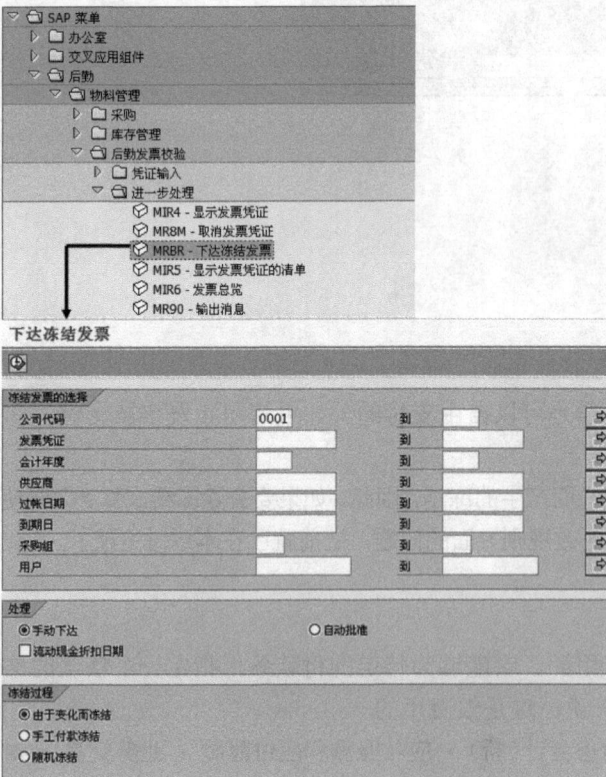

图 5.39　下达由发票校验所冻结的发票（MRBR）

这个事务通常是按用户、采购组或者供应商来运行的。也可以按冻结的过程来选择发票。如果希望对发票进行分析，并且在审核完后来下达发票，那就应当设置**手工下达**的处理方式。

这个事务将获取到满足上一页指定条件的所有发票项目。在运行出来的下一个界面中，可以单击超链接来查看、显示凭证。要先选定某一行，然后再单击绿色的图标就可以下达要付款的发票了。

现在，让我们转入到自动付款程序的配置，这也是本章的一个主要内容。

5.13.6 自动付款程序

自动付款程序是每一个 AP 实施都可能会使用到的基本功能。自动付款程序的配置全都是在 IMG 的以下区域：**SPRO · 财务会计（新） · 应收账款和应付账款 · 业务交易 · 对外支付 · 自动对外付款 · 支付程序的付款方式/银行选择**来完成的。

由于之前所做的关于供应商容差和付款冻结的配置都是很实用和重要的，因此在我们讨论这个配置并继续往下进行之前，最好再去看一下。可以通过事务 F110 来执行自动付款的程序，同时它也是大多数培训课程内容的一部分。让我们先来了解一下自动付款程序的配置设置，然后我们再重点关注付款程序自身的一些重要内容。

设置支付业务的所有公司代码

首先，需要设立支付业务的公司代码，如图 5.40 所示。

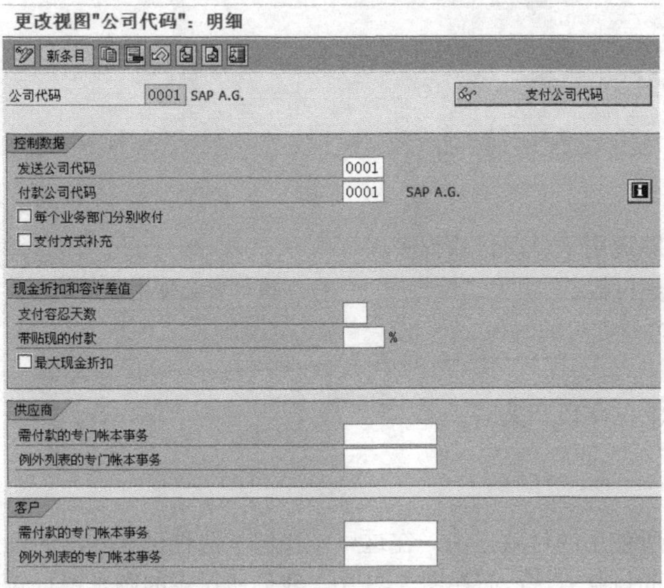

图 5.40　设置支付业务的所有公司代码

作为系统设计的一部分，需要再了解一下付款是由单一的公司代码来支付还是由若干个公司代码分别进行付款的。这个配置区域内的前两个节点是必须要的，这样才能够确保有进行付款的公司代码。对于每一个公司代码来说，都需要定义发送方的公司代码（即，有发票需要被支付的公司代码）以及付款的公司代码（即，把款项从银行账户支付出去的公司代码）。

如果在这里定义了发送方和付款方的公司代码，就可以替其他的公司代码进行付款了。

设置支付业务的付款公司代码

接下来，还需要设立支付业务的付款公司代码。如图 5.41 所示，需要为前述步骤中被定义为付款方的公司代码配置进行这些设置。

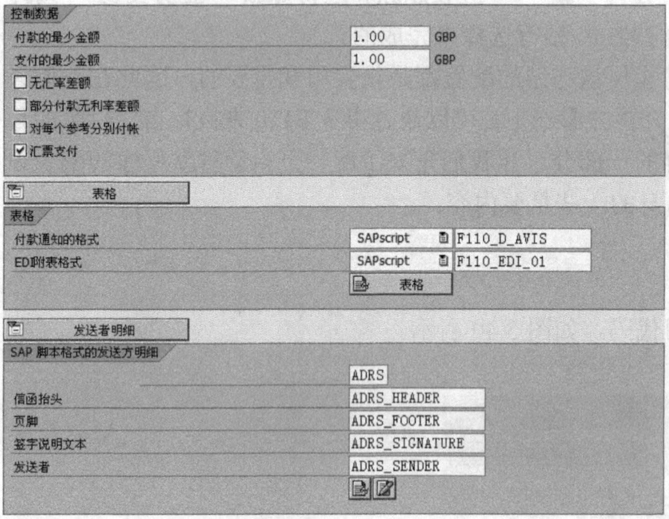

图 5.41　设置支付业务的付款公司代码

这个配置步骤只是使公司代码能够被用于自动付款程序。

还必须要具体说明以下的信息，创建付款通知并发送给供应商的程序执行者会使用这些信息：

- 付款的最小金额（收到的和对外支付的）；
- 付款通知所使用的格式；
- 发送者详细信息（与 SAP ERP 的字段相关联）。

为支付业务设置每个国家的支付方法

在这个步骤中，要定义每个国家所使用的付款方法。在这里，我们举两种付款方法的例子：在图 5.42 中，我们讨论的是支票的付款方法；而在图 5.43 中，我们所讨论的则是银行转账的付款方法。

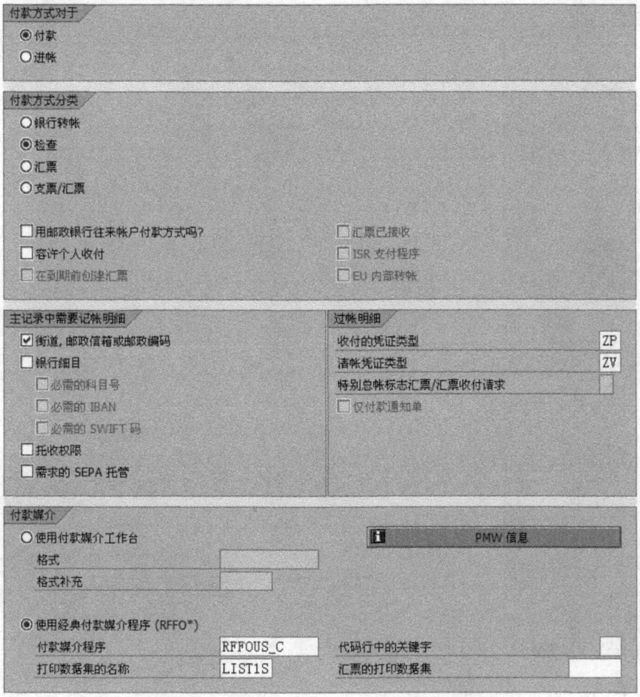

图5.42　设置每一个国家的支付方法——支票

当对这两种付款方法进行比较时，就会发现可以分别为每一种付款方法指定不同的规则。这里要强调以下重点内容。

- 付款方法分为对外的支付或是收进款项。
- 系统使用主数据作为控制，当使用这个付款方法进行支付时，系统会检查此付款方法的信息是不是已存在于主数据中了。对于支票，需要有签发支票所需要的地址；而对于电子支付，那就需要有银行信息才行。
- AP 过账明细的标准凭证类型是 ZP（付款）以及 ZV（清账凭证）。如果需要，可以创建其他的凭证类型，并将其分配给相应的付款方法，这样就能更好地进行分析了。
- 被广泛应用的传统支付媒介程序。
  - RFFOUS_T：银行转账以及银行直接借记。
  - RFFOUS_C：支票（含支票管理）。

在图 5.43 中，我们看一下银行转账这种付款的方法。

为支付业务设置每个公司代码的支付方法

这是设立付款方法的第二个配置操作。在这里，为想要付款的每一个公司代码定义付款的方法，系统已包纳了各个国家所需的相关标准设置了。图 5.44 显示的是电子银行转账方法的设置。

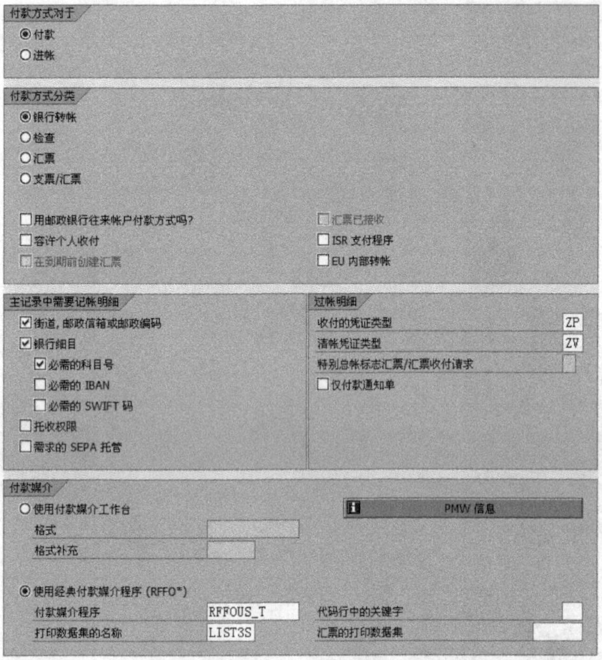

图 5.43　设置每一个国家的支付方法——银行转账

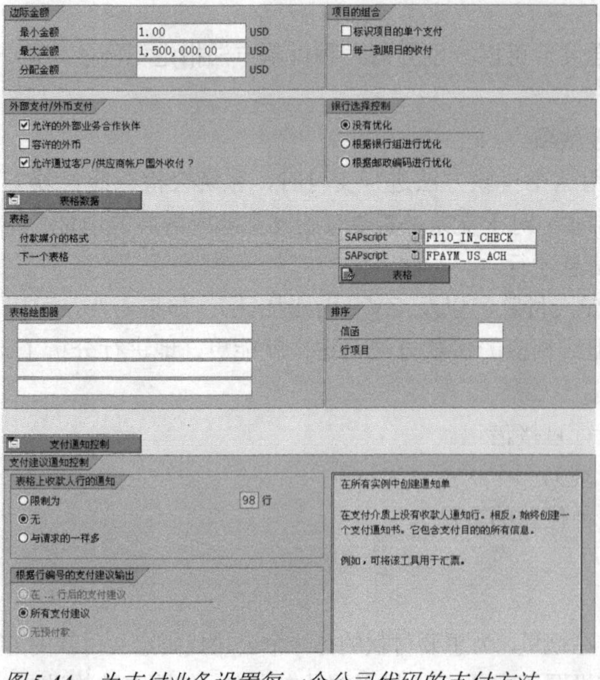

图 5.44　为支付业务设置每一个公司代码的支付方法

对于在同一个国家拥有多个公司代码的某些业务需求来说，那也可能会出现，还需要做一些额外配置的情况。

在公司代码的设置中，所要做的最重要设置就是定义与付款方法相关的格式。可以使用SAPScript 来编辑开发格式，这也就成了随付款一起发送的付款通知（或汇款单）了。可以参照图 5.44 所示的内容来完成以下的设置。

- 也可以在**最小金额**和**最大金额**处设置该方法所允许支付的限额，但这是一种二级控制，因为自动付款程序才是最主要的控制。
- 在付款运行中，如果希望为每一个要付款的行项目都创建单独的付款，那就选择**选中项目的单个支付**选项。
- **每一到期日的支付**字段使系统按付款日期把要付款的项目组合在一起。这样，系统就会把落在相同到期日内的付款项目组合起来并合并它们的支付款项。
- 选择**允许外币**能够对货币不是公司代码本位币的发票进行付款。
- 如果还需要在其他国家使用这种付款方法进行付款，那就需要激活"**允许国外客户/供应商银行？**"这个设置。

接下来，让我们来看一看银行排序的配置。如果在 AP 系统中设立有若干个银行，那么这个配置就可以发挥作用了。

设置支付业务的银行确定

在只有一个单一开户银行配置设置的企业中，银行确定的设置是相当简单的。

对于每一个付款的公司代码来说，都需要配置以下的设置。

- **排列次序**：如果每种付款方法都有不只一个的开户银行，那么就要在付款方法中定义开户银行的优先级别了，系统会从中找寻到相应的开户银行来进行付款（见图 5.45）。

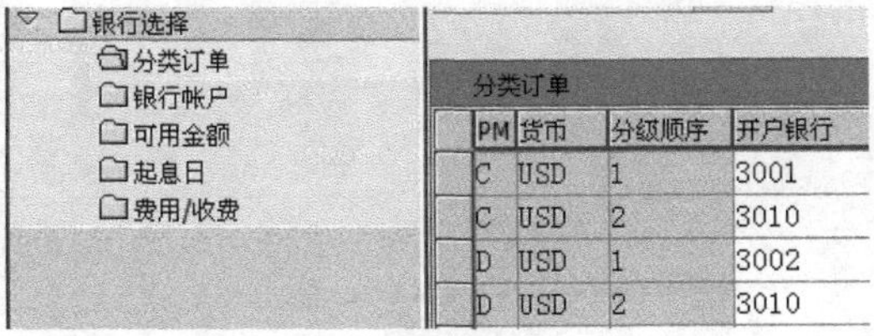

银行选择				
分类订单		分类订单		
银行帐户	PM	货币	分级顺序	开户银行
可用金额	C	USD	1	3001
起息日	C	USD	2	3010
费用/收费	D	USD	1	3002
	D	USD	2	3010

图 5.45　配置银行的排列次序

- **银行账户**：这是列出每一个开户银行以及银行子账户（总账科目）下的银行账户的地方（见图 5.46），而银行子账户是分配给开户银行的。这里的 NB 费用标识字段也是可以利用的（图 5.46 中没显示）。
- **可用金额**：在这里，可以定义希望从这个银行账户付出的最大金额。如果在**起息日的天数**字段这里输入"999"，那么它就不起作用了。许多公司往往在这里设置一个很大的金额。

图 5.46　银行账户

- **起息日**：这应当是核销付款所要花费的一个平均时间。这在金库模块和现金管理模块中是很有用的。
- **费用/收费**：在这里，要配置所付款项中所要支付的费用。这仅用于西班牙的汇票业务场景。

定义开户银行

在这个步骤中，要在公司代码中定义用于自动付款程序运行所需的开户银行设置。在系统中所创建的开户银行是用于自动付款的银行账户。在本章的 5.8 节中已详细介绍了开户银行的配置设置，因此，再次好好地回顾一下开户银行的创建及其相关的设置。

完成了自动付款程序的配置之后，就可以进行自动付款的过账了。

5.13.7　运行自动付款程序

利用图 5.47 所示的菜单路径，可以进入到所有的付款程序事务中。使用事务 F110 来执行自动的付款程序。

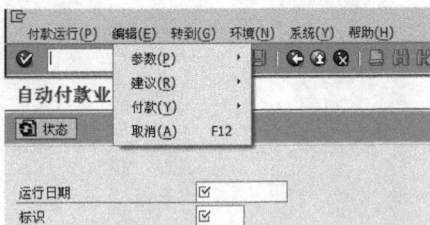

图 5.47　事务 F110：自动付款运行菜单栏

在**自动付款业务：状态**界面中，输入当前时间的日期作为运行日期。在**标识**字段中，为本次付款运行输入一个独一的 ID 标识，如"SMT1"。单击"**参数**"标签，所出现的界面显示在图 5.48 中。在这个界面中输入接下来所描述的信息。

选择"**参数**"标签，并填充**过账日期**和**凭证输入截止日期**字段。在**支付控制**部分下，输入想要运行付款程序的公司代码以及相关的付款方法。在**下一记账日期**字段，输入下一次付款运行的日期。系统使用这些输入的信息来确定在本次付款运行过程中哪些项目会被选取出来进行支付。在**账户**部分下，输入本次付款运行要被选取的供应商账户。

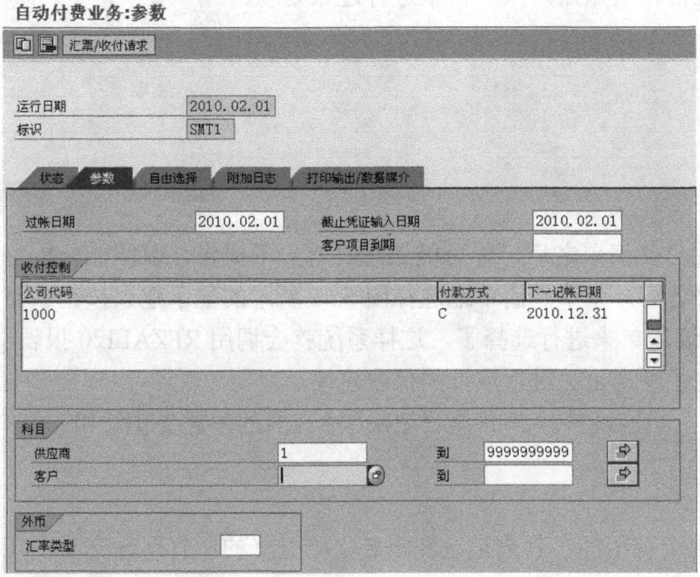

图5.48 自动付款程序：输入参数

现在，单击**附加日志**标签，并勾选图 5.49 所示的标识。

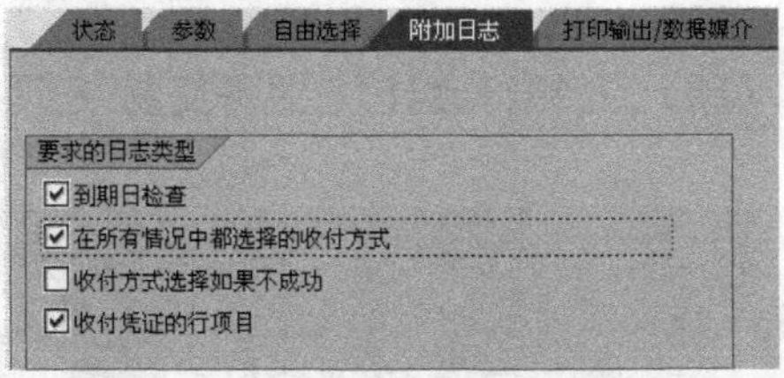

图5.49 自动付款程序：输入附加日志信息

完成这些设置之后，单击**保存**。再次单击**状态**标签，现在界面上就出现了新的图标了，这表示付款程序现在已准备好要开始运行了。单击如图 5.50 所示的**建议**图标。

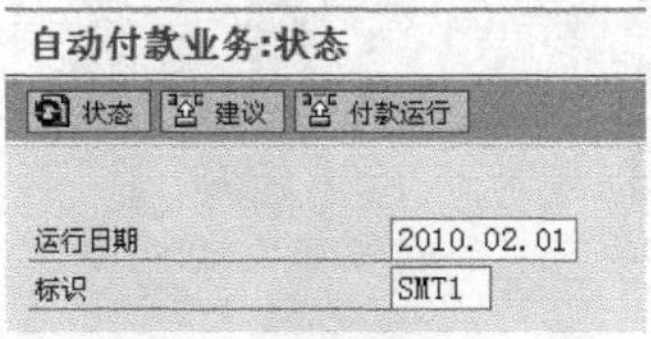

图5.50 自动付款程序：付款建议

在付款建议运行完之后, 就可以显示、查看了。通过单击如图 5.51 所示的**编辑建议**按钮, 就可以对它进行编辑修改。如果对付款建议的结果感到满意, 那就单击**付款运行**图标, 系统会通过结清供应商的未清项并贷记银行清账账户来对付款进行过账处理。

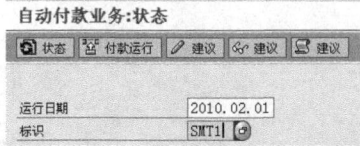

图 5.51 自动付款程序: 编辑/显示付款建议

当创建了付款建议以及最终的付款清单之后, 你可能还想要看一下报告, 以便能分析付款建议中的项目。在生成付款建议之后, 就不是简单地选择图 5.51 所示的**显示建议**按钮, 而是沿菜单路径: **编辑·建议·建议清单**来进行选择了。这样系统就会调用 RFZALI20 报表, 它就会显示出能够被打印出来或电子发送出去进行审批的付款建议。

现在已经完成付款的业务处理了, 让我们转入到现金日记账这个工具的配置及过账中吧。

5.14 现金日记账

SAP ERP 提供了现金日记账这个有用的工具来记录和报告出纳过账的所有现金交易。在这一节中, 先来讨论定义现金日记账的配置步骤, 然后再来对现金的过账进行解释和说明。让我们以现金日记账的配置步骤作为开始。

5.14.1 配置现金日记账

现金日记账配置的菜单路径是: **SPRO·财务会计 (新) ·银行会计·业务交易·现金日记账**。

> **备注**
>
> 这是 IMG 配置节点被折叠后收起来的主菜单路径, 需要完成以下步骤才能配置好现金日记账:
>
> - 创建现金日记账的总账科目;
> - 设置限额;
> - 定义现金日记账的凭证类型;
> - 定义现金日记账凭证的号码范围间隔;
> - 设置现金日记账;
> - 创建、更改、删除业务交易。

让我们从第一个步骤开始, 那就是为现金日记账创建总账科目。

创建现金日记账的总账科目

创建现金日记账总账科目的菜单路径是: **SPRO·财务会计 (新) ·银行会计·业务交**

易·现金日记账·创建现金日记账的总账科目，也可以使用事务 FS00，如图 5.52 所示。

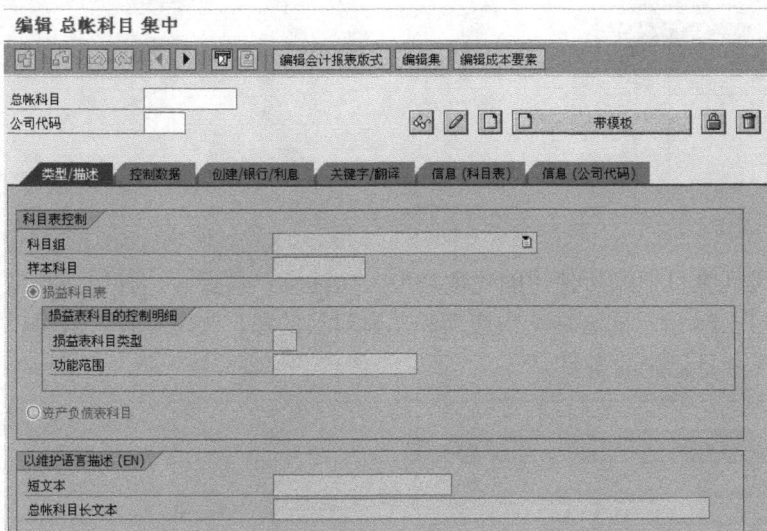

图 5.52　定义现金日记账的总账科目

在这个配置中，要定义出纳员使用现金日记账进行过账的总账科目。需要确保为每一个现金日记账都创建了一个总账科目。建议把在这个步骤所创建的总账科目都设置成只允许自动记账，并且把总账科目的科目货币设置成要过账到现金日记账的相应货币。请注意，由于可以使用不同的现金日记账来过账不同的货币的，因此总账科目的设置应当与这样的需求相匹配。

如何创建总账科目的步骤已经在第 3 章详细介绍过了。

现在，已经定义好总账科目了，让我们继续下一个现金日记账的配置步骤，那就是设置限额。

设置限额

设置现金日记账限额的菜单路径是：**SPRO·财务会计（新）·银行会计·业务交易·现金日记账·设置限额**。

在这个步骤中，要定义现金日记账的限额。可以从图 5.53 看到，这个配置所需的输入是**公司代码（CoCD）、货币（CRCY）、有效**以及**金额**各列。请注意，如果把**公司代码**置空了，则这个条目就可以适用于在该集团下所有使用了**货币**列下所指定货币的公司代码。

在下一个步骤中，将定义现金日记账凭证的凭证类型。

定义现金日记账凭证的凭证类型

定义现金日记账凭证类型的菜单路径是：**SPRO·财务会计（新）·银行会计·业务交易·现金日记账·定义现金日记账凭证的凭证类型**，也可以使用事务 **OBA7** 来完成。

图 5.53　定义限额

在这个步骤中，可以定义现金日记账所使用的凭证类型。请注意，只要有一种凭证类型在**科目类型容许**部分拥有如图 5.54 所示的**客户、供应商和总账科目**的账户类型标识，就可以使用现有的凭证类型来过账现金日记账的条目。

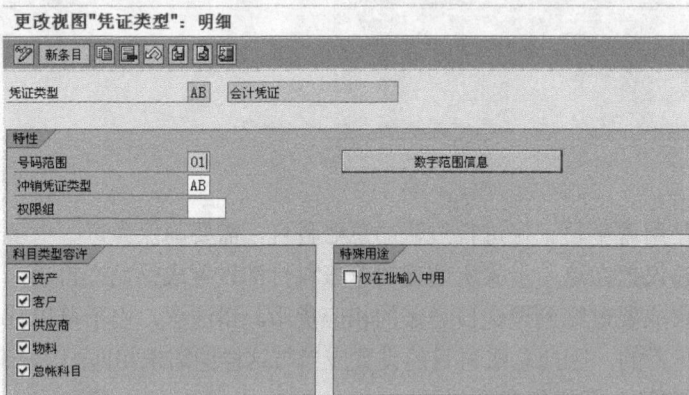

图 5.54　定义凭证类型

接下来，看一看现金日记账凭证的号码范围间隔。

定义现金日记账凭证的号码范围间隔

定义现金日记账号码范围间隔的菜单路径是：**SPRO·财务会计（新）·银行会计·业务交易·现金日记账·定义现金日记账凭证的号码范围间隔**，也可以使用事务 **FBCJC1** 来完成。

在这个步骤中，主要是要定义现金日记账凭证类型的号码范围间隔。请注意，如果使用的是现有的凭证类型，那么凭证类型号码范围间隔这个设置已经定义过了。图 5.55 显示的就是现金日记账凭证号码范围间隔的定义。

在下一个步骤中，要看一看设立现金日记账的设置。

设立现金日记账

设立现金日记账的菜单路径是：**SPRO·财务会计（新）·银行会计·业务交易·现**

金日记账 · 设立现金日记账，也可以使用事务 **FBCJC0** 来完成。在这个配置步骤中，实际上是使用已经定义好了的设置，并把它们组合起来定义现金日记账。

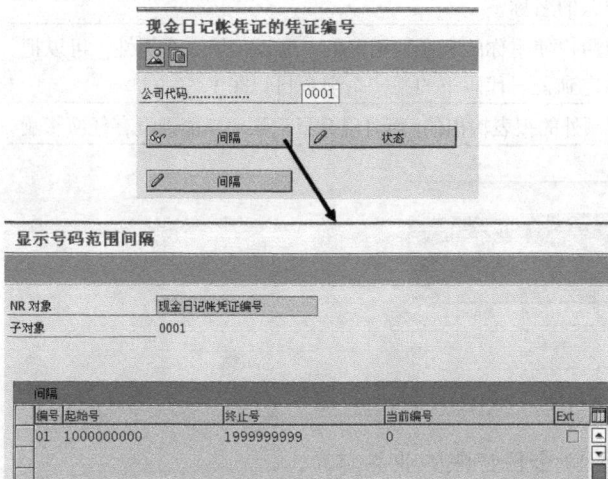

图 5.55　定义号码范围间隔

在图 5.56 所显示的界面中，可以根据表 5.7 所示对现金日记账设置进行输入。

表 5.7　设立现金日记账

字段	描述
公司代码	输入所要创建现金日记账的公司代码
现金日记账代码	输入 4 位数的现金日记账 ID
总账科目	使用在第一个步骤中所创建的总账科目。强烈建议为每一个现金日记账都创建一个单独的总账科目
货币	输入现金日记账的货币。一个现金日记账能且只能管理一种货币
现金日记账停用	使用这个标识来停止使用一个现金日记账。请注意，在这个标识被设置后，所有现有的过账将不会受到影响
凭证类型：总账科目过账	这是用于过账到对方的平衡总账科目的凭证类型，也就是借方和贷方。如果在之前的步骤中已创建了新凭证类型，那就应当把它维护在这里
凭证类型：对供应商的付款	这是用于过账到对方的冲转供应商账户的凭证类型，即，借方
凭证类型：由供应商付款	这是用于过账到对方的冲转供应商账户的凭证类型，即，贷方。虽然这一列具有相同的抬头，但它的作用是不一样的，因为它是过账到贷方，而不是借方的
凭证类型：支付给客户	这是用于过账到对方的冲转客户账户的凭证类型，即，借方
凭证类型：由客户付款	这是用于过账到对方的冲转客户账户的凭证类型，即，贷方

字段	描述
现金日记账名称	输入现金日记账的名称
权限检查	这是用来限定用户使用你的现金日记账的。通过使用这个属性，可以把用户的权限限定到公司代码下的某一个现金日记账上
人员 1、人员 2 和附加文本	这些列是用于额外的报表输出的，而对现金日记账的功能则没有任何影响

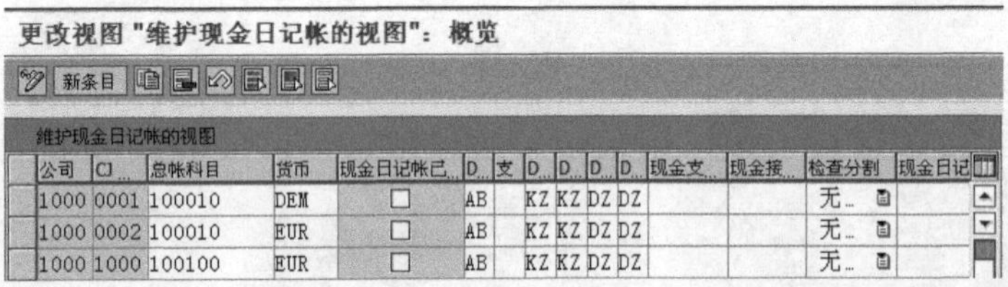

图 5.56　设立现金日记账

在下一个步骤中，将创建、更改或删除现金日记账的业务交易。

创建、更改或删除业务交易

创建、更改或删除现金日记账业务交易的菜单路径是：**SPRO·财务会计（新）·银行会计·业务交易·现金日记账·创建、更改或删除业务交易**，也可以使用事务 **FBCJC2** 来执行。

在设立好公司代码的现金日记账之后，在现金日记账配置中的下一个步骤就是创建业务交易了。已经看到了现金日记账的设立是和公司代码相关的；而业务交易的创建也采用了相同的逻辑，这是因为它们也是为特定的公司代码而定义的。图 5.57 显示的就是进入到这个事务代码时所出现的界面。选择**新条目**按钮来定义业务交易设置。

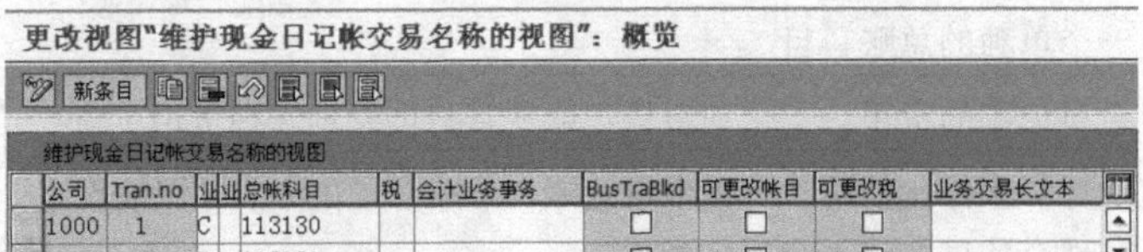

图 5.57　维护业务交易

表 5.8 所示为业务交易设置需求的解释和说明。

表 5.8　维护业务交易的设置

字段	描述
公司代码	输入公司代码
交易号	输入交易号码
业务交易类型	业务交易配置的设置是很重要的，因为它控制着是否可以过账到客户、供应商、资产负债表科目或是一个损益表的科目。如果是过账到一个损益表的科目且同时该科目也被创建成了成本要素的话，那么在这个科目过账的时候，就需要分配诸如成本中心这样的一个附加科目分配。以下 6 种业务交易类型是允许使用的。 C：银行账户收款。现金日记账科目的借方过账。 B：银行账户付款。现金日记账科目的贷方过账。 R：收入。现金日记账科目的借方过账。 E：费用。现金日记账科目的贷方过账。 D：客户过账。现金日记账科目的借方过账。 K：供应商过账。现金日记账科目的贷方过账
总账科目号	指定业务交易的对方总账科目
税码	如果总账科目过账需要税码，则输入默认的税码
现金日记账业务交易	输入赋有含义的业务交易描述
业务交易冻结标识（业务交易被冻结）	如果将来不再使用这个业务交易了，那就冻结业务交易。这将确保业务交易后续不会被现金日记账用来创建新的过账
科目更改标识（科目可更改）	当创建一个具体的现金日记账过账时，是否允许更改科目。如果业务交易的类型是 D 或者是 K，则不需要指定总账科目，因为在过账时需要输入的只是客户或供应商的账户
税更改标识（税码可更改）	选中则允许用户在过账时更改在税码字段所指定的默认税码

现在，已经完成现金日记账的配置并准备要过账一张凭证了。

5.14.2　现金日记账过账

现金日记账过账的菜单路径是：SAP 轻松访问 · 会计 · 财务会计· 银行· 输入/输出 · 银行日记账，也可以使用事务 **FBCJ** 来执行。

图 5.58 显示的就是进行所有**现金日记账**过账的主界面。需要输入公司代码和现金日记账才能进入到现金日记账中。通过单击**更改现金日记账**按钮，还可以随时改换现金日记账。

正如同从图 5.58 所看到的那样，现金日记账使用时间段来作为过账的基础，这可以是一

天 (今天)、一周 (本周), 也可以是一个过账的期间 (当前期间)。

要创建现金日记账的凭证, 可以按下述这些步骤来执行。

1. 确定现金日记账业务是什么样的过账类型, 也就是说, 是收款还是付款。以下 3 个标签视图是可选择使用的 (如图 5.58 所示)。

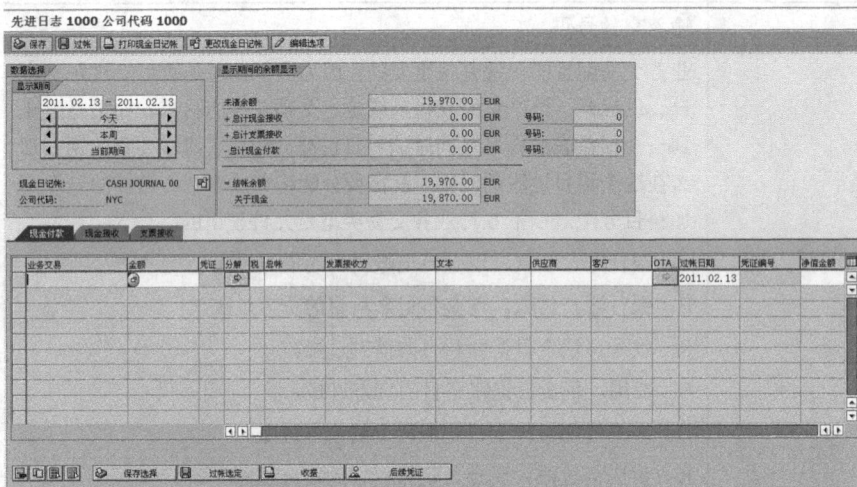

图 5.58 现金日记账界面

— 现金付款;

— 现金收款;

— 支票收款。

针对所要处理的业务, 选择相应的标签。

2. 输入业务交易和金额。请记住, 在 5.14.1 小节中已经完成了现金日记账业务交易配置的创建, 在这里选用相关的业务交易来进行过账就可以了。

3. 输入所有其他相关的信息以完成过账。正如之前所提及的那样, 如果过账到一个同时也被定义为成本要素的总账科目, 那么在过账时就还需要分配一个成本中心给它。

4. 选择**保存选择**按钮就可以将凭证保存到现金日记账中。

备注
在这个阶段, 凭证被保存在现金日记账中, 但还没有过账到 FI。

5. 要把这张凭证释放过账到 FI, 那就使用**过账选择**这个按钮, 而系统就会基于之前所完成的配置设置来创建一张会计凭证。可以通过单击**后续凭证**按钮来查看由现金日记账过账所生成的会计凭证。

显示在图 5.58 中的**显示期间的余额显示**部分, 会按现金日记账所维护的货币显示所选择期间的以下信息。

- **期初余额**：这是全部的期初余额，包括支票的。
- **现金收款合计**：这是**现金收款**标签视图中所选择期间已过账凭证的合计数。
- **支票收款合计**：这是**支票收款**标签视图中所选择期间已过账凭证的合计数。
- **现金付款合计**：这是**现金付款**标签视图中所选择期间已过账凭证的合计数。
- **期末余额**：这是所显示期间的现金日记账期末余额，包括现金和支票的。
- **属于现金的**：这是现金日记账的期末余额，是不含支票的余额。请注意，现金日记账是绝不会出现负余额的。

现在，已成功完成现金日记账的配置和过账了。下一节，将详细讨论电子银行对账单的配置及其过账。

5.15　电子银行对账单

在这一节，要解释如何配置电子银行对账单并将其导入到 SAP ERP 系统中。电子银行对账单是由银行所发送的载有账户持有人详细交易信息的电子凭据。这种电子凭据可以是由银行以多种不同的格式发出的，例如，MultiCash、SWIFT、BAI 等。作为业务处理方法的一部分，需要把对账单上载到系统中，而后就可以通过结清不同的银行账户和客户行项目来进行自动对账了。让我们从电子银行对账单的配置开始吧。

5.15.1　配置电子银行对账单

配置电子银行对账单的菜单路径是：**SPRO** · **财务会计** · **银行会计** · **业务交易** · **支付交易** · **电子银行对账单** · **进行电子银行对账单的全局设置**，也可以使用事务 **FMLGD_H_ELKO** 来完成。

在这一事务中，可以找到电子银行对账单所需的全部配置步骤。执行这个事务后，系统就会提示要输入会计科目表（见图 5.59）。

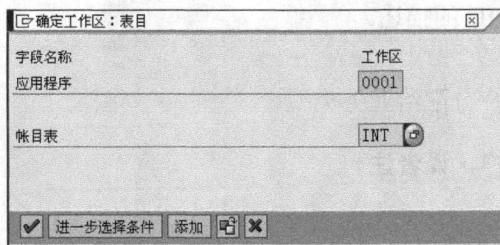

图 5.59　输入会计科目表来配置电子银行对账单

电子银行对账单的配置可以分为以下几个步骤：

- 创建业务类型；
- 分配银行账户给业务类型；
- 创建账户标识；

- 分配账户给账户标识；
- 创建过账规则码；
- 定义过账规则；
- 分配外部事务类型给过账规则。

在接下来的部分，将详细解释每一个步骤，目的是能够适当地配置电子银行对账单。

创建业务类型

业务类型是把很多规则组合在一起来代表银行对账单中的某一种业务交易的。如果收到的是很多个账户的银行对账单，而这些银行对账单文件使用的都是同样的格式和交易，那么业务类型就显得非常有用了。如果把所有的银行账户都分配给同一种业务类型，那么解释的规则只定义一次就够了，但即使只有一个银行账户，同样还是需要创建一个业务类型。

使用以下步骤来创建业务类型，如图 5.60 所示。

图 5.60　创建业务类型

1. 从对话结构框中选择**创建业务类型**文件夹。
2. 单击**新条目**按钮。
3. 输入长度最长为 8 位的业务类型的 ID 及其 ID 的描述。
4. 单击**保存**按钮，这样，业务类型就创建好了。

创建好业务类型之后，可以继续往下把银行账户分配给业务类型。

分配银行账户给业务类型（对事务类型分配银行账户，译者注）

在定义好业务类型之后，还必须要把业务类型分配给一个或多个的开户银行账户。可以参照以下步骤来进行分配（见图 5.61）。

1. 从对话结构框中选择**分配银行账户给业务类型**文件夹。
2. 单击**新条目**按钮。
3. 在**银行码**和**银行账户**的所在列，分别输入开户银行账户的银行代码以及银行账户号码。
4. 在**业务类型**的所在列，输入银行账户所属的业务类型。选用在上一步骤中所创建的业务类型就可以了。

更改视图 "对事务类型分配银行帐户"：概览

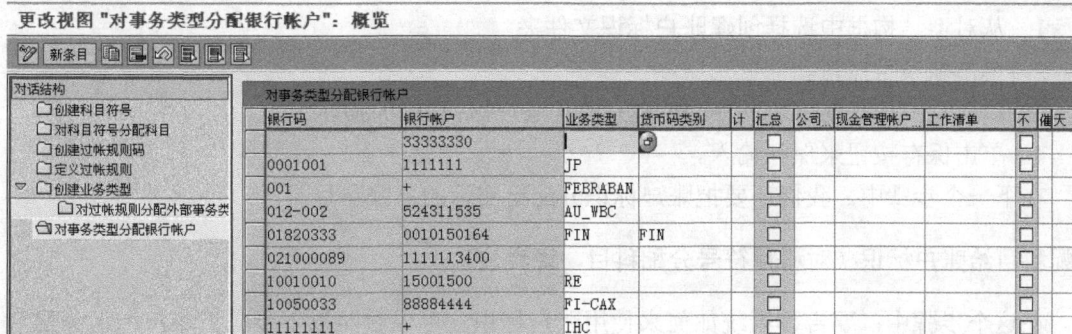

银行码	银行帐户	业务类型	货币码类别	计	汇总	公司	现金管理帐户	工作清单	不	催天
	33333330	│			☐				☐	
0001001	1111111	JP			☐				☐	
001	+	FEBRABAN			☐				☐	
012-002	524311535	AU_WBC			☐				☐	
01820333	0010150164	FIN	FIN		☐				☐	
021000089	1111113400				☐				☐	
10010010	15001500	RE			☐				☐	
10050033	88884444	FI-CAX			☐				☐	
11111111	+	IHC			☐				☐	

图 5.61　分配银行账户给业务类型

5. 要是银行对账单没使用 ISO 货币代码，那就在**货币类别**的所在列输入货币的类别。

6. 在**公司代码**的所在列，输入银行账户所属的公司代码。

7. 单击**保存**按钮来保存输入。

现在已经完成业务类型的配置了，并且把它分配给了银行账户，在下一个步骤中，来看一看账户标识的创建。

创建账户标识（科目符号，译者注）

账户标识有助于更好地管理过账的规则。许多的公司都会有多个银行账户，这些银行账户都是作为收款的清账账户来使用的。如果银行清账账户除了最末的那一位（例如是 9 而不是 0）之外，都与银行主账户是相同的，那就可以使用账户标识来创建一个对所有的银行账户都起作用的规则，这个规则就是用 9 自动替换银行账户中最末的那一位数。如果此方法不可行，那就须对所有的账户进行设置，这是很费时的。

可以使用以下步骤来创建账户的标识，如图 5.62 所示。

更改视图 "创建科目符号"：概览

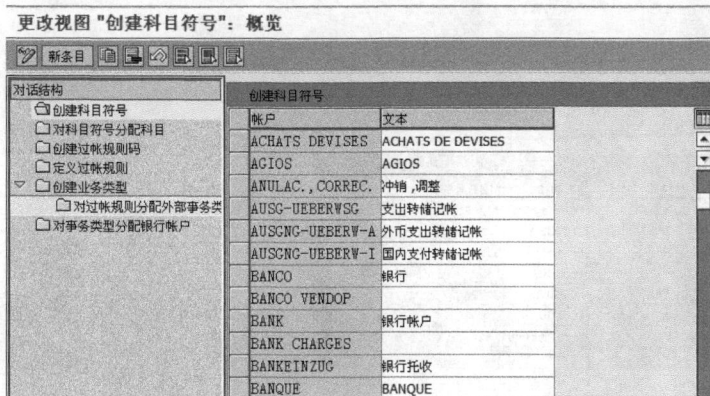

帐户	文本
ACHATS DEVISES	ACHATS DE DEVISES
AGIOS	AGIOS
ANULAC.,CORREC.	冲销,调整
AUSG-UEBERWSG	支出转储记帐
AUSGNG-UEBERW-A	外币支出转储记帐
AUSGNG-UEBERW-I	国内支付转储记帐
BANCO	银行
BANCO VENDOP	
BANK	银行帐户
BANK CHARGES	
BANKEINZUG	银行托收
BANQUE	BANQUE

图 5.62　创建账户标识

1. 从对话结构框中选择**创建账户标识**文件夹。
2. 单击**新条目**按钮。
3. 输入账户标识的 ID（最长 15 位）及其账户标识 ID 的描述。
4. 单击**保存**按钮来保存输入。

在下一个步骤中，我们还要把账户标识分配给实际的总账科目。

分配科目给账户标识（对科目符号分配科目，译者注）

在这个步骤中，要告诉系统如何来使用账户标识。可以参照以下步骤把账户标识分配给总账科目。

1. 从对话结构框中选择**分配科目给账户标识**文件夹。
2. 单击**新条目**按钮，并从下拉选项中选择一个账户标识。
3. 输入如表 5.9（见图 5.63）所描述的那些信息。
4. 单击**保存**按钮来保存输入。

表 5.9　分配科目给账户标识

字段	描述
科目修改（科目更改）	这是控制银行子账户的科目确定的。通过使用这个字段，可以过账到不同的银行子账户而不是一个标准配置。如果不使用这个特性，那就把字段置空或者在字段中输入"＋"
货币	根据交易的货币来区分总账科目。如果不使用**货币**这个字段，那就把字段置空或者在字段中输入"＋"
总账科目	为清账账户输入一个具体的总账科目，或者输入一个除最末一位（例如，它可能是 9）外都与开户银行账户一样的总账科目

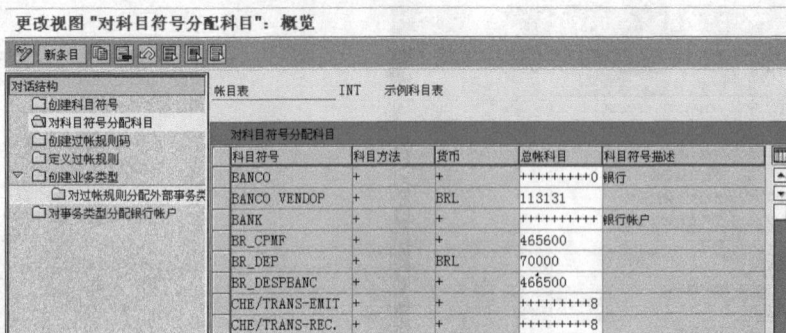

图 5.63　分配科目给账户标识

建议创建一个能直接过账到开户银行账户所关联总账科目的特别账户标识，目的是在每次成功导入电子银行对账单后，总账科目的余额始终是等于最后的电子银行对账单的余额的。

在定义好账户标识并把它们分配给总账科目之后，就要定义过账的规则了。

创建过账规则码

在这个步骤中，要创建将用于下一个步骤的过账规则码。

可以参照以下步骤来定义过账规则码（见图 5.64）。

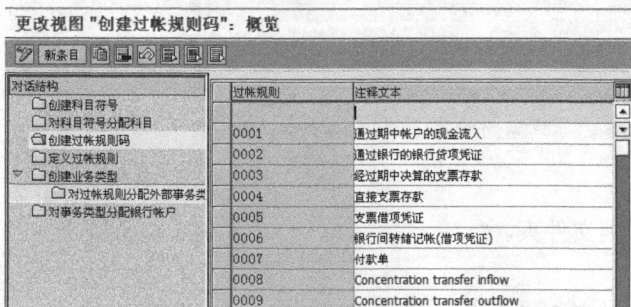

图 5.64　创建过账规则代码

1. 从对话结构框中选择**创建过账规则码**文件夹。
2. 单击**新条目**按钮。
3. 输入 4 位数长度的过账规则码及其描述。
4. 单击**保存**按钮来保存输入。

在下一个步骤中，使用过账规则码来定义过账规则。

定义过账规则

在这个步骤中，将详细定义如何生成财务凭证的过账规则。请注意，对于每一个过账的规则，都有两个条目可供选择。

- **过账范围 1 的条目**：过账范围 1 用于过账到开户银行配置中所定义的总账科目，同时它会冲抵一个银行费用的总账科目或者是一个过账范围 2 的清账账户。
- **过账范围 2 的条目**：过账范围 2 用于过账到一个客户账户。

建议结合过账范围 1 的记账一起使用过账范围 2。过账范围 1 的记账就是简单地过账到总账科目，由于它会更新银行总账科目，因此过账时很少出错，因此可以很快就对平账了。但是作为过账范围 2 的记账是要结清一个客户的账户的，由于自动清账靠的是数据的质量，因此出错的几率是比较高的。

参照下面的这些步骤来定义过账的规则（见图 5.65）。

更改视图"定义过帐规则"：概览

过帐	过账	过帐关键	特殊总帐	科目（借方）	压缩(D)	过帐关键	特殊总帐	科目（贷方）	压缩(C)	凭证类型	过	科	取
0001	1	40		BANK		50		GELDEINGANG		SA	1		
0001	2	40		GELDEINGANG						DZ	8		
0002	1	40		BANK		50		SCHECKEINGANG		SA	1		
0003	1	40		SCHECKEINGANG		50		SCHECKVERRECHNG		SA	1		
0003	2	40		SCHECKVERRECHNG						DZ	8		
0004	2	40		SCHECKEINGANG						DZ	8		
0005	1			SCHECKAUSGANG		50		BANK		SA	4		
0006	1			GELDAUSGANG		50		BANK		SA	4		
0007	1			SONSTIGE		50		BANK		SA	4		
0008	1	40		BANK				SONSTIGE		SA	5		
0009	1	40		GEBÜHREN		50		BANK		SA	1		
001	1			US BANK				US WIRE PAID		SA	5		
0010	1	40		BANK		50		SONSTIGE		SA	1		
0011	1			BANK		50		BANK		DZ	1		
0012	1	40		GELDAUSGANG		50		BANK		DZ	1		
0012	2					50		GELDAUSGANG		DZ	7		
0016	1			BANK		50		GELDEINGANG		SA	1		
0017	1	40		GELDAUSGANG		50		BANK		SA	1		
0017	2					50		GELDAUSGANG		KZ	7		
0018	1	40		GELDAUSGANG		50		BANK		SA	1		

图 5.65　定义过账规则

1. 从对话结构框中选择**定义过账规则**文件夹。
2. 单击**新条目**按钮。
3. 在接下来所出现的界面中，输入如表 5.10 所示的详细信息。
4. 保存输入。完成过账规则的定义后，就可以把它分配给如下所述的外部事务了。

表 5.10　定义过账规则

字段	描述
过账规则/过账范围	创建过账范围 1 和过账范围 2 的条目。请注意，只有在过账范围 1 的条目被创建之后，才可以创建过账范围 2 的条目。同一个清账的科目必须被关联到这两个过账范围：一个在借方，另一个在贷方
过账码（借方）	输入借方科目的过账码。如果是过账到一个带有未清项的客户账户，那就把字段置空，因为这个事务是一个清账的业务，清账时系统会自动来确定过账码
特别总账标识（D）	要为没有清账的客户账户过账输入一个特别总账标识。通常这个字段都是置空的，只有使用这个特别总账标识来进行预付款的过账时才会使用，特别总账标识已在本章早前就介绍过了
科目（借方）	输入借方的账户标识
过账码（贷方）	输入贷方行的过账码
特别总账标识（C）	输入贷方行的特别总账标识
科目（贷方）	输入贷方的账户标识
凭证类型	定义用于财务过账的凭证类型

续表

字段	描述
过账类型	从以下选项中选择输入过账的类型：
	过账到总账科目
	过账到子账科目借方
	过账到子账科目贷方
	清借方总账科目
	清贷方总账科目
	清借方子账科目
	清贷方子账科目
	重置并冲销清账

对过账规则分配外部事务类型

外部事务基本上代表了银行按它自己的内部规则和分类系统来对银行对账单中的交易进行分类的方式和方法。例如，可以使用业务类型 110 来代表银行的手续费，使用业务类型 210 来表示银行利息等。那么，需要把外部业务类型转化成可以过账的规则，这样才能在对账处理过程中自动生成会计凭证。

从对话结构框中选择**创建业务类型**文件夹，然后选择其中一个已有的业务类型。在上述文件下面再选择**对过账规则分配外部事务类型**这个子文件夹。

参照以下步骤完成把外部事务类型分配给过账规则的配置步骤（见图 5.66）。

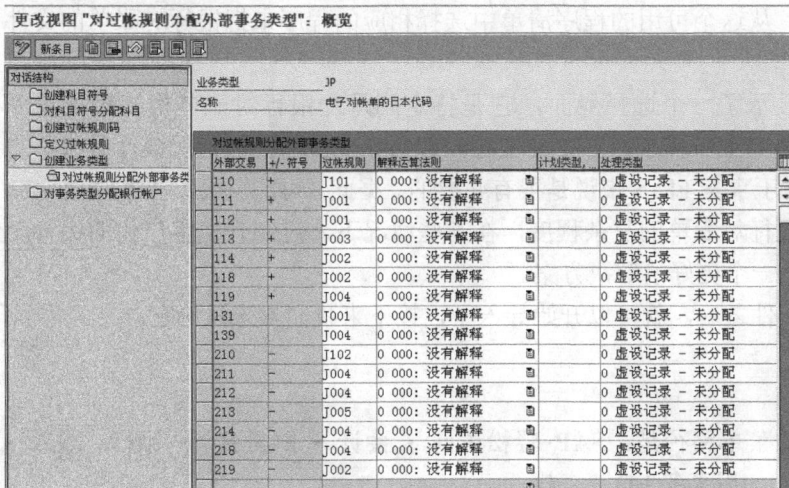

图 5.66　对过账规则分配外部事务类型

1. 选择**新条目**按钮。

2. 在**外部交易**所在列，输入银行的外部业务类型。请注意，银行提供电子银行对账单的同时也应该给了一个对所有相关业务类型进行解释说明的清单列表。

3. 在**＋/－**所在列，输入金额的正负号。对于具有正数和负数的同一种外部业务，要输入不同的过账规则。

4. 在**过账规则**所在列，输入已创建好的并且按外部业务和正负号标识进行组合的过账规则。

5. 在**运算法则解释**所在列，输入用于匹配客户未清项业务的过账范围 2 的规则。如果过账规则不结清未清项，那么应当选择"000 选项：无解释"。

6. 保存输入，要为银行对账单中所有的外部业务重复这样的操作。

现在已经完成电子银行对账单所需的全部配置步骤了。那接下来就导入银行对账单。

5.15.2 导入电子银行对账单到 SAP

在这个步骤中，我们将解释这两个操作：

- 转换银行对账单；
- 导入银行对账单。

转换银行对账单

转换银行对账单的菜单路径是：**SAP 轻松访问 · 会计 · 财务会计· 银行· 输入 · 银行对账单 · 转换**，也可以使用事务 **FEBC** 来执行。

当运行事务 FEBC 后，系统会列出把银行对账单转换成 MultiCash 格式的程序清单。请注意，如果所在银行的银行对账单格式可以支持银行对账单的上载程序，也就是事务 FF_5，那就不需要执行这个步骤。从这个可用的程序清单中选择相应的程序来把银行对账单的文件格式转换成 MultiCash 格式。

举例来说，图 5.67 显示了一个选择界面，它是特定到丹麦银行对账单格式转换程序 RFEBDK00 的。一定要搞清楚业务需求，并要与银行一起协作，目的是能确保银行对账单文件可以被精确地转换，这对于事务 FF_5 来说是很有必要的。据此，可能就会终止客户化定制程序的开发。但是，根据银行对账单的复杂程度，在某些情况下，定制开发客户化的银行对账单格式转换程序也可能是一个更好的解决方案。

在转换完银行对账单文件之后，就可以开始导入了，接下来我们就来讨论它。

导入电子银行对账单

导入电子银行对账单的菜单路径是：**SAP 轻松访问 · 会计 · 财务会计· 银行· 输入 · 银行对账单 · 导入**，也可以使用事务 **FF_5** 来执行。

在后续的界面中，要在选择界面中输入表 5.11 所描述的参数（见图 5.68）。

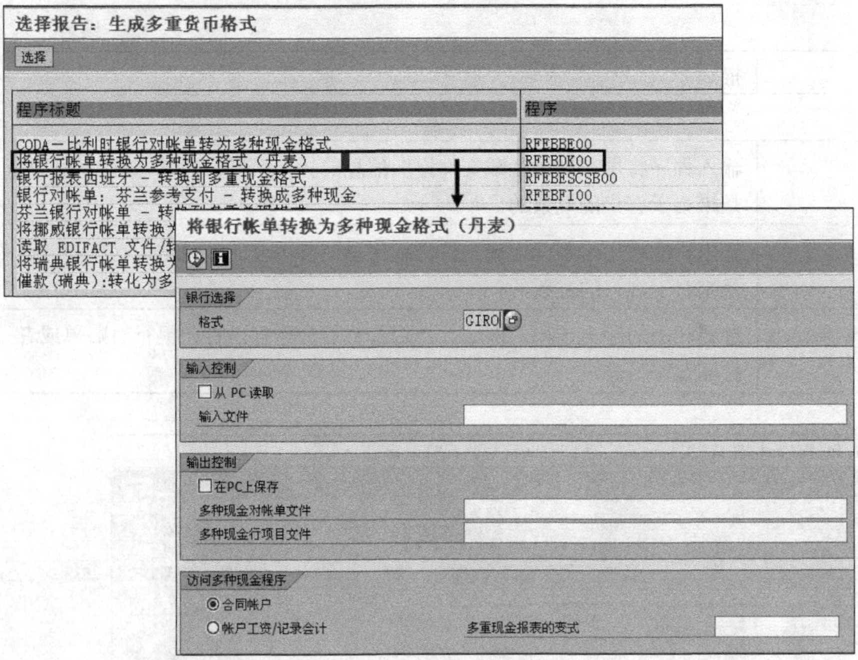

图 5.67　转换银行对账单到 MultiCash 格式

表 5.11　导入银行对账单的参数

字段	描述
文件说明	
导入数据	准备导入对账单时就勾选这个标识。如果不勾选，则这就是一次可以查看到导入结果的运行测试，因此，对账单不会导入到系统中
电子银行对账单格式	输入电子银行对账单格式。通过在这里输入对账单的格式，就在所上载的文件中给系统提供了找到正确数据的详细信息，例如，日期、金额、交易代码等
对账单文件/行项目文件	在这些字段中输入对账单和行项目文件的文件路径。这个路径可能是 PC 硬盘或者是网络上的一个共享驱动器
过账参数	
即时过账	如果想直接过账这个对账单，那就选择这个单选按钮，这将产生会计凭证
生成批输入	如果想让系统生成一个批处理会话，那就选择这个选项，后续可以再用事务 SM35 来处理这个批处理的会话
不记账	如果不想让系统在这个时候产生过账，那就选择这个选项

续表

字段	描述
算法	
BELNR 号码间隔	输入程序将用来判读上载文件详细信息的凭证范围。通常，这些凭证都是来自于客户的发票的
XBLNR 编号区间	输入程序将用来判读上载文件详细信息的参考号码。通常，这些参考都是来自于客户的发票的
输出控制	选择相关的输出选项，例如，是否希望后台运行，打印银行对账单或者打印过账日志

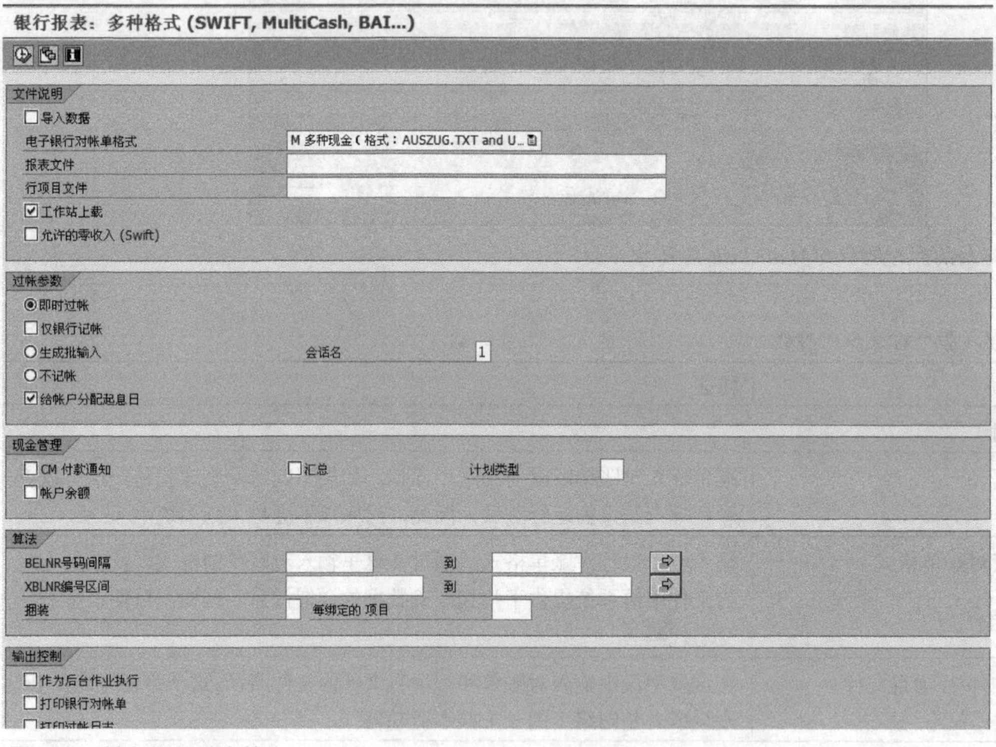

银行报表：多种格式 (SWIFT, MultiCash, BAI...)

文件说明
- 导入数据
- 电子银行对帐单格式　　　　M 多种现金（格式：AUSZUG.TXT and U...
- 报表文件
- 行项目文件
- ☑ 工作站上载
- 允许的零收入 (Swift)

过帐参数
- ◉ 即时过帐
- 仅银行记帐
- 〇 生成批输入　　　　会话名　　　1
- 〇 不记帐
- ☑ 给帐户分配起息日

现金管理
- CM 付款通知　　　　汇总　　　计划类型
- 帐户余额

算法
- BELNR号码间隔　　　　　到
- XBLNR编号区间　　　　　到
- 捆装　　　　每绑定的 项目

输出控制
- 作为后台作业执行
- 打印银行对帐单
- 打印过账日志

图 5.68　导入银行对账单

作为这个银行对账单导入处理的一部分，下面将简单地解释一下当系统导入电子银行对账单时之前所做的配置是如何起作用的。

- 正如之前在表 5.11 中所提到的那样，系统将使用在选择界面中所输入的银行对账单格式来判读导入的文件，并找寻存储在那里的数据，例如，日期、金额、银行详细信息等。同时，这个格式也会助使系统去辨识每种交易以及相关的外部事务类型（如之前在电子银行对账单配置部分所配置的那样）。上载文件中的每一种交易都会促成一个或两个过账（一个是对过账范围 1 的，而潜在的另一个则是针对过账范围 2 的）。

- 而后，系统会利用银行代码和银行账户的组合来辨识电子银行对账单是和哪个银行账户相关的。系统会把开户银行账户和电子银行对账单的数据信息关联起来进行匹配，进而再关联到总账科目，最后是关联到将要进行过账的货币。

- 配置银行账户时，是把它关联到了业务类型的，而这有助于系统确定如何将每个交易过账。由于这样的关联现在是建立在业务类型和外部事务类型之间的，所以系统就可以确定出将要过账的规则了。

- 在之前的配置步骤中，还定义了过账范围 1 和过账范围 2 的科目，这也能帮助系统找到过账规则的科目。

5.16　小结

这个泛泛的章节涵盖了采购付款（P2P）处理的许多内容。阅读完本章之后，应该就能够配置与以下这些业务处理相关的 AP 子模块了：

- 创建并维护供应商主数据；
- 供应商的业务处理（包括发票和付款）；
- 与 MM 功能的集成特性以及后勤发票校验相关的内容；
- 对外支付处理。

在下一章中，我们将讨论应收账款（AR），包括销售分类账以及客户的业务处理。

应收账款是指从客户那里收回款项的业务处理。与之相关的是在设计中还特地使用了催款的功能来对债务人进行管理这样一种业务处理。

第 6 章　应收账款

本章的目的就是要阐述应收账款（AR）子模块的功能，这往往不包括其应有的信用，因为这个功用看起来似乎应是销售和分销（SD）模块的功能。在一系列的业务处理过程中，AR 子模块的功能是很重要的，这是因为在从订单到收款的业务过程中会有很多的处理控制。本章将包含以下这些内容：

- 创建和维护客户主数据；
- 客户的业务处理（包括发票、信用以及付款）；
- SAP ERP 系统中 SD 功能的集成特性；
- 债务人管理，包括信用控制和利息计算。

本章将以从订单到收款的处理概览作为开始，然后详细讨论刚才所概括的已交付功能所需要的配置。此外，我们还假定解决方案采用的只是 SAP ERP 的核心功能，因而我们在这里不准备去讨论 SAP 客户关系管理（CRM）。那就让我们再来了解一下业务蓝图的重点，以便能深入理解在 AR 中可以支持的典型的解决方案。

6.1　从订单到收款的流程概览

在企业和客户之间的业务处理都融合在了从订单到收款这样一个业务流程之中。这个流程可以追溯至与客户的第一次交互作为开始，这可能是客户的询价或报价。详细程度取决于询价、报价相对于销售业务量的大小（例如，"价值很低而业务量很大"的销售业务，或者"价值很高但业务量较少"的销售业务）。流程的结束点是债务要么通过收回到期的款项而被核销掉，要么就是作为坏账而被注销掉。图 6.1 所示概括了业务处理的流程。

在整个业务处理过程中，SAP 系统都会创建凭证。但其中只有一部分凭证才会生成会计凭证，这在图 6.1 所示中是以 T 型账户来进行标识的。为了能够理解流程处理中所涉及的各种凭证的作用，就让我们先来了解一下它的几个主要步骤。

6.1.1　销售订单

销售订单是在 SD 功能模块中创建的，它支持着销售、交货以及开票的业务处理。销售订单获取有所有销售的基本信息（包括物料、数量、价格、交货日期），同时也被用作后续凭证的基础。

销售订单可以基于现有的销售订单或者根据所获取的信息（如，给客户的报价）来进行创建。创建销售订单的方式取决于企业的性质。例如，销售订单信息可能是在与客户接洽中获取的，这样看来，如果一个大规模的零售商，其客户可能就是一个零售店。在这样的例子中，可能是通过接口的方式把收集到的信息传输到 SAP 系统中来创建销售订单的。有些企业是价值很低而业务量很大的销售情形，那他就是以客户订单的形式（纸质的或电子的）来获取信息的。然后再把这些信息用来创建销售订单。或者，也许还有客户打电话进行订购的客户服务中心，那么在客户打来电话的时候就可以创建销售订单。就本章所讨论的目的而言，无论是哪一种最适合业务的方式，销售订单都是流程的起始点。

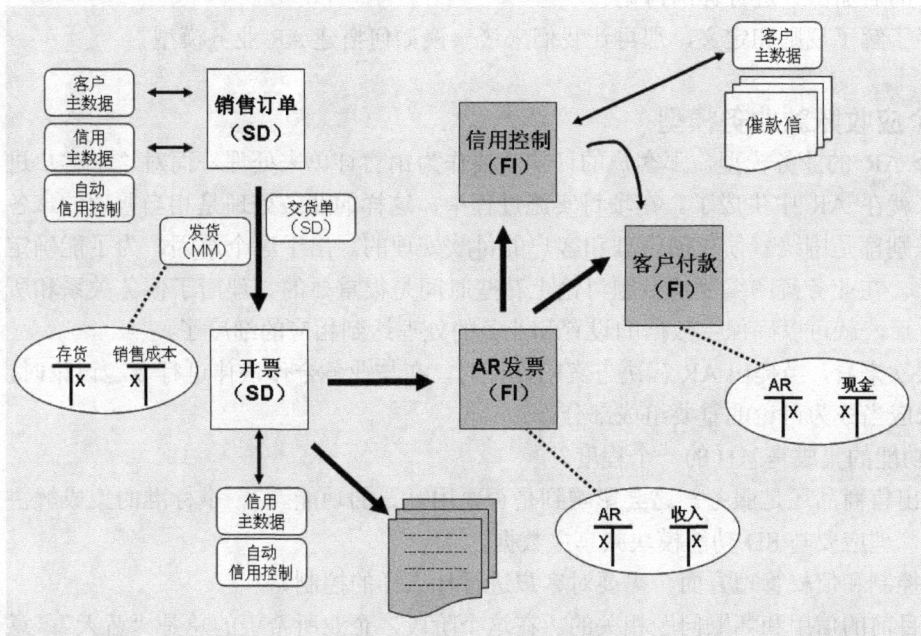

图6.1 从订单到收款的流程概览

6.1.2 交货单

交货单是根据销售订单的信息来输入的。这就开启了把货物交付给客户的相关发运工作（例如，拣配和包装）。一张单一的销售订单可能会有与之相关的多次交货。每次交货都会产生一个记录存货量变化的发货处理事务。当发货被过账之后，就不能再对该交货单进行更改了。发货就会产生记录存货变化的总账过账。

6.1.3 开票凭证

开票凭证是 SD 中最后环节所产生的凭证，它也是所创建开票会计凭证的基础。在对客户所收到的货物或服务进行开票之后，就要根据系统的开票凭证来开具实体的发票了。总账会计凭证是通过复杂的科目确定规则来进行过账的，这些规则是配置在自动科目分配表中的（将在第 9 章进行介绍）。

6.1.4　AR 发票

如果开票凭证已经产生，那么 AR 发票又是做什么用的呢？AR 发票所代表的是与这个销售订单相关的财务过账。销售订单是没有必要包含销售分类账过账的信息的，这就是为什么还需要 AR 发票的原因。另外，还要凭 AR 发票来收回债务人到期的款项并管理债务人。这些要点将在本章的后面部分进行详细讨论。

现在，已经了解了规则和定义，那再让我们来谈一谈如何搭建 AR 业务模型。

6.2　搭建一个应收账款业务模型

要搭建一个 AR 的业务模型，那客户的订购就要作为销售订单来处理，而对这个客户进行结算时，过账就在 AR 中生成了。在项目实施过程中，这样的业务处理是相当普遍的。各种项目实施的差别都是围绕着债权的管理和客户的付款处理的。出于这个原因，为了能确定具体的业务需求，在业务蓝图编制的专题讨论上花些时间是很重要的。理清了债务关系和所要处理的问题之后，就可以确保主数据的设置和业务的处理达到相应的细度了。

站在更高层次来看，当提出 AR 解决方案的设计时，在与业务合作伙伴进行专题讨论时，以下的这些需求应当成为讨论的重要组成部分。

- 与 SD 功能的集成是怎样的一个程度？
  业务是出售商品还是服务？这会影响到是否要用开票的功能。在一个标准的集成解决方案里，理应要与 SD 功能模块共享主数据。
- 在信用控制和债权管理方面，需要对客户进行什么样的控制？
  这是与目前的信用和坏账问题相关的。在这个阶段，企业所希望的总是"蓝天"，意思是他们希望把所有的控制都放到系统中。然而，到了系统实现阶段，他们往往会发现：如果这样他们就会丧失很多的灵活性，或者，对于他们当初所希望提供的最佳解决方案来说，系统就过于死板了。如果有一个很小的客户群，并且还需要保持与客户的良好个人关系，那就可以选择本章所讨论的宽松的系统控制。
- 应当如何来设计客户主数据？
  基于业务蓝图编制的讨论，应当对客户主数据的组成及其所要包含的字段有一个清晰的描绘。

在业务蓝图编制结束之时，虽然还不能立即就拿出所想要的每一个答案，但如果已经涵盖了主要的领域，那按你自己的方式来给出一个完整的系统设计应该还是可以的。下一步，将讨论 AR 子模块的配置。我们就以主数据相关的配置讨论作为开始。

6.3　主数据

主数据看起来也许是系统设计中最容易的一个部分了，但是它也是最重要的，这是因为它是业务流程中的重要基石。主数据将影响贯穿于整个系统的以及从系统输出的数据流。有些报告的出具以及向外部的输出也都将依赖于主数据的构成方式。有些主数据是作为系统维系的基础（业务主数据）而创建和使用的，而其他的主数据实际上则是通过系统配置来完成的（静态的主数据）。在这一章中，将讨论这两种类型的主数据并解释其差别。那就让我们从客户的主数据开始吧。

6.4　客户主数据

客户主数据是 AR 子模块业务主数据中的一个基本要素。SAP ERP 业务流程把客户的创建视为是销售小组和财务小组的共有功能。整个的客户主数据是由 3 部分视图组成的，如图 6.2 所示。

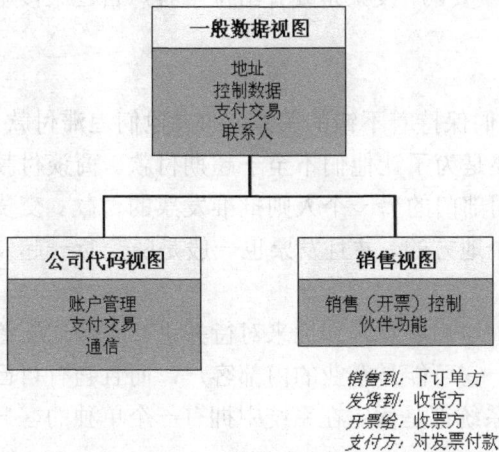

图 6.2　客户主数据的不同构成部分

- **一般数据**：这个视图包含联系人、地址、控制数据以及支付交易的信息。
- **公司代码数据**：这个视图也被称为会计视图，包括账户管理、支付业务以及通信。
- **销售数据**：由于严重依赖于从 SD 传递的信息，因此这个视图对客户主数据的整体构成具有重大的影响。在 SD 中创建的所有凭证都是从客户的销售范围视图获取信息的，而开票的信息也是存储在那里的。销售范围视图还包含了客户主数据的合作伙伴功能信息，具体如下。
  - **售达方**：订购货物或服务的人。
  - **送达方**：接受交付的货物或服务的人。

— **开票方**：由于接受了货物或服务而被开票的人。

— **付款方**：为接受的货物或服务而付款的人。

图 6.2 显示了客户主数据的不同组成部分。

6.4.1 客户基本数据的性质

对于企业而言，对客户的管理是很重要的，因此，我们将简要地探讨一下客户基本数据的性质。由于每个企业及所处的行业结构都是独一无二的，因此，我们将研究具有代表性的两种极端业务场景。

- 客户是大型企业。

 这种情况下，可能会发现客户关系很复杂。可能有已经谈妥的合同，合同约定了与该企业商谈好的信用条件。客户的采购部门执行实际的订购，而它们可能是为许多不同的内部单位来进行订购的；而交货又是配送到他们中的一个主要的分类仓库的，客户由此来管理他们自己的库存。最后也是最重要的，发票是要开给位于客户自己大楼里的财务部的。

- 客户是小型企业。

 这种情况下，可能相当了解客户，并与他们保持着不错的关系，如果他们迟滞付款，一般都会制订出一些超期的条件，这主要是为了让他们不至于超期付款。商谈付款条款的通常也就是下订单的那个人，而同部门的另一个人则批准发票的付款。交货点也同其他的送达点一样是配送到同一个地方的，并且发票也一般是随交货一起发出去的。

这两种情况代表了完全不同的两种业务需求，这需要有区别地来对待并进行不同的配置才能完成。此外，我们并没有提及中间型的客户，它可能是企业的内部客户，而且它有自己的一套配置需求。无论客户场景是哪一种，SAP 系统都是假定在系统中拥有一个单独的客户主数据来运营管理的。

6.4.2 手工或自动创建客户主数据

现在，我们来讨论一下在新系统中如何来创建客户主数据以及如何从老系统进行迁移。

创建客户

需要考虑是手工还是通过自动上载的方式来创建客户。

- **手动地**：如果有少量的客户而又想把这个过程作为培训的一个步骤，那就手工创建客户。有些企业就是使用手工创建客户的方法来作为一种培训员工的方式的。这种方法的缺点在于通过手工键入的方式进行数据输入往往会出错。

- **电子地**：如果有大量的客户，而且受项目周期的制约又不可能手工创建它们的时候，就可以采用电子方式来自动创建客户。同样地，如果从一个正使用的遗留系统进行数据的迁移时，可以从系统中把数据提取出来，然后再把它上载到 SAP ERP 系统，这样可能是相对比较容易的。

因为上载程序会正确无误地上载加载文件中的数据，所以用电子的方式来上载客户主数据会更精准。

当创建新的客户时，系统会要求提供一些信息，例如，**客户和账户组**（科目组，译者注），如图 6.3 所示。我们将在下一节来讨论它们的用途以及相关的配置活动。

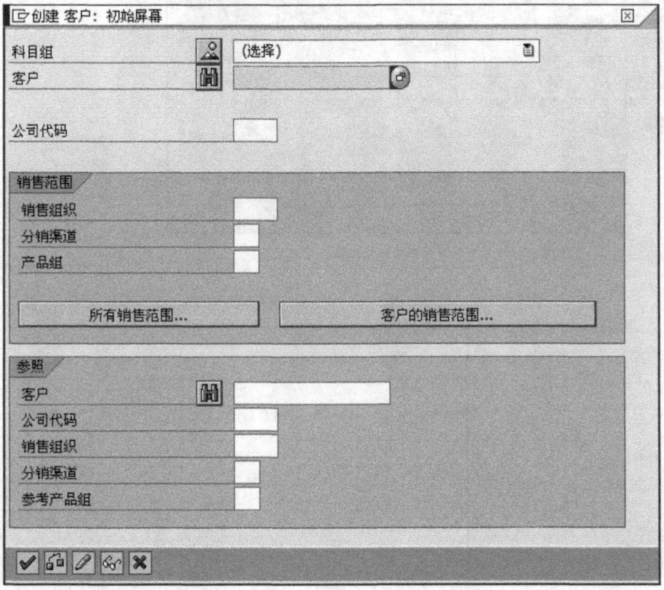

图6.3 创建客户（集中地）

6.4.3 查询已存在的客户（匹配码）

SAP 系统自带了许多标准的可以用来从数据库中查找客户的查询。这些查询被称为**匹配码**，它们可以按各种方法而不只是按平常的搜索名称和地址的方式来查找客户，如图 6.4 所示。可能要考虑一下如何根据企业自己平常的要求来查询客户。例如，可能希望利用**行业字段**（我们将在本节的末尾部分来进行解释）来进行查询，因此要有行业的匹配码才行。

如果在系统中使用了一个不能通过 SAP 标准查询来进行搜索的特殊字段，那就可以创建自己的客户化匹配码。对于这些匹配码来说，需要先确定想用来查询的字段，然后还要请 ABAP 开发人员协助写一些增强开发的代码。可以使用菜单路径：**SPRO**·**财务会计**（新）·**应收账款和应付账款**·**客户账户**·**主数据**·**匹配码**·**为客户维护匹配码**，或者也可以使用事务 **OB49** 来完成这个配置。图 6.5 给出了一个创建自定义客户化匹配码的范例。

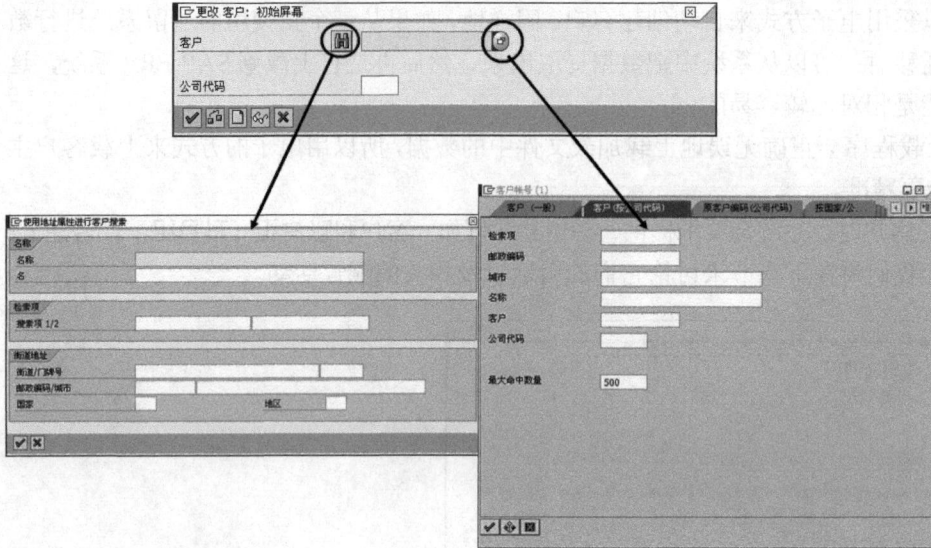

图 6.4　标准匹配码的范例

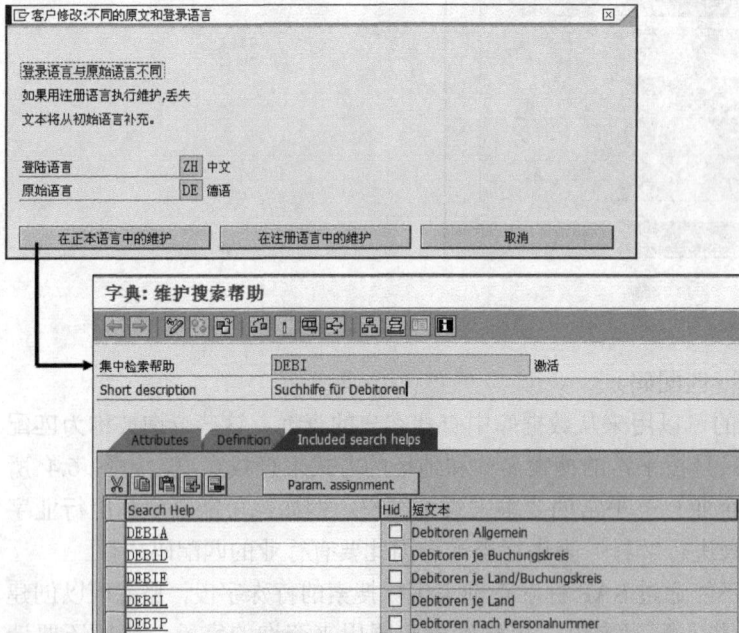

图 6.5　创建新的客户匹配码范例

　　在创建新的客户主数据时，系统就会要求通过指定客户所属的账户组来对客户进行分类。账户组是客户主数据创建的控制对象，这会在下一小节中进行讨论。

6.4.4 定义账户组

创建客户主数据的主要控制是在客户账户组的配置中的。客户账户组包含两个主要部分：

- 给客户主数据分配账户号码范围（SAP 定义或用户自定义的）；
- 确定在创建客户主数据时必须要填入的字段。

必须要先配置客户账户组，然后再把它分配给与之相关的公司代码。对于供应商来说，是依据采购的需求来创建自己的供应商账户组的。对于客户，有关账户组的确定应当因之前所提到的与 SD 功能模块的集成而有所改变。我们将使用 SAP 的标准账户组。可以沿以下的 IMG 路径：**SPRO·财务会计（新）·应收账款和应付账款·客户账户·主数据·客户主记录创建准备·定义带有界面格式的账户组（客户）** 来配置账户组。

账户组是用一个 4 位数的字母数字标识及其描述来定义的。就 SAFA 公司而言，我们将使用 SAP 的标准账户组，这样就能利用其业务合作伙伴的功能了。通过单击**新条目**按钮，就可以建立自己的客户分类（例如，客户的位置，客户从你这里所购买的产品类型等）了，后续的界面如图 6.6 所示。

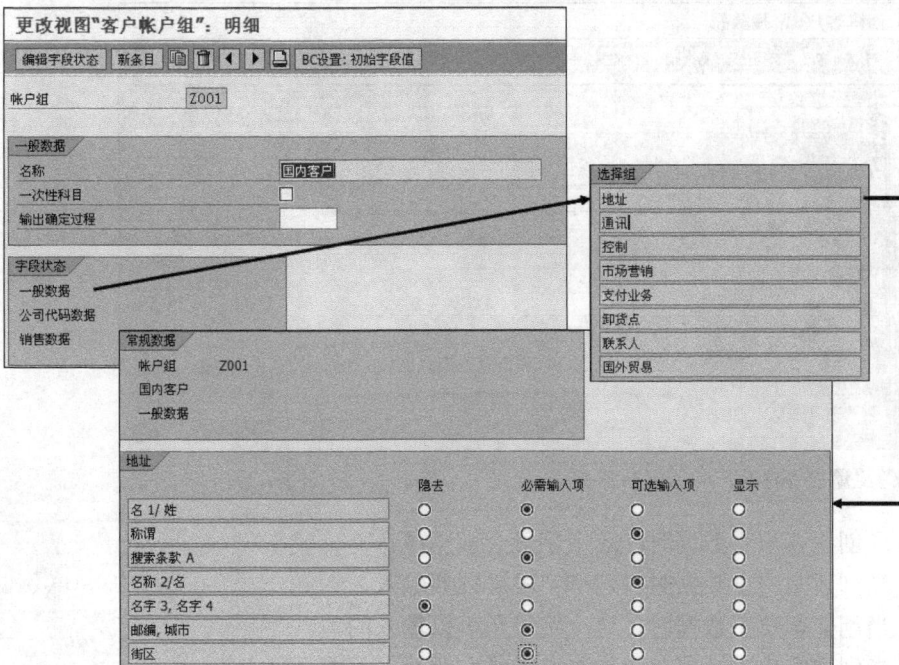

图 6.6 配置客户账户组

在账户组的**一般数据**部分，需要选择**输出确定过程**（客户主数据输出确定过程），它将把业务合作伙伴由开票处理关联到相关的输出上（例如，发票、交货单等）。

在账户组中，**字段状态**被分成了 3 个客户主数据视图（正如之前所讨论的**一般数据、公司代码数据**和**销售数据**一样）。双击其中的一个视图就可以看到子组的列表，它是与客户主数据的标签页相对应的。对于每一个字段来说，都需要确定它的状态（相应的术语即**字段状态组**）。通过选择适当的单选按钮，可以对每一个字段进行字段状态的设置了，如图 6.7 所示（这里采用的是一个**地址**标签视图的例子）。

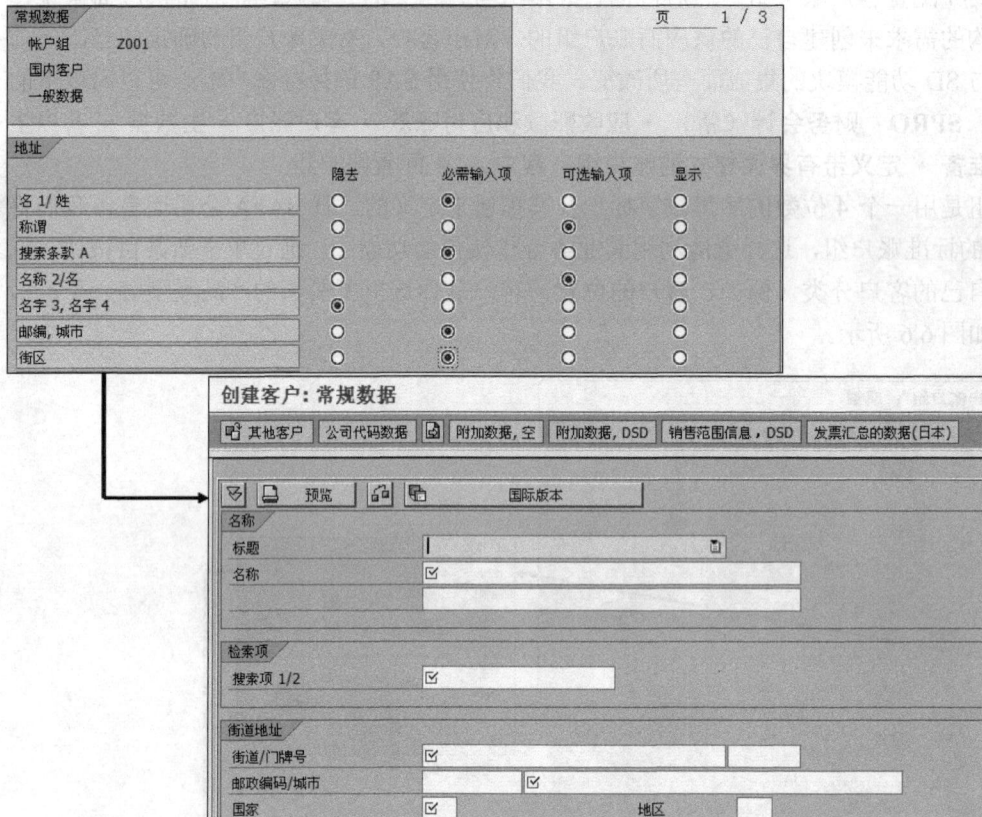

图 6.7　客户账户组的设置控制着客户的地址标签视图

- **隐藏的**：当创建客户主数据时，这个字段会被隐藏。
- **必须的**：当创建客户主数据时，这个字段必须要输入。
- **可选的**：当创建客户主数据时，这个字段是可以输入的。
- **显示的**：当创建客户主数据时，这个字段是灰色的，只能显示出来。

备注

虽然我们使用的是标准的账户组，但仍然需要调整字段的状态，这是因为我们自己的业务需求所不需要的很多字段也存在于标准的账户组中。

设置字段状态

在决定地址信息中的哪些字段需要被填入时，可以再回顾一下之前在本章中关于企业复杂性所进行的讨论。如果项目实施是处在拥有很少量客户的情形下，那就不需要复杂的地址。如果是要处理一批复杂的客户，那就需要利用更多字段的组合来获取相应的主数据信息。

> **范例：为业务需求确定字段状态？**
>
> 以下两个例子描述的是不同的企业及其所需详细程度不同的客户信息。考虑一下是要设置成哪一种字段状态。
>
> - 一个专业的清洁公司为一所大学提供办公室的清洁服务。由于该大学下属的每个单位都需要支付其自己的账单，因此客户的通信信息就需要细到大楼、楼层以及房间号这样的程度。
> - 一个全国性的零售商以特许经营的模式管理着许多可管控的客户。每个客户所需地址信息的细度只是街道（包括门牌号码）、城镇、城市和邮政编码的组合。

在决定要记载什么样的信息之前，首先需要考虑要使用主数据的这些信息来做什么。

表 6.1 列示了客户账户组中可用到的一些主要字段。

表6.1　可使用的客户账户组主要字段

地址标签页	存储客户的地址信息。这取决于所建立的合作伙伴功能，因此对于送达方来说，应当输入仓库地址，而对于开票方，应当输入应付账款的部门
名称	众所周知的客户全称。这里给出了两行，这两行都是可以使用的
搜索项 1/2	用于设立匹配码的简称
街道/门牌号	街道地址和门牌号
邮政编码/城市	邮政编码、城市
国家	两位数的国家代码
地区（州）	两个字母，地区或州的缩写
语言	两个字母，语言代码
控制标签页	存储有关税的信息，对于税来说，应当参考当地的税务准则
供应商	如果客户同时也是供应商，那可以在这里进行指明。如果采用了这种策略，可以把应付和应收进行互相的匹配
行业	这是用于报告的目的的，可以使用这个字段把客户组合在一起
增值税号码	客户的增值税登记号码，在有些国家，为了能够收取税款，这是应要收集的重要资料。在这个问题上，请参考当地的税法
税号 1	这个字段的使用因国家的不同而变化。在美国，这是个人的社会保险号（SSN）。在整个欧洲，它却有不同的用途，请参考 SAP 帮助文档来确定特定国家的需求

续表

税号 2	这个字段的使用因国家的不同而变化。在美国，这是员工的识别号。在英国，这是国民保险号码（NI），而在整个欧洲，它又有不同的用途，请参考 SAP 帮助文档来确定特定国家的需求
支付交易标签页	对于客户而言，因为不用付款给他们，因此银行的信息不一定是很重要的。但对于通过电子银行转账支付给客户，应当要求其提供一个付款的参考
国家	银行所在的国家
银行码	银行的类别代码
银行账户	银行账户号码
账户名称	银行账户的持有者
控制码	不需要
银行类型	不需要

表 6.2 中所列字段都是在客户主数据的公司代码视图中的字段。

表 6.2　公司代码视图下可使用的主要字段

账户管理标签页	存储统驭科目、排序码、以前的账户号码等
统驭科目	因为这个字段控制着 AR 子模块和总账之间的过账，因此这始终都应该是一个强制性输入的字段
排序码	当生成一张 AR 凭证时，凭证的分配字段中会填入一个值。这个字段正是运行客户行项目报表时的默认排序参数。无论选择什么样的内容作为排序码，所选排序码的值都会被填入到客户的分配字段中
总部	总部的功能是为了出具报告和分析用的，可以把客户组合起来使用。例如，某些客户会让不同的第三方公司代其支付账单（这是一种收账的方法，有些企业会使用）。虽然合作伙伴功能才是控制所存储信息的输出的，但你却可以使用总部。 在 AR 中，单独从别人那里收账的概念将在 6.9 节中进行更为详细地介绍
以前的账户号码	在把客户从老的系统到迁移到新系统的实践中，这往往是一个有用的填充字段。对于要在 SAP 系统中变更他们自己账户号码的客户来说，老的账户号码也可能还会被使用一段时间
计划组	如果使用了金库（TR）模块，那么这个字段就控制着流动性预测报表的应收部分的更新
利息计算标识	可以对客户的超期款项进行计息并收取利息
支付交易标签页	公司代码视图上的这个标签页只控制 AR 中的项目处理
付款条款	与客户达成协议的付款条件应当在这里维护。这个值会默认到所创建的每一张客户的发票上。在发票上可以对默认的付款条件进行更改，因此不会仅限于使用这一个值

与供应商清账	连同以前的供应商界面上所进行的指定一起，选择这个字段就能够得到应付和应收项目的净额。要能达到这样的效果，则这两个字段都需要被选中。大多数的企业都希望保留它们单独的数据记录，而很少使用这个功能。不过，在内部交易业务场景中，也许也会发现它是有用的
容差组	容差组也是可以分配给客户，从而控制能被处理的交易额的，同时，在容差范围内的小额差异也就能被勾销了。这将在 6.8.1 小节进行更为详细地介绍
锁箱处理	这主要是用于美国的功能，在本章的后面部分会介绍
信函标签页	这个标签页用于记录与客户催款通信相关的重要信息（催款是信用控制的一个功能）
催款范围	催款是这样的一个过程，监控尚未付款的发票并把 SAP 生成的催款函发送给客户。催款范围是对客户的催程序规则所进行的一个分配，这将在 6.9.3 小节进行介绍
催款程序	在这里，要把相关的催款程序分配给客户
信函	在界面上有一些输入客户联系信息的附加字段。仅应当把这些字段用来记录客户信用控制部门的联系信息

除了这些字段之外，还有一些与销售数据相关的信息也是需要完成的。不过，这已超出了本书的范围。我们还要在这里提出来的唯一一点就是，这些字段对于 AR 的处理也是很重要的，所以应当尽可能地去涉猎这些内容。

本节介绍了有关客户账户组配置的一些细节。对于要配置的大多数业务需求来说，这些信息应该是足够的了。正如所看到的那样，SAP 系统有足够的灵活性，可以适用于广泛的行业。

备注

我们所没有介绍到的字段可能也会应用到特殊的业务需求中，因此在隐藏这些字段之前，应当把所有的字段都再检查一遍。

6.4.5 公司代码或作业账户组

在 IMG 的相同路径：**SPRO·财务会计（新）·应收账款和应付账款·客户账户·主数据·创建客户主记录准备** 下，可以看到有两个创建账户组的变式：公司代码变式和作业变式，如图 6.8 所示。在多公司代码的业务情形下，这些变式是非常有用的功能。如果想维持对所要创建账户组数量的控制，则应当考虑使用这些选项。

备注

由于不同国家的法定需求意味着好多字段都是可以用于不同目的的，因此要参考 SAP 的帮助文档以及 OSS 注释，这样就能找出本国的不同点。

公司代码变式

可以为每一个公司代码都定义一个不同的客户账户组设置。也就是说，可以拥有相同的账户组 ID，但在这个账户组下各公司代码的界面字段状态组却是不同的。在我们的 SAFA 公司场景中，一个相关的例子就是 VAT 增值税登记号，它用在了英国但在美国却不使用。

作业变式

如果想根据客户主数据的维护作业来控制字段状态，可以使用这个配置步骤，能够基于所执行的操作来定义其字段状态。一个很好的应用是在显示模式下激活使用所有的字段，因此在显示时就可以看到有哪些别的字段是可用但却没有使用，或者被隐藏了。不同的作业（事务类型）都显示在图 6.8 中了。

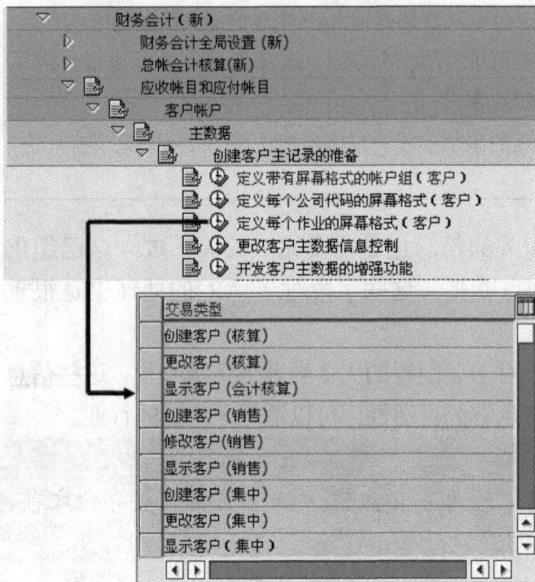

图 6.8　客户账户组的不同作业格式

正如已讨论过的那样，在每一个作业的配置中，都可以看到同一个客户账户组字段状态变式的配置。

在 SAFA 公司的场景中，有两个公司代码是处在两个不同的国家运营着的。因此，这两个公司代码的客户群不是共通的。如果业务场景中涉及出售给同一个客户的不同公司代码，那么如何把客户"扩展"到其他公司代码？这有一种简单的方法。我们在下一小节就来介绍如何才能做到这一点（虽然它跟我们的案例不相关）。

6.4.6　扩展客户到其他的公司代码

扩展客户主数据的事务不是一个配置，而是系统应用的一部分。SAP 系统提供了一个标准的应用程序来把客户从一个公司代码扩展到另外一个公司代码，而且避免了还需要手工来进行处理的情况。通常的做法是先用手工或通过一个自开发的上载程序来把第一个公司代码的客户创建好。可以通过 **SAP 轻松访问·会计·财务会计·应收账款·主记录·比较·公司代码·发送** 菜单路径，或者使用事务 **FD15** 来进入到扩展客户主数据的程序中。

在这里，必须先要选择数据源，并且指定想要传送的目标公司代码，如图 6.9 所示。在这个范例中，把客户从**公司代码 0001** 传送到目标公司代码 0002 和 0003 中。

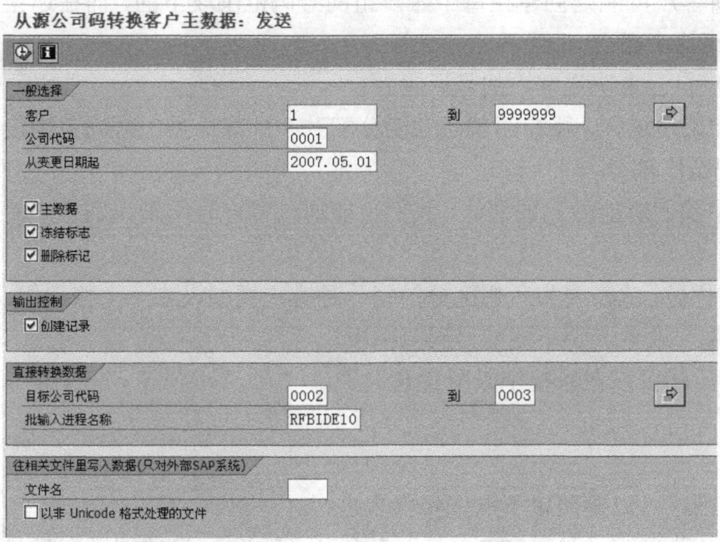

图 6.9　扩展客户到其他的公司代码

由于我们选择的是在同一个 SAP 集团下来创建数据，因此可以通过一个批处理会话 RFBIDE10 来直接进行数据传输。也可以使用该程序先把数据写到一个序列文件上的这种方式，把数据传输到另外的一个 SAP 系统中。无论是哪一种方式，都需要执行把数据从源公司代码传输到目标公司代码的程序。如果创建了一个批处理的会话，则还需要处理这个批处理的会话（事务 SM35）。如果创建的是序列文件，就需要在 SAP 的目标集团下使用事务 FD16 来**接收**这些数据。

这个步骤是与目标公司代码和源公司代码下的同一个可使用的客户号码范围段相关的。出于这个原因，那接下来我们就来看一看客户号码范围的配置。

6.4.7　客户号码范围

当创建新客户时，系统会分配给它一个客户的账户号码。账户号码是根据分配给客户所属账户组的号码范围来进行分派的，为客户选择的就是账户组。因此，在同一账户组下的所有客户都将遵从同样的编码规则。如果不想分配任何编码逻辑给客户的账户号码，就可以把所有的账户组都分配到同一个号码范围段。

业务决策

要和业务伙伴一起来讨论客户号码范围段的需求。常见的问题如下。

- 问题：我们能迁移现有的客户号码吗？

  答：是的，可以**迁移现有的客户号码**。只是需要考虑在 SAP ERP 系统中如何来处理新客户的创建。例如，新客户可能是创建在每个账户组的号码范围段下的，而在遗留系统中可能还没有账户组这个概念。

- 问题：我们能设定让用户自己来决定客户的号码吗？

  答：这是一个可选择。如果是这样，账户组就必须要分配一个外部给号的号码范围段（参见下面创建新的号码范围部分）。

- 问题：就像在遗留系统中我们所能做到的那样，我们也能通过客户号码来识别客户的类型吗？

  答：这也是可能的。要这样做，就需要为所想区分的每一种客户类型设立一个账户组，然后再为每一种客户类型都设置一个不同的号码范围段。

在确定好客户号码范围之后，就可以在系统中来配置它们了。

创建新的号码范围

要创建、显示和更改号码范围，可以参照以下这些步骤来进行。

1. 创建新的号码范围的 IMG 菜单路径是：**SPRO · 财务会计（新）· 应收账款和应付账款 · 客户账户 · 主数据 · 创建客户主记录准备 · 创建客户账户编号范围**。

2. 单击间隔按钮（有铅笔图标的那个），如图 6.10 所示。

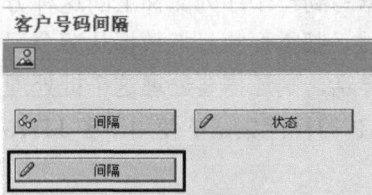

图 6.10 创建客户的号码范围

3. **维护号码范围间隔**的界面如图 6.11 所示。这个界面展示的是一个可使用的号码范围。选择间隔按钮（带有加号和页面的图标），然后在**插入间隔**这个界面中创建新的号码范围。

系统不允许有重叠的号码范围间隔，如果出现了这种情况，系统就会给出一个错误提示消息。如果想让用户自己来设定客户号码，就需要选择"外部的"这个设置，这样才能使该号码范围段可以进行外部给号。可以运用这个"外部的"设置，使之能够拥有一个由用户自己来定义的文字数字型的客户号码。

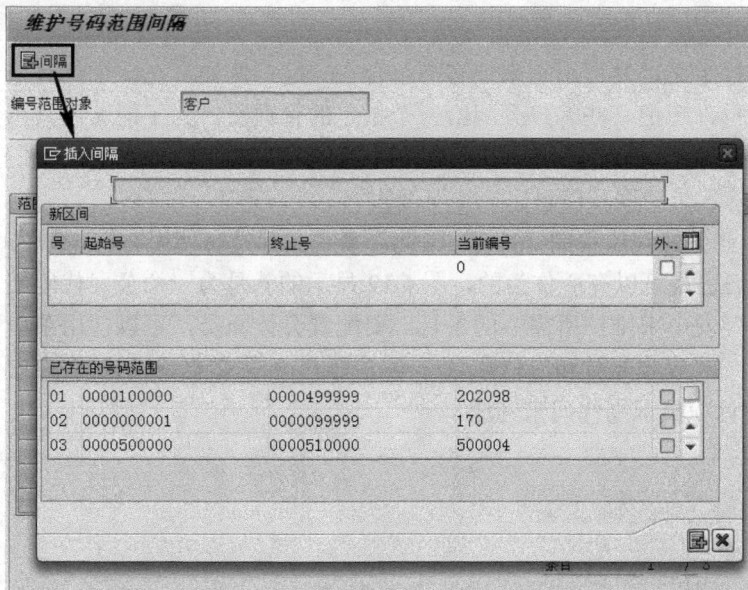

图6.11　创建一个新的号码范围间隔

当前号码这一列表示的是到目前为止已被使用的最后的那个号码。在这个地方要当心：如果想把号码范围的设置传输到一个已在运行的系统中，则需要检查一下这个设置。一个典型的错误就是当新的号码范围被传输到一个已经正式运营的生产系统时，当前号码的缓存也同时被重置了。

现在，就让我们来了解一下号码范围的传输。

传输号码范围

现在，让我们再来讨论一下号码范围的传输是如何进行的。刚刚所看到的新建号码范围间隔表被传输的同时，当前号码的值也被传输了。因此，在图6.11所显示的例子中，如果传输被加载到其他的集团，那它就会用"170"这个值来重置"02"号码范围中**已存在的当前号码**。因为目标系统不太可能同时也会有相同的当前号码值，因此它就会导致号码范围缓存的错误。出于这个原因，许多项目都不允许传输任何的号码范围，而宁愿手工来做这个配置。

分配号码范围给账户组

现在，已经定义好客户账户组和号码范围了，还需要使用 IMG 的菜单路径：**SPRO·财务会计（新）·应收账款和应付账款·客户账户·主数据·创建客户主记录准备·向客户账户组分配编号范围** 来把这二者关联起来。

最后，我们还将讨论会计职员，并用这种方式来结束本节，它是出于内部控制的目的而把客户组合在一起的。

6.4.8 会计职员

会计职员可以在系统中进行定义，并可用它来把客户组合在一起。例如，在一个拥有很多信用控制人员的大企业里，也许想把某些客户分配给一个指定的管理员。为了能够出具相应的报告，可以利用它来把这些客户组合在一起，也可以在发送给客户的任何输出物（如，客户对账单）上显示相关信用管理员的联系信息。

会计职员并不是 SAP 核心业务处理过程的一部分，因此许多企业都没有使用它们。然而，就报告和控制的目的而言，它们也是可以有所作为的。图 6.12 显示的就是为一个公司代码创建会计职员的样例。可以在配置表中来维护所需要的条目。要配置会计职员，可以使用菜单路径：**SPRO · 财务会计（新）· 应收账款和应付账款 · 客户账户 · 主数据 · 创建客户主记录准备 · 输入用于客户的会计职员识别代码**来完成。

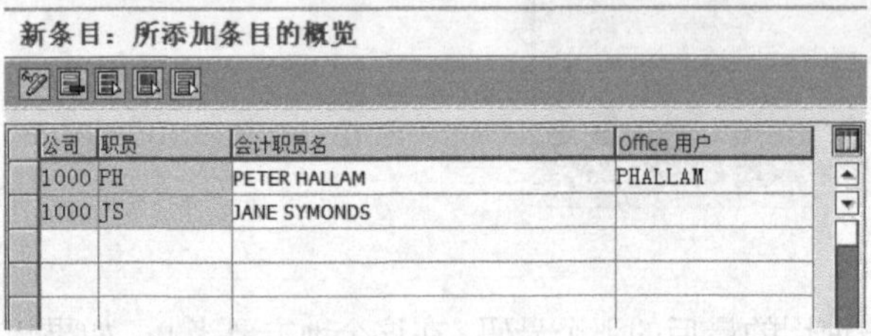

公司	职员	会计职员名	Office 用户
1000	PH	PETER HALLAM	PHALLAM
1000	JS	JANE SYMONDS	

图 6.12　创建会计职员

职员 ID 是按公司代码来进行设置的，并且可以是文字数字形的。另外，可能还希望能通过在**职员用户**字段输入系统用户名来把登录 SAP 的会计职员连接起来。这个字段是可选的，可以创建但并不代表某个人，而是代表某个团队或部门的职员。因此，只要能满足需求，就可以灵活地来使用这个功能。

我们已经讨论完并设定好 AR 的相关主数据了。接下来，让我们再看一看处理客户业务所需要的配置。

6.5　财务凭证全局设置

对于凭证过账所需要的通用配置设置（见第 3 章）来说，本书已经提供过一些详细的介绍了。因此在这一节，我们将再了解一下具体到 AR 方面的配置内容，同时我们也将确定所需完成的 AR 具体任务。

6.5.1 凭证类型和号码范围

作为财务会计（FI）全局设置的一部分，我们已经讨论过这个主题了。具体到 AR 的凭证类型来说，这些凭证类型通常都是以 D* 开头的。在我们的案例设计中，想让客户的发票从 SD 功能模块来生成，而且这个假定对于信用证的签发也是适用的。在 AR 解决方案中所产生的凭证将主要是来自于对客户的收款，因此，我们只需花一点时间来讨论客户的发票。

6.5.2 凭证过账码

凭证过账码也已经在第 3 章中详细讨论过了。除非能找到一个非常好的业务理由来创建其他的过账码，在这里建议使用系统所提供的标准过账码。也许还想对过账码字段状态变式的设置进行更改。这个功能通常使用的方法是把某些字段设置成可选的，但这还是要取决于所选取的过账码是哪一个。例如，在本章的后面部分，我们就将讨论原因代码的使用，这样就可以选择性地对那些与客户相关过账码中的原因代码字段状态进行设置了。

6.5.3 付款条款

发票的付款条件是指和第三方之间所确立的付款到期日协议。付款条件还包括可提供折扣的要素。对于客户和供应商这二者来说，他们的付款条件是没有差别的，客户和供应商的付款条件都是在 IMG 的同一区域下来进行配置的。由于它们既影响 AP，又影响 AR，因此，发票的付款条件将在第 9 章进行详细讨论。接下来，我们将把关注的重点转向具体的客户发票处理上。

6.6 客户发票处理

我们的整体解决方案启用了销售订单处理的方式来对客户进行开票。特别地，我们把退货到销售订单从而生成客户账单的开票功能给取消掉了。这种解决方案对很多 SD 的销售功能都有好处。返回到前面部分再去看一下图 6.1，可以看到 AR 的发票是由开票凭证生成的。把开票凭证批准至会计时，这个 AR 发票的业务处理就自动完成了。在 SAP 系统中，把开票凭证批准至会计是一个受三方要素所控制的内部接口，如图 6.13 所示。如果在批准开票凭证时出现了错误，那通常都是这三个要素中的某一个所导致的结果。

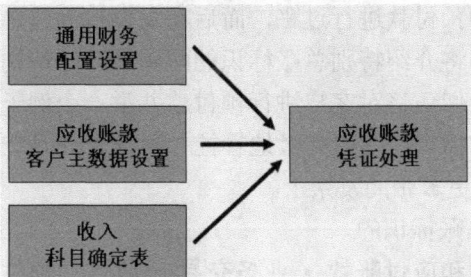

图 6.13　应收账款的凭证处理控制

图 6.14 显示的是一张客户发票的总体布局图，这与其他财务凭证（总账和供应商发票）的样子是类似的。

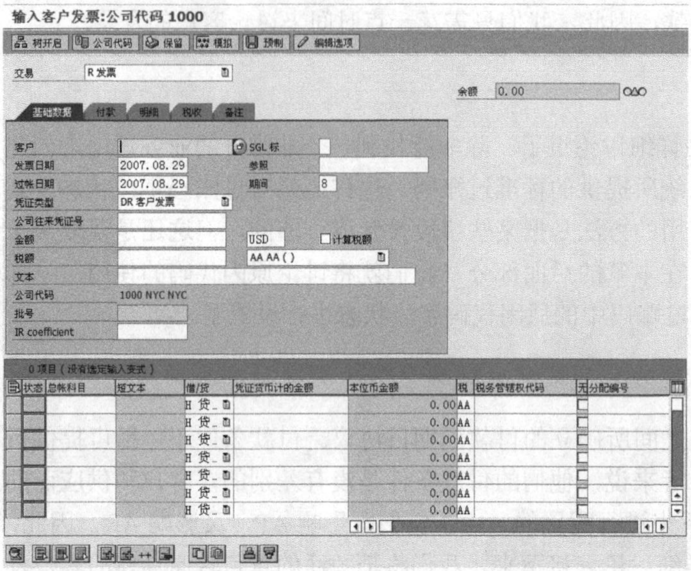

图6.14 应收账款发票的输入界面

在此之前已经讨论过所需的最低限度的控制了，这样能够创建一张新的 AR 发票，或者批准因销售订单产生的发票。

在进入到下一阶段的客户付款处理之前，让我们再来看一看在系统中是如何来配置预付款以及又是如何来过账预付款和后续清账的。请注意：对于这部分的内容，因为我们在第 5 章也同样地考虑了供应商的预付款处理，因此在这里所看到的一些内容可能会有重复。但在这里，我们将从客户那里收取预付款的角度来讨论它。

6.7　配置 AR/AP 预付款过账的特别总账标识

可以通过配置特别总账标识来对客户和供应商的预付款进行过账，而后在发票被创建之后，预付款就可以用来冲抵发票了。在这一节，我们将介绍特别总账标识的配置设置，特别总账标识就是用来进行预付款过账的。在下一节，我们还将对客户进行预付款并举一个例子来说明预付款的过账及其后续的清账。使用特别总账标识能够更有效地管控预付款，并且在后续阶段，还可以很容易地就把预付款分配到一张或更多张的发票上。

以下的菜单路径/事务是用于配置预付款的特别总账标识的。

- 客户：SPRO·财务会计（新）·应收账款和应付账款·业务交易·收到的预付款·定义客户预付款的统驭科目或事务 OBXR。
- 供应商：SPRO·财务会计（新）·应收账款和应付账款·业务交易·已付的预付款·定义预付款的备选统驭科目或事务 OBYR。

作为标准应收或应付业务处理过程的一部分，当过账客户或供应商账户时，系统会自动过账到在其主数据中维护的统驭总账科目上。然而，在进行预付款的过账时，如果指定了特定的特别总账标识，那就可以过账到一个不同的统驭科目上。

以下是系统中一些可以直接使用的特别总账类别：

- **客户**
  - 收到的预付款；
  - 收到的汇票；
  - 其他。
- **供应商**
  - 支付的预付款；
  - 支付的汇票；
  - 其他。

图 6.15 显示了设立客户预付款特别总账标识所需要的步骤。对于每一个特别总账标识来说，都需要有下述的详细说明。

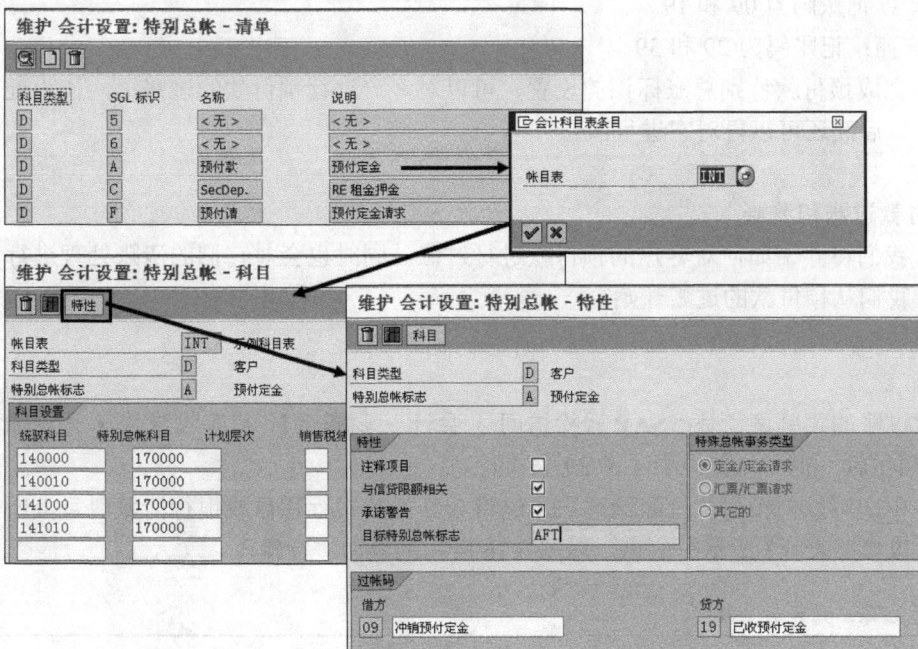

图 6.15 特别总账标识设置——预付款

- **特别总账标识**：可以使用一个单一的一位数的文字数字型 ID 来创建新的特别总账标识。由于设置和目的的不同，对于客户和供应商来说，可以使用相同的 ID 标识。
- **特别总账科目**：应当为每一个统驭科目指定预付款过账所用的总账科目。预付款的特别总账科目可以和统驭科目相同，也可以是一个不同的统驭科目。

- **注释项目**：如果希望过账的是一个注释项目，那就勾选这个复选框。因为没有进行实际的过账，因此注释项目仅仅是为了出具报告的目的而使用的。从会计的角度来讲，注释项目不会更新会计的业务数据。
- **与信贷限额相关**：如果希望用特别总账标识的过账来更新可以通过事务 FD32（信用主数据——更改）和 FD33（信用主数据——显示）检查到的信用限额，那就应当要选定这个标识。
- **承诺警告**：假如过账到一个带有特别总账标识余额的科目，如果希望产生警告消息，那就要选择这个标识。
- **目标特别总账标识**：目标特别总账标识只有和注释项目一起使用才有意义，例如，当一个像预付款请求这样的注释项目被自动付款程序选取出来生成另外一个标记了特别总账标识的项目时——就完成了预付款的业务处理。
- **记账码**：需要为预付款的特别总账业务维护如下的记账码。
  - 客户：记账码为 09 和 19。
  - 供应商：记账码为 29 和 39。

现在，已经完成预付款特别总账标识的设置，可以对客户进行预付款的过账了，作为处理过程的一部分，后续还可以再对它进行清账。

6.7.1 预付款过账和清账

在这一节，我们将介绍如何对客户的预付款进行过账，同时也会对它们的清账处理进行说明。现在就让我们从预付款的过账开始。

预付款过账

客户预付款过账的菜单路径是：**SAP 轻松访问 · 会计 · 财务会计 · 应收账款 · 凭证输入 · 预付款 · 预付款**，也可以使用事务 **F-29** 来执行。

在这个事务中，可以把预付款过账给客户，这将会冲抵从银行科目或银行清账科目上所收到的金额。可以参照表 6.3 所示中信息，对图 6.16 所示的界面进行输入。

表6.3 客户预付款过账：凭证抬头数据

字段	描述
凭证日期	输入当前日期或者任何你想用来过账这张凭证的日期
凭证类型	输入过账这张凭证的凭证类型。在我们的案例中，凭证类型为 "DZ"
公司代码	输入公司代码
过账日期	输入过账日期

续表

字段	描述
货币/汇率	输入凭证的货币/汇率
参考	输入一些含有一定意义的摘要信息，例如，客户的 SO 参考
账户（客户）	输入客户账户
特别总账标识（客户）	输入特别总账标识，在我们的案例中，特别总账标识为"A"
科目（银行）	输入首选银行的总账科目号或总账清账科目号
金额（银行）	输入预付款的金额

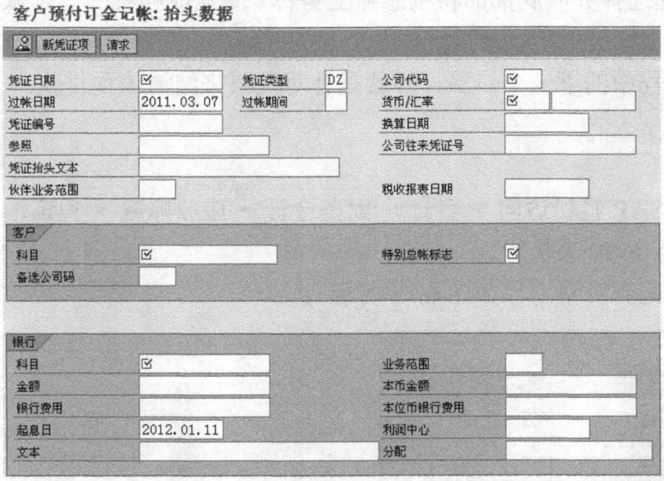

图 6.16　客户预付款过账

在输入完所列示的信息后，按下[回车]键，然后系统就进入到下一个界面（见图 6.17）。表 6.4 提供了要过账凭证所需要输入的字段信息。

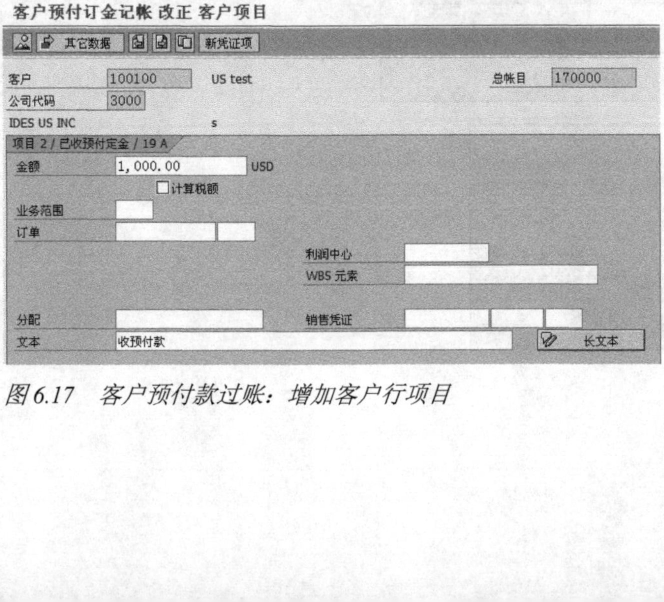

图 6.17　客户预付款过账：增加客户行项目

表6.4 客户预付款过账: 增加客户行项目

字段	描述
金额	输入预付款的金额
税额	如果预付款是应纳税的, 则输入税额
到期日	输入行项目的到期日

在输入完这些信息之后, 就可以单击**保存**了, 系统就会把预付款过账给客户并生成一张会计凭证。

在执行事务 FBL5N 时, 通过勾选选择界面底部的**特别总账业务**标识, 就能够看到已过账但还没有分配给发票的预付款。

现在, 让我们转入到业务处理过程中的下一个步骤, 那就是针对发票来结清该预付款。

预付款清账

客户预付款清账的菜单路径为: **SAP 轻松访问 · 会计 · 财务会计 · 应收账款 · 凭证输入 · 预付款 · 清账**, 也可以使用事务 **F-39** 来执行。

参照以下这些步骤, 把预付款分配到发票上(如图 6.18 所示)。

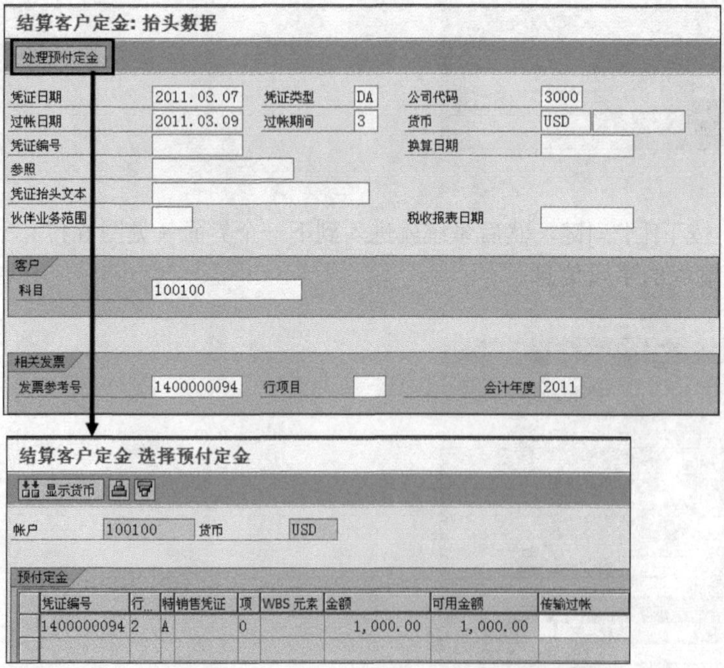

图 6.18 客户预付款清账

1. 在凭证的抬头部分输入**凭证日期、过账日期、凭证类型、公司代码、货币**以及**参考**。

2. 在**客户**部分输入客户的**账户**号码。

3. 在**发票参考**字段里输入发票号码,并输入其**行项目**和**会计年度**。

4. 选择**处理预付款**按钮来显示尚未分配给客户的预付款,而后就可以选择预付款的金额并把它分配给这张发票了。

5. 单击**保存**按钮来过账凭证。

至此,就完成了客户预付款的配置、过账和清账处理。

现在,让我们再来看一看客户的付款处理。

6.8 客户付款

根据企业的规模,在处理客户的回款时,可以手工处理或者自动处理。大多数的企业选择的都是手工处理,这样他们就能全部或部分地把款项分派到相应的客户发票上。大的零售商和拥有许多客户的企业往往会有大量的收款,在这种情形下,自动的客户付款处理或许会更好些。图 6.19 显示的就是手工处理客户付款的事务。

图 6.19 收款过账的界面格式(F-28)

使用这个事务,可以参考系统中已存有的客户发票进行付款的过账处理。在参考一张现有的发票后,系统就会把付款和发票进行匹配。处理过程就是被大家所熟知的**清账**,并且它在保留债务人欠款余额头寸的记录方面也是很重要的。图 6.20 显示的就是可以选择客户未付发票(也被称为未清项)的界面。清账可以手工或自动地处理。从业务处理的角度来看,选择什么样的清账方式是取决于哪一种最适合企业的。

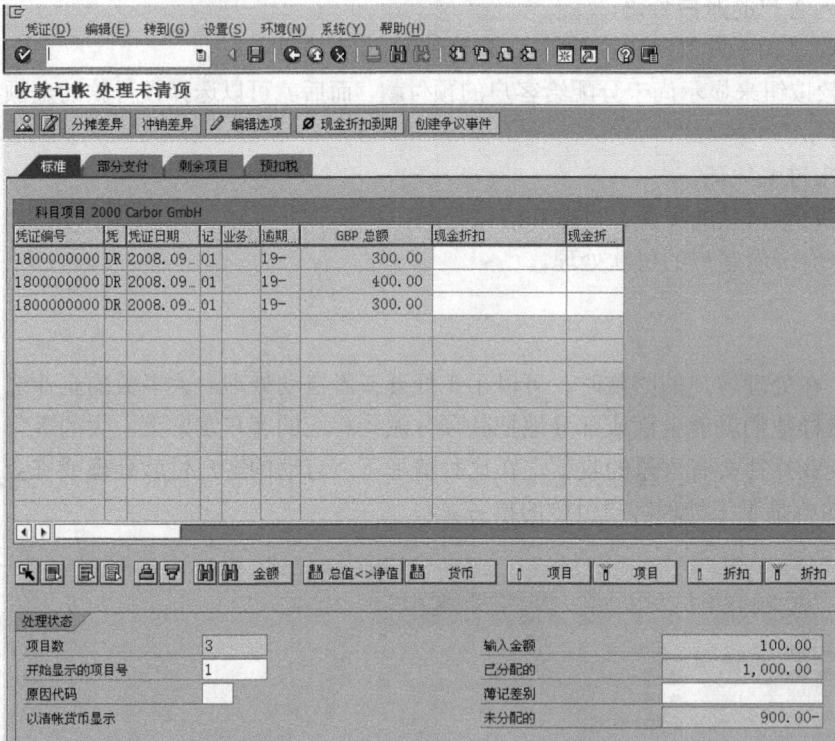

图 6.20 未清项选择：收款处理

当处理客户回款时，有时候客户并不是全额支付的（我们指的是差额付款）。如果出现了差额付款，那么对于部分支付或生成一个剩余项目来说，随着客户的付款被过账到账户上，就可能会用到以下的标签页。

- **部分支付**：发票保持不变，但生成了一个对账户的付款，而且付款同时也参考了原始的发票。原始的发票看起来是未支付的并且催款也是不受限制的。如果对客户进行催款，那么原始发票的金额和所支付的款项都会被包含在内。
- **剩余项目**：在付款处理过程中，SAP 系统将结清原始的发票并为剩余的余额生成一张新的凭证。这个新的凭证也是参考了原始的发票并且还拥有一套新的凭证日期。
- **付款至账户**：第三种选择是最简单的，也可能是最少使用的。由于这种方法不会参考发票而直接就过账一笔付款，因此可以简单地对账户进行付款的过账。而后在向客户发出对账单时，针对该账户的付款也将被列示在对账单中。在客户付完到期的全部剩余款项后，也可以手工来结清这笔含有客户给予的部分付款的发票。

差额付款的常见原因会有很多种，如现场让与的折扣、有瑕疵的货物或者货物尚未完全交付，甚或是诚信折扣等。在下一节，我们还要再来了解一下这些情形下的处理选项。

6.8.1 定义客户容差组

我们之前讨论过需要创建容差组才能在总账和 AP 中进行过账。在 AR 模块中，为了生成 AR 的过账，同样也是需要创建客户的容差组的。容差组控制的是在系统中能够对付款差额进行处理的金额大小，如下所述：

* 应用于清账时所允许的最大付款差额；
* 可以给予的最大折扣。

最少也得定义一个客户容差组，这样才能对业务交易进行处理（已在第 3 章介绍过）。如图 6.21 所示，可以定义多个容差，这都统称为**容差组**。

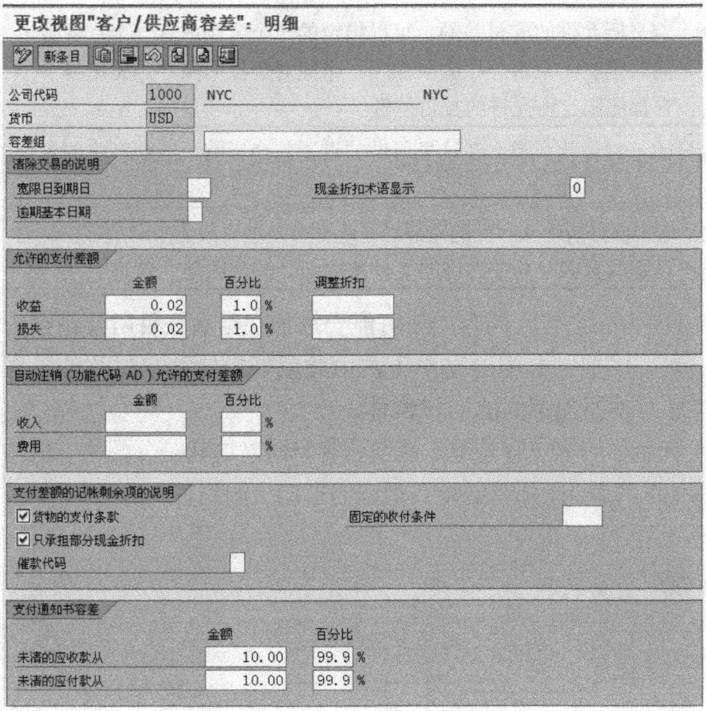

图 6.21 AR 的容差组

关于容差组的作用，我们可以用一个例子来进行解释。考虑这样的一个业务场景：到期的发票金额为 123.05 美元，客户送来一张金额为 123.00 美元的支票。在这种情况下，在账上保留这未支付的 0.05 美元余额并再向客户进行追讨就没有什么意义了。

因此，有些企业可能会决定把这个金额转销到一个销账的总账科目上。在这种情形下，因为客户是在容差范围内进行付款的，因此这张客户发票是被完全结清了的。

要定义客户的容差组，可以沿菜单路径：**SPRO·财务会计（新）·应收账款和应付账款·业务交易·收款·手工收款·定义容差组（客户）**来完成。

图 6.21 所显示的配置界面是与货币无关的，并且它总是以公司代码的本位币来显示的。在这个例子中，容差组所允许的支付差额被设置为 0.02 个货币单位，或者是发票金额的 1.0%。在这二者中，更小的限额才是有效的。如果只是想使用绝对数额或百分比，那就必须要输入最大的那个值。

表 6.5 所示说明了配置界面上的一些主要字段。

表6.5　客户容差组的设置

字段	描述
宽限日到期日	这里输入的值，表示给予客户支付其款项的额外宽限期
允许的支付差额	在这个部分，定义所允许的支付差额。可以指定的一个金额或者一个百分数。常用的方法是同时定义一个百分比的限额和一个绝对金额的限额。无论哪一个限额先达到，它都能限定所允许的支付差额
支付差额的记账剩余项的说明	如果处理客户的差额付款，那么在这里所做的设置就会影响可能会产生的剩余项目
支付通知书容差	对于任何大于这个部分所输入容差的差额，系统都会自动生成一个剩余项目。通常，在这里所设置的金额是与在允许的支付差额部分的金额是一样的

仔细斟酌一下所指派的容差值，因为一个较大的容差值可能会增加在结清账目所要销账的大额资金。在定义了容差组之后，就可以把它分配给客户了，由此就能控制客户付款的处理了。可能还想要创建一些别的容差组，以处理不同的客户群体。

图 6.22 所示的范例说明的是没有名称的客户容差组，在创建客户时，这就是分配给它们的默认客户容差组。如果选择了创建其他的容差组，那就必须要把它们直接指派到客户的主数据上。

图6.22　客户容差组的范例

现在应该知道了如何来把握好用于处理客户付款的尺度了，让我们再来看看还可以对这些容差做些什么，还有就是如何才能把账户自动结清。

6.8.2　容差范围内销账的金额

本节讨论客户超付或欠付的配置。可以使用 IMG 的菜单路径：**SPRO · 财务会计（新）·应收账款和应付账款 · 业务交易 · 收款 · 收款全局设置 · 超收/欠付** 来完成配置。在这里所做的配置适用于客户付款的金额不是发票的确切数额，但其差额却在为该客户所定义的容差范围内这样的情形。

图 6.23 所显示的是这样的一个配置界面：要么确定一个接收所有超付和欠付的特别科目，要么就按原因代码来指定科目（我们将在下一节详细讨论原因代码）。

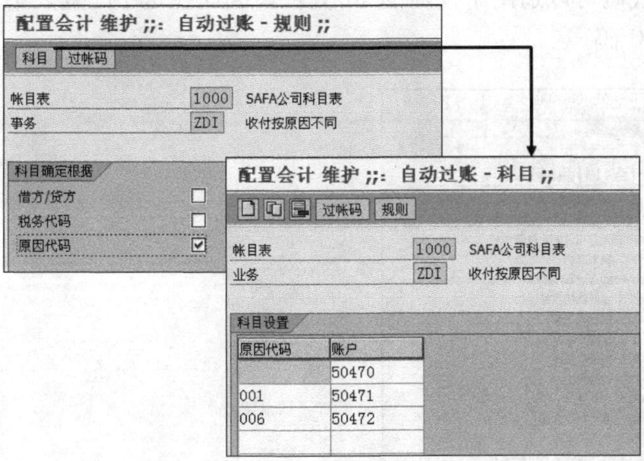

图 6.23　配置客户超付和欠付的科目确定

界面后台的科目确定事务被称为 ZDI。如果想基于原因代码而过账到不同的总账科目，那就需要在**自动过账-规则**界面上选择**原因代码**，如图 6.23 所示。在**原因代码**所在列中配置为空的设置就意味着这个科目确定的默认科目是 50470，它是属于**自动过账-科目**界面中**科目分配**那部分的。

然而，如果是由于原因码 001 或 006 而产生了差额，那么这些差额会分别过账到 50471 和 50472 科目上。

在同样的配置区域下，还可以配置现金折扣的科目确定设置。它使用的是 SKT 事务的科目确定，而且它的配置方法与超付和欠付一样。在第 9 章，将讨论会用到的所有有用的科目确定，因而还应当参阅那一章的内容，这样就能了解哪些选项才是可利用的。例如，如果是向海外出售或者从国外进行采购，那可能还要配置汇率差额的科目。接下来，我们就来介绍原因代码的设置。

6.8.3 原因代码

可以把**原因代码**用在凭证的行项目上，这是可用于报告的一个纬度。对于所处理的任何一张凭证来说，都可以给它指派原因代码，这样可以为行项目标注上一个注释。这个功能经常用在为差额付款而指派原因代码的付款行上。首先，需要在字段状态变式中激活这个字段，这样，原因代码才能够过账到此字段上（见第3章）。其次，把付款差额分配给它的科目也需要有适当的字段状态，只要这样才能够进行原因代码的过账。

既然这样，就需要先了解一下如何创建原因代码。当阅读到以下部分时，就会知道如何扩展使用这个功能了。原因代码的配置在路径：**SPRO·财务会计（新）·应收账款和应付账款·业务交易·收款·收款全局设置·超收/欠付·定义原因代码** 下，也可以用事务 **OBBE** 来完成。

因为原因代码是特定到某一个公司代码的，因此，可以为每一个公司代码创建不同的原因代码，如图 6.24 所示。由于原因代码可以适用于任何的 FI 凭证，因此在这个配置表中也可能存有不是特定到 AR 的其他原因代码。

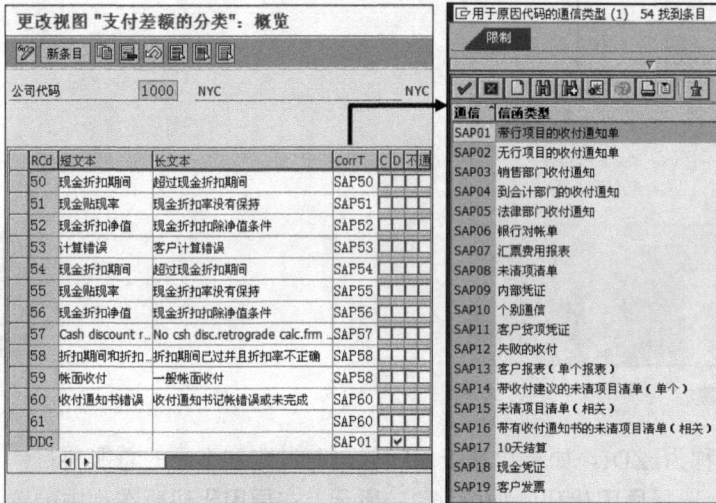

图6.24 配置原因代码

表 6.6 列出了用于配置原因代码的列以及对它们的说明，如图 6.24 所示。

表6.6 原因代码的配置选项

列名称	描述
原因代码（R）	输入3位数的文字数字型的原因代码
短文本	输入原因代码的短文本描述
长文本	输入原因代码的长文本描述。可以把信息带到原因代码所在凭证行项目的文本字段上（参见表中的不复制文本选项）

列名称	描述
信函类型	因为我们所进行的处理都是基于客户没有全额支付其到期的发票的，因而也许希望可以根据其差额付款的类型来把信函发送给客户。在这里，可以指定信函的技术名称，而这也是想要把原因代码与之进行关联的原因
通过单独的科目转销差额	使用这个选项来把差额过账到指定的总账科目，该科目就是专为这个原因代码而定义的
不复制文本	可以为原因代码定义一些标准的文本摘要。如果选择了这个复选框，就可以（在凭证行项目文本中）输入自己的摘要
不考虑容差	如果选择了这个选项，就会生成一个带有原因代码的剩余项目

本章的最后一部分是要了解一下对债务人的管理，它就是之前在图 6.1 中所概括的从销售订单到收款循环的最后一个环节。

6.9　债务人管理

本节将着眼于与债务人管理相关的一些业务处理。为了保持流动性，大多数的企业都是依赖于能有效地从客户那里收回款项，因此对任何一个企业来说，这都是一个很重要的领域。选择可以有很多种，因此需要找出最适合企业的选项。在这一节，我们将介绍以下方面的内容：

- 客户的信用控制以及信用限额；
- 自动信用控制；
- 催款；
- 利息计算。

应当再去了解一下并搞清楚可能会用到的功能。虽然想要实施所有债务人管理的功能都是可能的，但还是应当要确定这是否真的与企业相关。例如，如果是提供公共服务的企业，那就不太可能限制员工去为客户服务。很好的一个例子就是石油公司，因为根据法律规定，它是有义务提供公共服务的，因此这样的企业就不太可能施行很严格的信用控制。

选用的信用控制方式还取决于与客户之间关系的性质。如果只有一个很小的客户群并与客户保持良好的关系，那就可能更愿意监控信用限额，并与客户直接沟通，而不是仅仅给他们发出催款信。我们将通过信用限额功能的回顾来开始这部分的内容。

6.9.1　信用限额的业务处理

在业务管理方面，管控信用限额的一个常用方法就是按销售团队来创建销售订单，如果客户已经超过了他的信用限额，那么创建销售订单的人就会收到一条系统的消息。因此，他们就需要去联系信用管理员，而信用管理员就是负责调整该客户的信用限额的。如果业务伙伴不喜欢这样的业务处理方式，并且担心这样的处理会贻误时机，那就需要重新来审查这个流程的目的。是想要在系统中加强信用的控制吗？如果是，那希望把信用限额设到多低呢？

如果想避免出现发票被冻结的情形，那可能就需要设置一个较高的信用额度。这样的结果就是客户可能会占用比想要给他们的还要多的信用。如果想在系统中保持更严格的控制，但同时又要让客户仍然能满意，那就需要再研究一下这个业务流程，以便能够确保冻结的发票可以更快地被释放。

真实案例

我们曾经与其工作过的一些客户建立起了这样一个处理的流程，在这个流程中，信用管理员每天都会去检查几遍被冻结的发票。其他的客户则有一个更为简单的处理程序，就是打电话给信用管理员，信用管理员根据打来的电话就可以释放被冻结的发票。不同的选择处理方式具有不同的优点，需要确定哪一种是和具体的业务需求相关的。

应当对欠账客户的追债成本进行评估，还有就是在这个问题上所持的是怎么样的策略。例如，百视达目前的策略是对所有延期的租金收益客户发出催款信，这样百视达公司就必须要评定客户债务的金额以及发出一封催款信的成本有多大。就追讨债务人问题而言，这些信息将有助于百视达公司确定其追债的策略。

在进入配置设置之前，还需要决定要如何划分客户。有可能要把那些想要进行严格管理的客户组合在一起，同时把那些想要用更灵活的策略来对待的客户也组合起来。这可以用不同的方式来实现。例如，可以选定对新客户采用严格的规则，而对现有的客户则采用更灵活的规则。而后，还要意识到公司内部的客户完全应当在这个信用控制处理流程之外，这样，现在至少就有 3 个分组了。对于每一个客户组来说，都要定义以下配置要素。

- 信用控制范围；
- 风险类别；
- 信用代表组；
- 信用主数据。

这些配置要素都是互相关联的，如图 6.25 所示。

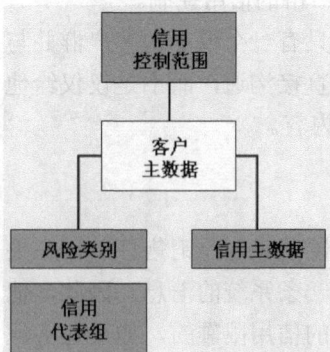

图 6.25　自动信用控制设置下的配置要素层次结构

为了能讲清楚可以进行不同的配置设置，我们先来看一看这 3 个组的配置。可以通过 IMG 的路径：**SPRO·财务会计（新）·应收账款和应付账款·信用管理·信用控制会计科目** 来完成。这个配置是在 AR 和 SD 间共享的，因而也可以在 AR 的 IMG 区域找到这些配置要素。

首先，我们来看一看信用控制基础的配置，然后再转向自动信用控制的设置。

信用控制范围

信用控制范围代表的是对信贷风险基本控制的把控。作为第 2 章中企业结构配置的一部分，我们已经介绍过信用控制范围了，而且它就是在 IMG 的企业结构区域下进行配置的。信用控制范围是用来控制你与客户之间的业务处理的，其目的是能为所定义的一组客户设定一个总体的信用限额。在这里所给定的信用总额都是可以给予在这个信用控制范围内的所有客户的。大多数企业的想法都是很单纯的，他们为每一个公司代码都只定义了一个信用控制范围。

还可以定义默认的风险类别、信用限额以及信用代表组，而这些默认值就会分配给该信用控制范围下所有新建的客户主数据。

风险类别

可以使用事务 OB01 来定义客户的风险类别。可以考虑把风险类别作为划分客户分组的一种方式。审视一下企业的实际情况并确定想管理客户的不同风险水平。客户可能会有各种不同，因此会需要有几个层级的风险类别。在我们的业务场景中，只创建了两个层级的风险类别：高风险的客户（HI）和低风险的客户（LO），如图 6.26 所示。

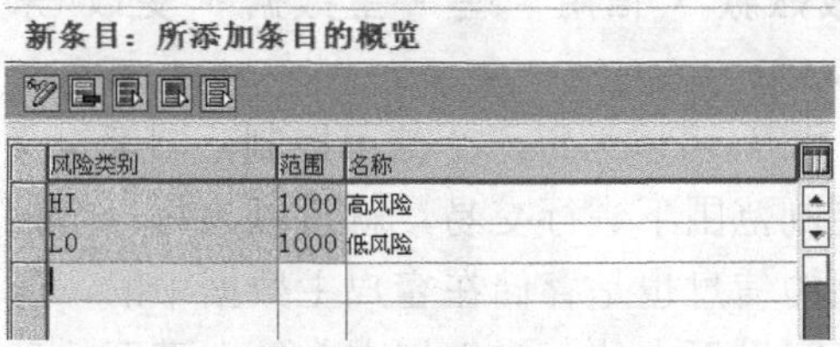

图 6.26　定义客户的风险类别

在创建新客户时，要给他分配一个默认的风险类别（就像之前在第 2 章所提及的那样）。不过，我们所做的配置设置是想要在新客户创建时不带任何默认的信用限额或风险类别。

信用代表组

作为另一种信用管控的方式，信用代表组也能把客户组合在一起。例如，可以从信用控制的角度来把这些客户组合起来。如果信用管理员不只一个，那就可以把客户分配给不同的信用管理员。可以利用这个配置设置来创建信用管理员，这样，管理员就可以运行他们自己那个组内的客户报表。还可以按照客户的类别来把客户组合起来，这样就可以区别对待每一个组了。通过事务 OB02，可以利用信用代表组来辨识所有客户的信用控制设置（见图 6.27）。

图 6.27 定义信用代表组

信用主数据

对于 SAFA 公司的业务场景来说，我们在系统中选择了启用信用控制。如果与客户之间存在信贷风险方面的问题，那它就将限制我们生成新的客户订单，因此我们需要把信用限额分配给客户。这通过创建客户的信用主数据来实现，而客户的信用主数据是附属于客户主数据的。

以下这些步骤说明了如何来实现业务需求。不过，我们需要先把想配置的业务需求描述清楚。业务处理的过程可以分为两个步骤：

1. 创建客户；
2. 更新客户信用主数据。

在创建了客户主数据之后，还需要更改信用主数据，这样才能把客户的信用限额激活。所有的客户主数据都会自动地关联上信用主数据。要把信用限额分配给客户，可以使用菜单路径：**SAP 轻松访问 · 会计 · 财务会计 · 应收账款 · 信用管理 · 主数据 · 更改** 来完成。

信用主数据拥有与所创建的客户主数据一样的号码。可以为每一个信用控制范围都定义一个信用主数据，因此，如果客户在不同的信用控制范围下进行交易，就可以为每一个信用控制范围都分配一个单独的信用限额。信用限额的信息也是存储在客户主数据中的。所要完成的基本信用信息是分别位于信用主数据的不同界面中的，我们把它归纳在下面的列表中。

- **信贷限额**：可以为客户定义一个总体的信用限额。这个限额是指一个单项的金额（例如，每张发票）以及一个总金额（未付款发票的总金额）。
- **信贷风险总额**：这是客户所欠债务的总金额。
- **风险类别**：这个选项允许把客户组合在一起。
- **信用代表组**：这个选项也允许把客户组合在一起
- **被冻结**：选择了这个复选框之后，就会因为客户存在信用方面的问题而不能再进行订购货物了。

这些信息都被汇集在了信用主数据的概览界面上，如图 6.28 所示。

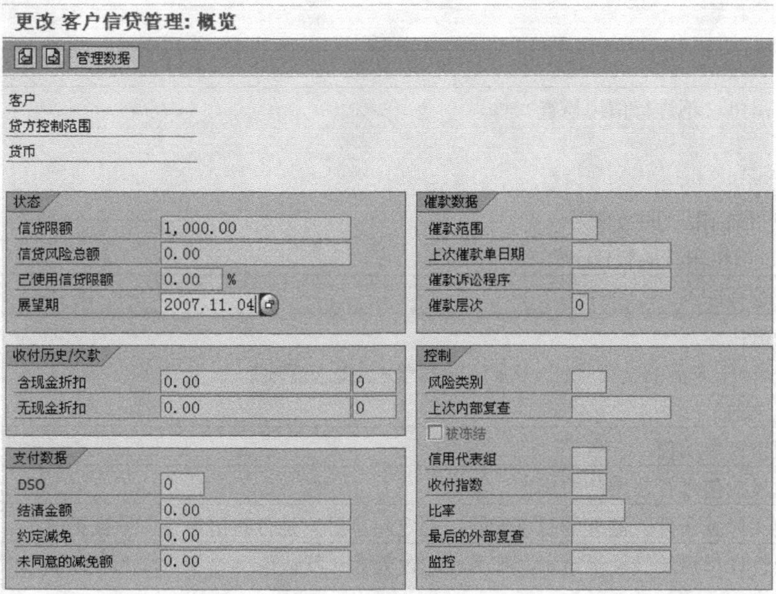

图6.28　信用主数据概览界面

6.9.2　自动信用控制

在客户的主数据对象维护完成之后，就可以通过以下的 IMG 路径：**SPRO · 销售和分销 · 基本功能 · 信用管理/风险管理 · 信用管理 · 定义自动信用控制**，或者使用事务 **OVA8** 来定义自动信用控制的设置了。

备注
自动信用控制是 AR 子模块和 SD 功能模块一起共享的，它也是系统的一个特色。根据配置规则的不同，在创建新的销售订单或是在出具 AR 发票时，系统就会去确定客户的信用风险，并结合客户的风险情况给出警告或错误的消息。

正因为如此，在 IMG 的不同区域都可以找到自动信用控制的配置设置。例如，销售订单是在 SD 中创建的，但客户的信用限额却是保存在信用主数据上的，而这是属于 AR 的一部分。

在这里，需要根据已经设置好了的主数据对象的组合来定义自动信用控制的规则。对于客户的项目来说，系统将根据客户的信用风险、风险类别，以及信用代表组的组合来确定如何来进行信用的控制。接下来会看到两个有关信用控制的例子。在创建新的销售订单或生成 AR 发票时，根据在信用控制范围所做的设置以及整体解决方案设计的情况，系统就会有不同的反应。

表 6.7 中所描述的是一些可用的选项，同时也给出了针对不同类型的客户要如何来使用组合设置的例子。

表6.7　自动信用控制的设置

字段	影响
响应	<空>：没有消息（不进行信用检查） A：警告 B：错误消息 C：警告＋超过信用限额的数值 D：错误＋超过信用限额的数值
状态/冻结	会对销售凭证进行冻结
静态	系统检查这些值： 未清的销售订单*＋未清的交货凭证*＋未清的发票＋AR 未清项 （带*号的是可选的）
动态	只检查未清销售订单的值
凭证值	允许对凭证的最大值进行信用的检查
关键字段	检查关键字段（付款条件、额外的起息天数、固定起息日）是否在销售凭证中被更改了
天数	如果释放的销售订单后续又被更改了，那么在超过天数（默认值 = 3 天）之后就会再次进行信用检查

要想解释清楚这些设置是如何对自动信用控制处理产生影响的，要先来为两种不同类型的客户（差的以及好的客户）创建一些默认的设置，这也是可以用来指导自动信用控制设置的。始终都应该把企业的实际需求以及最适合他们的解决方案设计联系起，之后考虑上面那些设置。

- **差客户**：在案例中，对那些比较差的客户所做的设置如图 6.29 所示中，对于已经超

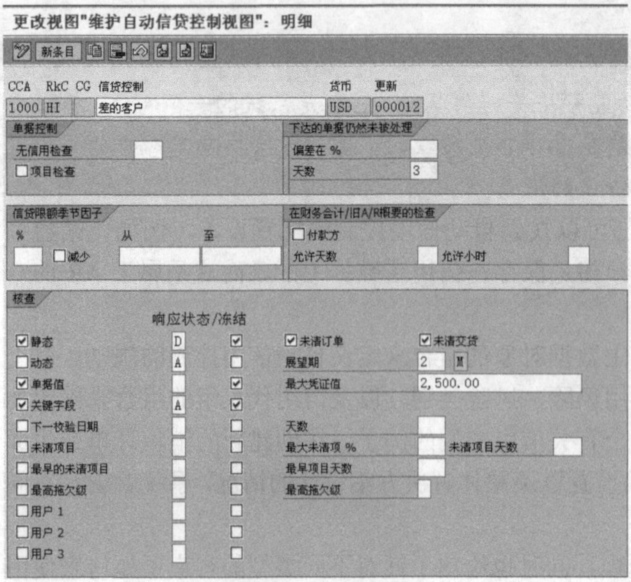

图6.29　对差的客户所做的设置

过信用限额的客户，系统不会再进行交货的业务处理。因为销售订单也占用了信用并被锁定了，因此需要有经过授权的人来释放销售订单。例如，可以选择将这样的设置应用到新客户中。

- **好客户**：对于好客户（见图 6.30）的设置则只有很少的几个限定，并且当一个好的客户超过他的信用限额时，系统只会发出警告的消息而不会冻结发货。也可以选择将类似的设置应用到新客户中，因此可以把它们包含在第 2 章提到过的信用控制范围的默认设置中。

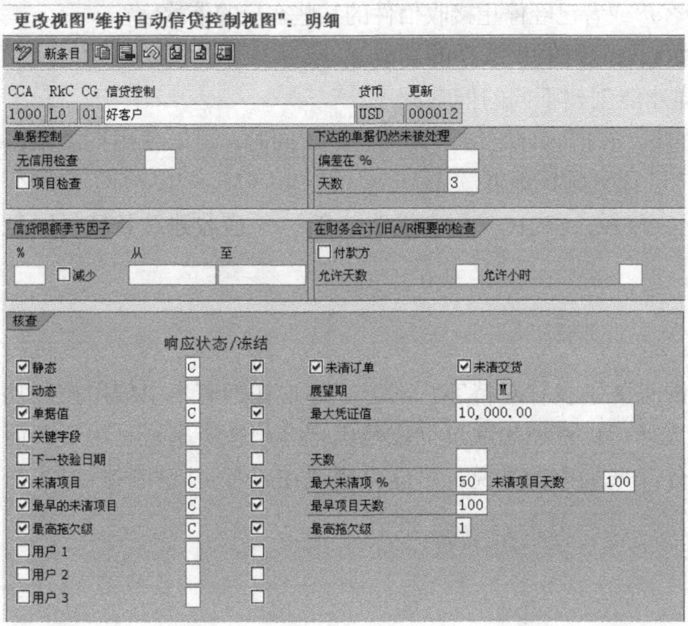

图 6.30　好客户的设置

如果不想对某些客户进行信用控制的检查，那就不要给他们分配信用代表组。

6.9.3　催款

催款是系统对客户超期付款项目的业务处理过程。催款的程序可以生成要发送给客户并要求其付款的催款信。在催款程序的配置中，需要定义发票的账龄时段，并且还需要为每一个时段配置所要发送出去的催款信。通过本章的学习，这将会变得更加清晰。

我们知道，催款程序是可以通过配置的设置来生成发送给客户并要求其即刻付款的催款信（通过 SAPScript 的格式）的。在这一节中，我们将讨论有关于催款的业务决策、催款范围和催款冻结；另外，我们还要配置催款的程序（包括催款层级、催款费用、催款的最小金额和催款的文本），以及把催款程序分配给客户和其他相关的话题。让我们从必须要做的基本业务决策开始。

业务决策

作为业务蓝图设计中的一部分，需要和业务伙伴就追讨客户债务的具体需求达成一致的意见。

应当考虑目前稳定的债务人情况（例如，在账上有多少老的债务人），以及是否对债务人的催款天数有一个目标，这些是要进行控制的。这些因素都将影响催款设计，而且会用来确定所需的催款层级和催款的范围的（本节后面部分进行解释）。

其他的催款需求可能还包括以下这些内容。

- 问题：怎样才能控制输出给客户或者已经停止接收信件的某些客户的催款信？
  答：可以在发票或客户层面上来应用催款冻结的功能。
- 问题：对于国内客户，怎样才能创建不同的催款程序？
  答：可以创建不同的催款程序，并把它分配给不同的客户。同时，可以使用催款范围的功能来控制想对哪些客户进行更频繁地催款。

催款的配置设置是在下面的 IMG 路径：**SPRO·财务会计（新）·应收账款和应付账款·业务交易·催款** 下来完成的。

催款范围

在催款过程中，可以用**催款范围**来区别设置对待客户的方式。这在拥有集中信用控制功能的大企业中应用比较合适。作为选择，也许还想通过催款范围把客户按类别进行组合；而出于催款的目的，希望能把他们区分开来。也就是说，可能希望现在或者是晚些时候对客户进行催款。

催款冻结

催款冻结是用来防止某些项目被催款的，在这种情形下，可能会从催款程序中把某个客户或某些客户的项目排除在外。催款冻结的功能可以被应用到单张的发票或者直接应用于客户，这适用于该客户的所有未清发票。

在默认情况下，所有的客户发票和客户主记录在被创建时其催款冻结这个字段都是空着的。而后，可以再进到发票中并选择冻结的原因，进而进行更改，配置的冻结原因如图 6.31 所示。

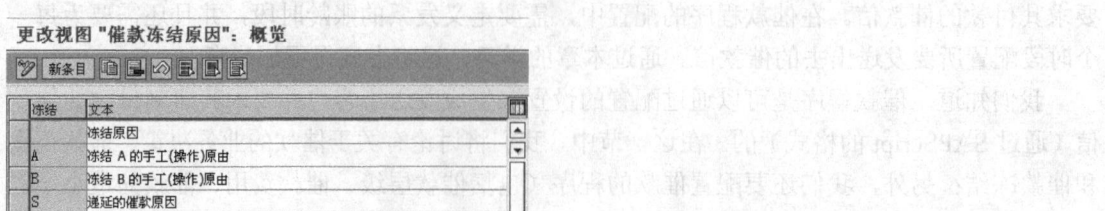

图 6.31　催款冻结原因

在 SAP 标准报表中，催款冻结和催款范围都可以作为选择的标准。如果查看某个客户的行项目报表，那就可以使用动态选择选项中的特定催款冻结原因来限定查询。

催款程序：概览

在催款程序中，需要定义你对客户进行催款的规则。在系统中，可以拥有多个催款的程序，并且每一个催款程序都是独立于公司代码的。在任何时候，客户都只能被分配一个唯一的催款程序，这个分配是可以更改的。

在我们的业务场景中，配置了一个 0001 的催款程序（催款方法），它带有四级催款、每两周催款一次的名称，如图 6.32 所示。

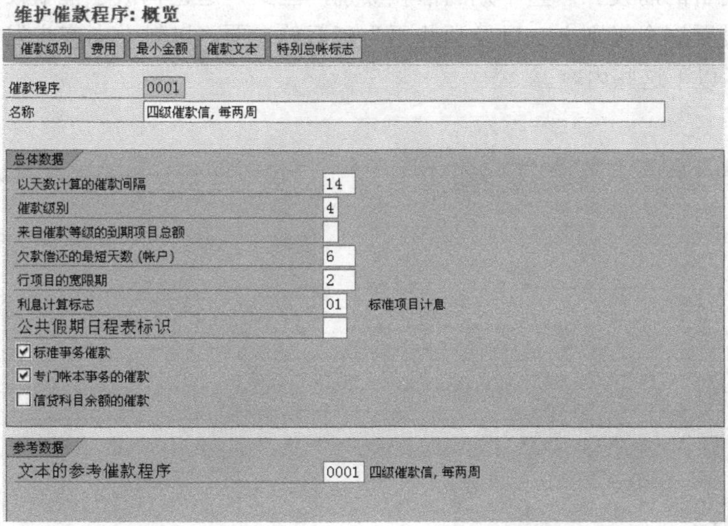

维护催款程序：概览

| 催款级别 | 费用 | 最小金额 | 催款文本 | 特别总帐标志 |

催款程序　　　　0001
名称　　　　　　四级催款信, 每两周

总体数据
以天数计算的催款间隔　　　　14
催款级别　　　　　　　　　　4
来自催款等级的到期项目总额　□
欠款偿还的最短天数（帐户）　6
行项目的宽限期　　　　　　　2
利息计算标志　　　　　　　　01　　标准项目计息
公共假期日程表标识　　　　　□
☑ 标准事务催款
☑ 专门帐本事务的催款
□ 信贷科目余额的催款

参考数据
文本的参考催款程序　　　　　0001　　四级催款信, 每两周

图 6.32　催款程序概览

显示在图 6.32 中的**维护催款程序：概览**界面上的配置设置是一个四级催款程序，这意味着分配到这个催款程序的客户可以经由最多达四级的催款程序来对他们的发票进行催款。这样可以根据所催款的客户项目的不同反馈情况来适用不同的催款级别。催款程序的基本配置设置包括以下这些内容。

- **以天数计算的催款间隔**：如果对发票进行催款，那么在这个设置中所指定的间隔时间没有被超出之前，系统将不会再对它进行催款。
- **欠款偿还的最短天数**（账户）：这是对被选中项目进行催款之前所能欠账的最短天数。在这个例子中，仅超两天的发票将不会被考虑在内。
- **行项目的宽限期**：如果给予了宽限期，那么一个拖欠天数小于或等于宽限期的项目也不会被催款。

- **标准事务的催款**：对于正常客户项目的催款，应当选中这个选项。

现在，让我们来看看催款程序的下一个配置项目：催款级别。

催款程序：催款级别

在**维护催款程序：概览**界面定义好催款程序的基本设置之后，在**维护催款程序：催款级别**界面中来配置**催款级别**，如图 6.33 所示。催款级别的作用是可以根据发票的迟滞时间早晚来进行不同层级的控制。当发票超期很多天后，它就会触发某个层级的催款。例如，第一个催款级别可能是两天。也许只想把这些项目找出来，并把它们放在一份报告中，而并不希望向这些客户发送出任何的催款信函，那就可以选择只对那些超期更长的发票才发出催款信。因为可能是出于内部报告分析的目的而设立一些早期的催款级别，因此，这也构成了催款设计的一个重要组成部分。可以设置这个级别之上以及那些更为延后的发票，以触发向客户发送催款信。催款级别的设置包括以下这些内容。

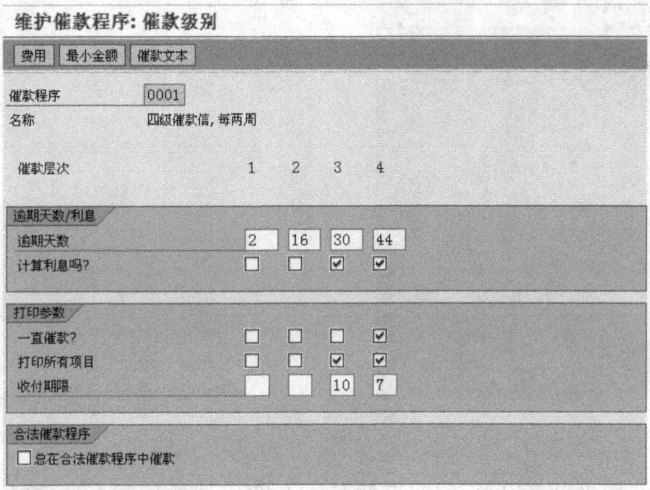

图 6.33　催款级别

- **逾期天数**：超期天数的设置是控制发票的催款级别的。
- **计算利息吗？**：根据客户信誉的不同或者很可能是根据客户对支付额外利息的反应来决定是否计算利息，并不是每个企业都向他们超期付款的客户收取利息。
- **一直催款？**：要是客户发票的催款级别没有发生变化，可以选择不发出催款信。需要联合**概览**界面上所配置的**按天计的催款间隔**选项一起来使用这个设置。
- **打印所有项目**：如果为某个催款级别选择了这个选项，那么系统就会为催款级别打印出该账户的所有未清项（催款冻结的项目除外）。
- **收付期限**：可以在输出物上增加一行简要说明最终付款期限的文本（例如，"请在未来 10 天之内支付这些项目"）。这需要包含在 **SAPScript** 格式中。

接下来，让我们来看看催款费用的配置。

催款程序：催款费用

催款费用指的是希望对客户由于付款超期而收取固定费用（利息）。在这种情形下，催款费用其实就是管理费用的一种形式。这可能会造成信誉缺失，需要好好考虑一下是否对客户进行这样的收费（利息）。催款费用在**维护催款程序：催款费用**界面中进行配置，如图 6.34 所示。

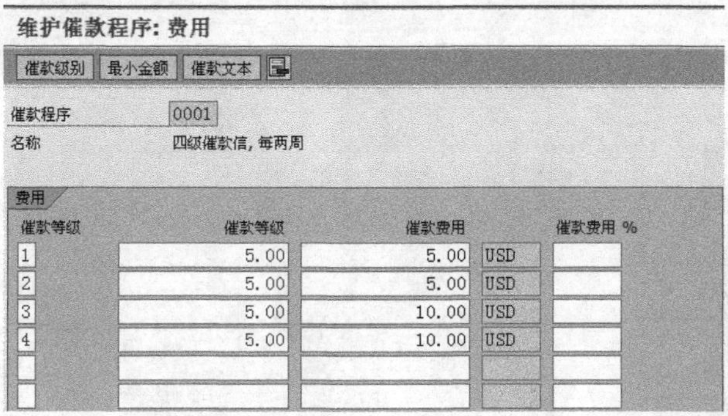

图 6.34　催款费用

许多企业都希望能向客户收取利息，但很少能够持久收费。有些企业只是利用催款费用作为让客户能及时付款的一种要挟。如果这就是想要达到的目的，那就可以把催款费用放到催款信的输出格式中。可以选择使用一个收费百分比，而不是一个固定的金额，它是根据逾期的金额计算的。

催款程序：最小金额

在如图 6.35 所示的**维护催款程序：最小金额**界面中，可以定义所被催款发票的最小金额。这个功能可以确保不会对那些只要求支付几美元的客户发出催款信。要实现这样的功能，可以设置一个**最小金额**，或者是所有未清项合计数的一个百分比（**最小比率**）。根据企业的业务性质，应当定义一个催款的最小金额。

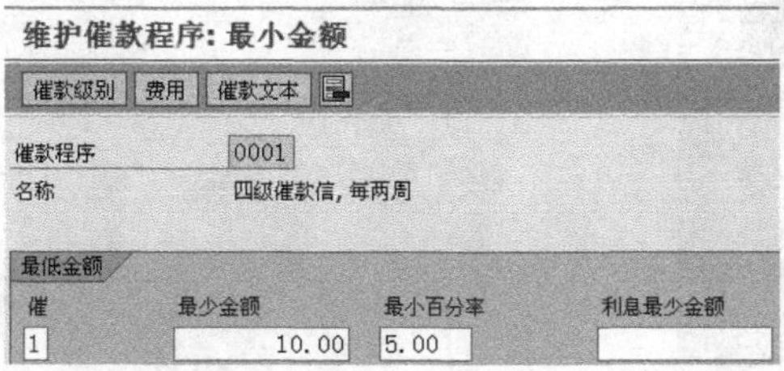

图 6.35　定义催款的最小金额

催款程序：催款文本

在如图 6.36 所示的**维护催款程序：催款文本**界面中，开发人员（或者你）要把 SAPScript 格式分配给相应的催款级别。在所显示的这个例子中，分配的是系统标准的 SAPScript，但通常的做法是可以自己创建带有企业标识的催款文本。

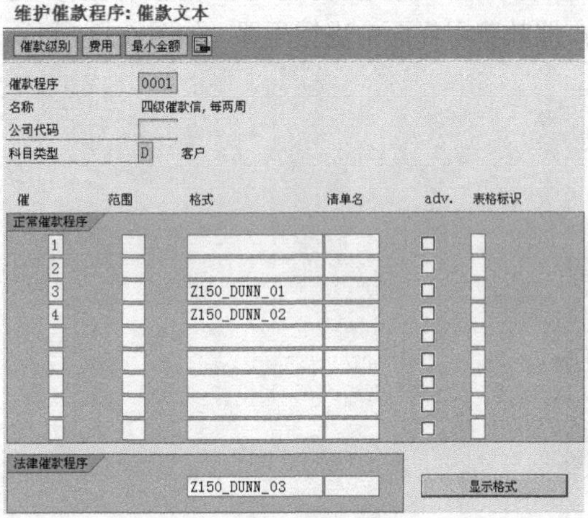

图 6.36　分配催款文本给催款程序

这就完成了催款程序的全部配置了，往下就是要在客户主数据上把可使用的催款程序分配给客户了，这正是我们接下来所要讨论的内容。

分配催款程序给客户

在设置完催款程序之后，需要把它分配给客户。图 6.37 显示的就是把催款程序分配给客户的地方。如果还想要使用催款范围，那可以为客户选取这些选项。

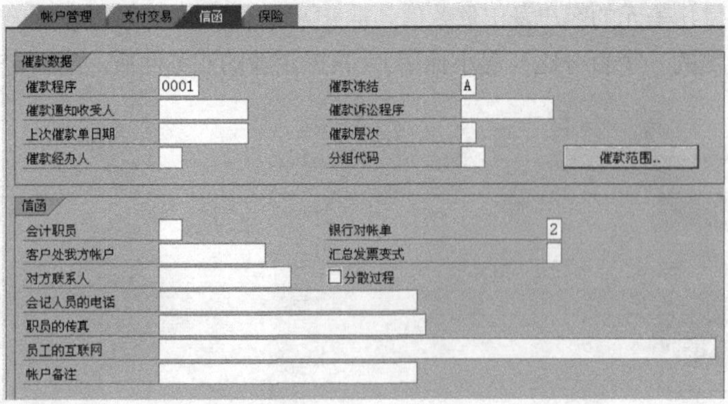

图 6.37　分配催款程序给客户

另外一个可以利用的字段就是催款通知收受人（催款接收人）。使用这个字段可以为客户分配另外一个接收所有催款通知的客户主数据。在催款程序被分配给客户之后，并且客户也同时存有未清的发票时，就可以对客户运行一个到期的催款清单了。

创建到期的催款清单

要创建一个到期的催款清单列表，可以沿 SAP 菜单路径：**SAP 轻松访问 · 会计 · 财务会计 · 应收账款 · 定期处理 · 催款**，或者使用事务 **F150** 来执行。可以参照如下步骤来实现：

1. 定义催款参数；
2. 编辑或确认催款建议；
3. 生成催款清单。

在编辑催款建议时，可以选择冻结或者是解冻催款的客户项目。另外，还可以强行生成客户项目的催款信。如果查看发票上的客户行项目，就会看到有一个叫做**上次催款**的字段。这就是上一次催款运行的日期，紧靠着它的是带有催款级别的字段，这是作为上一次催款运行内容一部分所达到的催款级别。如果想人为地把发票提高到一个更高的催款级别，那就可以更改这些值，以便当这张发票在下一次被催款时，催款就能够达到预期的级别。这样的一个例子被显示在了图 6.38 中。

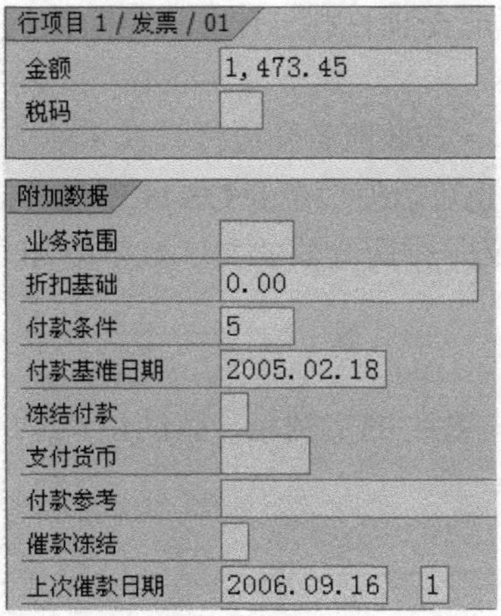

行项目 1 / 发票 / 01	
金额	1,473.45
税码	
附加数据	
业务范围	
折扣基础	0.00
付款条件	5
付款基准日期	2005.02.18
冻结付款	
支付货币	
付款参考	
催款冻结	
上次催款日期	2006.09.16　1

图 6.38　在客户发票上手工编辑催款级别

更改催款建议清单的格式

当查看催款（建议）清单时，系统参考的是 RFMAHN21 报表。要是进入事务 SE38 来运行这个报表，那还可以创建报表格式的变式，日后再查看催款建议时，可以直接使用这个变式。

在下一节，我们要来讨论一下与利息计算相关的配置。

6.9.4 配置利息计算

作为债务人管理业务处理的一部分，可能要对超过一定期限的客户未清项收取利息费用。在这一节，我们就来看一看利息计算的配置步骤，然后再简单了解一下利息计算程序的运行情况。

客户利息计算的配置可以分为以下几个步骤。

- 定义利息计算的类型。
- 准备欠款利息计算。
- 准备项目利息计算。
- 定义参考利息率。
- 定义基于时间的条款。
- 输入利息值。
- 欠款利息计算（AR）。

让我们从第一个配置步骤开始，也就是定义利息计算的类型。

定义利息计算类型

在这个配置操作中，需要配置利息计算的类型，这决定了它是项目利息计算还是余额利息计算。

配置利息计算类型的菜单路径是：**SPRO·财务会计（新）·应收账款和应付账款·业务交易·利息计算·利息计算的全局设置·定义利息计算类型**，也可以使用事务 **OB46** 来完成。

- 在接下来的界面中，输入下列信息（见图 6.39）：定义一个两位数的文字数字型 ID 的利息标识（ID 标识）。
- 利息计算类型的名称。
- 利息计算类型，"P"表示客户的项目利息计算，这是与我们的案例相一致的。
- 保存输入。

在接下来的步骤中，我们要来了解一下准备欠款利息计算。

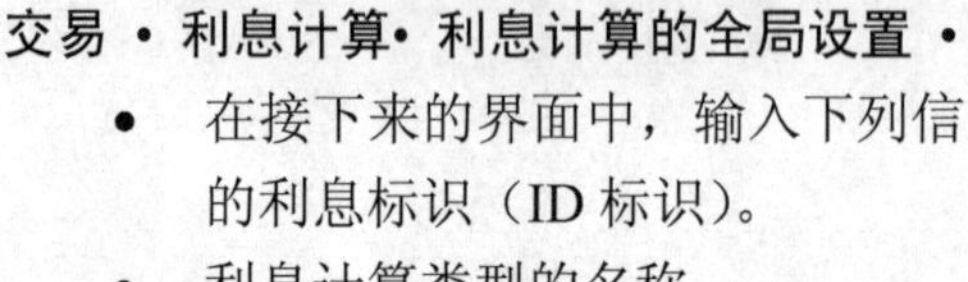

显示视图 "利息结算(计算类型)"：总览

利息标志	名称	帐户利息计算标志	利息计算类型	名称
01	标准项目计息	☐	P	项目利息计算
02	标准余额计息	☐	S	余额利息计算
03	余额计息期间2	☐	S	余额利息计算
04	项目计息期间2	☐	P	项目利息计算
05	余额计息期间3	☐	S	余额利息计算
10	项目计息	☐	S	余额利息计算

图 6.39　定义利息计算类型

准备欠款利息计算

这个配置步骤的菜单路径是：**SPRO·财务会计（新）·应收账款和应付账款·业务交易·利息计算·利息计算的全局设置·准备欠款利息计算**，也可以使用事务 **OB82** 来完成。

要为每一个利息标识输入所需的信息，如表 6.8 所述（见图 6.40）。

表6.8 定义利息的条款

字段	描述
项目选择	选择想要纳入利息计算的选项： • 未清及所有已清项（无论是否是因为付款或者是由于有贷项凭证而进行的清账）； • 未清项以及通过支付而结清的项目； • 无未清项——全部是已清项； • 无未清项——只有通过支付而结清的项目
利息确定	
日历类型	输入将用于计算欠款天数的日历类型，系统将在此基础上进行利息的计算。可以选择"B"，这种情况下，每一个月都会被认为是 30 天，或者选择"30/365"，这样，每一个月会被考虑为 30 天，但是欠款的天数是被 365 除过之后来计算利息的
转账天数	输入从付款方转到收款方的银行转账付款的天数。作为一种通用的做法，已清项目的利息是根据一个特定的天数来计算的，这个天数是要减去银行转账天数的
容差天数	在这里输入是否要对项目进行利息计算的宽限天数。如果项目超期的天数大于这里所设置的宽限天数，那么系统就会计算按超期的总天数而不是按减去宽限的天数来计算利息
到期日之前项目的贷方利息	对于在到期日之前就已支付的未清项，如果要把这部分利息付给客户，那就选择这个标识
没有贷方项目利息计算（只计算借方项目的利息，译者注）	如果不想计算贷项凭证的利息，那就选中这个标识，一般情况下，对于客户来说，贷项凭证项目是过账到客户贷方的
利息后处理	
限额	输入要进行利息结算的限额。这确保了不会对小额的利息进行结算，那样的话，利息处理的成本可能比小额利息本身还要大
没有利息支付	如果不想生成利息的贷项凭证，那就选择这个标识
输出控制	
号码范围	输入利息发票的内部号码范围，当利息在系统中进行过账时，它会被填充到 FI 凭证的参考字段上
过账	
付款条款	在这个字段为利息发票指定付款的条件
税码	如果利息收入科目是含税的，那就在这个字段输入相应的税码

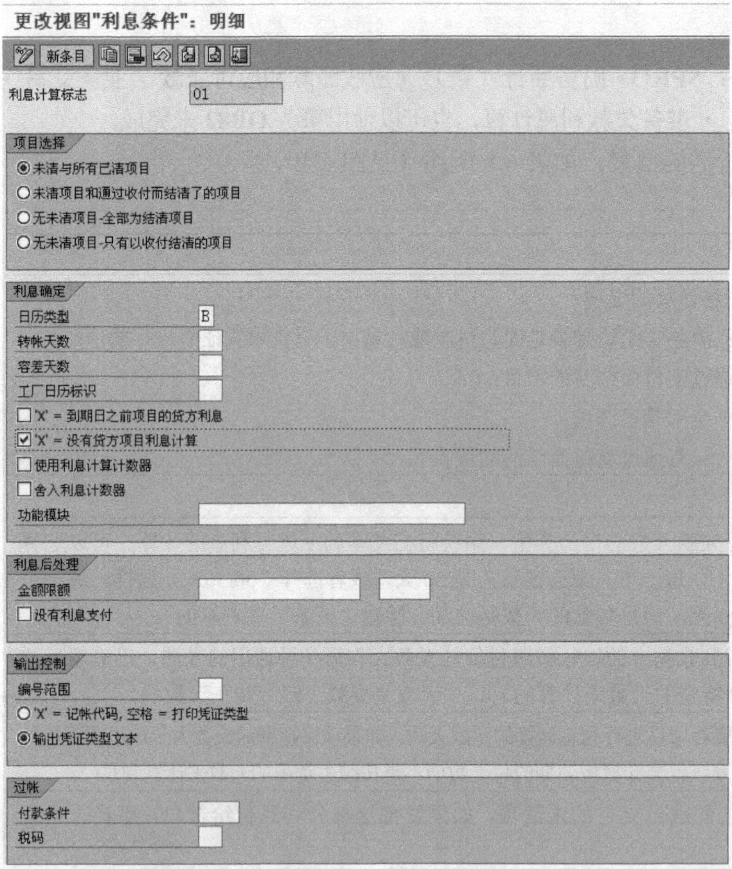

图 6.40　准备项目利息计算

在定义完欠款利息的计算后，接下来，我们再来讨论一下准备项目利息的计算。

准备项目利息计算

项目利息计算的配置菜单路径是：**SPRO·财务会计（新）·应收账款和应付账款·业务交易·利息计算·利息计算的全局设置·准备项目利息计算**。

在这个步骤中，需要对之前步骤中所做的配置进行补充设置，目的是使利息计算程序能够正确地计算出利息，并且能够正确辨识出被选取出来进行利息计算的项目。

备注

在这一步骤中的字段与上一个步骤的字段是很相似的，如果对这两个步骤中所共通的任何一个字段进行更改，在其相互之间可能都会产生影响。

在这里，我们只讨论表 6.9 中所列的两个重要字段，这也是与我们的配置相关的（见图 6.41）。

表6.9　项目利息计算

字段	描述
未清项	选择**未清项**标识。除此之外，还可以选择下面这3个选项： • 所有的已清项； • 只有通过支付而结清的项目； • 没有已清项
参考日期	这个日期将被用作开始进行利息计算的有效到期日，可以从以下日期选项中选择： • 起息日（或者最后付款的基线日期）； • 凭证日期； • 过账日期； • 付款基线日期

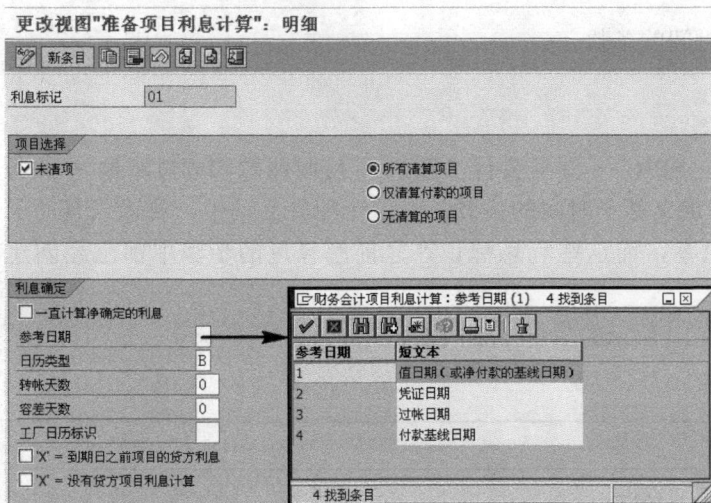

图6.41　准备项目利息计算

在下一个步骤中继续设置利息率，它将用于利息计算程序以计算利息的大小，这个欠款利息的金额也是要向客户收取的。

定义参考利息率

定义参考利息率的菜单路径是：**SPRO·财务会计（新）·应收账款和应付账款·业务交易·利息计算·利息计算·定义参考利率**。在这个步骤中，通过输入一个唯一的代码、描述、有效起始日期、货币和金融中心来自定义参考利息率，如图 6.42 所示。

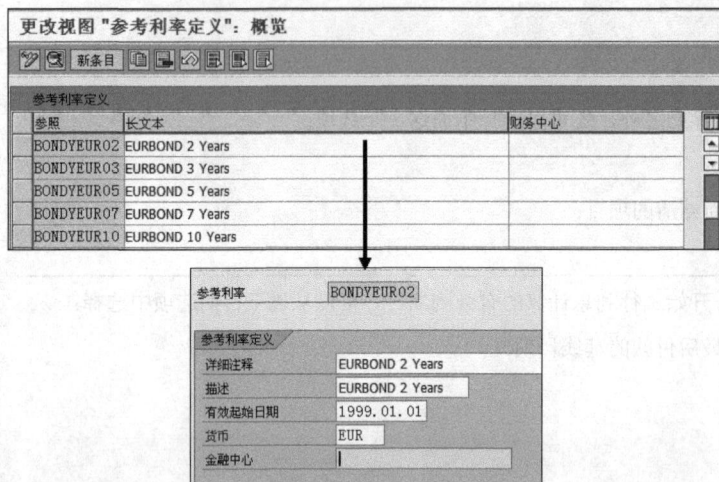

图6.42　定义参考利息比率

接下来，我们还要定义基于时间的条款。

定义基于时间的条款

这个配置活动的菜单路径是：**SPRO·财务会计（新）·应收账款和应付账款·业务交易·利息计算·利息计算·定义基于时间的条款**。在这个配置活动中，要输入有助于系统为每一种利息标识确定利息率，而这些利息标识在之前解释过的步骤中都已经创建好了。

在配置界面中，要输入如表 6.10 所示的信息（见图 6.43）。

表6.10　定义基于时间的条款

字段	描述
利息标志	输入适用于设置的利息标识
货币	输入基于时间条款的货币
有效期始于	输入生效的日期
序列号	如果需要基于金额的大小来创建多种的利息计算，可以使用这一列。序列号是从 1 开始的，通过在配置表中创建不同金额的多个行，就能够获取到所需要的基于时间条款的序列层级
交易类型	在这里输入相关的业务交易类型：借方利息或是贷方利息
起始金额	输入利息计算的起始金额。请注意：这是用于余额利息计算的，而且它是作为利息计算基础而采用的绝对数额

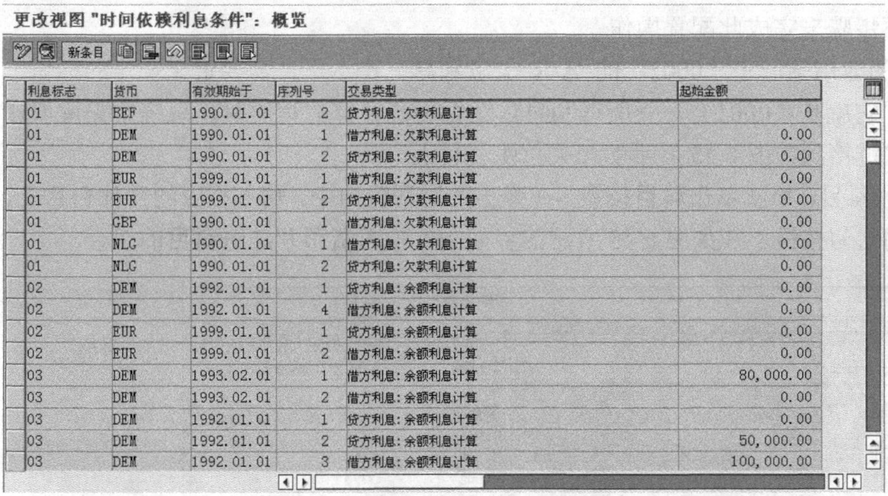

更改视图 "时间依赖利息条件"：概览

利息标志	货币	有效期始于	序列号	交易类型	起始金额
01	BEF	1990.01.01	2	贷方利息: 欠款利息计算	0
01	DEM	1990.01.01	1	借方利息: 欠款利息计算	0.00
01	DEM	1990.01.01	2	贷方利息: 欠款利息计算	0.00
01	EUR	1999.01.01	1	借方利息: 欠款利息计算	0.00
01	EUR	1999.01.01	2	贷方利息: 欠款利息计算	0.00
01	GBP	1990.01.01	1	借方利息: 欠款利息计算	0.00
01	NLG	1990.01.01	1	借方利息: 欠款利息计算	0.00
01	NLG	1990.01.01	2	贷方利息: 欠款利息计算	0.00
02	DEM	1992.01.01	1	贷方利息: 余额利息计算	0.00
02	DEM	1992.01.01	4	借方利息: 余额利息计算	0.00
02	EUR	1999.01.01	1	贷方利息: 余额利息计算	0.00
02	EUR	1999.01.01	2	借方利息: 余额利息计算	0.00
03	DEM	1993.01.01	1	借方利息: 余额利息计算	80,000.00
03	DEM	1993.02.01	2	借方利息: 余额利息计算	0.00
03	DEM	1992.01.01	1	贷方利息: 余额利息计算	0.00
03	DEM	1992.01.01	2	贷方利息: 余额利息计算	50,000.00
03	DEM	1992.01.01	3	借方利息: 余额利息计算	100,000.00

图 6.43　和时间相关的利息条款

在下一个步骤中，我们来定义利息率的大小。

输入利息率

维护利息率的菜单路径是：**SPRO·财务会计（新）·应收账款和应付账款·业务交易·利息计算·利息计算·输入利息值**，也可以使用事务 **OB83** 来执行。在如图 6.44 所示的界面中，单击**新条目**按钮；输入**参考利息类型、有效起始日**和**利息率**；然后就可以保存输入了。

新条目：所添加条目的概览

参考利率值

参照	描述	有效起始日	利率
DISDM		1997.01.01	3.0000000
DISDM		1992.10.01	12.5000000
DISDM		1992.06.01	10.5000000
DISDM		1990.01.01	9.0000000

图 6.44　输入利息率

在最后一个步骤中，我们将配置完成利息计算处理的科目确定设置，这样系统在计算出利息后，就可以将其直接过账到相应的总账科目中去。

A/R：欠款利息计算

这个配置设置的菜单路径是：**SPRO·财务会计（新）·应收账款和应付账款·业务交易·利息计算·利息过账·A/R：欠款利息计算**，也可以使用事务 **OBV1** 来完成。

可以参照以下步骤来完成此配置操作。

1. 这个设置的应用领域是"0002"的 **A/R 欠款利息**。在这里，需要定义账户的标识，在我们的例子中，它就是"0001"——所得利息。运行利息计算的程序时，系统会去读取账户的标识，并把它链接到如图 6.45 所示的相关总账科目上。

2. 要定义总账科目，那就单击科目按钮。在弹出的对话窗口中，输入相应的会计科目表，然后再单击绿色的对勾按钮。在如图 6.45 所示的界面中，输入**货币**和**总账科目**的组合。

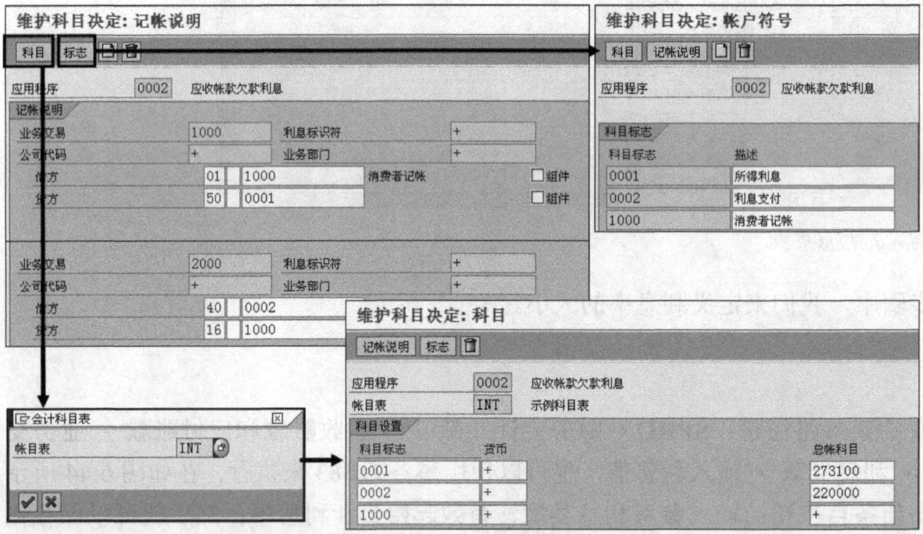

图 6.45　利息计算的科目确定设置

备注

如果在货币字段中是"＋"符号，那就表示总账科目可以针对所有的货币进行过账。如果某个账户标识涉及的是客户账户，那就不要指定总账科目，而要使用"＋"来代表了。

3. 在**记账说明**的区域，可以使用**业务交易**、**利息标识**、**公司代码**和**业务范围**的组合来定义过账的规则。在我们的案例中，相应的业务交易是"1000"（所得的利息）。如果不想区别公司代码、利息标识或者业务范围进行过账，那建议使用"＋"来代替具体的值。在这里，还要为利息过账定义借方和贷方的记账码。

最后，需要在客户主数据上维护这些设置，这样在利息计算程序运行时，系统才能选择到所要进行欠款利息计算的所有客户。图 6.46 所示的就是把利息计算的相关设置维护到客户主数据上的界面。

现在，我们已经完成了利息计算的所有配置了，让我们使用 SAP ERP 的标准程序来继续进行利息的计算。

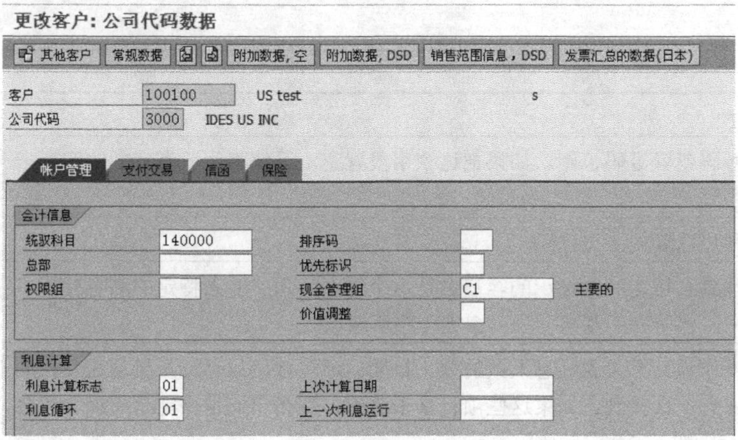

更改客户: 公司代码数据

| 其他客户 | 常规数据 | | | 附加数据, 空 | 附加数据, DSD | 销售范围信息, DSD | 发票汇总的数据(日本) |

客户　　　　100100　　US test　　　　　　　　　S
公司代码　　3000　　IDES US INC

| 帐户管理 | 支付交易 | 信函 | 保险 |

会计信息
统驭科目　　140000　　　排序码
总部　　　　　　　　　　优先标识
权限组　　　　　　　　　现金管理组　　C1　　　主要的
　　　　　　　　　　　　价值调整

利息计算
利息计算标志　　01　　　上次计算日期
利息循环　　　　01　　　上一次利息运行

图 6.46　维护利息计算的客户主数据

6.9.5　利息计算

执行利息计算的菜单路径是：**SAP 轻松访问 · 会计 · 财务会计 · 应收账款 · 定期处理 · 利息计算 · 项目利息计算 · 项目利息计算／利息运行显示**，也可以使用事务 **FINT/FINTSHOW** 来执行。在图 6.47 所示的界面中输入表 6.11 所描述的参数。

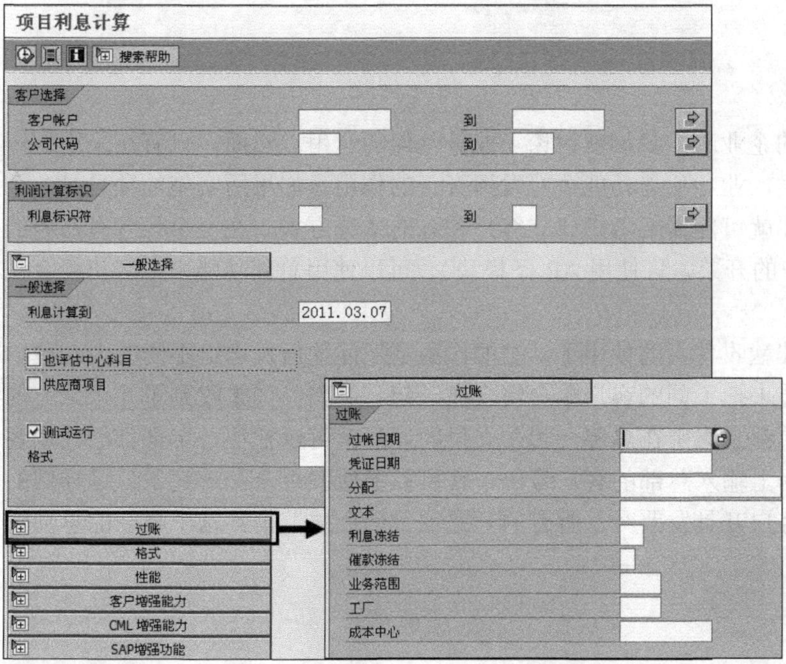

项目利息计算

| | | | | 搜索帮助 |

客户选择
客户帐户　　　　　　　　　　　到
公司代码　　　　　　　　　　　到

利润计算标识
利息标识符　　　　　　　　　　到

| | 一般选择 |

一般选择
利息计算到　　　　　　2011.03.07

□ 也评估中心科目
□ 供应商项目

☑ 测试运行
格式

	过账
	格式
	性能
	客户增强能力
	CML 增强能力
	SAP增强功能

| | 过账 |
过账
过账日期
凭证日期
分配
文本
利息冻结
催款冻结
业务范围
工厂
成本中心

图 6.47　项目利息的计算程序

表6.11　项目利息的计算参数

字段	描述
一般选择	
客户账户	输入客户的号码或者号码范围。如果把这个字段置空，系统将为所有有效的客户来运行这个程序
公司代码	输入要执行利息计算的公司代码
利息标识符	如果想为某些具有特定利息标识的客户运行这个程序，那就输入特定的利息标识。如果把它置空，那所有的利息标识都会被程序所选取
利息计算到	输入将被用来作为计算欠款利息天数的截止日期。请注意，只有过账日期在此日期之前的项目才会被选择到。如果这些项目是未清的，那么它们也一定是超期的才会被包含在内
测试运行	如果想先测试运行这个程序，那就选择此标识，它将不会把利息过账到账户上。在对测试运行的结果感到满意之后，可以去掉这个标识正式运行
过账	
过账日期和凭证日期	输入利息记账的过账日期和凭证日期
成本中心	输入与利息收益总账科目一起过账的成本中心

运行这个程序时，系统会针对每一个特定的利息标识下所选取的客户中带有该利息标识的项目进行利息的计算。

6.9.6　总部功能

在定义一个关系复杂的企业时，我们就讨论了业务伙伴的运用。然而，只有在采用了一个基于销售订单流程的时候，业务伙伴功能才能发挥真正的作用。如果所实施的项目是一个只包含财务的解决方案，那就可能需要考虑建立客户关系的备选方式。在一个只含有财务的系统解决方案中（对于客户的开票，只使用 AR 子模块），可以使用总部功能来把客户组合在一起。

同样，我们也已谈过催款收件人的使用了，它的作用是把催款信发送给不同的人。可以使用客户主数据的总部功能来把不同的客户账户组合在一起。例如，如果收到了几个地方的客户订单，并且他们的账单都是集中在总部一起来支付的，那就可以把他们全部都创建成客户。通过在这些客户主数据上输入总部的客户号码，就可以把他们组合在一起了。这样做的好处是：针对各个地方的客户开具发票时，所有的开票项目都会被汇集到这个唯一的总部账户上。

6.10　小结

AR 子模块是整体业务处理的一个重要组成部分。建立在第 2 章的企业结构以及第 3 章的

FI 全局设置讨论基础之上的这一章，主要的目的是要完成满足企业业务需求的 AR 整体解决方案所需的全部配置。本章的主要知识点包括以下内容：

- 从订单到收款处理循环的学习；
- 解释客户主数据的使用和配置；
- 解释主要 AR 处理凭证的用途和配置，包括客户发票和客户的付款；
- 了解欠款债务人管理的可使用功能，进而是对既要能使用这样的功能且又能满足业务需求而所需的那些配置进行解释。

在第 7 章，我们将配置资产会计（AA）子模块，对于新用户来说，这通常都是一个具有挑战性的过程。之所以这样说，主要是因为我们缺乏一个对整个过程复杂性的了解，因此，我们将对这个配置的过程详尽地解释和说明。

本章将帮助你揭开资产会计那神秘的面纱，这也是许多 FI 的咨询顾问都疲于应对的。资产会计是非常不同于其他 FI 子模块的，如果在这方面拥有良好的业务处理和配置设置的知识，那你就拥有了一笔宝贵的财富。

第 7 章　资产会计

　　这一章的目的是解释资产会计（从这个角度就把它简称为 AA）子模块（通常指的就是固定资产）的功能。资产会计是为管理和监管企业固定资产而设计的，并且它也是总账下面的一个子账。有时候，资产会计也会被认为是一个很特殊的子模块，这是因为从公司或法定的角度来看，就连很多 SAP 的专业人员也都不是很明白这个子模块的处理过程。正因为如此，本章提供了大量的资产会计方面的信息，目的是帮助初阶用户对这方面的内容进行理解，这包括以下这些主题：

- 在资产会计中，不同组织要素之间的关联关系；
- 资产主数据的配置；
- 符合法定需求的折旧方法配置及其总账过账；
- 资产购置、转移以及报废的业务处理；
- 资产折旧处理；
- 资产主数据的替换和校验；
- 流动资产评估。

　　因为本章是按资产会计的配置活动类型来组织其 IMG 的，因此，本章的阅读顺序很重要。这个顺序（这也是在资产会计中进行配置处理顺序的步骤）可以确保按 SAP ERP 所要求的顺序来完成配置，这样也就能考虑到不同对象之间的相互依存关系了。同时，这也确保了那些没有经验的用户不会丢失任何的配置步骤或者把各种依存关系搞混了。

　　本章首先介绍的是资产会计的主要概念。然后讨论资产会计的重点内容，当在业务蓝图中设计资产会计解决方案时，这些重点的内容就应当是你和业务伙伴间进行专题讨论的一部分。之后，还将详细介绍资产会计的配置。

7.1　资产会计概览

　　在 SAP ERP 系统中，资产会计涵盖了资产的整个生命周期。当在创建资产的采购订单或者当资产被资本化时就开始了资产生命周期的管理，直到使用年限结束时的资产报废。在此期间中，系统会自动计算出相应的折旧值和利息额，并将这个信息呈现在各种报表中。资产的生命周期展示如图 7.1 所示。

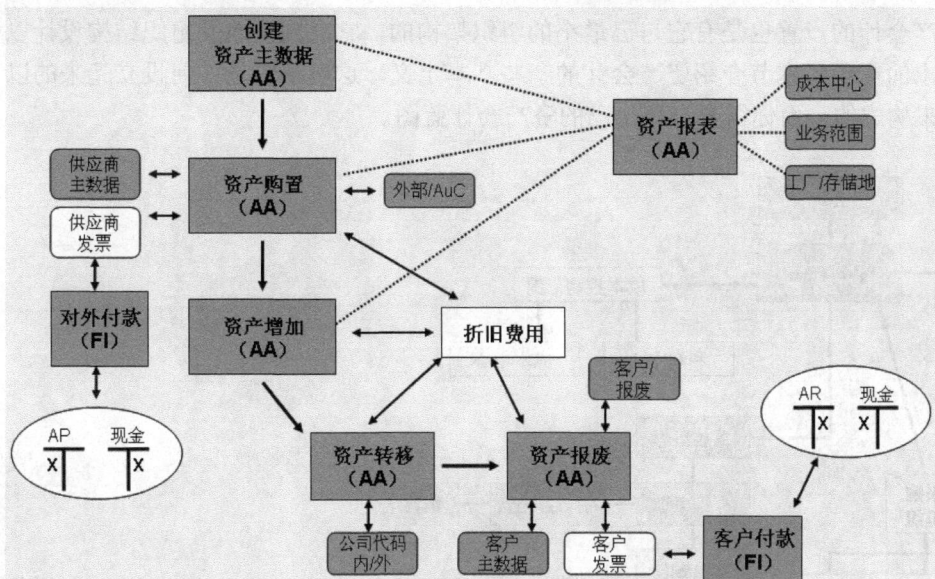

图7.1　资产生命周期

7.1.1　需要考虑的实施事项

与 SAP ERP 的任何一个财务子模块一样，在开始配置之前，始终都应当先搞清楚想实施哪些方面的功能。对于资产会计而言，同样也是这个道理，因为这个子模块的设计是可以在国际上通用的。由于不同国家在法定要求上存在差异，因此，要求资产会计子模块要拥有足够的灵活性，这样才能满足本国或特定行业的业务需求。

在配置系统时，还应当确保任何一个特定国家的设置都不会被固化死。SAP 系统提供了许多国家的具体设置，在适当的情况下，可以复制这些配置设置，这样可以减少项目实施过程所需的工作量。

7.1.2　集成

资产会计是与其他模块完全集成的，如图 7.1 所示。在任何时候，过账到资产也都是与总账集成的，因此资产的价值就可以在资产负债表中实时、正确地反映出来。

7.2　资产会计基础

在第 2 章中，我们为 SAP 系统解决方案设计定义了企业结构，其中也概述了实现解决方案所需的基本架构。在讨论资产会计的具体对象之前，让我们先来对这个企业架构图做一个简单的回顾，这显示在图 7.2 中。

在第 2 章，当时的决定是没有包含资产会计的元素的，因为这些要素将在本章来进行详尽地解释。资产会计的设置也是有它自己最小的组织架构的，它会顺次地受组织结构设计以及法定报告需求的影响。本节介绍资产会计的一些基本定义，这包括它是如何设立起来的以及它又是如何来构成的，而你需要设计自己的资产会计蓝图。

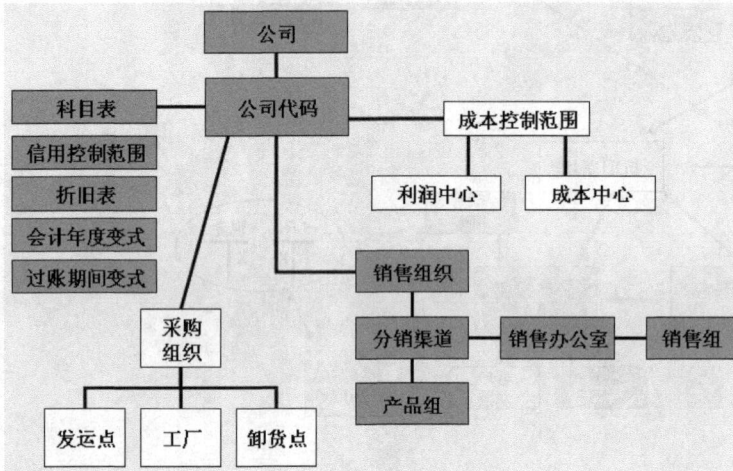

图 7.2　企业结构

7.2.1　折旧表

折旧表是用来管理各种资产折旧和法定估值需求的组织元素的。与公司代码一样，这通常都是特定到某个国家的，因而不需要与其他任何的组织单位保持一致。例如，折旧表可以用于某一国家中的所有公司代码。

特定国家的折旧表

在简单的业务场景中，比如在同一个国家有一个或多个公司代码。这些公司代码可以都分配给同一个折旧表，因为它们对资产的评估都是受同样的法定需求所支配的。在折旧表中，需要定义以下两个设置，它们会在后面的章节中进行更为详尽地讨论。

- **折旧范围**：企业可能会受到法定报告中所必须遵守的规则的约束。企业也许是一个跨国公司，但是希望按照国内的规章来出具资产报告。正因为如此，SAP 允许定义多个折旧范围，可以在其中分别设置内部的和外部的折旧规则来提供各种的分析报告。
- **折旧码**：折旧码是折旧计算的规则。折旧码存有折旧计算的方法和期间控制，这些都是在集团层面来定义的。可以更改系统所交付的标准折旧码，并且还可以增加自定义的折旧码。

> **备注**
>
> SAP 提供了许多与国家所相关的折旧表，可以复制这些折旧表；但不能直接使用它们。必须复制与本国相匹配的折旧表，因为折旧表包含了所有法定的要求，同时它也为资产会计的配置开了一个好头。

公司代码和折旧表的统一

在资产会计中，必须把一个唯一的折旧表分配给公司代码。对于公司而言，应当保持最少数量的折旧表，目的是尽可能地维持资产价值的统一。对于某些特定国家的或者是特定行业的公司代码来说，只要他们具有相似的资产会计需求，那就应当使用相同的折旧表。

会计科目表和折旧表的统一

把公司代码分配给会计科目表这种配置操作是独立于折旧表的分配的。这意味着虽然不同的公司代码可以拥有不同的折旧表，但它们仍可以使用相同的会计科目表（反之亦然）。这样的关联就把财务信息从资产会计传递到了总账科目。总账科目的分配是受资产会计中资产类别控制的。必须在每一个资产类别上指定一个科目确定。在这个科目确定中，需要为不同的事务指定进行自动过账的总账科目。

7.2.2 把资产分配给组织单元

在资产会计中，资产主记录是将资产分配到不同组织单元的基础。由于这样的分配可以应用于许多的报表，因此，比较重要的一点就是不要只从资产会计的角度来看这些分配，对其他应用程序做进一步分析时，它们也是很重要的。可能的资产/组织单元分配有以下几种。

- **公司代码的分配**：如前所述，必须在有关折旧表的资产信息的基础上对公司代码进行分配。
- **业务范围的分配**：如果系统设计是要提供业务范围的资产负债表分析，那这种分配就是必须的。在创建资产主数据时，资产就可以被直接分配给一个业务范围，它也可以从输入的成本中心派生出业务范围来。只要固定资产被分配给了一个业务范围，那么系统对这个资产所有科目分配的过账就都会过到这个业务范围了，包括折旧、资产报废的收益或损失过账。
- **分配到工厂、存储地点和具体地点**：工厂和存储地点组织单位的定义主要是在 SAP 后勤模块来进行具体说明的。在资产会计中，工厂和资产是没有相关性的，但它可以作为资产报表的排序和选择的标准。在特定的时间段内，可以在其主记录上把资产分配给某一个工厂。这种分配也是可以直接在资产主记录上进行更改的。
- **分配给成本中心和利润中心**：前面已经提到过，总账的过账是通过资产类别进行集成的。如果还需要考虑科目分配的对象，那就要承认资产可能是属于某一个特定部门的。出于这个原因，与资产相关的财务业务也必须分配到它所属的部门，这种分配可能就是在其主数据上所输入的成本中心。在一个时间段内，一个资产只能被分配给一个成本中心。这种分配是为了实现以下这些目的：

— 把与这个资产相关的所有成本（折旧和利息费用）分配给正确的成本中心；

— 为这个资产未来的折旧或利息编制成本费用计划；

— 把销售这个资产的收益或损失分配给正确的成本中心。

在一个特定的时间点上，可以把固定资产分配给一个确定的成本中心，如果这个分配发生了变化，那系统也是相当智能的，它能够把折旧或利息额分配到后续的成本中心上。利润中心的分配是通过成本中心主数据上的成本中心——利润中心的分配来实现的。

备注

资产不能直接分配给利润中心（在 ECC 6.0 EhP5 以上版本的功能增强组件 FIN_GL_REORG_1 下可支持，译者注）。

7.2.3　与总账的集成

从更高角度来看，资产会计解决方案需要提供两方面的信息：

- 提供资产的原始成本和账面净值分析的资产台账；
- 当前资产账面价值总额方面的准确财务状况。
    - 与总账的实时集成是非常简单明了的，这是因为资产会计就是总账下面的一个子账。

7.2.4　固定资产的结构化设计

各种不同可供应用的选项是用于在资产报表中如何显示数据。在做出决策之前，应当考虑一下企业目前的做法。以下是一些常用的方法。

- **资产负债表方法**：如果想根据资产负债表的结构来组织资产，那在标准的系统中就有 3 种可用的选项。
    - 使用财务报表版本；
    - 使用资产负债表项目；
    - 使用总账科目。
- **资产类别方法**：资产类别可以代表资产结构。在系统中所创建的每一个资产都是依据资产类别来完成的。可以利用资产类别中的科目确定设置来把每一个资产分配给资产负债表的某一个项目。
- **资产方法**：这种方法更实用，可能更适合那些拥有很多资产的企业，这些资产还可以根据资产的规模和属性进行组合。例如，一个由许多较小的资产所构成的实验室可能是作为一个整体的资产来管理的。在这种情况下，有如下的处理方法。
    - 使用资产"主号"来代表整个的资产。
    - 在主资产下面，还可以使用资产的"子号"来代表众多的组成部分，如果这些子资产的购置日期是与主资产不同的，那么还可以单独对它们折旧。

备注

如果需求很简单，可以只使用资产的主号来代表一项固定资产。

在下一节，我们将讨论如何来搭建一个资产会计的业务模型。

7.3　搭建资产会计业务模型

在了解了资产会计的主要概念之后，从资产会计的角度来看，还应当思考一下要向业务伙伴提哪些问题，才能了解他们的业务需求，这些问题也是可以作为专题讨论的。根据这些问题的答案，就可以按业务伙伴的具体要求来建立一个资产会计的业务模型。这些范例的问题可能会包括：

- **有多少个不同的资产类型？**

  用于确定在系统中所需资产类别的数目，目的是能在 SAP 系统中体现其现有的资产结构。

- **在财务报表中，希望用单个的资产负债表科目来代表资产的不同类型吗？**

  用于确定是否需要为每一个资产类型并且也为具有不同使用年限的同一类资产创建单独的科目确定，或者是否可以对具有不同使用年限的资产分配相同的科目确定。例如，家具和固定装置。如果它们使用相同的科目确定，那就意味着不必为这样具有不同使用年限的资产创建单独的科目确定。大多数的公司倾向于为每一个资产类型都启用单独的一个科目确定，这样就可以使用资产会计报表来查看具有不同使用年限资产的更多相关信息。

- **希望不同的资产类别拥有单独的号码范围吗？**

  用于确定是否需要增加更多的资产号码范围，以便能把它们分配给各自的资产类别。在大多数的情况下，企业都希望分配一个不同的号码范围给不同的资产类别，这样就能很容易地识别不同类型的资产。

- **需要多少个不同类型的折旧计算？**

  用于确定折旧表需要多少个不同的折旧范围，这些折旧范围中哪些是要过账到总账以及哪些是要过账的，例如，只有那个为了成本会计目的的折旧范围才会过账到成本控制模块（CO）。请记住，直线法以及递减法等折旧方法所需的设置是通过折旧码而连接到折旧范围的。像资产在什么时候开始折旧或者在什么时候停止折旧（当资产购置、转入或转出，或者报废时）的设置也是关联到折旧码。这些设置也是在这个阶段要确定下来的，目的是使这些相同的设置可以在折旧码的配置设置时予以反映。

到目前为止，我们已经花了一些时间来解释资产会计的概念了，目的是对资产会计中所涉及的一些重点要素有一个基本的理解。随着资产会计配置的开始，资产会计这个专题也变得越来越有意义了。

7.4　资产会计配置

在这一节，我们将沿着系统的逻辑顺序来了解资产会计的重要配置步骤。这将确保不会错过任何重要的配置步骤，同时也确保在完成了这些配置步骤之后，资产会计子模块的功能是齐全的。我们将通过复制参考折旧表的方式来定义自己的折旧表作为开始。

7.4.1　复制参考折旧表

要定义折旧表，可以先复制包含了所有折旧范围的参考折旧表。如同已在前面的章节中所解释过的那样，折旧表就是一个根据业务和法定需求来排列的折旧范围的名录。可以在特定的国家或经济区域下使用折旧表来管理所有不同类型的资产评估准则。

如果有必要，还可以从所复制出来的折旧表中删除那些不需要的折旧范围。

这个配置步骤的 IMG 路径是：**SPRO · 财务会计（新）· 资产会计 · 组织结构 · 复制参考折旧表/折旧范围**，也可以使用事务 **OAP1** 来执行。包括**复制参考折旧表**在内的配置操作界面显示在图 7.3 中。

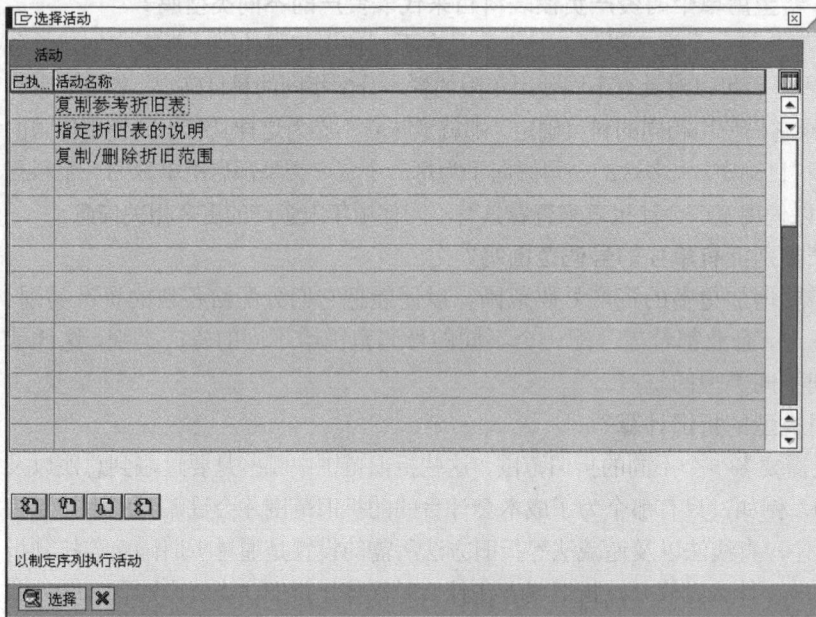

图 7.3　复制参考折旧表

如果正在创建某个国家的折旧表，而 SAP 系统还没有交付这个特定国家的标准折旧表，就可以先复制一个含有类似折旧参数的折旧表，而后再对其进行更改，这样就可以节省大量的时间。要复制折旧表，可以参照以下这些步骤来完成。

1．在**组织对象　折旧表**界面，单击复制按钮，如图 7.4 所示。

2．在所出现的**复制**对话框中，指定要复制的折旧表以及所要复制到的折旧表（后者是要指派的号码，例如，在我们的案例中就指定为了 "1000"）。

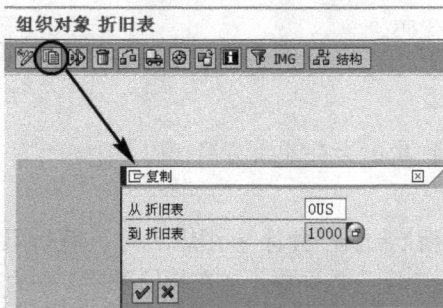

图 7.4 复制折旧表

3．单击"对号"图标。

系统会返回一个与传输号码范围和地址相关的消息。在出现这个消息的界面上再次单击"对号"图标就可以了，后续再来手工维护号码范围和地址。

在复制完成之后，要返回到同一个事务下的界面并更改折旧表的名称。在 SAFA 公司场景下，我们将参照美国和英国的折旧表模板来进行复制，这样就创建了两套折旧表，如图 7.5 所示。

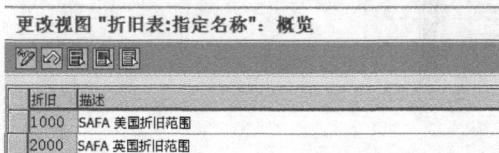

图 7.5 为 SAFA 公司创建折旧表

在每一个折旧表里面，都会找到它有效的折旧范围，如图 7.6 所示。可以从新折旧表中删除那些不需要的折旧范围，也可以通过复制的方式来增添新的折旧范围。

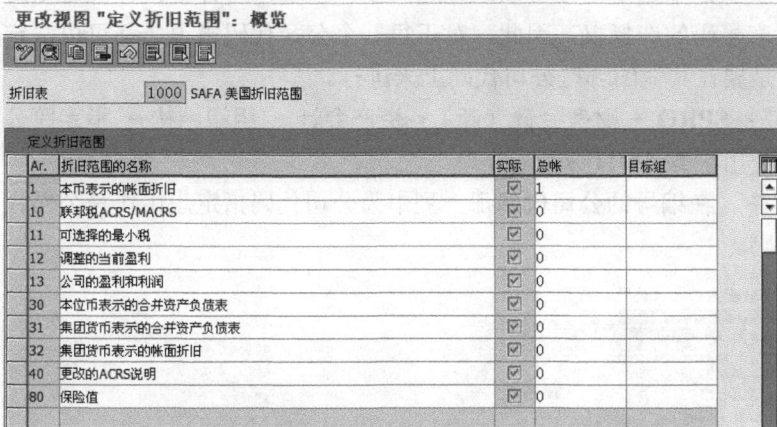

图 7.6 折旧表的折旧范围

接下来，我们就来看一看如何把折旧表分配给公司代码。

7.4.2 分配折旧表给公司代码

从资产会计的角度来看，在这个配置步骤中，需要把折旧表分配给公司代码，这样才能将折旧表和公司代码这二者关联起来。

这个配置步骤的 IMG 路径是：**SPRO · 财务会计（新）· 资产会计 · 组织结构 · 将折旧表分配至公司代码**，也可以使用事务 **OAB1** 来执行。在这个配置界面中，要在**折旧表**那一列为公司代码输入相应的折旧表，如图 7.7 所示。这样就完成了把折旧表分配给公司代码的步骤了。

更改视图 "维护资产会计中的公司代码"：概览

公司	公司名称	折旧表	描述
0001	SAP A.G.	1DE	
0100	IDES Japan 0100		
0110	IDES Japan 0110		
1000	NYC	1000	SAFA 美国折旧表
2000	伦敦	2000	SAFA 英国折旧表
FI01	Country Template FI		
FR01	Country Template FR		
GB01	Country Template GB		
HK01	Country Template HK		
HU01	Country Template HU		
ID01	Country Template ID		

图 7.7 分配折旧表给公司代码

现在，让我们来了解一下跨公司代码号码分配的详细说明。

7.4.3 指定跨公司代码的号码分配

在这个配置步骤中，要定义主资产号码的跨公司代码分配。如果需要一个跨公司代码的号码分配，就必须执行这个步骤；如果不是，可以跳过这一步。在资产会计中，你拥有横跨不同的公司代码来分配主资产号码的选择权，因此，对于每一个公司代码来说，都可以决定跨公司代码的号码范围分配是要在其他的哪些公司代码上来进行。

配置步骤的 IMG 路径是：**SPRO · 财务会计（新）· 资产会计 · 组织结构 · 指定跨公司代码的号码分配**，也可以使用事务 **AO11** 来执行。

在图 7.8 所显示的界面中，在**编号的公司代码**那一列中为公司代码指定想用作跨公司代码号码分配的（主）公司代码。

更改视图 "FI—AA："如果编号范围允许则分配至公司代码""：概览

公司	公司名称	公司
0001	SAP A.G.	0001
1000	NYC	1000
2000	伦敦	2000

图 7.8 分配跨公司的号码范围给公司代码

根据界面中的设置，系统将按所分配公司代码的号码范围来为公司代码分配主资产号码。如果不是非得要使用跨公司代码号码的分配，则要在当前正配置的**编号的公司代码**所在列输入其自身的公司代码。

下一步，我们要来讨论科目确定指定的步骤。

7.4.4 指定科目确定

在这个配置步骤中，通过定义科目确定码和描述，为资产会计和总账建立关联关系打下基础，这将应用于后面部分中包括总账科目过账在内的所有配置中。在创建了科目确定码之后，可以为这些科目确定码所代表的控制来配置其他的设置了。

备注

科目确定的代码必须存储在资产类别中。在这样的情形下，科目确定就把在资产类别下所创建的资产主数据关联到会计业务过账的总账科目上了，例如，购置、转移、报废等。

应当创建至少与资产负债表的资产总账科目相同数量的科目确定。SAP 系统提供了许多标准的科目确定（码），如果这些科目确定能满足需求，则可以直接使用它们。

科目确定配置步骤的 IMG 路径是：**SPRO • 财务会计（新）• 资产会计 • 组织结构 • 资产分类 • 指定账户确定**。要在所显示的界面（见图 7.9）中配置这些设置。选择**新条目**按钮来创建科目确定，在所出现的界面中输入科目确定的代码及其描述。

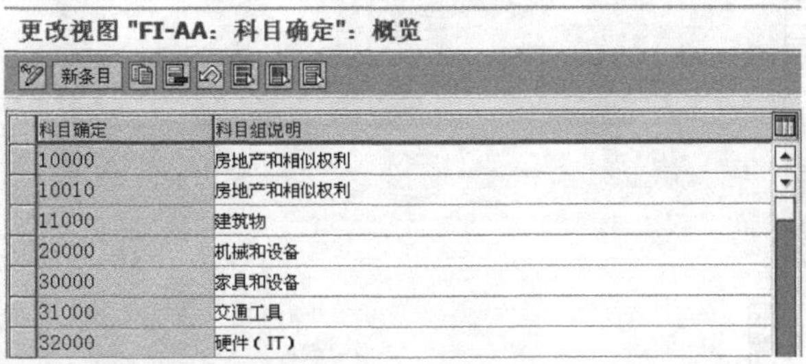

科目确定	科目组说明
10000	房地产和相似权利
10010	房地产和相似权利
11000	建筑物
20000	机械和设备
30000	家具和设备
31000	交通工具
32000	硬件（IT）

图 7.9 定义科目确定

接下来，让我们再来看看创建界面格式的规则。

7.4.5 创建屏幕格式规则

可以为每一个界面格式规则代码创建具体的界面格式规则。界面格式确定了出现在资产主数据上字段的字段状态。要使用界面格式来确定字段是否是必须输入的、可选的还是隐藏的。要创建界面格式的规则，可以参照以下步骤。

1. 使用 IMG 的路径：**SPRO • 财务会计（新）• 资产会计 • 组织结构 • 资产分类 • 创建屏幕格式规则** 来创建界面格式控制的代码和描述。在图 7.10 中定义的规则规定了为所选科目确定而创建的新资产主数据的字段状态。

2. 定义资产主数据界面格式界面的详细设置，它控制着资产主数据字段状态组的设置。这个步骤允许对每一个资产类别的资产主记录进行单独地结构化。对于定义的每一个字段状态组，都可以指定以下这些内容：

    — 主数据界面的属性，即，字段是否是必须输入的、可选的、仅显示或者是隐藏的；

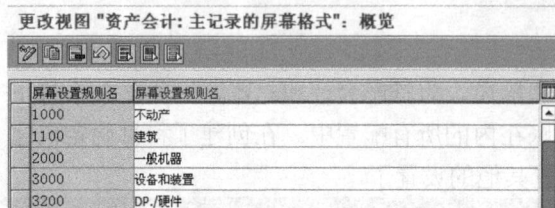

图 7.10   定义界面格式规则

    — 维护的层级，也就是说，是在主资产号层级还是在子资产号层级；

    — 利用另一个主数据作为参考来创建新资产主数据时的复制控制选项。

可以使用 IMG 的路径：**SPRO·财务会计（新）·资产会计·主数据·屏幕格式·定义资产主数据的屏幕格式**，或者事务 **OA77** 来创建资产主数据的界面格式。

为第一步中所创建的每一个代码以及资产主数据的每一个界面所定义的界面格式都显示在图 7.11 中。

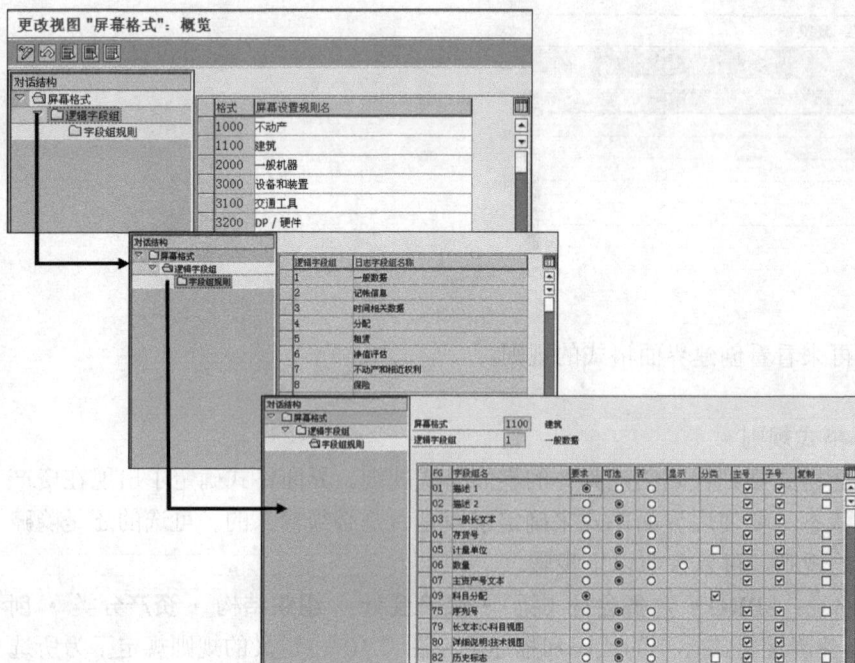

图 7.11   定义资产主数据的界面格式

接下来，我们还要了解一下资产号码范围段的定义。

7.4.6 定义资产号码范围

在这一步，要为分配给公司代码的主资产号码定义号码范围。许多公司都会利用他们的资产编号规则来对他们的资产组合进行分类。在资产类别中，可以为该资产类别的号码分配指定号码范围。可以使用内部的或者是外部分配的方式来创建号码范围。

备注

如果想要保持管理所需的最少号码分配，就应当使用内部分配的号码范围。

另外，SAP 系统也提供了可以直接使用的标准号码范围，如果有必要，也可以创建属于自己的号码范围。

定义号码范围段的 IMG 路径是：**SPRO · 财务会计（新）· 资产会计 · 组织结构 · 资产分类 · 定义号码范围间隔**，也可以使用事务 **AS08** 来执行。

在所显现的**维护号码范围间隔**这个界面（见图 7.12）中，可以根据模板公司代码的号码范围来进行复制，也可以创建满足企业业务需求的号码范围。图 7.12 显示的是自定义号码范围的创建。如果想自己来定义资产主数据的号码，则应当定义一个外部给号的号码范围，这可以通过选择相应号码范围的外部（**外部的**）这个复选框来进行定义。

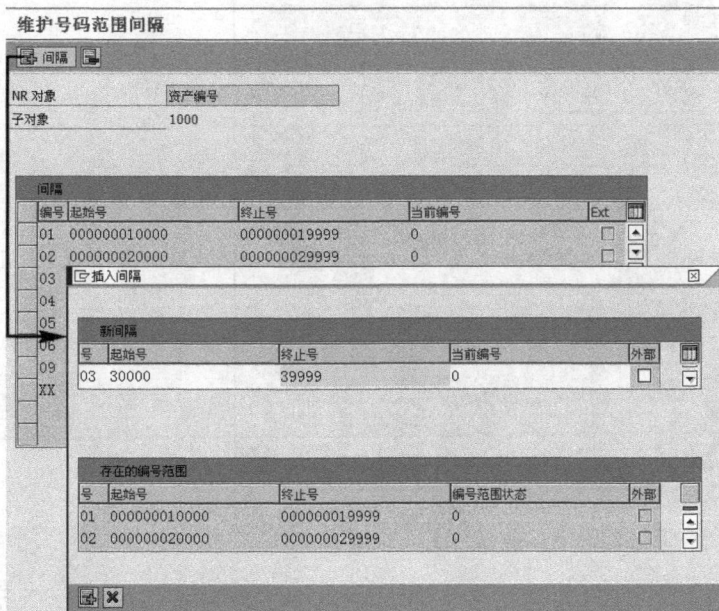

图 7.12　创建自定义的资产号码范围间隔

现在，我们已经完成了配置资产会计的资产类别所需要的全部设置了。在接下来的步骤中，我们会利用之前的配置信息来定义资产的类别。

7.4.7 定义资产类别

在资产会计中，结构化资产的最重要手段就是使用资产类别这个概念。依据业务或法定的需求，可以按需来定义资产的类别。资产的类别是在集团层级进行定义的，因此它们可以适用于所有的公司代码。这样的说法是不会有错的，即便是对于那些拥有不同折旧表进而折旧范围也不同的公司代码也是如此。

资产类别的配置是在以下的 IMG 路径：**SPRO·财务会计（新）·资产会计·组织结构·资产分类·定义资产分类下**，或者使用事务 OAOA 来完成的。这将进入到图 7.13 所示的界面。

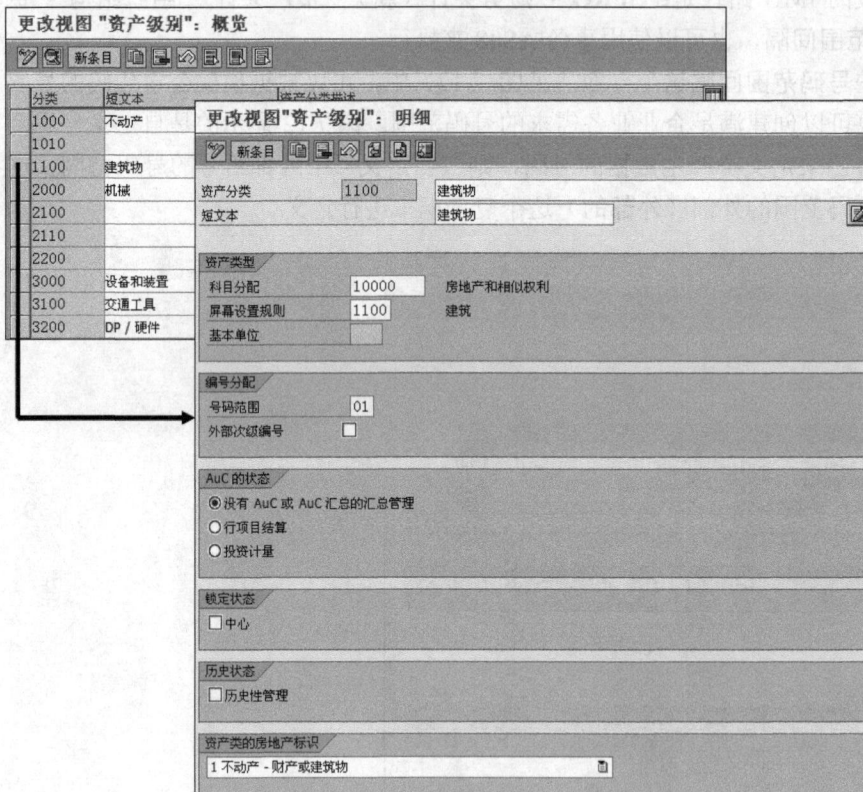

图 7.13　资产类别的配置

所进入到的每一个资产类别都会有一个有关配置的详细界面，这也显示在图 7.13 中了，界面包含了该资产类别的所有设置，主要包括以下内容：

* 科目确定（之前所创建的）；

- 维护资产主数据的界面格式规则（之前所创建的）；
- 主资产号的号码范围分配（之前所创建的）；
- 资产类是否冻结。

接下来，我们再来定义折旧范围。

7.4.8　定义折旧范围

在这一步，要根据法定或业务的需求来定义折旧范围。折旧范围是用一个两位数的数字代码来标识的。可以在资产类中输入不同的折旧条件（在下一节进行解释），对于特殊的资产，可以直接在资产主数据上进行维护。这样内部会计可以使用直线折旧，同时为了外部报告的可以使用余额递减的折旧方法。

使用 IMG 的菜单路径：**SPRO**·**财务会计（新）**·**资产会计**·**评估**·**折旧范围**·**定义折旧范围**，可以进入到图 7.14 所示的配置界面来定义折旧范围。

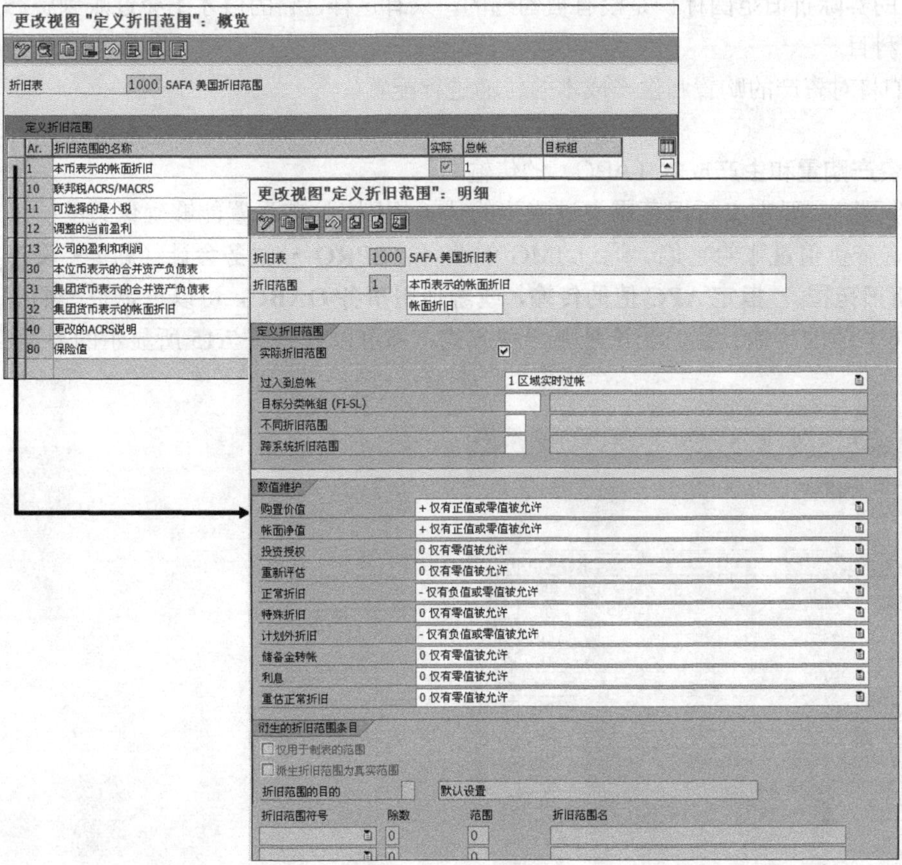

图7.14　折旧范围的定义

需要确定是否要把折旧范围的资产价值或者折旧自动传输到总账。还要记住，系统只能将一个折旧范围下的资产价值实时地过账到资产负债表中。在大多数的项目实施中，这通常就是账面的折旧范围 01。

折旧范围的配置是在**明细**界面中设置的，如下所述。

1. 在**值维护**部分，为**购置价值**和**账面净值**定义所允许的价值管理的类型。在所有想对资产进行折旧的折旧范围中，标准的设置都是**仅有正值或零值被允许**。

2. 如果还需要从其他的折旧范围来衍生其自己值的折旧范围，那就可以在**明细**界面的**衍生折旧范围条目**区域下通过配置这些设置参数来定义衍生的折旧范围：

— 输入构成其衍生值基础的折旧范围；

— 在这个规则中，还要输入这些来自于衍生折旧范围的值是否应当算作是正值还是负值；

— 由于衍生的折旧范围只能用于出具报告的目的，因此，要确保在**定义折旧范围**界面上的**实际折旧范围**标识是没有被勾选的，只有这样，它的值才不会过账到资产统驭科目。

接下来，我们将对资产的购置和生产成本的传输进行配置。

7.4.9 指定资产购置和生产成本（APC）的传输

在这个配置步骤中，要定义折旧范围中过账值的传输规则。这些设置能够确保某些折旧范围会把相同的资产价值过账给它们。通过 IMG 的路径：**SPRO·财务会计（新）·资产会计·评估·折旧范围·指定 APC 值的传输**，或者使用事务 **OABC**，可以设定资产购置和生产成本（APC）值的传输设置。无论是哪一种方式，都可以看到图 7.15 所显示的界面。

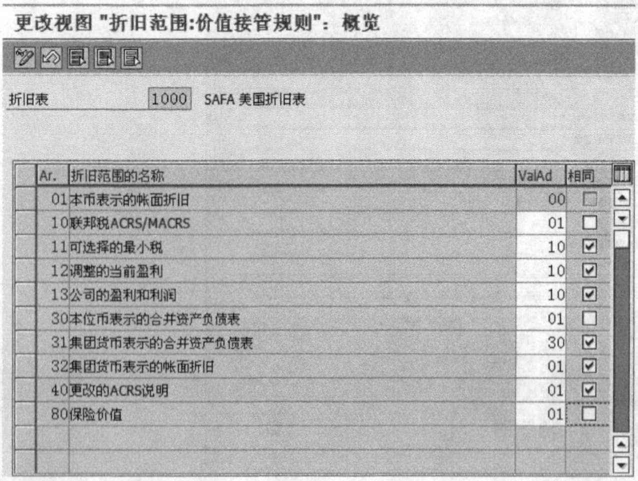

更改视图 "折旧范围:价值接管规则": 概览

折旧表　　　　1000　SAFA 美国折旧表

Ar.	折旧范围的名称	ValAd	相同
01	本币表示的帐面折旧	00	☐
10	联邦税 ACRS/MACRS	01	☐
11	可选择的最小税	10	☑
12	调整的当前盈利	10	☑
13	公司的盈利和利润	10	☑
30	本位币表示的合并资产负债表	01	☐
31	集团货币表示的合并资产负债表	30	☑
32	集团货币表示的帐面折旧	01	☑
40	更改的 ACRS 说明	01	☑
80	保险价值	01	☐

图 7.15　定义折旧范围

备注

如果想从一个除了 01 折旧范围以外的折旧范围复制所过账的值，则只执行这一步就可以了。

在这里，要为所选择的折旧范围来选取将要沿用其值的折旧范围。系统的标准设置是在过账时把折旧范围 01 的资产负债表的资产价值复制到所有其他的折旧范围。

接下来，让我们再来看看折旧条件的传输指定。

7.4.10　指定折旧条件的传输

在这个步骤中，为折旧条件定义从一个折旧范围到另一个折旧范围的传输规则，从而确保某些折旧范围是进行统一折旧的。这个配置步骤的 IMG 路径是：**SPRO·财务会计（新）·资产会计 · 评估 · 折旧范围 · 指定折旧条件的传输**，也可以使用事务 **OABD** 来执行。在图 7.16 所显示界面的 TTr 所在列指定一个折旧范围，则从该列所指定的折旧范围复制时会得到从属折旧范围的折旧条件。

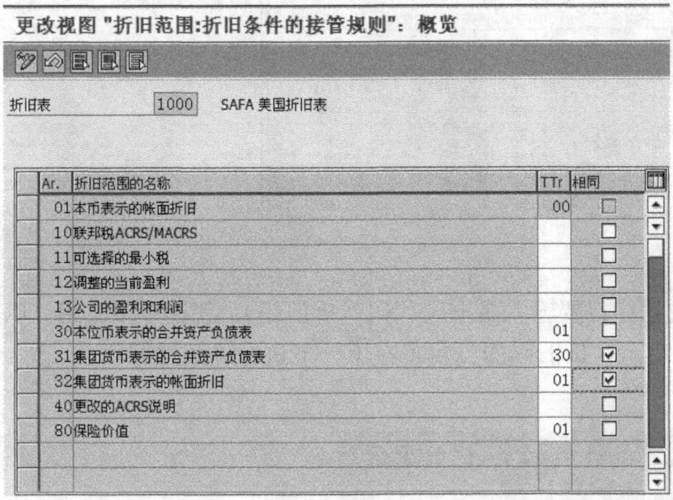

图7.16　传输折旧条件

还需要确定这样的复制是强制性的还是可选的。如果指定的是可选的复制，那么从属折旧范围中所建议的折旧条件是可以在资产主数据上进行更改的。

接下来，我们再来了解一下资产类中是如何来确定折旧范围的。

7.4.11　确定资产类别中的折旧范围

在这个步骤中，要对资产类下定义折旧条件设置配置，折旧条件将用在资产类中。资产类别下的资产通常都是使用相同的折旧条件的，也就是折旧码、使用年限和界面格式。当在系统中创建新的资产时，不必手工维护折旧条件，因为这些值是可以通过资产类别的默认设置而得到的。可以使用 IMG 的路径：**SPRO · 财务会计（新）· 资产会计 · 评估 · 定义资产分类中的折旧范围**，或者事务 **OAYZ** 进入到图 7.17 所显示的配置界面中。

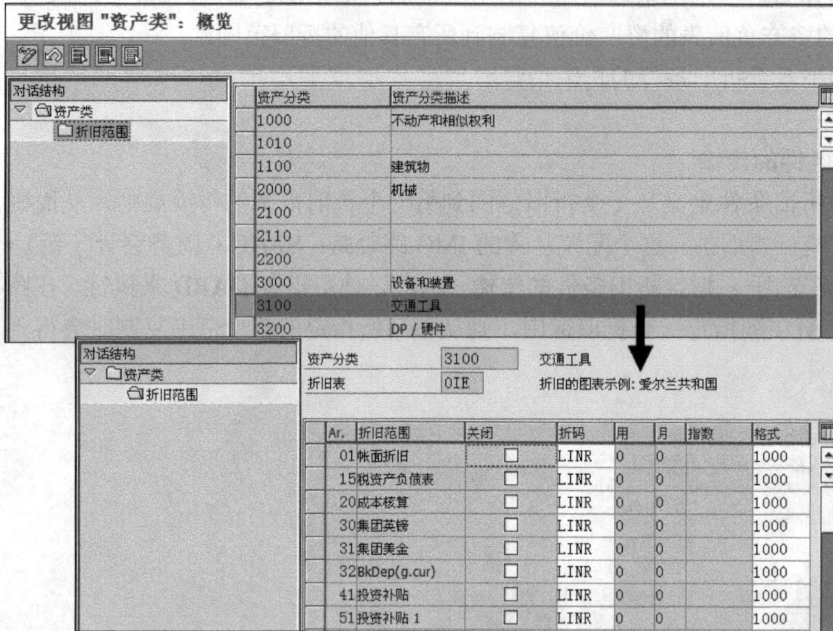

图 7.17　定义资产类别中的折旧范围

在资产类别下的折旧范围详细说明中，要输入折旧的代码（**折旧码**）、使用年限（**用**）以及界面格式规则（**格式**），如图 7.18 所示（折旧码的设置将在下一节进行详细地解释）。

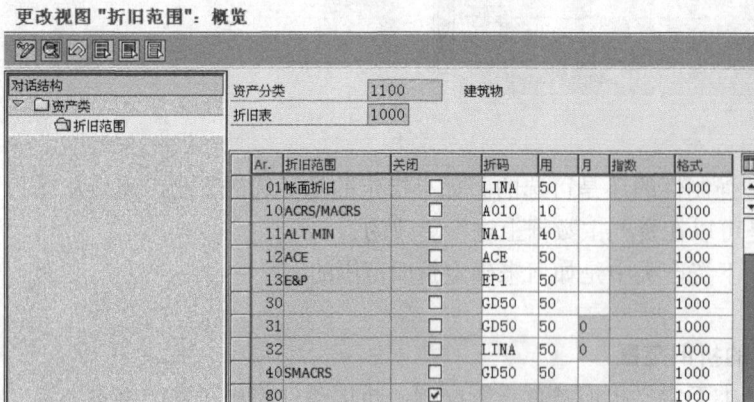

图 7.18　资产类别中的折旧范围概览

现在，我们还要来了解一下如何锁定折旧表中的资产类别。

7.4.12 锁定折旧表中的资产类别

在这一步，可以锁定折旧表中的整个资产类别。这就减少了由于失误而使用折旧表中还没有创建好的资产类的风险。这个配置步骤的 IMG 路径是：**SPRO · 财务会计（新）· 资产会计 · 评估 · 取消激活折旧表的资产类别**，也可以使用事务 **AM05** 来执行。要锁定一个资产类，那就在**锁定**列选中该资产类别所在的复选框，如图 7.19 所示。

图 7.19 锁定资产类别

现在，让我们来定义折旧范围是如何过账到总账的。

7.4.13 定义折旧范围如何过账到总账

在这个步骤中，定义折旧范围要如何过账到总账。如果看过了 SAP 系统所提供的参考折旧表中的标准折旧范围，那可能会注意到了它们都是通过将账面折旧范围 01 的 APC 业务实时地自动过账到总账来进行设置的。利用定期的处理，还可以将其他折旧范围的业务自动地过账到总账。

> **备注**
>
> 无论如何，都可以利用定期处理来把折旧过账到总账。

这个配置步骤的 IMG 路径是：**SPRO · 财务会计（新）· 资产会计 · 与总账集成 · 定义折旧范围过账到总账的方式**，也可以使用事务 **OADX** 来执行。

可以通过显示在图 7.20 中的代码选项进行选择，进而指定折旧范围要如何过账到总账。

- **折旧范围不过账**：没有资产值会过账到总账。
- **折旧范围实时过账**：实时过账资产到总账中。
- **折旧范围在定期处理的基础上过账 APC 和折旧**：定期过账资产到总账中。
- **折旧范围只过账折旧**：只有折旧才会过账到总账中。

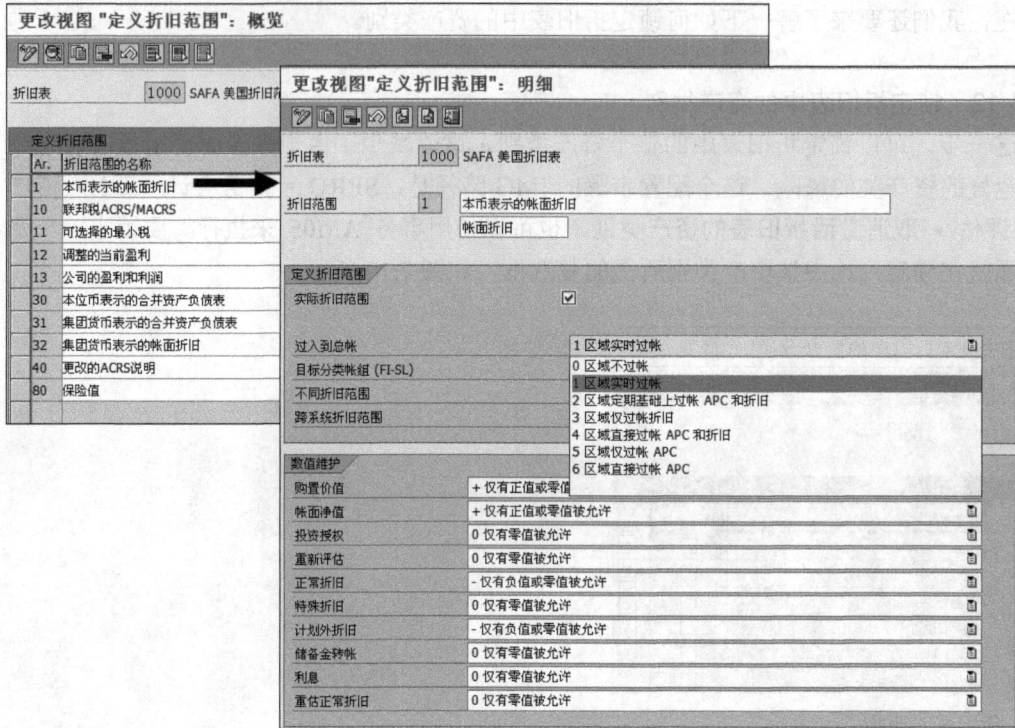

图 7.20　定义折旧范围如何过账到总账

接下来，我们要来了解一下折旧码的维护。

7.4.14　维护折旧码

折旧码包含了确定资产折旧金额大小的必要设置。它定义了用于自动计算不同折旧类型的计算规则。要把折旧的计算方法（关于折旧计算方法的更多信息，请参阅 7.4.15 小节）分配给每一个折旧码，这样才能计算出折旧的金额来。因为折旧码是定义在折旧表层级下的，所以它对所有的公司代码都是适用的。如果使用的是 SAP 系统所交付的折旧表来创建折旧范围，就会发现存在有许多预定义的且能满足特定国家折旧需要的折旧码了。

有些国家的法定要求是在资产的使用期限内必须要有两种不同的折旧方法。在 SAP 系统中，可以在折旧码中把折旧期限分成几个阶段。如果为这些阶段中的任何一个输入了折旧转换方法的话，那么一旦出现该转换方法中所指定的情况之后，系统就会自动转换到折旧的下一个阶段。而后系统就开始启用下一阶段所指定的折旧计算类型来进行折旧了。

定义折旧码的 IMG 路径是：**SPRO·财务会计（新）·资产会计·折旧·评估方法·折旧码·维护折旧码**，也可以使用事务 **AFAMA** 来执行。相应的配置界面显示在图 7.21 中。

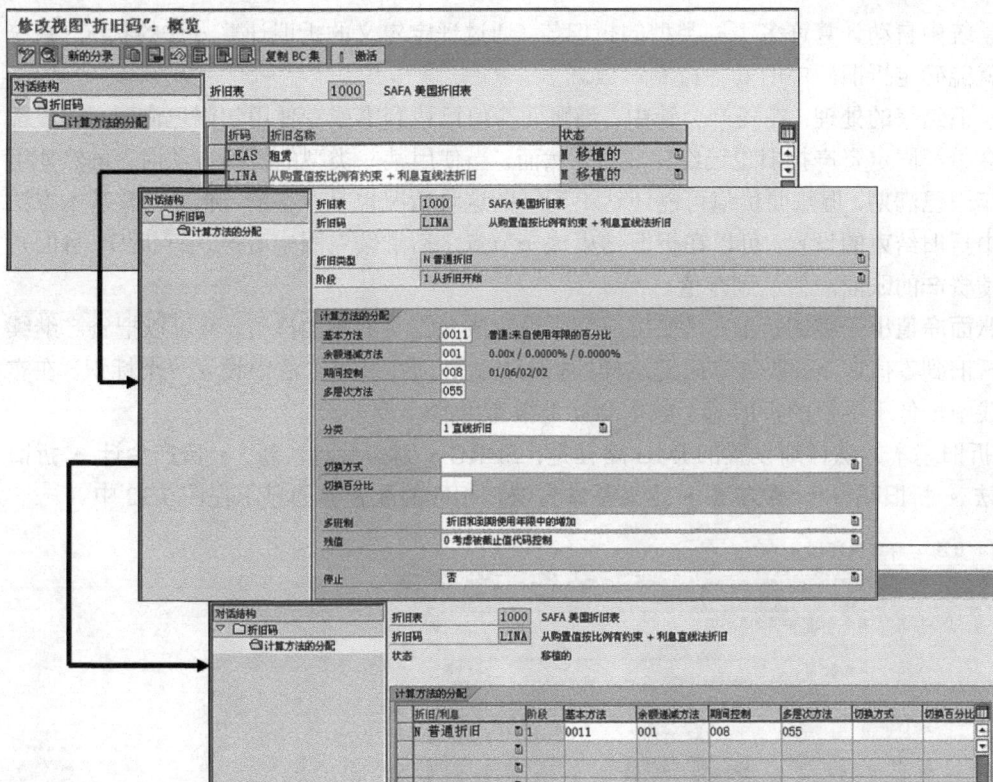

图 7.21　维护折旧码

折旧码的定义是在你定义好了基本的项目之后才能够执行的步骤，这包括折旧的基本方法、双倍递减法、期间控制等。我们将在下一节来讨论这些内容。

7.4.15　定义基本方法

由于折旧的基本方法包含了计算折旧所需的设置，因此要在折旧码中维护折旧的基本方法。折旧的基本方法是不依赖于折旧表的，它不包含任何国家的具体设置。在定义折旧的基本方法时，需要指定以下项目。

- **折旧类型**：在这个步骤中，要确定每个折旧范围所允许的折旧类型和评估的类型。以下的折旧类型是可以用于 SAP 系统的：
  - 普通折旧；
  - 特殊折旧；
  - 计划外折旧；
  - 冲减准备金的折旧。
- **折旧计算方法**：基本方法中最重要的特征就是折旧的计算方法了，这是因为它能够在系统中自动计算许多不同类型的折旧值。通过评定定义的折旧计算方法的状况，系统就能确定折旧码中的其他控制参数。

- **折旧结束的处理**：在资产会计中，当账面净值已达到零或者使用年限已满时，一般都会希望固定资产折旧也已经完成了。然而，当使用某些类型的折旧方法时，虽然使用年限已满期，但账面价值可能还达不到零的这种情况也是存在的。通过调整基本方法中折旧结束的设置，可以在折旧结束这一节点之后继续对固定资产进行折旧，目的是使资产的账面净值达到零值。

- **账面净值小于零的折旧**：只要折旧范围设置成允许负的账面净值，就可以把资产继续折旧到零值以下。要容许出现这样的折旧，就必须在基本方法中设置一个标识。在实践中，低于零值的折旧对于成本会计是很有用的。

维护折旧基本方法详细设置的 IMG 路径是：**SPRO · 财务会计（新）· 资产会计 · 折旧 · 评估方法 · 折旧码 · 计算方法 · 定义基本方法**，相应的配置界面显示在图 7.22 中。

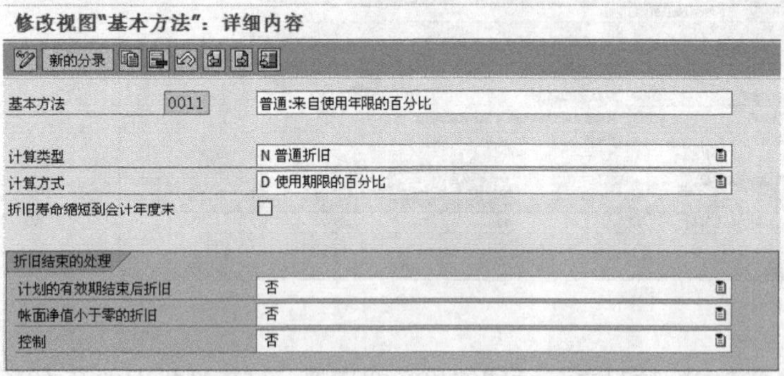

图 7.22 定义折旧的基本方法

现在，我们要来看一看余额递减法的定义了。

7.4.16 定义余额递减折旧方法

余额递减法以及**年数总和法**都是递减比率的折旧方法。在抵达余额递减法的折旧值时，系统会根据约定的倍数来倍增资产使用年限的直线法百分比率。系统也可以提供一个上限和下限的百分比率，因为它有可能会因使用年限较短而拥有一个非常大的折旧率，也可能因很长的使用年限而具有一个非常小的折旧率。如图 7.23 所示，约定的倍数输入在递减因子所在的那一列。同时，上限和下限的百分率分别在最大百分率和最小百分率所在的那两列中输入。

要想进入到图 7.23 所显示的界面，可以沿以下的 IMG 路径：**SPRO · 财务会计（新）· 资产会计 · 折旧 · 评估方法 · 折旧码 · 计算方法 · 定义余额递减法**，或者通过事务 **AFAMD** 来完成这个配置。

现在，让我们来定义多层的方法。

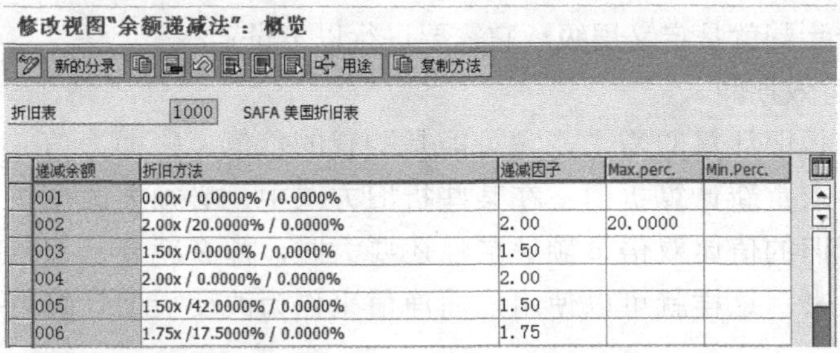

递减余额	折旧方法	递减因子	Max.perc.	Min.Perc.
001	0.00x / 0.0000% / 0.0000%			
002	2.00x /20.0000% / 0.0000%	2.00	20.0000	
003	1.50x /0.0000% / 0.0000%	1.50		
004	2.00x / 0.0000% / 0.0000%	2.00		
005	1.50x /42.0000% / 0.0000%	1.50		
006	1.75x /17.5000% / 0.0000%	1.75		

图 7.23　余额递减法

7.4.17　定义多层方法

在此步骤中，需要设置多层次方法的配置。在多层方法下，可以根据需求来把资产的折旧划分成多个层级的计算。在这种情况下，层级代表一个期间段，在此期间某个百分比率一直有效。当它的有效期间期满时，这个百分比率就会被下一个百分率替换掉。

这个配置步骤的 IMG 路径是：**SPRO • 财务会计（新）• 资产会计 • 折旧 • 评估方法• 折旧码 • 计算方法 • 定义多层方法**，也可以使用事务 **AFAMS** 来执行。

在图 7.24 所显示的第一个界面里，要先在这个多层方法中定义该多层次方法的代码和描述以及多层方法中不同层级的有效起始期，也就是从资本化日期开始、从普通折旧的日期开始，或是从特别折旧日期开始，等等。

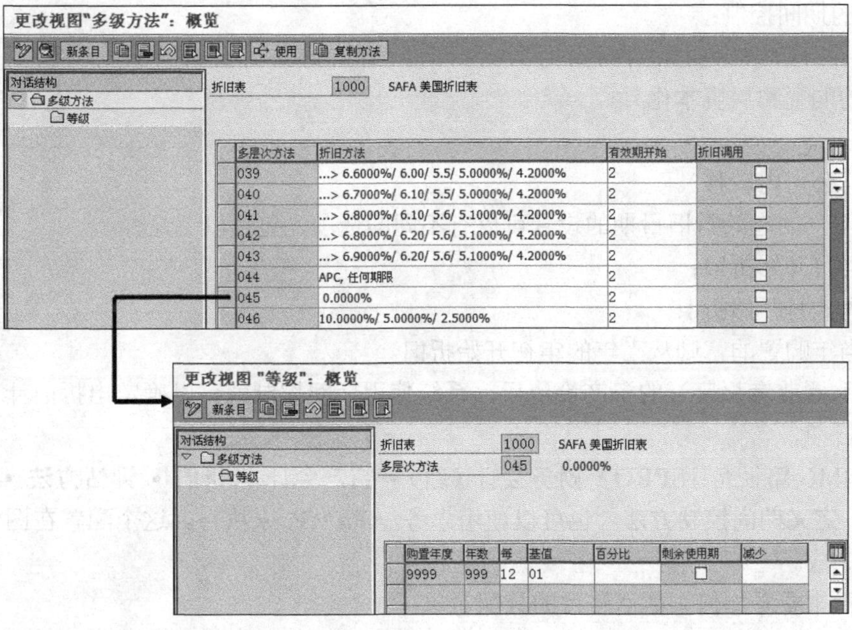

多层次方法	折旧方法	有效期开始	折旧调用
039	...> 6.6000%/ 6.00/ 5.5/ 5.0000%/ 4.2000%	2	☐
040	...> 6.7000%/ 6.10/ 5.5/ 5.0000%/ 4.2000%	2	☐
041	...> 6.8000%/ 6.10/ 5.6/ 5.1000%/ 4.2000%	2	☐
042	...> 6.8000%/ 6.20/ 5.6/ 5.1000%/ 4.2000%	2	☐
043	...> 6.9000%/ 6.20/ 5.6/ 5.1000%/ 4.2000%	2	☐
044	APC, 任何期限	2	☐
045	0.0000%	2	☐
046	10.0000%/ 5.0000%/ 2.5000%	2	☐

购置年度	年数	每	基值	百分比	剩余使用期	减少
9999	999	12	01		☐	

图 7.24　定义多层方法

同样也显示在图 7.24 中的下一个步骤就是定义**层级**，它需要进行以下设置。

- 按日历月表示的百分比率的有效期间。
- 折旧计算的基值。这取决于折旧计算的需求，它可能是购置的价值、账面净值、重置价值等。系统会根据要求重新计算折旧。在某些折旧方法中，必须要改变折旧方法，例如，当直线法折旧的值比双倍余额递减法还要大时，那么就要从双倍余额递减法转换到直线法上来，这样就可以使用账面净值来作为改变折旧计算方法的基础。
- 折旧计算的百分率。系统将使用这个百分率和基值来确定资产的折旧总额。
- 剩余使用年限。如果想让系统根据资产的剩余使用年限来确定每期的折旧百分率，那就设置这个标识。它应当只适用于这样的一些折旧码，那就是其基本方法使用的百分率是来自于使用年限折旧这种计算方法的。

备注

SAP 系统提供了许多标准的折旧方法，根据具体的需求，可以选用这些标准的折旧方法或者创建折旧方法。

接下来，让我们再来了解一下期间控制方法的维护。

7.4.18 维护期间控制方法

为了确定出资产业务的开始和停止折旧的日期，可以在期间控制方法中对最常使用的事务类型设定一个适当的期间控制：

- 购置；
- 增加（后续的购置和后资本化）；
- 报废；
- 转移（例如，公司内转移）。

同一年里所购置资产的起始折旧日期的设置可以有不同的选项，包括以下几种：

- 从购置月的当月开始折旧；
- 从购置月份的次月开始折旧；
- 如果资产是当年购置的，则从当年的年初开始折旧。

利用业务交易（购置或者报废）的资产价值日，系统使用期间控制就可以确定出折旧计算的起始日期或结束日期。

执行这个配置的 IMG 路径是：**SPRO·财务会计（新）·资产会计·折旧·评估方法·折旧码·计算方法·定义期间控制方法**，也可以使用事务 **AFAMP** 来执行。这个配置在图 7.25 所显示的界面上完成。

接下来，让我们再来看看如何来激活科目的分配对象。

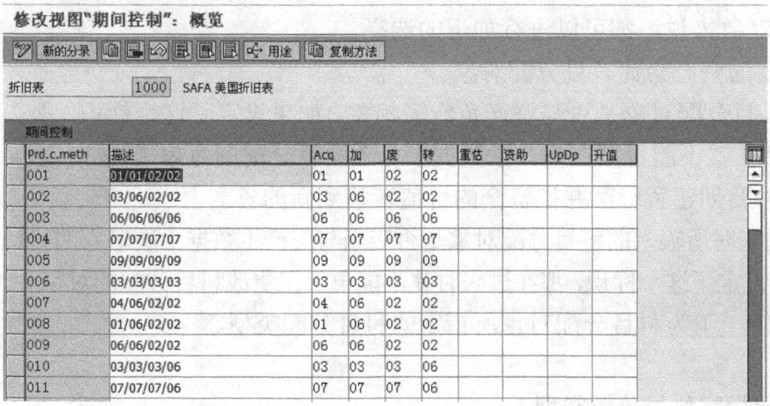

修改视图"期间控制"：概览

新的分录　用途　复制方法

折旧表 1000 SAFA 美国折旧表

期间控制

Prd.c.meth	描述	Acq	加	废	转	重估	资助	UpDp	升值
001	01/01/02/02	01	01	02	02				
002	03/06/02/02	03	06	02	02				
003	06/06/06/06	06	06	06	06				
004	07/07/07/07	07	07	07	07				
005	09/09/09/09	09	09	09	09				
006	03/03/03/03	03	03	03	03				
007	04/06/02/02	04	06	02	02				
008	01/06/02/02	01	06	02	02				
009	06/06/02/02	06	06	02	02				
010	03/03/03/06	03	03	03	06				
011	07/07/07/06	07	07	07	06				

图 7.25　维护期间控制

7.4.19　激活科目分配对象

在这一步中，要设置资产会计过账到附加科目分配对象（例如，成本中心、基金中心、内部订单等）的配置。

备注

为了能把业务过账到总账，通过记账码 70（借记资产）和 75（贷记资产）字段状态的应用，可以确保想要使用的科目分配对象是可以进行输入的。

可以使用 IMG 的路径：**SPRO • 财务会计（新）• 资产会计 • 与总账集成 • 更改资产总账科目的字段状态变式** 来配置记账码的字段状态设置。

激活科目分配对象的 IMG 路径为：**SPRO • 财务会计（新）• 资产会计 • 与总账集成 • 附加科目分配对象 • 激活科目分配对象**，之后会进入到图 7.26 所显示的界面中。

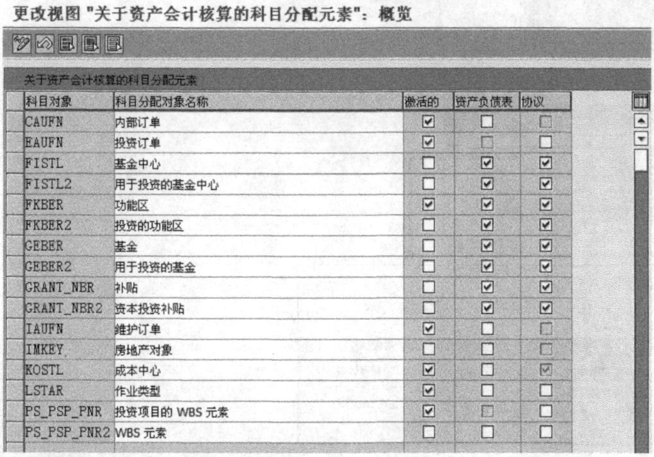

更改视图 "关于资产会计核算的科目分配元素"：概览

关于资产会计核算的科目分配元素

科目对象	科目分配对象名称	激活的	资产负债表	协议
CAUFN	内部订单	☑	☐	☐
EAUFN	投资订单	☑	☐	☐
FISTL	基金中心	☐	☑	☑
FISTL2	用于投资的基金中心	☐	☑	☑
FKBER	功能区	☑	☑	☑
FKBER2	投资的功能区	☐	☑	☑
GEBER	基金	☐	☑	☑
GEBER2	用于投资的基金	☐	☑	☑
GRANT_NBR	补贴	☐	☑	☑
GRANT_NBR2	资本投资补贴	☐	☑	☑
IAUFN	维护订单	☑	☐	☐
IMKEY	房地产对象	☐	☐	☐
KOSTL	成本中心	☑	☐	☑
LSTAR	作业类型	☑	☐	☐
PS_PSP_PNR	投资项目的 WBS 元素	☑	☐	☐
PS_PSP_PNR2	WBS 元素	☐	☐	☐

图 7.26　为资产会计指派科目分配的对象

对于每一个科目分配的对象来说，都可以进行如下的选择。

- **激活的**：激活所需要的资产会计科目分配对象。
- **资产负债表**：标识科目分配对象是否与资产负债表相关。如果设定了这个标识，那么当资产被资本化之后，就不能直接在资产主数据上更改科目分配的对象了，如果想要对它进行更改，就需要创建新资产并把资产的价值转移到新的资产上。
- **一致**：具体说明在过账时所输入的科目分配对象是否应当与资产主数据上所输入的科目分配对象一致。如果设定了这个标识，那在过账时就不能再手工更改科目分配的对象了。

现在，我们要继续来了解一下为科目分配对象所指定的科目分配类型。

7.4.20　为科目分配对象指定科目分配类型

在这一步骤中，要把科目分配类型指派到公司代码、折旧范围和事务类型所对应的科目分配对象上。科目分配对象允许以下两种科目分配类型：

- 定期的过账；
- 折旧的科目分配。

如果想要把这两种科目分配类型都指派到一个科目分配对象上，就必须为这个科目分配对象创建至少两个表条目，如图 7.27 所示。

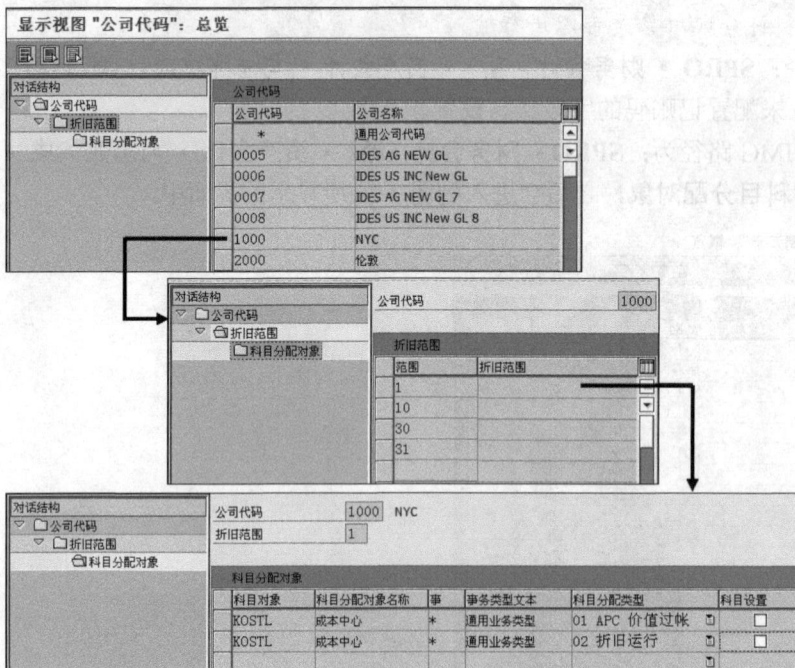

图 7.27　科目分配对象的科目分配的类型

完成这个配置的 IMG 路径是：**SPRO · 财务会计（新）· 资产会计 · 与总账集成 · 附加科目分配对象 · 详细说明科目分配对象的科目分配类型**，也可以使用事务 **ACSET** 来执行。

因为在公司代码和折旧范围下，科目分配对象的所有事务类型都使用所输入的科目分配对象，所以应当使用星号（*）来为事务类型创建一个通用的条目。

虽然成本中心通常对于大多数的系统解决方案都已是够用的了，但在这个配置活动中，还是应当激活所需要的所有科目分配类型。在这里，不必删除那些不需要的条目；可以不激活它们，之后还需要的话，那就重新激活它们就可以了。

备注

在能够运行新的折旧程序 RAPOST2000 之前，必须要先激活科目分配对象并完成科目分配对象指派到科目分配类型的配置；否则，系统在折旧运行时会发出丢失了成本中心或内部订单分配的相关错误消息。

现在，就让我们再来看看总账科目的分配。

7.4.21　分配总账科目

在这一步中，要为资产会计的过账分配总账的科目（资产负债表科目、特别的准备金科目以及折旧科目）。早些时候，我们曾定义了科目确定并解释了要通过它们把资产会计关联到总账上。

可以使用图 7.28 所示的界面来完成这个配置，这个配置的 IMG 路径是：**SPRO · 财务会计（新）· 资产会计 · 与总账集成 · 分配总账科目**，也可以使用事务 **AO90** 来完成。

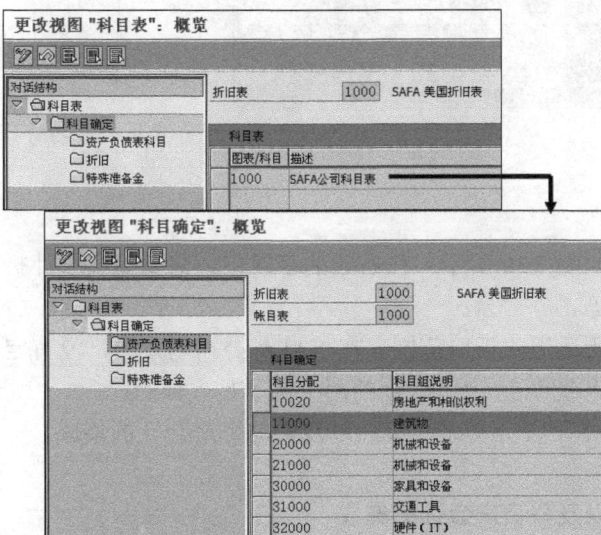

图 7.28　定义折旧表的科目确定

对于每一个资产类来说，都需要为过账相应的购置（资产负债表）、折旧及重估业务而指定各自的总账科目，往下会了解到这些内容。

资产负债表科目

在左边的**对话结构**框中，选择**资产负债表科目**，如图 7.29 所示，输入要过账购置或生产成本的总账科目、预付款科目以及销售固定资产的收益或损失科目等。

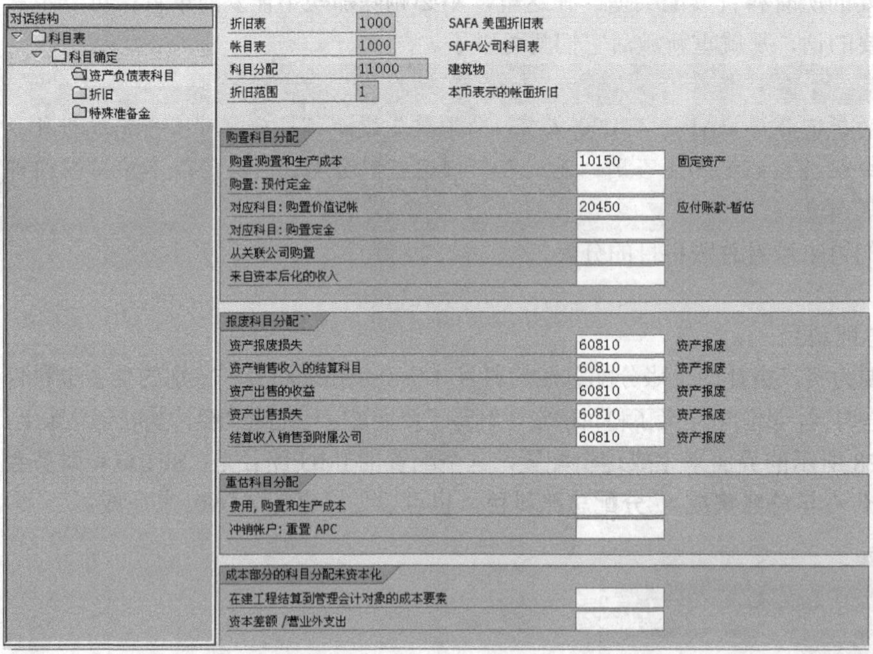

图 7.29　购置的资产负债表科目

折旧科目

往下，在**对话结构**框中，选择**折旧**，如图 7.30 所示。在右边的字段中，需要定义累计折旧科目、折旧费用科目、计划外折旧科目等。

对于特别准备金，需要选定折旧计算所适用的折旧范围。在 SAFA 公司场景中，没有定义这个设置，不过，配置的界面与图 7.29 和图 7.30 中所看到的两个例子是一样的。

接下来，我们将了解一下 SAP 新总账中平行分类账的概念以及它与资产会计的集成。

7.4.22　SAP 新总账中的平行分类账以及与资产会计的集成

在第 4 章已经详细解释过平行分类账的概念了，因此，这里就不再深入到 SAP 的总账功能中了。这里主要是从资产会计的角度来说明平行分类账的概念的，目的是了解在这方面还需要考虑哪些因素。

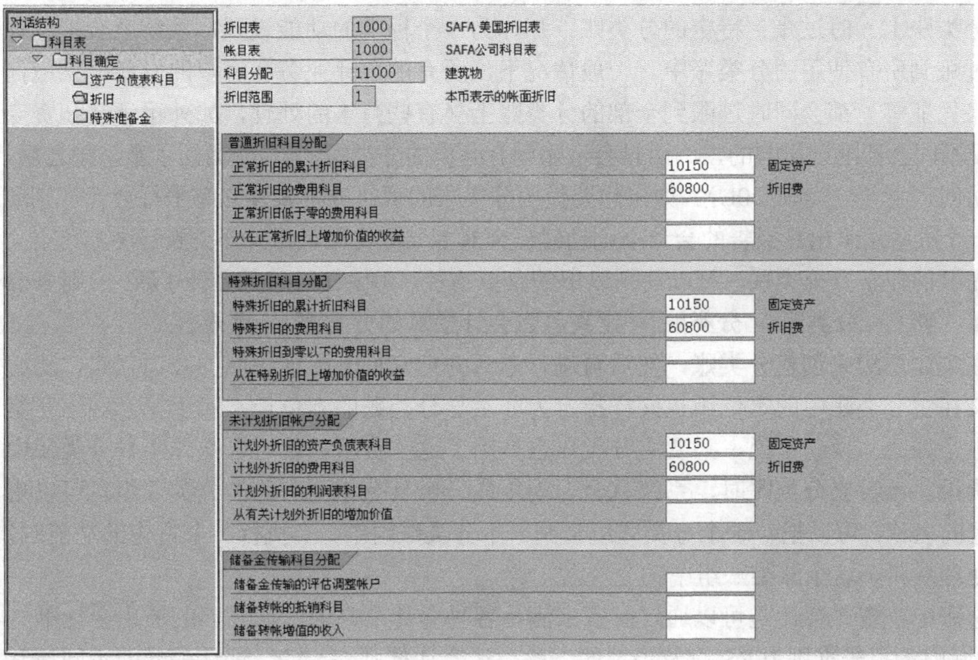

图7.30　折旧过账的科目

当前，由于受到不同法规的约束，因此许多跨国的公司都要求按照不同的会计准则来生成多套的会计报表。例如，欧洲的上市公司都要求不仅要按照其特定国家的当地法定会计准则，而且还要按照国际财务报告准则（IFRS）来提交他们的合并报表。在美国的公司也是同样的情形，因为他们既需要符合美国的一般公认会计准则（GAAP），同时也需要符合 IFRS。由于平行会计的过账和财务报表都是独立的，但同时又都是依照所需的全部会计准则的，因此，平行会计的概念将有助于企业达到这样的目的。

在老的 SAP ERP 软件版本所不能用到的一个功能就是平行分类账，而在新总账中就能同时为不同的会计准则来维护平行的分类账了。这种新方法就是所谓的**分类账解决方案**。这个概念基于主分类账 0L 是主要的总账（作为标准而提供的）这样的一个事实。正如在第 4 章中所解释过的那样，每一个公司都只有一个唯一的主分类账，它使用的是分配给公司代码的本位币、会计年度变式以及过账期间变式。除了主导分类账之外，也可以自定义非主导分类账，这样就能同时维护不同会计准则的信息了。主分类账是唯一能更新到 CO 的分类账，并且在系统中也只能定义一个主导分类账。

为了满足不同的会计准则，需要为所有分类账组下的平行分类账进行记账，同时也可以对其进行局部的过账。因此，每一个分类账其实就代表着要在系统中进行维护的一种会计准则。除非配置的是不同的系统，或者是希望在数据输入（这意味着特定会计准则的过账只过到特定的分类账上）时过账到特定的分类账，那作为一个标准的功能设置，系统就会把会计业务同时过账到所有使用的分类账中。一般情况下，所有的会计业务（客户的发票、供应商发票，总账凭证等）都会同时过账到全部的分类账上（有些月末的处理，如外币评估和资产的折旧是受不同会计准则影响的，因而只会过账到有必要的分类账上）。当激活了新总账之后，系统会自动创建主导分类账（0L）。如果想要使用分类账的解决方案来建立起平行会计，则还需要为每一个准备用来出具报告的会计准则创建一个非主导分类账。要为分类账解决方案定义并激活所需要的非主导分类账，可以使用以下的菜单路径：**SPRO · 财务会计（新）· 财务会计全局设置（新）· 分类账 · 分类账 · 定义总账会计核算的分类账** 来完成。

需要在集团层级来创建分类账，然后再进行激活并把它们分配给相应的公司代码。还必须要把定义在主分类账中的本位币也同样指定为非主导分类账的本位币。对于第二和第三货币的情况也是如此。换句话说，只要主分类账也使用了这些货币，就可以在非主导分类账中使用多种货币。当设立分类账时，系统就会自动生成一个具有相同名称的分类账组。可以更改分类账组的名称，可以把若干个分类账组合到一个分类账组中。当执行一个特定的功能时，就能一起处理从属于这个分类账组中的分类账了。

在新总账中，资产会计是可以通过配置来满足各种会计准则的，如美国的通用会计准则 GAAP，国际财务报告准则 IFRS 以及当地的一般公认会计准则 GAAP。评估差异的不同通常是由于在资产购置、折旧以及报废时的不同资产会计处理。SAP ERP 是使用折旧范围（正如本章前面所解释的那样）的概念来反映这些评估的差异的。需要把每一个折旧范围都分配到分类账组；对于每一个折旧范围，都要定义折旧的条件、使用年限以及其他的折旧参数。系统就是利用在这里所指定的折旧规则来为每一个折旧范围确定折旧的金额的。这样，系统就能把每个折旧范围的折旧额和 APC 值单独地过账到所分配的分类账上。

如果想要在资产会计中建立平行会计，就必须要创建相应的折旧范围和分类账组。折旧范围 01 是主折旧范围，要把折旧范围 01 的折旧值过账到所有的分类账中。平行会计的第一步就是要把主折旧范围分配到分类账组上。在这一步中，需要把主折旧范围 01 分配给分类账组 0L。主折旧范围 01 的分类账组则至少应当包含主导分类账 0L；这才能确保折旧的值能在 CO 中进行更新，这样就可以按成本中心来查看折旧的金额了。为了简单起见，假设主折旧范围（01）是根据国际财务报告准则 IFRS 来进行评估的，而折旧范围 15 是用来评估当地的一般公认会计准则 GAAP 的。可以创建一个被称为**增量折旧范围**的新的折旧范围 60，它将包含折旧范围 15 和 01 的差额。通过使用这个 60 的新折旧范围，可以把 APC 的差额过账到所使用的当地一般公认会计准则 GAAP 来进行评估的分类账组中了。而 15 的这个折旧范围也将把折旧过账到同一个分类账组中。

在新总账中，可以使用平行评估的向导来建立起资产会计的平行评估。通过使用以下的菜单路径：**SPRO · 财务会计（新）· 资产会计 · 评估 · 折旧范围 · 为平行评估设立折旧范围**，就可以找到向导。

通过向导指南（见图 7.31），可以完成表 7.1 所详述的 7 个设置步骤。

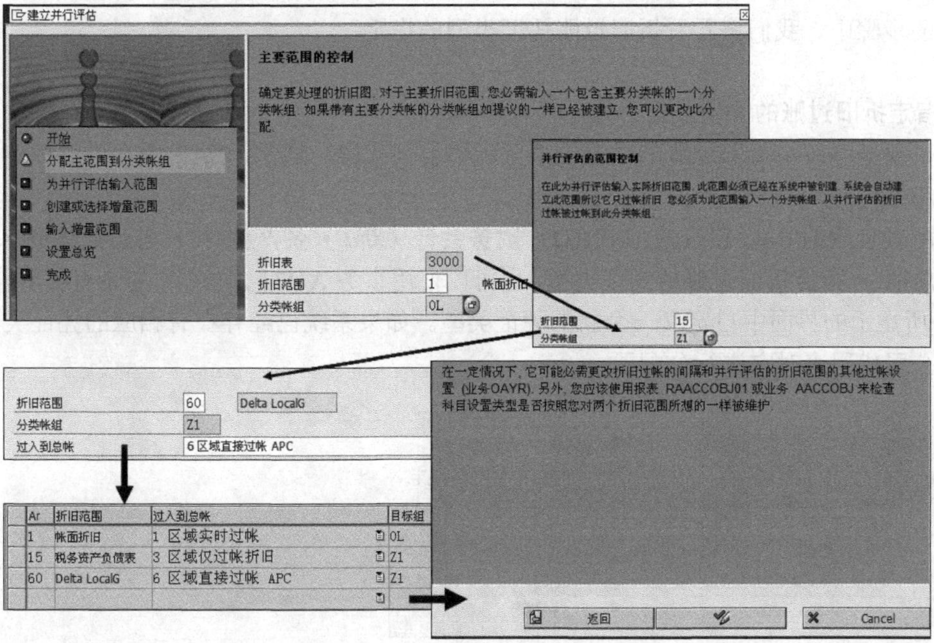

图 7.31　指南——有关配置的注释

表 7.1　向导——设立平行分类账评估

步骤	说明
开始	在这一步，系统会告诉你，本指南只适合新总账的平行会计方法，而诸如平行科目那样的方法在这里是不相关的。分类账组必须是已经设立好了的，因为这些分类账组接着是要在接下来的步骤中分配给资产会计的折旧范围的
分配主折旧范围到分类账组	在这个步骤中，要把折旧范围 01 分配到主分类账 0L。在我们的场景中，这是 IFRS 的会计准则
输入平行评估的折旧范围	在这一步，非主导分类账被分配到了平行评估的折旧范围。在我们的场景中，这就是 Z1 分类账（本地 GAAP）
创建或选择增量的折旧范围	在这一步，要么创建一个新的增量折旧范围，要么使用一个现有的折旧范围
输入增量的折旧范围	在这一步，将平行评估的分类账组关联到衍生的折旧范围上
设置概览	在我们的场景中，这些设置看起来就和图 7.31 是一样的
完成	在系统保存所做的设置并把它们放进系统传输请求之前，它会显示一些对于配置的注释

备注

在新总账的分类账解决方案下，每一个折旧范围的 FI 科目过账都是完全相同的，这意味着你不需要去调整本章前面所解释过的科目确定设置。

在接下来的步骤中，我们将看看折旧过账凭证类型的指定。

7.4.23 指定折旧过账的凭证类型

在这一步，要把系统中折旧过账的凭证类型分配给公司代码。通常，SAP 所提供的标准凭证类型是 "AF"。

完成这个配置步骤的 IMG 路径是：**SPRO · 财务会计（新）· 资产会计 · 与总账集成 · 将折旧过账到总账 · 指定折旧过账的凭证类型**，也可以使用事务 **AO71** 来执行。如果有必要，可以在图 7.32 所显示的界面中自定义一个新的凭证类型。如果系统已经存在有相应的凭证类型，就可以按公司代码来对它进行分配了。

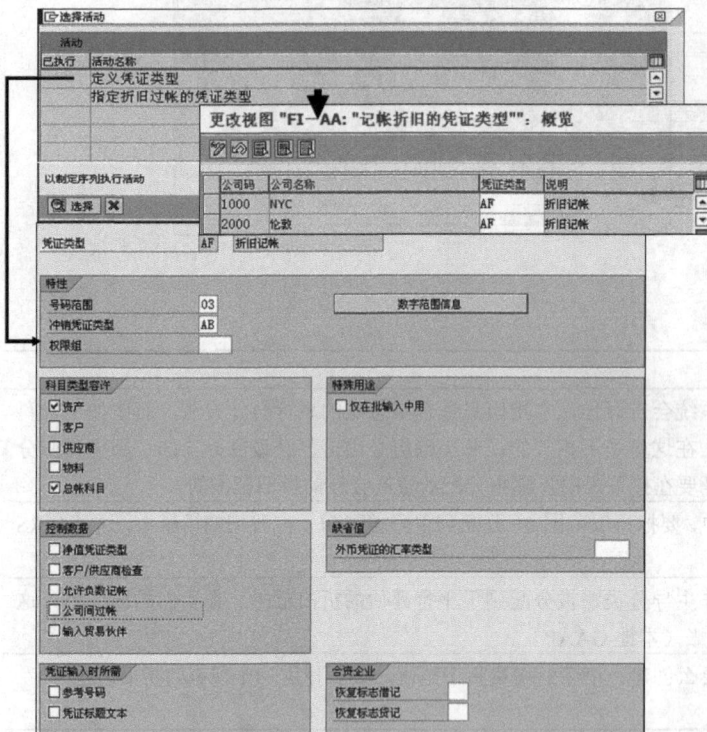

图 7.32　为折旧过账分配凭证类型

备注

要能使用新折旧程序 RAPOST2000 来成功地过账折旧，还需要把凭证类型 AF 上的只有批输入标识去掉，这是因为这个新的折旧程序不会再生成一个批处理的会话了，所以带有这个有效设置的折旧是不会运行成功的。

接下来，我们还要了解一下业务类型的概念。

7.4.24　业务类型

业务类型所确定的是如何将资产购置、报废、转移等业务过账到 SAP 系统中。业务类型也是把这些业务交易和资产历史数据表所在列关联起来的基础，这将在 7.4.25 小节中进行详细地解释和说明。

通过以下的菜单路径：**SPRO·财务会计（新）·资产会计·业务**，可以配置新的业务类型。

请注意，我们上面所提到的只是 IMG 菜单路径上的一个较上层的节点，因为业务类型的配置设置存在很多种不同的业务类型，例如，购置、报废以及转移，在它们的标题下，可以找到其各自的配置步骤。可以使用以下这些事务代码来访问业务类型的配置，我们将在本节的后面部分来进行讨论。

- **AO73**：购置的业务类型。
- **AO74**：报废的业务类型。
- **AO76**：转移的业务类型。

在下一节，我们将先介绍购置业务类型的配置步骤，然后再解释具体到报废和转移的其他业务类型的设置。作为举例，我们选用了这 3 种业务类型，因为这些资产业务类型是最常用的，而且这也足以了解业务类型的概念了。在创建新的业务类型之前，总是应当要先了解一下 SAP 系统中现有可用的业务类型，看看它们是否能满足特定的需求。

创建购置的业务类型

可以参照以下步骤来创建购置业务类型。

1．使用事务 AO73。由于业务类型是独立于折旧表的，因此在转到下一个步骤之前是不需要为业务类型的配置而输入折旧表的。

2．在接下来所显现的界面中，选择**新条目**按钮，这个界面显示在图 7.33 中。

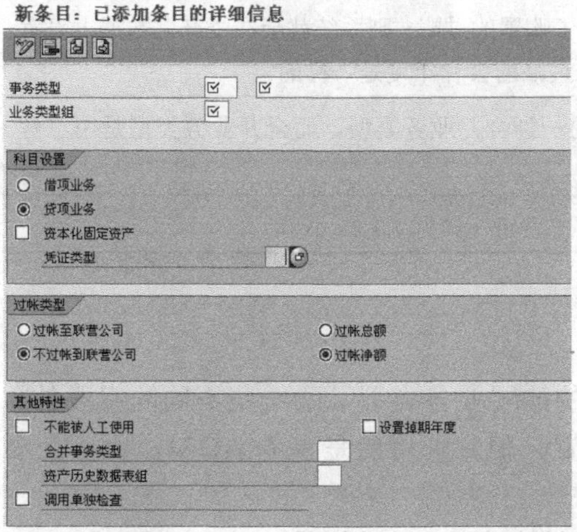

图 7.33　购置的业务类型

3．在下一个界面中，可以利用表 7.2 中的信息来输入新购置业务类型的设置。

表 7.2　购置的业务类型

字段名称	描述
业务类型	为新业务类型输入 3 位数的文字数字型的 ID
描述（空白的文本字段）	为业务类型输入一个有含义的描述
业务类型组	输入业务类型组。对于采购，它就是"10"
科目设置	
借方业务	如果业务类型会增加资产的价值，那就选中它
贷方业务	如果业务类型会减少资产的价值，那就选中它
资本化固定资产	当资产购置过账时，选中它则会把资产价值日期复制更新到资产主数据的资本化日期字段中
凭证类型	指定将用于资产购置凭证过账的凭证类型
过账类型	
过账到联营公司	当使用这个业务时，如果要过账到关联公司，那就选中它
不过账到联营公司	当使用这个业务时，如果不是过账到关联公司，那就选中它
过账总额	选中则会同时过账购置值和累计折旧
过账净额	选中则只会过账购置值
其他特性	
不能被手工使用	如果不希望业务类型被手工使用，那就选中它
设置掉期年度	设置这个标识之后，一旦进行了购置的过账，则系统就会在资产主数据上设置转换的年度，转换年度和资产过账的会计年度是一样的
合并事务类型	把资产业务类型分配给其中的一种合并业务类型，而合并业务类型是用事务 OC08 已经维护好了的
资产历史数据表组	把资产业务类型分配给资产历史表组（详见 7.4.25 小节）

创建报废的业务类型

要创建报废的业务类型，可以参照所说明过的购置业务类型（除一些不同的字段外，将在下一节进行解释）一样的配置步骤来进行设置，但它使用的是事务 AO74，而不是事务 AO73。

图 7.34 显示的是一些不同于购置的报废字段，这在表 7.3 中进行了说明。

表 7.3　报废的业务类型

字段	描述
关闭固定资产	如果选择了这个标识，则过账报废的资产时，系统就会用该业务的资产价值日去自动更新这个报废资产主数据上的不活动日期这个字段
带收益的资产报废	如果选择了这个标识，则报废过账报废的资产时，可以指定报废所带来的收入。如果没有设立这个标识，那么报废的账面净值就作为损失而过账了
同年内的采购	当资产在当前年度和以前年度拥有不同的购置日期时，就要选用这个标识。系统就会使用在这里所指定的备选业务类型来过账当前年度所有购置值的报废

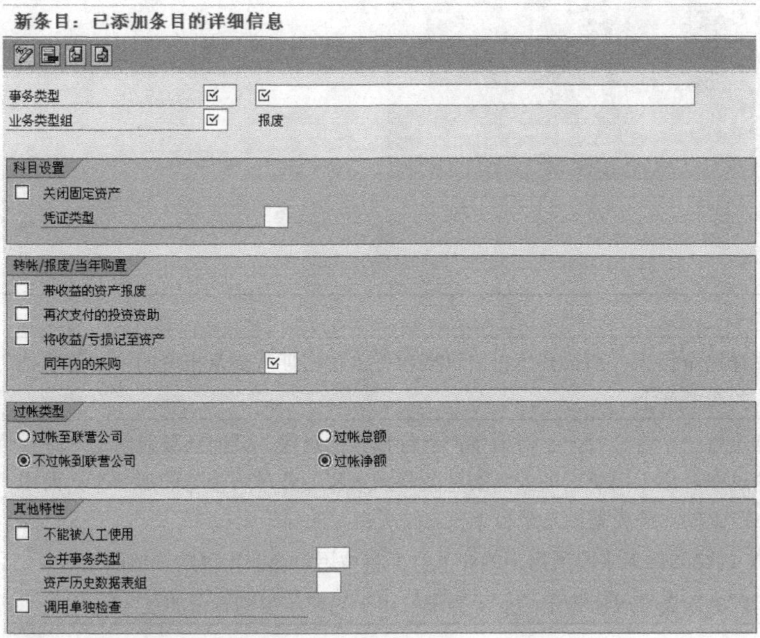

图 7.34　报废的业务类型

创建转移的业务类型

要创建资产转移的业务类型，可以参照与之前所说明过的购置业务类型（除一些不同的字段外，将在下一节进行解释）一样的步骤来完成，但它使用的是事务 AO76，而不是事务 AO73。

图 7.35 显示的是一些不同于购置的转移字段，这在表 7.4 中进行了说明。

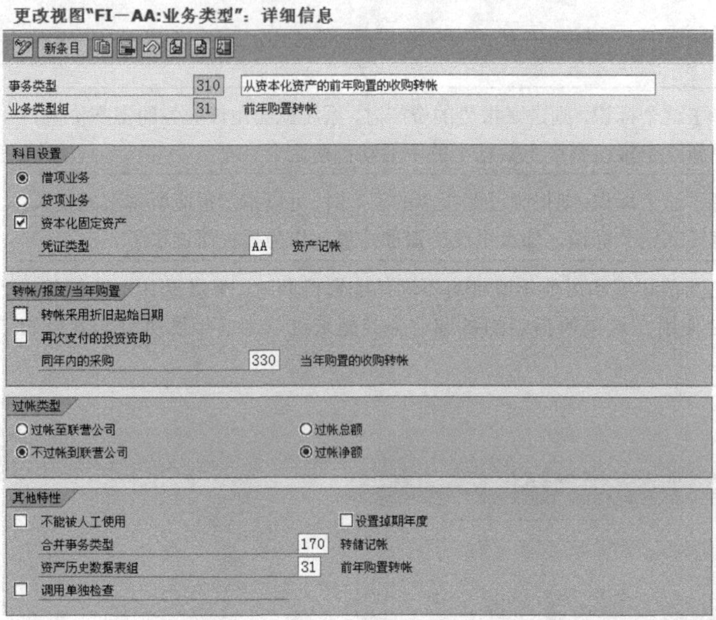

更改视图"FI—AA:业务类型"：详细信息

| 事务类型 | 310 | 从资本化资产的前年购置的收购转帐 |
| 业务类型组 | 31 | 前年购置转帐 |

科目设置
- ◉ 借项业务
- ○ 贷项业务
- ☑ 资本化固定资产
  - 凭证类型   AA   资产记帐

转帐/报废/当年购置
- ☐ 转帐采用折旧起始日期
- ☐ 再次支付的投资资助
  - 同年内的采购   330   当年购置的收购转帐

过帐类型
- ○ 过帐至联营公司   ○ 过帐总额
- ◉ 不过帐到联营公司   ◉ 过帐净额

其他特性
- ☐ 不能被人工使用   ☐ 设置逾期年度
  - 合并事务类型   170   转储记帐
  - 资产历史数据表组   31   前年购置转帐
- ☐ 调用单独检查

图 7.35 转移的业务类型

表 7.4 转移的业务类型

字段	描述
转账采用折旧起旧日期	如果选择这个标识，那么开始折旧日期和资本化日期就会从报废的资产复制到要转入的新资产上
同年内的采购	当转移过账一个资产时，是对旧资产进行报废的过账，同时还要对新资产进行购置的过账。用于旧资产的业务类型就是当过账业务时所指定的那一个；而用在新资产上的业务类型则是来自于在此处所指定的那一个： 在 **TTY 的结转输入**字段所指定的业务类型将被用于以前年度购置值的过账。 在**同年内的购置**字段所指定的业务类型被用于当前年度购置值的过账

在下一节中，我们将讨论资产历史数据表的配置处理。

7.4.25 配置资产历史数据表

资产历史数据报表可以在特定的列格式下展现一个或多个资产的价值，而且它在一定程度上是可配置的。可以分两个步骤来配置资产历史数据表：首先创建历史数据表组，然后再创建资产历史数据表的版本。我们接下来就来解释这两个步骤。

配置资产历史数据表的菜单路径是：**SPRO·财务会计（新）·资产会计·信息系统·资产历史数据表**，也可以使用事务 **OAV9** 来定义资产历史数据表组，并使用事务 **OA79** 来定义资产历史数据表的版本。

在接下来的部分，我们就来完成资产历史数据表的这两个配置步骤。我们先来看一看资产历史数据表组。

资产历史数据表组

可以使用事务 OAV9 来创建资产的历史数据表组。

由于 SAP 系统已经自带了许多已配置好的资产历史数据表组，因此尽量使用系统现有可利用的资产历史数据表组；然而，如果觉得业务需求确实需要一个新的资产历史数据表组，可以参照以下步骤来进行创建。

1．选取**新条目**按钮。

2．在接下来的界面中，将资产历史数据表组的 ID 指定到**组**这个字段中，它是一个两位数的文字数字型的值。建议用"Z"来作为这个 ID 的开头。然后，在**资产历史数据表组**所在的那一列输入一个有意义的描述。

3．在创建好了资产历史数据表组之后，还应当要把在 7.4.24 小节所解释过的业务类型分配给它。

SAP 系统交付了 3 个不能更改或删除的预定义好的资产历史数据表组。它们是用于内部的资产历史数据表的，其作用是显示独立于业务类型的汇总累计值，所以不应把任何一种业务类型分配给以下这些预定义的资产历史数据表组。

- **YA**：从财政年度开始的累计值。
- **YY**：年度值。
- **YZ**：至财政年度结束的累计值。

资产历史数据表组的一些范例显示在图 7.36 中。

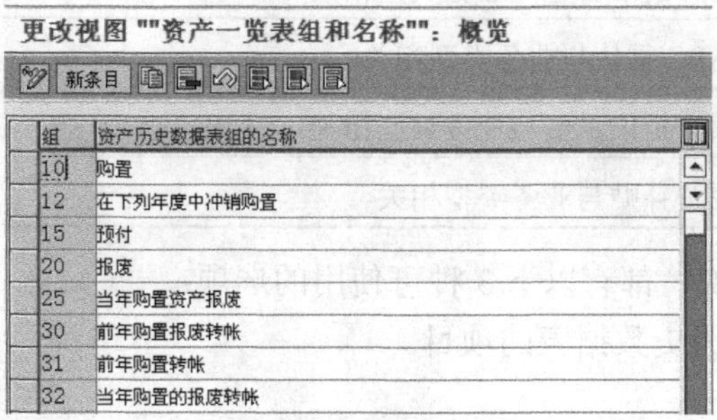

图 7.36　资产历史数据表组

资产历史数据表版本

在图 7.37 所显示的第二个步骤中，还要创建资产历史数据表的版本，这是列的展现形式

（矩阵），其中的值就会显示在资产历史数据报表中。请注意，可以按照需求来创建多个资产历史数据表版本。如果想要创建资产历史数据表版本，可以参照下列步骤来操作。

1．使用事务 OA79。在接下来的界面中，系统会显示可使用的全部现有版本。建议选择最适合业务需求的资产历史数据表版本，这样，就可以复制该版本并对它进行更改了，也就不用从头开始来创建全新的版本了。

2．选择想要复制的版本，然后单击**复制历史数据表版本**按钮。在所弹出来的对话框中，输入新的资产历史数据表的 ID。建议使用一个以 "Z" 开头的 4 位数的 ID。之后通过再次单击**复制历史数据表版本**按钮来完成此次的复制。

3．系统会显示一个列的矩阵，可以指定哪个值应当包含在资产历史数据表所确定的哪一个单元格中。可以通过双击想要更改的地方来完成这样的设置。

4．在接下来所出现的界面中，可以在界面的左边看到所有资产历史数据表组组成的列表。回想一下，在之前的步骤中，是否曾把业务类型都分配给了资产的历史数据表组。

5．在界面的右边部分，可以定义在所选定的位置包含资产历史数据表组的哪些值。表 7.5 给出了一些可能值的描述。

表 7.5　资产历史数据表位置的分配

列标题	描述
Trn	业务值的设置
Acc Dep—Ord	如果应用，则相对应的普通折旧与业务类型相关
Acc Dep—Spc	如果应用，则相对应的特殊折旧与业务类型相关
Acc Dep—Upl	如果应用，则相对应的计划外折旧与业务类型相关
Acc Dep—6B	如果应用，则相对应的转移的准备金与业务类型相关
App—Trn	如果应用，则相对应的 APC 重估与业务类型相关
App—Ord	如果应用，则相对应的累计折旧重估与业务类型相关
IGr	如果应用，则相对应的投资补贴与业务类型相关

6．对于每一个在表 7.5 中所描述的业务值来说，都有以下 3 种可使用的选项：

—　**空白**：这个值未分配到任何一个资产历史数据表的项目。

—　**X**：这个值被分配到此项目上。

—　**句点**（.）：这个值分配到了另外的一个项目。

7．对于通过复制而创建的资产历史数据表版本来说，需要更改包含在资产历史数据表版本中所有项目的设置。此外，还要确保所使用的所有资产历史数据表组都正确地关联到了资产历史数据表的版本中。

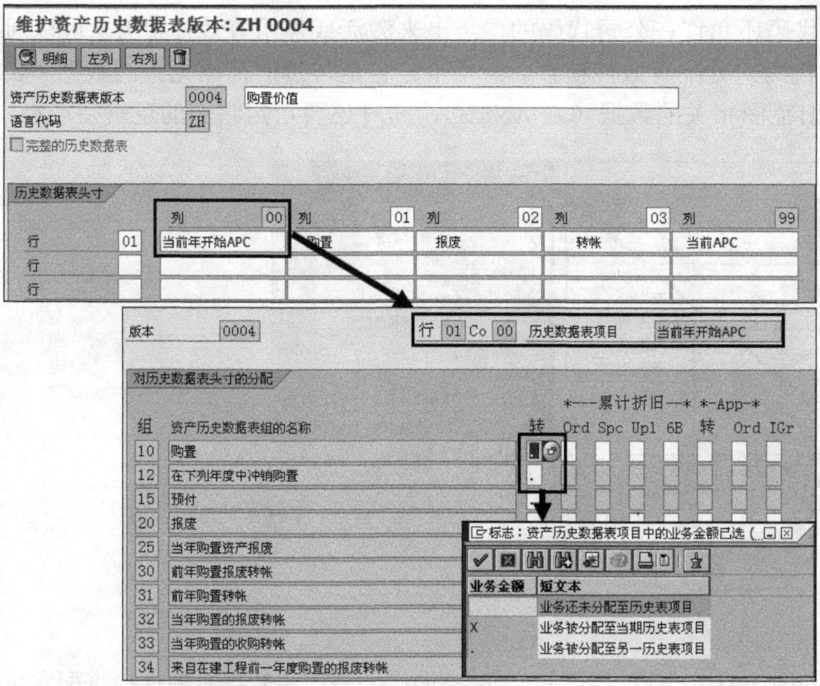

图 7.37　资产历史数据表版本

在下一节中，我们来看看资产主数据校验的定义。

7.4.26　定义资产主数据的有效性检查

就像在新总账中一样，在资产会计中创建有效性检查和替换也是可能的；不过，这些设置要稍微复杂一点。虽然资产会计中的有效性检查和替换是涵盖了全部主数据和凭证的，但在这里我们还是只会把讨论限定在主数据的有效性检查和替换上。

> **备注**
>
> 在资产会计中，有效性检查和替换的创建过程与新总账中一样的，因此，如果想要详细了解如何创建有效性检查和替换，那就请参考《集成 SAP ERP 财务》（SAP 出版社）这本书。在这一章，我们只讨论与资产会计相关的有效性检查和替换。

定义有效性检查的菜单路径是：**SPRO・财务会计（新）・资产会计・主数据・定义校验**，也可以使用事务 **OACV** 来执行。

在资产会计主数据的有效性检查中，可以使用源自于以下数据表的字段。

- **ANLA**：资产主数据部分（例如，描述、资产类别）。
- **ANLB**：折旧相关部分（例如，折旧码、使用年限）。

图 7.38 显示的是创建有效性检查的界面。可以看到，所创建的有效性检查已分配给了

公司代码。同样的事务代码还允许在公司代码的层级上来激活或停用有效性检查。可以通过输入想要启用的公司代码来分配有效性检查。需要指定它是与折旧范围无关的数据（表ANLA）还是适用于折旧范围相关的数据（表 ANLB），同时还要指定它们的逻辑字段组。

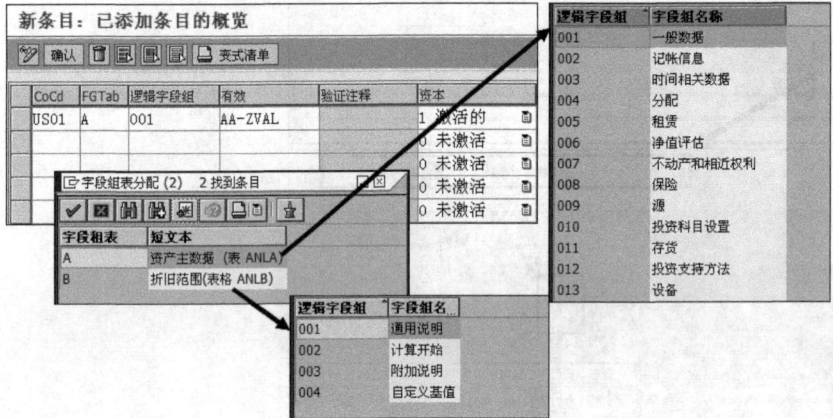

图 7.38　定义校验

　　在图 7.39、图 7.40 和图 7.41 中，可以看到一个完整的有关资产主数据有效性检查配置步骤的范例，它是由前提条件、检查和消息组成的。

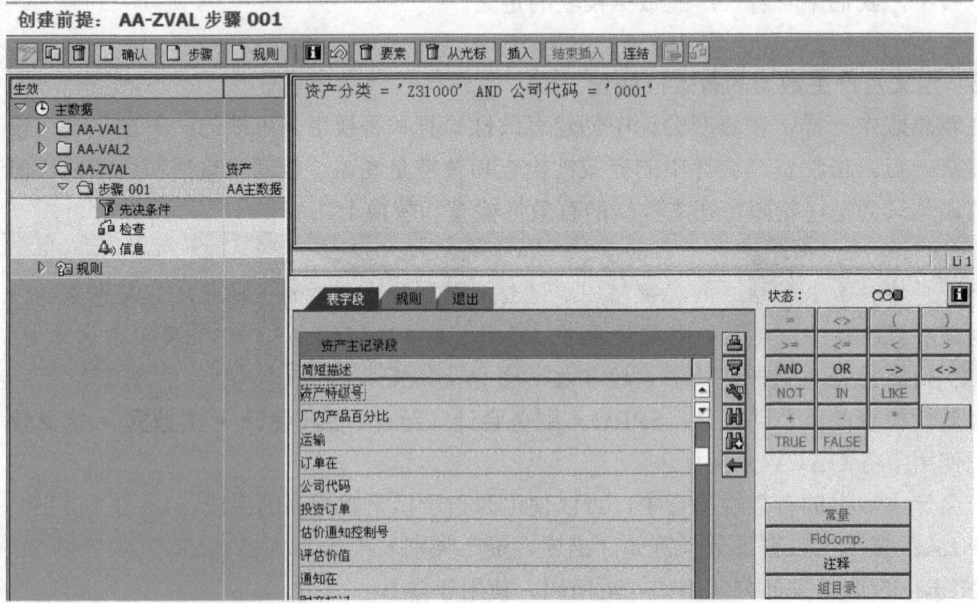

图 7.39　资产会计主数据校验：前提条件

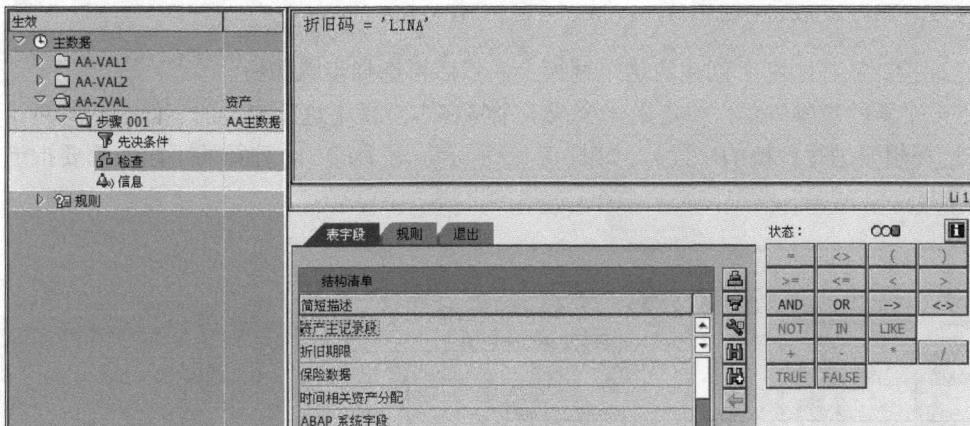

图 7.40 资产会计主数据校验：检查

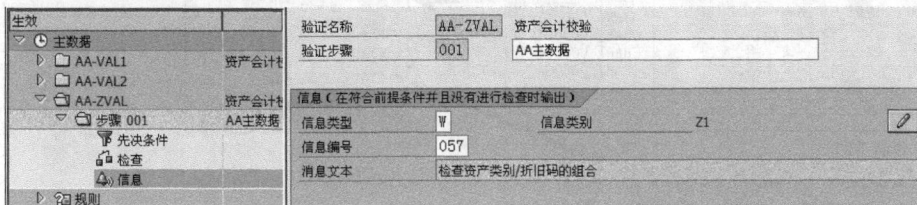

图 7.41 资产会计主数据校验：消息

可以创建一个单一的带有很多个检查步骤的有效性检查，或者为一个或多个逻辑组创建单独的有效性检查。

现在，已经讨论完有效性检查的定义步骤了，那让我们再来看看替换的定义。

7.4.27 资产主数据的替换

要定义替换，可以使用菜单路径：**SPRO·财务会计（新）·资产会计·主数据·定义替换**，或者使用事务 **OACS** 来完成。

不能定义利用事务 AS02 来对单个资产进行更改的替换。例如，对于 SAP ERP 客户和供应商主数据批量更改的标准事务，即事务 **MASS**，就不能用来对资产主数据进行批量的更改。

现在，我们来看看资产主数据替换的详细定义过程（见图 7.42）。

1．使用事务 OACS，在接下来的界面中，选择**新条目**按钮。

2．在所出现的新界面中，输入想要应用这个替换的公司代码、字段组的表以及逻辑字段组，然后再选择**替换**按钮。

3．在接下来的界面中，再次选择**替换**按钮，而后在所出现界面的右边输入**替换**的 ID 以及描述。

4．把光标指针放在刚刚所创建的这个替换上，然后再选择**步骤**按钮。

5．对于一个新的步骤来说，要定义一个或多个将在本步骤中进行替换的字段（从所建议的列表中来选择想要进行替换的字段），如图 7.42 所示。对于每一个选择的字段，都要指定替换的具体方式。

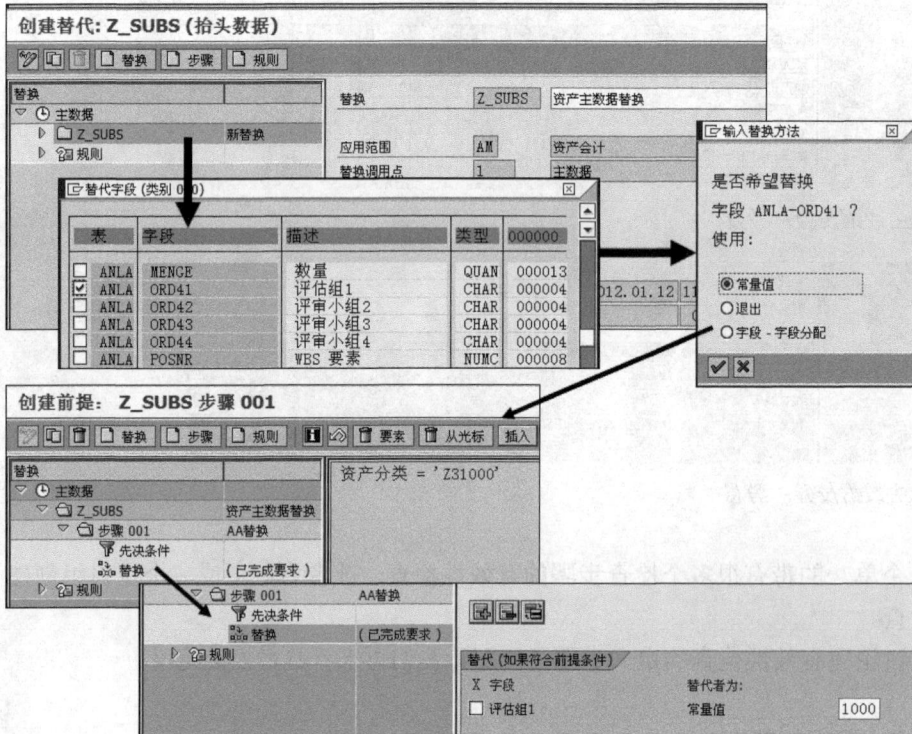

图 7.42　资产会计主数据——定义替换

- **常量值**。

  如果选择的是这个选项，那么这个字段就将被一个有效的固定值来进行替换（在我们的例子中，使用常量"1000"来替换字段**评估组 1**）。

- **退出**。

  如果选择的是这个选项，就可以为资产主数据的替换指定一个用户出口（User Exit）。

- **字段-字段分配**。

  如果选择的是这个选项，就可以用另外一个字段的全部值来替换这个字段。

6．在确定了具体的替换方式之后，就可以定义触发替换所必须要满足的前提条件了。

7．指定想要进行替换的方式。这取决于在第 5 步所做出的选择，可以指定：

　　— 常量值（在我们的例子中，用常量值"1000"来替换**评估组 1**）；

　　— 用户出口；

　　— 参考字段。

　　这就完成了资产会计子模块的所有基本配置了。对于大多数还会涉及到数据迁移的项目来说，可能还需要完成其他的一些配置活动。这些配置活动将在第 10 章进行详细介绍。

　　现在，我们要花点时间来了解一下资产会计中业务处理的步骤了，目的是对这个子模块有一个完整的印象。

7.5　资产业务处理

　　在这一节，我们将从用户的角度来了解一些常用的事务，并对要输入的重要字段进行解释和说明。我们也会解释一下折旧是如何运行的，并使用资产浏览器来查看一下截至目前我们所做资产业务的结果。现在就让我们从创建新的资产主数据开始。

7.5.1　创建新的资产主数据

　　在完成了之前的全部配置活动之后，就可以在 SAP 系统中来创建资产主数据了。创建资产主数据的菜单路径是：**SAP 轻松访问・会计・财务会计・固定资产・资产・创建・资产**，可以使用事务 **AS01** 来创建。

　　可以参照以下步骤来创建新的资产主数据。

　　1. 在所出现的**创建资产：初始的**界面中，选择资产的类别、公司代码以及类似资产的数目。如果要创建多个彼此都很相似的资产，可以利用**类似资产的数目**字段来指明相似资产的总数目，系统就会用相似的信息来创建数目的资产主数据。

　　也可以输入公司代码中现存的资产号码作为参考，以便能快速地创建资产。

　　2. 图 7.43、图 7.44 和图 7.45 包含了所要创建的资产中那些需要输入的重要字段，如表 7.6 所示。

表 7.6　创建新的资产主数据

一般视图标签页（存储遗留资产的一般数据）	
描述	这是新资产的名称。可以使用这两行来进行描述
科目确定	这是在首界面所输入的资产类别中带出来的。请注意，在这个界面中它是不可更改的
存货号	输入生产厂家的序列号，因为据此可以查询来自于制造商的资产
数量	输入系统所管理的该项资产的数量。请注意，数量字段是可以在部分报废的时候来使用的，因此系统对该项资产进行报废时是会更新数量字段的
资本化日期	这个日期就是首次过账到资产时的资产价值日，系统利用这个字段来把资产价值日分配给资产

续表

一般视图标签页（存储遗留资产的一般数据）	
不活动日期	当资产完全报废时，系统会把报废的资产价值日填入到这个字段中
首次购置日期	这个字段是用首次购置过账的资产价值日来进行自动设定的
与时间相关的视图标签页（存储所分配对象的重要信息，如成本中心、内部订单等）	
成本中心	在这个字段输入想要对资产进行过账的成本中心
内部订单	分派一个内部订单
工厂	输入资产的工厂分配。这个信息可用于资产会计的进一步分析
存储位置	输入资产所存储的地方
源视图标签页（存储这个资产的原始资料信息）	
供应商	输入资产是从哪个供应商采购的
制造商	输入制造商的详细资料将有助于对资产进行查询
原来的资产号	输入遗留资产的号码，这样就能创建一个旧资产号与 SAP 资产号码的关联关系
折旧范围视图标签页（显示不同折旧范围的信息以及折旧范围下的设置）	
评估	这个标签视图所显示的是不同折旧范围的设置，例如：折旧码、按年和月表示的使用年限、普通折旧起始日期（根据输入在**一般**视图标签的资本化日期进行默认）等

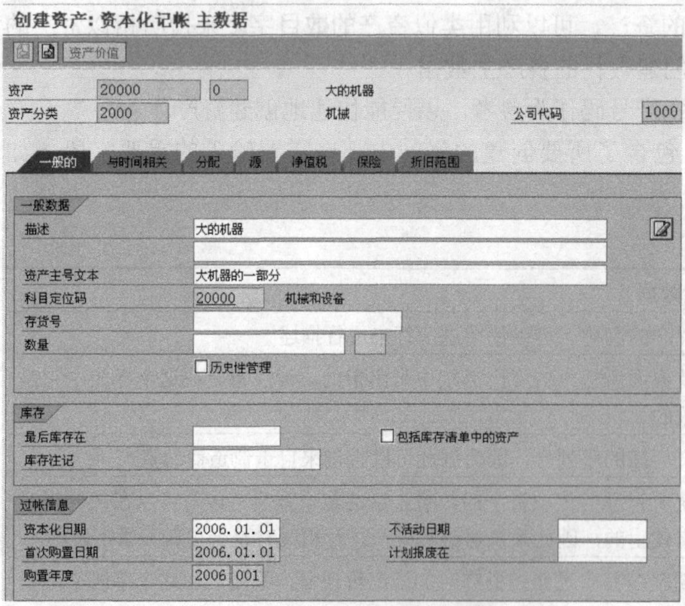

图 7.43　创建新的资产主数据：一般数据标签视图

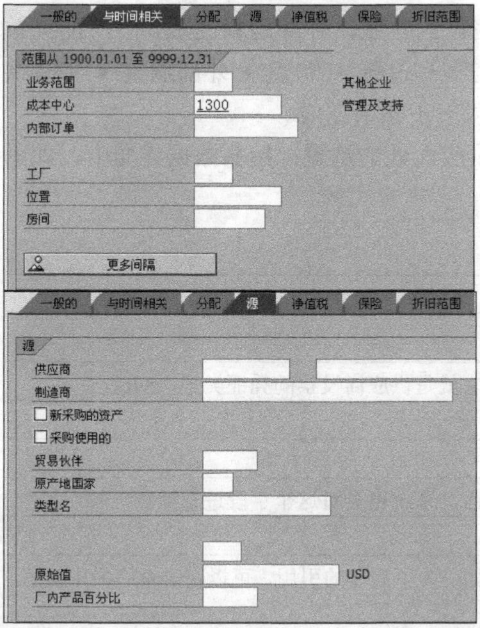

图 7.44　创建新的资产主数据：与时间相关/源标签视图

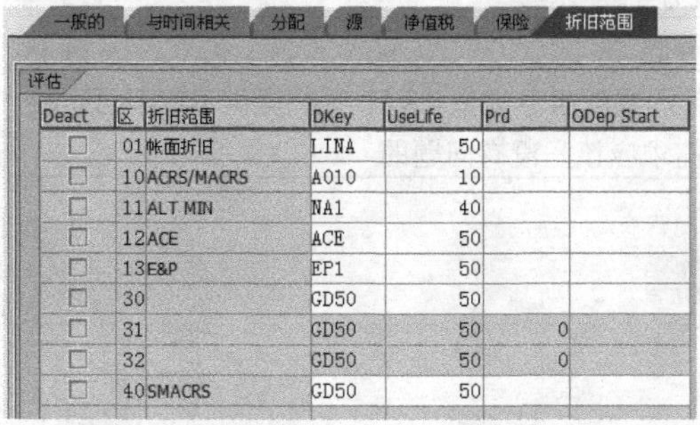

图 7.45　创建新的资产主数据：折旧范围标签视图

当输入完这些信息之后，就可以保存资产主数据了，系统也会按分配给资产类的号码范围来自动生成资产的号码，而且这个刚刚创建的资产正是属于该资产类别的。

7.5.2　资产的外部购置过账

在创建完资产主数据之后，就可以把资产的购置价值过账到它上面了。也就是说，我们在上一步还只是简单地创建了资产的外壳，而我们并没有输入它的价值。

> **备注**
>
> 对于资产会计中的某些业务，可以使用相同的事务来创建资产的主数据并对它进行过账，不过，我们还是打算使用其他不同的事务来解释每一个步骤，目的是希望更容易地了解整个业务过程。

可以利用带供应商的外部购置这个事务来进行资产的过账，外部购置过账到资产的菜单路径是：**SAP 轻松访问 • 会计 • 财务会计 • 固定资产 • 过账 • 购置 • 外部购置 • 带有供应商**，也可以使用事务 **F-90** 来执行此操作，并参照以下步骤来完成。

1. 参考表 7.7 中的内容，将这些信息输入到**从供应商处的购置：抬头数据**界面中，如图 7.46 所示。

表 7.7　带供应商的资产购置：抬头数据

字段	描述
凭证日期	输入凭证日期
凭证类型	输入凭证类型，在我们的例子中，它就是供应商发票的凭证类型 "KR"
公司代码	输入公司代码
过账日期	输入过账日期
过账期间	输入过账的期间。当输入过账日期后，系统也会对这个字段进行默认
货币/汇率	输入所创建发票的货币
参照	这是一个可以自由定义的字段，例如，为了后续的引用，可以在这个字段中输入供应商发票的号码
凭证抬头文本	这也是一个可以自由定义的字段，可以用来输入资产的特定引用内容
记账码	输入记账码 "31"，即供应商的贷方
账户	输入从所采购资产的供应商账户号码
事务类型	输入事务类型 "100"，这就是外部购置的事务类型。SAP 系统提供了许多可直接使用的标准事务类型，满足一般需求应该是没有问题的

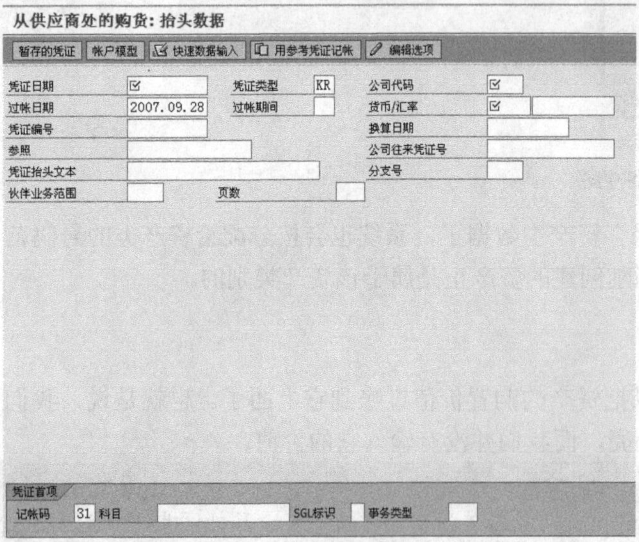

图 7.46　带供应商的资产购置：首屏

2．参考表 7.8 中的内容来完成**输入供应商发票：添加供应商项目**这个界面，如图 7.47 所示。

表 7.8　输入供应商发票：增加供应商项目

字段	描述
金额	输入发票的金额
计算税额	如果发票是和税相关的，那就勾选这个复选框，系统就能自动计算出相应的税额
付款条件	系统从供应商主数据上把付款条件默认地带到这个字段中
付款基准日期	系统根据付款条件的设置来默认付款的基准日期
文本	在这个字段输入一些有意义的摘要信息，这个信息将有助于后续查找相关业务
记账码	输入过账码"70"，这就是资产的借方，因为价值到过账资产上了
科目	输入之前步骤中所创建的资产号码
事务类型	在这个字段中输入事务类型"100"

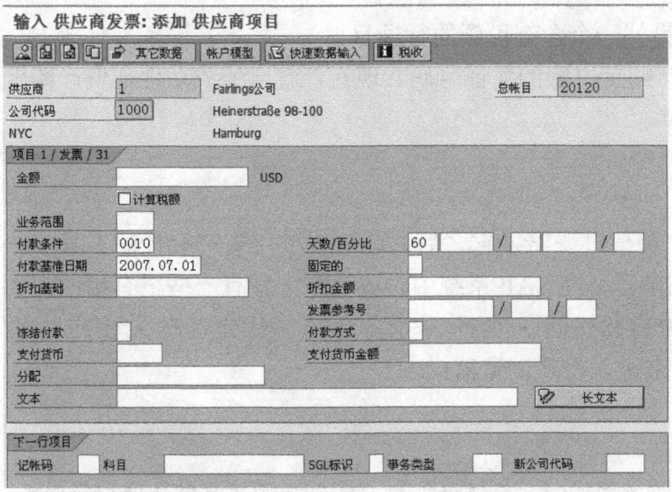

图 7.47　带供应商的资产购置：第二屏

3．参考表 7.9 中的内容来完成**输入供应商发票：添加资产项**界面中的字段，如图 7.48 所示。

表 7.9　输入供应商发票：增加资产项目

字段	描述
金额	输入要过账到资产的金额
计算税额	选择这个复选框，系统就可以自动计算税额
文本	在这个字段输入一些有意义的摘要信息，这个信息将有助于后续查找相关业务

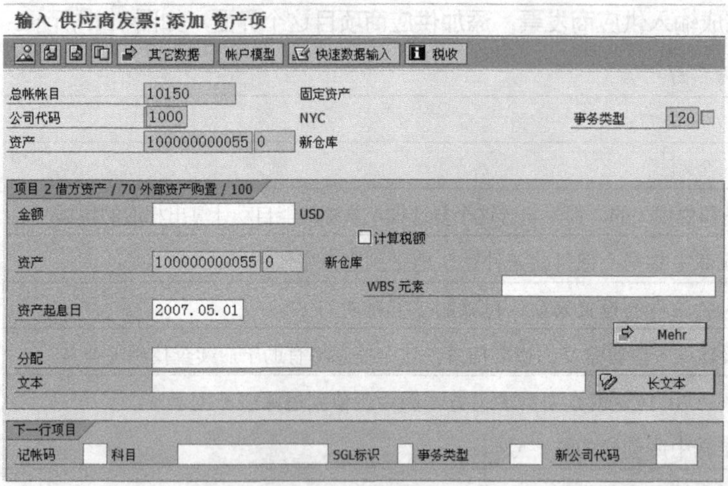

输入 供应商发票: 添加 资产项

| 其它数据 | 帐户模型 | 快速数据输入 | 税收 |

总帐帐目　　　　10150　　　　固定资产
公司代码　　　　1000　　　　　NYC　　　　　　　　　　　　事务类型　120
资产　　　　　10000000055　0　新仓库

项目 2 借方资产 / 70 外部资产购置 / 100

金额　　　　　　　　　　　　USD
　　　　　　　　　　　　　□ 计算税额
资产　　　　　10000000055　0　新仓库
　　　　　　　　　　　　　WBS 元素
资产起息日　　　2007.05.01
　　　　　　　　　　　　　　　　　　　　　Mehr
分配
文本　　　　　　　　　　　　　　　　　　　　长文本

下一行项目
记帐码　　　科目　　　　　　　SGL标识　事务类型　　　新公司代码

图 7.48　带供应商的资产购置: 第三屏

4．模拟业务，系统会自动生成另外一个含有税额的行项目。

5．过账凭证，这样就生成了资产购置过账的凭证号码。现在，就已经成功地把资产购置的价值过账到资产上了。

7.5.3　资产浏览器的应用

在系统中创建好了资产并把资产价值过账给了它之后，就可以使用资产会计的工具——资产浏览器来查看刚才创建资产的细节了，在 SAP 系统中，该资产上带有一些很有用的附加信息。资产浏览器的菜单路径在: **SAP 轻松访问 · 会计 · 财务会计 · 固定资产 · 资产 · 资产浏览器**，也可以使用事务 **AW01N** 来进入资产浏览器。

资产浏览器细节

当进入到图 7.49 所显示的**资产浏览器**界面时，系统会把最后所创建的资产默认地显示出来。资产浏览器的界面被划分成了 3 个可以分别进行查看的部分（外加上一个指定会计年度的选项）:

● **折旧范围**。
在这个部分，可以看到资产的过账值，折旧的计算以及折旧表中的每一个折旧范围在未来年份所进行折旧的一个比较（例如，如果有两个折旧范围，一个是直线法的而另一个是余额递减法的；那么通过单击它们中的任何一个折旧范围，都可以看到由系统根据这两种方法<含折旧计算>所计算出来的折旧额）。

● **与资产相关的对象**。
在这个区域，可以看到有哪些对象连接或关联到资产上了，例如: 供应商、成本中心、内部订单等。

- **计划价值、过账值、比较、参数**标签视图。

  这些标签视图中的每一个界面都含有以下分节所介绍的特别信息。

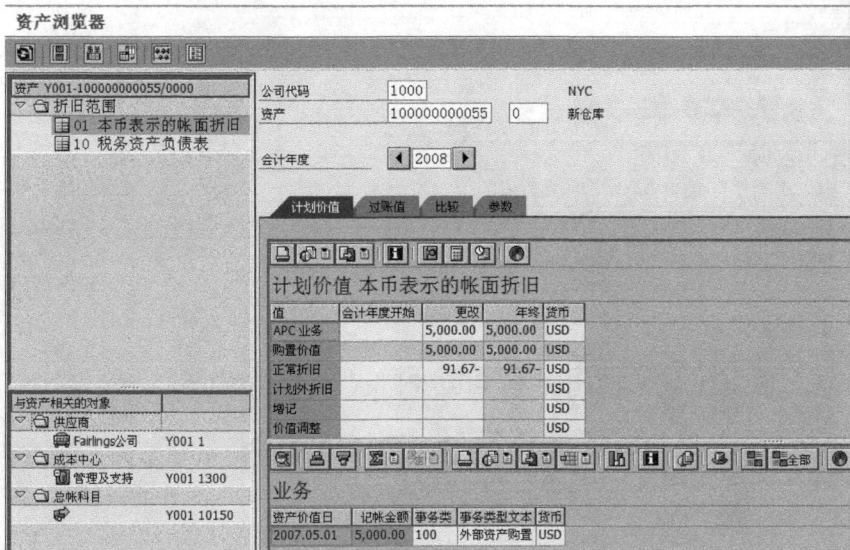

图7.49　资产浏览器：计划价值标签视图

计划价值

显示在图 7.49 中的**计划价值**标签视图展现的是某一年的资产计划价值。可以看到 APC 值、累计折旧和当年的普通折旧，以及截止到当年年末的账面净值。在界面的下半部分，还可以看到当年已过账到资产的业务。这些业务包括资产的购置、转移、报废等。通过单击业务，还可以查看资产会计过账的原始凭证。

过账值

在图 7.50 所显示的**过账值**标签视图中，系统会显示每一期的折旧过账值（已过账的或计划的），还可以看到所给定资产的计划年折旧额。

> **备注**
>
> 对于已经过完账的折旧期间，在**状态**所在列会看到一个绿色的信号，表明该折旧运行是成功的。

比较

在图 7.51 所显示的**比较**标签视图中，系统会给年度折旧费用一个比较，同时还可以看到资产在整个生命周期内的账面净值。另外，也可以在标签视图上看到资产将在何时被彻底地折旧完。

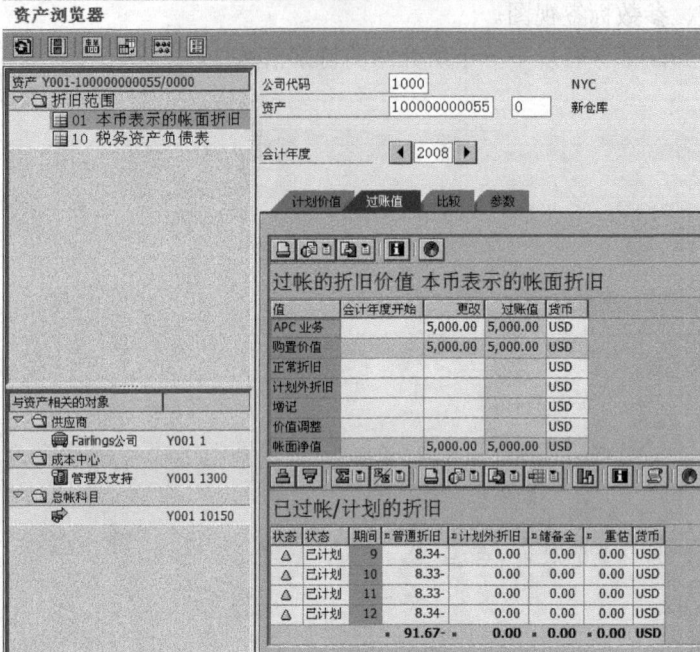

图 7.50　资产浏览器：过账值标签视图

图 7.51　资产浏览器：比较标签视图

参数

　　显示在图 7.52 中的**参数**标签视图展现的是所有折旧参数的概要，这些参数是系统用来自动计算折旧额的，这个折旧额显示在我们刚刚查看过的其他标签页上。就参数标签页而言，可以很容易地就看出它几乎是把以前步骤的配置设置都概括在这里了（无论应用到哪里）。这包括折旧码、资产使用年限、普通折旧起始日期以及一个查看折旧码设置的选项。

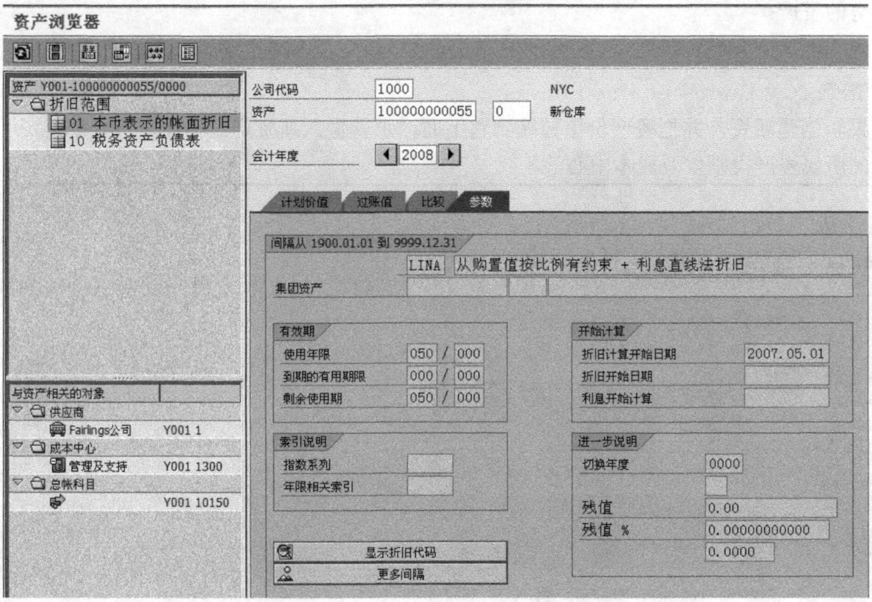

图 7.52　资产浏览器：参数标签视图

　　接下来，我们要来看一看资产的传输过账业务处理。

7.5.4　传输过账到其他资产

　　在这个事务中，会看到资产会计是如何把资产转账至另一个资产上的。在这里，所要讨论的只是公司代码内的转移，但同样的逻辑也用在了公司代码间的转移上。另外，我们还将解释如何再创建一个新的资产主数据，进而用一个单独的事务来进行转账。

　　资产传输过账事务的菜单路径是：**SAP 轻松访问 • 会计 • 财务会计 • 固定资产 • 过账 • 传输 • 在公司代码内传输**，也可以使用事务 **ABUMN** 来执行。可以参照以下这些步骤来完成。

　　1. 参考表 7.10 所示的内容来完成界面上的首个标签页——**业务数据**，如图 7.53 所示。

表 7.10 公司代码内转移：业务数据

字段/节	描述
凭证日期	输入凭证日期
过账日期	输入过账日期
资产价值日	在资产会计中，这就是资产价值的起息日。系统将使用这个日期来计算该转移资产的折旧数额
文本	输入一些有意义的摘要信息
转账到	现有的资产： 如果想把这个资产转账到一个已经存在的资产号码上，那就直接输入该资产的号码。 新资产： 如果想创建新资产并把资产价值转账到它上面，那就输入新资产的描述、所要创建资产的所属资产类别以及成本中心等

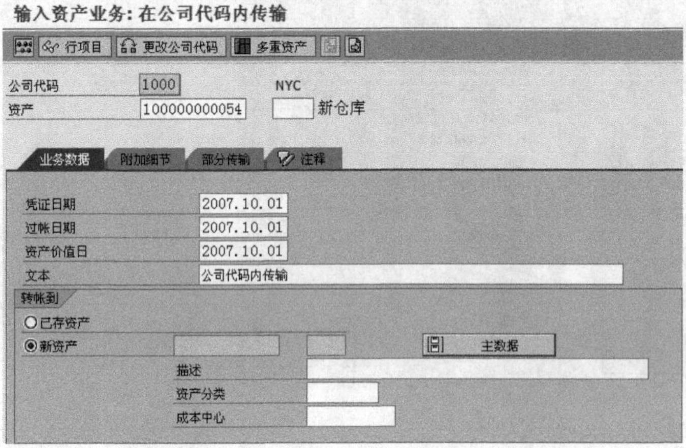

图 7.53 公司代码内的资产转移：业务数据标签视图

2．如果在这个时候就过账凭证，那么系统会把资产的全部值都转账至新的或现有的资产上。

3．如果想转账部分资产价值，那就使用表 7.11 所示的信息来完成部分传输标签页，如图 7.54 所示。

表 7.11 公司代码内转移：部分结转

字段/节	描述
记账金额	输入要转账的部分金额，则系统将只会把这个值转账到新的资产上
百分比	如果想把某个百分比的资产价值转账到新的资产上，那就输入一个要传输的百分数

字段/节	描述
数量	如果在资产的主数据上维护了数量这个字段,那么在这里就多了一个这样的选择,即:传输的数额是使用数量作基准来计算转账值大小的
涉及	根据业务是和以前年度还是与当前年度的购置相关的,从而来选择相应的选项

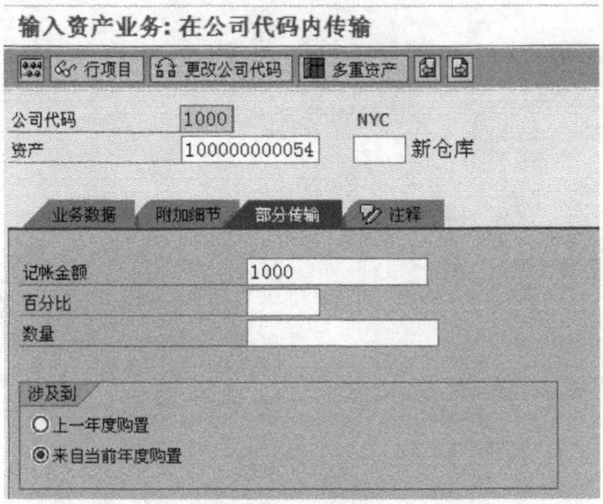

图 7.54 公司代码内的资产转移:部分结转标签视图

4. 如果指定的是要转账到新资产上,那么过账凭证时系统就不仅仅只是产生转账的凭证了,它还会产生一个新的资产号。

5. 对于这两个在之前就已讲到过的步骤中所创建的资产来说,都可以使用资产浏览器来查看业务的结果。

7.5.5 通过报废收回资产的过账

到目前为止,我们已经创建了资产主数据,并输入了它的价值,而且还在一个公司代码内进行了传输过账。现在,我们要使用报废的事务来对一个资产进行报废的过账处理。

> **备注**
>
> 其他的报废方式也是可以使用的,例如,带客户的报废。在这种情形下,企业会以一个特定的价格把资产卖给一个外部的客户。我们将要采用的事务是直接报废资产这种处理方式,而带客户的报废其实就类似于创建一张客户的发票,这都是大家很熟悉的了。

通过报废收回资产事务的菜单路径是:**SAP 轻松访问 · 会计 · 财务会计 · 固定资产 · 过账 · 报废 · 通过报废收回资产**,也可以使用事务 **ABAVN** 来执行。可以参照以下步骤来完成:

1. 参考表 7.12 所示的内容来完成业务**数据标签**页上的信息,如图 7.55 所示。

表 7.12　通过报废收回资产：报废的业务数据

字段	描述
凭证日期	输入凭证日期
过账日期	输入过账日期
资产价值日	在资产会计中，这就是资产价值的起息日。系统将使用这个日期来计算报废资产的已折旧数额
文本	输入有用的摘要信息

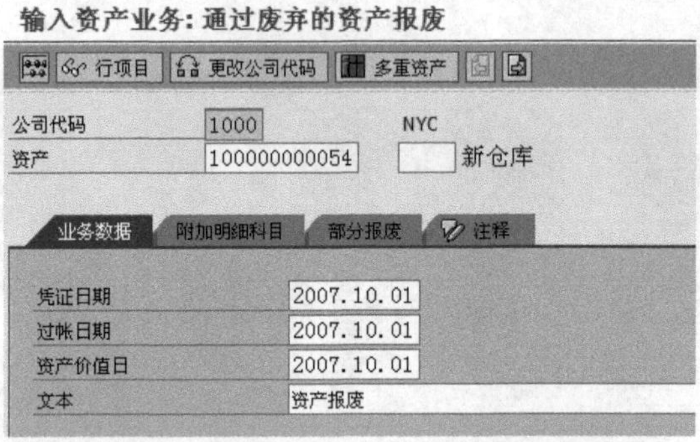

输入资产业务：通过废弃的资产报废

公司代码	1000	NYC
资产	100000000054	新仓库

| 业务数据 | 附加明细科目 | 部分报废 | 注释 |

凭证日期	2007.10.01
过帐日期	2007.10.01
资产价值日	2007.10.01
文本	资产报废

图 7.55　通过报废收回资产：报废的业务数据标签视图

2．如果在这个时候就过账凭证，则系统就会把资产整个的账面净值（NBV）作为损失而报废过账到损益表的科目上（在分配总账科目的配置步骤中进行维护）。

3．如果想要部分报废资产，那就使用表 7.13 所示的信息来设定图 7.56 所显示的**部分报废**的标签页。

表 7.13　通过报废收回资产：部分报废

字段/节	描述
记账金额	输入部分报废的金额，则系统就只会把资产的这个值进行报废
百分比	如果想把该资产下一定百分比的资产价值进行报废，那就输入想要报废的百分数
数量	如果在资产的主数据上维护了数量这个字段，可以使用**数量**作基准来进行部分报废，而系统会根据所输入的报废数量来自动计算将要报废的资产价值
涉及到	根据业务是和以前年度相关还是与当前年度的购置相关，来选择相应的选项

4．过账凭证之后，报废的凭证也就自动生成了。

5．使用资产浏览器来查看报废资产的结果。

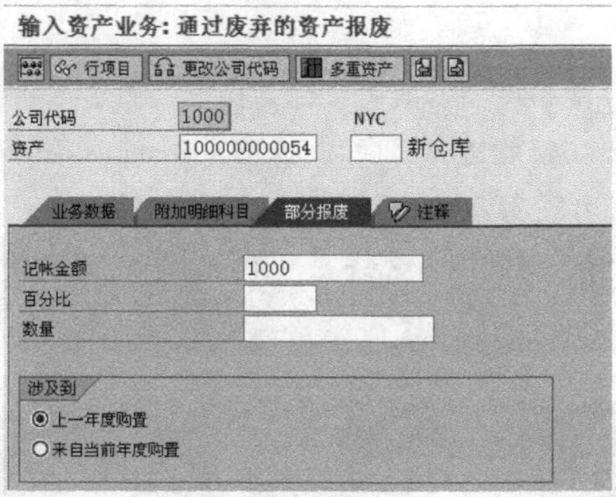

图 7.56 通过报废收回资产：部分报废标签视图

接下来，我们再来了解一下系统中资产折旧过账的执行。

7.5.6 折旧过账运行

要想在系统中过账折旧，需要在公司代码下定期地执行资产折旧。资产折旧运行的菜单路径是：**SAP 轻松访问 · 会计 · 财务会计 · 固定资产 · 定期处理 · 折旧运行 · 执行**，也可以使用事务 **AFAB** 来执行。可以参照以下步骤来完成：

1. 在图 7.57 所显示的**折旧过账运行**界面中，输入你想运行折旧的**公司代码、会计年度**和**过账期间**。

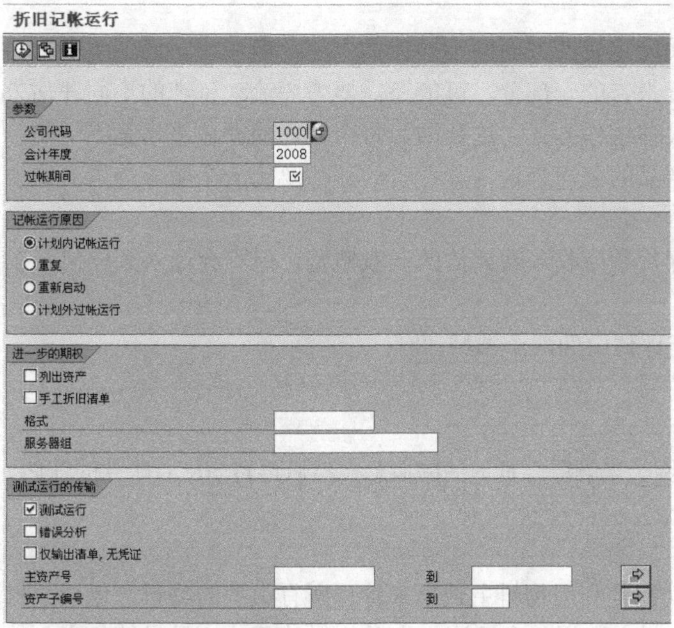

图 7.57 折旧运行

2．从过账运行原因的选项中选定计划内折旧运行。

3．在用事务 SM37 查看到折旧运行已经完成之后，可以到资产浏览器中查看在之前的步骤中所创建的资产。折旧运行那个期间的折旧将会被过账到**过账值**标签视图，绿色的信号就表明该折旧运行是成功的。

在下一节，我们将讨论流动资产评估方面的范例，如存货和应收账款。尽管流动资产是与本章中所提到的相关内容（如固定资产）有所不同，但在这里简要地了解一下流动资产的评估方法还是很有意义的。请注意，我们是用平行会计的处理方法来解释不同的资产评估概念的，这有助于掌握评估的概念，以及有关新总账的平行会计功能。

7.6 流动资产评估

资产会计子模块所处理的是有关固定资产方面的不同评估方法，但在公司已使用平行会计的情形下，作为月度、季度和年度报告的一部分，可能还需要考虑流动资产的不同评估方法。当然，可能还需要考虑公司的具体运作方式，这是因为每个公司的评估策略是不同的；例如，对于一个向不同客户销售其产品的公司来说，其存货的评估要比一个服务提供商重要得多。

在接下来的部分，我们将介绍存货和应收账款评估的一般概览，但不会深入到任何一个特定行业的细节中去。

我们将简要地介绍一下流动资产评估中的两个领域：

* 库存评估；
* 应收账款评估。

我们先从平行会计的角度举一个例子来解释存货评估的概念，然后再转向应收账款的评估。

7.6.1 库存评估

SAP ERP 物料管理（MM）的功能是利用物料主数据来管理所有类型的物料，包括原材料、产成品，日常用品和消耗品。物料主数据包含了诸如有关物料的尺寸、重量等各方面的信息，无论是原材料还是产成品，物料主数据上同时都还含有该物料价值方面的信息。每当物料有移动的时候，系统就会用相应的值来更新物料的移动纪录。

有两种方法可以用于库存的评估。

- **移动平均价格**：在系统中，移动平均价格是用物料的总价值除以总的数量来进行计算的。这个价格是随着所有与评估相关的货物移动而变化的。
- **标准价格**：标准价格所代表的是保持不变的物料价格；它不会因价格的变动或物料的移动而变化。当为**价格控制**标识选定了"S"之后，就可以在字段中输入物料的标准价格了。

备注
对于每一个物料主数据来说，只能分配一种唯一的库存评估方法。

图 7.58 显示的就是物料主数据的**会计 1** 视图，在这里可以维护价格控制的设置。

接下来，我们要从平行会计的角度举一个例子来对库存的评估进行解释和说明。

材料、日用品及耗材

在我们的例子中，所展示的是一个使用移动平均价格的库存评估，同时也从业务的角度解释了 SAP 系统中资产负债表日的平行会计处理所需要采取的所有步骤。表 7.14 显示的就是对 10 000.00 美元的原材料进行收货的情形。所有的分类账对收货的过账都会进行实时更新。

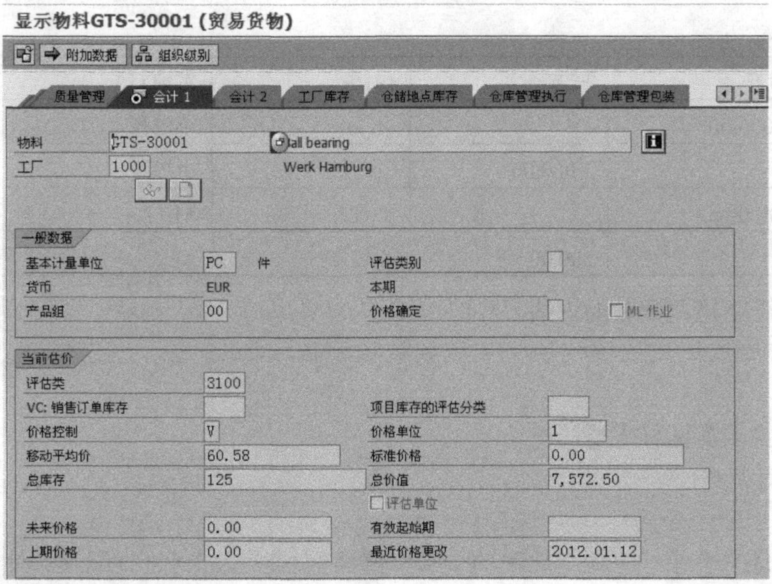

图 7.58　物料主数据——会计视图 1

表 7.14 物料采购及过账到不同的分类账

科目	借方	贷方	IFRS	本地 GAAP
材料科目	10 000.00		0L	AL
货物收到/发票收到（GR/IR）		10 000.00	0L	AL

如果又采购了价值为 15 000.00 美元的相同数量原材料而且没有被消耗，那么该物料综合的移动平均价格就是 12 500.00 美元了。这个评估方法的结果也反映在了各自的资产负债表的具体科目上。如果在一个报告期内消耗了原材料，根据不同的程序，可能导致不同的评估要求，例如：

- LIFO（后进先出）；
- FIFO（先进先出）；
- 周转速度较慢的库存；
- 减少转售的价值。

紧记所有评估要求的可能性，因为可能会碰到各种各样的评估要求，因而也就有必要把不同的评估过账到各自的平行分类账中了。表 7.15 所显示的就是一个产生评估差异的例子，并且其过账到了各自的分类账中。假定一个需要为 IFRS 国际财务报告准则进行调整的评估为 1 000.00 美元，而一个需要为当地的一般公认会计原则 GAAP 进行调整并将其过账到 AL 平行分类账的评估为 500.00 美元。

表 7.15 评估过账到不同的分类账

科目	借方	贷方	IFRS	本地 GAAP
物料调整费用科目	1 000.00		0L	不过账
物料评估准备科目		1 000.00	0L	不过账
物料调整费用科目	500.00		不过账	AL
物料评估准备科目		500.00	不过账	AL

接下来，我们再来了解一下应收账款的评估。

7.6.2 应收账款评估

对于应收账款来说，它主要有两种重要的评估：

- 统一比率的个别价值调整；
- 外币评估。

在这一节，我们将详细地来介绍一下统一比率的个别价值调整，以及如何进行配置。外币的评估将在第 11 章进行详细地介绍。

统一比率的个别价值调整

如果认为某些客户群的应收款项都是超期时间很长的了，而且其中的一部分很可能就是无法收回来的了，那么，统一比率的个别价值调整就意味着要对应收账款进行减值。可以通过执行一个预定义了一定规则的程序来进行减值处理，从而让系统自动来计算出要减值的金额，进而把所减值的金额过账到特定的总账科目上。

可以参照以下步骤来配置统一比率的个别价值调整。

1. 定义价值调整码。评估的价值调整码确定了是否要根据不同的评估方法、评估的百分比以及是否需要按照国家和到期的天数来执行评估。要定义价值调整码，可以使用菜单路径：**SPRO·财务会计（新）·应收账款和应付账款·业务交易·结账·评估·评估·维护价值调整码** 来完成。

2. 图 7.59 显示的就是一个价值调整码为 Z1 条目的例子，它对 LO 这个会计准则（当地的 GAAP）是有效的。这就意味着付款逾期 90 天以上的所有客户应收款项都需要按 5% 来进行调整。如果想要把价值调整码和客户关联起来，那还必须要在客户主数据上维护价值调整码，这样才能在统一比率的个别价值调整的程序运行时，能选择带有价值调整码的所有客户，从而进行调整的过账。

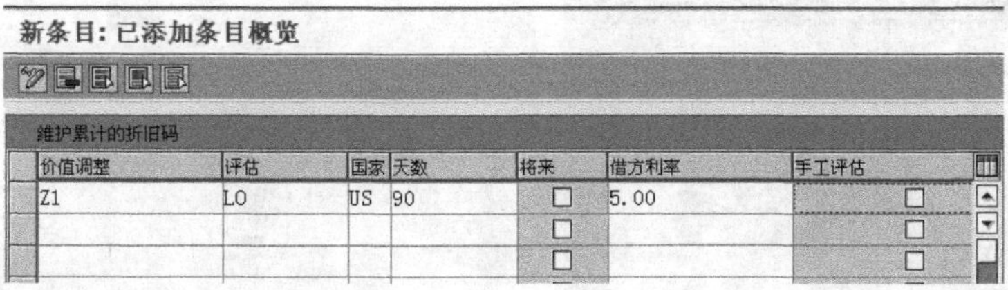

价值调整	评估	国家	天数	将来	借方利率	手工评估	
Z1	LO	US	90	☐	5.00	☐	▲
				☐			▼
				☐		☐	

新条目：已添加条目概览　维护累计的折旧码

图 7.59　定义价值调整码

在这个例子中，采用的是一种比较简单的方法，不过，根据企业的业务需求，可以按照超期的天数和百分比的组合来在不同的层级定义价值调整的比率：

- — 60 天——2.5 %；
- — 75 天——5.0%；
- — 90 天——7.5 %；
- — 120 天——10.0%。

3. 定义了评估的调整码之后，还需要在科目确定设置的定制中来定义相应的总账科目。可以使用菜单路径：**SPRO·财务会计（新）·应收账款和应付账款·业务交易·结账·评估·评估·定义科目**，或者使用事务 **OBB0** 来维护应收账款评估调整的科目确定。

4. 在接下来的界面中，选择事务 B03——统一比率的个别价值调整。在所弹出来的对话框中输入会计科目表，这样就能开启图 7.60 所显示的界面了。

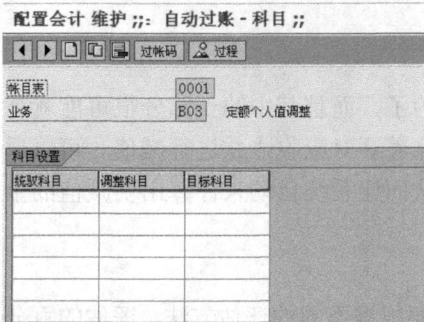

图 7.60　为统一比率的个别价值调整定义科目

5．如果在新总账中以平行会计的角度来创建这个设置，那就必须要把评估方法"LO"分配给平行分类账"AL"，这样才能让评估的结果可以过账到正确的分类账中。另外，还需要为这个配置设置中的每一个应收账款统驭科目准备一个资产负债表的调整科目。同时，应收账款评估的调整也会反映在损益表的目标科目上。

6．完成这些配置之后，并在使用统一比率的个别价值调整程序对客户的应收款项进行自动评估之前，还必须要在客户的主数据上维护评估的价值调整码，如图 7.61 所示。

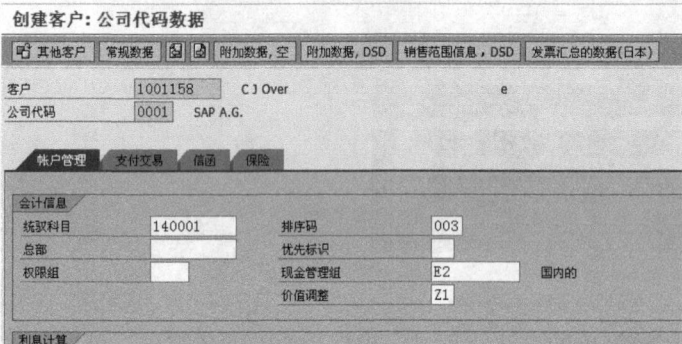

图 7.61　客户主数据—价值调整码

现在，我们已完成了应收账款评估调整所需的全部配置，并且也维护好客户的主数据了，那我们就通过例子来解释一下运行这个程序的主要步骤，同时我们也会针对平行会计的不同分类账所产生的会计分录进行说明。

让我们先过账一笔 1 000.00 美元的应收账款（不含税），如表 7.16 所示。

表 7.16　过账一笔应收账款

科目	借方（美元）	贷方（美元）	**IFRS**	本地 GAAP
应收账款	1000.00		0L	AL
销售收入		1000.00	0L	AL

　　需要定期执行这个统一比率的个别价值调整，作为该业务处理的一部分，系统将会过账那些必要的评估项目。价值调整的评估程序可以使用菜单路径：**SAP 轻松访问 • 会计 • 财务会计 • 应收账款 • 定期处理 • 结账 • 评估 • 进一步评估** 找到，也可以使用事务 **F107** 来执行。

　　在接下来如图 7.62 所显示的界面中，要为评估运行输入**运行日期**和**标识** ID，然后再选择**维护**按钮。在紧接着的界面中，输入**关键日期、评估方法"3"、货币类型、评估范围**以及**目标公司代码**。如果希望过账评估运行的结果，那就要选中评估运行的过账标识。

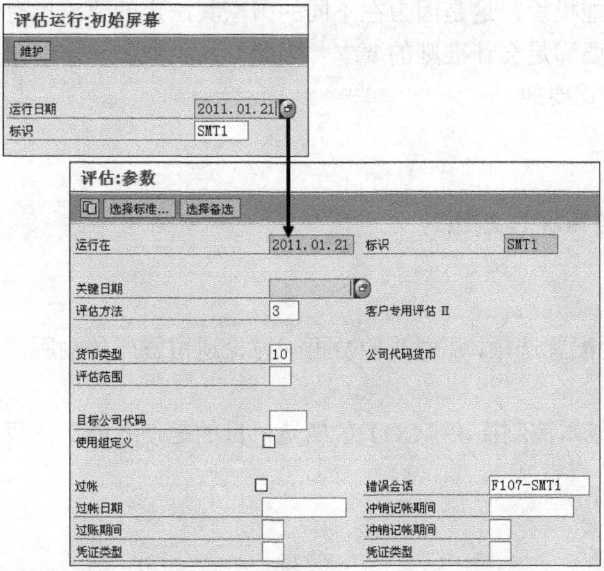

图 7.62　评估运行

　　就像自动付款运行程序和催款运行程序一样，评估的程序也会生成一个可以编辑修改和删除的评估建议。认为评估的建议没有问题时，该过账运行就将在系统中根据所做的定制设置以及提供给评估运行的参数进行价值调整的评估过账。

　　因为表 7.16 中所创建的应收款项到目前已经有 90 天以上的历史了，因此它将作为本次评估运行的一部分项目而被选中。针对这笔 1 000.00 美元的原始应收款项，显示在表 7.17 中的调整过账将在系统中根据客户主数据上的价值调整码以及在评估运行中所输入的选择和过账参数来生成。在我们的设置中，假定 5%的调整比率将只会对当地会计准则 LO 所对应的 AL 平行分类账进行调整过账。

表 7.17　评估运行的过账

科目	借方（美元）	贷方（美元）	IFRS	本地 GAAP
评估调整费用科目	50.00		不过账	AL
调整科目—应收		50.00	不过账	AL

7.7　小结

这样，我们就结束了对资产会计所要处理的主要业务的讨论。对这些业务的了解有助于在整体的业务蓝图方面做出明智的决策。资产会计的应用必须要把本国的法定要求和企业的实际业务需求联合起来考虑。本章所介绍的内容能为配置大多数的系统解决方案打下坚实的基础。

资产会计子模块是一个较为复杂的功能模块，这是因为在不同的国家其法定的要求也有所不同。另外，资产会计的业务处理还需要满足会计准则的要求。因此，从企业和法定的角度来看，了解 SAP ERP 的功能和需求是很重要的。

本章主要讨论了以下方面的内容：

* 资产的生命周期；
* 资产会计的基本概念并整理了业务需求的文档；
* 资产会计子模块主要功能的配置；
* 与资产会计相关的主要业务交易。

我们将在第 10 章介绍资产会计的其他配置选项，那时我们会再来讨论遗留资产传输所需要的设置。

在接下来的第 8 章，我们将介绍有关成本控制模块（CO）的概览，目的是使之能支持我们的 SAP ERP 财务解决方案。

虽然本书的重点是关注于 SAP ERP 财务方面的内容，但我们还是需要有
成本控制的功能来支撑我们的财务解决方案。本章介绍了支撑 SAP ERP 财务
解决方案所必需的特定成本控制子模块的概览。

第 8 章　SAP ERP 财务中的成本控制

本章的主要目的是介绍 SAP ERP 成本控制模块（以下就指 CO）的功能概览。虽然这是一个独立的业务模块，但它是与 SAP ERP 财务完全集成的，同时它也是支撑 SAP ERP 财务所必须的。

本章主要讨论以下方面的内容。

- CO 概览。
- CO 模块的基本概念，包括主数据和凭证流。
- 下列几个方面的基本配置设置：
  - 成本要素会计；
  - 成本中心会计（CCA）；
  - 内部订单；
  - 新/旧利润中心会计（PCA）对比。
- 定期重过账、分配和分摊的概念。
- CO 与 FI 的实时集成。
- 成本中心计划编制。

> **备注**
>
> 随着新总账的引入，CO 的使用也发生了一些变化，特别是利润中心会计（PCA），它现在已经包含在新总账中了。在之前所讨论过的第 4 章中，已经介绍过这方面的内容了。正如同在该章所介绍的那样，在 SAP ERP 系统下，仍然可以不使用新总账而继续使用旧总账。由于利润中心会计还存在于老的 CO 业务场景中，因此在这一章中，我们还是要来讨论一下 PCA。成本中心会计（CCA）和内部订单会计是不受新总账变化的影响的。

8.1　概览图

在以前的 SAP ERP 系统中，CO 主要是为企业提供其他的科目分配对象而存在的，而这些科目分配对象是以生产管理为重点的财务分析所需要的。从 SAP ERP 财务系统中，企业可以生成他们自己所需要的财务报表，如资产负债表、损益表等。这主要指的是外部报告，并且它们总是会受到一些会计准则和法规要求制约的。

大多数的公司都会把他们的会计职能划分为内部的和外部的这两个部分，CO 所代表的就是内部会计，这是因为它主要是向负责管理和控制公司经营的那些人提供必要信息的。由于这个模块是不受法规要求所支配的，因此这就为企业提供了一个很灵活的管理工具，并能从系统中获取许多不同纬度的管理报表。图 8.1 显示的就是 CO 的概览图，这将有助于解释数据流是如何从 SAP ERP 财务流转到旧总账场景下的 CO 的。

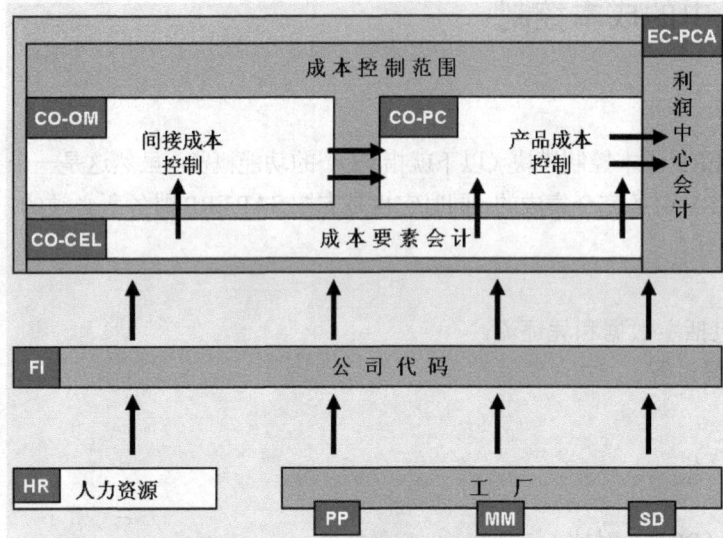

图 8.1　旧总账场景下流转至 CO 的数据流

就我们新总账的业务场景而言，因为之前的 PCA 子模块是新总账的一部分，所以我们在第 4 章中就已经配置了一些 CO 的内容了。除此之外，我们还需要配置成本要素会计和成本中心会计（CCA），这样才能过账到成本中心和内部订单，而这些内容都将在本章进行介绍。

在老的 CO 解决方案中，可能还需要把 PCA 作为单独的子模块来进行配置。这也将在本章中进行介绍，目的是要把没有启用新总账和凭证分割情况下的业务场景解释清楚。首先，了解一下属于我们介绍范围内的 CO 组件。

8.2　成本控制模块的子组件

就像 SAP ERP 财务一样，CO 也有很多需要了解的子模块，包括成本要素会计、成本中心会计（CCA）、内部订单以及利润中心会计（PCA）等。接下来，我们就详细了解一下每一个子模块的内容。

8.2.1　成本要素会计

在 CO 中，成本要素就等同于总账科目，它能助使数据流从 SAP ERP 财务流转到模块。成本要素的全称应是初级成本要素，可能还要创建次级成本要素。对于收入/支出的总账科目

（但它不是资产负债表的总账科目）来说，只能创建成一种（初级）成本要素。从旧总账到新总账，这方面都没有任何的变化。

8.2.2 成本中心会计

CCA 是为内部控制的目的而建立的，这是因为它提供了一个可以归集成本的工具。要是没有 SAP 的背景，那之前可能也使用过成本中心。在 SAP 系统中，成本中心原则上是可以被配置为归集成本和收入的，但通常只是把它们用来归集成本。

8.2.3 内部订单

除了前面已经提到过的其他科目分配对象之外，内部订单也是可用来代表想为其出具报告的单个任务或项目的。内部订单可以支持面向任务的计划、监控以及成本的分配。内部订单可以是真实的（在这种情况下，它们归集某项任务或项目的成本）或者是统计型的（在这种情况下，它们可以存在很长的一段时间，目的是能提供另外的一个报告纬度）。在 8.3.1 小节中，我们将对真实的和统计的过账进行更深入的介绍。

8.2.4 利润中心会计

对于代表企业中独立子单位的利润中心来说，老的 PCA 是可以进行收益和支出的分析的。当把成本中心关联到利润中心时，可以在它们二者之间建立起一对一或者多对一的关系。在老的 PCA 中，还可以定期地从 SAP ERP 财务将一些资产负债表项目（如存货、应收账款和应付账款以及固定资产）传输到 PCA 中，并进而编制利润中心的财务报表。正如在第 4 章中所提到的那样，这在新总账下已经不再需要了，因为激活凭证分割后就可以实现这样的功能了。

还有其他许多的 CO 子模块也是可应用的，但这不属于本书的范畴。基于已讨论子模块的基础之上，现在要来考虑一下如何才能够把它们融汇到一个 CO 的模型中。

8.3 搭建成本控制的业务模型

因为不可能单独建立 SAP ERP 财务的其他任何一个子模块，并且 CO 也是和 SAP ERP 财务的其他模块集成在一起的。因此，设计让设计总账解决方案的人一起来设计 CO 的模型是很重要的。在设计过程中，有些问题可能是需要考虑到的，比如以下这些内容。

- 我应当在什么情况下为两个及以上的公司代码创建一个成本控制范围？

  如果打算通过跨公司代码的过账来分配作业或者定期地来分配成本，那么就应当要考虑建立一个分配给多个公司代码的成本控制范围。

- 如果只设立一个成本控制范围，那还需要考虑有哪些方面的限制？

  在组织结构中，使用成本控制范围将会限制到其他的一些设置，如下。

  - **科目表**：分配到同一个成本控制范围的公司代码的会计科目表应当是相同的。
  - **会计年度变式**：除了特殊期间的数目之外，会计年度变式也必须拥有相同数量的过账期间。
  - **关账处理**：在进行最终的 SAP ERP 财务关账之前，不能进行 CO 的关账。
  - **性能问题**：在有成本控制范围的情形下，数据量的增加有多方面的因素，这可能会导致系统性能上的问题。

- 如何来结构化层次结构？

  可以为每一个主数据对象创建一个层次结构或组，并且相同的规则对它们都是适用的。应当把成本中心分配在其层次结构中的某个节点上。虽然没有定义成本中心结构的固定规则，但还是应当定义它来反映企业的职责范围。请记住，这个层次结构是可以用于出具报告的。有些企业可能会维护不只一个层次结构来提供各种各样的报告分析。

- 内部订单要如何来使用？

  内部订单能是可以用来对某一特定的活动进行细致地成本分析的。与该活动相关的所有成本和收入都可以指派给为此目的而创建的订单上，可以使用该信息来了解该活动所产生的费用以及该活动所带来的收入。在该活动的进行期间，还可以实时地看到是盈利还是亏损了。

- 如何来结构化 PCA？

  对于新/旧的 PCA，在众多不同的方式中，需要确定利润中心分配到成本中心的具体方式。有些系统的设计是按产生收入的地方来定义利润中心的，因而它就会把成本中心分配给产生收益的利润中心。在这种情形下，成本中心就会比利润中心更多，而这正好恰当反映了企业会有多少个组织单元在运作。也可以把利润中心设置成与成本中心同等的水平，因而整个企业的利润中心和成本中心就是一对一的关系了。请记住，利润中心也是需要过账到资产负债表项目的，这样资产负债表的债务和债权才能够在利润中心层面进行分析。

  企业应基于以下几种因素来定义其利润中心：

  - 地理位置或地区；
  - 产品线或者分部；
  - 功能，如生产、研究等。

  如果企业就是以上述方式来进行组织的，那么也可以将这些结构组合起来。

8.3.1 真实和统计过账的概念

在深入了解本章的内容之前，需要先来了解一下真实和统计过账的概念。当在 SAP ERP 财务中输入有关支出和收益的项目时，它们就会在 CO 中产生真实和统计的过账。

对于真实的过账来说，还可以对它进行进一步地再处理，而且还可以使用 CO 的分配和分摊来对它们进行成本的分配。请注意，在这种情形下也只会产生一个真实的过账，业务的其他所有过账就都变成统计性的了。

由于统计的过账是仅用于信息报告的，因此它在系统中所进行的统计过账是没有任何的限制的。

要想知道过账是统计的还是真实的，最重要的一点是知道这由过账中的科目分配对象（成本中心、内部订单，等等）来决定的，而不是其他的任何一个标准。我们可以通过一些例子进一步地解释这个概念。

在表 8.1 所展示的场景 1 中，真实的过账是由成本中心所决定的，而统计的过账则是由利润中心来接收的。

表8.1　场景1：只有成本中心的分配

SAP ERP 财务中的过账	CO 中的过账	
	真实的	**统计的**
1．总账费用科目 2．成本中心	成本中心	从成本中心主数据中派生的利润中心

在表 8.2 所展示的场景 2 中，内部订单所确定的过账是真实的过账，而成本中心和利润中心这二者所接收的都是统计的过账。这就意味着，如果内部订单是真实的，那么成本中心就自动进行统计的过账了，对于利润中心而言，它的过账始终都是统计性的。

表8.2　场景2：真实的内部订单以及成本中心的分配

SAP ERP 财务中的过账	CO 中的过账	
	真实的	**统计的**
1．总账费用科目 2．成本中心 3．内部订单（真实的）	内部订单	成本中心 从成本中心主数据中派生的利润中心

在表 8.3 所展示的场景 3 中，由于这个内部订单是一个统计型的订单，因此它所确定的过账就只能是统计性的，而成本中心会产生真实的过账。

表8.3　场景3：成本中心和统计内部订单的分配

SAP ERP 财务中的过账	CO 中的过账	
	真实的	**统计的**
1．总账费用科目 2．成本中心 3．内部订单（统计的）	成本中心	内部订单 从成本中心主数据中派生的利润中心

现在，让我们仔细地来看一看 CO 的配置设置。

8.4　成本控制的配置设置

为了能从旧总账的角度来解释新/旧总账下的 CO 差异，本节将简要地回顾一下第 2 章中所讨论过的配置。首先，简要地回顾一下案例公司——SAFA 公司，我们仍将继续使用这些配置。

SAFA 公司是一个使用美元作为基本货币的美国公司。它在英国还有另外一个办事处（如第 2 章所述，设立为一个单独的公司代码），我们把这两个公司代码都分配到了同一个成本控制范围下。现在让我们来看一看成本控制范围的基本设置。

8.4.1　成本控制范围基本设置

先来讨论第 2 章中的成本控制范围配置，也可以选择参阅这一章，这是因为在这里所看到的信息和前面是一样的。

定义一个成本控制范围

成本控制范围是可以对成本进行控制的组织单元。因为不能在一个成本控制范围外进行成本的分配，因此它同时也确定了可以进行成本分配的范围。在 CO 中，成本控制范围组织起了企业内部会计的经营管理。定义成本控制范围的菜单路径是：**SPRO · 企业结构 · 定义 · 成本控制 · 维护成本控制范围**，也可以使用事务 **OX06** 来完成。在第 2 章的 2.4.11 小节就已经把成本控制范围定义好了。

激活成本控制范围组件

现在，需要激活与解决方案所相关的成本控制范围组件。从我们系统设计的角度来看，只需要激活很少的几个组件就可以了。激活成本控制范围组件的菜单路径是：**SPRO · 成本控制 · 一般控制 · 组织结构 · 维护成本控制范围**，也可以使用事务 **OKKP** 来执行。在第 2 章中，我们激活了如图 8.2 所示的组件。如果实施的是新总账，那这些设置是没有任何问题的。

然而，在旧总账的业务场景下，还需要激活 PCA（利润中心会计），这样才能够进行 PCA 的过账。因此，在旧总账的项目实施中就需要更改这个配置。接下来了解一下把号码范围分配给成本控制范围的设置方法。

分配号码范围给成本控制范围

CO 的过账是也通过凭证号码的分配来跟踪的。凭证号码范围的分配可以由 SAP ERP 系统内部来生成，或者设置为手工更新，也就是外部的号码分配。建议使用内部的号码分配，这样就能使管理性的工作降低到最少。

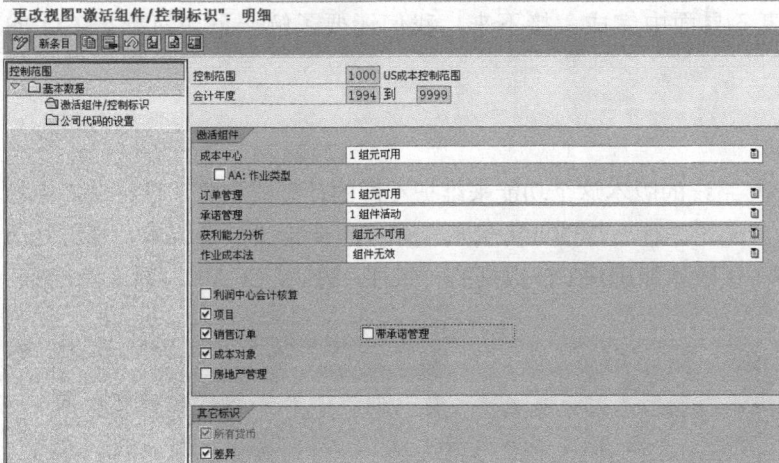

图 8.2　激活成本控制范围组件

CO 凭证号码范围的创建方式是和 SAP ERP 财务凭证号码范围一样的（参见第 3 章，3.2.5 小节）：也可以从头开始进行凭证号码范围的创建或者从现有的一个成本控制范围来进行复制。建议选择复制的方式，因为这样才能够确保复制了所有必需的号码范围。维护 CO 凭证号码范围的菜单路径是：**SPRO·成本控制·一般控制·组织结构·维护成本控制凭证的编号范围**，可以使用事务 **KANK** 来完成。图 8.3 阐释了这一配置的处理方法。

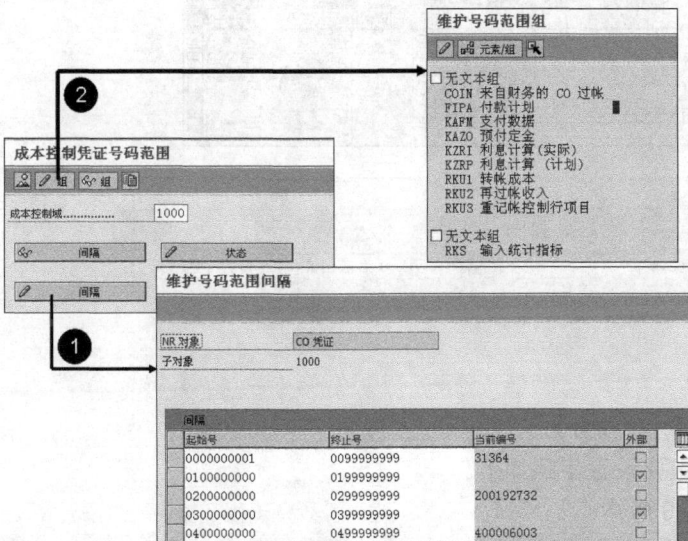

图 8.3　维护 CO 凭证的号码范围

在创建好 CO 凭证号码范围之后，还需要把号码范围段分配给业务组。如图 8.3 所示，这些操作都可以在同一个事务界面中完成。接下来，我们还要了解一下如何维护 CO 的版本。

维护成本控制范围版本

在 CO 中，可以利用 SAP 系统的版本这个功能来维护不同的计划或预算，这样就能监控到各种情形下的真实数据了。无论是什么样的业务情形，最少也要定义一个版本，那就是通常被称为计划/实际的 0 版本。该版本能确保 CO 数据的一致性，例如，CCA、内部订单、PCA 以及获利能力分析（PA）。

> **备注**
>
> 在前面的章节中，创建成本控制范围时，系统就已自动创建了 0 版本，它的有效期是 5 个财年。当涉及实际的 CO 过账时，SAP ERP 系统的标准设置始终都是用这个 0 版本来进行更新。

要想完成基本的 CO 架构配置，至少要配置好 0 版本的货币、会计年度和 PCA。维护成本控制范围版本的路径是：**SPRO · 成本控制 · 一般控制 · 组织结构 · 维护版本**，也可以使用事务 **OKEQ** 来定义。版本维护的界面如图 8.4 所示。

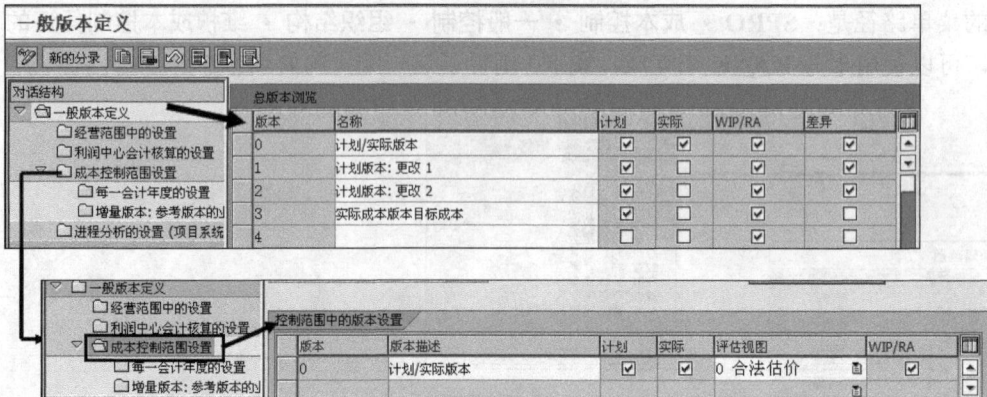

图 8.4　维护成本控制范围版本

每个会计年度的设置

为成本控制范围配置 0 版本的主要设置步骤如下。

1. 在**一般版本定义**界面中选择 0 版本。

2. 在**对话结构**框中，单击**每一会计年度的设置**，所出现的界面如图 8.5 所示。正如之前所提到过的那样，当创建成本控制范围时，0 版本就已经创建在其中了，而且作为默认的设置，有 5 个会计年度是可用的。一些重要的配置字段在表 8.4 中进行了解释和说明。

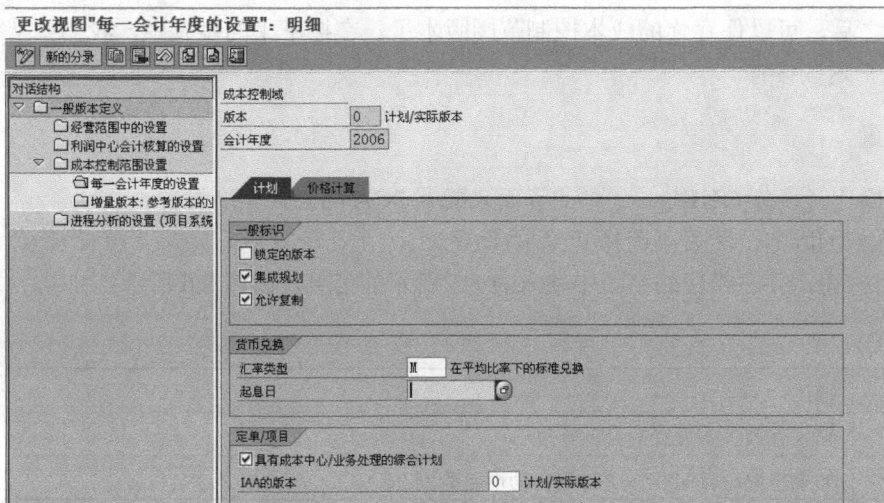

图8.5　每个会计年度的设置：概览

表8.4　每个会计年度的设置

字段	描述
会计年度	输入想要对这个 0 版本设置进行维护的会计年度。必须要为每一个会计年度都进行这样的设置
锁定的版本	如果想在该会计年度的某个时间点之后冻结这个版本，就设置这个标识。如果勾选了它，就不能再对计划进行更改了
集成规划	如果想把计划从成本中心传输到利润中心，就设置这个标识。由于企业使用了利润中心和成本中心，所以需要勾选这个复选框
允许复制	如果想把一个计划版本复制到别的版本来创建各种新的计划版本，就设置这个标识，后续还可以对特定的版本再进行更改
汇率类型	输入想要在汇率类型系统中存储汇率的那个汇率类型代码。就我们的场景而言，我们选择的是"P"（成本计划的标准转换）
起息日	如果想把这个日期用于计划的转换，可以在这里输入特定的日期。如果把这个字段置空，则 SAP 系统会定期来计算汇率，并追踪任何的货币波动
具有成本中心/业务处理的综合计划	如果想把成本中心和内部订单以及工作分解结构（WBS）之间的计划编制进行集成，就设置这个标识。通过设置这个标识，能确保已有计划的订单结算（成本分配）将会被 CCA 所获取

> **备注**
>
> 如果想后续再增加更多的会计年度，则单击**新条目**按钮，新会计年度的细节界面就会显现出来了。

完成这些设置之后，可以保存你的成本控制范围版本了。在接下来的步骤中，我们要从 PCA 的角度再来维护这些设置。

利润中心会计的设置

要使用与之前操作（事务 **OKEQ**）一样的界面来配置 PCA 的会计年度设置。

1. 先选择要维护的版本，然后再选择 PCA 的设置。
2. 单击**新条目**按钮，并在相应的字段中输入表 8.5 所示的信息，如图 8.6 所示。

表 8.5　利润中心会计的设置

字段	描述
会计年度	输入有效版本设置的会计年度
实时传输	如果想把所有的业务交易都自动地更新到 PCA 中，那就激活这个设置
锁定的版本	如果想要使这个版本免于输入或更改，那就设置这个标识
行项目	如果想使用所有计划事务的行项目处理，那就设置这个标识
汇率类型	输入汇率的类型。在我们的场景中，使用的是 "M" 的汇率类型，它是 "平均汇率下的标准转换类型"

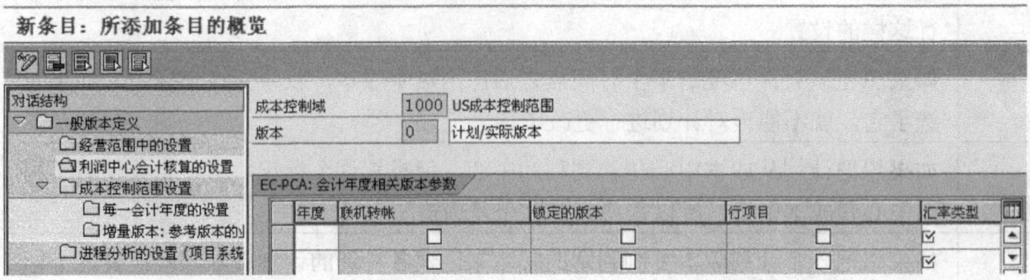

图 8.6　利润中心会计的设置：增加条目的概览

3. 完成这些配置设置之后，保存输入。

这样就完成了我们成本控制范围基本设置的配置。现在，我们要转向下一个组件——成本要素会计。

8.4.2　成本要素会计

如前所述，CO 中所创建的成本要素就相当于是 FI 中的总账科目。在这一小节中，我们要来了解一下成本要素的相关配置。

成本要素类型

成本要素所承载的是成本的来源。成本要素可以被定义为初级的或是次级的。初级成本要素代表的是所发生的成本来自于公司的外部。而次级成本要素通常则代表发生在公司内部的活动。在会计科目表中，它包含了属于 SAP ERP 财务的所有总账科目。

SAP ERP 财务的成本和收入科目相对于 CO 的表现形式就是成本和收入要素。这确保了从前者传输过账到后者是实时进行的。这也意味着，在 SAP ERP 财务创建总账科目（损益表科目）时，必须要在 CO 为它创建一个初级的成本要素，以便诸如此类的费用能够在这两个模块间进行统驭。请注意，能够在 CO 中创建初级成本要素之前，必须要先在 SAP ERP 财务中创建这些成本要素所要进行参照的总账科目。在 CO 中，只有次级成本要素（在 SAP ERP 财务中，它们并不能代表总账科目）才能独立于总账科目进行创建。可以使用次级成本要素来记录内部作业的价值流，如 CCA 中的分摊以及内部订单中的结算等。

把总账科目创建成初级成本要素之后，需要给初级成本要素分配一个科目对象（如成本中心或内部订单），这样才能在这些信息从 SAP ERP 财务流转到 CO 时，准确地知道这些成本是在哪里发生的。此外，创建成本要素时，还必须指定成本要素的类别，它是真正决定可否使用该成本要素的交易类别。例如，01 的初级成本要素类别就是用于费用的过账的。

在系统中，可以自动或手动地来创建成本要素。在接下来的步骤中，我们将介绍这两种方法。

自动创建成本要素

通过批处理，可以自动地创建成本要素。首先，要为想创建的成本要素或者是成本要素的范围提供一个默认的设置，然后还要为这些成本要素输入成本要素的类别。

初级成本要素只有在各自的总账科目都已存在于运营会计科目表中的情况下才能被创建，而且 SAP 系统是从 SAP ERP 财务总账科目的主数据中来承继成本要素的名称的。虽然如此，也可以在 CO 中更改这个名称。

同时，也可以对它进行配置，这样就能在创建总账科目时，自动创建成本要素了。如果想使用这个功能，需要考虑成本要素创建所涉及的范围，包括可能触发自动创建成本要素的科目号码。

也可以把定义在这个默认设置中的所有成本要素都创建成次级成本要素。系统将会从成本要素的类别中来承继次级成本要素的描述。在输入默认设置之后，系统就会产生一个后台的批处理会话来生成这些成本要素。

可以参照以下这些步骤来配置自动创建成本要素的默认设置。

1. 沿菜单路径：**SPRO · 成本控制 · 成本要素会计 · 主数据 · 成本要素 · 初级和次级成本要素的自动创建 · 建立默认设置**，或者使用事务 **OKB2** 来设置。

2. 在如图 8.7 所显示的界面中，输入如表 8.6 所示的信息。

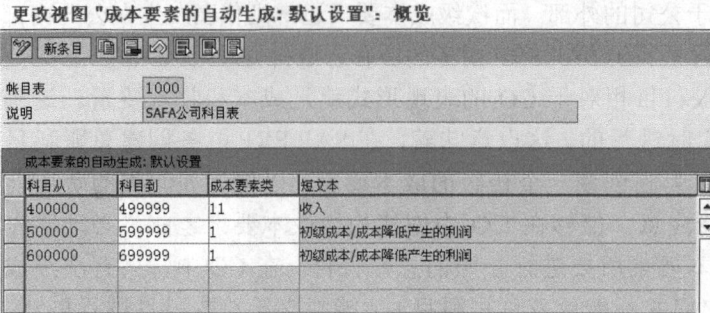

图 8.7　自动生成成本要素：默认设置

表 8.6　自动生成成本要素的设置

字段	描述
科目从/科目到	在这两个字段中输入账户的范围
成本要素类别	为指定的"科目从"和"科目到"字段的账户范围输入相对应的成本要素类别
短文本	这个短文本是从指定在成本要素的类别（类别字段中）自动带出来的

　　在完成了自动生成成本要素的默认设置之后，就可以创建生成成本要素的批输入会话了。
　　1．沿菜单路径：**SPRO・成本控制・成本要素会计・主数据・成本要素・初级和次级成本要素的自动创建・建立批输入会话**，或者使用事务 **OKB3** 来创建。
　　2．输入表 8.7 所详述的那些字段信息，如图 8.8 所示。

表 8.7　生成批输入会话来创建成本要素的设置

字段	描述
成本控制范围	输入要在其内创建成本要素的成本控制范围的 ID
有效期从	输入成本要素开始生效的日期
有效期到	输入这些成本要素将要失效的日期
会话名称	默认的是创建会话的用户 ID。也可以在这个字段进行其他任何的手工输入
批处理输入用户	默认的是创建会话的用户 ID。也可以在这个字段进行其他任何的手工输入

图 8.8　生成批输入会话来创建成本要素

3．单击执行图标，生成批输入的会话，会生成会话日志详细信息，其中包含成本要素。

4．检查这个日志，以确定是否有任何的丢失或不需要的条目。

通过以下步骤，可以在线或在后台来执行这个批处理。

1．沿菜单路径：**SPRO**·**成本控制**·**成本要素会计**·**主数据**·**成本要素**·**初级和次级成本要素的自动创建**·**执行批输入会话**，或者使用事务 **SM35** 来执行。

2．选择并执行之前所创建的批处理会话。要后台执行这个批处理会话，那就在所显示的对话框中选择**后台**选项，然后再单击**处理**按钮。

这样就完成了自动创建成本要素。接下来，我们再来了解一下如何手工创建成本要素。

备注

手工创建成本要素不是配置的步骤，可以通过成本要素会计下的用户菜单来进行处理。

手工创建成本要素

想要手工创建成本要素，可以参照以下这些步骤来完成。

1．沿菜单路径：**SAP 轻松访问**·**会计**·**成本控制**·**成本要素会计**·**主数据**·**成本要素**·**创建初级/次级成本要素**，或者使用事务 **KA01**（初级成本要素）或 **KA06**（次级成本要素）来创建。

2．在如图 8.9 所示的**创建成本要素：初始屏幕**中，输入如表 8.8 所示的信息。

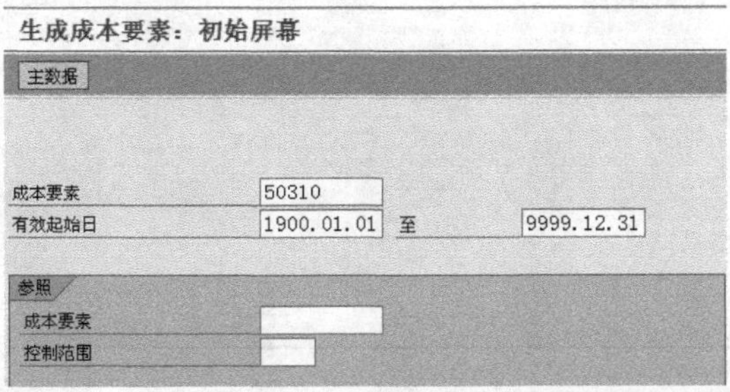

图8.9　创建成本要素：初始界面

表8.8　创建成本要素：初始界面设置

字段	描述
成本要素	输入初级或次级成本要素的号码
有效起始日	输入有效的起始日期
到	输入失效的日期
成本要素	输入一个可以作为参照的另外一个成本控制范围下的成本要素号码，这样就能通过复制的方式来创建新的成本要素了
成本控制范围	输入一个可以作为成本要素复制参考的成本控制范围，这样就能通过复制的方式来创建新的成本要素了

3. 按[回车]键进入下一个界面。

4. 在图 8.10 和图 8.11 所示的相应标签视图中输入如表 8.9 所示的信息。

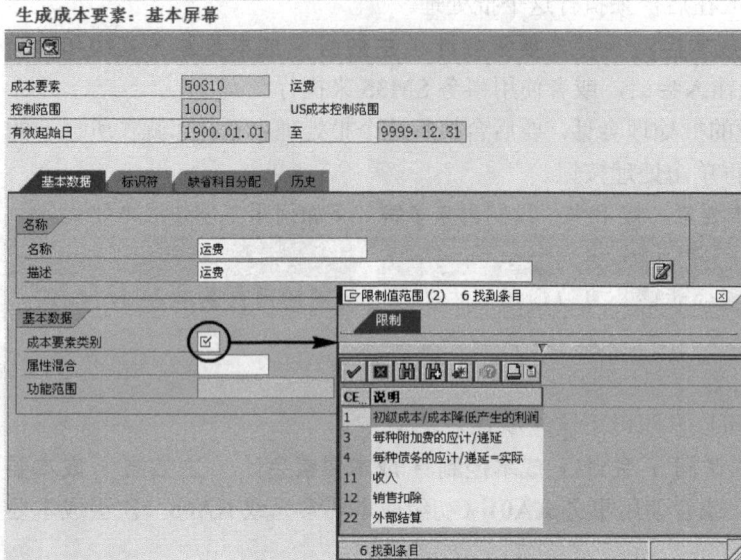

图 8.10　创建成本要素：基本数据标签视图

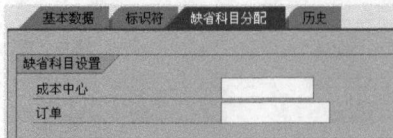

图 8.11　创建成本要素：默认的科目分配标签视图

表 8.9　创建成本要素：基本数据界面设置

基本数据视图标签页

字段	描述
名称	输入正在创建的成本要素的名称
描述	输入正在创建的成本要素的描述
成本要素类别	如前所述，可以从可选项中来选择成本要素的类别，如"1"是初级成本要素，而"11"是初级收入的要素，如图 8.10 所示

默认的科目分配视图标签页

字段	描述
成本中心 订单	如果想把某个特定的成本中心或内部订单默认地分给一个总账科目，可以在这里定义。只要对这个科目进行过账，系统就会把指定在这里的科目默认分配到该科目上

现在，我们已经知道如何自动或手工地来创建成本要素了，而且也了解了如何才能建立起 SAP ERP 财务和 CO 之间的关联，这些成本要素就是将成本从前者传输到后者的载体。

接下来，让我们来看看成本中心会计。

8.4.3　成本中心会计（CCA）

CCA 是用来为所限定的某个范围或活动归集和报告成本费用的。成本中心是在一个反映企业内部报告需求的层次结构下来进行维护的。而这个层次结构的搭建是 CO 中所有成本会计报告的关键。

成本中心会计配置

在开始 CCA 的配置之前，我们先来回顾一下本章开始时所做出的一些基本假定。

- 成本直接归集到对成本费用负责的成本中心，因此月末不需要进行成本分配。
- 由于不进行任何成本分配，因此，诸如那些用于追踪成本以及内部作业分配的统计关键指标和作业类型的概念就不在本章来进行讨论了。

在 CCA 中，最重要的一个配置就是成本中心的标准层次结构。作为内部报表分析一部分的运营成本报表来说，成本中心标准层次结构将构成它的主要内容，同时它也将为所有的成本中心起到信息库的作用。在接下来的部分，将介绍如何创建成本中心的标准层次结构。

成本中心的标准层次结构

除非已经创建好了成本中心的标准层次结构，否则成本中心就不可能在 CO 中创建。在本章的前面部分进行成本控制范围的配置设置的时候，已经为成本中心输入了层次结构的名称，并说明了这将会用作成本中心标准层次结构的最高（主）节点。即便如此，成本中心也不能直接隶属于这个顶节点；因此，还必须创建更低层级的节点，在这些节点上才可以进行成本中心的分配。

> **备注**
>
> 成本中心的标准层次结构需要把内部报告的需求反映出来，并且这应当在蓝图阶段就要最终确定下来；否则，后续再来对这个层次结构进行更改将是很费时的。

成本中心的标准层次结构既可以从 IMG，也可以从如下的用户菜单来进行维护。

1．使用路径：**SAP 轻松访问·会计·成本控制·成本中心会计·主数据·标准层次·更改**，或者使用事务 **OKEON（KSH2）** 来完成。进入到这个事务后，**更改成本中心组：初始屏幕** 就会出现了。

2．在初始界面的这个字段中输入在创建成本控制范围时所维护的顶节点。

3．向这个结构增加新的层次节点。在层次结构中，应当包含所有的成本中心，这样层次结构才能正确反映出企业的内部组织结构。

成本中心的层次结构看起来应当是类似于图 8.12 所显示的那样。

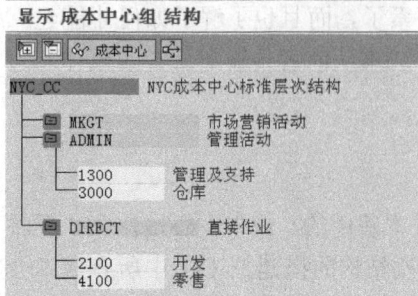

图 8.12　成本中心标准层次结构

接下来，我们需要来了解一下成本中心的类别。

创建成本中心类别

就我们的目的而言，成本中心类别的使用还只限于在创建成本中心、派生功能范围以及出具报告时能把默认的控制标识赋予到成本中心上。就像系统中所提供的许多其他标准设置一样，可以选择使用 SAP 所交付的成本中心类别（这些都是可更改的），或者如果 SAP 系统所提供的类别不够，就创建自己的成本中心类别。可以参照以下这些步骤来创建自己的成本中心类别。

1．沿路径：**SPRO·成本控制·成本中心会计·主数据·成本中心·定义成本中心类别** 来定义。所出现的界面显示在图 8.13 中。

图 8.13　创建成本中心类别

2．单击**新条目**按钮，所要进行配置的字段列示在了表 8.10 中。

表 8.10　创建成本中心类别—设置

字段	描述
成本中心类别	在这个文字数字型的字段中输入单字符的类别 ID
名称	输入该类别的名称
数量	如果想在成本中心中记录数量的信息，则设置这个标识
实际初级成本	如果想冻结实际初级成本的过账，则设置这个标识

字段	描述
实际次级成本	如果想冻结实际次级成本的过账，则设置这个标识
实际收入	如果想限制收入过账到这个类别下所创建的成本中心，则设置这个标识
计划初级成本	如果想冻结该类别的初级成本计划的编制，则设置这个标识
计划次级成本	如果想冻结该类别的次级成本计划的编制，则设置这个标识
计划收入	如果想冻结该类别的收入计划的编制，则设置这个标识
承诺	如果想在成本中心中更新承诺，则设置这个标识。如果激活了承诺管理，这个设置就是有意义的了

现在，我们就可以在成本控制范围中来创建成本中心了。

创建成本中心

想要创建成本中心，可以参照以下这些步骤来完成。

1．沿菜单路径：**SAP 轻松访问 · 会计 · 成本控制 · 成本中心会计 · 主数据 · 成本中心 · 单个处理 · 创建**，或者使用事务 **KS01** 来进行创建。作为选择，也可以由 IMG 来创建成本中心。

2．所出现的**创建成本中心：初始屏幕**显示如图 8.14 所示。使用如表 8.11 所示的那些信息来完成这个界面。

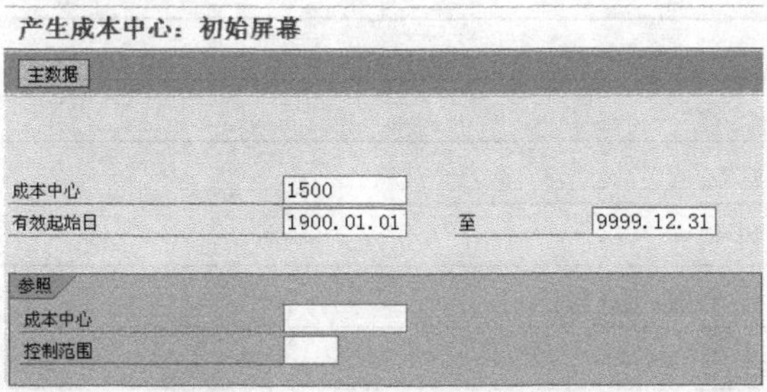

图 8.14　创建成本中心：初始界面

表 8.11　创建成本中心：初始界面—设置

字段	描述
成本中心	输入想要创建的成本中心号码
有效起始日/到	输入可以对这个成本中心进行过账的有效期间
成本中心	可以把已创建好的成本中心作为参照来创建新的成本中心。要这样做，输入想用作参照的那个成本中心的号码即可
成本控制范围	输入成本控制范围，这个参照的成本中心就是创建在该成本控制范围中的

3．按[回车]键后，就出现了带有**基本数据**标签视图的**创建成本中心：基本屏幕**，如图 8.15 所示。使用表 8.12 所提供的信息对**基本数据**标签页的字段进行输入。

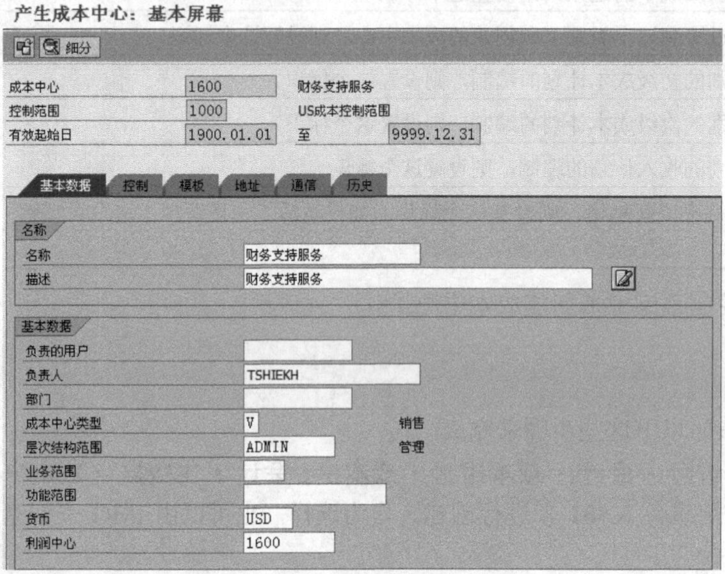

图8.15　创建成本中心：基本界面

表8.12　创建成本中心：设置

字段	描述
名称	输入成本中心的名称
描述	输入成本中心的描述
负责人	输入成本中心负责人的姓名
部门	输入与成本中心相关的那个部门的名称
成本中心类别	输入之前所创建好的成本中心类别
层次结构范围	输入成本中心所隶属的成本中心层次结构的节点
业务范围	如果使用了业务范围的功能，则输入业务范围
功能范围	输入功能范围
货币	输入货币。请记住，只有当所有公司代码的货币都和成本控制范围的货币相同时，这个字段才是可以输入的；否则，这个字段是会被灰掉的，默认值为该公司代码的货币
利润中心	如果 PCA 是激活的，则输入这个成本中心所隶属的利润中心

4．在**控制**标签页，根据需求，**锁定**与成本中心相关的某些活动。回想一下，在定义成本

中心类别时所做的设置就反映在了这个界面的一部分字段中。对于我们的成本中心来说，锁定这个成本中心的收入过账，即：实际的收入和计划的收入这两者都不允许过账到成本中心（见图 8.16）。

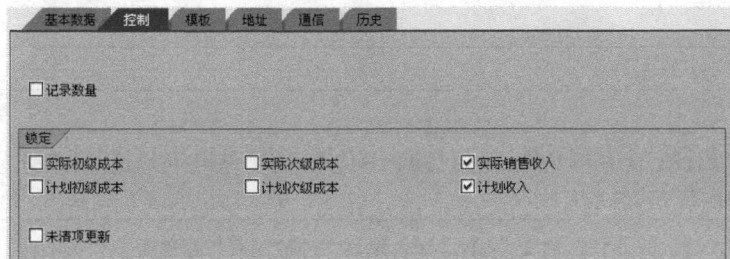

图 8.16　创建成本中心：控制标签视图

现在，我们已经创建好成本中心并完成该成本中心的基本设置了。如同在第 4 章中所介绍的那样，现在就可以开始用它来在 SAP ERP 财务中进行过账了。

接下来，我们将再来了解一下内部订单的基本配置步骤。

8.4.4　内部订单会计配置

正如 8.4.1 小节中已看到的那样，因为我们想利用内部订单来归集特定活动的成本，所以我们已经为 SAFA 公司激活了订单管理的功能。

订单类型

在内部订单会计中，最重要的一个概念就是订单类型。不管是什么样的订单，总是要根据订单类型来创建内部订单的。默认的方式下，通过订单类型可以把一些设置传输给依据该订单类型所创建的内部订单。由于订单类型也是在集团层面来进行创建的，因此，同一个集团下的所有成本控制范围都可以使用同一种订单类型。在一般情况下，内部订单可以划分为 4 种类型的订单。

- **间接成本订单**：这些订单主要是监控与内部活动相关的并且需要结算到成本中心的成本。
- **投资订单**：这些订单主要监控与内部活动相关的并要结算到固定资产的成本。
- **应计订单**：这些订单主要是用于冲转 CO 中所计算的应计成本过账的。
- **带收入订单**：这些订单主要是归集该公司非核心经营业务部分的收入的。

想要定义订单类型，可以参照以下这些步骤来完成。

1. 沿 IMG 菜单路径：**SPRO ·** **成本控制 ·** **内部订单 ·** **订单主数据 ·** **定义订单类型**，或者使用事务 **KOT2** 来进行定义。

2．此时弹出**更改视图"订单类型"：概览**界面。如果要创建新的订单类型，单击**新条目**按钮。

3．在接下来的界面中，输入内部订单的订单类别"01"，并按[回车]键进行确认。

4．所出现的是**新条目：所添加条目的细节**界面。输入各部分的信息，如表 8.13 所示。

表 8.13　创建订单类型：设置

一般参数部分

字段	描述
结算参数文件	输入结算参数文件的 ID。结算参数文件控制着结算的逻辑和源结构。可以使用由 SAP ERP 所提供的标准结算参数文件
计划参数文件	为订单类型输入默认的计划参数文件 ID。计划参数文件控制着与订单类型相关的内部订单计划的编制
预算参数文件	为订单类型输入预算参数文件的 ID。预算参数文件控制着订单中与预算相关的设置，可以用这个预算参数文件来激活订单预算可用性控制的设置

控制标识部分

字段	描述
CO 业务伙伴更新	在 CO 的成本分配过程中，通过这个字段的设置来更新订单。有 3 个可选项：激活、半激活和不激活。 系统标准的设置是半激活，意思是在订单之间进行结算时，双方的订单都会被更新；不过，在成本中心和内部订单之间进行结算时，成本中心就不会更新内部订单的细节记录了
承诺管理	如果想激活承诺管理，则设置这个标识，这就能够追踪到采购申请、采购订单等的承诺了
收入过账	如果想过账收入到订单上，则设置这个标识
集成计划	如果想用内部订单的计划去更新 PCA，则设置这个标识

状态管理部分

字段	描述
状态参数文件	如果激活了通用的状态管理，则要输入状态参数文件的 ID
立即释放	如果设置了这个标识，则这个类型的订单在创建时就会被立即释放

订单类型的订单号码范围分配

接下来，还需要把订单的号码范围分配给订单类型。

1．可以仍然使用创建新订单类型的界面，直接单击图 8.17 中的**号码范围**间隔按钮。这就开启了**维护号码范围组**的界面，如图 8.18 所示。可以使用这个界面中已创建好的号码范围组，如果想创建新的号码范围，则使用菜单路径中的**组**按钮，选择**插入**（[F6]）选项，然后在相应的字段中输入组的文本和号码范围间隔即可。

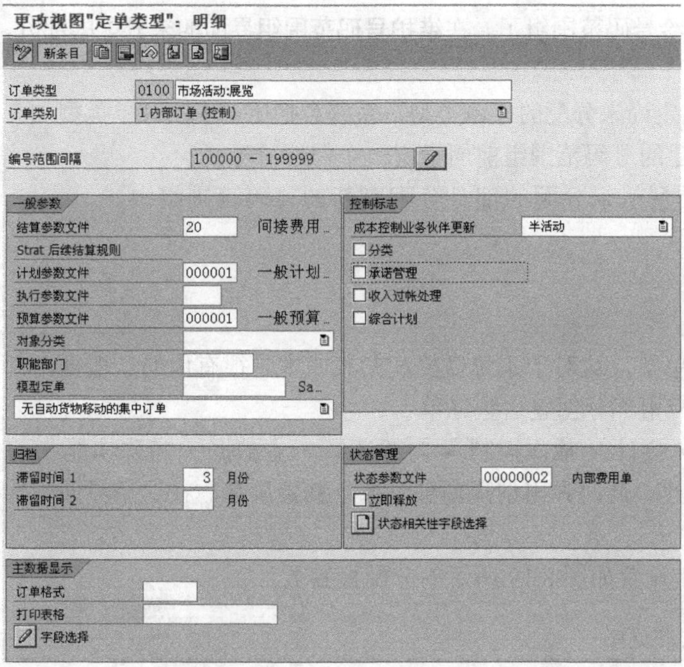

更改视图"定单类型"：明细

新条目

| 订单类型 | 0100 市场活动:展览 |
| 订单类别 | 1 内部订单 (控制) |

编号范围间隔　　　　100000 - 199999

一般参数

结算参数文件　　　　20　　　　间接费用
Strat 后续结算规则
计划参数文件　　　　000001　　　一般计划
执行参数文件
预算参数文件　　　　000001　　　一般预算
对象分类
职能部门
模型定单　　　　　　　　　　　　Sa
无自动货物移动的集中订单

控制标志

成本控制业务伙伴更新　　　半活动
☐ 分类
☐ 承诺管理
☐ 收入过帐处理
☐ 综合计划

归档

滞留时间 1　　　3　月份
滞留时间 2　　　　月份

状态管理

状态参数文件　　00000002　　内部费用单
☐ 立即释放
☐ 状态相关性字段选择

主数据显示

订单格式
打印表格
字段选择

图 8.17　创建订单类型：细节

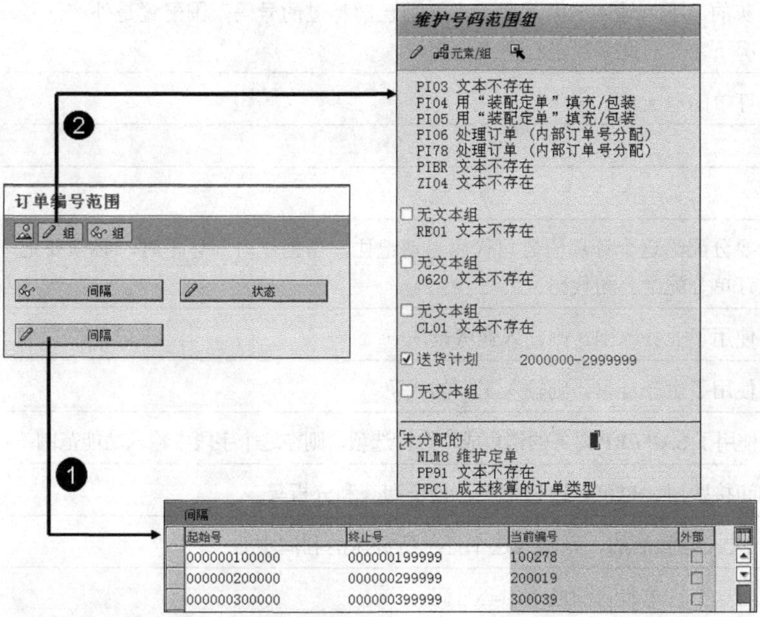

维护号码范围组

元素/组

PI03 文本不存在
PI04 用"装配定单"填充/包装
PI05 用"装配定单"填充/包装
PI06 处理订单 (内部订单号分配)
PI78 处理订单 (内部订单号分配)
PIBR 文本不存在
ZI04 文本不存在

☐ 无文本组
　RE01 文本不存在

☐ 无文本组
　0620 文本不存在

☐ 无文本组
　CL01 文本不存在

☑ 送货计划　2000000-2999999

☐ 无文本组

未分配的
NLM8 维护定单
PP91 文本不存在
PPC1 成本核算的订单类型

订单编号范围

组　　组

间隔　　　状态

间隔

间隔

起始号	终止号	当前编号	外部
000000100000	000000199999	100278	☐
000000200000	000000299999	200019	☐
000000300000	000000399999	300039	☐

图 8.18　创建内部订单号码范围

2．现在就可以把订单类型分配给号码范围组了。在**维护号码范围组**界面的**未分配**的部分，可以看到尚未分配的订单类型。

3．通过使用**选择元素**图标来选定尚未分配的订单类型，系统会把所选中的订单类型加亮显示，然后再在上一个步骤中所创建的号码范围组前面设定一个勾选符号。

4．单击**元素/组**按钮将订单类型从**未分配**的部分分配到新的号码范围组中。

5．保存设置。

创建内部订单

现在，可以开始来创建内部订单了，这对于系统监控和归集成本是很有用的。根据内部订单的订单类型，就可以在系统的应用部分创建这些订单。

1．使用路径：**SAP 轻松访问 · 会计 · 成本控制 · 内部订单 · 主数据 · 特殊功能 · 订单 · 创建**，或者事务 **KO01** 进行创建。此时弹出**创建内部订单：初始屏幕**。在这个界面中输入**订单类型**，然后按[回车]键进入。

2．根据表 8.14 中所列的信息，设置如图 8.19 所示的**分配**标签页。

表8.14 *创建内部订单：分配视图标签页的设置*

字段	描述
订单	输入所要创建订单的号码。如果订单号码分配是内部给号的，则这个字段就会是灰的（不可输入的）。只有在之前已解释过的号码范围配置是外部给号的情况下才能对此字段进行手工设置
描述	输入订单的短文本
分配视图标签页	
字段	描述
公司代码	输入要分配给这个订单的公司代码。请记住，当创建内部订单时，必须要把这个订单分配给公司代码
业务范围	如果使用了业务范围，则输入业务范围
工厂	如果使用了生产订单，则输入工厂的代码
功能范围	如果使用了 SAP ERP 财务的销售成本会计选项，则在这个字段中输入功能范围
对象类别	选择间接费用。也可以选择生产、投资和获利分析等
利润中心	如果 PCA 是激活的，则输入这个订单所分派的利润中心
负责的成本中心	输入对这个订单负责的成本中心号码
销售订单	输入该内部订单为其归集成本的销售订单的号码

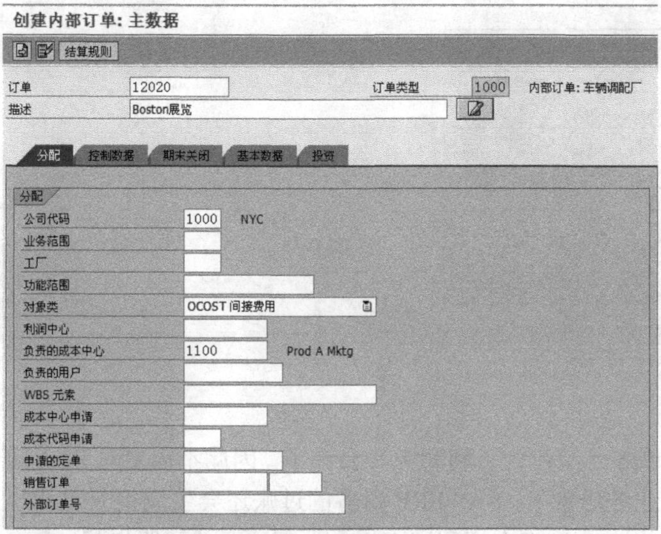

图8.19　创建内部订单：分配标签视图

3. 根据表 8.15 所示的信息，对图 8.20 所示界面上的**控制数据**标签页进行设置。

表8.15　创建内部订单：控制数据视图标签页的设置

控制数据标签视图

字段	描述
系统状态	显示订单的当前状态。一共有 4 个选项：CRTD（创建）、REL（释放）、Tech Comple（技术性完成）和 CLSD（关闭）。根据订单当时的状况，可以手工来选择这 4 个选项
货币	输入订单的货币；但是请注意，系统首先会在这个字段默认公司代码的货币。如果没有使用跨公司代码的成本控制，才可能会有这样的选项
订单类别	这个字段是灰的（不可输入的），因为系统从之前所定义的订单类型设置中把该设置带过来了
统计订单	这个设置决定了该内部订单是真实的还是统计型的。如果勾选了这个复选框，那么对该订单的所有过账都将仅仅是出于信息报告的目的，也不能把它们结算到其他的 CO 对象中
实际过账的成本中心	除前一字段所设置的统计订单之外，还要输入想要过账的成本中心
计划综合订单	如果设置了这个标识，则该订单的计划数据可以传输到 PCA 中
收入过账	这个设置会默认地从订单类型所做的配置中带过来。如果想把收入过账到订单中，那在创建订单类型时就应当配置同样的设置，以便在那个订单类型下创建的所有的订单都具有收入过账的选项
承诺更新	这个设置也会默认地从订单类型中带过来

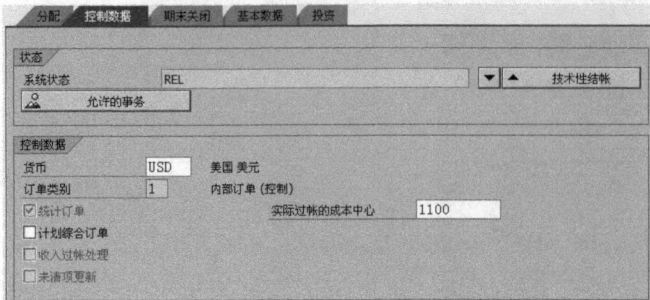

图8.20　创建内部订单：控制数据标签视图

8.4.5　利润中心会计配置

就新总账解决方案而言，因为新总账已经包含了利润中心会计了，因此不需要对 PCA 进行单独地配置了。但是，在老的 PCA 业务场景下，SAP ERP 财务的过账还会生成相应的 PCA 记账凭证。在这一节，我们要从老的 PCA 角度来介绍利润中心会计所需要的配置步骤。第一步就是要定义 PCA 的层次结构。

定义利润中心会计的层次结构

因为 PCA 已经在成本控制范围内激活了（之前已设立），所以从 PCA 的角度来看，必须要创建其标准的层次结构，同时创建的还有要分配给该层次结构的默认利润中心。

> **备注**
>
> PCA 的层次结构是不同于成本中心的层次结构的，但是如果报告结构需要有相同的架构，也可以根据成本中心的层次结构来创建 PCA 的层次结构。

在第 2 章的 2.4.16 小节已经讨论过定义 PCA 标准层次结构所必需的配置了。而所有这些设置都是需要分配到 PCA 所在的成本控制范围的。利润中心的标准层次结构显示在图 8.21 中。

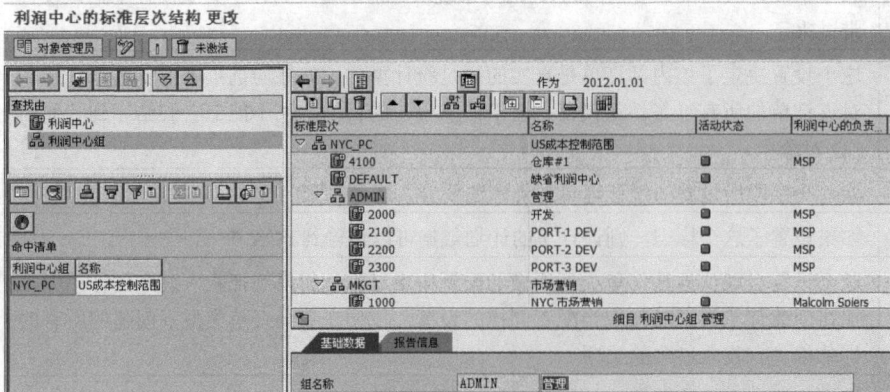

图8.21　利润中心标准层次结构

PCA 标准层次结构的顶节点设置是在 IMG 区域菜单：**SPRO · 企业控制 · 利润中心会计 · 基本设置 · 成本控制范围设置 · 维护成本控制范围设置** 下，或者是通过事务 **0KE5** 来完成的。

为了能在 PCA 中进行过账，还需要配置 PCA 的凭证类型和号码范围，它们都是独立于 SAP ERP 财务的凭证类型和号码范围的。接下来就让我们来看看这方面的内容。

定义凭证类型

由于 PCA 的凭证类型通常没有包含在由 SAP ERP 财务和 CO 所分配的凭证类型之中，因此，要想在 PCA 中过账一笔余额不为零的凭证，那也是可以通过的。为了防止这样的情况出现，就必须采用 PCA 的零余额检查这种特性，同时还要结合相应的凭证类型和号码范围设置，这样才能确保 PCA 的正确过账。

想要定义实际过账到 PCA 的凭证类型，可以参照以下这些步骤。

1．沿路径：**SPRO · 成本控制 · 利润中心会计 · 实际过账 · 基本设置：实际 · 维护凭证类型**，或者使用事务 **GCBX** 来进行定义。

2．所出现的是**更改视图"有效的凭证类型"：概览**界面，如图 8.22 所示。可以看到 SAP 已交付了标准的凭证类型 A0，如果需要，可以直接使用这个凭证类型。

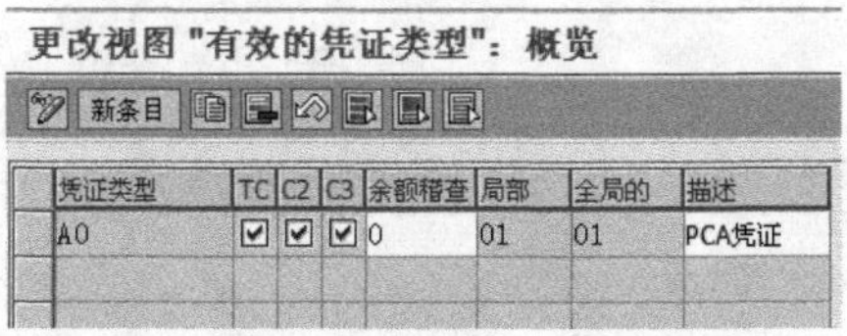

图 8.22　创建利润中心会计的凭证类型

3．如果想创建自己的凭证类型，则单击**新条目**按钮，并在相应的字段中输入如表 8.16 所示的信息。

表 8.16　创建利润中心会计的凭证类型：设置

字段	描述
凭证类型	输入两位字符的凭证类型 ID
交易货币	如果想在过账时存储业务交易货币，则设置这个标识
第二货币	如果想存储第二货币的过账，则设置这个标识
第三货币	如果想存储第三货币的过账，则设置这个标识
余额检查	如前所述，可以在 PCA 中过账那些余额不为零的项目，而这里正是配置此功能的地方。可以从以下的 3 个选项中来进行选择。

续表

字段	描述
余额检查	0：此设置确保 PCA 的所有条目都是零余额平衡的，而且，如果不平衡就发出一个错误的消息。 1：如果这些条目不是零余额平衡的，那么此设置会有警告，但还是会允许过账的。 2：此设置在过账时不会进行任何的零余额平衡检查
描述	输入这个凭证类型的描述

号码范围分配

定义好凭证类型之后，还需要通过以下步骤来为它分配一个号码范围。

1．沿路径：**SPRO·成本控制·利润中心会计·实际过账·基本设置：实际·定义局部凭证的编号范围**，或者使用事务 **GB02** 来定义 PCA 的凭证号码范围。

2．在图 8.23 所显示的**局部总账凭证号码范围**界面中，单击**维护组**（铅笔图标）按钮，于是就出现了**维护号码范围组**的界面。而上一个步骤所创建的凭证类型就出现在界面的**未分配**的部分中了。

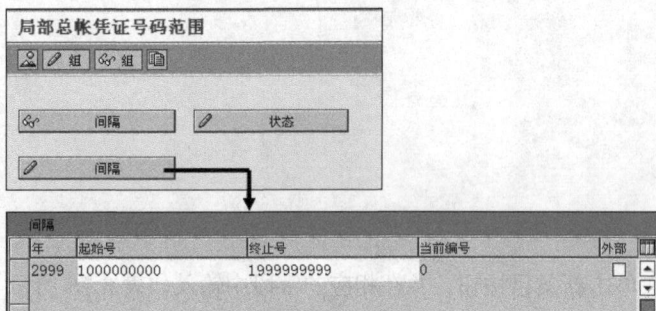

图8.23　定义局部总账凭证的号码范围

3．要把凭证类型分配给一个号码范围组，可以通过单击**选择元素**按钮来选定所要分配的凭证类型。

4．勾选凭证类型想要被分配到的号码范围组，然后单击**元素/组**按钮。这个凭证类型就移动到所分配的号码范围中了，而后可以开始输入 PCA 的凭证了。

为了能进行 PCA 的过账，现在还要来了解一下如何创建利润中心的主数据。

创建利润中心

利润中心的创建方法是和之前定义默认利润中心的方法是一样的（参见 8.4.5 小节和第 2 章的 2.4.16 小节）。创建利润中心的菜单路径是：**SAP 轻松访问·会计·成本控制·利润中**

心**会计 · 主数据 · 利润中心 · 单个处理 · 创建**，也可以使用事务 **KE51** 来执行。

在接下来的部分，我们要讨论一下如何从其他组件传输过账到 PCA。

利润中心的确定

正如在前面所看到的那样，当创建成本中心或内部订单时，利润中心需要分配到该对象的主数据中。这就意味着，当任何一条过账的记录在成本中心或内部订单上进行更新时，利润中心的信息也会被自动更新。这就确保了在 PCA 中查看这样的过账时，你能够知道原始输入的对象是哪一个成本对象，也就是说，原始输入的是成本中心还是内部订单。除此之外，这也说明了所有这些 PCA 的过账条目都是来自于其他对象的过账的，而它们正是在 PCA 中最真实的反映。

在更深入地了解如何正确传输所有的数据记录到 PCA 之前，还需要搞清楚利润中心确定的优先顺序规则。表 8.17 简要地说明了这些规则。

表8.17 利润中心确定的规则

场景/规则	描述
存在于 SAP ERP 财务或 CO 中的替换规则	如果在 SAP ERP 财务或 CO 中设立了相应的替换规则来确定利润中心，那么在利润中心确定时这将拥有最高的优先级
使用成本或收入要素的输入	如果使用的是成本或收入要素来进行数据传输，那么利润中心总是由输入时所分配给它们的成本中心或内部订单主数据来派生确定的
使用资产负债表科目或损益表科目的输入	如果是输入到资产负债表科目或损益表科目，但没有涉及利润中心，而且在"选择附加的资产负债表和损益表科目"（本章的后面部分进行解释）的配置步骤中进行了设置，那么系统就会使用该设置来确定利润中心
在过账凭证中不涉及利润中心	系统会过账到默认的利润中心，在这种情况下，系统从过账的凭证中是不能确定出利润中心的

在建立了 PCA 的确定规则之后，就可以在 PCA 中再多定义一些设置，以确保系统都能确定出利润中心来。在接下来的部分中，我们将介绍两个主要的步骤，包括自动的科目分配以及选择附加的资产负债表和损益表科目。

自动科目分配

在这个设置中，要输入公司代码和成本要素的组合并在系统中配置默认的设置，目的是当系统不能确定出该公司代码和成本要素组合条件下的相应利润中心时，系统还能够通过这些默认配置的条目找到特定的利润中心。此外，这样的想法也是为了能确保在系统中没有分配到相应的利润中心时就不能进行过账。可以参照以下步骤来进行设置。

1．沿路径：**SPRO·成本控制·利润中心会计·实际过账·维护收入要素的自动科目分配**，或者使用事务 **OKB9** 来进行设置。

2．在**更改视图"默认的科目分配"**界面中，单击**新条目**按钮，就出现了如图 8.24 所显示的**新条目：所添加条目的概览**界面了。在这个界面中输入如表 8.18 所示的信息。

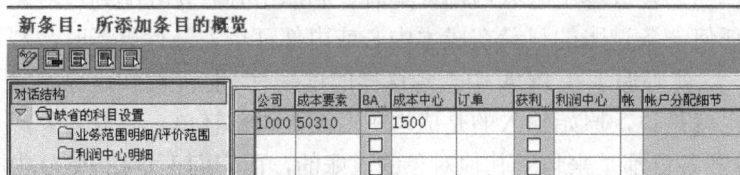

	公司	成本要素	BA	成本中心	订单	获利	利润中心	帐	帐户分配细节
缺省的科目设置	1000	50310	☐	1500		☐			
业务范围明细/评价范围			☐			☐			
利润中心明细			☐			☐			

图 8.24　维护自动科目分配

表 8.18　默认的科目分配：设置

字段	描述
公司代码	为想要使用自动科目分配的公司代码输入相应的 ID
成本要素	要衍生此分配的成本要素
业务范围	如果使用了业务范围并且想用此项目来过账到某个业务范围，则设置此标识
成本中心	系统进行默认过账的成本中心
订单	系统进行默认过账的订单
利润中心	系统进行默认过账的利润中心。此设置仅可用于收入要素的配置
科目分配细节	它有 3 个可以选用的设置： 　评估范围是强制性的； 　业务范围是强制性的； 　利润中心是强制性的。 按评估范围而不是按业务范围和公司代码来进行科目的分配

选择附加的资产负债表和损益表科目

现在，可以把资产负债表科目和损益表科目维护在配置表中，通过这种方式可以对利润中心进行更深层次的确定。在这里，被选中的附加科目都会分配到特定的利润中心。这就确保了即使数据输入时没有指定任何的利润中心，所有进入到 PCA 的项目也都是没有任何问题的。可以使用路径：**SPRO·成本控制·利润中心会计·实际过账·选择附加资产负债表和损益表科目·选择科目**，或者使用事务 **3KEH** 进入到配置中。此时会看到图 8.25 所显示的界面。

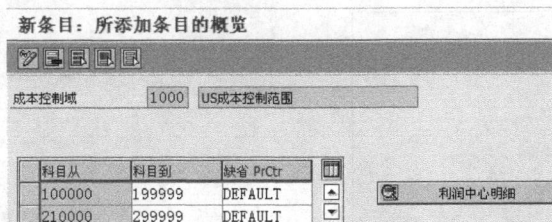

图 8.25　选择附加的资产负债表和损益表科目

在这个配置表中，要输入科目的号码范围以及默认的利润中心。默认的利润中心是在凭证输入时没有输入利润中心而又应当过账到科目上时使用的。

> **备注**
>
> 请记住，可以实时地或定期地把资产负债表的某些科目传输到 PCA，如固定资产、物料以及在制品等。不过，应收账款或应付账款都只有通过定期传输的方式才能传入到 PCA 中。

现在已经完成 CO 的基本配置设置了，之后让我们关注一下 CO 成本分配中的一些重要方法：定期重过账、分配和分摊。

8.5　定期重过账、分配和分摊的概念

成本分配的方法是用于分配所归集来的成本的，例如，先把一个月里所发生的成本归集在某个特定的成本中心，然后在月末的时候再把它分配或分摊给真正的成本接收方。在接下来的部分，我们要举例来说明以下的这几种成本分配技术。

- 定期重过账；
- 分配；
- 分摊。

8.5.1　定期重过账

定期重过账是把归集在某个成本对象（如成本中心）上的成本分配到真正的成本承担者（如成本中心、内部订单、WBS 元素等）上的。

假定有一笔电费。所有相关的电费都过账到了特定的成本中心，也就是说，在给定的一个期间中减少了对成本分配对象的 FI 过账。在案例中，特定的成本中心就是成本中心-4000。当月的总电费是 4 500 美元。这个归集在所要被分配对象（成本中心-4000）上的成本需要适当地分配给此项成本的实际用户（成本中心-4100、4200 和 4300）。因此，我们在月末的时候就需要利用每个成本中心的耗电量来对该项成本进行分配。图 8.26 显示的就是使用定期重过账的方法来分配该项成本的情况。

定期重过账具有以下这几个特点：

- 使用客户化定制的方式可以限定定期重过账的接收方数目。

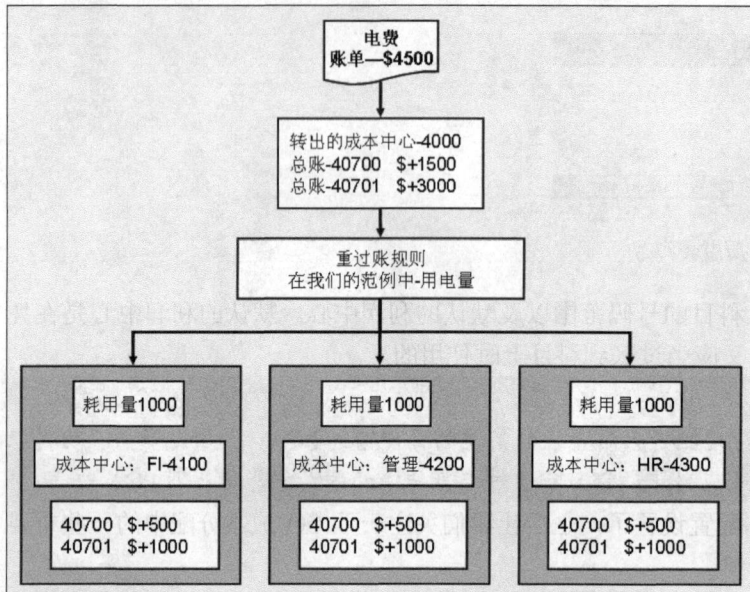

图 8.26　定期重过账

- 只能对初级的成本进行重过账。
- 过账时原始的成本要素保持不变。
- 过账之后，可以看到发送方和接收方成本对象中的行项目明细。
- 汇总记录中不会存储该转出方成本中心的转销条目，这种方法在存储数据记录时能节省系统的空间。
- 可以视需要对定期重过账进行冲销，而后再进行定期的重过账。

这些特性是很重要的，可以很容易地区分出这 3 种分配的方法。

接下来，我们还要了解一下分配的概念。

8.5.2　分配

分配也是用来转账初级成本的，例如，从发送方的成本中心转账至接收方的成本对象。我们将再次使用前述部分所提及的同类型案例，而且还要对它进行引申，以此来解释分配的概念。

这一次，我们假定的是电话费账单。所有电话费的账单都过账到了特定的成本中心，也就是说，在给定的一个期间中减少了对成本分配对象的 FI 过账。在案例中，特定的成本中心就是成本中心-4000。当月的电话费账单总金额是 6 000 美元。这个归集在所要被分配对象（成本中心-4000）上的成本需要适当地分配给此项成本的实际用户（成本中心-4100、4200 和 4300）。因此，在月末的时候就需要利用每个成本中心打电话的次数来对该项成本进行分配。图 8.27 显示的就是使用分配的方法来分摊该项成本的情况。

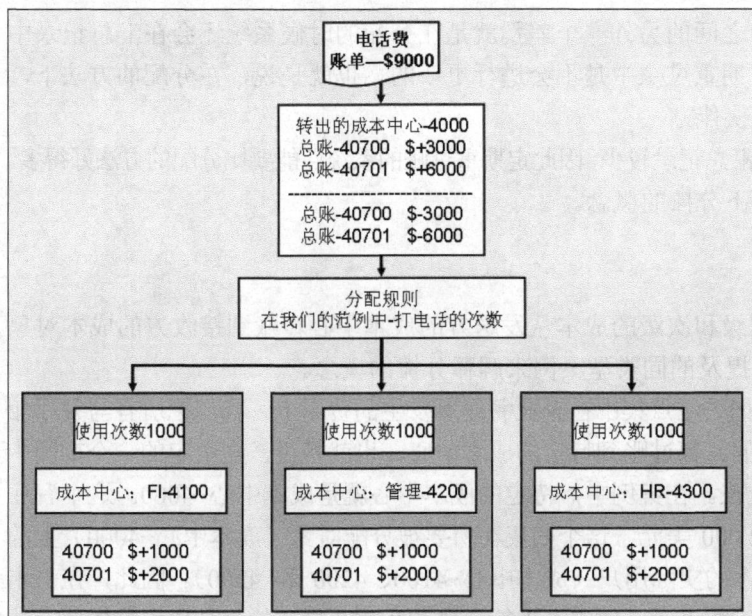

图 8.27　分配

在某种程度上来说，分配的某些特点和定期重过账是很类似的。在简要地说明分配的这些特点之后，我们也会重点突出这二者的差别。

- 只能使用成本中心或业务处理作为分配的发送方。
- 分配的接收方可以是成本中心、WBS 元素、内部订单等。
- 在客户化定制中，可以限定分配接收方种类的数目。
- 只能对初级的成本进行分配。
- 过账时保持原始的成本要素不变。
- 过账之后，可以看到发送方和接收方成本对象的行项目明细。
- 汇总记录中也会存储该转出方成本中心的转销条目，这样就能提供完整的接收方和发送方过账明细。
- 可以视需要对分配进行冲销。

定期重过账和分配之间的差别在于信息量的多少以及对系统性能的影响，如下所述。

- **信息量**：正如图 8.26 所显示的那样，定期重过账没有把成本要素的贷方记录单独写入并到发送方的汇总表中。同时，系统还删减了该成本要素的借方汇总记录，因此原始的借方金额也就不能再在这里看到了，这被称为"模糊不清的贷方"。而在分配中，系统会写入一条被称为"清清楚楚的贷方"的贷方汇总记录。另外，定期重过账和分配这二者的接收方信息都是一样的。

定期重过账和分配这二者之间的另外一个差别就是在分配的时候系统还会在汇总记录中更新发送方的伙伴方，但在定期重过账中是不会进行更新的。也就是说，在分配的方法下，可以在汇总记录的层面上显示伙伴方。

- **系统性能：** 由于写入的汇总记录较少，因此定期重过账的系统性能要比分配的方法好得多。

接下来，我们再来解释一下分摊的概念。

8.5.3 分摊

可以使用分摊的方法把初级和次级的成本从发送方的成本中心转账到接收方的成本对象中。我们再次使用前述部分所提及的同类型案例来解释分摊的概念。

就这个例子而言，我们将把关注点集中在企业餐厅所发生的费用上。我们把所有与餐厅相关的费用（包括初级的和次级的）都过账到特定的成本中心，也就是说，在给定的一个期间中减少了对成本分配对象的 FI 过账。在案例中，特定的成本中心就是成本中心-4000。这个餐厅当月所发生的费用总金额是 12 000 美元。这个归集在所要被分配对象（成本中心-4000）上的成本需要适当地分配给此项成本的实际用户（成本中心-4100、4200 和 4300）。因此，在月末的时候需要利用每个部门的员工数来对该项成本进行分摊。图 8.28 显示的就是使用分摊的方法来分配该项成本的情况。可以看到，在进行成本的分摊时，餐厅所发生的成本先是被传输到了分摊的（次级）成本要素上，然后再用分摊的成本要素把成本分摊到接收方的成本对象上。

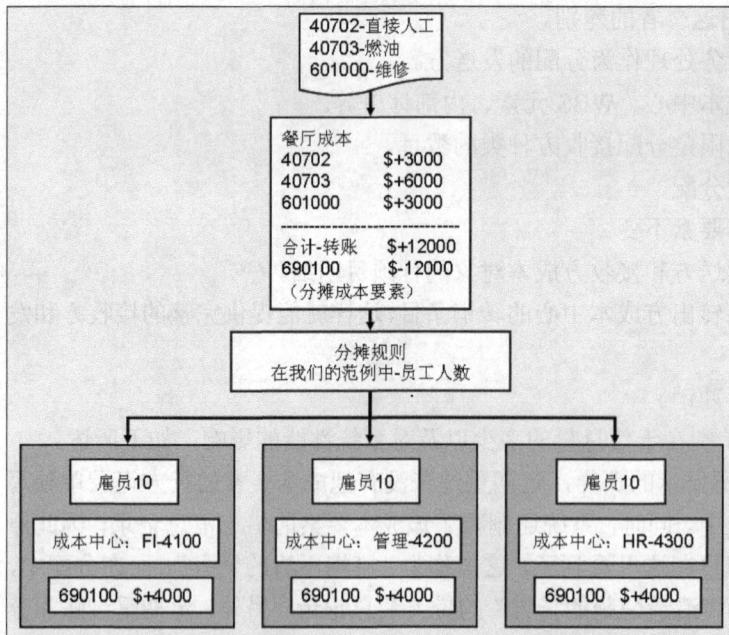

图 8.28 分摊

这里列出了分摊的一些特点，接下来对分摊和定期重过账/分配之间的差别进行说明。

- 只能使用成本中心或业务处理作为分摊的发送方。
- 分摊的接收方可以是成本中心、WBS 元素、内部订单等。
- 在客户化定制中，可以限定分摊的接收方种类的数目。
- 可以分摊初级的和次级的过账。
- 原始的成本要素被汇总打包到分摊的成本要素上，分摊的成本要素是用次级成本要素类别=42 来进行创建的。
- 分摊被过账之后，可以看到发送方和接收方成本对象的行项目明细。
- 系统只会产生较少的过账，因为这个分摊的成本要素是先把所有的成本要素汇总在一起之后再对它进行分摊的，因此就相应地减少了系统资源的负载。
- 这样的分摊过账在接收方就看不到原始的成本要素，也就是说，应当把分摊应用在原始成本要素的追溯显得不太重要的情形下。
- 可以视需要对分摊进行冲销。

分摊和定期重过账/分配间的差别也是在于信息量以及对系统性能的影响方面，具体叙述如下。

- **信息量**：使用分摊的方法，既可以分摊初级的也可以分摊次级的成本，而定期重过账和分配的方法只能用来分配初级的成本。在分摊中，因为被分摊的成本是使用一个分摊的成本要素来进行分摊的，因此发送方的原始初级成本要素信息在分摊之后就没有了，而定期重过账和分配则在过账时保留了原始的成本要素。
- **系统性能**：因为写入的记录很少，因此分摊的系统性能要优于分配。从整体的角度来看，建议使用定期重过账而不是分配，而分摊则拥有最佳的系统性能，这是因为各种初级和次级成本要素的成本都可以被汇总到一起来过账到分摊的成本要素上。

现在已经了解过成本的分配了，下面再来讨论新总账下 CO 和 FI 的实时集成。

8.6　成本控制与财务会计的实时集成

在 SAP R /3 系统中，发生在 CO 内部的一些业务（如成本的分配，在上一节解释过）仅仅只是在 CO 过了账但却并没有实时地传输到 FI。这就有了暂时把这些信息存储在**统驭分类账**中的需要。而后，在当月末时需要使用事务 **KALC** 将其更新过账到 FI。

在新总账中，过账 CO 的凭证时，系统将根据配置的设置（下一节进行解释）来实时地将凭证更新到 FI，这就意味着 CO 和 FI 始终是同步的。在 CO 中，如果以下几种变更情形进行过账，则会产生 FI-CO 的实时集成过账：

- 公司代码；
- 业务范围；
- 功能范围；
- 利润中心；

- 段。

图 8.29 显示的是一个 CO 手工重过账的业务，假定它导致了利润中心的变更。

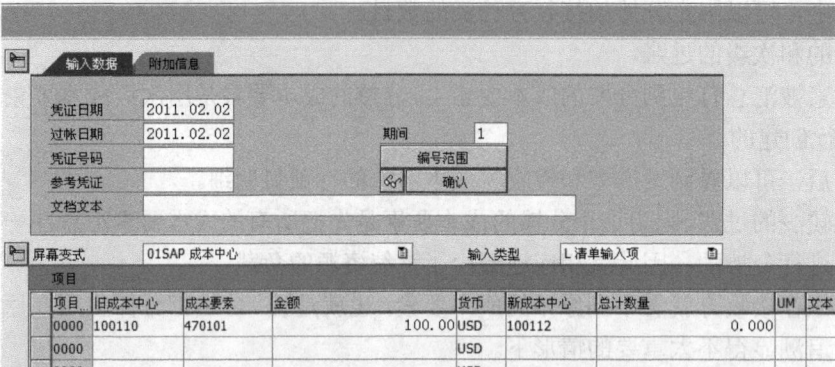

图 8.29 初级成本的手动重过账

图 8.30 显示的是这个新功能是如何来产生一张外部会计（FI）凭证的。

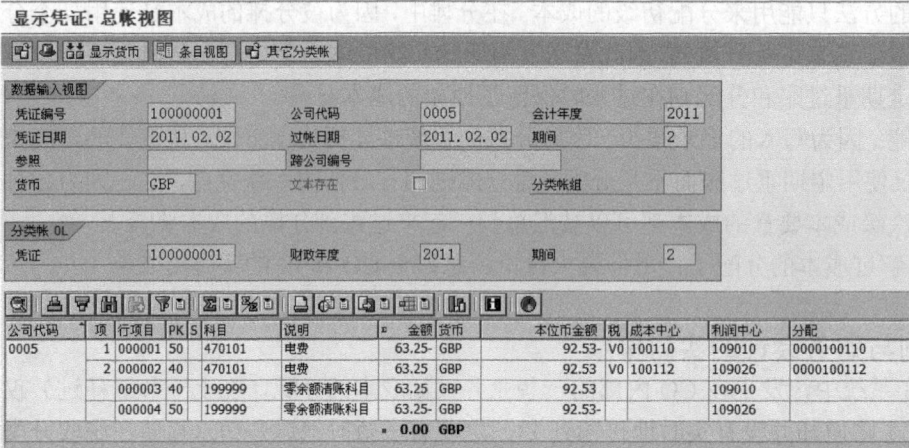

图 8.30 新总账下的 FICO 实时集成

FI/CO 的实时集成使得公司在任何时候都可以出具统驭对账的报告。请注意，如果在 FI 中锁定了过账的期间，由于系统无法进行 FI-CO 的集成过账，因而 CO 的过账就会受到影响。

在接下来的这一节中，我们就来了解一下 FI-CO 实时集成所需的配置设置。

8.6.1　配置设置

如图 8.31 所示，可以定义一个带有关键日期的变式。如果要区分相关的 FI-CO 集成过账，可以为此而单独使用一种凭证类型。创建变式的菜单路径是：**SPRO·财务会计（新）·财务会计全局设置（新）·分类账·成本控制与财务会计的实时集成·定义实时集成的变式**。在接下来的界面中，选择**新条目**按钮，并根据图 8.31 所显示的内容来维护这个界面上的参数。

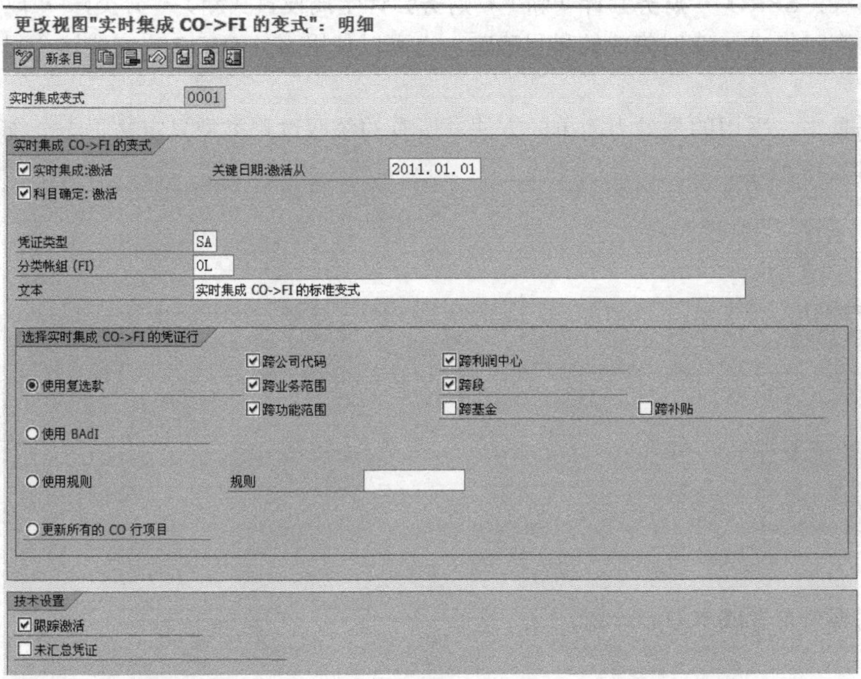

图 8.31　定义实时集成的变式

技术设置下的**跟踪激活**这个字段是很重要的，因为只要勾选了它，就能获取到所有与实时集成过账相关的详细日志记录。不过，建议不要设置这个标识，因为它对所有的业务和用户都是起作用的。通过执行 FAGLCOFITRACEADMIN 事务也可以获取特定用户的日志记录。

定义完 FICO 实时集成的变式之后，还需要把这个变式分配给公司代码。可以使用菜单路径：**SPRO·财务会计（新）·财务会计全局设置（新）·分类账·成本控制与财务会计的实时集成·把实时集成的变式分配到公司代码** 来完成这个配置步骤。

图 8.32 显示的就是把 FICO 实时集成的变式分配给公司代码的情况。

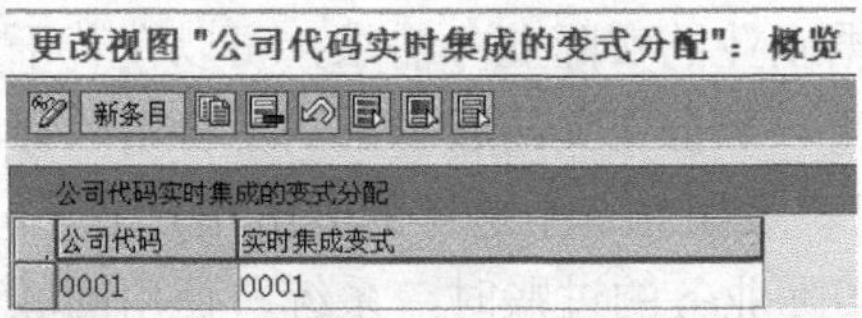

图 8.32　把公司代码分配给变式

在把 FICO 实时集成的变式分配给公司代码之后，还需要定义**实时集成的科目确定**的设置。这个设置是可以带或不带替换来进行设置的，可以实现从简单到复杂的各种情形；例如，可以为所有的统驭过账，也可以为每一种业务交易、每一个对象类别等来指定统驭过账的科目。可以使用菜单路径：**SPRO·财务会计（新）·财务会计全局设置（新）·分类账·成本控制与财务会计的实时集成·实时集成的科目确定**，也可以使用事务 **OK17** 来完成这个配置步骤。

在我们的业务场景中，采用的是最为简单的方法，所有的统驭过账类型只定义了一个统驭过账的科目，如图 8.33 所示。

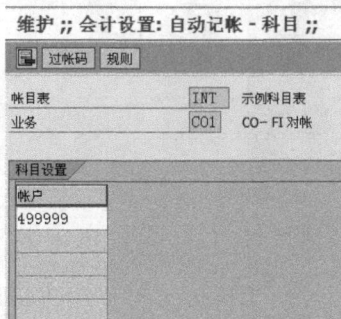

图 8.33　定义科目确定

接下来，让我们再来看看成本中心计划。

8.7　成本中心计划

在这一节，我们将介绍 CCA 计划设置的配置过程。

备注

虽然在 8.4.1 小节已经介绍过了版本的创建，但为了确保你所理解的内容是正确的，所以在这里还是要再来简要地回顾一下。

现在就从版本的创建开始，然后再对计划进行配置。

8.7.1　成本控制范围的版本

如前所述，版本的定义适用于整个 CO，这样就能确保在不同的应用领域（如在 PCA 和 PA 中）使用同一个版本时，计划数据能够保持一致。根据企业的实际业务需求，可以在若干个不同的 CO 版本中来编制成本中心的计划。也可以创建一个自定义的版本来满足特定的计划需求。在创建自己的成本控制范围时，系统会自动创建有效期为 5 个财年的 0 版本。另外，还可以创建满足不同业务场景需求的备选版本。当涉及实际业务的过账时，系统所使用的版本始终都是 0 版本，可以使用备选的版本来存储 CCA 的计划数据。关于版本的创建，请参阅

8.4.1 小节内图 8.4 中的相关界面。

创建完版本之后，还需要创建计划编制的格式和计划者参数文件。

8.7.2　计划编制格式和计划者参数文件

计划编制格式实际上定义了 CO 计划数据的输入界面。在 CCA 中，有 3 种方式来定义计划编制格式：

- 成本要素计划格式；
- 作业类型计划格式；
- 统计指标计划格式。

SAP 系统提供了许多预定义的计划格式，如果这些格式能满足要求，则可以直接使用它们。请注意，对于每一个计划范围来说，至少都要创建一个计划格式。在计划格式中，要定义想为哪些特性（如成本中心和成本要素）输入计划值，然后再设置适当的价值列就能完成该格式的定义了。

计划的类型是取决于业务需求以及业务的组织方式的。报告绘制器是灵活地定义计划格式的工具。用报告绘制器来定义计划格式的过程和用报告绘制器来创建报表是很类似的。计划的格式包括抬头、多个标题列和价值列。

在计划格式的抬头中，输入选择的条件，进而确定在抬头部分显示哪些特性。而当前计划范围的特性都是预定义在 SAP 系统中的。图 8.34 显示的就是计划格式的抬头界面。

在标题列中，需要定义想对其进行计划的特性。对于与作业无关的成本计划来说，只需要定义成本要素的标题列就可以了。而对于与作业相关的成本要素计划来说，需要定义两个标题列：一个是用于作业类型的，而另一个则是用于成本要素的，如图 8.34 所示。

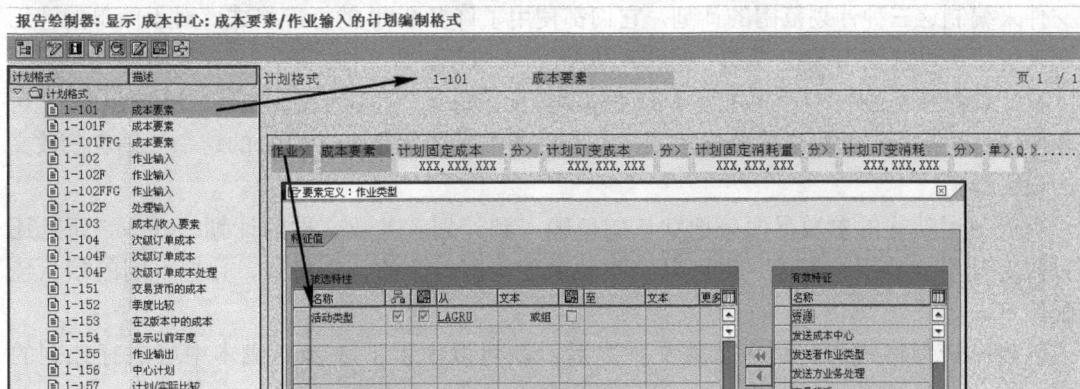

图 8.34　计划编制的格式

对于价值列的定义，可以有以下几种选择，如图 8.35 所示。

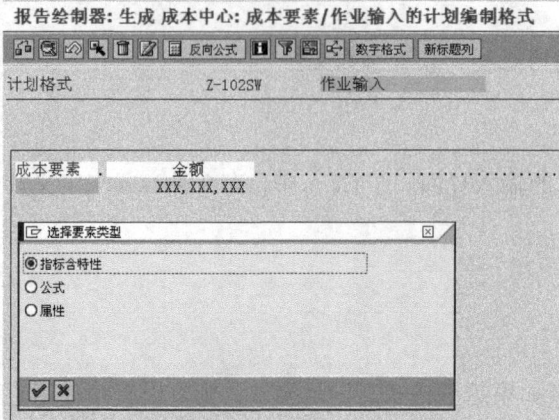

图 8.35 选择要素类型

- **含特性的关键指标**：可以创建含有特性的关键指标或仅仅是特性。SAP 系统提供了关键指标的项目。CO 成本控制范围货币的固定计划成本或变动计划成本、作业价格以及实际成本总计就是很好的关键指标例子。

- **公式**：这个价值列是由此前所定义各列的值运算来构成的。通过增加一些列，然后再减去其他列的方式，就可以用多种不同的方式来创建此列了。

- **属性**：此列包含单位、分配码和作业属性的选项。单位和分配码应当作为一个附加字段列来创建。

计划者参数文件是用来控制计划编制过程的，在给定的参数文件中，可以把任意数量的计划格式分配给任何数量的计划范围。SAP 系统自带有许多标准的计划格式，这几乎涵盖了所有可能的计划情形，因此要尽可能地利用这些计划格式。可以使用 SAPALL 这个计划者参数文件来编制这三种计划范围的计划，它们都使用了许多 SAP 的标准格式。对于简单的计划编制来说，还可以使用 SAP 所提供的 SAPEASY 计划者参数文件。

在计划者参数文件中，可以把多个计划格式分配给每一个计划范围。在某个计划范围下，可以使用项目号来指定计划格式的先后顺序。图 8.36 显示的就是 SAPALL 的这个计划者参数文件的设置情况。

可以使用默认的参数界面来把默认的值输入到计划者参数文件的计划格式中，而且还可以限定其不能被用户覆盖。也可以多次地来使用同一个的计划格式，并把不同的默认值分配给它。

创建完计划格式和计划者参数文件之后，就可以由以下 3 步对成本中心进行计划的编制。

1. 使用菜单路径：**SAP 轻松访问 · 会计 · 成本控制 · 成本中心会计 · 计划 · 成本和作业输入 · 更改**，或者使用事务 **KP06** 来进行输入。此时会出现如图 8.37 所示的界面。

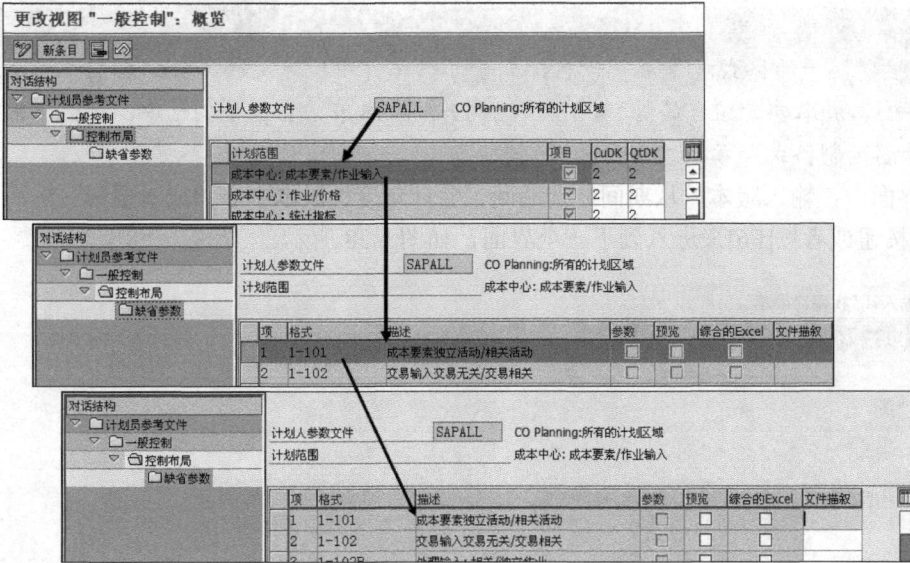

图 8.36 计划者参数文件的设置

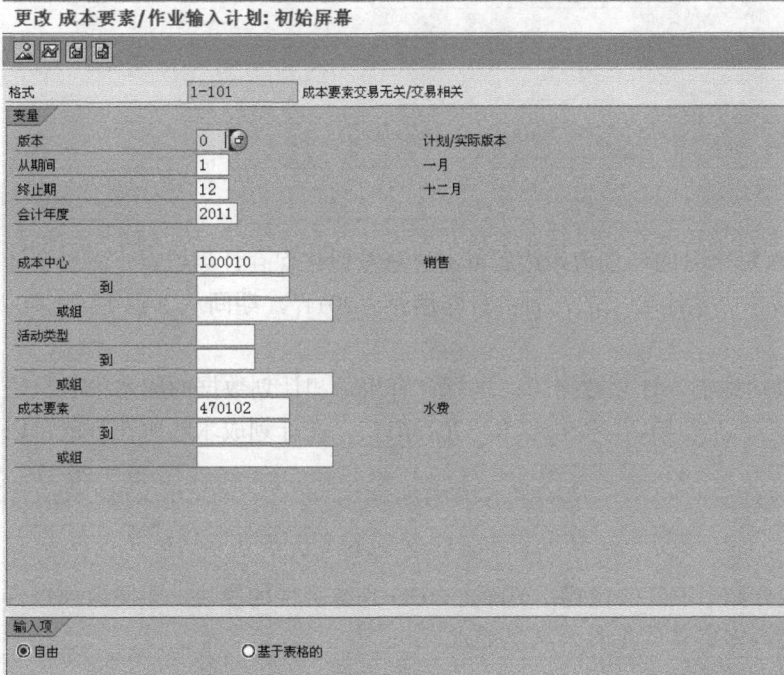

图 8.37 成本要素计划的编制

备注

请注意，这里所显示的格式就是上一步在计划者参数文件中所定义的格式。我们举一个例子来输入成本中心/成本要素组合的计划，并以此例来结束本节。在这个例子中，我们将采用 SAP 的标准计划编制格式和参数文件。

2．在这个界面中，输入**版本**、**从期间**、**到期间**、**会计年度**、**成本中心**和**成本要素**。然后再单击**期间屏幕**按钮或者按[F6]来进入到下一个界面，如图 8.38 所示。

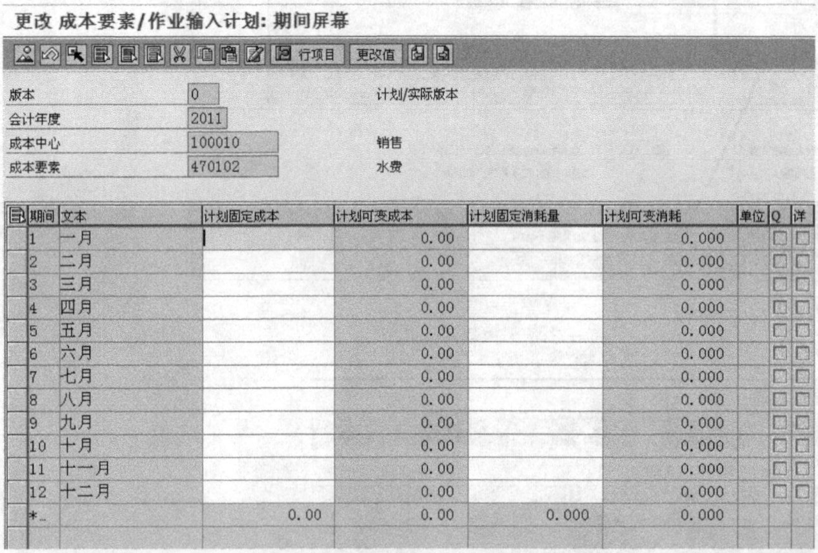

更改 成本要素/作业输入计划: 期间屏幕

行项目 更改值

版本	0	计划/实际版本
会计年度	2011	
成本中心	100010	销售
成本要素	470102	水费

期间	文本	计划固定成本	计划可变成本	计划固定消耗量	计划可变消耗	单位	Q	详
1	一月		0.00		0.000			
2	二月		0.00		0.000			
3	三月		0.00		0.000			
4	四月		0.00		0.000			
5	五月		0.00		0.000			
6	六月		0.00		0.000			
7	七月		0.00		0.000			
8	八月		0.00		0.000			
9	九月		0.00		0.000			
10	十月		0.00		0.000			
11	十一月		0.00		0.000			
12	十二月		0.00		0.000			
*..		0.00	0.00	0.000	0.000			

图 8.38　输入计划编制的数据

3．在相应的字段中输入每个月的计划值，然后单击**过账**按钮来保存计划数据，而这个计划数据正是基于成本中心/成本要素组合下的，且**会计年度**是“2011”，**期间**从 1 到 12 的“0”**版本**计划数据。

现在，已经在系统中成功地输入计划数据了。运行含有实际和计划数据的成本中心报表时（例如，成本中心：实际/计划/差异-事务 S_ALR_87013611），在计划成本的所在列就可以看到这些计划的数值了。

8.8　小结

在这一章，我们简要地介绍了 CO 的设置。实际上，CO 是综合性的模块，即便内部报告的要求是很复杂的，它也有很多必备的工具来满足需求。

本章主要介绍了以下这方面的内容：

- CO 基础；

- 真实和统计的过账；
- 成本要素会计的基本配置设置、成本中心会计（CCA）、内部订单以及利润中心会计（PCA）；
- 如何在这些 CO 组件中来创建主数据；
- 如何来确定利润中心。

在第 9 章将介绍 SAP ERP 财务的集成领域，目的是让你了解 SAP ERP 财务的不同模块之间是如何相互影响的。

SAP ERP 有一个很大的买点就在于它的集成性。在这一章，我们主要从自动科目确定这个角度去了解它的集成配置功能。

第9章　SAP ERP 财务的集成

企业决定要实施企业资源计划（ERP）解决方案的一个主要原因就是希望用一套单一集成的应用软件来提供企业所想要的全部业务功能。过去，企业安装使用的应用软件通常都被称为"单项优势"软件，举例来说，最好的会计软件套件是和最好的销售明细账软件以及最好的财务软件等捆绑在一起的。然而，最好的产品却意味着每个软件包在其特定的功能方面都是最好的，虽然这些单个系统之间的信息传递是需要通过众多的电子接口才能实现的。

另一方面，ERP 系统通常能为所有的业务处理提供一个集成的解决方案，包括采购、库存管理、后勤、发票以及会计等。好的 ERP 系统应当在各个业务模块之间为这些不同的业务管理功能提供无缝的集成和信息的关联。

SAP 系统的集成解决方案就是在一套单一的应用软件系统中给企业提供所有重要的业务管理功能。近年来，SAP 的产品套件也扩展覆盖到了那些所谓的更深层次的功能领域，如客户关系管理和商务智能等。这使得 SAP ERP 系统整体解决方案的集成性进一步增强。

对 ERP 的系统解决方案来说，不仅仅在于集成的能力，更重要的在于各种功能集成得要好。在大型的项目实施中，这是一个非常典型的问题，在这种业务场景下，虽然有时侯个别的团队完成了其单个的任务，但把这些单项的任务置于最终的解决方案环境中时却可能是行不通的。如果正实施的项目是一个新的 SAP 项目，可能还看不出有什么大的问题，但好好看看下面的这个例子，你可能就会觉得这样的设计是有问题的。虽然这个例子看起来似乎有点滑稽，但它却说明了一个问题，那就是如果没有集成或是没有考虑到集成就可能会出现一些想象不到的情况。

汽车项目

某企业聘请了外部顾问组来帮助其实施一个汽车项目。根据他们个人的技术和经验，外部顾问被分成了几个团队。为了能够获取企业的基本业务知识，同时也反映该企业的意见，因此在每一个团队中都加入了企业的员工。

而且，根据各团队所担负的任务情况，项目组还给每个团队都赋予了名称。设计和生产油箱及轮胎的被称为 MM 团队；外观设计和颜色（该企业想吸引潜在的客户）是由 SD 团队在处理；而发动机的生产和设计则是由 FI 团队负责。由于所有这些团队各自都有相当数量的成员，因此他们就被安置在一起办公，办公的地点就在该公司办公楼内与计划部毗邻的同一个开放的办公区。因为他们有很多的工作要做，因此他们还需要使用会议室，这样他们就有地方来完成他们最终的设计并进行测试了。

经过了数月的工作之后,每个团队都完成了他们各自领域内的设计和建造并在其各自的领域内进行了相关的测试。现在,是把所有团队各自的原型集中在一起并组装汽车零部件的时候了。由于所有的团队都已经确认了他们各自的设计是没有问题的,那汽车零部件的组装还会出什么错吗?

因为各个团队都是孤立地做他们自己的设计,而没有花一点点的时间来对他们的解决方案是否适合于整体方案进行确认,最终就可能出现以下几种情形。

- 油箱小了,因为 MM 团队不相信它们能装那么多的汽油。
- 轮胎大了,虽然它能提升许多稳定性,但这种设计限制了加速的能力。
- 车的外观看起来非常现代和顺眼,而且该团队还尽可能地为此车增添了许多奢侈品,不过,这样的设计就使燃油的消耗量大幅地增加了。
- 发动机是汽车的心脏,设计的排量小但很时髦。但是,它的成本效益都赶得上太阳能驱动的汽车了。

通过这个例子,可以看到缺少集成的方法进行的设计会产生一个非集成的解决方案。在这里,一个显而易见的问题就出现了,为什么顾问之间不相互沟通呢?

在一个成功的项目中,必定有 3 个层面上的集成。

- **流程**:在设计中,业务流程需要保持一定程度的一致性,这样才能确保端对端的闭合。常用的方法是画业务流程图,这样就能编制出整体的业务蓝图文档。在业务流程图的绘制过程中,一个常见的毛病就是没有把流程图连接在一起。例如,光有一个"结束的节点",然后说"见其他的流程"这是不够的。还应当把流程图的结束节点具体指向到另一个流程图的某个节点才行。
- **功能**:为了能确保整体解决方案是一致的,保证功能应用的一致性也是很重要的。在上述汽车建造的例子中,所有参与实施的项目团队都应当达成该汽车采用太阳能动力这个一致的意见。在这种情况下,所有的设计就会基于功能一致的基础之上了。这一点对 SAP 系统(主数据和企业结构对象)的基本对象来说尤为重要,因为这些基本对象都是构成系统整体集成解决方案的一部分的。如果不是在这种思路下来进行设计的,那他们所提供的设计方案就只能是集成性极差的解决方案。

备注

在前文中,我们已在各自的章节下讨论过主数据对象和企业结构的对象了。有关这方面内容的更多介绍,请参阅我们另外的《*SAP ERP 财务集成*》(SAP 出版社,2010)这本书。

- **技术**:这似乎是最明显的,但它对最终的整体解决方案集成却是至关重要的。涉及任何接口(打印机、扫描仪或销售网点的设备)的技术都应当全部集成到 SAP 系统中去。有时候也可能还会存在通信系统方面的问题,甚至是由于防火墙或其他技术而造成的桌面软件方面的问题。所有这些问题都需要加以解决。

为了能够实现业务的一体化管理,应当对所感兴趣业务领域内的这 3 个要素都要有所关注。由于大多数人往往都只会对特定的领域感兴趣,而不会从整体的角度来进行考虑,因此这就成为了常见的问题。例如，如果能把这 3 个要素集中在一起来考虑科目确定的话，那么对流程的整体把控就是很有益的了。

就这 3 个要素而言，本章的侧重是功能方面的集成。技术方面的集成不属于本书的范围，但我们也会有一些这方面的讨论。更具体地说，本章的范围主要包括以下这几方面的内容：

- 自动科目确定；
- 主数据；
- 内部和外部的接口。

到本章结束之时，你就会知道所有与财务有关的关键集成点了。此外，本章也会介绍集成的配置以及配置的选择将产生什么样的影响。现在开始讨论第一个主题：自动科目确定。

9.1　自动科目确定

SAP ERP 系统是跨所有的业务模块完全集成在一起的，这就意味着物料管理（MM）或销售和分销（SD）功能模块的业务都会在总账产生相应的过账。在系统的配置中，为了能确定要过账到哪些具体的总账科目中，可以基于存货和销售范围业务来定义过账的规则；这就是所谓的**自动科目确定**。

备注
在后文中，我们将透过整个工资核算过程（而不是分成科目确定和主数据）来了解 SAP ERP HCM 的自动科目确定配置。这是有意而为之的，这样做的目的是使你能完全理解这个过程。

对于自动的科目确定来说，我们需要先了解一下各子模块的主要内容；应当选择那些与企业的业务所相关的子模块来了解。先来看一看采购付款（P2P）的科目确定。要理解这一点，要回顾一下图 9.1 中的 P2P 采购付款循环。

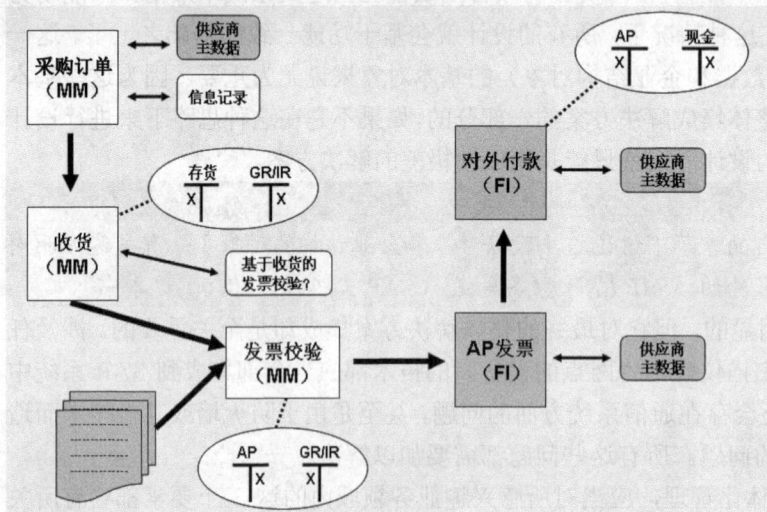

图 9.1　采购付款循环

在此业务管理领域内有两套科目的确定：货物移动和对外付款。先看一看货物移动的科目确定，然后再继续了解对外付款的科目确定设置，而这属于本章 9.3 节的内容。

9.1.1 货物移动的科目确定

货物移动会产生一系列的总账过账。在这一节中，我们概括了在系统中可能会碰到的一些主要的与库存相关的事务码。**货物移动**这个术语指的就是库存的变化，无论是在库存项目的数量方面还是在价值方面的变化。对于一个空仓来说，其库存的价值也应该是零。我们考虑了下列几种情况。

- 下了一张数量为 100 个小件的采购订单，供应商给我们的价格是每个小件 1 美元。在这一时间点上，库存还没有发生变化，因此也就没有库存的过账。
- 收到了来自供应商的交货，并确认收到了 100 个数量的货物。这项工作提升了 100 个小件的库存水平（按每个 1 美元进行库存的估值），并调整过账到 GR/IR（货物收到/发票收到）的这个待清过渡科目上，意思就是说已经收到了相应数量的货物，现正在等供应商的发票。
- 现在，收到了发票，这就会结清该 GR/IR 的待清过渡科目，并把需要支付给这个供应商的应付款项列入了资产负债表的贷方。
- 而后，生产加工处理用掉了 50 个小件，因此减少了 50 个小件的库存水平（每个 1 美元），而这些成本则消耗到相应的费用科目上去了。

在大多数的企业里，这个业务处理过程是很典型的。在业务处理过程中，系统会调用自动科目确定所做的那些配置设置，目的是要确定应当在哪些总账科目上进行过账。由于在自动科目确定的配置设置中是存有 MM 含义的，因此系统实际上调用的是一个移动类型，它包含有诸如收/发货的基本设置。而移动类型则是关联到事务码的，它是在 MM 中来引入的。在接下的部分，就要把总账科目分配到这些具体的事务码中。

表 9.1 给出了一些常见业务交易的案例，并关联了其相关的事务码（本章的后面将提供更详细的列表清单）。

表 9.1 与库存相关的总账过账及其常用的科目分配

业务交易	事务码
存货或库存科目 反映系统中所存储库存价值的存货总账科目。它通常是资产负债表科目	BSX
初始化库存 用于把遗留系统库存项目的数据迁移到 SAP 系统的接收科目	GBB-BSA
存货销账 把因破损或报废的存货进行销账的总账费用科目	GBB-VNG
物料消耗 因业务需要而耗费物料的消耗科目。可以按照物料的评估类来分配不同的消耗过账科目	GBB-VBR

业务交易	事务码
货物收到/发票收到 货物/发票过账的调控科目（参见第 5 章，5.1 节）	WRX
运费 计划和未计划的运费接收科目。它通常是费用科目	FR1& UPF
关税 所有关税过账的科目。它通常是费用科目	FR3

对于每一个事务码，都应当考虑实际的业务需求，并关注和了解整个 P2P 采购付款循环的总体设计。虽然本章所给出来的这些信息也提供了一个良好的基础，但我们的解释并没有涵盖到系统中的所有事务码。

对于表 9.1 所示的每一种业务处理，都应当了解完成此配置所要分配的总账科目。因为配置是在会计科目表的层级上来进行控制的，因此，所有分配到会计科目表的公司代码都将会受到这些配置设置的影响。

在配置事务码时，需要先定义该事务码的规则。在此规则下，再选择事务码的细分设置部分。例如，对于事务码 BSX，可以为 MM 所定义的不同评估范围而定义不同的总账科目。还可以决定是否要为某些事务码按照过账到这些科目上的业务行是借方还是贷方的项目来定义不同的科目。事务码是由移动类型来触发的，而且可以配置自定义的移动类型和事务码，这样就能满足具体需求了（如下节所述）。

可以使用路径：**SPRO• 物料管理 • 评估和科目设置 • 科目确定 • 无向导的科目确定 • 配置自动记账** 来配置与库存相关的科目确定。在所显示的这个界面中，单击**科目分配**按钮，于是系统会进入如图 9.2 所示的界面，也可以通过事务 **OBYC** 直接进到此界面中。

说明	事务	科目确定
由代理业务得到的收入	AG1	☑
由代理业务得到的销售	AG2	☑
由代理业务得到的费用	AG3	☑
分配物料消耗费用/收入	AKO	☑
存货专用费用/收入	AUM	☑
备付的后续结算	BO1	☑
收入的后续结算	BO2	☑
备付差异	BO3	☑
存货记账	BSD	☑
库存帐户变化	BSV	☑
存货记账	BSX	☑
其他消费的重估	COC	☑

图 9.2　MM 自动过账过程：配置表

如果觉得 MM 的 IMG 区域有点难找，那可以通过事务 OBYC 直接进入到这个界面，这可能会更容易些。

双击某个特定的事务，就可以对它的规则进行配置了。每个事务码的配置都是基于以下的 3 个界面。

- **记账码**：定义由这个事务所触发的财务记账码。
- **规则**：为这个事务码选择相应的规则。例如，针对 BSX，可以选择按**估价修改**（评估更改）和**评估类**来设置规则，这样就能够按它们的组合来输入总账科目了。
- **科目**：根据所指定的规则组合，分配要向其过账的具体的总账科目。

图 9.3 显示的是已配置好第一个事务码 **BSX** 的例子。请注意，在这里只能看到两个按钮——科目和过账码，这是因为当前正处在规则的设置中，可以从界面的标题中看出这一点。

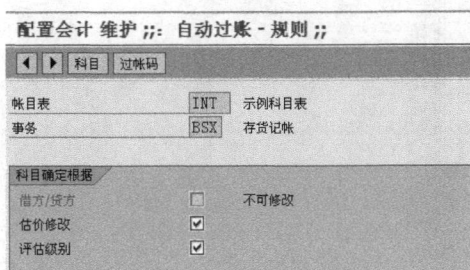

图 9.3 事务码 BSX 的配置：存货记账

对于具体的某个事务码来说，系统允许根据估价修改和评估类来确定科目。在上述 BSX 的例子中，如果选择的是**估价修改**和**评估类**复选框（显示在图 9.3 中），可以按照用于区分此事务的评估类（物料类型）来进行过账。如果把激活评估类这个字段也作为一个规则，那就可以为每一个评估类分配不同的总账科目。图 9.4 显示的是一些系统的标准评估类。由于每个企业的情况都是不一样的，因此也可以配置自己的评估类来满足实际的业务需求。在这个配置操作中，现在就可以根据评估类的不同来确定不同的总账科目了。

以下是解决方案中可能要进行配置的一些事务码。

- **BSX——存货记账**：这个事务码是用于输入资产负债表的存货科目的。在标准的系统解决方案设计中，资产负债表科目是可以关联到利润中心的。也许在设计中就融合了每种物料的利润中心分配这一设置，而这就将会因此衍生到所有与这个物料相关的存货过账上。这种设计的局限是可能无法按具体的利润中心来划分物料的范围。如果想要区分库存，那么可能还需要用评估类来作为分类的标识。
- **WRX——GR/IR 清账科目**：这个事务码是用于涉及 MM 模块实施的所有解决方案中的。使用这个清账的科目能够对收货（到库存）和供应商发送的且与这些货物相关的付款发票进行统驭对账。参见图 9.1，它展示了针对 GR/IR 科目所进行的过账处理。

图 9.4　物料评估类举例

- 收货
  - - 借：　库存
  - - 贷：　GR/IR
- 发票校验
  - - 借：　GR/IR
  - - 贷：　供应商

应当定期地进行 GR/IR 的统驭对账，进而可以通过运行事务 MR11 来结清 GR/IR 科目。

- **UPF——未计划的运费、关税和运输成本**：这个事务码是用于过账运费、关税和运输成本的。这些成本都是单独定义在采购订单的行项上的，并据此过账到 FR1（运费）和 FR3（关税）的科目上。未计划的运费是在发票输入时才会知道的（作为事务 MIRO 的一部分）。

- **UMB——库存重估或价格更改**：这个事务码是由于物料的标准价格更改而触发的。如果使用的是标准价格的解决方案，就可以处理有关物料库存价值变化所带来的收益或损失。如果采用的是移动平均价格的方案，那么库存价值和物料价格将自动保持一致。物料价格的更改可以使用事务 MR21 来执行。

- **PRD/PRA——采购价格差异**：在创建了采购订单之后的任何时候，如果出现了物料的价格差异，就会触发这个事务码。这样的变更会影响收货的价值，而且这个差异也会触发该事务码。这和 UMB 还是有些不同的，UMB 是对库存进行特定重估而产生的差异。
- **AUM——库存（存货）转储的费用/收益**：当库存（存货）在具有不同价格的物料或工厂间进行转储时使用这个事务。如果接收方的物料是标准价格，则价格上的差异会产生价差的过账。如果该物料用的是移动平均价，那么在该库存（存货）依然还存在的情况下，这个价格差异会过账到存货的科目上而不会过账到存货的价格差异科目上。
- **DIF——MM 小额差异**：只要发票过账时借方和贷方之间所形成的所有小额差异是在为此目的而定义的容差限额之内的，那这个事务码就会被用于结清这些差异的总账科目确定上。
- **KDM——MM 汇率差额**：这个事务码用于过账汇率的差额。当采购订单项目的采购使用外币时就会出现汇率的差额。例如，将收货时的物料价格与相应的发票价格或者采购订单的价格相比会存在汇率差额的情况。由于汇率差所产生的任何差异都会过账到分配给这个事务码的总账科目上。
- **WGI 和 WGR——发货/收货的通胀重估**：这个事务码是用于那些具有高通货膨胀率的国家的，这样才能通过使用市场价格或维护系统中的通胀指数来重估存货的价值。事务码 WGI 是用来重估发货的，它通过比较发货时的价格和最新计算出的价格，以此将所有的差异过账到分配给此事务码的总账科目。事务码 WGR 是用来重估工厂收货的，它根据计算出来的价格差异，把库存的调整过账到分配给这个事务的总账科目中。
- **GBB——存货冲抵**：这个事务码是用于确定库存评估过账的存货冲抵科目的。在 GBB 所属内容下有众多的子事务码都是可以使用的，可以根据企业的实际业务情况来选择使用。

表 9.2 给出了完整的 GBB 子事务码及其用途。可以在那些通过触发使用的相应子事务码中输入想要过账的总账科目，不想使用的子事务码就不必再管了。

表9.2　事务码 GBB 的子事务码——库存记账的冲抵项

子事务码	描述
AUA	用于订单结算
AUF	用于订单的收货（没有科目分配），以及没有维护 AUA 时的订单结算
AUI	用于直接从成本中心（收货）到物料（没有科目分配）的实际价格后续调整
BSA	用于将物料初始化到 SAP 系统中。这将在第 10 章中进行详细解释和说明
DST	用于定期的或特殊的实物库存调整
INV	用于库存盘点差异的所有收益或损失过账所分配的相关总账科目
VAX	用于**不带科目分配对象**的销售订单的发货。这个过账只能记到损益表科目上
VAY	用于**带科目分配对象**的销售订单的发货。这个过账只能记到损益科目上

子事务码	描述
VBR	用于内部消耗的发货。这个子事务码确定了物料所被消耗到的科目。在我们的例子中，指定了两个将成本过账的"销售成本"科目，而这是依赖于评估类来设置的
VKA	用于按单制造这种业务场景下的销售订单科目分配（例如，针对一个单个的采购订单）
VKP	用于项目的科目分配（例如，针对一个单个的采购订单）
VNG	用于定义破损或报废的存货所要进行销账过账的总账科目
ZOB	用于无采购订单的收货（移动类型 501）
ZOF	用于无生产订单的收货（移动类型 521 和 531）

所有这些子事务码的规则都是定义在上一级的事务码中的，在那样的情形下，可以按以下这几种方式来单独区分过账的规则：

— 借方和贷方；

— 一般修改（子事务码，例如，AUA）；

— 估价修改；

— 评估类（对于物料来说，它是可配置的）。

在这一节，我们已经了解了直接配置自动科目确定规则的方法。另外，也可以使用 **MM 科目确定向导**来完成这个配置，如图 9.5 所示。

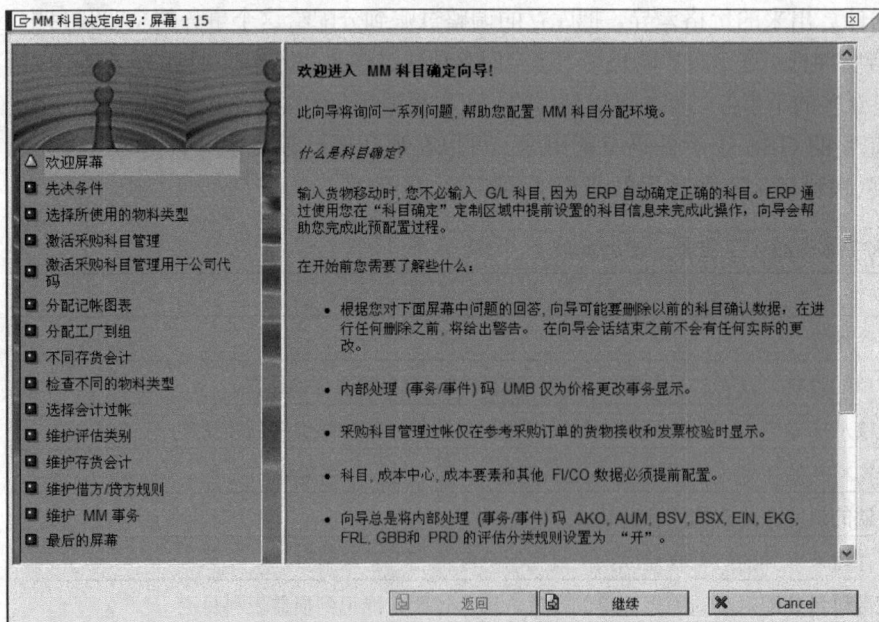

图 9.5 MM 科目确定向导

检查配置

在 IMG 的同一区域下，系统提供了一个检查设置是否正确的工具，它的作用就是在没有执行具体的业务之前就能够看到根据设置会确定出哪些科目。可以参照以下这些步骤来进行检查。

1. 沿菜单路径：**SPRO**·**物料管理**·**评估和科目设置**·**科目确定**·**无向导的科目确定**·**配置自动记账**，会看到如图 9.6 所示的**自动过账**界面。

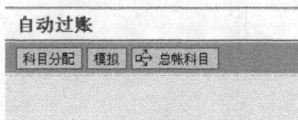

图 9.6 MM 自动过账

2. 如果单击**科目分配**，就会看到 MM 自动过账过程（显示在图 9.2 中），这已经讨论过了。

3. 如果单击**模拟**和**总账科目**按钮，会发现一些很有用的工具，它可以测试出哪些科目确定是由配置设置而形成的。

4. 图 9.7 显示的就是这些选项中其中的两个配置选项的使用情况。在释放配置（请求）来进行测试之前，可以先利用它们来测试配置设置是否正确。

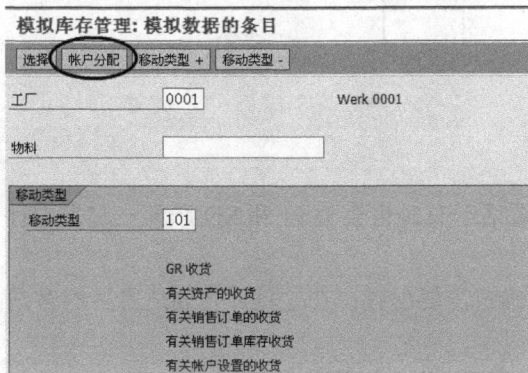

图 9.7 测试 MM 科目确定设置的模拟工具

最后要注意的是，当执行一个引起科目确定失败的 SAP 事务时，系统就会发出一个错误消息，这个消息会说明系统无法为该特定的事务确定出具体的科目。如果收到了这个消息，系统还会进一步提示去查看它所缺失的或者无效的是哪一个具体的条目。在缺失的条目被设置好之前，业务是不能继续往下进行的。

接下来，我们再来看看从订单到收款的科目确定。而在本章的稍后部分，我们再回头来了解付款处理的科目确定。

9.1.2 开票：收入科目确定

正如第 6 章中所讨论的那样，开票是从订单到收款整个流程循环的一部分，因此总账的过账是与收入相关的。在了解收入科目确定的具体配置设置之前，我们也先来回顾一下我们所要进行配置设置的业务过程，如图 9.8 所示。

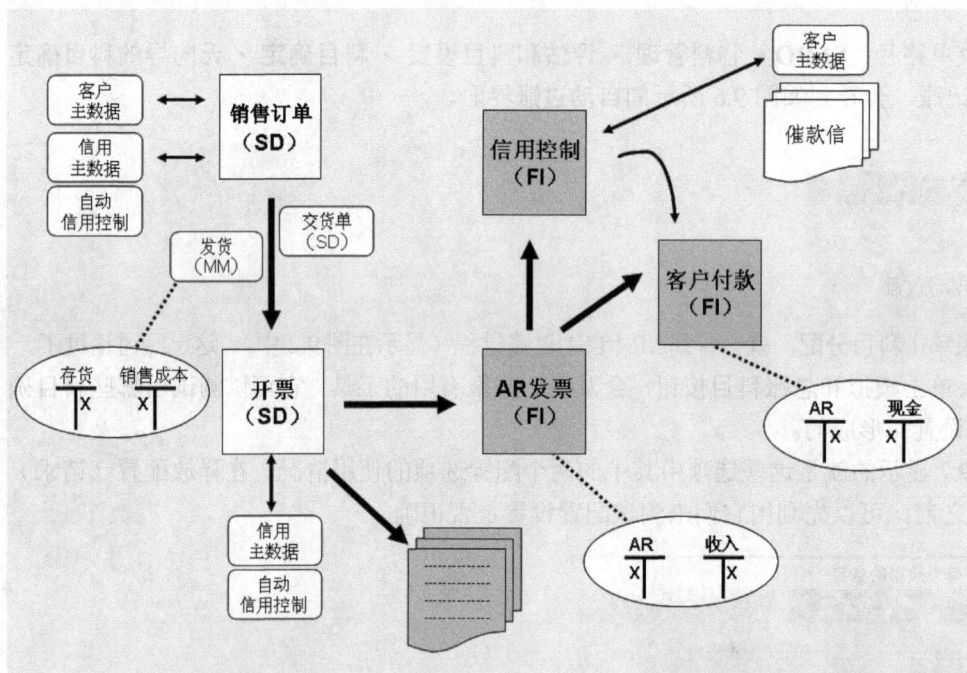

图 9.8 从订单到收款循环

因为开票是 SD 的一部分功能，因此这个配置活动有时也会由 FI 和 SD 顾问一起来进行设置。

在从订单到收款的循环中，它也有两套科目确定需要配置；在这里，主要还是针对客户开票的，因此我们就先来看一下这个配置。

开票就是把客户的销售订单转变成客户对其进行支付的发票的过程。如果所面对的是一个多国客户的情形，那开票有可能还是个很复杂的处理过程。在那样的情形下，其复杂程度会随着所处理客户的税收、运费、关税等各方面的因素而升高。就我们所讨论此部分内容的目的而言，我们假定需求仅仅是针对他们自己区域内的开票客户。如果业务情形要比这更复杂，就和 SD 配置顾问审核资料信息，以理解所需要做的不同设置。

收入科目确定的配置是在 IMG 路径：**SPRO · 销售和分销 · 基本功能 · 科目分配/成本计算 · 收入科目确定** 下完成的。

鉴于采购的付款是不涉及移动类型的，因此在 SD 的收入科目确定中，其基本的配置对象也就是科目确定这个过程了。这也促使我们进行收入科目确定的控制。当接到销售订单时，就表明客户要从你这里买东西的请求。后续你需要向该客户交付货物或服务，并通过开票处理对该客户进行"开票"。这样就把销售订单的信息转变成了开票的凭证了。在开票的凭证类型分配中，系统有一个如何来设定收入总账科目的科目确定程序。

在我们的业务场景中，想要把销售收入过账到一系列的科目中。例如，根据销售情况，我们希望系统能提供如表 9.3 所示的分析，并且也希望科目确定的过账是自动的。

表9.3　用于收入科目确定的总账科目

总账科目	描述
40000	销售——一般
41000	国内销售
41100	国内——电子
41200	国内——日用品
42000	国外销售
42100	国外——电子
42200	国外——日用品
43100	其他——国内
43200	其他——国外

SD 收入科目确定是基于 5 方面的要素构成的：

- 会计科目表；
- 销售组织；
- 账户码；
- 客户的科目分配组；
- 物料的科目分配组。

可用于大多数 SAP 项目实施的默认收入科目确定过程就是大家所熟知的 KOFI。接下来，就讨论这些构成要素是如何来进行科目确定的。

根据之前的介绍，你应当对会计科目表有些了解了，因此，我们现在就把重点放在其他的要素构成方面。

销售组织

销售组织是 SD 架构下的最高组织单位对象。对于销售组织来说，要为企业的货物或服务的销售及分销定义所需要的规则和控制。依据企业里不同销售模式下的不同部门设置情况，可以设置多个的销售组织。例如，可以为每一个销售组织建立不同的客户主数据，这种情形可能是和不同的客户区域相关的；也可以按销售组织来对客户分别定价。正因为如此，如果把销售组织分配给公司代码是很有意义的。在 SAP 系统中，可能会存在为多个销售组织分配一个公司代码的情况（例如，在该公司代码下要代表不同的销售地区或服务范围），但一个销售组织却只能被分配给一个唯一的公司代码。因此，必须要为单个的销售组织单独设立客户的主数据和控制。

可以在 IMG 的下述区域：**SPRO · 企业结构 · 定义 · 销售和分销 · 定义、复制、删除、检查销售组织**中设立销售组织。

关于销售组织以及与 SAP ERP 财务集成所要求的详细解释和说明，请参考《SAP ERP 财务集成》（SAP 出版社，2010）这本书。

账户代码

账户码是用来把总账科目单独分配给销售订单中不同要素的代码。KOFI 中标准账户码的范例如下：

- **ERF**——运费收入；
- **ERL**——收入；
- **ERS**——销售折扣；
- **EVV**——现金结算；
- **MWS**——销售税。

对于标准账户码，都需要确定哪些总账科目要接收这样的过账。如果还需要其他的账户码，也可以创建自定义的账户码来满足其他账户代码的编码要求。在为销售订单的每一个构件都确定了账户码之后，可能还会作进一步的细分，例如，销售收入需要根据该客户是国内客户还是国外客户的不同而进到不同的总账科目中。为达到这一要求，让我们再来看一下收入科目确定的下一个构件要素：分配客户组。

客户的科目分配组

因为客户主数据上的科目分配组是可以按销售组织来进行设立的，因此某个客户的销售收入可以根据客户是从哪个销售组织购买而过账到不同的总账科目中的。

就我们的业务要求而言，需要定义两个科目组：国内客户和国外客户。通过正确选择客户主数据上的**科目分配组**字段，就把科目组分配到客户的主数据上了，如图 9.9 所示。

要设立自己的科目分配组（包括客户的和物料的），需要完成以下 IMG 区域的配置：**SPRO · 销售和分销 · 基本功能 · 科目分配/成本计算 · 收入科目确定 · 检查科目分配的相关主数据**。

物料的科目分配组

可以把一个与客户科目分配组类似的标识分配给物料，这样可以按物料的销售收入来提供业务的分析。对于我们的业务需求来说，需要 3 个物料科目组：电子产品、日用品以及其他产品。

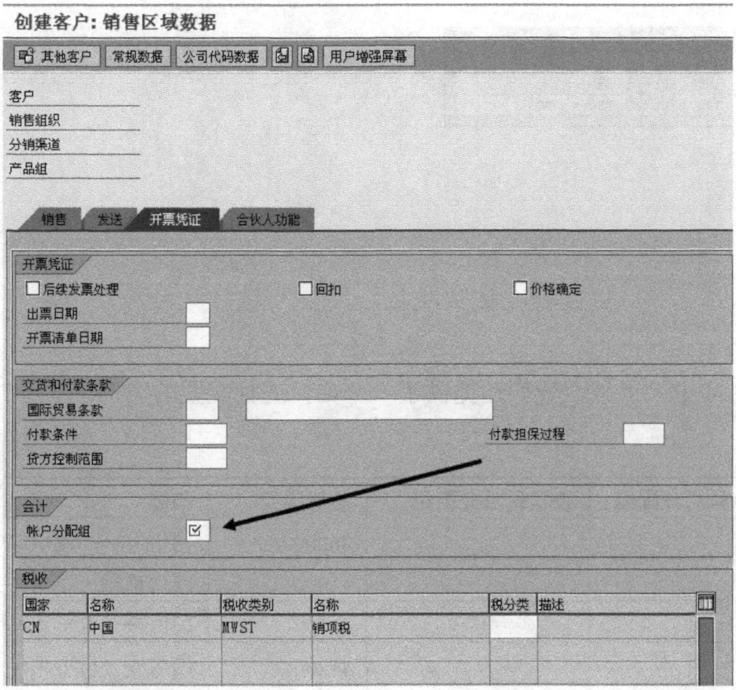

图9.9 客户的科目分配组

现在，我们已经把每一个收入科目确定构件要素的用途都解释清楚了，接下来看一看科目确定处理究竟是如何起作用的。

SD 科目确定

到目前为止，我们所讨论的内容都还只是代表着从财务的角度来看开票的科目确定是如何起作用这一分析的。要满足这样的业务需求，现在就要使用路径：**SPRO · 销售和分销 · 基本功能 · 科目分配/成本计算 · 收入科目确定 · 分配总账科目**，或者使用事务 **VKOA** 在系统表中输入配置。

如图 9.10 所示，可以使用表格（层级）的排列顺序来确定出正确的科目。可以考虑把这些表作为一个筛选系列，还可以通过它来传递条件，表 5 作为最后保障，一定会捕捉到未被其上所有的表格截获到的任何条件。当自上而下往下继续进行科目确定的筛选时，相关科目确定的特性组合复杂度也在逐次降低，表 1（**客户组/物料组/账户码**）是最复杂的科目确定组合，而表 5（**账户码**）是最简单的。

客户组/物料组/存取关键字

App	条件类	帐表	SOrg.	AAG	AAG	帐码	总帐科目
V	KOFI	1000	UK01	01	03	ERL	41000

分配总帐科目

表格	描述
1	客户组/物料组/存取关键字
2	客户组/帐户关键字
3	物料组/帐户关键字
4	一般的
5	帐户键

客户组/帐户关键字

App	条件类	帐表	SOrg.	AAG	帐码	总帐科目
V	KOFI	1000	UK01	01	ERL	41000
V	KOFI	1000	UK01	02	ERL	42000

帐户键

App	条件类	帐表	SOrg.	帐码	总帐科目	备抵科目
V	KOFI	1000	UK01	ERF	60600	
V	KOFI	1000	UK01	ERL	41000	
V	KOFI	1000	UK01	MWS	15200	

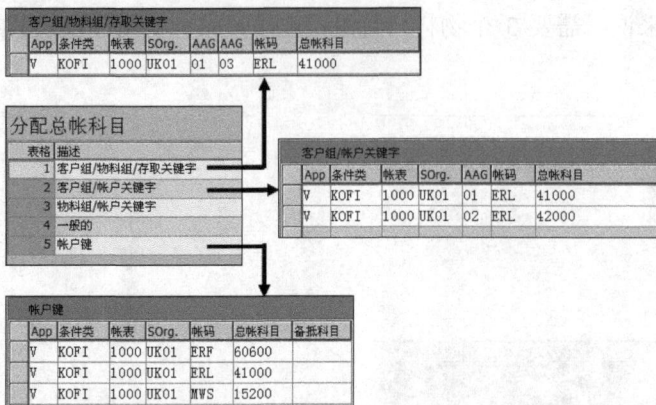

图9.10 收入科目确定表

配置的需求都显示在了表 9.4 中，另外，我们还提供了一个如何进行配置的案例。

表9.4 收入总账科目的配置设计

序号	账户码	客户科目分配组	物料科目分配组	总账科目	描述
1	ERL			40000	销售——一般
2	ERL	1		41000	国内销售
3	ERL	1	1	41100	国内——电子
4	ERL	1	2	41200	国内——日用品
5	ERL	2		42000	国外销售
6	ERL	2	1	42100	国外——电子
7	ERL	2	2	42200	国外——日用品
8	ERL	1	3	43100	其他——国内
9	ERL	2	3	43200	其他——国外

这个表的第 1 行代表前面所提到的涵盖所有业务情形的场景。这个条目的复杂度是最低的，意思是如果没有其他的科目被确定下来，系统就会过账到 40000 这个科目上。这个条目是在**表 5** 的账户码中设置的。

第 2 行是一个涵盖了除物料或客户没有分配科目分配组之外的所有业务情形的场景，这样就确保了所有**国内销售**都能落在 41000～41200 范围之内。

第 3 行确定的是客户的科目分配组＝1（国内客户）和物料的科目分配组＝1（电子产品）的任何项目都将过账到 41100 科目。同样的逻辑也适用于第 4 行的解释。这两行都是在最高层次的**表 1：客户组/物料组/账户码**下进行维护的。

在图 9.11 中，可以看到在**表 1** 中所做的具体设置，同时也能看到之前在本章所阐述过的不同要素构件间的关联关系。

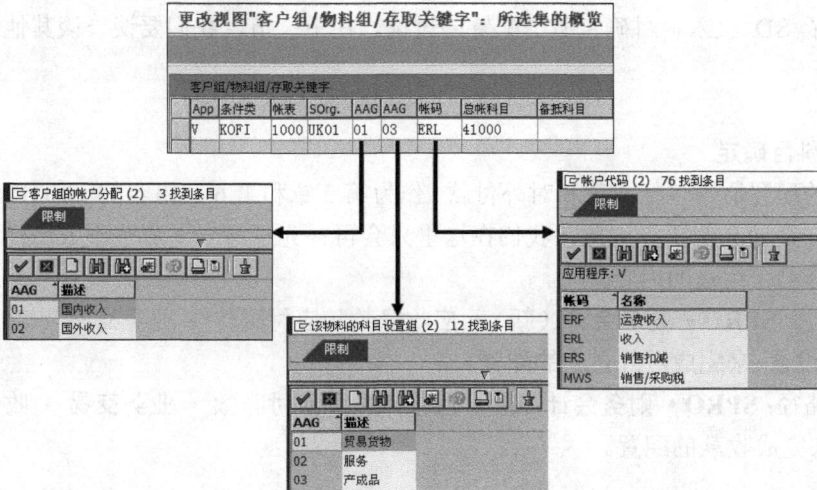

图 9.11 针对 SD 收入科目确定表的表 1 所设置的条目

在这里，我们还要提到的最后一点就是当处理开票凭证并收到了一个科目确定的系统错误时，那过账到 FI 肯定是不会成功的。如果收到了这样的错误消息，就选定这个错误的开票凭证（事务：VF03），然后再选择**环境 · 科目确定分析 · 收入账户**去看一看开票凭证的哪一行是确定了总账科目，而哪一行的科目确定是失败的。这样就能检查出 VKOA 表中在哪个地方有缺失的项目。图 9.12 显示的就是这样的界面。

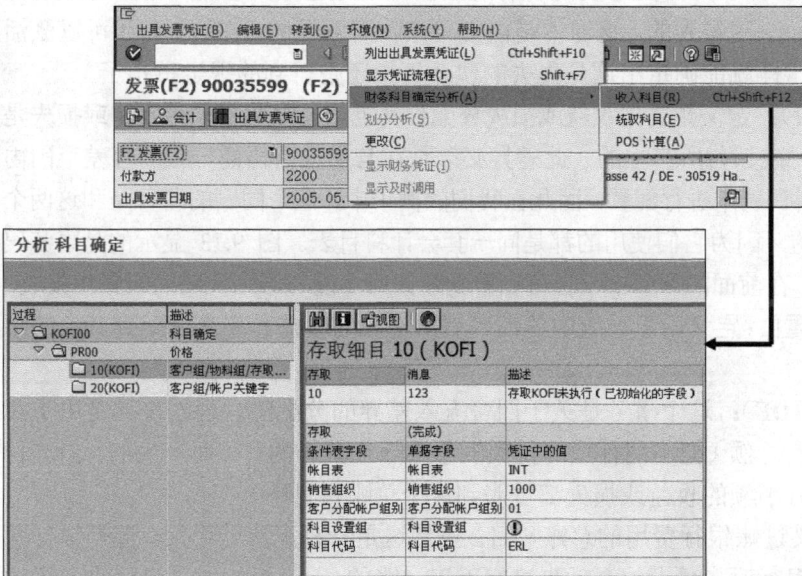

图 9.12 科目确定分析

这样，我们就结束了 SD 收入科目确定所需配置的讨论。在下一节，我们要谈一谈其他科目确定配置的设置。

9.1.3　支付处理的科目确定

支付处理科目确定的配置通常包括收款和对外付款，作为第 5 章和第 6 章内容的一部分，这些基本的配置已作过详细地介绍了。因此，我们在这里只会再补充了解一下那些不太一样的配置，而不会深入解释已介绍过的内容。

可以通过以下的路径：**SPRO·财务会计（新）·应收账款和应付账款 · 业务交易 · 对外支付 · 对外支付全局设置** 来完成对外付款的配置。

还可以通过以下的路径：**SPRO·财务会计（新）·应收账款和应付账款 · 业务交易 · 收款 · 收款的全局设置** 来完成收款的配置。

配置步骤

下面的这些配置项可能是用得上的，而且也应当只配置那些与业务需求相关的项目。

备注
这些支付处理中的每一个项目都会更新一个事务码，但它们不能完全都从 OBYC 的事务界面来更新。而且，每一个事务码的配置界面看起来都和上节所述的是一样的，它和前面的图 9.3 所显示的内容也是差不多的。

- **得到的现金折扣（SKE）**：定义想要对所有现金折扣进行过账的总账科目，现金折扣是由于提前付款而享受得到的。这通常是由支付条款而触发的。在这里，还可以激活记账码的规则，这样就能确定出这是失去的现金折扣还是得到的现金折扣了。

- **超付和欠付（ZDI）**：定义想要把收益或损失分配到其上的总账科目，该收益或损失是由于供应商的少付或超付所产生的。此差异必须是在与供应商协商一致的容差范围内的。要基于会计科目表来进行配置，因此在我们的例子中，这个同一的科目是和这两个公司代码都相关的，因为它们使用的都是同一套会计科目表。图 9.13 显示的是事务码 ZDI 的配置界面。在前面的章节中，也可以看到它如何才能与原因代码的配置相集成。

- **汇率差额和外币重估**：定义由于系统中的汇率差所造成的收益和损失分配到其上的总账科目。

- **四舍五入差额（RDF）**：这个事务是关于四舍五入差异的分配的。舍入差异是由于在系统中激活了税的总额（把不同行项的税额汇总成一个单一的行）而产生的。由这种方式所形成的所有小额的收益或损失都过账到这个总账科目中。

- **银行手续费**：定义过账银行费用的总账科目。虽然这是一种配置的手段，但是银行费用通常都是根据银行对账单上的金额来进行手工过账的。因为银行自己已经收取了这些手续费，所以只需要过一下账来确认被收取的金额就可以了。

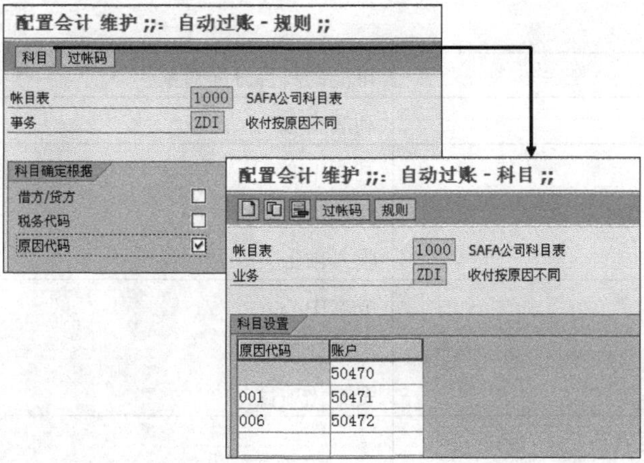

图 9.13　维护付款差额码

在这一章，我们已经花了相当多的时间来了解自动科目确定配置规则的重点内容。在本章末尾，当我们回顾工资核算过程的时候，我们还会再次回到科目确定这个话题上来。

在下一节，我们要了解主数据方面的集成点。

9.2　主数据

我们之前谈到过 SAP 系统的集成性，这是通过配置和主数据一起来实现的。在前面的章节中，在了解科目确定的功能时就已经讨论过相关的配置了。在本书的各主数据对象章节中，我们也了解到了这些不同的主数据对象。现在应当对客户、供应商以及总账科目的主数据有了一个全面的认识了。通过第 8 章，应该对成本中心、利润中心、内部订单也有了一个很好的认识。在这一节，我们还要选取几个到目前为止还没有涉及的主题，目的是对主数据有一个完整的认识：

- 科目分配对象；
- 凭证类型和号码范围；
- 付款条款；
- 凭证输入界面格式。

9.2.1　科目分配对象

之前，我们也了解到了 SAP ERP 的 FI 和 CO 模块之间的集成。要实现这样的集成，需要创建成本要素，这样才能促成从 FI 到 CO 的过账。如果激活了 CO，就必须把 CO 对象分配给过账。由于 SAP 的用户往往不知道哪个科目分配对象才是与过账所相关的，因此它有时可能还会导致混乱。就科目分配对象而言，我们在表 9.5 中对科目分配的基本原则进行了解释和说明，这原本是要在第 3 章来进行讲述的。

表 9.5　常见的科目分配对象

过账类型	主要对象	可能的科目分配对象
资产负债表	总账科目	利润中心
收入	总账科目 收入要素	利润中心 获利能力分析（PA） 收入项目
支出	总账科目 成本要素	成本中心 内部订单 资本化项目
内部结算 内部分配和分摊	次级成本要素	

要搞清楚表 9.5 的来龙去脉，就得先来回顾一下前面的章节中所提到过的几个业务流程处理。

采购付款（P2P）

在创建采购订单时，必须要在此流程中的某个环节上进行成本对象的分配，而且要在生成 AP 发票之前完成分配。如果采用的是标准采购订单和发票处理（如图 9.1 所示），那么成本分配就是在发票校验的节点上。在这个时候，需要把该成本分配到一个总账费用科目和相应的成本对象（成本中心、WBS 或者内部订单）上。

但是，如果有 MM 事务码被触发的情况（如 GBB），那么系统就要求有一个附加的科目分配对象。如果事务码所触发的是资产负债表的总账科目，则需要提供一个利润中心；如果系统所触发的是收入/支出总账科目，则需要提供一个成本中心。

对于大多数的 MM 事务码来说，所触发的基本上都是资产负债表总账科目。对于这样的事务码，应当在物料的主数据上维护一个利润中心，利润中心就会过继到任何资产负债表科目确定的业务中。

备注

请记住，对于收入/支出的总账科目来说，可以使用事务 **OKB9** 默认生成一个成本对象，也可以通过事务 **KA02** 在成本要素中指定一个默认的科目分配对象。

在生成系统发票时所生成的贷方也是一个资产负债表的总账科目。如果启用了凭证分割的配置，那么过账的利润中心就是从费用过账的行项目衍生得到的。如果没有激活新总账的凭证分割，那么需要在事务 **3KEH** 中进行配置设置，而且还需要在期末处理工作中。把余额传输到利润中心会计（PCA）中。如果激活了新总账，那要注意 **3KEH** 这个事务已经被替换掉了，可以在以下的 IMG 区域：**SPRO · 财务会计（新）· 总分类账会计（新）· 主数据 · 利润中心 · 分配默认利润中心到科目** 来完成这个配置。

从订单到收款

当创建销售订单时，必须要指定收入对象。常用的收入对象是利润中心，它可以过账到收入的总账科目，而收入的总账科目又会与收入的成本要素（成本要素类型 11）相关联。

任何与销售折扣相关的或是要结清该客户付款差额的业务处理通常都是过账到收益/支出科目上。对于这些科目来说，需要确保有相应的成本中心参与其中的过账，这与在第 8 章 8.4.2 小节中所讲述的内容是一致的。

还有一种可能被触发的附加科目分配对象就是 CO-PA 的获利段。如果解决方案包括了这个功能组件，就需要考虑到这个对象。

客户和供应商主数据

作为第 5 章和第 6 章内容的一部分，我们已介绍过客户和供应商的主数据了。在 SAP 系统中，这些主数据是非常重要的集成对象，因为它们都会产生总账的过账。这种集成是通过把统驭科目分配到每一个主数据上这种方式来实现的，也只有这样，客户和供应商才能过账到总账。

正如在本章前面部分所提到的那样，其他的系统集成点也会影响到科目的确定。如果从跨模块的高度来看，也是需要考虑到这些集成点的，这样才能确保内部接口所传输的内容就是想要得到的信息。

就全面的集成应用而言，没有任何财务信息输入的客户或供应商主数据设计是不太好的，因此应当确保在项目中能对客户和供应商的主数据进行适当地处理。

物料主数据

由于物料主数据也会影响众多的不同领域，因此还需要全盘考虑物料主数据上的可用的字段。从财务的角度来看，应当在会计和成本视图中输入相应的财务信息，这样才能确保实现全面的集成。

9.2.2　凭证类型和号码范围

在第 3 章中，我们已谈到过凭证类型和号码范围的配置了。但还是应当多花点心思在凭证类型的使用上，因为它们也是与 FI 集成的关键点。

在销售订单的开票中，可以配置开票凭证的复制控制规则。可以为某个特定的开票类型指定要生成哪种 FI 的凭证类型，也可以自定义要复制到应收账款（AR）凭证的附加信息。

> **小技巧**
>
> 应当把 AR 凭证的号码范围定义成与 SD 开票凭证的号码范围一样，并把该号码范围设定成外部给号的号码分配方式。这是很有必要的，因为开票凭证号就是客户能看到的"发票号码"。而后续的处理（例如，催款）则是基于 AR 凭证号码的，因此在 SD 和 AR 中保有相同的参考信息是一个很好的设计方案。这就能确保任何与客户的关联都将引用同样的凭证号码。

9.2.3 付款条款

在 SAP ERP 系统中，付款条款是在 IMG 的发出发票区域下来定义的。就付款条款而言，应付账款（AP）和应收账款（AR）是可以共通使用的，都能应用在这两种发票上。在 AP 发票中，付款的条款确定了发票应在何时支付；而在 AR 发票中，付款条款则限定了客户应当在什么时候把款付清。

通常，每一个国家都有其标准的付款条款，那也是该国文化的一部分。在美国和英国，付款条件通常是从发票开出之日起的 30 天或 60 天内付款。而在欧洲，许多国家采取的付款政策是要求在开出发票的次月末把款项付清。也就是说，1 月开出发票，2 月 28 日就算到期了。

一定要去了解一下当地的习惯做法以及行业的惯例。使用付款条款的目的是想要让现金流头寸最大化。理想的情形是能拥有足够数目的付款条款，以便让客户能快速地付款；而对供应商的付款则应要享受其提供的最大现金折扣。在开始进行这部分内容的配置之前，由于可能会处在要创建太多付款条款的境遇中，因此应当对实际业务需求再好好地审视一遍。

因为付款条款是可以维护在客户的主数据中的，所以创建客户的发票或销售订单时，客户的付款条款就自动默认关联到销售的凭证中了。当然，还可以在销售凭证中对这些默认的付款条款进行重置更改。所提供给客户并想要其提前付款的现金折扣也是与付款条款相关联的。

可以使用路径：**SPRO·财务会计（新）·应收账款和应付账款·业务交易·开具发票/贷项凭证·维护付款条件**，或者使用事务 **OBB8** 来完成此配置。

第一次进入图 9.14 所显示的概览界面时，会看到系统中已存有许多标准的付款条款了。因为所有的付款条款对公司代码来说都是没有任何限制的，因此系统中所有的付款条款都是可以直接使用的。应当先看一看系统中现有的付款条款，看看是否可以直接使用这些标准的付款条款。

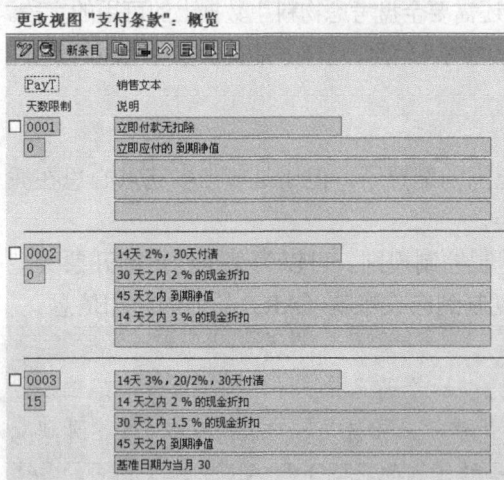

图 9.14　系统中的标准付款条款

付款条款是用一个 4 位数的文字数字型代码来进行定义的。可以按照付款条款所反映用途的习惯做法来选用付款条款代码。每个付款条款都可以指定在供应商或客户的主数据上，它们会被自动默认到为其所创建的发票中。付款条款也可以由创建发票的人员在发票输入时进行手工地改写。基准日期和付款条款共同决定了发票的到期日。显示在图 9.15 所示界面底部的具体的付款条件给出了提前付款时可以享受到的现金折扣。

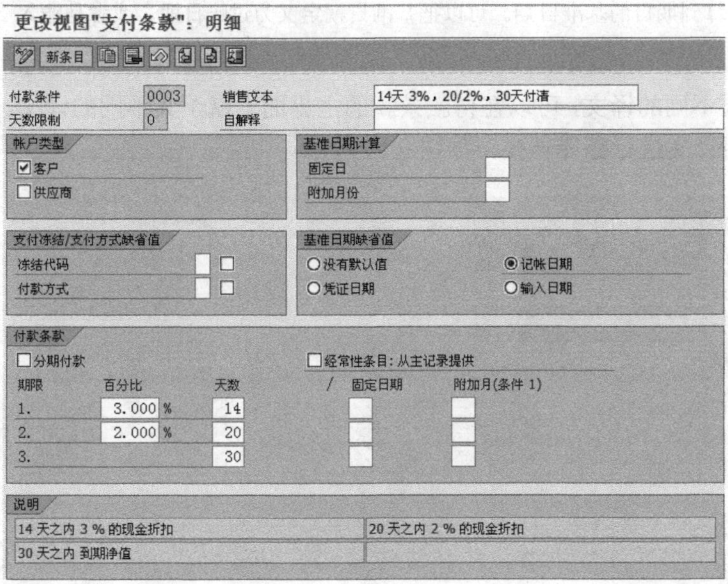

图 9.15　付款条款的配置

如果付款条款只包含一个 14 天到期的付款条件，那么为此配置输入一行就可以了。表 9.6 针对配置的付款条款的其他可用功能进行了相应的解释和说明。

表 9.6　付款条件的配置

字段/节	描述
销售文本	输入想对付款条件进行打印输出的简短描述
自解释	输入对付款条件更详细的真实解释
天数限制	它的作用是把付款条件关联到月份的某一天。在欧洲的付款条款案例中，如果输入的是"28"，则这个规则适用于在当月 28 日前所创建的所有项目，它在下个期间才会到期
客户或供应商	选择了哪一个，这个付款条款对它就是有效的。可以选择对 AP 和 AR 都有效的而且是很小的一个付款条款清单列表
固定的天数	如果选择了这个字段，那它会覆盖掉由系统所建议的基准日期
附加的月份	定义期间的数目，再加上基准日期来计算付款的到期日

字段/节	描述
冻结代码	冻结交货（对于客户）或者付款（对于对外支付）。这只有在付款条款被输入到了客户或供应商主数据的情况下才可能出现。输入想要分配的特定冻结代码
付款方法	指定要应用于这个付款条款的一个具体付款方法
基准日期默认值	定义一个用来计算到期日的基准日期。可以把基准日期定义为**过账日期**、或者是**输入日期**（凭证日期）

如果处在不同的国家而需要不同的译文，可以在付款条款的主界面上赋予其不同的译文。首先，要选定付款条款，然后对译文进行翻译转换，如图 9.16 所示。

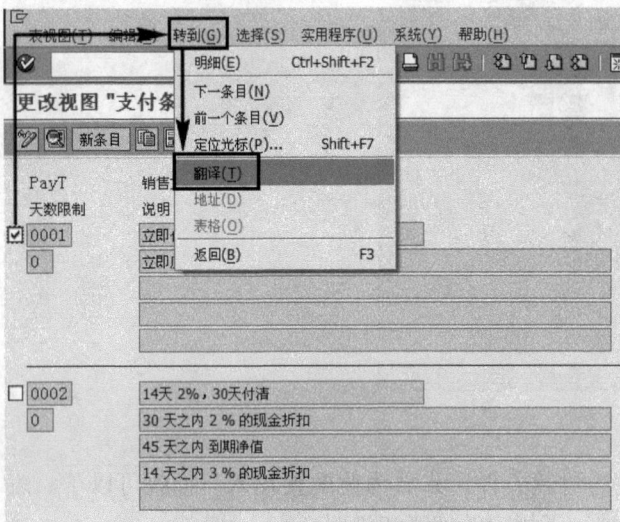

图 9.16　增加付款条件的译文

9.2.4　凭证输入界面格式

在这一节，我们将要讨论的最后一项内容不是真地要去谈论主数据，这要在适当的时候再去讨论。

对于我们已经了解过的总账和发票凭证输入的界面来说，凭证输入的界面格式是可以进行更改的，这样做的目的是想去除掉界面上那些所有不需要的字段。系统界面格式的标准设置中包含了许多的字段，但好些字段对于设计来说都是不需要的。可以通过拖、拉的方式对这些字段进行排序，以便能最好地满足要求，同时也可以更改这些字段的宽度，就是说可以自己来定义这些字段值的字符长度。除此之外，还可以对管理员层级的设置进行配置，这样就能隐藏那些不需要的以及应当从该格式中彻底去除的字段了。

一旦完成了此项设置，就应当把这些设置作为一个局部使用的变式或者作为一个针对系统中所有用户都适用的标准设置来进行保存，如图 9.17 所示。

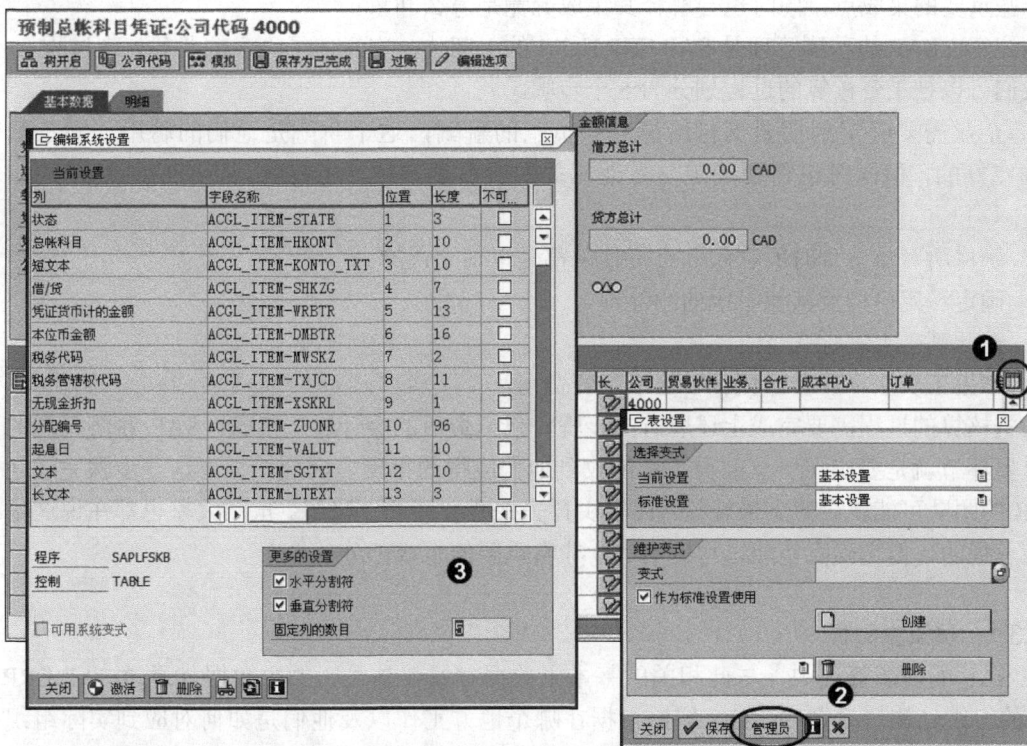

图 9.17　凭证输入界面格式的客户化定制

备注

对于所有的会计凭证输入界面来说，所移除的那些字段都将是隐藏的。而对于总账输入和发票输入的界面来说更是如此（针对总账、AP 和 AR）。

本节针对集成解决方案配置所需的相关主数据进行了一些解释和说明。同时，我们也了解到了不同主数据间的相互依存关系，并且也对需要关注的某些方面进行了说明。

现在，让我们再来看看 SAP ERP 人力资本管理和 SAP ERP 财务的集成，特别是工资核算过程的集成，目的是希望能把这种集成解释清楚。

9.3　SAP 薪酬与 SAP ERP 财务的集成

近年来，越来越多的企业在开始实施 SAP 的薪酬了，有时候作为一个单独的项目来实施的，但更常见的是把它作为一个更大的 SAP ERP 人力资本管理解决方案（SAP ERP HCM）的一部分来实施的。考虑到这一点，那对于 FI 的顾问来说，了解 SAP 的薪酬究竟是怎么回事以及它是如何与 FI 集成的就显得非常重要了。在这一节，我们就将讨论 SAP 薪酬的基本处理过程。工资核算结果的过账始于 SAP ERP HCM，而完成则是在 FI。在这里，我们所强调的都是一些重要的集成点，同时也会解释其集成究竟是怎么回事。

请注意，SAP 的薪酬管理是 SAP ERP HCM 的一部分，它涵盖了许多的业务处理过程。

我们可以把工资核算的过程划分为 5 个步骤。

1．企业需要确定到期要支付给每一个员工的薪酬，这个薪酬是他们的聘用合同条款上已约定好的，但同时也需要确定与本期相关的所有调整项，还有就是所有应计费用的扣除项。

2．确保所有员工到时所收到的工资款项都是正确无误的。

3．确定法定机构及其他组织的扣除项。

4．在此基础上进行支付。

5．产生工资核算的会计凭证以记录工资费用。

工资核算的过程需要完成上述所有的步骤，包括最后的会计过账步骤。SAP 薪酬管理的一个重要环节就是要确保所有的员工都能收到他们应得的报酬。因此，只要这一步骤完成之后，HR 的团队可能就会感到很轻松，而很少再去关心会计的过账了。虽然大家也都在说这是不能被忽视的，但它确实是此过程中的一个非常重要的组成部分。

9.3.1　员工主数据

在 SAP 的薪酬管理中，与此相关的基本主数据对象就是员工的主数据。通过 SAP ERP HCM 的组织结构（见图 9.18），能够根据在哪个地方工作以及他们是如何对应到实际组织机构的来对员工进行层次化的分组。员工主数据（事务 PA30）是一个非常复杂的结构，它包含了很多信息。每一个"界面"都可以归诸于一个信息类型，这很像物料主数据，需要先选定所要使用的信息类型，然后再填写相应的内容。虽然企业可能会使用更多的信息类型，但鉴于本次讨论的目的所在，我们还是只着重考虑完成工资核算所需的 3 个重要的信息类型。

信息类型 0001——组织分配

此信息类型保存的是员工的基本数据，它记录了企业员工位于何处以及他的成本费用应当归集到哪里。企业结构的分配是和成本中心集成在一起的，这是一个 CO 的科目分配对象，其目的就是为了能够将该员工的所有成本（工资）进行分配。另外，也可以在这里设置人员结构的分配；特别地，要关注工资范围（PAY.AREA）以及员工子组（EE subgroup），它们都是用来把员工组合在一起进行工资核算的。有关于这些组织对象的更详细解释，请参考《SAP ERP 财务集成》（SAP 出版社，2010）这本书。

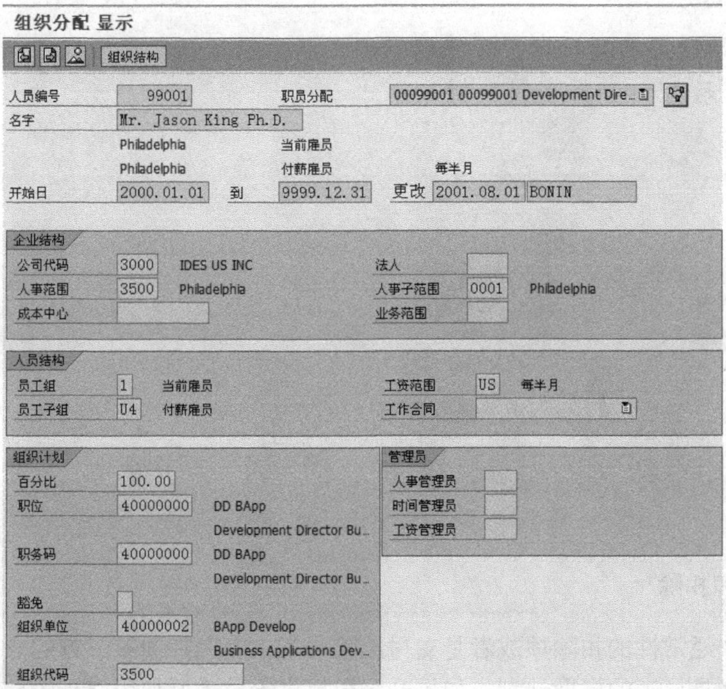

图9.18　组织分配的显示

信息类型 0008——基本工资

对于每一位员工来说，都要把其应得的工资项目分配给他，而这些被分配的项目就被称为**工资项**。如图 9.19 所示，是一个为员工分配工资项的例子。请注意，所有"工资类型"的款项都是通过这种方式来实现的（包括奖金）。工资项中内嵌的程序源代码会自动计算出应当支付的所有款项。当然，所有相关的扣减项也是要进行计算的。

信息类型 0009——银行详细信息

工资的发放处理过程所使用的程序是与 AP 一样的付款程序，这是由工资核算来调用的。可以通过签发支票或者是通过电子银行转账的方式来对员工进行支付。这是在**银行细节**标签页中来进行分配的，在那里需要给这个员工指定付款的方法。对于工资的发放来说，系统使用的是 SAP 特定的工资付款方式而不是系统其他共有的付款方式，这是一个很好的做法。

虽然工资的发放是通过 SAP ERP HCM 来执行的，但它所调用的仍然是用于 FI-AP 对外支付的同一个程序。

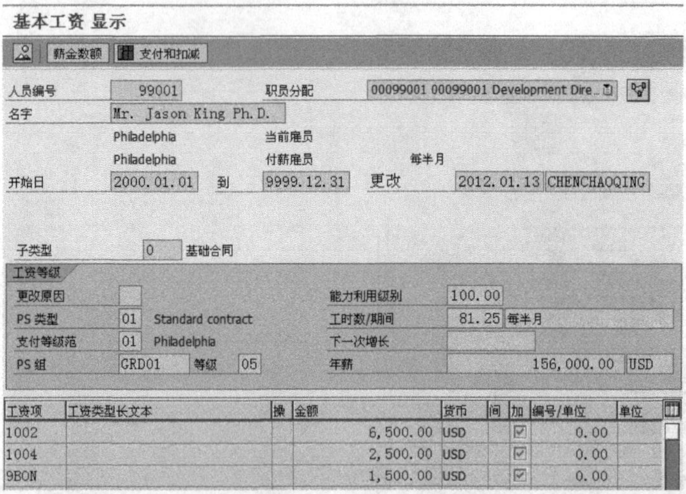

图 9.19 员工的基本工资

信息类型 0014——经常性支付和扣除

此信息类型是用于设立一个经常性的扣除项或者是支付给除员工工资之外的第三方的。在这里，比较常见的业务需求就是员工的资助计划，如提升公司提供给员工所使用汽车的档次或者提高工会的会费。其他的一些业务需求可能是用于支付法院的罚款等，在这种情况下，对支付给员工的全部款项进行部分地扣除，是要达成一致意见才行的。

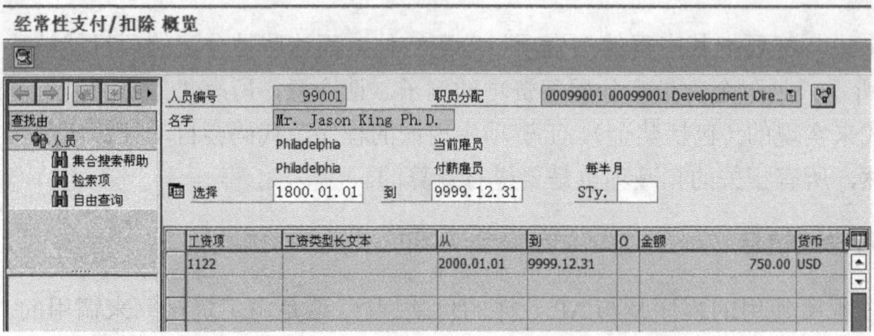

图 9.20 员工的经常性支付

信息类型 0027——成本分配

当有员工的成本费用需要向其自己所属单位之外进行转嫁时，这个信息类型就很有用了。例如，如果某个员工被借调到一个项目上或是另一个团队时，可能希望把他的成本分配给其他的项目或团队。假定有这样一种情况，某个员工花了他自己的部分时间在一个研究项目上（涉及的内部订单为 10011），同时他还花了些时间来培训另一个团队（成本中心 1220）的成员，那就可以按照一定的百分比来把该员工的工资费用分配给这个项目和成本中心（见图9.21）。如果使用了 WBS 元素，也可以把费用分配给它们。

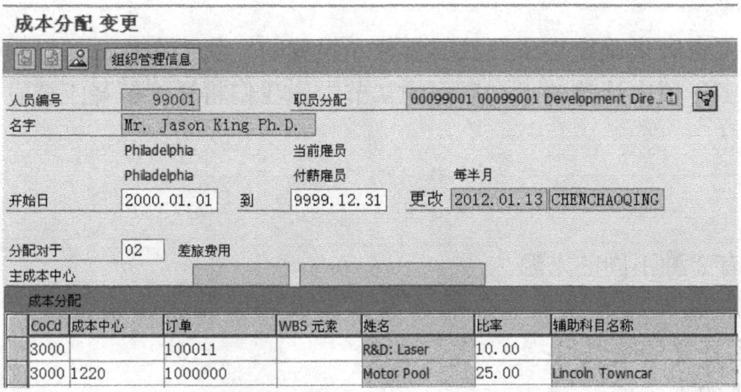

图 9.21　员工的成本分配

9.3.2　工资发放

工资的发放是基于发放工资的驱动程序的，为了能满足世界各国的法定要求，SAP 系统交付有每一个国家所特定的工资发放驱动程序。在图 9.22 所示的例子就是美国和英国的工资发放驱动程序。

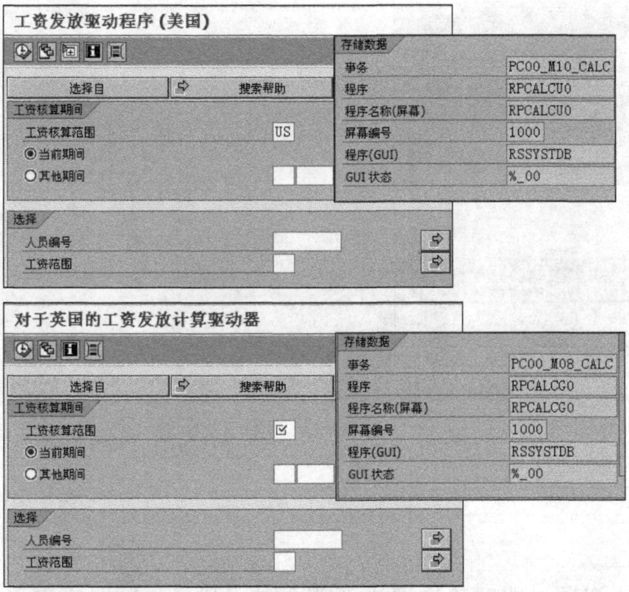

图 9.22　特定国家的工资发放驱动器版本

在把这个核算期间的所有工资数据都更新到正确的系统状态之后，还需要在测试模式下运行 SAP 的工资发放，看看是否有错误。在成功进行测试运行之后，可以输入 SAP 工资发放的期间并开始执行正式的工资发放。

工资发放的驱动程序是根据工资表来确定工资发放的参数和设置的。我们在前面已经提到过了每个员工的工资都是通过工资项来计算的。在后面的章节中，我们将详细解释工资发放的所有构成项。

9.3.3　工资项

包含在工资计算中的工资项有 3 种不同的来源。

- 针对员工直接输入的工资项；
- 通过法定或配置的需求所计算的工资项；
- 被标识为工资运行所必须的工资项。

工资项是在 IMG 的以下区域：**SPRO · 工资核算 ·"特定国家的工资核算"· 过账工资发放结果到会计的报告 · HR 系统中的活动 · 工资项的维护 · 定义工资项的过账属性** 下来进行配置的。

不过，工资项所计算出的应付工资以及相应的扣减项并没有直接地同 FI 集成。相反，我们是通过设立象征性科目的方式来关联到工资项的，如图 9.23 所示。

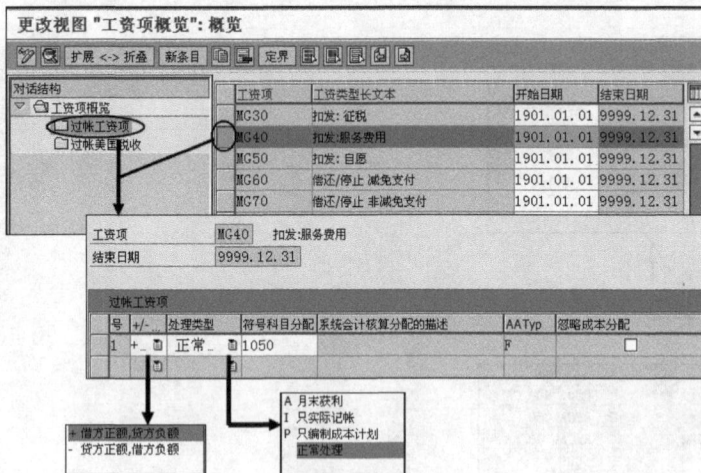

图 9.23　把工资项关联到象征性的科目上

9.3.4　象征性科目

象征性科目的主要作用是在特定的工资项过账时确定要更新哪个总账科目。同时它也确定了所需要的科目分配对象。例如，如果所做的设置是要过账到费用科目（类别＝C），那么系统就知道它需要一个成本对象。对于要把扣减项支付给第三方的过账，可能要把它们过账到资产负债表的科目上，因此，这种过账就需要一个资产负债表科目的类别（类别＝F）。

可以在 IMG 的 **SPRO·工资核算·"特定国家的工资核算"·过账工资发放结果到会计的报告·HR 系统中的活动·员工分组/符号账户·定义符号账户** 下来定义象征性科目。

定义好工资项和象征性的科目之后，需要在接下来的配置步骤中把工资项和象征性科目关联起来。可能会有把好多个工资项分配给同一个象征性科目的需要，这就意味着所有的这些工资项都将过账到同一个总账科目上。如果这不是所期望的结果，那么就需要为想过账到的每一个总账科目都创建一个象征性的科目。请注意，可以把多个象征性的科目设置成过账到同一个总账科目上，而且这样的分配是没有任何的限制的。可以进到 **SPRO·工资核算·"特定国家的工资核算"·过账工资发放结果到会计的报告·AC 系统中的活动·分配账户** 来分配象征性科目。

在图 9.24 中所看到的象征性科目确定与 MM-FI 科目确定的规则是非常相似的，而我们早在本章的 FI-MM 科目确定下就已讨论过这方面的内容了。在以下的 IMG 区域：**SPRO·工资核算·"特定国家的工资核算"·过账工资发放结果到会计的报告·AC 系统中的活动·分配账户** 中，可以进行所有相关的账户分配。

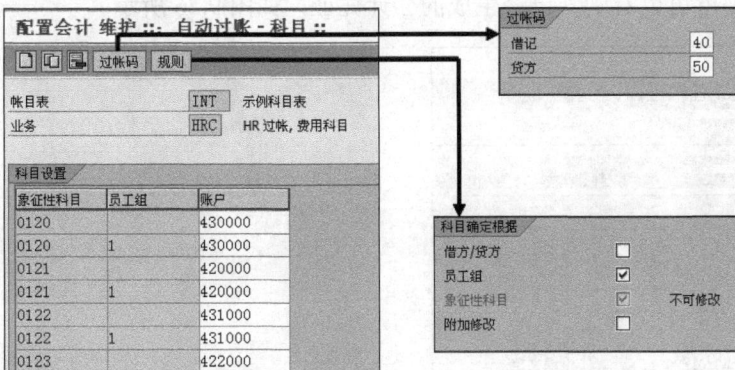

图9.24　科目确定的配置

之前，我们提到了 SAP 的工资核算是可以用来过账到供应商或者是资产负债表的科目的，而所有的这些分配也都是在这个 IMG 的区域下进行设置的。对于每一个配置操作来说，都可以定义可以进一步指定科目分配的规则。例如，在图 9.24 所示的例子中，可以看到规则包含了员工组，因此，如果有必要，可以按照象征性科目和员工组的组合来指定总账科目。

在所有这些设置都配置完成之后，现在就成功地为工资项和总账科目建立起正确的分配关系了。在这里，还需要做另外一处的配置才能完成 SAP 应付工资和 FI 之间的集成，在后面的章节中对财务过账变式进行讨论的时候再来介绍这个配置。尽管如此，这样的配置用来运行工资的发放并完成相应的付款已是足够的了。接下来所要讨论的下一个配置步骤是完成 FI 的过账所必须的。

9.3.5 自动科目确定

现在，已经知道工资项是如何关联到象征性的科目上了，接下来看看把总账科目分配给象征性科目的配置是如何设置的。这个配置操作与通过事务 OBYC 所进行的 MM 科目确定配置的处理方式是一样的。在此配置中，不但要分配工资费用的总账科目，还要分配应付工资的（通常是资产负债表科目）的统驭科目。同时，还需要指定想要对其进行付款的供应商，例如，针对税的扣除就是这样。将总账科目分配给象征性科目的菜单路径是：**SPRO·工资核算·"特定国家的工资核算"·过账工资发放结果到会计的报告·AC 系统中的活动·分配账户**。

图 9.24 显示的就是将费用过账的总账科目分配给一个象征性科目的配置的设置过程。对于每一种要分配的业务类型，都要先选择想要激活哪些规则。正如在这个例子中可以看到的那样，这个业务的规则包含了员工组。这样可以按照员工的分组来把不同的总账科目分配给同一个象征性的科目。这就提高了将员工成本过账到不同科目上去的科目确定的灵活性，而这种科目确定的灵活性是基于员工的工种或者是他们所在的工作单位来实现的。

同样的方法也适用于资产负债表科目和供应商账户的分配。

工资计算完之后，就可以通过事务 PCP0 来看工资核算的结果了。在这个事务（见图 9.25）中，界面的上半部分显示的是**应付工资**，而在界面的下半部分显示的是**过账到会计**。如果选中了状态为**凭证已过账**的行，那就可以看到其已经生成的会计凭证，如图 9.26 所示。

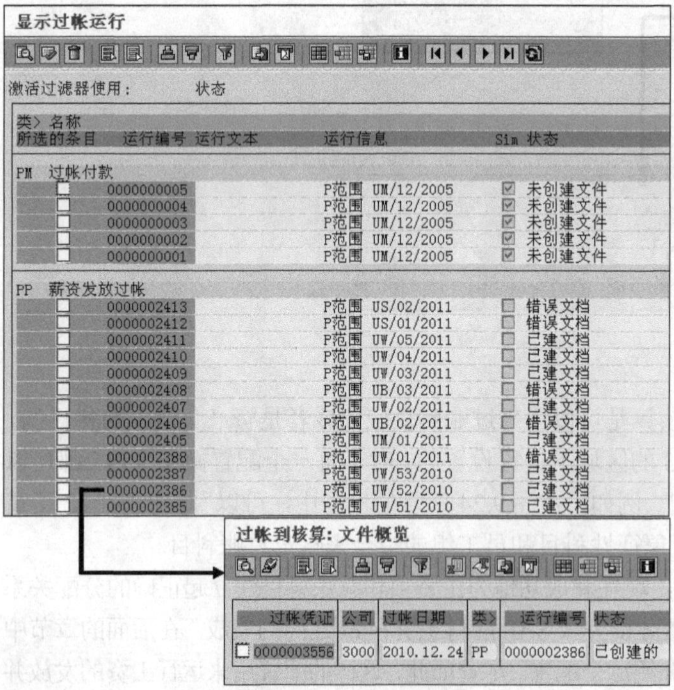

图 9.25　显示工资的过账运行

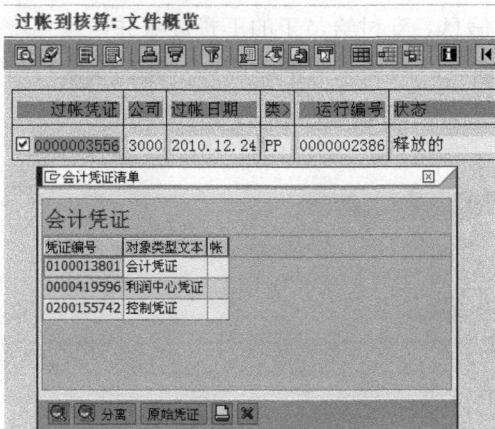

图9.26　所生成的工资会计凭证

图 9.27 显示了 SAP ERP HCM 的过账凭证，而在图 9.28 中所看到的则是它后续所生成的 FI 凭证。HR 凭证显示的是集成到 FI 且我们已经讨论过的 FI 项目，如总账科目和成本中心，以及想要使用的其他对象。由于这个报告的格式是可以自定义的，所以可以看到还有其他的对象，如 WBS。

图9.27　工资过账细节

在图 9.28 中，请注意一下抬头部分中所显现的信息。支付给员工的工资过账并产生相应的会计凭证才代表着工资发放过程中的最后一步完成了。在接下来的章节中，我们要来讨论一下工资过账到 FI 是如何进行控制的，这将进一步完善对集成处理的理解。

显示凭证：总帐视图

数据输入视图											
凭证编号	100013801		公司代码		3000		会计年度		2010		
凭证日期	2010.12.07		过帐日期		2010.12.24		期间		12		
参照	XXXXX00001		跨公司编号								
货币	USD		文本存在		□		分类帐组				

分类帐 0L								
凭证	100013801		财政年度		2010		期间	12

公司代码	项	行项目	PK	S	科目	说明	金额	货币	本位币金额	税	成本中心	订单	利润中心
3000	56	000056	40		176410	Benefits (Empl	941.80	USD	941.80		2200		3402
	57	000057	40		420000	Direct labor co	5,454..	USD	5,454.00		2200		3402
	58	000058	40		465000	Payroll taxes	415.21	USD	415.21		2200		3402
	59	000059	40		420000	Direct labor co	4,259..	USD	4,259.63		9517		9510
	60	000060	40		176410	Benefits (Empl	201.42	USD	201.42		9517		9510
	61	000061	40		465000	Payroll taxes	325.61	USD	325.61		9517		9510
	62	000062	40		420000	Direct labor co	702.00	USD	702.00		9510		9510
	63	000063	40		465000	Payroll taxes	53.71	USD	53.71		9510		9510
	64	000064	40		420000	Direct labor co	702.00	USD	702.00		9515		9510
	65	000065	40		176410	Benefits (Empl	94.14	USD	94.14		9515		9510
	66	000066	40		420000	Direct labor co	760.00	USD	760.00		1830		1830

图 9.28　会计凭证细节

9.3.6　财务过账变式

最后还需要完成的一项配置内容是如何来控制工资的 FI 过账，也就是设立一个工资过账的变式。

备注

只有在要把工资过账到 FI 时才需要这么做；有些工资解决方案是不集成的，也就不需要配置这一步了。

到目前为止，我们所配置的所有步骤都集中在总账（或供应商）账户的正确分配上。除了总账科目，还有一个要确定就是公司代码了。因为人事范围是映射到公司代码上的，因此公司代码是根据员工的组织分配来确定的。那现在唯一还差的配置就是会计凭证的设置了，我们将在过账的变式中来定义它。其他的一些设置也是在这里进行配置的，包括哪些凭证是要分开进行详细解释和说明的。要注意，这并不是什么"凭证分割"；这是在 SAP 系统限制条件下的凭证分离，这个系统限制的条件就是所要过账的凭证最多只能有 999 个行项目。

完成这个配置活动就彻底完善了 SAP 薪酬和 FI 的集成。此时，应当对 SAP 工资过账到 FI 所要做出的决策以及选择哪些可利用的选项有了一个很好的理解了。另外，如果在对 SAP 薪酬管理作系统支持时碰到了一些 FI 过账方面的问题，那这部分的内容就应当有助于了解相关的配置设置，并找出问题的原因所在了。

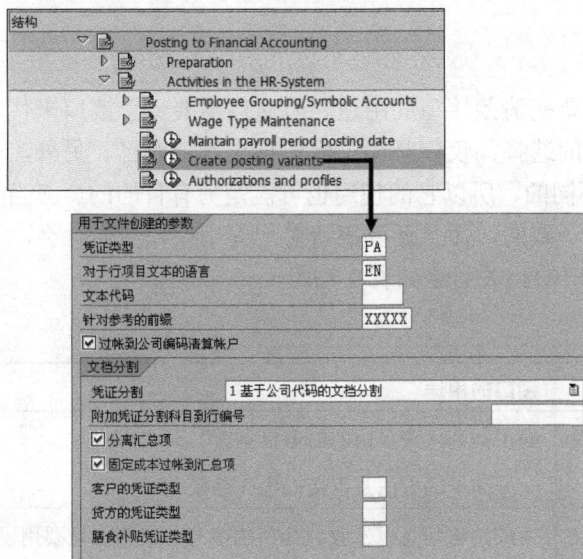

图9.29　工资核算的财务过账变式

接下来，我们要着眼于系统的接口，同时还要考虑如何利用接口才能把其他系统的信息集成起来。

9.4　接口

本节讨论的内容是在对系统的接口进行设计时所要考虑的基本概念。**接口**是两个不同系统实体之间的任何连接或通信点。举例来说，SAP GUI 就是一个接口，它是在 PC 上能够让你登录到 SAP 系统的软件。GUI 是图形用户界面的缩写，它提供了用户和软件之间的连接。

就各模块之间所传送的信息而言，在 SAP 系统中就存在接口。举例来说，开票就是 SD 和 FI 之间的一个内部通信接口。例如，如果创建会计凭证失败，可能就会收到"开票的接口有故障"的信息。

在本章开始的时候谈到了，实施 SAP 系统是要替换掉以前可能还在用的而且其单方面性能可能还是最好的各种系统。虽然这样的想法是很好的，但有时侯解决方案还必须要保留某些原来在用的老系统。比如不能用 SAP 系统来替代的老系统，或者替换这样一个老系统是不值得的，在这种情况下，就需要定义一个用于连接 SAP 系统的外部接口，目的是使相关的信息可以进行相互地传送。

在进行接口的定义时，一般都要考虑到以下 3 个重要的步骤：

* 确定接口的用途；
* 设计接口；
* 测试接口。

9.4.1 接口的用途

这听起来似乎是很显然的，但是确实需要搞清楚接口的用途。有时候需要一个接口来代表从第三方软件传送的信息，因此它没有别的选择，仅仅是为了保留这个接口而已。另外，当前老系统的作用可能是和 SAP 系统有所不同的，所以它的使用也可能是另有目的的。应当要评估接口的功能是否与实施的项目范围是一致的，而且还要搞清楚想要用接口来做什么。归纳起来，保留原有系统的常见原因以及接口的相关用途如表 9.7 所示。

表 9.7　保留接口的常见原因

保留原有系统的原因	接口的用途
原有工资管理系统被保留是因为数据的迁移量以及历史的原因	提供被列入账目内的财务信息。 一个简单的方法是由接口生成总账凭证
销售网点系统是遍布在整个公司的零售终端网络点上的。这些销售网点系统是按公司的产品来定制的，替换它们意味着有很大的的风险	生成销售信息以及收款分析的信息。销售信息要用来进行销售的分析；而收款的信息则要用于总账。 一个简单的方法是由接口生成一张汇总的 AR 发票
由主供应商每月发送来的文件（例如，燃油发票），这要比供应商打印并发送数以百计的单张发票给他们要轻松多了。这个电子文档通过接口传送进 SAP 系统可以节省手工输入这些信息所需的时间	生成总账费用的过账（把费用过账到要承担此成本的相关成本中心），同时生成要对其进行付款的贷方过账。 一个简单的方法是生成一张汇总的 AP 发票

在任何时候，都需要关注到接口的成本效益分析，要对比分析保留或替换掉老系统所带来的成本和收益。

作为确认接口用途的一部分，还需要了解源系统所要传送的信息以及目标系统所要接收的信息，而后才能够开始接口的设计。

9.4.2 接口设计

要设计系统接口，需要考虑以下这几点。

- **数据匹配要求**：从源系统到目标系统的数据映射，以及所需的任何数据转换（在本节后面部分进行详细讨论）。
- **数据量**：需要的是行项目信息还是汇总的数据（汇总的凭证）。
- **频率**：在保持系统同步和最新的信息更新方面。
- **平衡和统驭**：确保接口所传输的信息是正确的以及没有信息的丢失或增添（在本节后面部分进行详细讨论）。
- **安全**：数据的完整性和安全性。

接口的定义

　　首先，应当确定是否要为接口使用特殊的凭证类型，或者如果有很多的接口，那是否要共用凭证类型。另外，可能还需要在 SAP 凭证和源系统之间建立一个关联联系。这可以通过传送相关的信息到 SAP ERP 凭证的行项目文本摘要或者凭证抬头文本摘要的方式来实现。另一种方法是使用外部给号的凭证类型，这样就可以使用接口文件中所传送的源系统的凭证号码了。

　　接下来，必须阐明接口文件所要传送的信息。接口文件通常是由 3 个部分组成的：抬头、数据和脚注。抬头应该包含所有的文件分类信息，如凭证类型、日期以及所有的抬头文本摘要信息。可以在抬头信息加入有效性的检查，这样就能在接口文件处理之前检查到某个特定的信息是否有效了。脚注的作用是标识该接口文件的末尾。此外，为了能够保有一个零余额的分录，还可以在接口文件的脚注中添加一些逻辑控制的代码。例如，接口文件可能只含有所取得的现金销售的清单（贷记销售收入），但对于复式记账，还需要有现金的平衡分录（借记现金）。这样的逻辑可能会是脚注的一部分内容。

转换和匹配

　　包含在接口文件主体中的实际信息是用来生成 SAP 过账的行项目的。对于此部分信息的过账，需要对总账科目、成本中心、客户、供应商等使用适当的编码规则才行。最可能的情况是所要与之接口的源系统是没有这些代码的。因此，需要对这些信息进行数据的匹配，这样才能使这些接口的信息按一定的规则上载到 SAP 系统并能被分类账所接受。这种映射可以在接口文件创建时进行（例如，当从源系统生成接口文件时，那些原始的代码就转换成 SAP 系统所需要的代码），也可以在上载到 SAP 系统时再来进行匹配。

　　这样的映射应该在哪里进行转换呢？这取决于对源系统的控制程度以及将来可能发生更改的频次；也就是说，你希望自己来控制这些更改吗？如果是这样，那这些数据对象的所有者就应当维护这样的映射表的，而他们要负责维持这些映射数据的更新。根据主数据变更的频繁度以及更改信息的重要性，应当确立最佳的数据匹配维护流程。

销售网点接口方案

　　之前在表 9.7 所示的例子中，零售店客户很可能会把所有的过账都记到一个单一的客户上（多半都是一次性客户）。比方说，如果想象一个大型的零售商（如沃尔玛）从他们其中的一个门店传送这样的一个接口文件，那对于公司或者对于结账时就被设置成客户主数据的客户来说，其效益都是最小的。但相对来说，总账的过账就是相当简单了。

　　不过，在汽车燃油的那个例子中，如果把燃油供应商设置成供应商并且将购买燃油的人（也许是他们的汽车车牌号码）和所应承担该燃油费用的成本中心匹配起来，可能会是有意义的。

需要对实际业务需求单独进行评估，这样才能确定所能做出的决策。请记住，在系统中想看到的所有数据，都应生成到 SAP 系统中。

平衡和统驭

所有系统接口的平衡和统驭的传输责任应当是由两个单独的小组来承担的。技术和底层架构的团队应负责确保所有的数据记录是无错误处理的。这些信息可能是该接口抬头或脚注内容的一部分，其作用是确认接口文件中的行数。如果在过账凭证的行项时有任何问题，接口设计都应当反映出接口文件发生了什么样的问题。要选择是否拒绝整个接口文件、单个的行，或者是把有问题的行项过账到一个暂记的科目上。在接口文件被系统处理之后，可能还希望系统能生成一个可追溯的信息汇总过账的报告。从 IT 和底层架构的角度来看，这个可追溯的报告就是统驭。

然而，这些过账行的实际情况又是怎样的呢？谁应该来对账呢？这取决于企业的管理方式，因为有些企业是要求用户自己来做的，而有些企业则要求底层架构的团队来完成。无论对此所如何做出决定，为了能使这样的对账过程更容易些，都要选择生成一个作为可追溯报告一部分的统驭对账表。

此外，对于采用了 SAP 业务工作流和 WebFlow 的某些解决方案设计来说，在付款被批准之前可能还需要大量的用于审批的接口文件行。

安全

为了保持数据的完整性并防止欺诈，安全可能是接口设计中最重要的一个方面了。例如，对于应付的接口，要防止有人中途截取文件并在接口文件中增添他自己作为要被付款的明细信息。安全设计时必须与安全和权限团队进行确认。也许要考虑对文件进行加密，也许要会考虑把接口文件存储在一个安全可靠的服务器上，接口文件在那里是不会被截取的。不管采取什么样的措施，一定要确保这些措施是能满足企业的安全要求的。

外向接口

到目前为止，我们所谈到的系统接口都是传入的接口，但实际上可能还需要支持到目标系统的外向接口。如果是这样，那么确定接口的用途和接口的设计（包括数据的匹配）同样适用这些原则。

9.4.3 接口的测试

最后的步骤就是要对接口进行测试。为了能确保可以测试到信息的传送，也为了能测试到数据的进一步处理，接口的测试应当是和其他配置测试一起来进行的，也只有这样才能提供完整的系统集成。

如果接口文件要被传送到或是从第三方系统传送来，那这一步的测试同样也是很重要的，这样才能解决任何通信方面的问题。只简单地测试一下本地文件是不够的。

这一节所提供的是接口设计中基本概念的概述。有了更多的接口经验后，接口设计能力就会有所提升；当慢慢意识到所面临的各种问题时，就可以着手把这些关注点融汇到设计中了。

9.5　集成测试的意义

作为结束语，永远都不要忘了集成测试的重要性。完整的集成测试过程是不可替代的，如果事情做得不好，尤其是对 FI 模块来说，那往往都是会被追究责任的。

大量的测试通常都会在 MM 和 SD 的各自模块内进行，在生成相应的会计凭证之后，这些模块就差不多可用了。然而，从财务的角度来看，还需要确保那些由科目确定所派生出来的科目能正确反映后续的处理过程。要彻底测试这种情况的唯一方式就是与现场的业务用户一起来尽可能多地执行端对端的测试循环，从而证实并确认过账是正确无误的。

9.6　小结

本章是针对负责提供集成解决方案的高阶用户的。之前所讨论的章节主要集中在单个功能上，而这一章则是对本书范围内的主要集成内容进行了详细的解释和说明。

看完本章后，应当了解以下方面的内容：

- MM 和 FI 之间的集成点，包括自动科目确定设置的设计和配置；
- SD 和 FI 之间的集成点，包括自动科目确定设置的设计和配置；
- SAP 工资核算和 FI 之间的集成点，包括工资项和象征性科目的类型及其所分配的总账科目；
- 这些模块之间可能会出现的集成方面的问题；
- 接口设计的基本概念，以及如何来撰写大多数接口的功能说明书。

在第 10 章，我们要来了解一下有关数据迁移方面的内容。

数据迁移会影响到每一个项目的实施,并且在很大程度上也会影响最终交付的财务解决方案。本章介绍一些数据迁移的概念,而这些基本的概念都是需要了解的。另外,我们还定义了一个遍历整个数据迁移过程的框架模型,而且我们也会来看看完成特定模块迁移所需要的配置操作。

第 10 章 数据迁移

在系统中,对于要配置的整体系统设计来说,数据的管理是很重要的。这始于数据在系统中的初始化。如果正在把数据从遗留系统迁移到 SAP 系统,或者是从老的 SAP 系统迁移到新的环境中,那为此可能需要编制一个数据迁移任务的计划表格才能完成这项工作。数据的迁移就是把资料信息从老系统传输转移到即将使用的新 SAP 系统的过程。

备注

在这一章,我们要使用**数据迁移**这个通用的术语来表示对现有主数据(客户、供应商、总账科目、成本中心等)进行传输转移的过程。当然,这个过程也包括了后续所需要迁移的且与这些对象密切相关的业务信息数据。

数据迁移是任何一个项目都会碰到的一项基础性工作。即使拥有最佳的业务解决方案,但数据迁移却是很糟糕的,那它也会严重地贬损系统解决方案的价值。数据迁移的过程通常需要客户投入大量的时间和精力。不同于其他领域的项目,对于实施 SAP ERP 的项目来说,很大程度上都要依赖客户所输入的内容,因为只有客户自己才知道什么样的数据才是最好的。

本章的目的是说明如何建立并执行从源系统到 SAP ERP 系统的数据迁移。另外,我们也会谈及到系统上线后其他数据管理方面的重要内容。

在这一章,我们将要了解以下这几点内容:

- 定义应当成为数据迁移策略的基本标准;
- 解释数据迁移的概念和过程,包括统驭的对账;
- 提供一个了解可使用数据迁移工具的机会,以及为此所需要做出的具体选择;
- 具体了解资产会计(AA)的数据迁移;
- 具体了解如何使用 SAP 提供的遗留系统迁移工作台(LSMW)这个工具来创建数据迁移的程序;
- 提供了许多可供参考使用的数据迁移模板。

备注

就本书的目的而言，因为我们是从一个 SAP 通用解决方案的角度来看待数据迁移的问题的，所以要确保使用的任何数据迁移模板都是可用于自己的业务场景下的。例如，应该确保自己才有的特定字段及其映射体现在了所使用的模板中，而不仅仅只是沿用我们范例的模板。这些供参考使用的数据迁移模板都是可以直接从 *www.sap-press.com* 网站上下载的。

作为本章的开篇，我们先来了解一下数据迁移的一些基本原则。

10.1　数据迁移的基本原则

在讨论数据迁移的基本原则之前，让我们先来看看项目范围。它应当包含需要进行迁移的对象的范围，同时还应当把业务信息数据也包含在数据迁移任务中。正如前面第 9 章中所提到过的那样，数据的迁移范围可能会受到保留或放弃遗留系统所进行的决策的影响。数据迁移的总体目标是要从遗留系统中迁移出所有的业务信息数据，其目的是为了确保在新 SAP 系统的运行中出问题的可能性最小。如果要对业务信息数据进行迁移，还需要有相应的数据对象，并且旧的数据对象和新对象之间还要有一个清晰的映射关系才行。

所创建的数据对象必须要能够支持系统解决方案，因此也必须有的放矢，也就是说，它是处于企业应用的正确配置状态的。必须采用一种方法来规范系统中的所有对象，使之能够遵从同样的通用设计原则，具体原则如下。

- **通用设计**：包括主数据自身所包含的内容以及业务蓝图讨论中所使用到的全部主数据。这应当是系统解决方案设计中能充分发挥作用的一部分。
- **减少可能存在的风险**：尽可能多地加入一些统驭的对账和有效性检查。
- **减少手工干预的量**：尽可能地采用自动处理，并减少人工干预的量。人工干预通常都会导致一些人为的错误。
- **提高数据的质量**：不要简简单单地就把质量不好的数据从源系统迁移到目标系统中。作为整体系统解决方案的一部分，数据迁移的目的也是要提高数据的质量。
- **让最终用户感受到他们才是数据的主人**：一定要加深最终用户对迁移数据重要性的理解。确保他们不会期盼着你来关注这些数据。这是最终用户自己的数据，他们对数据才是最了解的！

在数据迁移的过程中，要尽可能地让最终用户参与进来。虽然他们刚开始的时候可能是会疲于应付技术方面的东西，但他们还是需要从根本上去理解迁移数据字段和数据记录的映射关系。因为他们更了解这些数据，他们理应去推动这项非技术层面的工作。

整个的数据迁移工作可以被整合成六步迁移过程，按照这 6 个步骤执行才能成功地把数据从遗留系统迁移到 SAP 系统中来。接下来，我们就详细地来介绍一下整个的数据迁移过程。

10.2 六步数据迁移模型

根据以往的经验，我们已经建立了一个可以被所有企业参照使用的六步数据迁移模型。六步迁移的数据处理过程显示在图 10.1 中，这对于升级和新的项目实施都是同样有效的。

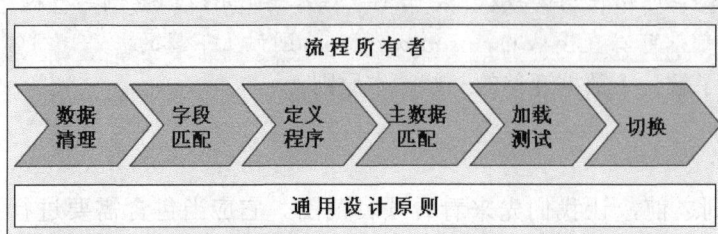

图 10.1　Arif-Sheikh 六步迁移模型

备注

虽然我们一直都是从非 SAP 系统的角度来谈论数据的迁移的，但无论是从老的 SAP 系统还是非 SAP 系统进行数据的迁移，数据迁移的基本原则都是一样的。

应当了解并领会数据迁移处理过程中的每一个步骤，这样才能做出明智的决定。六步迁移所包含词语的含义的基本上都是不言自明的，你马上就会对每一个阶段都寓意着什么产生一些想法。不过，对于每一个阶段都应当包含哪些具体的任务来说，为了能让你更清楚自己都要做些什么，在这一节还是会给出明确的定义。

10.2.1 源/数据清理

源清理，通常也被称为**数据清理**，是用来代表不同任务的一个术语。在我们的处理方法中，把数据清理定义成了数据迁移过程中所进行的遗留数据清理过程。刚开始，这似乎像是一个多余的工作，但实际上有很多系统的数据都是混乱不堪的，存有大量冗余的主数据。而把遗留数据迁移到新的 SAP 系统正是一个去除冗余数据的绝好契机，只有这样，新的系统中才只会拥有有用的数据。

数据清理通常是应用于主数据的。例如，在当前在用的系统中，可能会有好多无用的账户，这些无用的数据是不希望带到新的系统中的。为了能满足新功能，或者希望减少主数据的数量，也需要对现有的主数据进行一定的清理和更改。减少主数据的数量是一种常规的做法，也称为遗留数据的规范化。而之所以要对遗留数据进行规范化处理，其原因往往就是在遗留系统中存有太多的主数据。这样的规范化处理可适用于所有类型的主数据：

- 客户或供应商主数据；
- 总账科目主数据；
- 物料主数据；
- 成本中心；

- 付款条款。

如果可能的话，也可以直接在遗留系统中进行这样的更改。需要被删除的代码应该被标记为要删除的状态，目的是要确保在新系统中不会使用这些要删除的代码。在某些情况下，可能不能直接在遗留系统中进行更改，那就必须要在系统外的 Microsoft Excel 或 Access 中进行相应地处理。

10.2.2　字段匹配

字段的匹配是取决于最终方案设计的。它就是把遗留系统的主数据字段映射到 SAP 主数据字段的处理过程。乍看起来这似乎也很容易，但如果在遗留系统中没有 SAP 系统所需要的字段时，问题就出现了。因此，这些遗留系统中没使用到的字段就需要用一个"局部的"规则来生成，作为映射处理过程的一部分，规则需要进行定义。例如，当创建供应商的主数据时，需要定义供应商的账户组和供应商的统驭科目。大多数的遗留系统都没有这样的信息，因此需要为这样的字段而定义相应的规则。

最理想的字段匹配处理过程应是为每一个主数据对象都创建一个能列出所有字段的电子表格，而这些字段就是整体设计中的一部分，而后再将它们映射到遗留系统的字段上。本书提供了有关供应商、客户和总账科目主数据映射模板的例子，可以从中选用它们来作为数据匹配工作的一个起点。如果项目实施还涉及要在多个国家进行推广，那最好的方法就是创建统一的电子表格，其中包含了所需要的全部字段，而后让所有要实施该项目的国家都使用同一个格式。这就意味着通过一个单一的上载程序就能把遗留数据上载进新系统，上载的程序正是接下来要定义的。

10.2.3　定义上载程序

把遗留数据上载到系统这个处理过程可以是手动的，也可以是自动的。无论是哪一种上载方式，都应当已完成了前述的两个步骤（数据清理和字段的匹配），这样才会有一个比较确切的主数据创建清单。大多数的企业都要求能够自动地上载处理，以确保数据上载是高效的，同时也不要给用户留有出错的可能。

可以使用多种方法来创建自动上载的程序，比如以下这几种：

- ABAP 开发程序；
- 遗留系统迁移平台（LSMW）；
- CATT（计算机辅助测试工具）。

前两种方法是最常用的。由于许多企业为他们自己的数据迁移工作选择的都是开发 ABAP 程序，因而没有任何技术或功能方面的障碍。请记住，如果需要对程序做出修改，那你就需要有 ABAP 方面的资源来协助了。

我们更喜欢并且也建议用 SAP ERP 所提供的专门用于迁移数据的工具：遗留系统迁移平台（LSMW）。LSMW 是一个很灵活的工具，它甚至可以用来重复过账创建在电子表格中的交易业务。LSMW 最大的优点就是不需要懂任何的 ABAP 代码——通过一个事务记录，LSMW

的上载程序即可创建完成，而且系统能重复执行事务的处理过程。LSMW 的这个工具先是上传数据，并执行所指定的任何转换，然后再为所上载的数据生成一个批处理的会话。

在本章的后面部分，我们会从头到尾地来创建一个 LSMW 上载程序并执行数据的上载，我们将通过定义一个成本中心的创建程序来举例说明 LSMW 的所有步骤。

如果熟悉 CATT，也可以用它来创建维护在电子表格中的主数据。因为大家都认为 LSMW 是最好的遗留数据上载工具，因此我们就没有再把 CATT 包含在这本书中了。

备注

当执行遗留数据的上传时，可能会碰到好多情形都是需要对上载的程序进行修改的，所以无论你使用的是哪一种上载工具，除了程序的创建之外，应当都需要对程序进行修改。

10.2.4 主数据匹配

除上述几个步骤之外，主数据从遗留系统转到 SAP 系统时可能还要进行一次匹配。当老系统的代码没有直接被映射到新系统的代码时，就需要考虑上述主数据匹配的情况。例如，在数据迁移工作中，可能会要减少成本中心的数量，这样就会有多个老的成本中心要被映射到一个新的成本中心上。同样的情形也会出现在总账科目的代码中。对于供应商和客户来说，可能会把老的主数据映射成符合 SAP ERP 功能规范的业务合作伙伴（客户）或者是一次性供应商（供应商）。

这项工作的主要成果就是形成一张老的主数据映射为新的主数据的匹配表。这个映射表还会用来控制遗留系统账户余额的迁移。

主数据匹配的一个重要内容就是确定要设立多少个数据迁移的账户，这些必需的账户不仅仅只是用来迁移余额的。较常见的例子有**库存迁移**和**未清项迁移**。我们将在本章的后面部分详细地讨论数据接收账户这个话题。

10.2.5 加载测试

我们现在所做的一切都是在为数据迁移做准备。应当按部就班地进行这项工作。

- **上载程序的单元测试**：加载少量的数据以检查各字段的运行情况，同时检查上载程序所能处理的变更程度。
- **上载程序的压力测试**：检查系统对大量加载数据的处理情况。举例来说，假如你要上载 10 000 条未清项，那么上载程序是否能处理呢？
- **切换测试**：从遗留系统中提取真实的加载数据，看看用上载程序是否能上载这些数据。
以下是测试上载程序时所必须要回答的两个主要问题。
- **上载文件或上载的程序出错时该怎么办？**
是要发出一份错误的报告，还是希望在出错的时候就停在那个地方？
- **每次上载数据的核对处理过程是什么样的？**
应当了解运行得出的报告，应当清楚提取出来的数据表要和上载的原始数据进行行核对。

　　加载测试是对上载这个必要程序进行检验的最好机会，因此应当尽可能地全面测试。因为数据一旦上载到生产系统之后就很难再把它弄出去了，所以建议：只要切换测试的文件被上载到新系统并核对无误之后就不要再去对它进行任何更改了，这个切换测试的上载文件也就是要上载到生产系统的文件。

10.2.6　切换

　　数据迁移可能是一个有着很大压力，而且有时是吃力不讨好的工作。通常，我们所强调的都是些配置的工作。往往在项目中出现问题的时候，仅有的一次数据迁移任务却成为了一个热门话题。因此，开始对系统进行切换时，应当通过以下方面的工作来尽量减少数据迁移的风险。

- **提前准备上载的文件**：在上载数据前，尽可能地多花点时间来检查所要上载的文件。如果可能的话，直接上载曾加载进了新系统并核对无误的那个切换测试文件。
- **不要更改上载的文件**：已经准备好上载文件之后，如果还需要对数据记录进行修改，那尽量不在上载文件中修改。可以单独做一个将进行后续更改的任务列表，等到所有的数据都上载进新系统之后再来手工更改这些需要修改的数据。如果需要对加载数据进行重大的修改，可能要创建一个新的摘录或者创建另外一个上载的文件了，这样才能反映出这些重大的更改来。
- **使用测试过的加载程序**：在此过程中，请不要把任何新东西带进上载程序。
- **使用同样的统驭对账处理过程**：不要因为时间的关系就偷工减料，也不要求快。

　　如果遵循了所有这些数据迁移的步骤，那从遗留系统向 SAP 系统的数据迁移就应该是可控的了。另外，也可以变通地来使用我们所定义的数据上载程序，例如，有些项目就利用了数据仓库来存储和处理数据。不管怎么样，数据迁移的整个处理过程是不会变的，而这个六步的迁移过程将会产生令人满意的结果。

　　接下来，我们就来看一看存货的迁移。

10.3　存货的迁移

　　存货的迁移是特定数据迁移处理过程中的一部分，而且，如前所述，需要建立一个接收数据的账户。在第 9 章的 9.1.1 小节中，也就是我们当时还在定义 MM 科目确定的时候，就已经看到了要如何来配置这个设置。存货迁移的完整步骤如下。

- 定义科目确定（见 9.1.1 小节）。
- 迁移并上载总账科目余额。存货的价值被加载到 SAFA 公司会计科目表中的 15511 存货接收的科目上了。
- 迁移并上载物料主数据。这个时候是没有库存值的。
- 迁移并上载存货。每个存货的项目都会生成以下的复式分录：借 库存，贷 接收科目。最终的结果就是这个接收科目将被结清为零，而存货科目也就带上正确的余额了。这项工作需要和物料管理（MM）小组的同事一起来合作完成。

10.4　未清项的迁移

就未清项的迁移而言，既可以在遗留系统中来管理债务人，也可以将它们迁移到 SAP ERP 系统中。有些企业在系统切换时就只迁移一个账户的余额来反映其未清的债务人，后续也是在他们的遗留系统中来核销其债务人。该方法只适合在拥有少量债务人的这种企业中进行操作。对于大一些的企业来说，这是不切实际的，特别是在这种拥有众多债务人且债务人的管理还是一项手工工作的情况下更是如此。因此，大一些的企业必须要迁移未清项，在系统初始化时就需要生成应付账款（AP）和应收账款（AR）的凭证来反映这些未清项。

对于未清项的迁移来说，可以选择创建数据接收的账户来迁移余额。因此，要准备好这些数据接收的科目，这样就能进行未清项迁移（分两个步骤）了。也就是说，作为总账余额迁移的一部分，要过账余额来反映老系统的期末余额。然后还要把这些未清项过账到上述的客户或供应商账户中，而会计分录的另一方则进到了这个接收的科目中。最终的结果是生成了有关客户或供应商的未清项，同时接收的科目也被自动清零了。

> **备注**
>
> 未清项迁移的过账日期应该和系统切换的日期是一样的。需要使用凭证日期、基准日期以及付款条件的组合才能表述清楚那些老的未清项是怎么一回事。

现在，我们要来了解一下系统升级到新总账时的特殊需求，这与安装一个全新的 SAP ERP 6.0 系统是不一样的。

10.5　升级到 SAP ERP 6.0

正如在前面的章节中所描述的那样，如果从遗留系统进行数据的迁移，那要遵从既定的步骤来执行。但是，如果是升级 SAP 系统（例如，处在同一个 SAP 系统的环境下），那么需要按照不同的处理方法来进行数据的迁移。因为实施的是 SAP ERP 6.0 系统，所以可以激活使用新总账，而新总账使用的是一套不同于旧总账体系架构的数据表。有关这方面的内容，我们已在之前第 4 章的 4.1.3 小节中介绍过了。除了系统软件的升级之外，还需要迁移旧总账的数据。

这是一个非常重大的任务，因此需要为它分配充足的时间和资源。需要使用专用的迁移主控管理舱来进行数据的迁移。通过授权，在 SAP 中，只有参加过适当的 SAP 课程培训或为其迁移提供系统支持的人员才能进入到主控管理舱。出于这样的原因，我们就只归纳了需要关注的几个关键点。至于新总账的全面解释和说明，还需要学习 SAP 的 AC210 课程，或者直接与 SAP 联系。

> **备注**
>
> 就系统升级而言，也可以升级到一个全新的 SAP ERP 系统环境。也就是说，可以安装一个全新的系统，正因为它是新的系统，因此可以后续再对它进行数据的迁移。迁移的方式与从遗留系统迁移到新的 SAP ERP 系统是相同的。

SAP ERP 软件升级的寓意

如果项目正在实施 SAP ERP，那 SAP 会建议把这个项目的实施分成两个阶段来进行，包括实施软件升级的工作和数据迁移的工作。

备注

如果有需要，SAP 还提供了数据迁移服务，帮助企业处理数据的迁移工作。关于 SAP 数据迁移的服务，可以从 *www.SAP.com* 网站下的 "新总账迁移服务" 获取更多的信息。

对于新的 SAP 客户，即从遗留系统迁移到 SAP 的客户，需要在新总账激活之后再把遗留数据迁移到新总账中。而对于从老的 SAP 软件版本升级过来的现有 SAP 用户来说，由于在新总账功能方面所存有的差别（如第 4 章所阐述的那样），需要对这个过程给予特别的关注。

设计总账迁移方案

根据整体的总账解决方案设计，应当是已经确定了要实施的科目分配对象，同时也应当回答过了以下的这几个问题：

- 要对什么样的对象进行分割？
- 在实施分部报告吗？
- 要迁移到多个分类账吗？如果是，那要如何来确定数据源呢？

首先，要对科目分配对象进行匹配，这样才能确保所执行的迁移工作是建立在一个合乎逻辑的方式下的。下列几个概览性的迁移步骤几乎覆盖整个的总账迁移过程。

1. 完成系统的配置。
2. 配置迁移所需的设置。
3. 在遗留系统中完成余额的结转并关闭上一会计年度的账。
4. 开始数据的迁移。
5. 创建工作列表。
6. 迁移带有以前年度过账日期的未清项。

这样，我们就结束了与 SAP ERP 6.0 系统升级相关的讨论了。建议读者再参考阅读 SAP 的在线资料（参见 *www.SAP.com*）或 AC210 培训课程资料，这些资料会对有关的升级过程有完整的解释。

10.6　资产会计遗留数据迁移

对于资产会计遗留数据迁移来说，由于存在年度折旧和账面净值的会计处理，因此资产会计（AA）的数据迁移比其他主数据的迁移要稍微复杂一点。在资产迁移的这个过程中，要先创建**资产卡片**（指的是**遗留资产**），然后再输入资产的遗留价值，在接下来的部分就会看到这样的处理。

10.6.1 定义资产迁移的日期

首先，要定义想要进行资产迁移的日期。日期是用来控制如何在新系统中记录资产的价值的。它通常是与系统的切换日期是一致的，可以在以下的菜单路径：**SPRO**·**财务会计**（**新**）·**资产会计**·**资产数据传输**·**数据传输参数**·**日期说明**·**指定传输日期/最后结算的会计年度** 来进行定义，此时会显示如图 10.2 所示界面。

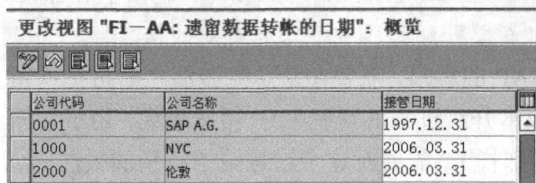

图 10.2　指定遗留数据传输的转账日期

请注意，如果在资产迁移日期之前就已经被资本化了，那么所创建的所有资产都只会被作为一个遗留资产来看待。如果存在有在此配置步骤中所指定的迁移日期之后才进行资本化的资产，则需要把这些资产也迁移到新系统中，这些资产需要作为正常的固定资产进行迁移。在 IMG 的同一区域下，可以使用路径：**SPRO**·**财务会计**（**新**）·**资产会计**·**资产数据传输**·**数据传输参数**·**日期说明**·**指定遗留系统中过账的最后期间** 来指定遗留系统中折旧过账的最后一个期间，这是因为系统会从该时点起并以此为基础来计算迁移资产在 SAP 系统中的折旧，如图 10.3 所示。

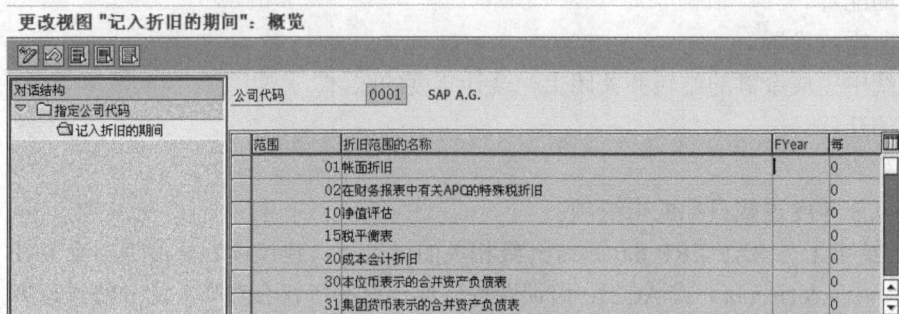

图 10.3　指定遗留系统中最后的过账期间

完成这两个设置之后，就可以创建遗留资产的卡片了。

10.6.2 创建遗留资产

创建遗留资产最简单的方式就是定义一个上载的程序并执行，特别是在有大量的遗留资产需要被创建的时候。如果数据量很小，也可以通过手动方式进行创建。不过，还是建议创建一个 LSMW 的上载程序，这是因为在一个集团下以手工的方式来创建时超过 30 个资产就很费时间了，而且还容易出错。

遗留资产的创建类似于正常资产的创建，这已在第 7 章的 7.5 节讨论过了。其间的差别在于还需要手动地把资产的遗留价值分配到资产上。

可以沿路径：**SPRO·财务会计（新）·资产会计·资产数据传输·手工联机传输·创建/更改/显示遗留资产**，或者使用事务 **AS91** 来进入到图 10.4 所示的界面中。

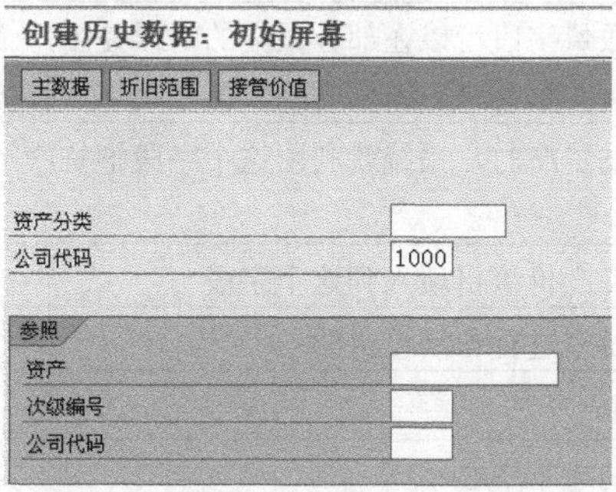

图 10.4 创建遗留资产数据的初始界面

在图 10.5 中，可以看到创建遗留资产主数据所需要填写的不同视图界面。表 10.1 中显示了一些主要的字段；我们之前在第 7 章讨论资产的主数据时就已经给出了其完整的定义了。

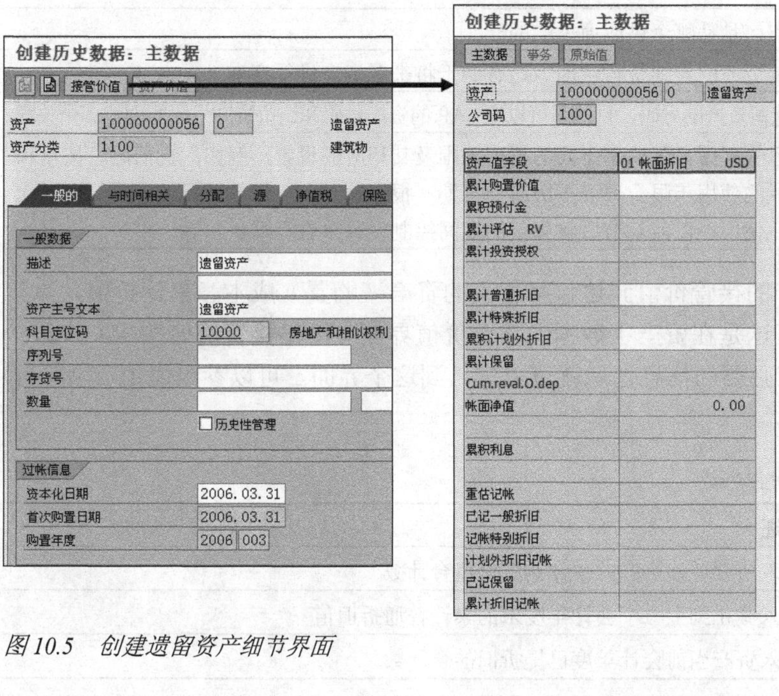

图 10.5 创建遗留资产细节界面

表 10.1　维护遗留资产的全部字段

标签/字段	描述
一般视图标签页	
描述	输入遗留资产的名称。可以使用两行来对资产进行描述
科目确定	从首界面所输入的资产类别中自动带出来的
存货号	输入制造商的产品序列号。这将有助于使用制造商来查询资产
数量	输入系统所要管理这项资产的数量。这个数量字段可以在部分报废的时候使用，因此系统只会报废输入时所指定的部分数量并据此来更新资产的价值
资本化日期	这个日期就是资产的价值日。当首次过账到资产时，系统就利用这个字段把资产价值日分配到资产上
不活动日期	当资产完全报废时，系统会把资产报废的资产价值日填入到这个字段
首次购置日期	这个字段也是用首次购置过账的资产价值日来进行自动设定的
与时间相关的视图标签页	
成本中心	在这个字段中输入要对这个资产进行过账的成本中心
内部订单	给资产分派一个内部订单
工厂	输入资产的工厂分配。这个信息可用于资产会计的进一步分析
存储位置	输入资产的存储位置
源视图标签页	
供应商	输入资产是从哪个供应商采购的
制造商	输入制造商的详细资料，因为这有助于将来对资产进行查询
原来的资产号	输入遗留资产的号码，目的是可以在 SAP 的资产号码和遗留资产号码间创建一个关联
折旧范围视图标签页	这个标签视图显示的是不同的折旧范围及其相应的设置，例如：折旧码、按年和月表示的使用年限、普通折旧起始日期（根据输入在**一般数据**标签视图的资本化日期并使用在以前章节所解释过的期间控制设置来进行默认）等

　　此外，还需要定义资产的接管价值。这包括相关的资产（购置）成本、累计折旧，本年已提折旧以及账面净值等。这是在资产主数据的接管价值界面（单击**接管价值**按钮）来维护的，在输入完遗留资产所有必要的信息之后就可以进入到这个界面。可以参照表 10.2 所示的信息进行输入。

表 10.2　遗留资产接管价值的详细说明

字段	描述
累计购置价值	输入所要迁移资产的累计购置价值合计数
累计普通折旧	输入截止到上一个会计年度末的累计普通折旧值
已过账的普通折旧	输入资产当前会计年度已提折旧的合计数

对于本年度的资产购置值来说,因为它是没有累计折旧额的(这个值是截止到上年末的),因此还需要开启另外一个不同的界面。在界面中需要输入资产的价值日、购置的业务类型(如"100")以及购置的价值等。单击**保存**图标,这个资产的资产号就在 SAP 系统中生成了。

10.6.3　传输资产余额

在上一步骤中创建了资产,但只是在资产会计中输入了其资产的价值。不过,资产的价值并没有反映到总账中。现在,还需要通过在 IMG 中录入余额才能使资产会计和总账保持一致。接下来,可以使用路径:**SPRO·财务会计(新)·资产会计·为生产启动做准备输·正式启动·转账余额**,也可以使用事务 **OASV** 进行输入。通过这个路径会显示出图 10.6 的左部的那个界面中。

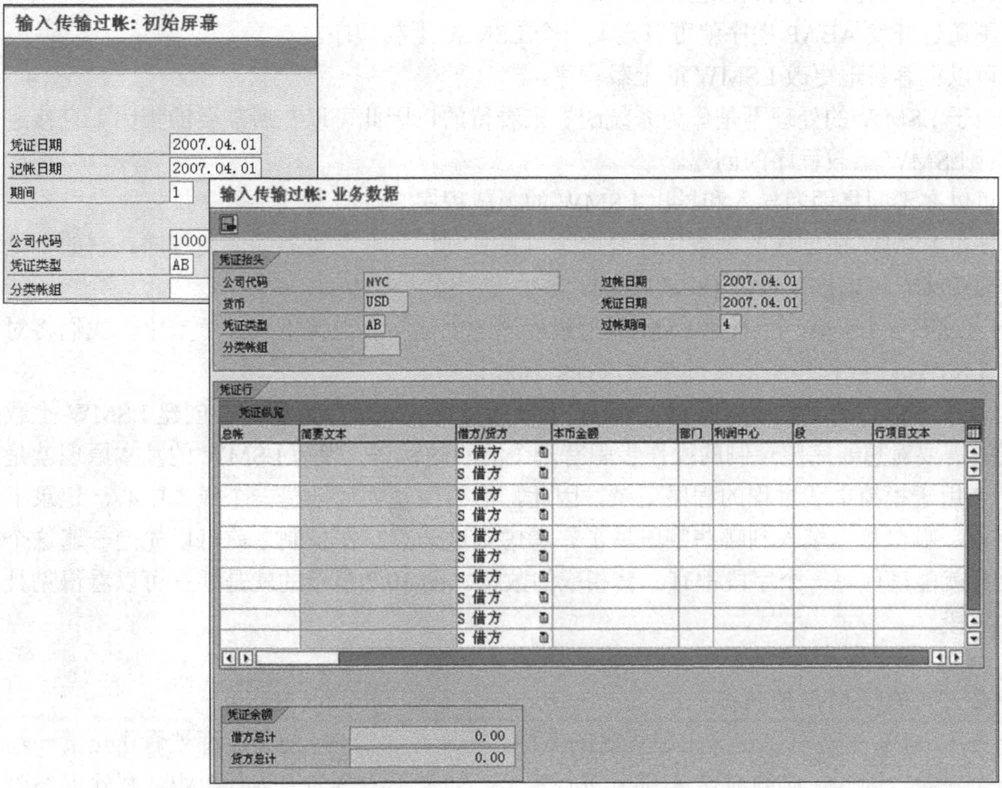

图 10.6　输入资产余额的传输过账

对于资产余额的传输来说,应当在资产的资产负债表统驭科目(这与第 7 章的 7.4 节中所介绍的科目确定和总账科目分配的步骤一样)和资产的接收科目间来进行过账。资产的业务过账了一张会计凭证,它把资产的余额更新到了资产的总账科目中。当把总账科目余额与资产会计中的任何一个报表进行比较时，所有的余额就都匹配得上了，而这两个模块从现在起也就都能相互同步了。

10.7　创建 LSMW 来助力数据的迁移

在本章最后的这个部分，我们要讨论一下如何使用 SAP 所提供的 LSMW 工具来创建一个简单的主数据上载程序。LSMW 的运行是以录制为基础的，系统使用一套不同的数据来录制下想要重复运行该事务的过程。正因为如此，作为数据迁移及业务处理的一部分，LSMW 才能够用于主数据的上载。LSMW 具有许多的优点，我们将在下面的章节中来进行描述。

10.7.1　LSMW 的优点

LSMW 具有多方面的优点，包括以下这几点。

- 不通过开发 ABAP 程序就可以定义一个 LSMW 上载程序。
- 可以很容易地更改 LSMW 的上载程序。
- 由于 LSMW 的处理不是作为系统配置来看待的，因此可以在所需要的集团下直接进行 LSMW 上载程序的创建。
- 可以在不同集团间导入和导出 LSMW 的上载程序。
- 使用 LSMW 所创建的上载程序是一个可重复利用且非常可靠的应用程序。它的批处理意味着可以控制数据输入的处理。

可以通过事务 LSMW 进入到 LSMW 上载程序的创建中。在接下来的章节中，我们将对创建一个 LSMW 上载程序所需要的步骤进行解释和说明。

我们以成本中心的上载为例来对 LSMW 工具的使用方法进行说明。在创建 LSMW 上载程序之前，需要对想要完整录制的操作步骤有一个清醒的认识，因为 LSMW 的基本原理就是要创建一个用于模拟上载过程的程序记录。因此，需要清楚如何创建一个成本中心，记录下了哪些字段，哪些数据填入到哪些字段里了。考虑到这一点，在录制之前可以先走一遍这个过程，这样就能确保每一个字段都有一套相应的数据。图 10.7 显示的就是那些可以看得见且还在用的字段。

10.7.2　定义 LSMW 的名称

在事务 LSMW 中，可以定义上载程序的名称。每一个 LSMW 的程序都被看作是某一项目中的一个对象。因此，必须对这 3 部分进行定义。如果不清楚如何进行组织，那建议参照以下的方式来命名 LSMW 程序。

- **项目**：输入团队的名称。
- **子项目**：输入主数据对象或事务的名称。
- **对象**：定义这个活动是创建还是更改上载程序。

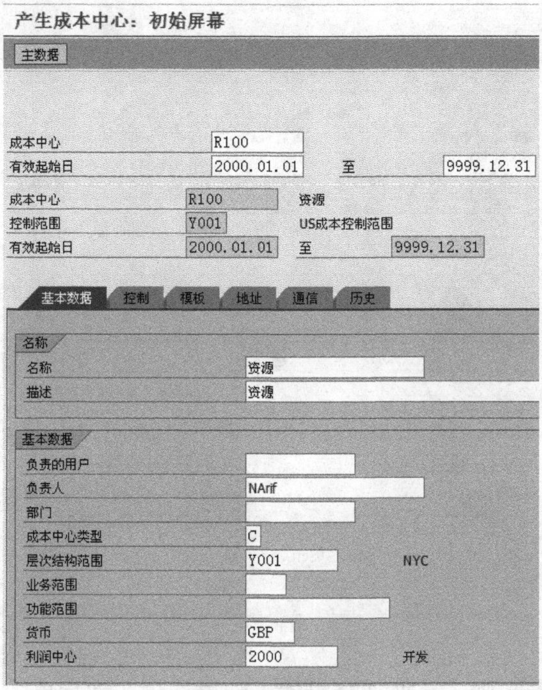
产生成本中心：初始屏幕
主数据
成本中心 R100
有效起始日 2000.01.01 至 9999.12.31
成本中心 R100 资源
控制范围 Y001 US成本控制范围
有效起始日 2000.01.01 至 9999.12.31
基本数据 控制 模板 地址 通信 历史
名称
名称 资源
描述 资源
基本数据
负责的用户
负责人 NArif
部门
成本中心类型 C
层次结构范围 Y001 NYC
业务范围
功能范围
货币 GBP
利润中心 2000 开发

图 10.7　创建成本中心：初始界面

需要按部就班地来操作，先创建项目，然后是子项目，最后才是对象。我们依次输入**项目**、**子项目及对象**的名称，然后单击创建按钮就可以了。图 10.8 显示了如何创建我们 SAFA 案例公司的 LSMW 项目名称。

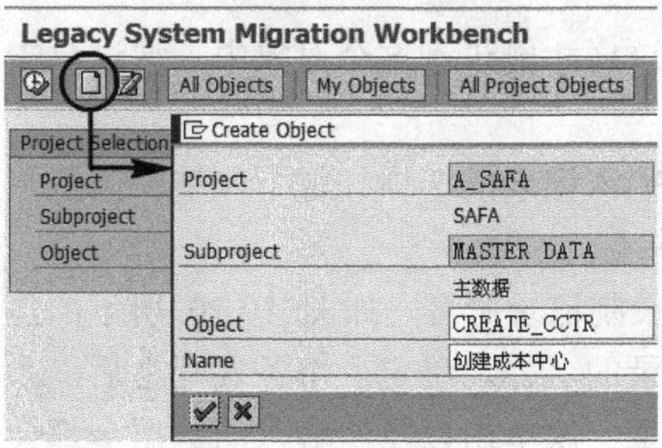
Legacy System Migration Workbench
All Objects
My Objects
All Project Objects
Project Selection
Project
Subproject
Object
Create Object
Project A_SAFA
SAFA
Subproject MASTER DATA
主数据
Object CREATE_CCTR
Name 创建成本中心

图 10.8　迁移工作平台

在创建了 LSMW 上载程序的名称之后，就可以定义它的参数了。

现在，只要单击**执行**按钮，就会被带到 LSMW 的参数定义界面了（见图 10.9），这就是之前曾提到过的 **LSMW 工作平台**。

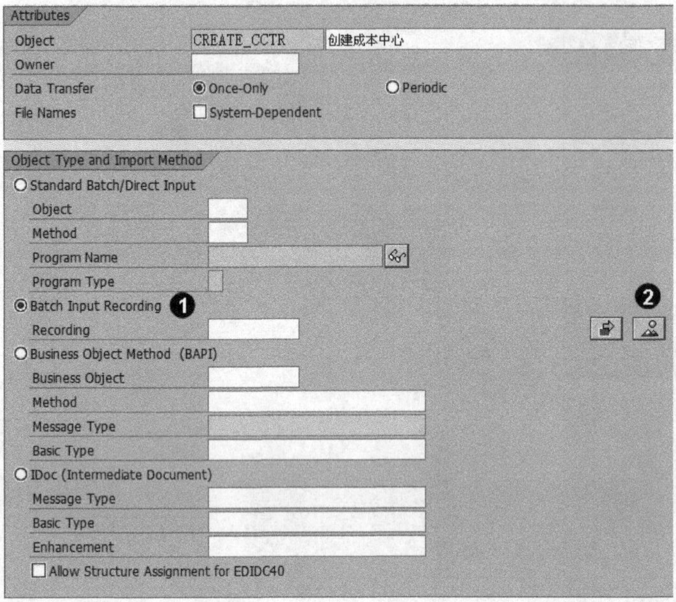

图 10.9　LSMW

从这里开始，需要正确处理上载程序的配置步骤了。要选择**批输入记录**选项，然后单击
概览按钮从而进入到下一个步骤中。

10.7.3　维护对象属性

对象的属性包含了 LSMW 中最重要的信息：录制。录制就是想要进行自动处理的那个过
程，在本例中的录制就是**创建成本中心**。

首先，通过双击界面上的对象来维护对象的属性，这样才能进到这个对象中。通过单击
显示—更改按钮，可以进行相应的更改。

在这个界面，录制一个批输入，因而要选择这个**批输入记录**的选项。往下，单击**概览**按
钮，系统就会显示出这个事务代码下已有的全部录制记录。

经由此处，单击**创建**按钮来创建录制记录。然后为录制记录命名，如图 10.10 所示；建
议直接使用该事务代码及其相应的描述来作为其录制记录的名称。确定了事务代码之后，系
统就执行这个事务进行录制了。因此，在录制过程中，每一次单击以及所输入的数据全都会
被记录下来。

至此，在录制记录中就会包含了所有要上载的字段以及复选框了，单击**保存**按钮返回到
录制界面。现在，已经成功地记录下了这个事务并包含了所有必需的字段了。

接下来的界面所显示的就是在录制的记录中所包含的字段，而且可以对这些字段及其相
应的值进行编辑和修改。图 10.11 显示的就是含有字段的名称以及紧接着要输入信息的那个初

始界面。需要检查每一个字段并决定要做什么。可以通过双击每一个字段来进行检查，而后照着图 10.11 所显示的例子那样对这些字段进行命名。建议采用同样的命名规则，因为这会使得后面的步骤更容易。当然，也可以选择另外一种不同的命名规则。

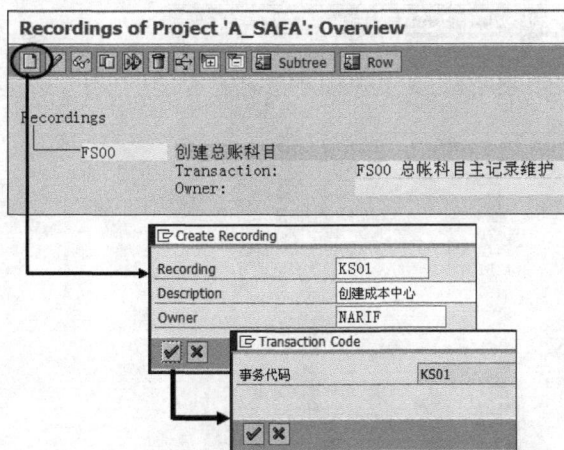

图 10.10　记录 A_SAFA 项目

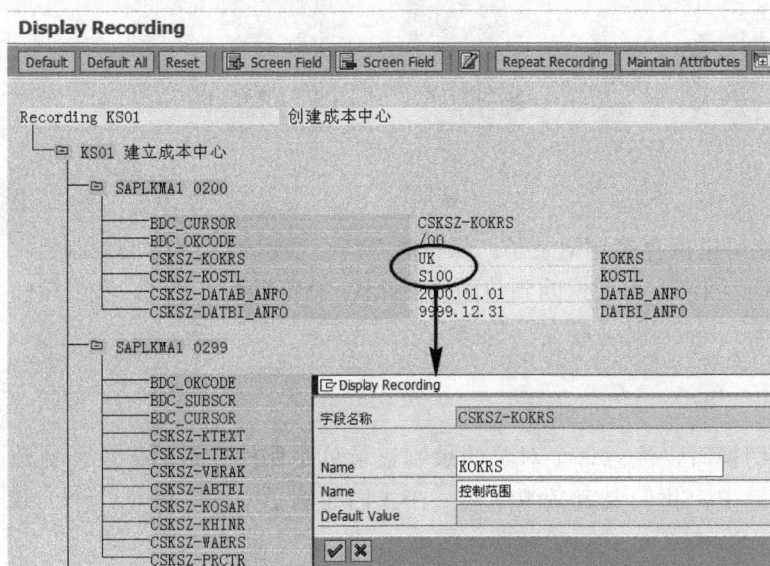

图 10.11　创建记录

　　每个字段命名都包括了该字段是否应有一个默认值。如果还记得之前所录制的记录是可以允许系统重复创建成本中心的这个过程的话，那有一些字段就可能是想用录制时所输入的值将它固定下来的。为每一个字段都完成了这样的设置之后，也就完成了如图 10.12 所示的数据集了，其中有些数据有固定值（在我们的例子中，**开始日期**和**截止日期**是具有默认值的）。

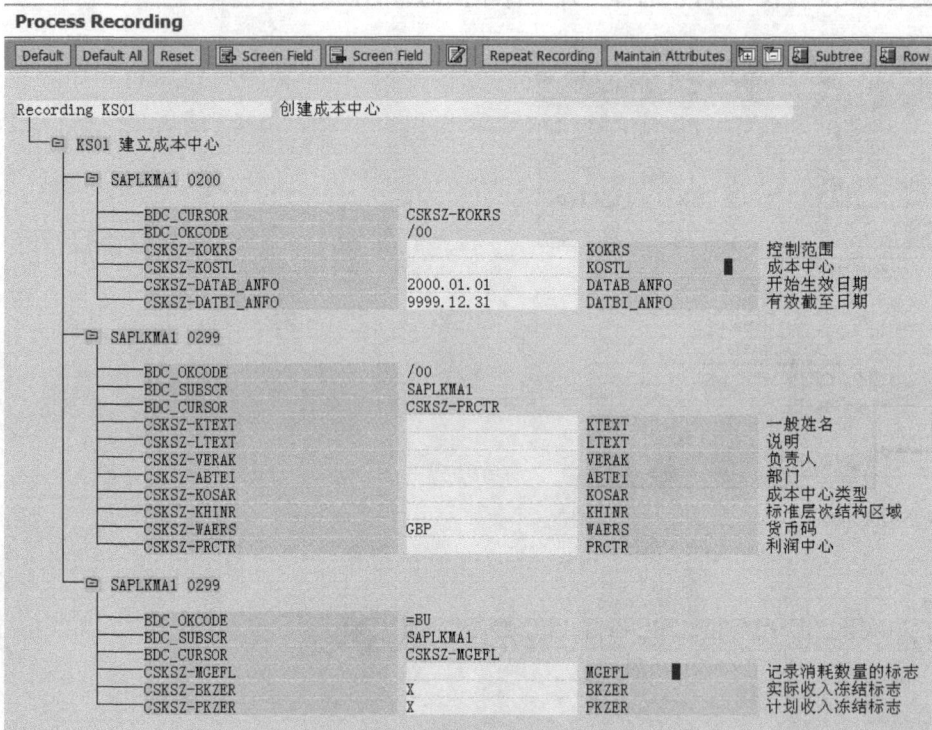

图 10.12　创建成本中心

定义完所有字段之后，就可以保存录制记录了。保存时系统会显示一个"你的录制已保存"的确认信息。使用绿色的返回箭头再次返回到前面的 LSMW 总览界面。至此，我们就完成了对象属性设置的维护了。

10.7.4　维护源结构

在菜单的选项之间进行切换时，注意每个对象的录制记录总是保持在最后一次所更改的那个状态。在接下来的步骤中，我们要定义源结构。在我们的例子中，它就是一个上载的文件。

要定义源结构，可以单击**创建**按钮，然后再输入源文件的详细信息。由于源结构的名称规范是一个单一的字词，因此在我们的例子中（见图 10.13），把源结构命名为 **LOAD_FILE**。

这就是本步骤所要定义的全部内容。接下来，还需要维护源字段，要从中提供上载程序的源数据。

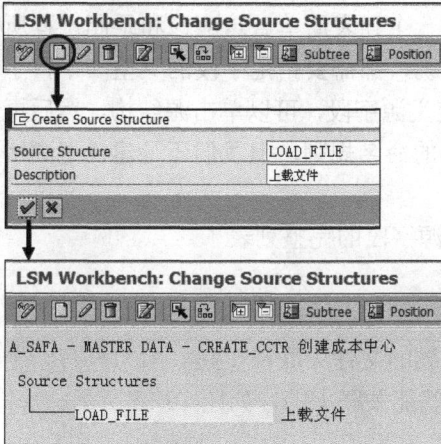

图 10.13　输入源文件详细资料：LOAD_FILE

10.7.5　维护源字段

在**迁移工作台**界面中，如果双击**维护源字段**选项，系统就会进入在上一步所定义的源结构中。在这个界面中，选择**源文件**，然后单击**字段值**按钮（见图 10.14，位置 1 和 2 以及相应的界面截图）就能进到定义**源字段**所在的地方了。

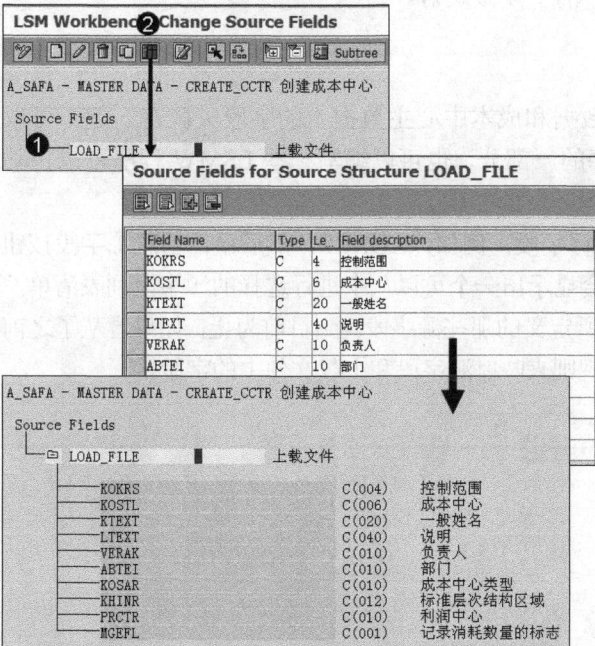

图 10.14　LOAD_FILE 源结构的源字段

源字段就是包含在源结构（或源文件）中的字段的一个列表清单。这应该和录制过程所定义的字段和顺序是完全一样的。对于每一个源字段来说，都需要指定字段的类型（**字符**字段或**数值**字段）、字段长度以及每一个字段的描述。要定义源字段，可以单击源结构，然后再单击**维护值**按钮，如图 10.14 所示。虽然可以采用另外的命名规则，但我们还是建议把源字段的**字段名称**设置成和 SAP 标准字段名称一样。

保存了源字段的定义之后，就可以看到所有已输入源字段的完整列表了。

10.7.6 维护源结构的关联关系

在这一步，通过单击**创建关联关系**来把源结构和上载的文件关联在一起。因为只有一个单一的源文件和一个唯一的上载文件，因此这是很容易就能关联上的，如图 10.15 所示。

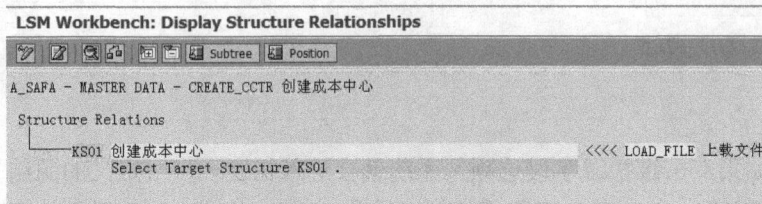

LSM Workbench: Display Structure Relationships

A_SAFA - MASTER DATA - CREATE_CCTR 创建成本中心

Structure Relations

KS01 创建成本中心   <<<< LOAD_FILE 上载文件
        Select Target Structure KS01 .

图 10.15　显示源结构的关联关系

现在，还需要把上载文件和上载程序中的字段做映射。

10.7.7 维护字段的映射和转换规则

在这项任务中，需要把上载文件中的数据和成本中心主数据上的字段关联在一起。可以一对一地来进行映射。不过，作为上载程序的一部分，也可以编写一些 LSMW 程序可以自动处理的转换例程（这需要有些 ABAP 源代码开发的知识）。

在我们的例子中，先选定想要映射的目标字段，例如，KOKRS，然后单击**创建源字段**按钮（图 10.16 所示的位置 1 和 2）。系统立刻就会显示出一个可以从中进行选择的源字段列表清单，这个列表清单中的字段就是在之前的步骤中所定义的那些源字段。到目前为止，如果遵从了之前所有设置的步骤，那么就可以用同样的命名规则来映射源字段和上载文件中的**字段**。

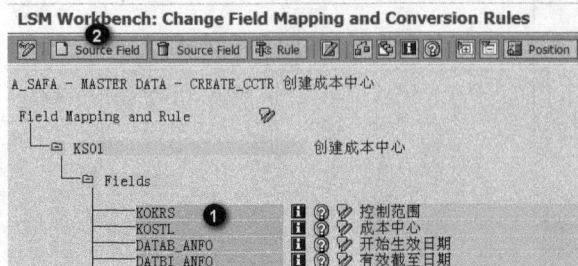

LSM Workbench: Change Field Mapping and Conversion Rules

A_SAFA - MASTER DATA - CREATE_CCTR 创建成本中心

Field Mapping and Rule

KS01   创建成本中心

    Fields

        KOKRS   ① ⓘ ⓐ ⓥ 控制范围
        KOSTL   ⓘ ⓐ ⓥ 成本中心
        DATAB_ANFO   ⓘ ⓐ ⓥ 开始生效日期
        DATBI_ANFO   ⓘ ⓐ ⓥ 有效截至日期

图 10.16　源字段

选定了所要映射的**源字段**之后，就成功地完成了上载文件中的数据和源字段之间的映射了，如图 10.16 所示。在每一个字段的映射下，都会看到默认的规则被应用到了每一个要传输（**迁移**）的字段，这就意味着字段值只是简单地从一个位置迁移到另一个位置了。正如前面所提到的那样，虽然可以在字段的映射中包含一些转换的规则，但鉴于本案例目的所在，我们只需要做一个无需任何转换的简单映射就可以了。

上载数据中的所有字段都需要完成这样的映射和匹配。完成字段的映射之后，就可以保存并转入到下一个步骤了。

10.7.8　维护固定值、转换规则和用户自定义的例程

在这一步，可以为特定的字段默认一个固定值。不过，我们要跳过这一步，因为我们没有使用固定值的方案设计；相反，我们在之前的初始录制阶段就已经指定固定值了。

10.7.9　指定加载的文件

在此任务中，要为这个 LSMW 程序指定上载文件的所在位置。这里需要对上载文件进行两次设置。首先，定义一个上载的文件并把它内联到上载程序中，在数据的处理过程中会用到它。对于这一点来说，需要为导入的数据以及数据的转换而定义一个文件。上载的程序会根据该项目和子项目的名称使用默认的名称对这些文件命名，应当接受这样的默认。

其次，还需要指定上载文件所在的位置。这里有两个选项供选择：要么从自己的电脑（可以是本地驱动器或网络驱动器）上载数据，要么从应用程序服务器（我们不推荐）上传。可以在后面的步骤中再来更改上载文件的位置，在这里，最简单的方法就是在经常放置上载文件的电脑目录结构中创建一个文件夹。然后双击与个人电脑（前端）相关的**遗留数据**框。接下来，再单击下拉菜单来指定该上载文件所处的位置。找到想使用的文件夹之后，再输入要使用的上载文件名；在我们的例子中，将使用一个名为 *CCTR1.txt* 的上载文件（这就是我们用来上传数据的文件名及其位置）。

在这个界面区域中，还有需要完成的其他选项设置，如图 10.17 所示。必须把文件的格式定义成文本格式的，并且要用制表符作为文件的分割符号，因为这才是我们要使用的上传格式。

保存选项并返回到指定加载文件的主界面，进而再次确认上载文件设置和位置都已保存，如图 10.18 所示。

10.7.10　分配文件

进入到后续的文件分配步骤时，会看到上一步骤中所指定的文件已经被分配好了，因此，需要做的就只是检查一下该分配是否正确。至此，已经完成了 LSMW 上载程序的所有配置了。

接下来，我们再来看看运行这个 LSMW 数据上载程序所涉及步骤。

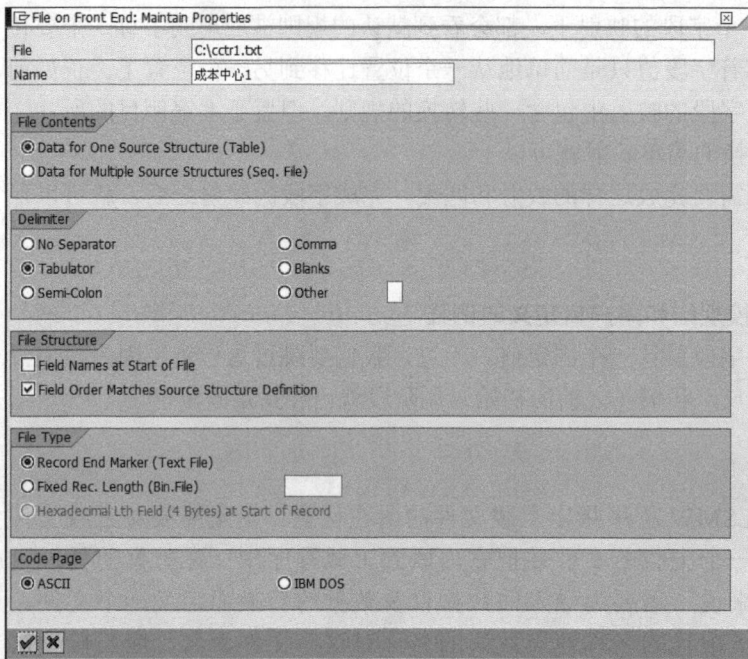

图 10.17 指定文件

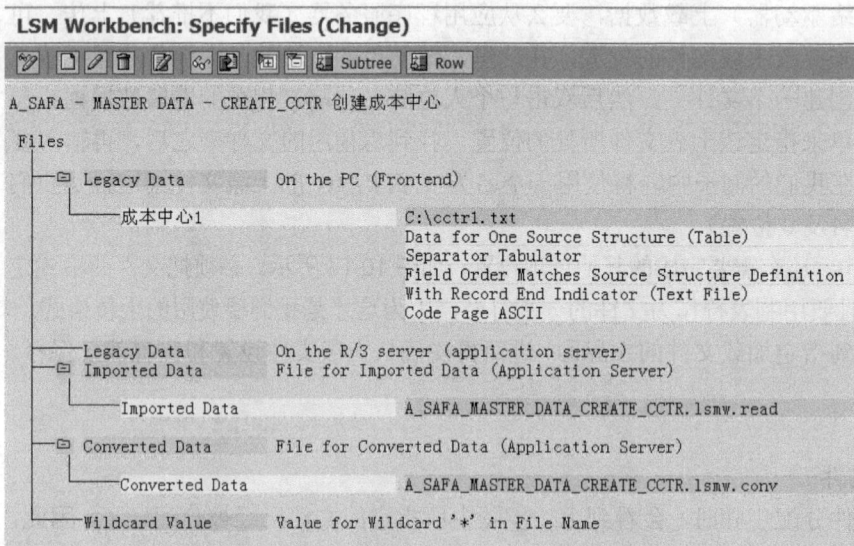

图 10.18 指定文件（更改）

10.7.11 创建上载文件

数据上载文件需要按上载程序所制订的规范进行创建（参见源结构中所定义的顺序）。通常，上载文件的初始状态是一个电子表格，列标题应反映出录制过程中所指定的字段。

如果要选择的字段需要勾选一个单/复选框（在我们的例子中，勾选了**记录数量、未清项更新**，等等）时，就要在单元格中输入一个（大写的）"X"。按如图 10.19 所示的上载格式来维护完成所需上传的全部数据。如果某个字段是必填的，就必须输入一个值；把它留空将会导致上载不成功。

如果在上载文件中留下了抬头信息，则要小心了，因为它是不希望被上传到系统中的。上载文件的数据没有任何问题之后，应当先按电子表格的格式保存这个正确无误的文件，然后再另存为一个**文本（制表符分隔的）**格式的文件（制表符分隔）。同时，还应当用同样的位置和文件名称来进行保存，文件的位置和名称正是之前在 LSMW 配置步骤中所指定的那样。

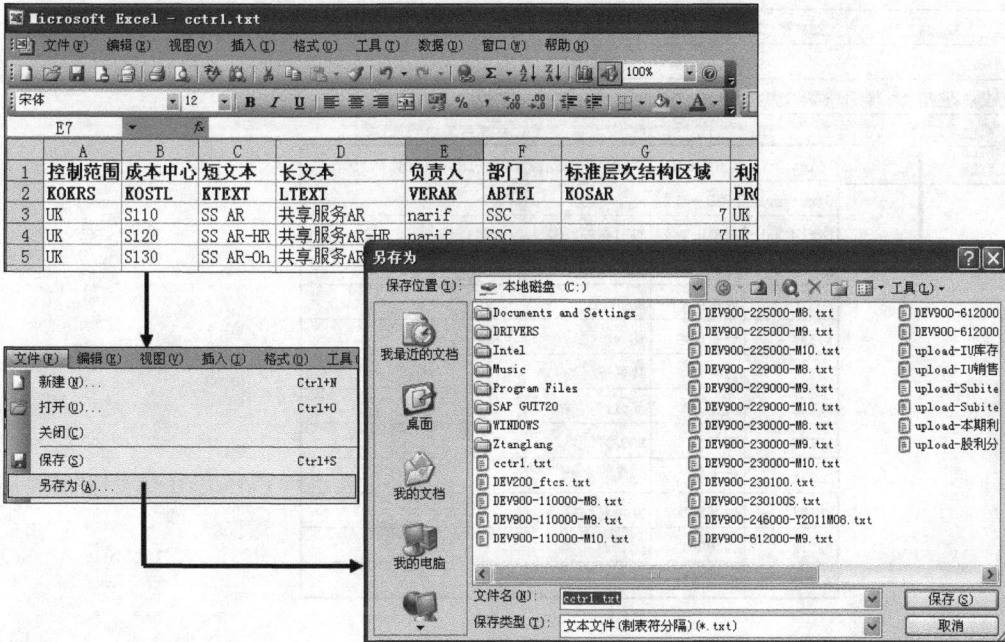

图 10.19　保存上载文件为文本格式

10.7.12 上载所加载文件的数据

上载文件准备就绪时，就可以开始进行上载的处理了。上载的处理过程分为 3 个阶段：首先，把数据上传到 LSMW，然后再把数据转换成一个批处理的会话，最后是运行这个批处理的会话，而这才是真正的创建步骤。

因此，要先进入到读取数据的任务中。因为已经在前面的步骤中指定了上载的文件了，所以执行这一任务时，上传程序就会从那个指定的位置读取数据来上载。进入到数据上载这个界面时，上载程序还会询问要上传哪些数据记录。如果上载文件中有两行标题信息，那么在这里就应该要把这两个标题行排除在外，所以说，是从第三行开始上传业务数据的。

最简单的处理方式就是在上载的文件中不要保存任何的标题行。在那样的情形下，可以把事务处理字段的代码置空，而上载的程序就会上传所有的数据记录了。

数据记录上载完成之后，会收到一条用来说明有多少条数据记录已被上传完成的确认信息。如果返回到工作平台界面，就会显示 LSMW 程序所读取的数据，据此可以再次检查已导入的数据是否完整正确，如图 10.20 所示。

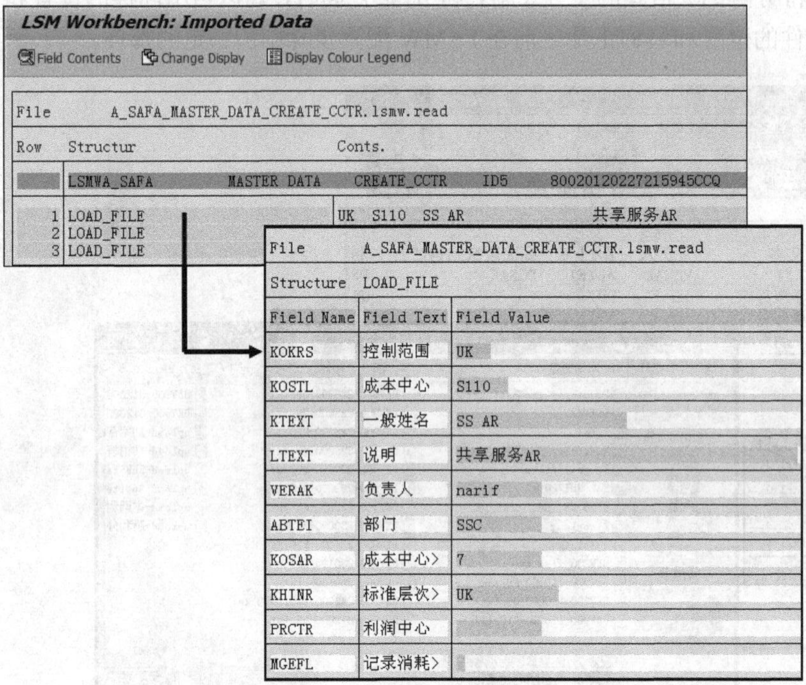

图 10.20　导入数据

下一步所要做的就是数据的转换了，在这个过程中所定义的任何转换规则都将被应用于上载的数据。虽然我们的方案设计没有指定任何的转换规则，但这一步还是需要完成的。就导入的步骤和转换的步骤而言，上载程序都会在一个临时文件区来存储这些信息。同样地，当转换步骤完成之后，就可以显示转换后的数据了，如图 10.21 所示。作为一个最低要求，至少应该对原始上载文件中的第一条记录、中间的记录以及最末的那一条记录进行相应的检查。

确认导入并转换后的数据是正确无误的之后，就可以着手来执行批输入会话创建这个步骤了。

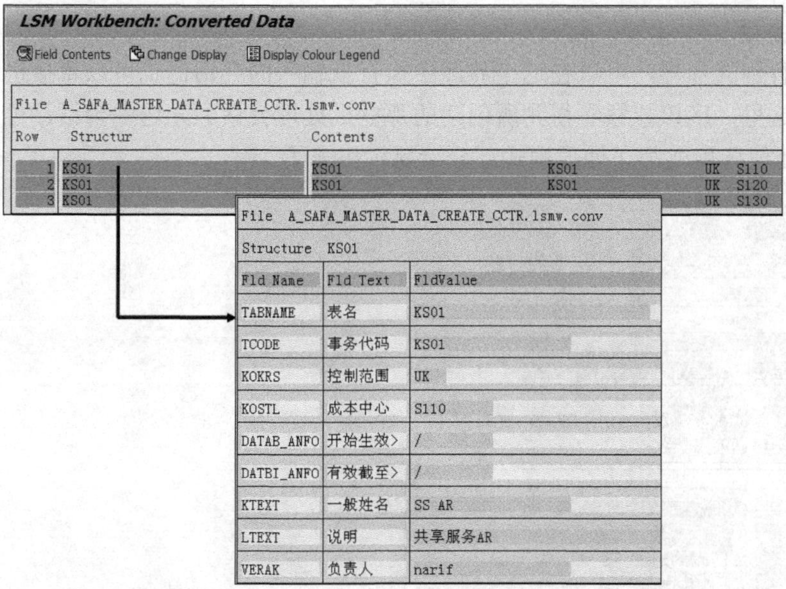

图 10.21　转换后的数据

10.7.13　创建批输入会话

这一步就是把数据转换步骤结束时所生成的数据信息传输到一个批处理会话中，这其中就包括了录制记录过程中所定义的数据和步骤。

在这里（见图 10.22），要指定一个**批输入会话的名称**（可以使用满足要求的任何规则）。如果设置了**保留批输入会话**这个复选框，那么当这个批输入文件被执行完成之后系统还会保留已被运行过的会话，因此应当勾选它。相反，如果不勾选这个选项，那么批处理会话在被成功运行之后就再也看不到了。

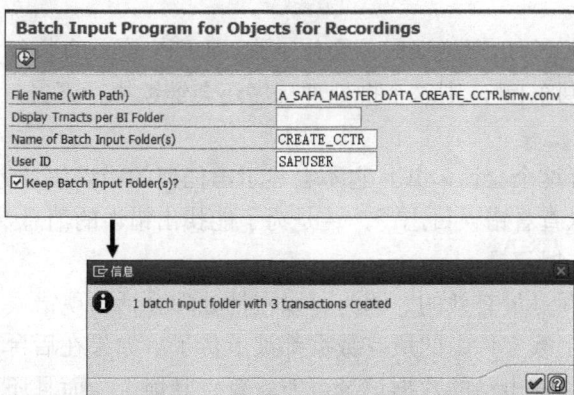

图 10.22　生成批输入的会话

10.7.14 执行批输入会话

正如同在图 10.23 所看到的那样，可以在这个界面中执行批输入的会话，也可以直接进到事务 SM35 中执行。在这里，应该能够看得到所创建的那些批处理会话。先选中会话，再单击**处理**选项，所有的可处理选项就都在**处理模式**部分给显示出来了。

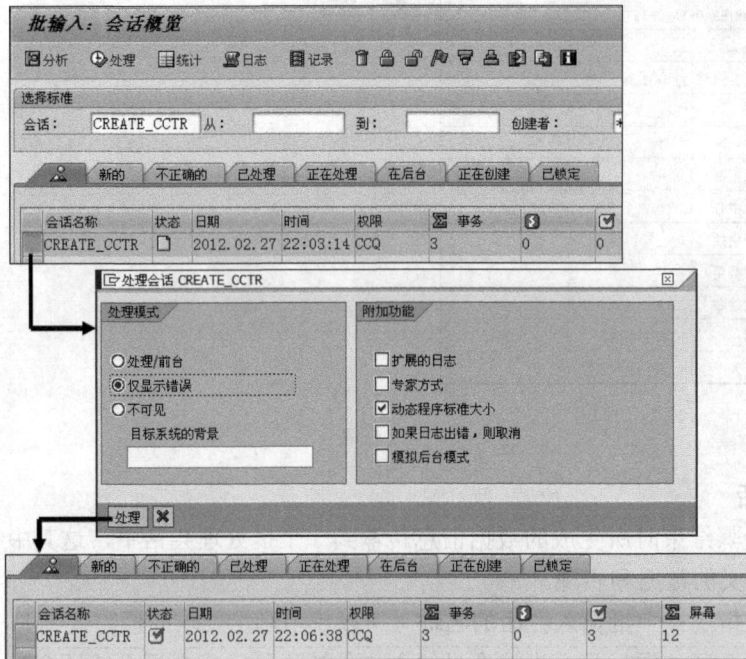

图 10.23 会话概览

- **处理/前台**：此选项将根据界面的当前状态进行处理，因此需要在每一个界面上都按一下[回车]键才能往下继续进行处理。
- **仅显示错误**：只有当这个批输入会话运行出现错误时才会停下来，否则它会一直执行下去。可以把这些错误矫正后再按[回车]键，则这个批处理程序还会继续执行下去，直到它又出现了错误。
- **后台**：此选项会在系统的后台来执行这个会话，并且它不会显示出任何的错误信息。当这个会话被处理完成之后，就可以查看错误日志了，这是为了能找出错误的消息，从而再决定如何来矫正这些错误的数据记录。

以我们的经验来看，**仅显示错误**这个选项是最有效的，因为可以在批处理会话出现错误的时候立即来矫正那些错误，这样就能确保上载文件中的所有数据都被上传了。如果在后台运行一个大文件的上载程序，那么想要找到那些出错的数据记录可能就有点麻烦了，而且还需要用手工的方式来矫正它们。

现在，批处理会话已经被成功地执行完了，会看到会话已处理完成的确认信息。如果选择的是**仅显示错误**这个选项，那批处理程序就会在每当有一个数据出现错误的时候就停下来，这样的话，当时就能够看到错误并立即对它进行矫正。对于这样的批处理会话来说，以下是应当要了解的常用的命令。

- /n：跳过当前这条记录。
- /bend：结束正在执行的批输入会话。

如果会话出现了错误，还可以重新运行这个批处理的会话，这将重复执行上载文件的加载处理，如果是这样，系统就很可能会数据记录已创建这种错误提示，这种错误是不同于之前所碰到的错误的；也可以重新编辑上载文件，之后再通过 LSMW 程序来重新上载并运行新的批处理会话。

10.7.15　LSMW 的综合应用

我们不但可以广泛地使用 LSMW 来上载主数据，也可以用它来矫正错误的数据以及上传业务交易的数据。如果想矫正大量的错误数据记录，可以创建一个 LSMW 的程序记录来对特定的字段进行更改。我们也可以使用 LSMW 程序来生成会计凭证，生成会计凭证的 LSMW 程序所使用的事务是 FB01。通过对这个 LSMW 工具的简要说明，可以发现这个数据迁移的工具显然也是可以应用于其他数据的上载处理的。就 LSMW 的数据迁移工具而言，最简单的学习方法就是用它来创建自己的 LSMW 上载程序。

10.8　小结

本章的主要目的是介绍数据迁移工作的基本知识。因为大多数的 SAP ERP 项目实施都会涉及数据迁移的工作，因此，这一章对于所有参与 SAP 项目实施的人来说应该都是有用的。

本章主要介绍了以下这几方面的内容：

- 数据迁移的准备工作；
- 数据迁移的 6 个步骤；
- 涉及新总账升级的特殊问题；
- 资产会计遗留数据迁移的特殊操作；
- 不使用任何的 ABAP 程序开发，仅用 LSMW 工具来创建数据上载的程序。

在第 11 章，我们将继续来看一看期末的结账处理及其相关的任务。

本章介绍了一些企业期末结账处理中需要被执行的基本任务。需要依据前面章节中所设计的系统解决方案来设定一个期末结账处理的时间进度表，读者可以根据企业的实际需求创建期末结账处理时间进度表。

第 11 章　期末结账

期末结账指的是企业对某个给定期间进行关账处理。通常的做法就是把月当作会计期间，因此在一年中就会有 12 个期末的结账处理。同时，在年末的时候，还需要执行年末的处理操作并生成代表整个会计年度经营业绩的财务报表。期末结账所能提供的管理信息是有关企业在一年中的某个时间段内经营状况的。年末的结账处理则是向股东以及其他权益相关者提供有关企业在当年经营状况的对外分析的。

不过，期末结账和年末结账的具体定义取决于企业的实际情况，而且很难定义它们究竟应该包含哪些具体的工作。本章的目的只是提供一些可以当作是期末或年末结账处理一部分的各项不同任务。

在这一章中，我们将讨论一些具有代表性的月末结账处理工作，主要包括以下任务：

- 典型的 SAP 系统解决方案中应当包含有关期末和年末结账的主要需求；
- 通过系统的设置来执行期末和年末结账所需的配置；
- 根据企业的实际情况完成 SAP ERP 结账处理工作；
- 就 SAP 结账而言，还应当要考虑一些非 SAP 工作；
- 外币评估的配置和处理；
- 必需的年结操作。

正如前面所提到过的那样，要站在企业自身的角度来审视本章，从而定义出满足业务需求的有效处理方法，这才是最重要的。

11.1　新总账的快速结账

正如在第 4 章中所讨论过的那样，随着新总账的实施，现在完成期末的结账处理工作比以前更快了；这是很有意义的，因为现在的美国证券和交易委员会（SEC）要求财务报表的披露要比过去更快。在以前的 SAP 软件版本中，数据是分别存储在不同分类账的，也就意味着生成一套财务和管理的账目需要较长的时间。但是，在新总账下，许多费时的工作已显得是多余的了，因此可以不予以考虑了，从而也就实现了更快的关账。结账时间的节省所带来变化的主要包括以下这几方面的内容。

- 实时的凭证分割把正确的科目分配对象都分配到每一个总账科目的行项目上了，这意味着所有的余额（含科目分配对象）在凭证输入的时候就已经都是正确的了。

- 作为凭证分割的结果，利润中心的资产负债表不再需要定期地把应付款项、应收款项或者资产传输到利润中心会计（PCA）了。
- 由于 PCA 的分配已被总账的分配所取代了，因此现在只需要管理一个单一的总账就可以了，在这个总账下，财务和管理的账目都是一样的。
- 与成本控制模块（CO）的实时集成意味着仅在 CO 的过账（如结算）也能立刻更新到总账，从而确保财务和管理的账目一致。
- 由于引入了"分部"这个新对象，就可以实现对业务分部提供业绩分析了。分部是一个新的科目分配对象，这在以前是没有的。

在第 4 章（4.3.4 小节）中曾讨论到了与 CO 的集成，它能确保只需用一个单一的总账就能满足所有的报表需求。在此之前，最常用的方法还是从总账生成财务报表和试算平衡表，从 CO（和 PCA）产生管理的账目（用来进行部门或处室的分析）。

备注
在这一章中，虽然我们专注于新总账的期末结账处理，但也不是每一个企业都升级到 SAP ERP 6.0 并激活了新总账的。对于仍旧决定保留使用旧总账的解决方案来说，在本章的末尾部分也专门单列了一个章节来解释在那样的情形下所需要执行的操作。

11.2　期末结账处理进度表的主要构成要素

在这方面的工作目标应该是设立期末结账处理的时间进度表，进度表应按日列出所有需要完成的工作。时间进度表至少应该列出以下项目：

- 完成每一项任务的人（或部门）；
- 结账工作的开始和完成日期；
- 影响每一项任务的依存项。

时间进度表还应包括执行每项任务所需要的事务代码（包括报表），目的是为期末结账处理过程中的每一个人提供唯一的参照点。如果企业采用了质量管理以及过程管理的管理表格，那么时间进度表也应当成为它的一部分内容。

11.3　已完成的依赖性工作

期末的结账处理工作是基于在前面章节中所介绍过的下列配置内容：

- 会计年度变式（第 2 章，2.4.4 小节）；
- 过账期间变式（第 2 章，2.4.5 小节）。

应当要回顾一下这方面的配置内容，并且好好想一想企业中现有的期末结账处理程序。每个公司都会执行一些期末结账处理的工作，而且通常会用其缩写或者它的名称来指代期末所要完成的任务。

11.4 期末结账处理任务的分析

期末结账处理的时间进度表旨在提供一个需要完成工作的任务种类指引。然而，正如所提到过的那样，自己要来决定如何才能让我们的建议能满足企业的实际需求，从而制订出企业的期末结账处理时间进度表。

在 SAP ERP 6.0 版本发布之前，SAP 的进度管理器是可以用来协同和管控期末结账处理工作的，但目前这个功能已被结账管理控制器所替代了。当然，也可以使用电子表格，对于大多数的企业来说，这也许还是最实用的解决方案。有关结账管理控制器的更多信息可以从 *www.SAP.com* 网站上直接获取。

备注

在本月末的期末结账处理时间进度表中所出现任务的次数是没有任何限制的。例如，总账凭证可随时进行输入，供应商的付款也可能会不止一次地被支付。

对于我们的 SAFA 案例公司来说，把它的时间进度表分为 3 部分：每个月都持续要做的准备工作，在本月末的晚上要运行的批处理作业以及快速关账任务，这些通常都是发生在下一个会计期间的头两天的。这些工作任务都已列示在表 11.1、表 11.2 以及表 11.3 中了。

表 11.1　准备工作

	天	任务序号	任务	事务（包括变式）	责任人
准备	−3	1	运行所有的系统接口程序	接口	支持团队
		2	所有系统接口的统驭对账	接口	支持团队
		3	开始对中间过渡调整账户进行统驭对账	手工	财务部
		4	开始对清账科目进行统驭对账	手工	财务部
	−2	5	列出所有的预制凭证，并按部门进行审核	S_ALR_87012291 S_ALR_87012347	财务部
		6	执行对客户的开票	SD	客户开票小组
		7	运行对供应商的（自动）付款程序	F110	应付
	−1	8	生成所有的部门间转账凭证（CO 分配）	FV50 和 CO 分配	财务部
		9	运行最终的销售数据报表	特定的用户报表	销售团队
		10	运行客户的催款报告	F150	债务人管理小组

表 11.2 批处理工作

	天	任务序号	任务	事务（包括变式）	职责
批处理	0	11	打开新的会计期间	OB52	批处理工作
		12	关闭旧的销售期间	OB52	批处理工作
		13	关闭（结账月的）物料期间	MMPV	批处理工作
		14	运行所有的 CO 结算		批处理工作

表 11.3 快速结账的任务

	天	任务序号	任务	事务（包括变式）	职责
快速结账	1	15	客户余额对账		债务人管理小组
		16	供应商余额对账		应付组
		17	更新外币评估的汇率并运行外币评估	S_BCE_68000174 FAGL_FC_VAL	财务主管
		18	执行 GR/IR 对账	MR11	财务主管
		19	运行折旧	AFAB	财务主管
		20	最终的账务调整及矫正过账		应付组
快速结账	2	21	关闭旧的会计期间	OB52	支持团队
		22	生成试算平衡表	S_ALR_87012277	财务主管
		23	生成最终的期间账表		财务主管
		24	发布最终的账表		
	3	25	冲销前期的所有预提费用	F.80	

在这一节中，我们看一看每一张表，并为每个相关的任务都确定出所需要做的具体工作。我们从准备阶段开始，如表 11.1 所示。

- **任务 1 和任务 2：运行所有的接口程序。**

  多数 SAP 系统的项目实施不会让所有的接口都没有了。因此，仍然需要运行系统接口的程序来接收相应的数据。

- **任务 3 和任务 4：调整及清账账户的统驭对账。**

  每个会计都要进行对账。随着新总账的实施，统驭分类账没有了，但仍有需要进行对账的科目。此外，现在还有财务会计和成本控制（FI-CO）的统驭科目（或多个科目，这取决于配置）。对于清账科目来说，需要把它们结平至零余额，因此应当检查这些科目是否还存有余额。要进行这样的检查，既可以用试算平衡表，也可以用新总账的余额报表（FAGLB03）来完成。

按照要完成对账科目的不同，账目的核对也需要运行不同的报表。如果要核对清账的科目，则应当运行新总账的行项目报表（FAGLL03），这样能够查看未清的和已清的项目。

- **任务 5：审核并批准所有的预制凭证。**

  如果流程中包含审批程序，则还会使用到**预制凭证**的这个功能。最常见的例子就是供应商发票付款的审批以及总账凭证的审核。在完成期末结账的处理工作之前，应当确保所有应当过账的预制凭证都已经记账了；不然，这些预制凭证就不会反映在当期账目中。要审核并批准所有的预制凭证，可以运行的报表有 S_ALR_87012291 和 S_ALR_87012347。

- **任务 6：执行对客户的开票。**

  正如第 6 章中所讨论过的那样，**开票**是针对所提供的商品或服务向客户开取发票的过程。通常，多数的企业都会频繁地开票；而其他的一些企业则可能是不常开票的。在当期的会计期间结束之前，应当确保针对属于该期间销售的开票项目都已对所有的客户进行开票了，其目的是为了确保这些收入都能计入到当期。

- **任务 7：运行对供应商的（自动）付款程序。**

  正如第 5 章中所讨论过的那样，通过**自动付款程序**就能自动地生成供应商的付款过账。作为定期处理工作的一部分，需要使用事务 F110 来运行程序。

- **任务 8：生成部门间的转账凭证。**

  统一开票给本公司的许多成本费用都是需要被分配到下属各部门的。应当确保定期地把这些成本费用分配到相应的成本中心。这应当包括所有的成本分配以及可能会导致内部业务转账的所有内部交易。对于这种情况来说，既可以使用新总账的分配功能，也可以采用总账凭证来分摊成本。

- **任务 9：运行最终的销售数据报表。**

  在准备关闭旧期间之前，可能希望通过运行最终的销售数据报表来提前了解一下结账前的销售情况。如果有任何的缺失，那还有一个可进行相应调整的余地。销售数据既可能是从销售和分销（SD）模块生成的，也可能是从财务会计（FI）中获取的，但这都取决于想要进行怎样的分析。

- **任务 10：对客户的催款。**

  在完成期末的结账处理之前，在从客户那里收到所有的款项之后，应当生成催款建议。催款可能是每周都在运行的，但可以自定义催款周期，根据实际业务需求即可。第 6 章已经讨论过客户的催款了。

在此期间的某个时间点上，运行一下债务人的账龄分析报表也是日常工作，其目的就是想分析一下收回客户旧账的可能性。这通常是和客户债务管理流程中的催款关联在一起的。

接下来，我们要来了解一下可以作为批处理来完成的一些作业，如表 11.2 所示。如果把一项任务配置成批处理的作业来运行，就消除了人工干预的，系统会按每一个批处理作业所预定好的时间来执行任务。涉及批处理的任务必须是那种可以通过编排计划来执行的，例如，报表的运行，或者某些事务的执行。在时间进度表中，有些任务是被定义为 0 天的，它们都是作为批处理的任务被安排在晚上来执行的。表 11.2 给出了一些相应的例子，分述如下。

- **任务 11：打开新的会计期间。**

  在某些时候，可能会希望有两个会计期间同时都是打开的。会计期间的打开和关闭是用来控制哪些期间是允许总账过账的。当然，货物的移动也是包括在内的。例如，如果会计期间是关闭的，那就不能将货物记进到系统中。因此，有些企业会有一至两天的时间其两个会计期间都是打开的，在这种情形下，旧的会计期间仍然可以进行期末结账的调账处理，而新期间的业务又可以输入到新的会计期间中。

- **任务 12：关闭旧的销售期间。**

  虽然对同时有两个会计期间都是打开的而感到满意，但可能还想要尽快地停止上一期间的销售业务处理，这样才能使本应属于下个月的销售开票可以计入到下一个会计期间中去。稍晚一点收到供应商的发票则通常被认为是可以接受的，因而这些供应商的发票可能还需要被过账到上一期间中。

- **任务 13：关闭物料期间。**

  在物料管理（MM）功能方面，期间控制（事务 MMPV）也必须要和会计期间保持一致。因为它所控制的是所有存货的记账，因此，不能把存货记账到一个已经关闭的期间中。

- **任务 14：运行所有的 CO 结算。**

  如果系统解决方案涉及项目系统（PS）或者是内部订单，那么应当有相应的手段来定义和调整这些科目分配对象的结算。当一个项目或任务完成的时候可能就需要进行结算了，但为了确保项目和任务都被结算到了与之相关的期间里，应该定期地（一般在月末）进行相应的结算处理。

现在，让我们再来看一看快速关账的任务，如表 11.3 所示。

- **任务 15 和任务 16：供应商及客户的对账。**

  在一个期间中的某个时候，需要核对销售账和采购账。这是很容易的，因为维护的是统驭科目，由此一来，按照统驭科目的定义，子账和总账之间总是进行统驭过账的。所有要做的就是把供应商的余额或客户的余额与相应的统驭科目余额进行比较。

- **任务 17：更新外币评估的汇率并运行外币评估。**

  根据外币的数目以及外币业务的交易量大小，定期地更新配置在系统中的外币汇率。业务流程设计决定了在系统中维护最新的汇率有多重要，应当在此基础上更新汇率（事务 S_BCE_68000174）。在 SAP ERP 的汇率表中维护完汇率之后，还应当执行外币的汇兑损益评估（在下一节中详细解释）。

- **任务 18：执行 GR/IR 对账。**

  应当定期核对 GR/IR（货物收到/发票收到）总账科目未清项的账目。这个事务将检查总账科目的所有未清项并进行相应地匹配。所有不能匹配上的行项都代表着发票收到了而货物还没收到，或者是货物收到了但发票还没收到的事项。可以使用事务 MR11 执行统驭对账。

- **任务 19：运行折旧。**

    应当定期运行资产的折旧，以便将与资产相关的成本费用在当期进行分配。由于折旧费的确定是有固定规则的，因此这通常也被视为是强加于部门的成本。第 7 章已对折旧作了比较深入的讨论了。

- **任务 20：最终的账务调整及矫正过账。**

    在这个阶段，所有要过账到当期的业务原则上都应当已记账了，因而现在就可以关闭结账的期间了。在快速结账的第 1 天结束之时，所有最终的账务调整都应当是已做完了的，此时应当准备好一整套的账表了。

- **任务 21：关闭旧的会计期间。**

    在时间进度表中所预设的时间点上应当关闭旧的会计期间，这样才能确保生成的是最终的账表。关闭上一会计期间是为了确保未经授权允许的更改还能记到已生成的账目中。

- **任务 22 和任务 23：生成试算平衡表和最终的期间账表。**

    试算平衡表能显示所有账户的科目余额，并且它们的总计始终应当是为零的。照此，可以生成最终的账表并进行进一步的分析了，这也是期末结账处理工作的一部分。可以通过手动或自动的方式来生成相应的账表，可以部分生成，也可以整个生成。

- **任务 24：发布最终的账表。**

    一旦发布了最终的账表之后，期末结账处理就算完成了，也就可以进入到下一期间的工作中去了。

- **任务 25：冲销前期的所有预提费用。**

    一个新期间的会计工作应当是从冲销前期所有预提的费用开始的；如此这样，期末结账处理的循环就又重新开始了。

在下一节，我们将详述期末结账处理工作中的一项主要任务——外币评估，我们将详细解释它的配置和应用处理。

11.5　外币评估

在业务处理过程中，可以在系统中输入各种不同外币的客户发票和供应商发票。其中的一些发票可能到月末的时候仍然还未被支付，因此这些尚未被支付的发票就需要按照公司代码货币和其他外币间的通行汇率来进行重估。在这一节，我们将讨论外币评估的配置，以及如何执行对客户或供应商未清发票的外币重估程序。我们从外币评估的配置步骤作为开始来进行介绍。

11.5.1　配置外币评估

外币评估的配置包括以下几个主要的步骤。

1．定义评估方法。

2．定义评估范围。

3．分配评估范围和会计准则。

4．设定科目确定以备外币评估的自动过账。

让我们先来执行第一个配置步骤：定义评估方法。

定义评估方法

在这一步，要定义评估方法，用来评估未清项。在评估方法的定义中，需要定义系统将如何来对未清项进行评估。例如，使用最低值原则或总是评估，而且还要定义是使用哪一种汇率类型来进行评估等。

外币评估配置的 IMG 菜单路径是：**SPRO · 财务会计（新）· 总分类账会计（新）· 定期处理 · 评估 · 定义评估方法**。

在接下来的界面中，要选择**新条目**按钮，并且要为评估方法输入一个四位数的文字数字型的代码及其描述。在表 11.4 所示中，对相关的字段进行了解释和说明，如图 11.1 所示。

表 11.4　定义评估方法

字段	描述
评估过程	
• 最低值原则 • 严格的最低值原则 • 总是评估 • 只重估	选择想用来对未清项进行评估的最合适选项。在一般情况下，大多数的公司都是选择**总是评估**。对于每一次的评估运行来说，这个选项所产生的结果会对所选取的未清项进行评估，而不管它是重估还是贬值
按行项目过账	如果想让使用该评估方法所进行评估的每一个未清项都产生过账，那就选中它。由于这种方式可能会产生大量的过账，因此建议不要勾选这个选项
凭证类型	输入一种将用于外币评估凭证过账的凭证类型。请注意，外币评估的过账是绝不会直接过账到客户或供应商的统驭科目上的，这是因为它们是过账到调整科目上（后面的配置步骤中会介绍）
汇率确定	
借方余额的汇率类型	输入一种将用于确定借方余额评估汇率的汇率类型。标准的汇率类型是"M"，如果不指定汇率类型，那么就会用标准的汇率类型来进行评估
贷方余额的汇率类型	输入一种将用于确定贷方余额评估汇率的汇率类型。标准的汇率类型是"M"，如果不指定汇率类型，那么就会用标准的汇率类型来进行评估
从科目余额确定汇率类型	如果想以科目余额相关的外币来确定汇率类型，那么选中它
来自发票参考的汇率类型	如果想参考每张外币发票的余额来确定汇率类型，那就选中它

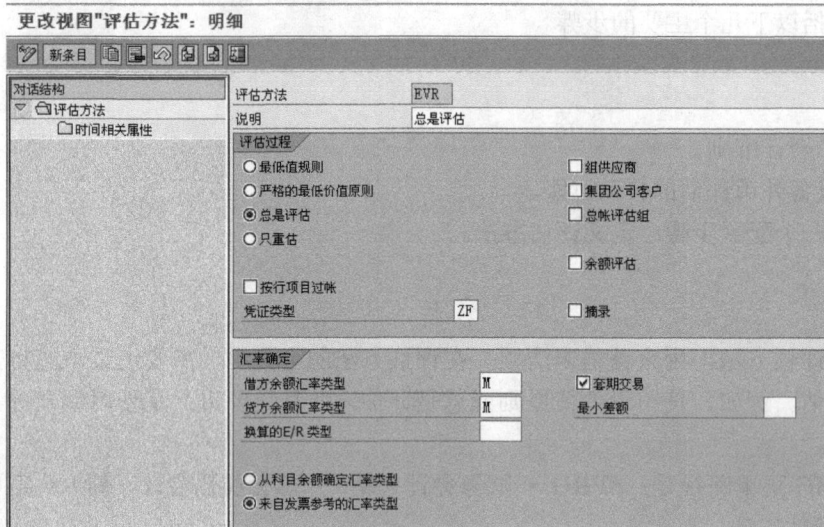

图 11.1　定义外币评估方法

输入完上述的信息之后，单击**保存**按钮，就完成评估方法的定义了。

接下来，我们来看看评估范围的定义。

定义评估范围

在这个配置活动中，要为月末结账处理定义评估的范围。而且，还要把刚刚所创建的评估方法和评估范围关联起来。在评估范围下，可以出具不同评估方法的财务报告，并且它是可以过账到不同的总账科目中的。

定义评估范围的菜单路径是：**SPRO·财务会计（新）·总分类账会计（新）·定期处理·评估·定义评估范围**。

在接下来的界面中，选择**新条目**按钮；并输入**评估范围 ID**、**评估方法**（上一步所创建的）和**货币类型**（货币）；而后就可以保存所输入的条目了，如图 11.2 所示。

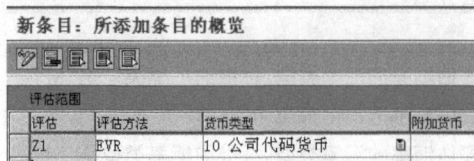

图 11.2　定义评估范围

往下，我们还要把评估范围分配给会计准则。

分配评估范围给会计准则

在这个配置操作中，把评估范围和与之相对应的会计准则（如 IAS、IFRS、美国 GAAP 等）关联起来（见图 11.3）。把评估范围和会计准则这二者关联起来的菜单路径是：**SPRO·财务会计（新）·总分类账会计（新）·定期处理·评估·分配评估范围到会计准则**。

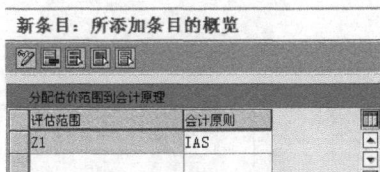

图 11.3 把评估范围分配给会计准则

完成外币评估的基础配置之后，就可以分配自动过账的外币评估总账科目了。

准备外币评估的自动过账

要完成这个配置活动，可以使用菜单路径：**SPRO·财务会计（新）·总分类账会计（新）·定期处理·评估·外币评估·准备外币评估的自动过账**，或者使用事务 **OBA1** 来分配。

对于外币评估，请记住：由于在一个财务报告期内所进行交易的外币汇率会有一定的波动，因此绝大多数未清项的外币评估会存在一些正向的或者是负向的调整。这就意味着要完成此配置，需要定义以下外币汇兑损益的科目。

- **损失科目**：评估损失过账的费用科目。
- **收益科目**：评估收益过账的收入科目。
- **资产负债表调整科目**：评估过账的资产负债表调整科目。

可以参照以下步骤完成外币评估的科目确定设置。

1．执行事务 OBA1。

2．双击 KDF 事务。

3．在所弹出来的对话窗口中输入**科目表**。

如果为每一个评估范围都配置这样的设置，那么需要选择如图 11.4 所示的评估范围，这样就可以进入到各自的评估范围中了，而后再单击绿色的对勾按钮就可以进到科目确定的配置界面了。

在接下来的界面中，需要在其各自所在的列中输入前述的总账科目（资产负债表调整科目、损失和收益科目），并保存所输入的条目。

请注意，在之前的步骤中，我们已经介绍过有关新总账的配置设置了，新总账有别于旧总账的主要差别就是可以通过图 11.4 所示的评估范围来进行配置。不过，这个步骤不是强制性的，因此，如果不需要按单个的评估范围来定义不同的科目，也就是可以跳过这一步。

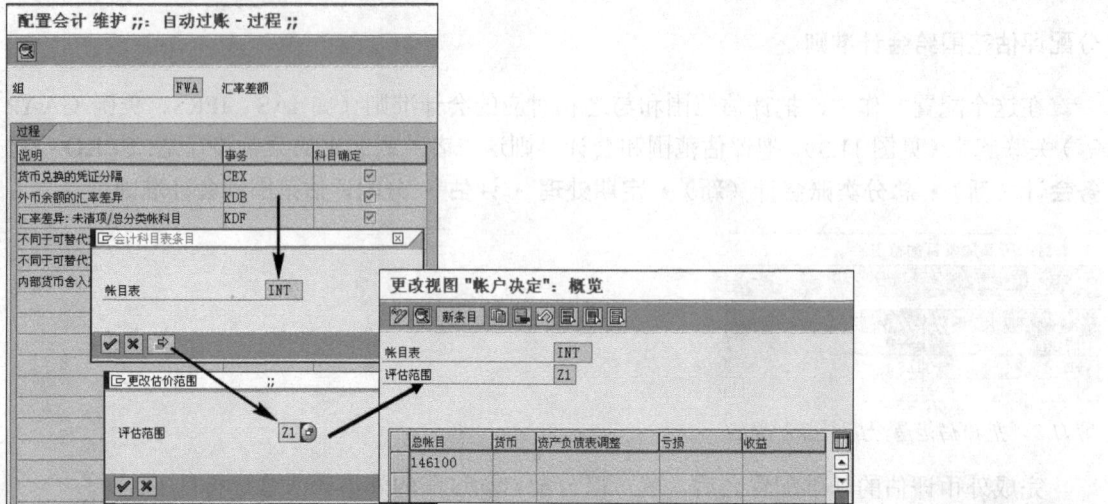

图 11.4　外币评估的科目确定设置

现在，已经配置完外币评估所有必需的步骤了，作为期末结账处理的一部分，现在就可以运行这个程序了。

11.5.2　外币评估处理

在这一节，我们将从新总账的角度来介绍这个程序的功能。运行外币评估程序的菜单路径是：**SAP 轻松访问·会计·财务会计·总分类账·定期处理·结账·评估·外币评估（新）**，也可以使用事务代码 FAGL_FC_VAL（如果使用的还是旧总账，那就使用事务 F.05）来执行。

根据表 11.5 中所示的内容，在接下来的界面中输入相应的信息（见图 11.5）。

表 11.5　运行外币评估程序

字段	描述
一般数据选择标签	
公司代码	输入相应的公司代码
评估关键日期	输入截止日期，用来帮助程序识别哪些项目应当被选取出来进行评估处理
评估范围	输入外币评估的范围。我们就使用在外币评估配置步骤中所创建的评估范围，这在之前的部分已介绍过了
过账标签视图页	如果选中了**创建过账**标识，那么在运行这个程序时系统就直接过账了。如果在测试模式下运行，则不要勾选它。要输入评估过账所需的**凭证日期、过账日期、过账期间、冲销过账日期**以及**冲销过账期间**等。在新总账中，即使没有选择冲销这个选项，也不用再运行这个程序。这个选项只有在旧总账下而且是在选择了**准备资产负债表的评估**的标识时才是有用的

续表

字段	描述
未清项标签视图页	输入要使用这个程序来进行未清项外币评估过账的客户、供应商和总账科目的详细数据。可以包含所有的未清项——客户的、供应商的以及总账科目的——在一个会话中或者是在分开的会话中：一个是客户的，一个是供应商的，而还有一个则是总账科目的
杂项标签视图页	指定并配置未清项评估列表的变式。因为这个标签视图中的所有设置都是可选的，因此，如果不想在这里进行任何的设置，那系统就会使用默认的变式

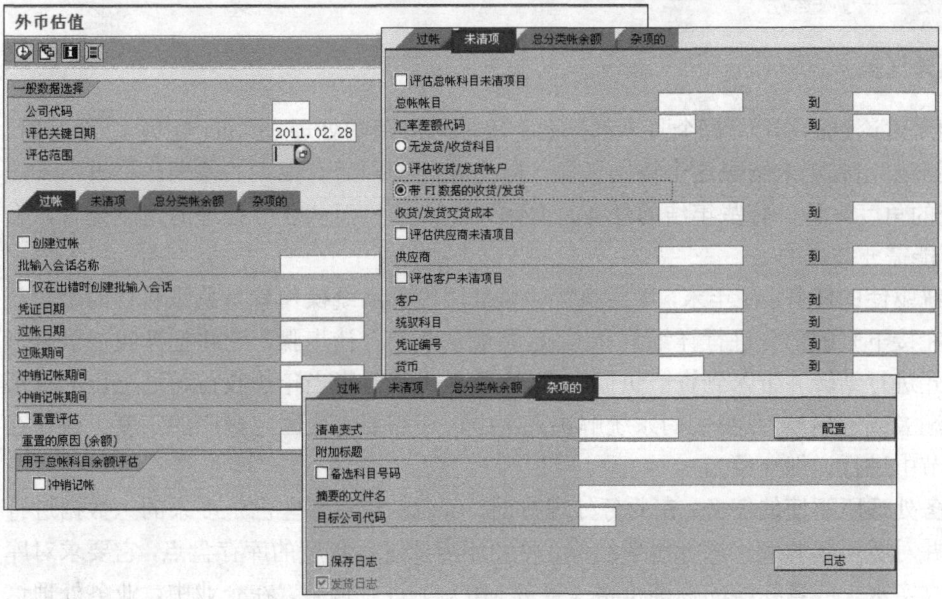

图 11.5 外币评估——参数界面

如前所述，在正式运行并产生外币评估的过账前，可以先在测试模式下运行这个程序。如果先在测试模式下运行，那么系统会显示一个所有将要被重估的未清项的清单，同时它还给出了未清项的历史值及重估金额之间的一个比较，如图 11.6 所示。强烈建议先在测试模式下运行程序，进而解决测试运行中出现的任何过账错误，这样就能避免在正式运行时出现问题。

如果测试运行以及评估程序所产生的过账都没有任何的问题了，那就可以正式地运行这个程序了，系统不但会显示出所有评估行项目的清单，而且还会显示出会计凭证的号码以及此评估过账是否成功。如果出现任何错误，那么评估过账就会被放到一个批输入的会话中，可以在解决相关的问题之后再进行单独处理。

除了期末的结账处理工作之外，还需要执行一些年末结账的特别任务。接下来，我们就来讨论年结中的特定事项。

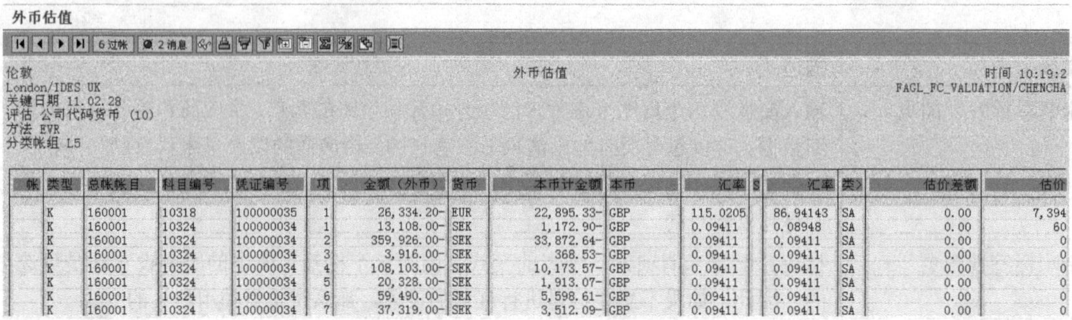

帐	类型	总帐帐目	科目编号	凭证编号	项	金额（外币）	货币	本币计金额	本币	汇率	S	汇率	类>	估价差额	估价
	K	160001	10318	100000035	1	26,334.20-	EUR	22,895.33-	GBP	115.0205		86.94143	SA	0.00	7,394
	K	160001	10324	100000034	1	13,108.00-	SEK	1,172.90-	GBP	0.09411		0.08948	SA	0.00	60
	K	160001	10324	100000034	2	359,926.00-	SEK	33,872.64-	GBP	0.09411		0.09411	SA	0.00	0
	K	160001	10324	100000034	3	3,916.00-	SEK	368.53-	GBP	0.09411		0.09411	SA	0.00	0
	K	160001	10324	100000034	4	108,103.00-	SEK	10,173.57-	GBP	0.09411		0.09411	SA	0.00	0
	K	160001	10324	100000034	5	20,328.00-	SEK	1,913.07-	GBP	0.09411		0.09411	SA	0.00	0
	K	160001	10324	100000034	6	59,490.00-	SEK	5,598.61-	GBP	0.09411		0.09411	SA	0.00	0
	K	160001	10324	100000034	7	37,319.00-	SEK	3,512.09-	GBP	0.09411		0.09411	SA	0.00	0

图 11.6　外币评估——过账运行

年结所需的额外任务

正如我们所讨论过的那样，每个月末都需要完成期末结账的处理。然而，在第 12 个月时，除了月结，还需要完成年末结账这个特别任务，随企业的不同而有很大的差别。不过，一般来说，从系统的角度来看，有些年结的任务是必须要完成的；而从业务处理的角度来看，有些任务则是可能需要完成的。

- **由系统驱使的任务**：在年末，需要执行的最低限度的系统操作就是总账科目的余额结转（在接下来的部分进行详细解释）。这是最基本的会计步骤，它将把净收益以余额的方式进行结转并带入到资产负债表中。**净收益**也就是指当年的收益超过支出的那部分利润（或亏损）。在我们的系统解决方案中，还需要完成固定资产的年度更改（在下一节中进行详细介绍）。
- **由业务处理所驱使的任务**：在业务处理方面，可能希望对那些已是多余的主数据进行更改并对所引起的变化进行重新组织。可能还需要进行年度的库存盘点，它要求对库存的真实水平或者物料的标准价格（事务 MR21）进行调整。在企业中，业务处理这方面的内容是需要认真地考虑的，这样才能搞清楚哪些是需要的以及谁需要参与等。

在接下来的部分，我们再介绍几个重要的年末结账处理任务，并进一步说明如何进行相关的操作，而这些任务都是年末结账处理过程的一部分。

首先，我们来看一看总账科目的余额结转。

总账科目余额结转

在这项任务中，系统将把资产负债表科目的余额结转到下一个会计年度。损益表科目上的余额则结转到了留存收益科目中，留存收益科目是在损益表科目的主数据中维护的，而损益表科目的余额在结转后就变成零了（指下年初的时候，译者注）。

总账科目余额结转的菜单路径是：**SAP 轻松访问 • 会计 • 财务会计 • 总分类账 • 定期处理 • 结账 • 余额结转 • 余额结转（新）**，也可以使用事务 **FAGLGVTR** 来执行。

在接下来所显示的界面中（见图 11.7），输入**分类账、公司代码**（或范围），以及**结转到会计年度**的数值。通过勾选这个**测试运行**的标识，可以先在测试模式来下运行程序。同时，还应当勾选**输出结果清单**选项，因为它会列出所有被认为是要进行余额结转的科目及其各自的余额。测试运行的结果如图 11.8 所示。

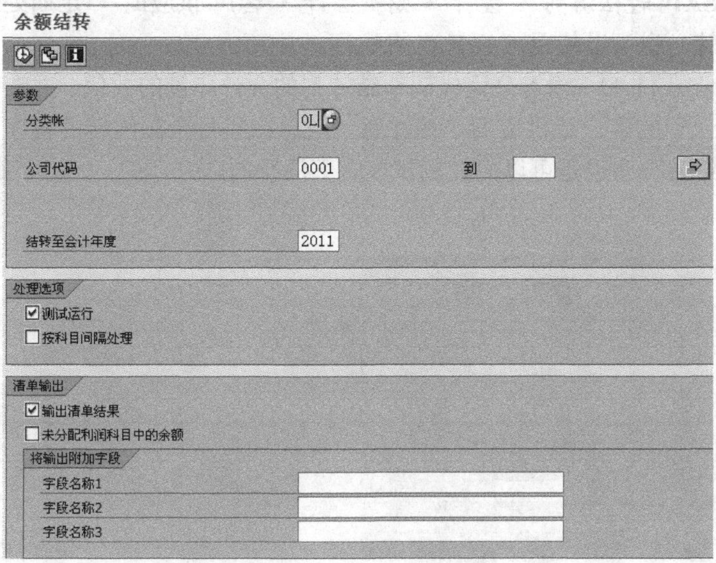

图 11.7　余额结转的参数界面

图 11.8　余额结转的测试运行

通过单击图 11.8 所示的突显按钮，可以对资产负债表科目以及留存收益的科目进行检查。

如果认为结果是没有任何的问题的，就可以取消勾选**测试运行**选项并正式地执行程序了，这样，所有这些科目的余额就将结转到下一年。只要正式执行过一次余额结转，即使再次过账到上一年，也不必重新运行程序了，因为系统会将新产生的余额自动地结转到下一年。

接下来，我们还要来看一看客户和供应商账户的余额结转。

客户和供应商的余额结转

在这项任务中，系统会把客户和供应商账户的余额结转到下一个会计年度。客户和供应商账户余额结转的菜单路径是：**SAP 轻松访问 · 会计 · 财务会计 · 客户/供应商 · 定期处理 · 结账 · 余额结转 · 余额结转**，也可以使用事务 **F.07** 来执行。

在接下来所显示的界面中（见图 11.9），输入**公司代码**和**结转到的会计年度**的数值，并选择那些需要把账户余额结转到下一年的客户或供应商。请注意，与总账科目余额结转的程序一样，客户或供应商账户的余额结转程序也是可以先在测试模式下运行的。

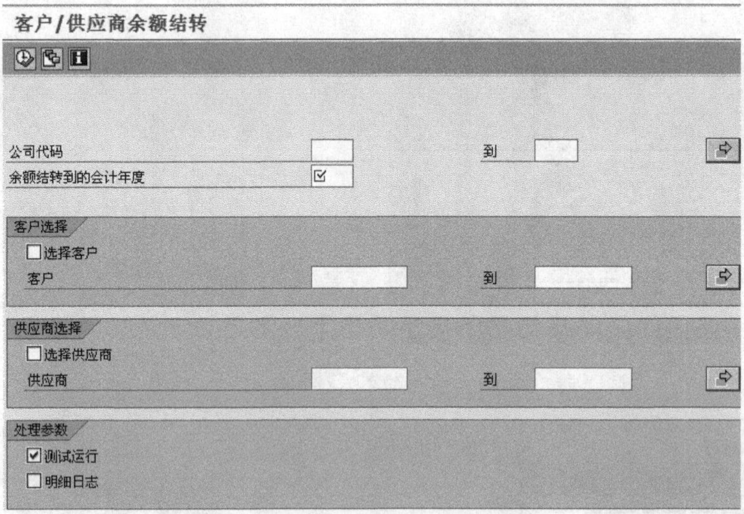

图 11.9　客户/供应商的余额结转

如果认为结果是没有任何的问题的，就可以取消勾选**测试运行**选项并正式执行程序了。这样，客户和供应商的账户余额就被结转到下一年了。

接下来，从资产会计（AA）的角度来看一看以下两个年末结账处理任务：

- 会计年度更改；
- 年末关账。

我们先从会计年度的更改开始。

会计年度更改

在这一步中，主要是将固定资产的余额结转到下一个会计年度。执行此项任务时，要记住以下这几个要点。

- 只要上一个会计年度的年末关账还没有被执行,就既可以将资产过账到新的会计年度也可以将其过账到旧的会计年度。
- 执行会计年度的更改后,上一会计年度的资产价值就将被结转到新的会计年度中,而且这些值是被显示为新会计年度下的年初累计值的。
- 在正式运行会计年度的更改前,可以先在测试模式下来运行这个程序。所不同的是,在测试模式下运行时,可以选择在线和后台来进行处理;但是,在正式运行这个模式下,就只能选择在后台来进行处理了。
- 在资产会计中,系统是不允许有超过两个的会计年度是同时打开的。

备注

除非已成功运行了会计年度的更改,否则不能够在下一个会计年度中进行资产会计的过账。因此,为了避免过账的错误,应当确保在新财年到来之际就执行完这一步。

执行会计年度更改的菜单路径是: **SAP 轻松访问・会计・财务会计・固定资产・定期处理・会计年度更改**,也可以使用事务 **AJRW** 来完成。

在接下来如图 11.10 所示的界面中,可以参照以下步骤来执行会计年度的更改。

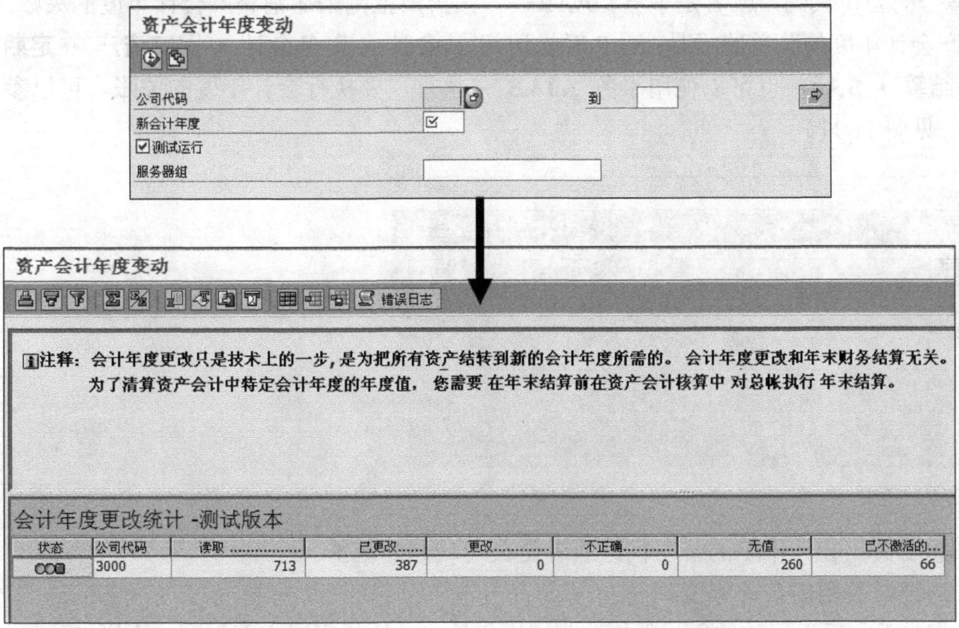

图 11.10　资产的会计年度更改

1. 输入想要进行会计年度更改的公司代码或者是公司代码的范围。
2. 输入新的会计年度。
3. 如果想先看一看模拟的结果,就勾选**测试运行**选项。这样会立即得到详细结果,说明会计年度的更改是否可能。在线运行报告时，要注意系统设定了 1000 条资产的限定。如果资产数目超过了 1000 条，即使是在测试模式下，也应当在后台运行这个程序。

如果不想在测试模式下运行程序，直接选择后台处理选项来执行会计年度的更改即可。

会计年度的更改完成之后，就可以关闭上一个会计年度的资产账了。

年末关账

上一会计年度的资产过账都已完成，并且也不想再对该会计年度进行过账之时，可以执行这个步骤。在执行资产会计年度的关账之前，可以先使用事务 ABST2 来对资产会计和总账进行统驭对账。

就像会计年度的更改一样，这一步也是有一些要点需要牢记的。

- 执行这个程序之后，不能再把任何的资产业务过账到已关闭的会计年度。
- 在当前年度对折旧条件的更改不会影响到上一个会计年度。系统不会重新计算上一个会计年度的资产折旧，并且所有的折旧调整只会过账到当前和未来的会计年度。
- 如果要把资产业务重新再过账到已关闭的会计年度，则必须使用事务 OAAQ——针对整个的公司代码，或者是事务 OAAR——按折旧范围来撤消资产会计年度的关账。

关闭资产会计年度的菜单路径是：**SAP 轻松访问 · 会计 · 财务会计 · 固定资产 · 定期处理 · 年终结算 · 执行**，也可以使用事务 **AJAB** 来执行。要执行会计年度的关账，可以参照以下步骤（见图 11.11）。

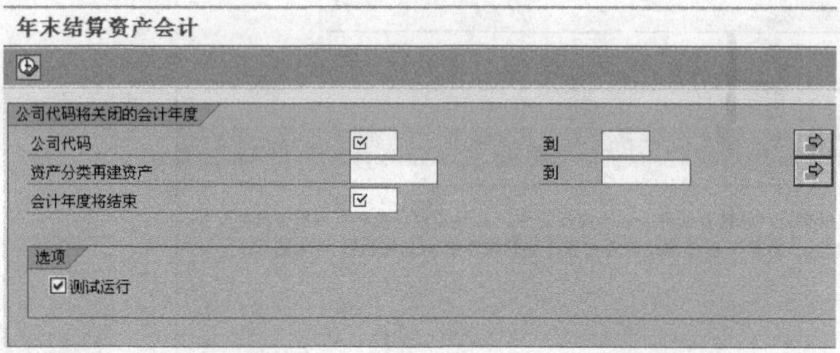

图 11.11　会关闭计年度

1．输入想要关闭会计年度的公司代码或者是公司代码的范围。

2．输入需要被关闭的会计年度。

3．如果想先看一看运行的结果，则勾选**测试运行**选项。这样可以立即得到一个详细结果，说明会计年度的关闭是否可能。在线运行这个报告时，要注意系统设定了一个 1000 条资产的限定。如果资产数目超过了 1000 条，即使是在测试模式下，也应当在后台运行程序。

如果不想在测试模式下运行这个程序，直接选择后台处理这个选项来执行会计年度的关闭即可。

11.6　旧总账与新总账对比

正如我们前面所提到过的那样,不是每一个 SAP ECC 6.0 的解决方案都会使用新总账的——有些项目的实施仍会继续使用旧总账。考虑到这一点,我们在这一节讨论可能仍然需要被执行的其他结账任务。主要存在的问题还是在于那些用于客户、供应商、及资产统驭的资产负债表项目。通常,这些项目都是含有一个**默认利润中心**的余额的(正如第 8 章所讨论的那样)。

我们的主要目的是想按业务单元来生成完整的财务报表,这其中大多数的业务单元都是按利润中心的分组来代表的。作为月末结账处理的一部分,需要把表 11.6 所示的事务也包含在内,其目的就是能按利润中心出具完整的试算平衡表。

表 11.6　实现利润中心试算平衡的事务

1KEH	物料库存
1KEJ	在制品
1KEI	资产
1KEK	应付和应收

这就结束了我们期末结账处理过程的讨论,读者也应当对期末结账通用事务处理有了一个基本了解。

11.7　小结

本章归纳了进行期末结账处理所需完成的主要任务,以及一些有关年结处理的一般性知识信息。我们编制的月结时间进度表是以假定的 SAFA 公司解决方案为基础的,可以在这个良好基础之上,创建企业期末结账处理时间进度表。

本章主要介绍了以下几方面的内容:

* 期末和年末结账处理的主要任务
* 应当考虑非 SAP 系统的期末结账处理工作
* 外币评估的配置和应用处理

讨论完期末结账处理事项之后,可能就会很关注那些可以直接从系统中出具的报表了,这将在接下来的第 12 章中进行介绍。特别地,我们还要介绍一下报告绘制器这个报表工具的功能,可以用它来自定义报告绘制器类型的报表。

本章主要介绍了报表需求的收集，并且也对整理出来的一些通用报表需求进行了解释和说明。除此之外，还可以找到有关如何使用强大的报表绘制器工具来创建报表的详细说明。

第 12 章　SAP ERP 财务报告

早在本书的前面部分开始介绍企业结构的时候，其中的一个基础性工作就是要重点了解企业的报表要求。这些需求主要是来自于内部和外部的利益相关者，并且是为系统增值而需要满足的。本章涵盖了以下几方面的主题：

- 满足企业的报表需求；
- 确定业务处理范围内的通用需求；
- 使用报表工具——报表绘制器来创建每月的管理账目（报表）。

通常，主要的财务报表都集中在财务和管理账目生成方面。企业可以使用不同的项目来形成报告，通过总账科目和科目分配对象（成本中心和利润中心）的组合，报告可以提供详尽的分析对比。

这一章，我们将从建立**报表体系**开始，这是流程设计的一部分，也就是说，要创建的一整套报表究竟是什么样的。

12.1　建立报表体系

建立报表体系时，最重要的事情就是记住报告的目的是什么。报告是内部和外部利益的相关者了解企业在给定期间财务状况的工具，而且它也是作为管理层进行业务决策的依据的。例如，最简单的一个业务情形就是广告活动的效果应当能看到销售业绩的提升。因此，这样的效果就应该反映在报告分析中。此外，有些报表可能不再需要了；而另一方面，由于执行了一些新的流程，因此还需要开发新的报表。

伴随着对前面章节中相关功能模块业务蓝图的讨论，也应当开始考虑这方面的问题了。要从目前的"现状"报表需求开始了解，而且要从项目范围内的所有业务流程中收集相关的报表需求。还应当要考虑到增补流程的变更情况，例如，在项目实施范围之外的业务流程和系统，而它会受到流程变更的直接影响。

在把所收集到的数据形成报告之前，需要将所有的报表需求整合到电子表格的报表资料库中，而且还要在其中标明每一个报表需求是如何满足的。对于每一个报表，都要收集到表12.1 所列的信息。

表 12.1　资料库信息的报告范例

特性	实例数据
处理范围	财务
报表名称	部门成本分析
特征	总账科目 成本中心
纬度	实际 预算 期间 会计年度
频率	每月
优先级	高、中、低
实现方法（解决方案以及已知道的报表名称）	报表绘制器报表 Z-CCTR1
报表所有者（例如，提供报表及其用途说明，并且测试后要签署并进行确认的人）	Naeem Arif

　　通过上述最低限度信息的收集，可以把类似的报表组合在一起，然后把它们的需求也汇总起来。而且，SAP ERP 是允许按主数据组和层次结构来运行报表的，这就意味着同一个报告结构可以和不同的主数据组或者层次结构相结合，这样就能提供不同纬度的分析了。

　　在第 1 章中讨论项目实施的过程时，就谈到了可以按用户组来对解决方案进行测试。通常情况下，报表都是会影响到各类用户的，因此，把相关的报表汇集起来组成一个用户的报表组确实是一个很不错的主意，报表的用户组会涉及所有财务报表的开发和批准。这确保了所有报告都是建立在同一套标准之上的。这是一个可靠的且经过验证的好办法，这样就可以针对所有的报告需求（也就是报表体系）都能找到一个唯一的参考点了。因为在系统上线之后，有的用户可能想知道他们的报表做得怎么样了以及做出过什么样的决定。所以应当把日志作为决策的记录而保存下来，同时，这些报表是由谁来开发的也应当要保存在日志中。

　　接下来，我们要来看一看可以用来满足报表需求的报表工具。

12.2　报表工具

　　在建立了报表需求的电子表格之后，应当要先评估一下报表。应当把需求类似的报表综合在一起，这样就可以减少最终所要开发报表的数量。有些报表可能是由于以前系统控制的需要和性能方面的原因而存在的。由于 SAP ERP 系统的集成性，这些报表往往就没有必要再保留了。最后，这也可能是最难的任务，就是需要按业务的优先级来对这些报表进行排序。

在完成这些工作之后，可以开始将这些报表的需求转化为报表的解决方案了。SAP ERP 提供的报表解决方案可以划分为以下几类，并且在报表资料库中应当进行相应的说明。

- **SAP 标准报表**：SAP 系统拥有数以千计的可供使用的报告。虽然它没有一个单一的目录来把所有的报表都罗列出来，但在每一个子模块内，都可以在同样的区域下找到所需要的报表。在下一节，我们将会看看其中的一些报表。找到了报告之后，可以发现，同样的报表，通过选择不同的报表条件就能生成满足不同的报表需求。
- **报表绘制器报表**：就财务报表的出具而言，报表绘制器往往是用来编制许多表格式样式的管理报表的。在本章的末尾部分，我们将详细地介绍报表绘制器。
- **SAP 查询（Query）报表**：SAP 查询报表工具是可以通过 SAP ERP 的数据表查询来获取数据。不过，在开始进行查询之前，应当先看一看系统中的众多标准报表，这些报表也是基于相同的数据表的，因而用 SAP 查询所获取到的数据也应该是相同类型的数据。
- **ABAP 报表**：ABAP / 4 是用于编写 SAP ERP 软件的编程语言，可以用这种语言来开发定制的客户化报表。在所有的报表开发工具中，ABAP 是最强大的，几乎是什么都可以做。ABAP 报表的缺点就是它们不能通过配置的方式或者由用户自己来创建或更改。因此，如果需要在未来某个时候对报表进行更改，就需要有一个 ABAP 的程序员来协助进行更改。如果使用的是 ABAP 的报表，那就要使它们尽可能灵活些并且能适应业务方面可能发生的变化。
- **数据仓库报表**：许多的企业都期望着能有一个数据仓库解决方案伴随着他们的 SAP 系统一起运营，这样就能在 SAP ERP 系统之外出具报表了。而 SAP ERP 系统自身的数据仓库工具就是指 SAP NetWeaver 的商务智能平台（BI）。

数据仓库解决方案也是受制于它们能做什么的，往往它最擅长的就是生成表格式的报表。明细的数据还是在 SAP ERP 系统中的，因此还是不能够完全依赖于数据仓库解决方案来满足所有的报表需求。使用数据仓库的好处之一就是降低了 SAP ERP 系统中的负载，这是因为只运行报表的用户不会完全占用执行业务处理所需要的系统资源。数据仓库解决方案的不足之处就是它有时只会在晚上才进行数据的更新，因此可能会有一天时间的数据迟滞。

- **其他**：所需要的最后一类报表很可能是不再需要的了。但也一定要收集到不需要报表的原因，其目的是确保留有一个审计追踪的线索。

12.3 常见的报表需求

在这一节，我们要了解一下在一般的企业里会提出来哪些常见的报表需求。此举旨在提供一个参考，因而它并不是一个完整的 SAP ERP 报表清单。通常，可以把报表分成业务报表（需要按天为基础）和管理报表（定期运行的而且不是明细的）。

动态选择

大多数 SAP ERP 标准报表的设计都是旨在提供最大程度的灵活性的。通常情况下，通过控制选择条件，标准的报表就能用来满足不同的报表需求。

在大多数的 SAP ERP 标准报表中，用户都可以使用**动态选择**按钮来加入一些附加的选择特征。例如，要运行一个只希望看到某一种特定凭证类型的总账科目行项目报表。对于这种情况来说，可以使用标准的总账行项目报表，并且使用**动态选择**按钮来把这个报表限定在特定的凭证类型上。为了能在不同的情形下出具相应的报告，应当好好考虑一下需要包含些什么以及要把哪些排除在外。图 12.1 所示就是新总账报表（FAGLL03）的一个例子。它展示了其在功能上的提升，也就是作为新总账所提供的可按附加纬度出具报告的能力。

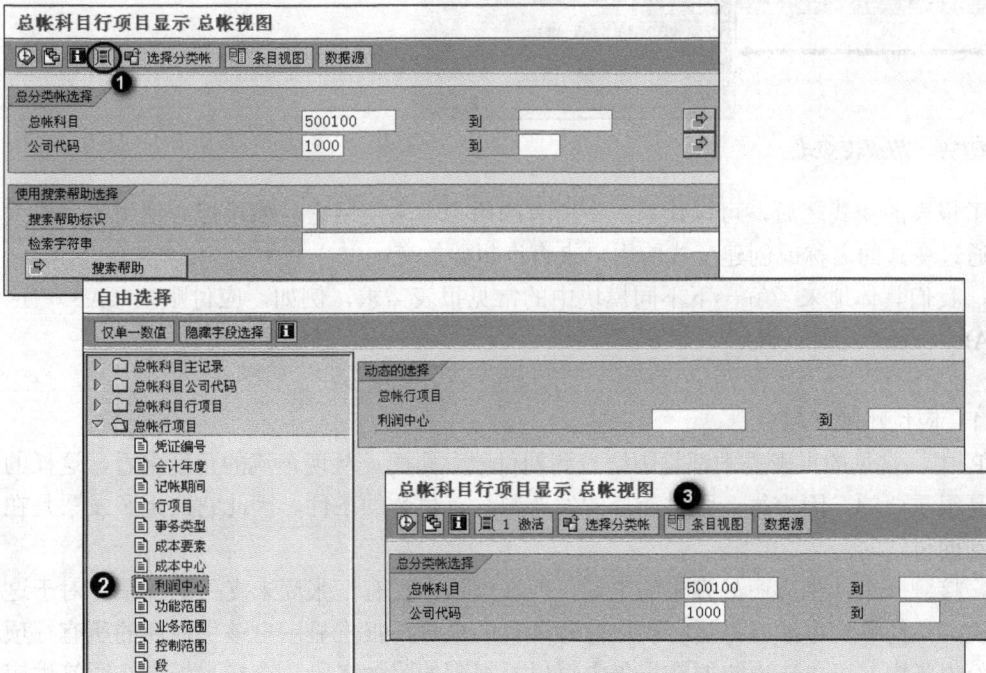

图 12.1　动态选择的使用

报表变式

在选取报表运行所需的选择条件时，特别是在还要保存动态选择或动态选择范围值的时候，就会发现有些报表可能会涉及比较多的选择条件。在这种情况下，就应当使用**变式**这个选项了，如图 12.2 所示，可以保存后续能够再次使用的选择条件。如果想让不同的用户带着类似的选择标准来执行同一个报表，那么这个功能就是非常有用的了。

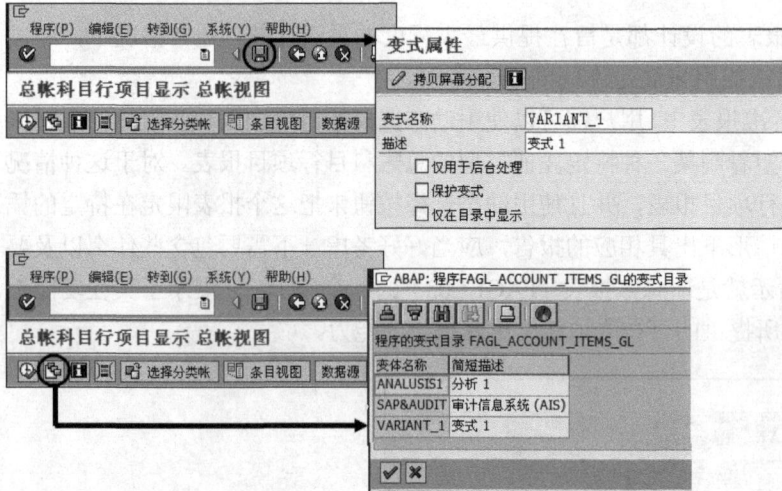

图 12.2　创建并使用报表变式

定义了报表的变式之后，可以让系统中所有的用户都来使用它。如果担心使用的变式太多，可以通过变式的名称或创建变式的用户来查询想要的变式。

现在，我们具体地来了解一下不同模块中的常见报表需求，例如，应付账款（AP）、应收账款（AR）、资产会计（AA），等等。

12.3.1　应付账款（AP）

在 AP 中，常见的报表需求都是围绕着到期付款发票的。从现金流的角度来看，这样的报告当然是很重要的，因为每一张供应商的发票都含有付款的条件，因此它决定了发票是在什么时候到期付款的。

例如，接到一个从供应商处打来的电话，他在电话中说有一张尚未支付的发票。对于这种情况来说，最简单的办法就是运行供应商行项目的报告，报告显示出该供应商的所有行项目。在这份报告中，可以选出想要在报告中可以看得到的附加字段，这样，报告在回答供应商的疑问时更具灵活性。

此外，作为期末报告的一部分，可能还想要生成供应商余额的列表清单（作为供应商统驭账户对账的一部分）。SAP ERP 系统的标准报表可以生成余额。

图 12.3 显示的是 **SAP 轻松访问**的菜单路径以及可利用的**应付账款报表**（连同报表在一起的还有它的事务代码），这是很有用的。

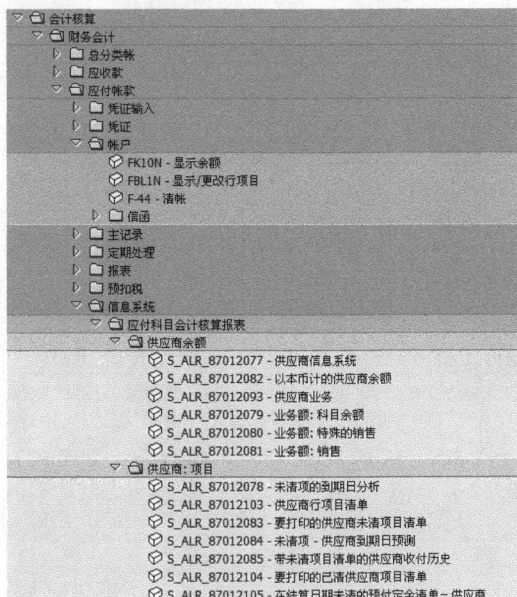

图 12.3　应付账款中可利用的报表

12.3.2　应收账款（AR）

在 AR 中，常见的报表需求都是围绕着客户未付款项目的。一般来说，内在的需求要比外部的需求更多，而最具灵活性的报表就是客户的行项目报表。这应当是在处理客户的查询时就要先去执行的报表。

除此之外，还应当使用催款程序来生成催款信（见第 6 章），它可以提供某些异常项目的客户分析。

对于期末的报告来说，出于监控的目的，可能会生成一些客户余额的统计表，SAP ERP 系统提供了大量可执行的客户余额报表。

图 12.4 显示的就是 **SAP 轻松访问** 的菜单路径以及可利用的一些**应收账款**报表（连同报表在一起的还有它的事务代码），这可能也是很有用的。另外，还应当看看（客户）分析报表（事务 FD11），它把许多有用的客户报告纬度都整合到了同一个事务代码中了。

12.3.3　资产会计（AA）

通常，用户在资产会计中运行的主要报表就是资产浏览器了，它提供的是对某个特定资产的分析（这在第 7 章已介绍过了）。

另外，还应当考虑资产历史数据表的应用，这是一个资产登记的详细台账。虽然报告不需要按整个企业来运行，但它可以按资产类别甚或是按单个的资产来运行。

图 12.5 显示的就是在 **SAP 轻松访问**菜单中可以找到的一些常用资产报告。许多有用的资

产报表有利于满足实际的业务需求。

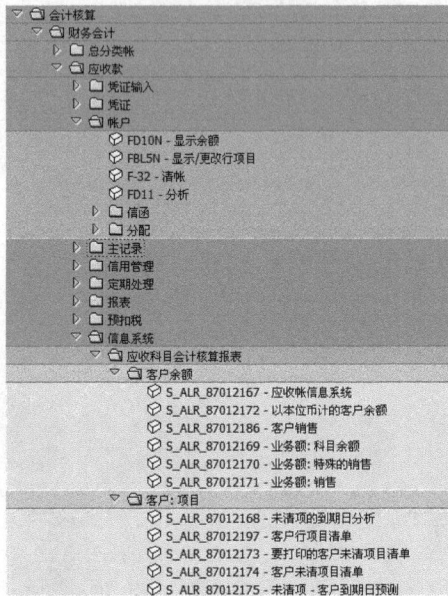

图 12.4　应收账款中可利用的报表

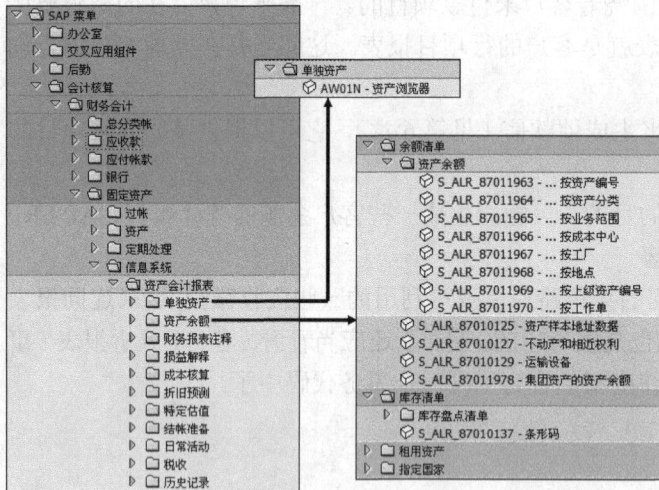

图 12.5　资产会计中可利用的报表

12.3.4　总账（GL）

财务管理的报表需求通常都涉及科目余额的检查和确认。这可能是纯粹的总账科目，或者是总账科目与成本中心或利润中心相结合。随着新总账的实施，SAP ERP 已经把所有这些内容都合并到总账中了，这就意味着前者的总账科目行项目报表已得到了极大地提升。

如果激活了新总账，就必须使用新的报表，因为这些信息是存储在不同的数据表中的（见第 4 章）。表 12.2 所列的事务就是在新/旧总账中显示总账科目余额以及显示总账行项目报表的事务代码。

表 12.2　新/旧总账中的报表

报表	旧总账	新总账
显示总账科目余额	FS10N	FAGLB03
显示总账科目行项目	FBL3N	FAGLL03

在新总账所提供的报告中，都可以添加基于利润中心和分部的选择参数，这二者之中的任何一个在以前的报表中都是不可用的（参见前面图 12.1 所展示的例子）。可以看到，新总账中的每一个报表在其名称之后的括弧内都有了**新**这个字（见图 12.6）。

在生成月度的财务报表方面，最常见的需求就是生成各种损益表、收支表以及资产负债表。这些报表也在 SAP ERP 6.0 中得到了相应的提升，而且可以直接从**财务报表/现金流**菜单进行访问，如图 12.6 所示。

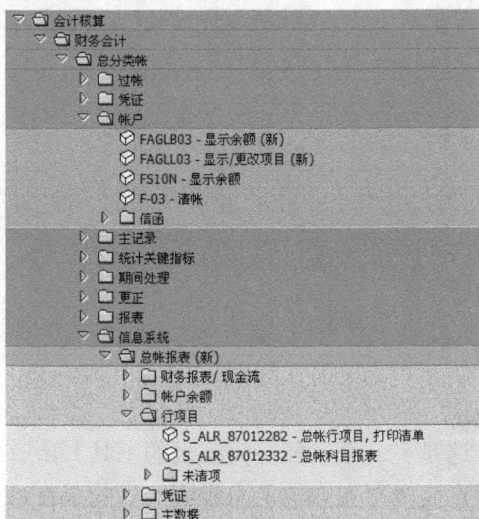

图 12.6　新总账报表举例

大多数的会计人员都会发现总账科目余额和总账科目行项目报表对他们的日常分析和对账工作是最有帮助的。有些经验丰富的用户还会把其他的字段也带到他们高阶功能的报表中来。

除了这些标准的报表之外，可能还要创建报表版本，这样就能重点关注到那些特别重要的业务了。要满足这样的需求，可以利用报表绘制器这个报表工具。在接下来的这一节中，我们将通过一个例子来说明如何创建简单的报表，可能会希望把它作为月度分析的一部分而包含在内的。

12.4 使用报表绘制器来创建基本的管理会计报表

在这一节，我们要解释报表绘制器的使用，可以使用系统应用的菜单路径：**SAP 轻松访问 · 信息系统 · 特殊报表 · 报表绘制器 · 报表 · 创建**，或者使用事务 **GRR1** 进入报表绘制器报表的定义中。

报表绘制器能提供了基于特征和纬度相组合的表格式报表。这些特征和纬度对大部分会计报表的需求来说都是共通的（见图 12.7）。这是报表绘制器唯一可应用的一种格式，因此它提供不了任何其他的行项目分析；它只能按指定的条件来输出值。

当前期间 3 会计年度 2008 公司代码 1000		**月 度 利 润 表**		
	期间 实际	期间 计划	差异	% 差异率
国内销售	11,092	12,000	-908	-7.6
国外销售	6,701	6,000	701	11.7
杂项收入	2,101	1,800	301	16.7
收入合计	**19,894**	**19,800**	**94**	**0.5**
直接人工	1,510	1,500	10	0.7
材料	4,810	4,350	460	10.6
其他销售和分销成本	812	620	192	31.0
直接成本合计	**7,132**	**6,470**	**662**	**10.2**
管理成本	781	800	-19	-2.4
市场营销费用	1,092	1,100	-8	-0.7
仓储费用	1,390	1,520	-130	-8.6
间接人工	481	160	321	200.6
杂项经营费用	332	275	57	20.7
其他支持服务费用	120	120	0	0.0
间接成本合计	**4,196**	**3,975**	**221**	**5.6**
利润	**8,566**	**9,355**	**-789**	**-8.4**

图 12.7 月度财务报表的一个范例

虽然本节不会提供报表绘制器（或报表编写器，这是另一个功能更为强大的工具）所有组成部分的详细解释，但我们还是会从头到尾地引导走完需要完成的所有步骤，目的是在系统中创建一个类似于图 12.7 所示的报表。可以针对系统的具体配置来改换这些步骤，这样就能编制出满足需求的报表了。

12.4.1 确定报表的类型

首先，应当要弄清楚要创建的报表是什么样的。如果已遵照了到目前为止的所有步骤，那现在就可以从界定好的报表体系中选择出一个已知道其相关纬度和特征的报表来。

对于 SAFA 公司的例子来说，我们已经对所要编制的报表有了一个清晰的概念了，这个报表看起来就跟在遗留系统里的一样，而且我们已经获取到了它的一份打印输出件，如图 12.8 所示。

部门成本分析表

成本中心	1000	期间	1 — 3
北美市场营销		会计年度	2011
		报表运行者：	NARIF　11:27:01　07/12/11

	实际	计划	差异	%差异率
直接人工	2,100	2,100	0	0.0%
材料	10,720	10,000	720	7.2%
杂项销售成本	1,120	1,250	-130	-10.4%
分摊成本	460	300	160	53.3%
直接成本合计	14,400	13,650	750	5.5%
仓储费用	1,200	1,200	0	0.0%
市场营销费用	1,490	1,000	490	49.0%
间接人工	706	250	456	182.4%
支持服务费用	1,700	1,700	0	0.0%
间接成本合计	5,096	4,150	946	22.8%
部门成本总计	19,496	17,800	1,696	9.5%

图 12.8　范例报表：部门成本报表

现在，根据新总账的库（0FL）来创建一个报表，并把这个报表命名为 ZCCTR1，如图 12.9 所示。可以从**创建报表**的界面上来选择库并指定报表的名称。接下来，单击**创建**按钮，这样就进到了报表定义的界面中了。

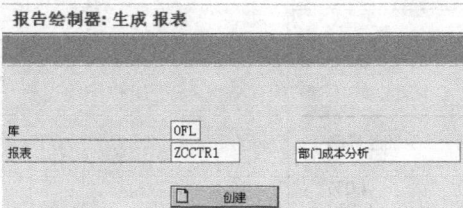

报告绘制器: 生成 报表		
库	0FL	
报表	ZCCTR1	部门成本分析
	创建	

图 12.9　创建新报表

用报表绘制器工具来编制的每一个报表都需要定义 4 部分：

- 行；
- 列；
- 一般数据选择；
- 报表组。

前 3 项都是在报表中进行定义的，而第 4 项是在报表之外定义的。一般数据选择代表的是对整个报表都适用的并且不会具体到某个行或列的项目。例如，在我们的例子中，因为报表是针对成本中心来运行的，所以成本中心对于报表来说就是一个通用的项目，因而它就应当被包含在一般数据选择中。

回想一下我们所希望出具报表的简单格式（见之前的表 12.1），其特征是：（1）总账科目和（2）成本中心，这是需要被包含在报表中的。纬度是：（3）实际；（4）预算；（5）期间以及（6）会计年度。所有这些要素都必须包含在报表的定义中，因此，弄清楚这些特征和纬度应当出现在哪里就显得非常重要了。图 12.11 显示出了我们将要定义的每一个特征和纬度所处的位置，这样就能获取到我们想要的报表数据了。

接下来，看看报表定义的步骤。

图 12.10　报表绘制器报表的构成

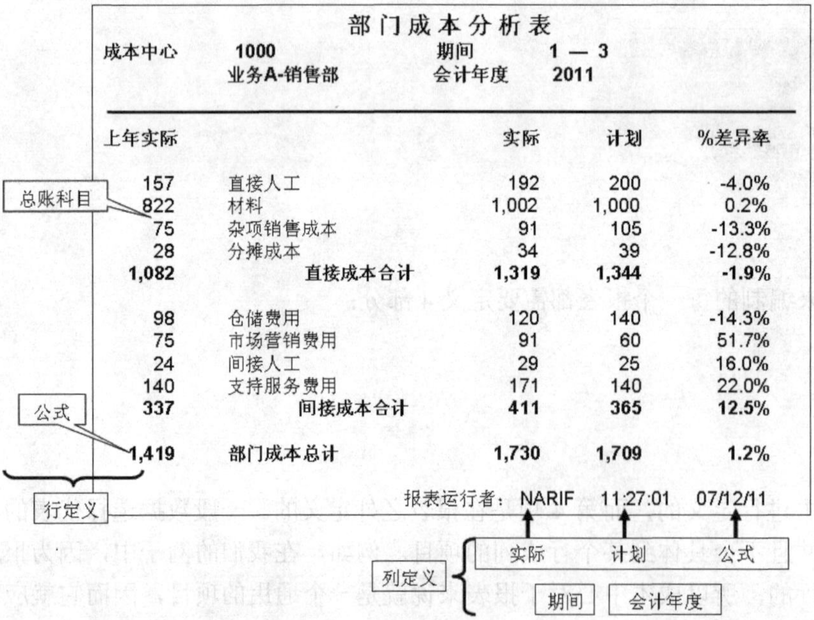

图 12.11　范例报表的纬度和特征

12.4.2 定义行

要定义首行，双击**行 1**（显示在前面的图 12.10 中），进入到图 12.12 所显示的界面。在这里，可以定义这一行的特征。就我们的需求而言，只需要在这个行上定义总账科目就可以了。

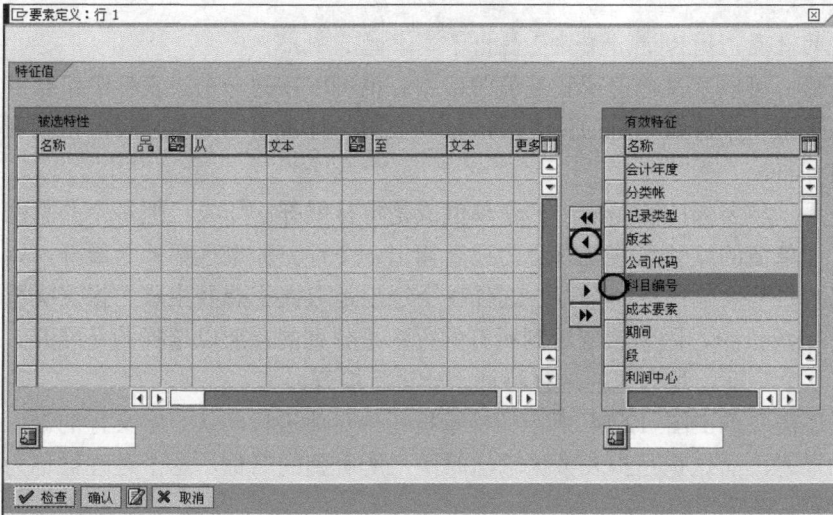

图 12.12　增加特征

还可以对特征进行组合，这样，它所获取的就是组合的结果。例如，可以选择将总账和一个科目分配对象（成本中心或利润中心）相结合，这就能为每一行都提供综合的分析了。

现在已经选定特征了，但还需要把特征的值分配给它。可以直接在报表的定义中限定一个值（我们称为**写死**一个值），或者是让用户在执行报表的时候来限定这个值。对于被写死的值来说，可以在**从**和**到**的单元格中来选取具体的数值。如果把这些特征的层次结构和组都作为主数据的一部分建立起来，那也可以选择一个层次结构或组，如图 12.13 所示。

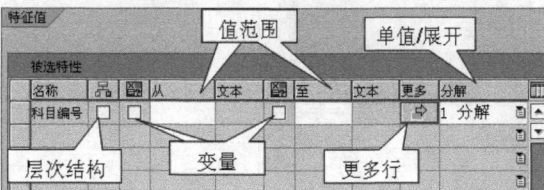

图 12.13　特征定义的其他控制

通过层次结构或组的选择，就能增加报表的灵活性，在层次结构或组中更改这些值的时候，报表也会自动进行相应的更新。

变量也是经常使用的，这使得该字段成了用户运行报表时才来限定的选择条件。可以直接使用系统中已定义好的许多变量。变量构成报表选择条件的一部分，它允许用户在此报表运行的过程中限定特征或纬度的具体数值。变量可以用在行、列和一般数据的选择中。变量的使用可以让自定义的报表更灵活地应用于许多不同的报表。

备注

本章没有解释变量的设置，因为这个主题已超出了本书的范围。

对于报表简单的情形，可以定义单值或者是值的范围。也可以在同一个报表行中组合若干个总账科目。当输入了第一个总账科目的值之后，可以在同一行上单击**更多**按钮，以把新增的行添加到当前行的下面。

对于这一行来说，下一项要做的就是输出一个**单值**或是将行**展开**。如果已把多个的总账科目指定给了这一行，那**单值**的默认设置就只会为报表输出一个行。如果选择的是**展开**，则这个报表的每一个总账科目都会输出成一个行。选择哪个选项是取决于想要生成的报表类型的。在如图 12.13 所示的场景中，因为希望看到所有的行都是分列的，所以选择的是**展开**。如果在一个行中组合了几个特征，那么只能选择特征之一进行展开。

在定义完行之后，还需要单击图 12.14 所示的**检查**按钮来对值进行确认。定义行的最后一个步骤就是添加行的描述，而这正是报表数据输出时用户所看到的名称。这个过程被称为文本的维护，它同样也显示在图 12.14 中了。

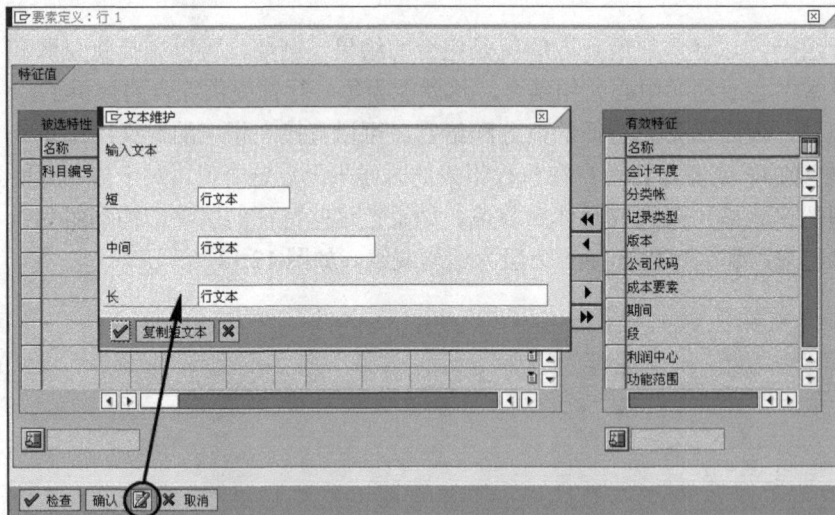

图 12.14　文本的维护

这样，我们就完成了一个标准行的定义了。应遵循同样的方法来为报表增添所需的其他行。对于行的定义来说，唯一的差别之处就是公式行的定义，我们将在本章稍后的部分进行讨论。

12.4.3　定义列

现在，让我们来看一看列的定义所涉及的步骤。要定义列，需要双击前面图 12.10 所显示的**列 1**。之后就会出现**选择要素类型**这个对话框，如图 12.15 所示。在这里，选择**含特征的关键指标**。当熟悉了其后台的设置之后，也可以选择**预定义的关键指标**。

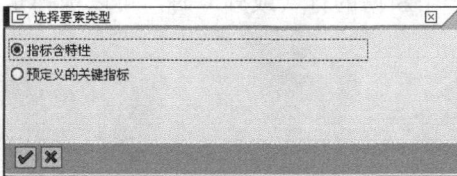

图 12.15　创建一个新的要素

列的定义类似于行的定义，在列的定义里，选择相关的特征。回顾一下报表的需求，因为已经在行中限定了总账科目，所以不需要再在别的地方把总账科目包含在内了。对于首列来说，想要获取的数据是实际的数值，这就需要下列几个特征（见图 12.16）。

- **记录类型**：这指明了事务的类型。在从那一列中，选择 1 为实际，2 为预算。如果系统解决方案中含有分摊或分配，那还应当要确定是否要把这些数据作为其中的一部分也列入到本选项中来。

- **版本**：因为 SAP 系统需要有一个版本的定义（见第 8 章），因此这是一个必须要被包含在内的对象。就实际值而言，可以把版本限定为默认的 0 版本；但对于计划的数据记录来说，应当为这一列选择一个适当的版本。另外，可以把版本也做成一个变量，这样，用户就可以在报表的运行过程中来指定他想看哪一个版本的数据了。

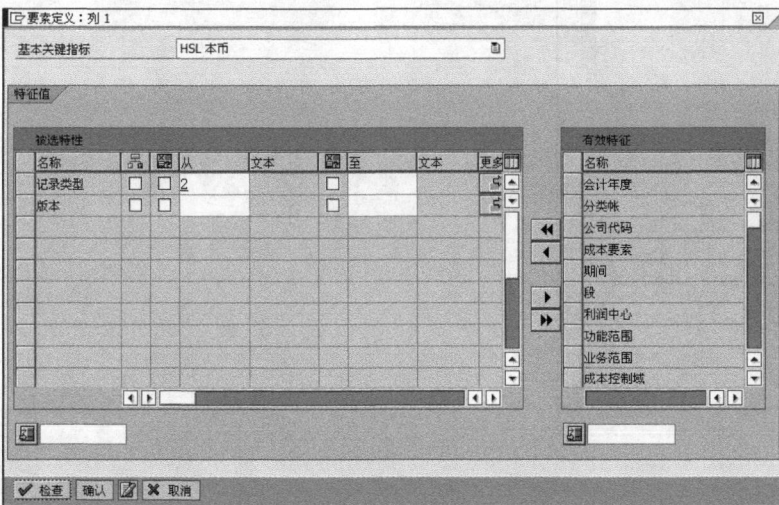

图 12.16　定义列

而后，还需要像之前定义行文本那样来定义列文本，这样才算完成了列的定义。对于其他的列来说，也采用相同的方法进行定义，这样才能确保选择到的是适当的记录类型。

12.4.4 定义公式行和列

在定义了不只一个行（或列）之后，如果再定义一个新增的行（或列）时，可以选择是否要定义公式行或列，如图 12.17 所示。

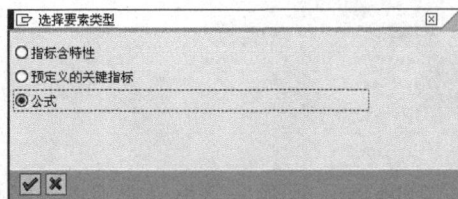

图 12.17　定义公式的要素

在报告中，有两种类型的公式是需要的。就我们的例子而言，有一个很简单的减法，这很容易实现。双击想要添加公式列的那一列，然后选择**公式**选项。于是就显示出一个含有已定义了的所有列以及一个计算器键盘的界面，如图 12.18 所示。如果要减去（或加上）某个列，需要根据这些值来定义公式，通过单击列的 ID，并单击减法（或加法）按钮，然后再单击想要添加列的 ID 来实现。最后再单击对勾按钮来保存公式。

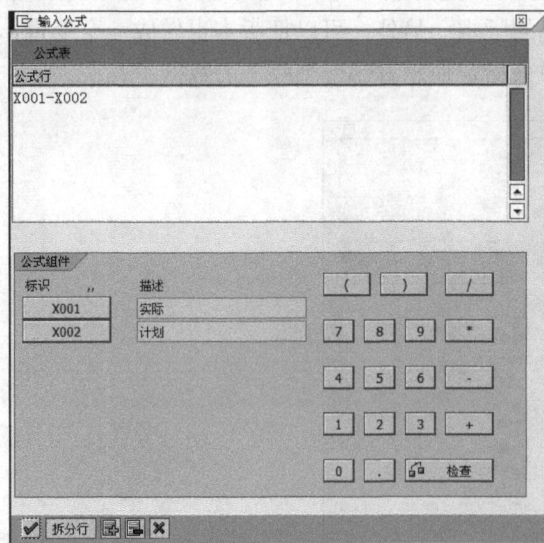

图 12.18　定义一个简单的公式

就像其他的列一样，也要输入一些文字描述来说明该列的用途。这样就完成了公式行的定义了。

对于列的差异来说，可以适用同样的规则来确定实际的差额，这可以通过定义一个实际减去预算的公式来实现。

对于差异率，还需要定义一个如图 12.19 所示例子那样的差异率计算的公式。

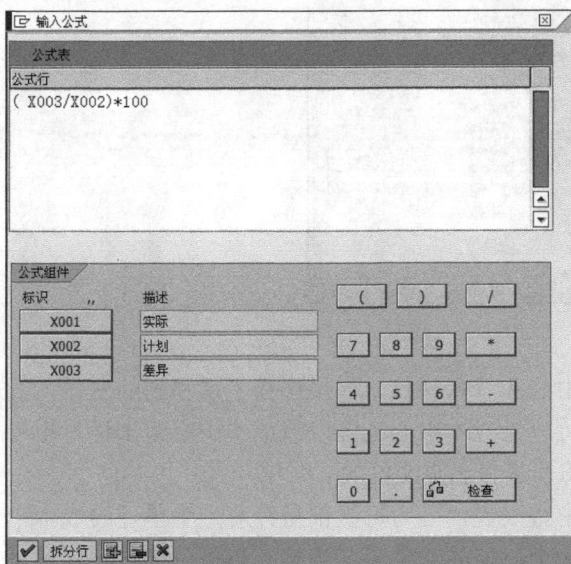

图 12.19　定义公式逻辑

适用于公式列的这些规则也同样适用于公式行。可以创建任何复杂的公式，而对于这些复杂的公式来说，可以根据此报表内的数据信息来生成相应的公式逻辑语句。

定义完行和列之后，可以定义应用于整个报表的纬度和特征。

12.4.5　定义一般选择

在一般数据选择中，需要定义对整个报表都通用的设置。到目前为止，那些还缺失的项目都列示在这里了，如图 12.20 所示。

- **会计年度**：就年度而言，应选择一个变量，以便用户可以在他们运行报表时再来指定具体的会计年度。
- **分类账**：对于分类账来说，可以把它限定为与整个新总账配置相一致的 0L 分类账（见第 4 章）。在多重分类账的情况下，可能需要把它设置成一个变量，在这种情形下，系统就允许用户自己来选择他们想要运行哪个分类账的报表。
- **期间**：对于过账的期间来说，应当选择变量。为了使用户能够运行从某个过账期间到另一个过账期间的报表，需要把它定义成一个**从期间**和**到期间**的期间变量。

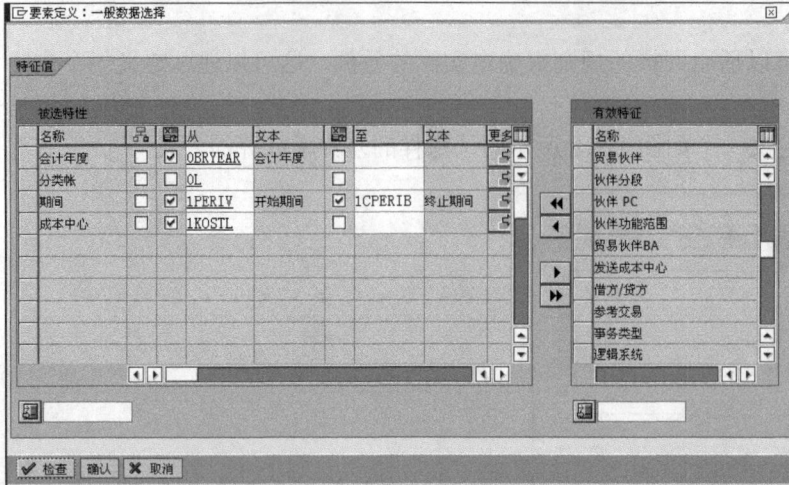

图 12.20　定义你的一般选择

对于某些对象来说，如成本中心、利润中心和总账科目，如果选择了**从**和**到**的变量，则系统自动也会要求输入主数据的组。因此，可以为成本中心范围段或成本中心组来运行报表了，而成本中心和组都是作为整体层次结构的一部分已定义好的。

剩下的对象就是**成本中心**了，对于成本中心来说，因为每次都是针对一个单一的成本中心来运行报表的，因此我们也就把它定义成一个单值的变量了。当然，也可以选择把它定义成一个**从**和**到**的成本中心变量，这样就可以为一个范围段的成本中心来运行报表了。

至此，我们就完成了报表中所有构成要素的定义了。现在，可以通过报表格式的定义来对报表进行美化修改了，这样会让用户觉得更美观。

12.4.6　报表格式

在报表格式中，可以定义影响报表外观的重要设置。

更改报表格式

要从菜单选项中来选择**格式化·报表格式**。这就开启了对报表格式进行更改的界面。让我们来看看常见的几个标签页选项。第一个视图标签就是**页/控制**，这在表 12.3 中进行了详述。

表 12.3　页/控制标签设置

页/控制标签	
字段名	描述
页幅	限定页面的尺寸大小

行标签页显示在图 12.21 中。表 12.4 给出了它的主要栏目及其描述。

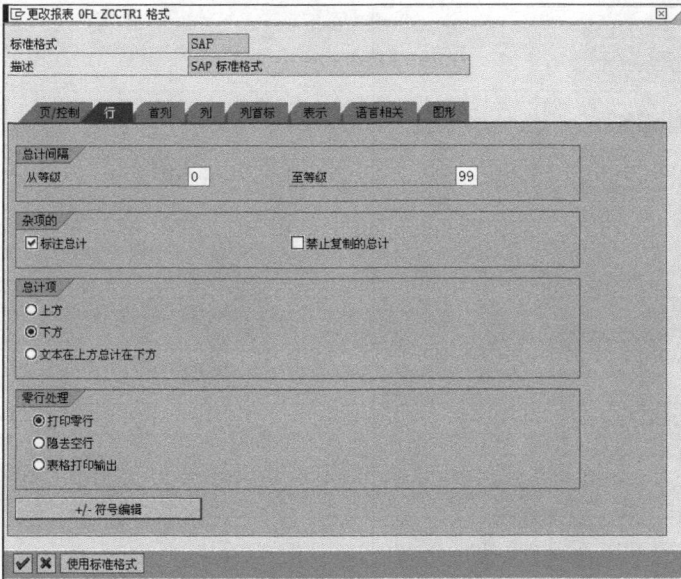

图 12.21　更改报表格式：行标签页

表 12.4　行标签页设置

行标签页

节名称	描述
总计间隔	在报表被执行之后，决定报表输出的汇总细度。在汇总间隔部分，定义汇总的层级。在熟悉了报表的细目之后，可以选择对它进行相应的调整
总计项	如果报表输出行包含有很多的单值（例如，在我们的行定义中，选择的就是总账科目的范围）并且又选择了扩展选项，那么总计项就可以指定报表行的总计要如何来显现
零行处理	报表可能包含有许多的特征，而这个部分控制的是对零行进行相应处理的方式

在如图 12.22 所示的**首列**中，可以配置表 12.5 所列的项目和字段。

表 12.5　首列标签页设置

首列标签页

节/字段名称	描述
内容	定义哪些信息需要在首列显示
（首列）宽度	控制首列的宽度
（首列）位置	允许"沿着页"移动首列。默认的**位置**为"1"。如果选择的位置是"2"，则首列在报表中就将作为第二列出现，列 1 会出现在它的前面。这是一个非常好的报表润色格式

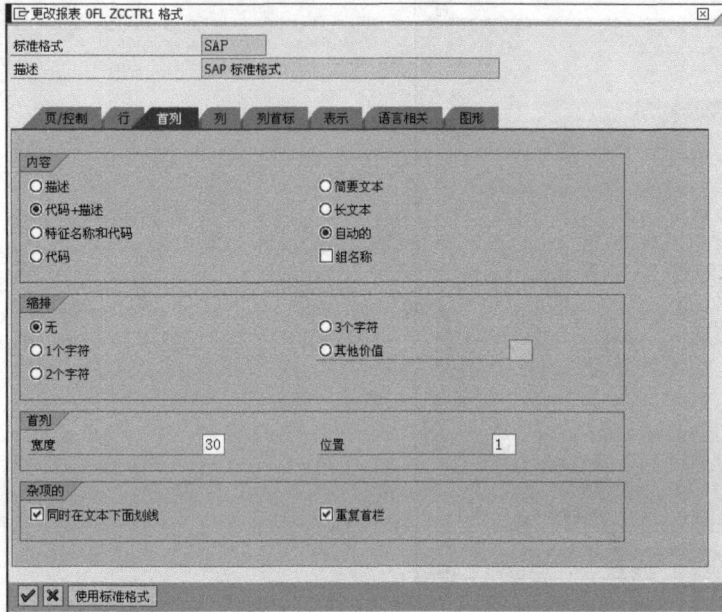

图 12.22　更改报表格式：首列标签页

在图 12.23 所示的**语言相关**的标签页中，可以配置表 12.6 所列的项目。

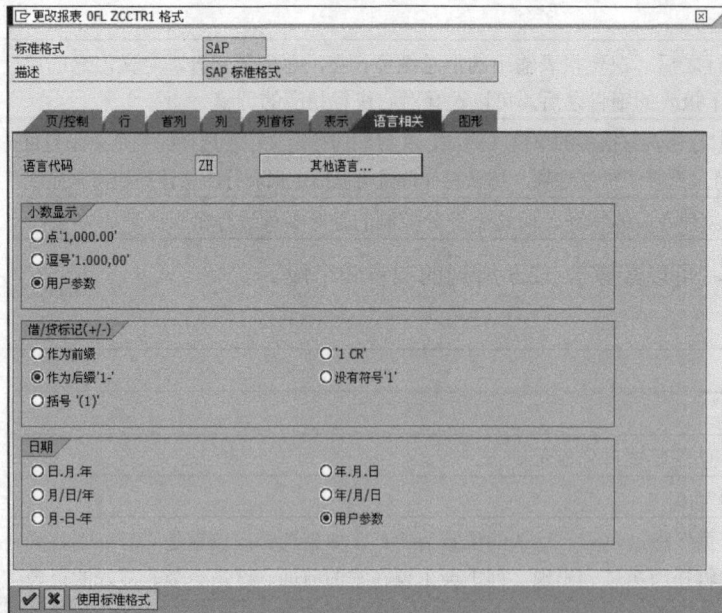

图 12.23　更改报表格式：语言相关标签页

表 12.6　语言相关标签页设置

语言相关标签页	
节/字段名称	描述
小数显示	定义要如何来显示小数点。可以使用用户参数这个选项，因为这是最灵活的显示方式
借/贷标记（＋/－）	定义借方和贷方将如何在报表中体现出来。这应当是与企业的一般报表规则相一致的，这样才能确保大家都能够正常地理解报表数据

小数位数

最好是在行和列上来定义小数位的控制。可以通过与报表格式相同的菜单选项来进入：**格式化·行**（或列）。

12.4.7　其他报表格式的格式化

在这一节，我们还要来看一看其他的报表格式化选项，这包括：报表纬度的灵活使用，添加行，为了强调和突出而使用下划线和颜色，以及报告文本的使用等。

报表中的灵活纬度

使用图 12.24 所示的图标，可以把此报表中分配给一般数据选择条件的特征和纬度配置成一个灵活的纬度。在这个例子中，如果选定了多个成本中心，那运行报表之后，就可以在报表输出中的各个成本中心之间切换并进行浏览。

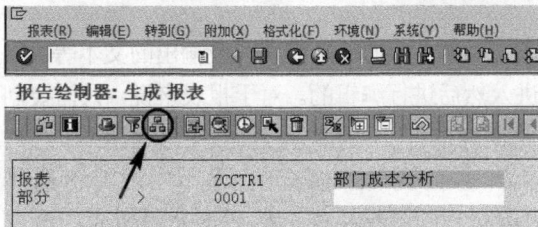

图 12.24　在你的报表中激活可变的纬度

一个很好的例子就是：如果使用多重分类账，并且希望运行同一个报表来生成不同的报告输出。在这样的情形下，那就在一般数据选择中把**分类账**这个纬度设置成变量。然后在报表中按图 12.24 所示的方法把它激活就可以了。

附加行

为了能把各种信息组合在一起，也许还想在行间添加空白行。要达到这样的目的，可以通过选择菜单的选项**编辑·行·插入空白行**来定义。

用颜色和下划线来突显某行

为了能够突显某些行，可以为行定义某种颜色。结合使用颜色行以及添加空白行的功能就可以让报表更美观。要达到这样的效果，需要先选定想要应用格式的那一行。然后，从顶部的菜单选项中选择**格式化·行**。这就进到了图 12.25 所示的**格式化行**界面中了。

图 12.25　用颜色和下划线来突显某行

在这里，可以给行添加**上划线**或者是**下划线**，甚或是两者兼而有之，而且还可以给行添加颜色。最后，单击对勾按钮来确认选择即可。

报告文本

还可以在报告中的不同位置添加文字，如标题页、页眉、页脚、结束页以及输出的文本等。所有文本信息都是从菜单选项的**附加·报告文本**进入然后进行编辑的。对于报表来说，只需要创建报表的抬头就可以了，而用于抬头文本的处理方法同样也可以应用到其他地方的文本定义。

在抬头选项下，可以输入纯文本、选择参数或一般的变量。对于前面章节中图 12.8 所显示的范例报表来说，需要先把图 12.26 所显示的信息输入到抬头中，然后再来对想要在报表中看到的样子进行美化。

而后再来指定与抬头相关的选择参数。如果想要这样做，那就单击**选择参数**来显示可以选用的参数。这相应地就会列出在报表中已定义成变量的特征和纬度。这样，就可以获取到变量的实际值（例如，成本中心＝1000）或者是与这个值相关的描述（例如，成本中心＝北美市场营销）了。

在这个例子中，可能希望这二者都要包含在内，所以先要插入成本中心值的变量，然后在其下面再插入成本中心描述的变量。在本页的另一侧，可以以与插入成本中心同样的方式增加期间和会计年度的选择参数。

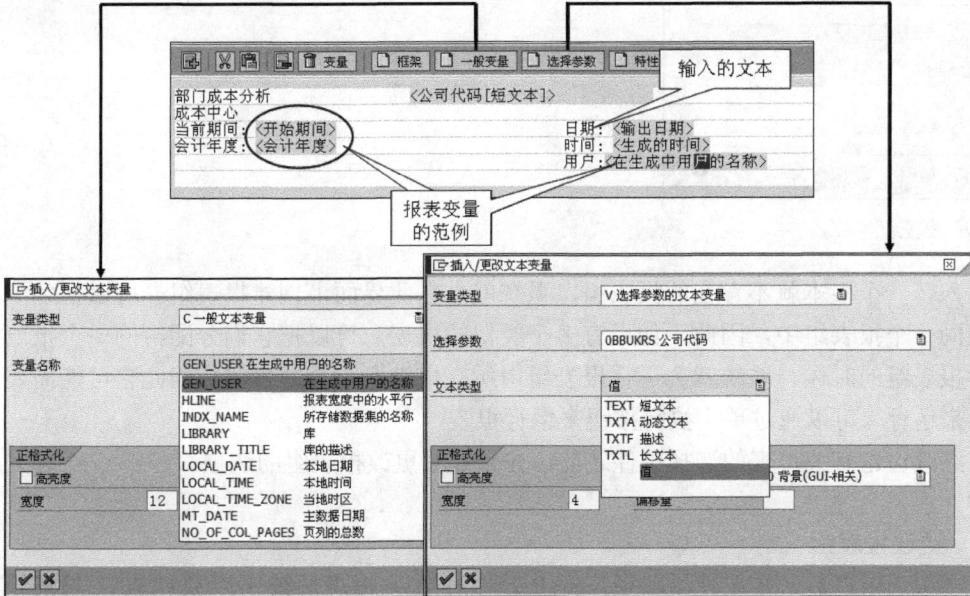

图 12.26　增加报表的抬头文本

同时，可能还想要把此报表执行人的相关信息也包含到抬头中。这个信息来自于一般变量的记录。如果特别关注这个"选择"信息，那就应当选择与此报表选择相关的时间、日期和用户，因为它所指的就是为此报表所输入并运行的选择条件。

这样，我们就完成了报表抬头部分的文本设置了，也可以在保存设置之后退出报表的格式化。同样的方法也可应用于其他报告文本的定义。接下来，我们再来看看报表组的分配。

12.4.8　分配报表组

报表还缺的最后一个部分就是报表组了，而这是报表运行所必需的。**报表组**所包含的主要内容是能够生成并执行此报表的相关信息。除此之外，报表的追溯功能等其他重要信息也是含在报表组中的，这样能够追溯报表数据的源头，进而就可以追溯出数据是在哪里产生的行项目。当构成报表的某一个组成部分发生变更时——无论是报表本身的层次结构还是报表组中的任何信息，系统都会自动重新生成报表组（程序）。

可以在报表中或者是通过**更改报表组**这个功能选项（事务 GR52）来定义报表组，我们稍后就来讨论报表组的更改。如果想要在报表的编辑中来定义报表组，那就在把此报表的所有要素都配置完成之后再选择　**环境·分配报表组**这个菜单选项。系统就会进入到图 12.27 所显示的界面。

备注
应当给报表及其报表组定义一个命名的规则。

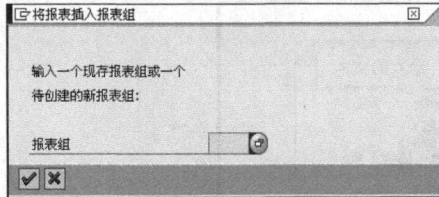

图 12.27　分配报表组给报表

如果输入了一个根本就不存在的报表组，系统就会在此界面上创建报表组。可以把多个报表分配在同一个报表组中，因此，如果有多个类似的报表，可以把它们分配给同一个报表组。当运行报表组的时候，系统就会运行报表组中所有报表所包含的数据，因此它可能需要更长的时间来运行。可以通过单击执行按钮来运行报表。

在往下继续讨论有关报表的选择条件之前，先来看看更改报表组的选项。

12.4.9　更改报表组

在创建了报表组之后，需要使用路径：**SAP 轻松访问·信息系统·特殊报表·报表绘制器·报表编写器·报表组·更改**，也可以使用事务 **GR52** 去维护它的设置。这就会进入到图 12.28 所显示的界面。对报表或报表组所做的任何更改都将导致报表组（程序）的重新生成。即使不手工执行报表组的重新生成，系统也会自动来重新生成。

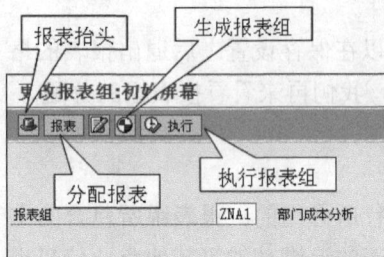

图 12.28　编辑报表组

在报表组中，我们先来看看**更改报表组：标题**这个界面，如图 12.29 所示。在界面中，可以输入报表组的**描述**，也可以对**报表/报表接口**进行分配。这些接口正是连接到本报表组的追溯报表。

对于追溯来说，最好的解释或说明就是运行报表来看一看。在图 12.30 所显示的例子中，可以看到有一个 400 969 的金额。如果想知道这个数值的明细构成情况，则双击该数值，分配给这个报表或报表组的任何一个追溯报表（报表/报表接口）就变成可执行的了。

我们可以在**更改报表组：标题**这个界面中来定义报表/报表接口，如前面的图 12.29 所示。就报表/报表接口而言，可以选用 SAP ERP 的事务、程序，或其他的报表绘制器报表。下述这些报表都是很常用的追溯报表：

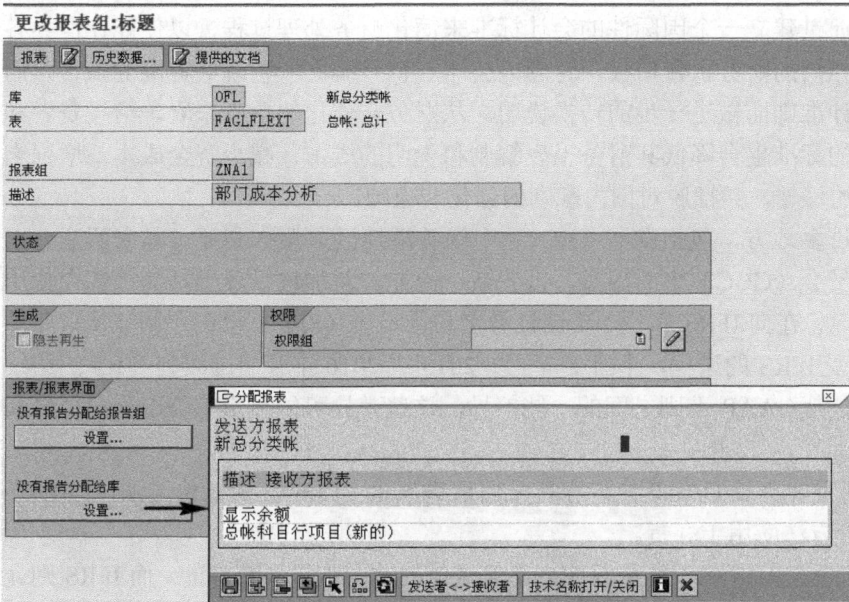

图 12.29　更改报表组：抬头

- **显示余额**——FAGLB03；
- **总账科目行项目（新）**——FAGLL03。

至此，我们就完成了一个范例报表的创建了。现在也应该能定义报表了，而且也应当能创建一些满足企业实际需求的其他报表了。

在接下来的章节中，我们还将介绍一下 IFRS 的简要历史及其在世界各地越来越受到大家的重视；同时，我们也将对如何才能用平行会计来满足多重会计准则的需求进行解释和说明。

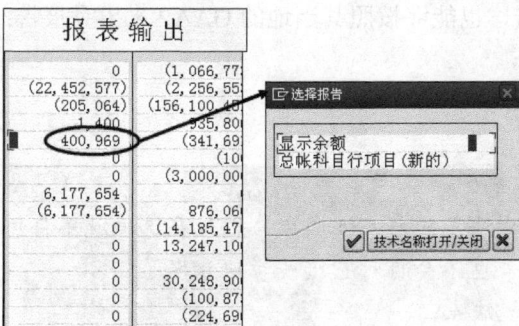

图 12.30　报表绘制器报表的追溯功能

12.5 国际财务报告准则（IFRS）

IFRS 的主要目的是为上市公司提供一个有关如何编制和披露财务报表的全球性框架指南。它的整体思路是通过建立一个国际性的会计标准来简化财务处理过程，以便能让世界各地的所有公司都使用相同的财务报告口径。跨国大公司可以只编制一种统一标准的报告，而无需因为有不同的会计准则而做进一步的转换说明。从财务一体化的角度来看，给投资者和审计师提供一个唯一的标准也会降低其财务报表编制和说明的成本，减少资金成本，增强当地市场对外国投资者的信誉，并摆脱对国内准则的强化和束缚。

目前在世界上的许多地方，包括欧盟（EU）、中国香港地区、澳大利亚、马来西亚、巴基斯坦、海湾合作委员会（GCC）中的国家、俄罗斯、南非、新加坡以及土耳其等都在使用 IFRS。除此之外，美国也在向 IFRS 靠拢，美国证券交易委员会（SEC）也正在制订从只要求美国 GAAP 到逐步接受 IFRS 的进程，并已发布了从 2015 或 2016 年开始过渡到 IFRS 的路线图。以下是 IFRS 和美国 GAAP 准则之间的一些差异，这些差异可能会影响美国公司报告其经营成果的方式。

- **库存评估**：目前，美国 GAAP 允许存货采用后进先出（LIFO）的计价方法，但 IFRS 不允许此计价方法应用于存货。
- **存货的减值**：根据美国 GAAP 的规定，任何减值的冲回都是不允许的，而 IFRS 则允许冲回在往年所确认的任何减值，但只能将冲回所产生的损失或收益反映在当期的损益表中。
- **收入配比**：由于即使在货物尚未交付的情况下，其风险和所有权可能就已经转移给顾客了，因此 IFRS 是认可交货与收入并不一定都是要配比的；但在美国 GAAP 下，一般只有在有证据能证明相应的风险和所有权已转移给顾客的情况下才被认为是交货了。

12.6 平行会计处理方法

SAP 有 3 种常用的方法可以（取决于所使用的 SAP ERP 版本）用来反映不同的会计评估，因此，一个公司不仅可以根据 IFRS 出具财务报告，也能够按照其当地的 GAAP 来出具报告：

- 科目方法；
- 特殊目的分类账（SL）方法；
- 新总账中的多重分类账方法。

备注

第 4 种选择——公司代码的方法，因为这种方法不能与 CO 集成，因此在这里就不再讨论它了。SAP ERP 不再对它进行支持了，而且将来也不会再对它进一步地开发了。

以下各节将简要介绍一下这 3 种方法各自的优缺点。

12.6.1　科目方法

在这种方法中，可以使用另外一组科目的完整过账来存储平行会计评估的数值。这也是最常用的平行会计处理方法，而且公司通常都使用了含有不同数字科目号码的会计科目表，例如，用 6 或 7 来满足这样的要求。标准的 SAP ERP 系统就具有这样的灵活性，公司可以将总账科目号码的长度扩展到 10 位，因此它也就为平行会计处理选项的使用开拓了相当大的空间。

假定有下面这样的一个例子：某公司已决定要采用科目的方法来出具平行会计报告（当地 GAAP 和 IFRS）。该公司将把科目从 6 位扩展到 7 位。扩展之后，该公司将把科目划分成不同的类别。所有通用科目的过账都是相同的，例如，应收账款、应付账款、现金和银行科目等，并且大部分的损益表科目对于当地 GAAP 和 IFRS 来说也是相同的。只有在存在评估差异的地方，公司才必须要为 IFRS 和当地 GAAP 创建单独的科目。

基于科目的平行会计处理方法的主要优点如下。

- 很容易实现，因为只需要维护另一组科目来反映评估的差异就可以了。
- 如果从一个会计人员的角度来思考，那它是很容易理解的。
- 系统的标准报表就能满足这种方法的需求。
- 这种方法可以提供足够的能满足内部和外部审计师所需要的审计证据。

这种方法的主要缺点是：

- 由于这种方法的应用取决于它需要支持多少种不同的评估，而这在很大程度上会增加科目的数量，因而可能就会变得难以管理；
- 总账成为了多种评估方法的最终归宿地，这可能会使整个业务情形变得很复杂。

12.6.2　特殊分类账方法

可以将 SAP 的特殊目的分类账（FI-SL）应用于平行会计的处理。如果觉得创建大量的科目来支撑平行会计报告的这种方法并不适合，就可以采用这种方法。特殊目的分类账方法的构想来源于科目数量的限制，而它在系统中则是使用特定的分类账来满足各种评估方法的。

根据不同的配置设置，可以从总账会计过账到这些特殊分类账中。在这些单独的评估范围下，如 IFRS 和当地 GAAP，依然可以进行手工标准化的输入、分摊、分配、计划编制等，而且还能通过滚动来进行汇总。在 SAP 的 R/3 4.7 及以上版本中，现在还有自动评估的程序，可以直接使用预定义好的会计准则来将评估的数值更新到相应的特殊目的分类账中，而且还不会影响到总账。

在这里，也列出了这种方法的一些优点。

- 这种方法不需要为平行评估创建额外的科目。
- 它能适用于各种会计年度变式。

- 可以为每一种会计准则创建一个单独的分类账，例如，当地 GAAP、IFRS，等等。
- 可以使用系统标准的资产负债表和损益表报告。
- 特殊目的分类账是为管理需求提供一个灵活及高效的应用工具而设计的。

同样这里，也列出了这种方法的主要缺点。

- 需要实施这个附加的 SAP ERP 模块（FI-SL）。
- 在特殊目的分类账中，由于单方的会计分录是被允许的，因此从审计保证的角度来看，它存在一定的负面影响。
- 它没有集成到 CO 的成本中心或利润中心。

12.6.3 新总账中的多重分类账方法

如果了解旧总账的特殊目的分类账方法，并把它和 SAP ERP 新总账的多重/附加分类账方法进行比较，就可以找到这两种方法的相似点。简单来说，新总账的这种多重分类账方法主要是在旧总账的特殊目的分类账方法基础上的提升，它解决了诸如单方分录以及没有集成到 CO 组件的问题。在凭证输入的时候，用户可以在凭证抬头上看到一个叫分类账组的附加字段，这就使得用户能够通过该事务选择本地 GAAP 或 IFRS 的分类账来进行特定的评估过账。也许还记得第 4 章就曾讨论过这一功能，如果没有选择分类账，系统就会将凭证分别过账到所有的分类账中。如果评估的数值是通过子账来进行确定的，如在 AR/AP 中，那根据所做配置的不同，系统会为每一个评估范围或会计准则（本地 GAAP 和 IFRS）来确定不同的评估方法，并把它们分别传输过账给分配了新总账的分类账组中。

在这里，我们同样也列出了多重分类账方法的一些主要优点。

- 与特殊目的分类账方法一样，不需要为这种评估方法增加额外的科目。
- 可以很容易地遵从会计准则所要求的一致性，同时每一种平行评估的会计处理过程还能独立于总账。
- 新总账也能支持标准的资产负债表和损益表等报告，这可以很容易地满足本地 GAAP 和 IFRS 的报告需求。

这种方法的主要缺点在于多重分类账与其他子模块（成本中心会计、间接成本控制、获利能力分析等）的集成主要还是仅限于在主分类账上。

从 FI 模块的角度来看，所有这 4 种方法（包括公司代码的方法）都能实现公司平行会计准则的过账。在项目的准备阶段，要确定哪一种平行会计的处理方法给公司带来的收益是最大的，同时也要决定公司是否应继续使用旧总账，还是要升级到 SAP ERP 6.0 的新总账。

12.7 小结

本章的目的是要介绍一些可应用的常见报表工具，目的是为了能满足企业的报表需求。我们主要介绍了以下这几方面的内容：

- 应当采用的报表需求收集方法，并将它们纳入到报表解决方案中；
- 标准报表的优点；
- 新总账报表的提升；
- 使用报表绘制器编制管理报表的过程。

本章提供给读者的是如何看待 SAP 解决方案的实施和支持的一个概览。对于那些想进入 SAP 咨询或项目的人来说，本章提供的是对相关过程和期望的有益说明。

第 13 章 SAP ERP 财务的实施和支持

本章提供的是有关项目实施和支持所需要考虑事项的一个概览情况，这是作为一个富有经验的咨询顾问所应当具备的知识。我们通过介绍项目实施过程开启本章的序幕，我们将讨论一个典型项目的实施方法及其各种交付物。而后，再来讨论要如何来支持一个已经实施上线的 SAP 系统解决方案。

本章的内容是不特定于 SAP ERP 财务上的，它可适用于任何一个一般的 SAP ERP 系统解决方案。本章包含了许多概念性的内容，对于一个还没有什么经验的 SAP 初级顾问，他会觉得这一章的内容是很有用的。无论之前是否有过 SAP 的项目经验，都会觉得本章节非常实用。

13.1 实施 SAP

根据各个国家、客户、项目咨询公司的不同，可以采用不同的项目实施方法。ASAP 是由 SAP 引入的一种项目实施方法论，而一些 SAP 的咨询公司又把他们自己的一些方法论带入到了其中，其目的是为了能向客户提供他们独特的咨询服务。除此之外，还有一些通用的项目管理和技术管理的实施策略，如 PRINCE、GDPM 和 PMBOK。所有这些项目的实施策略都有一些相似之处，有鉴于此，本章就以一个简单一致的项目实施方法来讨论 SAP 的项目实施。

一般情况下，每一种方法论都会把整体的项目划分成以下这几个常见的阶段：

- 准备；
- 设计；
- 实现；
- 测试；
- 上线（使用）；
- 支持。

项目的每一项活动或交付件有时也被称为**工作包**，同时另有一些其他的工作包也在一起并行着，包括培训和数据迁移等。变更管理是一个非常重要的工作包，它也是伴随整个项目周期的一项主要成果。

对于每一个阶段来说，都应该要了解以下这几方面的内容：

- 本阶段的目的；
- 所涉及的工作包（包括文档）；

- 所涉及的不同角色及其职责。

让我们先来看看项目准备阶段。

13.1.1　项目准备

如果没有准备，那么就等着失败吧。这是在所有 SAP 项目工作中都应当引以为戒的一个质朴的谚语，如果处在被动的困境并想要规避适当的计划编制时，就一定要记住这句话。

项目的前期准备工作阶段是很重要的，不应该缩短这个阶段的时间而快速进入到蓝图设计阶段。在开始任何一项的工作之前，都应该留心去获取并得到一套粗略的项目计划，包括想要做什么以及要在什么时候去实现它。因为在项目的准备阶段有可能还没有一个专门用于项目的工作区，而且大家也都可能还是在兼职工作，因此这个阶段有时可能会有一点小小的脱节。也许会发现有一个特殊的团队正在负责筹建项目，并且该团队还会任命项目经理，而后项目经理会再指定其余的项目组成员。

每个项目都是受到一个被称为铁三角的框架而制约着的；这个三角形的三个点就是时间、范围和成本。对于实现整体的目标来说，在进行项目准备的时候，需要确定这些因素中的哪一个是最重要的。如果能够实现全部的目标而不担心成本的超支或时间的进度问题，那在这个阶段就没有什么需要关注的了。但是，如果还有成本、时间或项目范围的制约，那这个三角形上的其他点就要进行相应的调整。通常的情况是：企业的需求很广泛，同时也预估出了满足这些需求所需要的时间和成本。这些因素在达成项目的一致目标和项目成功的标准方面发挥了重要的作用。一旦做出了相应的决策之后，就可以开始对项目进行计划的编制了，包括以下这些主要的内容：

- 项目范围；
- 项目实施的策略；
- 项目计划，包括重要里程碑的日期；
- 项目组织机构图；
- 项目资源；
- 项目组成员的角色和职责；
- 由项目管理办公室（PMO）制订出项目的规范和文档模板。

每一个项目都应该在项目准备阶段的结束之时发布一套总体项目管理的框架指导方针。多年以前，这可能指的就是项目章程，但对于那些使用 PRINCE 项目实施方法论的人来说，它可能指的是项目启动文档。无论怎么样，在前面所列出的那几点都应该是总体项目管理内容的一部分。

就项目的组织管理而言，PMO 处于整个项目的重要位置上。虽然 PMO 的 SAP 知识通常是很有限的，但他们往往是要对项目计划的编制以及项目的组织负责的，另外，他们还要承担行政方面的管理。

每经历一个不同的项目阶段，都可能会不断地完善项目计划，因此在最初的时候，可以为每个阶段设置一些重要日期并包括一些要经过一定的努力才能达到的关键里程碑。在项目的准备阶段结束之时，应该有很多围绕着业务蓝图设计阶段的细节计划。在蓝图的设计阶段结束时，应该又会有很多有关实现阶段的细节计划，如此这般。

作为项目准备阶段工作的一部分而需要好好完成的其他事情主要包括：

- 确定本项目的关键技术挑战（例如，必须要使用的特殊技术，如文件扫描或者是一些必须要处理的其他技术）；
- 绘制系统总览图，列出将使用的或要进行接口的所有系统；
- 准备可用于系统演示的 SAP ERP 系统；
- 组织项目启动会。

在项目的准备阶段多付出一些努力就可确保在一个积极和正确的基础上开始工作，这样可以向项目的主要阶段稳步迈进。

13.1.2 业务蓝图设计

这一阶段的主要目的是要设计出作为项目的最终成果而交付的系统解决方案。因大家在这个阶段所采用的项目实施方法不同会使结果有很大的差别。近年来，有很多的关注都是有关"业务变革"的，在这样的情形下，要采取一种比较彻底的做法来使企业的业务发生显著的变化，最终的目的都是要因此而能够使企业受益。在某些更简单的情形下，可能参与的是一个系统替换的项目，这种项目所采取的方法就是以 SAP 的系统解决方案直接取代现有系统。

虽然根据实施方法的不同会有不同的项目情形，但这一阶段的最终成果就是一个定案的完整解决方案设计。此设计应清楚地说明未来的业务流程是怎样的，其中既包括 SAP 的业务流程，同时也包括非 SAP 的流程步骤。

在本次讨论中，将只专注于在蓝图设计中所期望看到的内容，但这种见解应被视为只是一种参考，因为蓝图设计的具体交付件是取决于所采用的项目实施方法论的。

以下这几点通常都是业务蓝图设计阶段交付件的一部分：

- 业务蓝图设计文档；
- 系统开发清单，包括接口、功能增强、工作流等；
- 报表需求清单；
- 项目实施策略；
- 变更管理策略；

那如何来设计解决方案呢？

对于需要关注的问题，它会因所采用项目实施方法论的不同而有多个正确的答案。任何一种方法论的关键性要素都是找到可有效利用的业务专家，他们可以说清楚他们自己的业务需求，并能协同达成往前继续行进的一致目标。

当然，最容易着手的还是现有的流程和预期的目标。达成项目定位的一致意见是很重要的；例如，所考虑的是一个简单的系统替换，还是包括了现有业务的提升？有些企业会因单一的目标而实施 SAP 系统，例如，他们需要替换掉老系统或者是希望把多套分散的系统集中到一个统一的平台上来。有些其他的企业则希望借助一些新业务功能的实施，从而能对他们现有的业务流程和功能带来一些具体的提升。在清楚了所想要的是什么之后，就可以按下面几项内容来进行考虑了：

- 分析现有的业务流程和功能；
- 评估 SAP ERP 系统所能提供的可选功能项；
- 决定要实施哪些内容，以及由此将会带来哪些变化。

这听起来似乎很简单，但实际上需要大量的时间和精力才能完成。在业务蓝图设计过程中，会碰到很多的挑战，而这些挑战也都是必须要关注的，并且要准备好要如何来处理这些挑战，进而做出明智的决策。

业务分析

SAP 咨询顾问在这个项目阶段的主要任务就是梳理出企业的业务需求，并且要以文档的形式记述下来，目的是让业务流程的所有者和系统配置的功能顾问能够明白原始的需求是怎么样的。业务分析人员需要把握好 SAP 及其业务处理之间的分寸。在很多情况下，满足某一个特定功能的需求会大大增加总体的项目成本，解决方法就是：进一步了解 SAP 是如何运作的，进而达成以变通的方式来满足需求的一致意见，因此没有必要一定要在系统中通过增强的方式来实现目标。

SAP 系统已经应用在世界各地众多行业中了，因此，一个富有经验的 SAP 用户，应当相信大多数用户的合理需求都是能在 SAP 系统中为其找到相应解决方案的。SAP ERP 系统是能够支持众多的业务流程的，因此大部分的业务需求都是可以通过一个 SAP 的标准解决方案来实现的，因而也就不需要编写自定义的源代码程序了。

用户的参与

在这个阶段以及项目的后期，客户的参与会引出许多具有挑战性的问题。

需要组织一大群人来参与业务流程的一般性讨论，以及由关键用户参与的其他特定领域的讨论。就决策的透明度而言，虽然在这种情形下大家都参与了每一个决策，但这无疑会减缓决策处理的进度。因此，如果能确定出哪一群人需要进行哪些决策，效果就会更好一些。借助专题讨论会小组进行决策是一种最理想的方式，因为该小组的成员是来自于各个部门的代表。例如，在现金收款流程的决策过程中，可能主要是想满足出纳小组的，但在设计日记账输入的业务流程中，还需要有更多的来自不同部门的业务代表。专题讨论不应该只是一个概念性的讨论；相反，应该利用一个可供演示的系统，或者是一组带有界面截图的幻灯片来设计业务流程。业务蓝图的设计过程中需要有讨论，而且可能还会存有现在是怎么做的以及将来要怎么做这样的争论。另外，有很多这样的流程设计还可能都是系统外的，例如，增加新账户代码的流程可能需要在创建该代码之前先走一个纸质的审批流程。因为这些系统外的流程也是所设计的解决方案的一部分，因此同样也应当把它记述下来。

从一定程度上来说，在这个过程中所面临的其他挑战实际上是从用户那里所能获取到的细节准确度，这也就代表着他们正实施的系统在未来是个什么样的情形。举例来说，如果企业希望有一个 AP 发票的工作流审批流程，那需要对该流程的细节进行讨论并达成一致的意见，包括如何审批和对拒绝的处理，以及如何来设立审批人等。如果这就是此设计中所包含的细节水平，那么这一切都要实现。如果以后需求扩大了，并提出要根据发票的金额来进行不同层级的审批，那么这将被视为是在原有设计基础上增加的额外需求。在这个例子中，该设计应当与相应的层级相关。流程设计的深度很难把握，因为收集需求的业务分析人员才是最好的评判者。

最重要的是要把所讨论过的所有内容都记录下来，并且要以它作为解决方案的设计基础。

决策

与用户的参与相关但却在这里还要单独提出来的最后一个挑战就是决策的过程。决策者所做出的决策必须是明智的，并要清楚这些决策所带来的影响。那些签署蓝图设计方案的客户在后来往往会说他们不知道当初他们所签署的设计方案就是他们最终的决策。不管怎样，变更的流程始终都是有必要的，但新的决策应是建立在详细了解过已做出的决策基础之上的。

在方案设计/蓝图阶段，有一些主要的工作包是要交付完成的，如表 13.1 中所述。

表 13.1　主要的工作包

交付物	说明
蓝图设计文档	虽然也可以采用其他形式，但这一过程的总体目标就是把所需的业务蓝图设计记述清楚。最常用的方法就是创建一个 Word 文档，可以打印并签署这个 Word 文档。在这份文档中，可以综合文字、图表，陈述、流程图，以及其他任何方式来记录需求及未来的设计。 对于所有的流程来说，需要拿出一个编号和命名的规则，这样能够把子流程组织到整体的流程中来。还需要把这些流程组织成一个层次化的结构，以便在转入到细化的子流程时可以看到细分的类别。 在此表中所列出的其他项目也可以是构成这个蓝图设计文档的一部分的，或者你也可以把它作为一份特定的文档来交付
业务流程图	陈述业务处理过程的一个很好的方法就是编制业务流程图，流程图要制订出此流程的具体步骤，同时还要确定出与其他流程或系统的集成点。在某些方面，业务流程图就是系统整体设计文件一部分，是一个重要的文档，因为它可以快速、轻松地来评估一个流程。有时候图表的表达形式还比几页的文字说明更容易交流。 作为流程图的一部分，还需包含在范围内的系统接口的清单以及会被 SAP ERP 系统替代掉的接口清单

交付物	说明
系统功能增强	要在尽早的时间内,确定所需要的系统增强,以便能估算开发人员所需要的开发时间。增强功能包括报表、用户出口、接口、工作流,以及可以确认的其他方面的任何开发。在这个阶段,想要准确计算出所需要的确切工作量可能还是很困难的,但也不要忽视这项工作。可以使用"经验法则",并把高、中、低复杂程度的增强确定出来,并假设高的人工投入量是 15 天,中的为 10 天,低的为 5 天。可以使用这种估算的方法来大致确定开发所需要的工作量
问题、风险和暂记的便签	在业务蓝图的设计阶段就要开始收集相关的问题和风险了,并要评估它们对项目的影响。在这个阶段,还可能还会找到自己所填写的暂记有好多问题的便签,而这些问题是不能立即解决或者是在这个时间点上不能决定的。把这些问题记述下来是很重要的,因为在蓝图设计阶段结束的时候,这些问题可能并不需要你全部都来做决策了
签署	在蓝图设计阶段结束的时候,应当就可以确认项目的总体实施范围了,这对于整个项目的向前推进并贯穿至项目的剩余阶段都是非常重要的。这个项目的实施范围也是项目设计文档的有效积累 要做这样的假定:在业务蓝图设计文档中,任何提述到了的就是项目范围内的,而没有提及到的则是项目范围之外的。有鉴于此,应当采取这样的一种方法,那就是任何重要的内容都应当作为方案设计的一部分而记述下来。例如,如果同意扩大一些需求的收集,那就要提到这一点,但也要清楚地说明工作的范围。如果需求变更过于频繁,则顾问和客户都可能会由于需要在接下来的阶段再去为此考虑一个增强并要达成一致的意见而受到伤害,但它却又是与这项工作的实际范围不相符的

13.1.3　系统实现

构建阶段通常指的就是系统的实现阶段,它是由 SAP 在其 ASAP 的实施方法论中所推行起来的一个术语。到目前为止,这确实是最艰难的项目阶段,在这个阶段中,系统实现过程决定了项目的成功程度。在这个阶段,会有更多的项目资源被动员到项目中来,因为这个阶段也会促使一些其他工作包的启动。在这一阶段,在诸如变更管理、测试、培训和调度的其他工作流中经常会发现有额外资源的涌现。

这一阶段的主要目标是要在系统中实现设计阶段中所签署了的蓝图设计方案;不过,在这里还有更多的事情要做。在这个阶段中,最重要的是要把一批批的业务需求转化到真实的系统中去,并且要确保是最佳业务实践的配置以及标准功能模块的最优化。

虽然在蓝图方案的设计上可能是花费了大量的精力,但如果系统的配置不能反映出该设计的初衷,那么方案的设计就是不切实际的。如果想要在系统实现时立刻就能分辨出差别来,那么就是最有用的一个好的方案设计了。从系统的实现阶段开始,你就处在功能顾问的掌控之中了,他是负责搭建系统来满足已达成一致的设计要求的。这在功能增强的情形下无疑是正确的,功能顾问有责任确保增强的设计不仅仅是要反映增强设计的本身，而且设计还要符合最佳的业务实践。举例来说，如果我们讨论一个报表，那么很可能它的需求说明还是基于目前的报表格式的。但在 SAP ERP 系统下，系统中其他字段的附加信息也是很重要的，但这通常不是设计的关注点，那么功能顾问就必须要和需求人员讨论到这些内容，以便确定这些信息是否也需要包含在内。

系统实现阶段通常是项目中持续时间最长的阶段，它包含了许多不同的工作包。我们在这里列出了其中的一些工作包。

- 开展各领域内的数据清理工作。
- 编写功能开发说明书并开发数据转换程序，以便能把数据从遗留系统传输到 SAP ERP 系统中来。
- 编写接口开发说明书并开发接口程序，以便能将 SAP ERP 系统联接到其他的系统上。
- 编写功能增强开发说明书并开发功能增强程序，以便能实现 SAP ERP 标准系统所不能支持的功能。
- 确定、用文档记录并定义其他所需的报表。
- 确定、用文档记录并创建业务所需的特定表单。
- 确定、用文档记录并定义最终用户的权限参数文件。
- 执行并用文档记录完整的集成测试，包括接口、表单、增强和报表等。
- 执行并用文档记录用户验收测试，包括接口、表单、增强、报表以及权限参数文件等。
- 执行所有项目阶段的质量检查。
- 对某些最终用户展开培训。
- 定期与项目组成员开展知识转移的专题讨论会。

此阶段的交付物也是取决于所遵从的项目实施方法论的。虽然交付物的具体描述可能有所不同，但在表 13.2 中所列出的内容应当是能适用于所有情形的。

表 13.2　系统实现的主要交付物

交付物	说明
配置说明书	可以有很多种不同的方式来记录配置的设置，但最重要的一点是要有一种"有的放矢"的方法来收集这些配置设置，目的是能在项目的剩余期间内并在上线后可以支持维护和改进现有的系统
功能说明书	功能说明书应该还是需要的，例如，业务需求文档可能不能完全提供足够的细节来进行开发。通常，对于所有的增强都是这样的，在开发人员可以进行开发之前，应该还需要添加一些更深入的细节。
	通常情况下，功能说明书会深入详细地解释界面的细节、字段名称、消息，有效性检查，以及其他任何需要实现的增强内容。应当再一次假定：如果这一点很重要，那应当要提到它；如果没有提及，那么它可能就是不那么重要了

交付物	说明
手工配置的日志	有一个特别的处理程序需要被准备妥当，这主要是指收集手动的设置或是需要在每一个系统中要手动重复配置的活动。通常有这样一些从简单的配置（如号码范围，这往往是不进行传输的）到复杂的系统程序安装和运行（这可能是配备一个可使用的系统所需要的）等活动。日志应当列出所有的手工配置活动，除此之外，还应该把它备份成一个详细的"怎么办"的操作指引文档，此文档要能解释所有需要遵从的步骤，以便让任何人都可以完成该项活动
业务角色	在系统实现阶段，需要确定系统上线时哪些事务是想要分配给不同用户的。需要从确定想要分配角色的用户类型（例如，AP 会计、总账会计等）做起，然后在每个用户组中，都要确定想把哪些事务代码分配给哪一个组。这将构成安全和权限设计的基础
测试策略	在开始做系统实现的时候，就需要拿出一个能被本项目所接受的测试策略来。SAP ERP 系统测试的最佳实践方法就是先独立测试每一个具体的功能（单元测试），然后再测试模块内的流程（流程测试），最后再测试端到端的完整流程（集成测试）。始终都还应该有一个用户验收测试的过程，在这个用户验收的测试过程中，受邀的用户要独立地测试系统。 对于每一个阶段的测试来说，一个很好的做法就是事先达成一致意见，明确什么是成功以及什么是失败。因为在有限的时间范围内不是什么事情都是万无一失的。通常情况下，如果测试达到了所预设的成功标准，那就可以认为这一阶段是完成了的。例如，我们可能把成功的标准设定为总体的 85% 是成功的，且如果 95% 的测试脚本案例也都是没有大问题的
培训策略	在开始进入到系统实现阶段的时候，还需要拿出一个培训的策略来。这个策略需要考虑到项目组、支持小组以及系统的最终用户。在这一培训策略中，需要考虑到当前各组的技能情况，并以此为基础来决定如何才能最好地缩小差距，以便使他们都能达到适当的熟练水平。 项目组和支持小组通常都是最受益于亲身参与此项目的。而最终用户培训的通常做法就是设立课堂来进行培训。近年来，基于 Web 和电子化的培训使远程的用户也能获得同样的培训资料了
数据迁移策略	大多数的项目都是需要把数据从现有的系统迁移到 SAP ERP 的新系统中的
系统实现的质量检查文件签署	一旦质量检查文件批准之后，项目就进入到最后的准备阶段了

由于时间的关系，系统实现阶段的完成往往只是一个模糊的里程碑，因此这可能就意味着需要在正式启动最终准备阶段前就要着手最后准备阶段的基础工作了。这在大多数的项目实施中都是很正常的，要看在每个阶段究竟是怎么来具体定义的，而且同样也是基于你所采用的实施方法论的。

系统实现完成时的重要决策就是要确认所实现的系统解决方案是否是达到了目标。这是根据测试的成功与否来进行评估的，因此，设定一个有关于测试是否是成功的公允评估标准是很重要的。尽管不需要 100% 的测试成功率和 100% 的完成率，但还是应当要检查那些测试不成功的情况，并要判断这些不成功的测试对于整体解决方案有多重要。大多数的项目采用的都是一种把问题标记为重要性高、中、低的评估方法，而后再来评估这些未解决的问题将可能会产生什么样的影响。如果只有少数的重要性很低的问题没有解决，那么它的风险是比较低的，因而可以说是通过了测试的。但是，如果还存在有影响很大的问题没有被解决，那么按目前的解决方案上线就会面临更大的风险，因此应当寻求解决掉这些问题的方案，或者是提出相应的应对方案来处理问题。

13.1.4　最终准备

最后的准备阶段就是项目上线的最后冲刺了，通常就是指系统部署的阶段。有赖于你的项目实施方法论，在这个阶段可能还会经历不同的事情，但这个阶段的主要交付物总会包括以下这几方面的内容：

- 最终用户培训；
- 软件和硬件部署到本地机器；
- 系统切换，包括数据的迁移以及从老系统/流程转换到新的系统/流程；
- 成立系统支持小组，适当的知识转移；
- 灾难恢复测试，以便在系统切换出现问题时能快速恢复系统。

最终准备阶段的总人数会逐渐减少，这主要取决于未清问题的数量以及还需要完成工作的工作量。这个阶段的主要交付物列示在了表 13.3 中。

表 13.3　最终准备的主要交付物

交付物	说明
生产系统准备	不同于其他系统的准备，因为生产系统是不能有任何的闪失的，因此这项任务是一个非常关键的工作
最终用户培训	为了能使用正式上线后的系统，那就必须要对最终用户进行培训。所有的人不能都只培训 1 天，而是要当用户需要使用该系统时，就要对他们进行充分的培训。但太提前就培训用户往往是事倍功半的
系统切换	系统的切换阶段包含了许多要完成的工作，但基本上都是在这期间要停掉老的系统和流程，并转换到新的系统和流程中来。完成系统切换的一个重要里程碑就是系统的正式上线运行，但我们再一次要阐明的是：上线运行很有可能不是把所有的数据都转换完了，有些数据可能是会在上线后才被转换的
上不上线的决策	总是需要在某个时间点上要来对是否上线进行决策的，在这个节点上要决定系统是否要正式上线运行；这个决定通常是在一个临近上线的某个时刻做出的

完成系统切换计划中的所有任务之后，就走出最终的准备阶段并正式地上线运行了。现在，需要开始考虑系统上线后将如何来支持该解决方案了。

13.2　支持你的 SAP ERP 解决方案

在进入项目的部署阶段之前，要开始考虑在系统正式上线后将如何来支持项目了。根据最佳的业务实践，原本可能对支持阶段还是些想法的，但是当越来越接近用户验收测试结束的时候，还是重新考虑支持阶段所要做的事可能会比较好。

13.2.1　上线支持（维稳）

初始阶段的支持通常都是会受到一些简单因素所影响的：

- 用户的数量；
- 解决方案的复杂程度（模块的数量）；
- 地域的宽广；
- 上线时未清问题的数量（很重要的）。

除此之外，还需要考虑解决方案的稳定性怎么样。不是每一个项目在上线的时候都是把所有的问题给解决掉了的，有的项目往往就是带着问题而上线的，而这些问题仍然是需要被解决的。为了能最大限度地缩短上线支持阶段所需的时间，因此对这些问题进行相应的评估是很有必要的。

作为经验法则，负责系统支持的最短时间应当大致就是一个会计期间左右的时间，这通常是四到五周。上线支持的时间越长，则支持的效率就会越低。上线支持阶段的主要目的是为了确保解决方案能够稳定下来，以便能将其过渡到系统维护的阶段。考虑到这一点，这一阶段最需要的就是**稳定**了。

让我们就稳定阶段的目的先达成共识。在这里，要达到两个目标：

1．关注所出现的问题，以便能确定可行的实施方案；

2．在极短的时间内就把问题分派给解决问题的人。

另一个理由是可能还没有一个最终成形的支持模式，因此目前所执行的还是一个临时性的支持模式。

在任何一个系统实施项目的上线之初时，都应当考虑要有一个重点支持的阶段，因为很多的用户在上线初期都很可能会遇到一些问题。在此期间，要确定真正的问题所在，而不只是一些用户培训方面的问题，用户培训的问题是可以通过知识的共享来解决的。如果遇到的很多问题都是用户培训方面的，那表明培训可能是没什么效果的，而如果碰到的是一些技术方面的问题，则说明解决方案可能存在太多的基本技术问题。认识到问题的主要原因之后，就能更好地领会应当要采取什么样的措施最合适了，这样才能对问题作出及时响应。

这一点是很重要的，因为有时候可能会听到很多的"抱怨"，抱怨系统出现了许多的问题，因此感觉项目是不成功的。但经过调查之后，也许能够判断出大部分所提出的问题其实是有关于用户不知道如何来完成某项具体的任务的。用户经常会提出很多的问题，并抱怨说"系统无法运行"。经调查之后，可能会发现还存在很多权限方面的问题。

在稳定系统阶段，系统支持策略中应当要有以下这些要素：

- 找出除了 SLA 支持之外的所有可能存在的记录方法；
- 把稳定支持小组集中起来，以便于暴露出来的问题可以在不同模块间进行讨论并快速地进行分派；
- 当可以退出系统维护并过渡到日常运维（BAU）的支持时，应当要与客户达成一致的认识。

一个很好的想法是事先确定系统验收的标准，在此基础上才考虑在系统足以稳定的情况下逐渐地过渡到日常的维护支持中去。最好是在项目支持快要结束之时再定义一个稳定的标准，只有这样，才能做出理性的决定。

13.2.2 长期支持

在达到或符合解决方案足够稳定的标准时，也就是可以退出维稳并进入到 BAU 的支持阶段了，现在就进入到系统的长期支持规划中来了。因此，在实施完一个可能只有很少或根本没有悬而未决问题的 SAP ERP 解决方案之后，就需要来考虑如何中、长期地支持系统。对于任何一个需要支持众多用户的 SAP 解决方案来说，最佳的实践做法就是成立一个系统维护的支持中心，无论它是一个仅合格的中心还是一个非常卓越的中心。

成立支持中心的主要目的如下：

- 持续支持的知识积累；
- 系统运维和升级；
- 降低长期维护支持的成本；
- 创造一个持续维护支持的良好氛围。

需要了解支持中心所能提供服务的支持范围，是全方位的服务还是只会专注于技术、流程以及功能方面的的特定支持范围。在支持人员方面，如果要支持大范围的流程，就需要有模块方面的专家；如果对 SAP ERP 解决方案的支持不会在某些方面深入，就可以运维支持所有方面的技术。越来越多的企业正寻求在纯技术领域内能提供专业意见的合作伙伴，从而降低了为长期的纯技术资源支付费用的需要。相反地，可以在需要的时候再来购买更为专业的纯技术资源。在有一个相对稳定的解决方案并且企业不会期望未来有快速变革的情形下，这种方式可能是行得通的。但从长期来看，如果是处在一个存在许多变革并希望不断提升 SAP ERP 系统解决方案的情形下，就应该要考虑把一些更技术性的资源带到团队中来。

最佳的 SAP ERP 支持模型有 3 个要素：

1. SAP 功能分析师；
2. 管理；

3．业务流程拥有者。

图 13.1 展示的就是把各方面的技能小组汇集在一个 SAP 支持模型中的一个例子。许多的支持模型都把这些技能小组进行了合并，从而使支持的人员更少，这本身并不是一种错误的做法。但事实上，在 SAP 支持模型的整个生命周期内，都应该想到要把 SAP 的知识在业务流程专家和业务人员之间进行共享，同时，业务人员的知识反过来也会共享给 SAP ERP 的功能分析师。

在这个模型中，很重要的一个功能就是 SAP ERP 生产系统的变更管理。在最初的系统稳定阶段，可能会看到在很短的时间内有很多的系统修复设置被应用到了生产系统环境中。修复在被正式应用到生产系统前可能只做了一些有限的测试。在系统转入到正常的业务运行之后，会发现现在是面向 SLA 而工作的。有鉴于此，就可以花更多的时间来进行测试了，而后才能将对系统的更改应用到生产系统中。这是一个不应该掉以轻心的重要机制，如果没有管理好生产系统的变更，它就可能导致很多的问题。管理的细度在很大程度上是受现有解决方案/模块的复杂性以及所做功能变更的频率影响的。在理想的情况下，应当建立分阶段释放的管理机制，这样可以很小心地对系统进行更改。采用版本管理的方法也是一个很好的做法，因为它可以把一些微小的更改集中起来形成一个统一的版本。

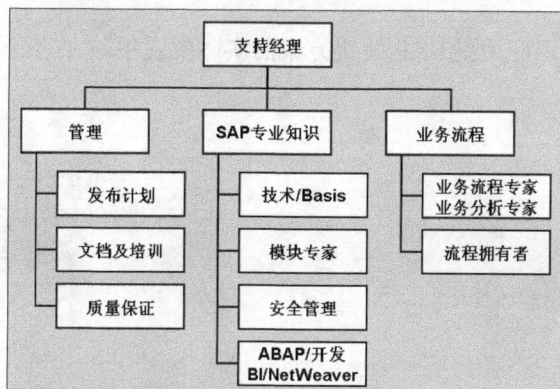

图 13.1　SAP 支持模型的核心组成部分

在本节还需要考虑到的最后一点就是要如何来测试新功能对现有功能的影响。这被称为回归测试，过程就是通过回归测试来确保现有的功能不会受新功能的影响。这个过程需要有一套正式的测试运行才行，这样才能确定新的配置或程序代码是否会导致现有功能出现问题。之所以使用*正式*一词，是因为它需要的是一套真正意义上的正式测试；在这里，不推荐只是随便地测试这种做法。应当为每一种回归测试场景都编制一套要使用的测试脚本。此外，在每次要把新功能发布到生产系统时，都应该添加回归测试。

到这里，我们就结束了 SAP 系统的实施和支持模型的概述。重要的是应当记住：这只是一个一般性的概览，但它并不是建立起实施或支持模型的唯一方式。

13.3 小结

在这短短的一章中，我们希望读者能够明白 SAP 从概念、实施到上线部署和支持的整个生命周期中所面临的一些挑战。在现实中，想要为每一种业务场景都提供一套明确的实施参考确实是很困难的，但我们希望读者在做首次实施和支持时也能借助本章所介绍的内容从而引发出一些思考来。

至此，我们就完成了本书最后一章的介绍了。现在也已阅览到了本书的结尾部分，我们希望你会觉得我们已尽力对 SAP 的大量配置进行了详尽解释和说明，技术上也没有误导读者。本书的目的是想为读者提供现实环境中的一些例子，现实的范例理解起来会更容易些，而且也更容易使读者把这本书的知识应用到其自己的业务场景中去。

在这本书中，收纳了完成大多数的 SAP ERP 财务实施所需要的常用配置操作。有了这方面的知识，我们希望读者能够完成大多数的 SAP 解决方案。记得要常带着这本书，因为想要记住本书所介绍的这么多细节是很困难的——事实上，很多时候我们都还需要使用本书来找一找我们自己的 IMG 菜单路径！开始一个新项目时，把每个模块的不同组件在脑海中都再过一下，这始终都是一个不错的想法，因为当从一个项目进入到另一个项目时，往往会发现不是每个项目都会启用所有的模块。

最后，我们祝愿读者能把本书所学到的知识应用到 SAP 解决方案的实际配置中。